DOCUMENTS

RECHERCHES HISTORIQUES

SUR LE

Décanat de Saint-André

(Tomes VI et VII, 3ᵉ série, des *Mémoires de l'Académie de Savoie*.)

PAR

M. le Chanoine TREPIER

Aumônier de l'hôpital militaire de Chambéry, membre de l'Académie de Savoie
et de plusieurs autres sociétés savantes.

PIÈCES JUSTIFICATIVES

CHAMBÉRY
IMPRIMERIE CHATELAIN, 4, AVENUE DU CHAMP-DE-MARS, 4

1888

ACADÉMIE DES SCIENCES
BELLES-LETTRES ET ARTS DE SAVOIE

DOCUMENTS

Vol. VI

DOCUMENTS

RECHERCHES HISTORIQUES

SUR LE

Décanat de Saint-André

(Tomes VI et VII, 3ᵉ série, des *Mémoires de l'Académie de Savoie.)*

PAR

M. le Chanoine TREPIER

Aumônier de l'Hôpital militaire de Chambéry, membre de l'Académie de Savoie
et de plusieurs autres Sociétés savantes.

PIÈCES JUSTIFICATIVES

CHAMBÉRY
IMPRIMERIE CHATELAIN, 4, AVENUE DU CHAMP-DE-MARS

1886

OBSERVATIONS PRÉLIMINAIRES

Plusieurs des documents insérés dans ce volume ont déjà paru ailleurs. Les uns étaient publiés dès avant l'impression des *Recherches* ; d'autres l'ont été pendant sa longue durée. Fallait-il se contenter de renvoyer le lecteur aux ouvrages plus ou moins rares, et parfois à peu près introuvables qui les renferment ? Nous ne l'avons pas pensé.

Sans doute la réimpression intégrale ou partielle de ces documents pourrait paraître inutile ou déplacée si les *Recherches* s'adressaient, de préférence, à des lecteurs vivant dans des centres populeux, à portée de bibliothèques publiques dépositaires des grandes collections historiques, où tous peuvent recourir à volonté, consulter les chartes et titres cités ou mentionnés par un auteur, et les confronter, au besoin, avec la traduction ou l'interprétation qu'il en donne. Plus d'un même, d'entre ces privilégiés, serait fort aise, de tenir sous la main, groupés en un seul volume, des documents d'origines si diverses, au lieu d'avoir à aller les demander et les consulter dans les bibliothèques ou archives publiques.

Mais la plupart de ceux auxquels s'adresse notre modeste travail sont dans l'impossibilité morale de recourir aux ouvrages imprimés d'où nous avons tiré un certain nombre de pièces justificatives. C'est pour l'édification et la satisfaction de ceux-là, surtout, que nous avons cru devoir joindre certains documents, déjà publiés ailleurs, aux très curieuses et très importantes pièces inédites qui servent, avec eux, de base aux *Recherches sur le Décanat.*

D'ailleurs, parmi les pièces déjà éditées dont nous y invoquons le témoignage, les unes sont peu étendues, d'autres ne sont reproduites que par de courts extraits, empruntés à la partie de leur texte relative au Décanat ; et d'autres, tels que le Pouillé de 1497 pour la section du diocèse de Grenoble située en Savoie, et les listes chronologiques des Evêques de ce diocèse, sont reproduites ici avec des additions et rectifications qui leur donnent un intérêt tout nouveau.

L'ortographe de certains noms de lieux cités dans les *Recherches* et dans ce volume de *Preuves* varie parfois tellement, qu'on ne sait plus à quelle forme définitive s'arrêter. Ainsi, *Arvillard* qu'on écrit tantôt avec un *d* final, tantôt avec une *s, Arvillars* devrait, à ne consulter que l'étymologie latine : *Ecclesia de alto Villario*, s'écrire sans *d* ni *s, Arvillar.* De même *Puisgros*, qu'on écrit tantôt avec une *s* au milieu, parfois avec un *t, Puitgros*, et parfois sans *s* ni *t, Puigros*, devrait, d'après l'étymologie latine, *Ecclesia* ou *Dominus de Podio Grosso*, s'écrire Puygros ; comme Saint-Jean-Pied-Gauthier devrait s'écrire Saint-Jean-Puy-Gauthier ; *Ecclesia Sancti Johannis de Podio Galterii.*

On dira peut-être qu'il faut s'attacher à l'orthographe aujourd'hui reçue. Mais si plusieurs sont également reçues, à laquelle s'attacher ? Le lecteur ne sera donc pas trop surpris et voudra bien se montrer indulgent, s'il ne trouve pas toujours uniforme l'orthographe d'un même nom propre de lieu, dans les deux volumes des *Recherches*, et dans ce volume de *Pièces justificatives.*

Il est un autre point sur lequel j'éprouve le besoin d'appeler l'indulgence du lecteur.

Chaque pièce justificative est précédée de chiffres ou numéros de renvoi, indiquant le passage des *Recherches* relatif à cette pièce. Or, par suite d'une distraction de correcteur un peu trop prolongée, les documents compris entre la page 30 et la page 73 du présent volume portent presque tous, à côté de renvois justes, quelques renvois inexacts. Les inexactitudes sont rectifiées aux *errata*, que le lecteur voudra bien consulter toutes les fois qu'un renvoi lui paraîtra en défaut.

Aucuns ont reproché à mes publications d'avoir été *tardives* et *laborieuses*. C'est là un reproche dont je n'aurais pas à me défendre, chaque auteur étant libre de paraître à son heure. Mais quand il s'agit de faits anciens fort nombreux et fort divers, il en coûte du temps et des recherches pour faire œuvre sérieuse, et ne s'appuyer, pour en démontrer l'exactitude, comme l'exigent les Bollandistes, que sur des documents anciens, authentiques et contemporains des faits. S'il en coûte beaucoup moins pour faire, en histoire, œuvre d'imagination ou de fantaisie ; l'œuvre, d'ordinaire, vaut ce qu'elle coûte.

On a regretté de ne pas voir chaque volume des *Recherches* suivi de ses pièces justificatives. Ce regret, je l'ai partagé sous un certain point de vue. Sans doute il eut été possible au lieu de deux volumes de *Mémoires* et d'un volume distinct de *Documents*, de faire trois volumes de *Mémoires* accompagnés chacun de ses *preuves*. Mais outre que l'Académie publie séparément, et pour cause, des *séries de Mémoires* et des *séries de Documents* ; pour quelques chercheurs et érudits qui aiment à avoir, dès le premier jour, réunis sous la main textes et preuves ; combien d'autres lecteurs, curieux de parcourir les *Mémoires*, n'ont nulle envie de consulter les *Documents*, et sont charmés d'apprendre qu'on ne leur impose pas le désagrément d'en embarrasser leur bourse et leur bibliothèque ! Il fallait choisir, et j'ai cru devoir prendre le parti du plus grand nombre.

Un de mes amis vient de me témoigner sa surprise et son regret de ne pas voir figurer le Décanat dans l'insertion, (sous le n° 75), d'un Pouillé du XIVe siècle relatif aux diocèses de la Savoie et de quelques régions circonvoisines. L'omission, était voulue et tenait à diverses causes. La partie du Pouillé concernant le Décanat est déjà virtuellement publiée, soit dans le Pouillé de Saint-Hugues (n° 43), soit surtout dans les Pouillés combinés de 1497 et 1600 environ (n° 92bis), et même un peu sous le n° 88, qui donne le compte de la semi-dîme recueillie dans le Décanat pour le concile de Bâle.

Elle avait déjà d'ailleurs paru toute entière au tom. II, (7e livraison p. 58) des *Documents* inédits de l'Académie delphinale, où M. le Chanoine U. Chevalier a publié la section de ce même Pouillé du XIVe siècle relative aux diocèses du Dauphiné, et par conséquent au diocèse de Grenoble, dont le Décanat formait un des quatre grands Districts.

Cet ensemble de raisons m'avait d'abord dissuadé de reproduire ici les passages du pouillé du XIVe siècle concernant le Décanat. Mais au risque de faire double ou triple emploi, je m'empresse de déférer à un avis amical, en les insérant, comme annexe, à la fin du présent volume.

RECHERCHES HISTORIQUES

sur le

DÉCANAT DE SAINT-ANDRÉ

PIÈCES JUSTIFICATIVES

1

Liste chronologique des évêques de Grenoble.

(381-1885.)

Séries episcoporum gratianopolitanorum [1]

		Anno Dⁿⁱ
S. Domninus .... sedebat.		381
Diogenius.......................		
Amicus........................		
Sebastianus....................		
Vitalianus.....................		
S. Ceratus.....................		
Viventius......................		478
B. Victor......................		515-523

---

[1] D'après l'inscription placée sur leur tombeau, dans le chœur de la cathédrale de Grenoble. Quelques variantes et additions sont indiquées en caractères italiques.

		Anno D¹
	Ursolus...	538
	Siagrius...	555-567
B.	Isitius I...	573-604
	Siagrius II...	*614*
	Clarus...	650-653
S.	Fergeolus...	
	Boso...	
	Isitius II...	
	Austrobertus...	
	Ramnoldus...	
	Ragnomarus...	
	Austoricus...	
	Corbus...	
	Leopertus...	
	Ardincus...	
	Odolardus...	
	Radoldus...	
	Siupertus...	
	Ebroardus...	
	Adalulphus...	840
	Ebbo (seu Ebo)...	853-860
	Bernarius...	869-879
	Isaac...	892-922
	Alcherius...	944
	Isarnus...	950-976
	Humbertus (Frater Guigonis Comitis)...	990-1025
	Mallenus...	1030
	Arthaldus...	1036-1059
	Pontius I (Claudus)...	1067-1075
	Pontius II (Paganus)...	1076-1079
S.	Hugo I (de Castro Novo)...	1080-1132
B.	Hugo II...	1132-1147
	Othmarus (de Cassenatico)...	1151?
	Gaufredus...	1151-1162

Anno Dⁿⁱ

Joannes I (de Cassenatico)	1163-1219
Willelmus I	1220
Petrus I (de Seyssino)	1221
Petrus II Equa, electus	
Soffredus	1223-1237
Petrus III	1238-1249
Falco	1252-1265
Guillelmus II (de Cassenatico)	1266-1280
Guillelmus III (de Royno)	1281-1302
Guillelmus IV (de Royno)	1303-1337
Joannes II (de Chissiaco)	1337-1350
Rodolphus (de Chissiaco)	1351-1380
Franciscus I (de Conziaco)	1380-1387
Aymo I (de Chissiaco)	1388-1426
Aymo II (de Chissiaco)	1427-1450
Syboudus Alamandi (de Sechillina)	1450-1477
Laurentius I Alamandi (de Sechillina)	1477-1479
Iodocus (de Sillinon)	1479-1484
Iterùm Laurentius I Alamandi (de Sechillina)	1485-1518
Laurentius II Alamandi (de Sechillina)	1518-1561
Franciscus II (de Saint-Marcel d'Avanson)	1561-1575
Franciscus III (Fléhard)	1575-1606
Joannes III (de la Croix-de-Chevrières)	1607-1619
Alphonsus (de la Croix-d'Ornacieu)	1619-1620
Petrus IV, Scarron	1620-1668
Stephanus le Camus (S. R. E. cardinalis)	1671-1707
Ennemundus Alleman de Mont-Martin	1708-1719
Paulus de Chaulnes	1721-1725
Joannes IV, de Caulet	1726-1771
Joannes V, de Cairol de Madaillan	1771-1779
Maria-Anna-Hippolytus Hay de Bonteville	1779-1788
Henricus-Carolus Dulau d'Alleman	1789-1802
Claudius Simon	1802-1825
Philibertus de Bruillard	1826-1853
Jacobus-Maria-Achilles Ginoulhiac	1853-1870
Petrus-Antonius-Justinus Paulinier	1870-1875
Amandus-Joseph Fava	*1875-....*

2

Autre liste chronologique ou catalogue des évêques de Grenoble [1].

(381-1885.)

I. S^{us} Domninus, sanctæ Ecclesiæ Gratianopolitanæ primus episcopus, legatus nomine provinciæ Viennensis in concilio Aquileiensi, præsidente beato Ambrosio, sententiam dixit adversus Palladium hæresis Arianæ assertorem, anno 381 [2].

II. Diogenius floruit circa annum 390 (?).

III. Amicus vivebat anno 400 (?).

IV. Sebastianus, circa annum 420 (?).

V. Vitalianus floruit anno 438.

VI. S^{us} Ceratus martyr qui, post animarum lucra stadium fidei ingressus, ex assertione Christi majestatis forti occumbens fidelique certamine, palmam victoriæ et coronam honoris et gloriæ feliciter reportavit 8 idus junii (450 ?).

VII. Viventius seu *Vincentius* vivebat circa ann. 470 (478 ?)

VIII. Victor vel *Victurius* seu *Victorius* subscripsit consecrationi monasterii Agaunensis fundati per Sigismumdum regem Burgundiæ anno 515 (523 ?) ; interfuit concilio Epaonensi, et Lugdunensi, anno 517.

[1] Ce Catologue, inséré par l'abbé de Camps en tête de sa copie du 1er Cartulaire de saint Hugues, a été publié par notre éminent collègue, M. le chanoine U. Chevalier, avec des notes et additions dont nous reproduirons brièvement les principales, sous bénéfice de quelques légères variantes.

[2] *Obiise videtur, an.* 384, *vel* 386.

IX. Ursolus seu *Ursulus* subscripsit concilio Aurelianensi III°, anno 538.

X. Siagrius I interfuit concilio Parisiensi II°, anno 555, et per Valesium presbyterum nomen apposuit concilio Lugdunensi anno 567.

XI. Isitius seu *Esicius* interfuit concilio Parisiensi IV° anno 573, et Matisconensi I° anno 581 et II° an. 585, Lugdunensi III° an. 583 et Valentinensi II° an. 584 [1].

XIbis *Siagrius II sedisse videtur an. 614.*

XII. S^{us} Fergeolus martyr, in monte Essono [2] sermonem habens de divinitate Verbi et gratiæ Christi necessitate, pertica in capite vulneratus in proximum clibanum projicitur; ubi brevi, consumpto corpore, anima in cœlum evolavit, illius sacra ossa condita sunt in ecclesia ejus nomine dicata prope Gratianopolim [3], circa ann. 628 [4].

XIII. Clarus interfuit concilio Cabilonensi anno 650, Clodovei II^i regis Francorum evocatione, ad restituendam ecclesiasticam disciplinam ; subscripsit etiam præcepto ejusdem regis libertatis monasterii Sancti Dionysii, anno 653.

XIV. Boso, cum pluribus episcopis Galliarum, confirmavit privilegium libertatis a Bertefrido Ambianensi episcopo concessum monasterio Corbeiensi, fundato a rege Clotario III° et Baltida (Bathildi) regina anno 664.

XV. Isitius II^{us} seu *Hesychius* vivebat anno 690 (?).

---

[1] Isitius paraît avoir siégé jusqu'en 604 ou 605.

[2] Aujourd'hui, le Mont-Rachais ou Mont-Rabot, au-dessus de la Tronche.

[3] A la Tronche, parfois désignée anciennement sous le nom de saint Ferréol ou saint Ferjus, patron de son église paroissiale.

[4] Les Cartulaires de saint Hugues et la plupart des auteurs placent saint Ferréol ou Ferjus après le suivant, *Clarus*, mort en 653. Dans cette hypothèse, assez probable, la date 628 assignée ici au décès de saint Ferjus serait erronée ; et peut-être faudrait-il dire 658 au lieu de 628.

XVI. Austrobertus, anno 699 (?).

XVII. Ramnoldus seu *Raynoldus* floruit anno 707 (?).

XVIII. Ragnomarus vel *Ragumarus*, anno 731 (?).

XIX. Austoricus sedebat anno 742 (?).

XX. Corbus, anno 743 (?).

XXI. Leopertus, qui et *Leopardus* vocatur, anno 760 (?).

XXII. Ardentius, seu *Ardincus*, floruit circa an. 800 (?)·

XXIII. Adolardus (al. *Odoardus* et *Odolardus*), anno 804 (?).

XXIV. Radoldus ecclesiam Grationopolitanam regebat anno 825 (?).

XXV. Suspertus vel *Rupertus (aliàs Siupertus)*, anno 829 (?)·

XVVI. Ebroaldus, seu *Ebroldus*, anno 831 (?).

XXVII. Adalulphus subscripsit cum viginti episcopis edicto Lotharii imperatoris quo Eboni archiepiscopo Rhemensi, conjurationis in Ludovicum *Pium* conflatæ reo et deposito in synodo apud Theodonis villam, mortuo Ludovico, pristina sedes restituitur apud Wormaciam anno 840.

XXVIII. Ebo, monachus primùm S[ti] Remigii Rhemensis, ibidem deinde factus abbas ab avunculo Ebone Rhemensi archiepiscopo, in præsulem demùm Gratianopolitanum excrevit; illum quippe quem à puero gratia Christi tuita erat et ornaverat, illum postea et gratuita prædestinatio tuita est et ornavit; [fuit] anno 855 in concilio Valentino III°, in cujus canones constituendos multum collaboravit, illosque anno sequenti detulit Carolo Calvo regi, data legatione ab imperatore Lothario; subscripsit etiam conciliis[1] Lingonensi[2], Tullensi[3], Tusiaco[4].

XXIX. Bernerius, primum Remigii Lugdunensis episcopi, postea Lotharii regis diaconus, promovetur ad sedem episcopalem Gratianopolitanam, eodem rege postulante et

---

[1] *Melensi, an.* 857 *vel* 858.

[2] 859.

[3] 859.

[4] 860.

Ludovico II° imperatore ita jubente, anno 860 ; adfuit conlio [Cabilonensi 875] Pontigonensi [1], Tricassino II° [2] et Mantolano [3] anno 879 ; ab Aldalberto Maurianensi episcopo cum armata manu ignominiose tractatus in propria ecclesia, juvatur a Joanne VIII° summo pontifice ; idcirco dictum Aldalbertum ad synodum Romanam vocat anno 882.

XXX. Isaac interfuit concilio Viennensi[4], conventui Varennis congregato[5] per reginam Hermengardam et concilio Cabilonensi[6] ; subscripsit quoque electioni Bosonis regis [7], a quo obtinuit donum ecclesiæ S^{ti} Donati, cum omnibus juribus episcopalibus in diœcesi Viennensi, et confirmationem a Ludovico filio Bosonis, anno 894 [8].

XXXI. Alcherius adfuit concilio Trenorchiano [9] anno 944, Sebone archiepiscopo Viennensi tunc sedente [10].

XXXII. Isarnus, post destructionem Maurorum, ædificavit ecclesiam Gratianopolitanam, collegit nobiles et pauperes ex longinquis terris qui diæcesim desolatam incolerent ; et quia terram abstraxerat a gente pagana, habuit per allodium propriam terram et castra ; a Barnuino Viennensi archiepiscopo obtinuerat ecclesiam S^{ti} Donati et Salmoracensem pagum, ut ibi pontificalia libere exerceret, donec ecclesiæ

---

[1] 876.

[2] 878.

[3] *Concilio Mantalensi*, au Concile de Mantaille, près de Vienne, en Dauphiné.

[4] 892.

[5] *Citiùs*, 894, *seriùs*. 905.

[6] 894.

[7] L'élection du roi Boson avait eu lieu en 879, sous Bernerius, prédécesseur d'Isaac.

[8] Isaac paraît avoir siégé de 890 à 922 ou 23.

[9] Concile de Tournus.

[10] Alchérius serait mort en 949.

Gratianopolitanæ pax a Maurorum vastatione redderetur ; et hæc ab anno 951 usque ad ann. 976 [1].

XXXIII. HUMBERTUS [2] dedit in præstariam [3] comiti Manasse res quas possidebat in pago Gebennensi, qui comes vicissim concessit dicto episcopo quæ ex allodio proprio tenebat in pago Gratianopolitano, in comitatu Savogiensi ; fundavit prioratum de Moirenco [4] et prioratum S[ti] Laurenti Gratianopolis [5] ; interfuit concilio Ansano I° an. 984, et II°, anno 1025.

XXXIV. MALLENUS, inter quem et comitem Guigonem *Veterem* variæ contentiones ortæ sunt ratione jurisdictionis et territorii, consensit fundationi prioratus de Burgeto factæ per Amedeum comitem Sabaudiæ anno 1030, in favorem S[ti] Odilonis abbatis Cluniacensis [6].

XXXV. ALTARDUS, subscripsit donationi factæ per Aymonem filium Hugonis abbatiæ de Novalesia anno 1042 [7], prioratum

---

[1] *Vel potiùs ab anno 950 usque ad an. 977.*

[2] Humbert assista en 990 (?) à l'assemblée d'Anse (?) qui confirma les possessions de Cluny. (MARTENE, *Thes. Anecd.* tom. IV, fol. 173.) En 991, il donna à Cluny la moitié du château de Vizille avec le bourg... etc. GUICHENON, *Hist. de Savoie*, p. 1159 : Tables généalogiques, n° XI.

[3] *Circà an. 1015.*

[4] *Circà 1016.*

[5] *an. 1012.*

[6] Mallen a siégé de 1026 à 1036 ou, au plus, de 1025 à 1037. On ne sait pourquoi Guichenon (*Hist. de Sav.*, preuves, p. 7) le met au nombre des signataires d'une charte de 1042, par laquelle Humbert aux Blanches-Mains fait don de l'église des Echelles au prieuré de Saint-Laurent de Grenoble. La même charte est insérée sous le n° XIX du 1er Cartulaire de saint Hugues, et il n'est fait nulle mention de l'évêque Mallen parmi ses signataires.

[7] *Potiùs*, 1043. — Voir, pour la date de cette charte, *les Monum. hist. Patr. Chartar*, tom. I, col. 549, *note 1*. — La charte porte : *in presencia donni Anselmi (et non Artaldi) episcopi gratianopolitani.* Mais il n'y a pas eu d'évêque de Grenoble du nom d'Anselme, et c'est

Pontis Royani fundatum per Ismidonem variis donis et privilegiis auxit ; suscepit donationem factam episcopo et ecclesiæ Gratianopolitanæ a regina Hermengarda, videlicet ecclesiæ Sanctæ Mariæ de Aquis et omnium ecclesiarum quas rex Rodolphus ejus conjux regali jure tenuerat in eodem episcopatu, anno 1077 [1].

XXXVI. Pontius I[us], cognomento *Claudus*, Pontio Ainardo de Domeyna varios mansos in feodum dedit [2].

XXXVII. Pontius II[us], cognomento *Paganus*, excommunicatur a Gregorio VII[o] in synodo Romana, una cum archiepiscopo Viennensi et cæteris qui adhæserant Henrico regi filio imperatoris, anno 1076, in causa investiturarum [3].

XXXVIII. Sanctus Hugo [4], ecclesiæ Gratianopolitanæ decus præcipuum : post transactos quinquaginta et amplius annos in diœceseos visitationibus, jejuniis, vigiliis, orationibus et exiliis ; indefessus Verbi prædicator, pauperum pater,

---

Artald qui siégeait en 1042-43. Un copiste aura lu *Anselmi* pour *Artaldi* ; à moins qu'il n'ait pris sur lui d'achever un mot dont il ne trouvait que l'initiale, A.

[1] Cette charte de donation (n° 20 du 2e Cartul. de saint Hugues) est de 1057 et non 1077. — L'évêque Artald, qui avait déjà souscrit en 1037 au privilège accordé par Léger, archevêque de Vienne, aux chanoines de Romans (Cartul. de saint Barnard, chart. 33, not. 6.), souscrivit encore au testament d'Hugues, archevêque de Besançon, en 1044 ; il assista au synode de Vienne en 1055, à celui de Chalons-sur-Saône en 1056, et à la consécration de l'église de Notre-Dame de Domène en 1058 (?).

[2] Ponce Ier, surnommé le Boiteux, succéda à l'évêque Artald au mois de mai 1060, et siégea jusqu'en 1075 ou 1076.

[3] Le 12 août 1076, Ponce II confirma la donation faite au prieuré d'Oulx par *Goraimus* et ses frères. (Charte n° 242 du Cartul. d'Oulx).

[4] Voir sa vie : Bolland I. avril. — Voir la même vie avec une Notice sur les autres évêques de Grenoble, par M. Albert du Boys.— Grenoble, Prudhomme, 1837.

fœneratorum, symoniacorum et schismaticorum præcipuè Petri Leonis hostis acerrimus ; ecclesiasticæ disciplinæ restaurator, Carthusiæ[1], sancti Martini de Miseriaco[2], sanctæ Mariæ de Aquis[3], sancti Georgii[4] fundator, etc. ; pupillorum, viduarum et patrimonii sacri adversus comitem Guigonem defensor, plenus dierum obiit anno 1132.

XXXIX. Hugo II[us], ex professo majoris Carthusiæ fit sancti Hugonis coadjutor et successor[5], canonicos Gratianopolitanos regulæ sancti Augustini subjecit anno 1136 ; transfertur ad archiepiscopatum Viennensem anno 1147[6] ; deinde, abdicata dignitate, assumptis columbæ pennis, evolavit in solitudinem Carthusiæ Brixiensis, et quievit in Carthusia de Portis[7].

XL. Natalis, ex monacho majoris Carthusiæ fit episcopus Gratianopolitanus anno 1150, sed illico cedit cathedram Othomaro[8].

XLI. Othomarus, monachus Carthusianus ex familia Cassenaticorum oriundus, ut circumfertur, sufficitur in locum Natalis anno 1151[9].

XLII. Stephanus I[us], una cum Stephano archiepiscopo Viennensi et aliis præsulibus in pago S[ti] Sigismundi con-

---

[1] 1084.

[2] *Circà* 1082 *vel* 1083.

[3] Entre 1102 et 1110.

[4] Le 5 juillet 1110.

[5] 1132.

[6] 1147 *vel* 1148.

[7] Hugues II mourut à Portes, le 7 mai 1855 ou 1157 ?. (Voir l'Obit. de l'église de Lyon, p. 44. note 1.)

[8] L'élection de Natalis fut annulée par Eugène III.

[9] *Vel* 1150.

gegatis, controversias inter episcopum et comitem Gebennæ ortas sedavit anno 1155 [1].

XLIII. GAUFREDUS, priùs majoris Carthusiæ monachus, deinde episcopus [2], obtinuit a Frederico I° tanquam princeps imperii, anno 1161, omnia regalia a castro de Bella-Cumba usque ad civitatem Gratianopolis ex utraque ripa Isaræ : exstat bulla aurea in tabellariis episcopatus [3].

XLIV. JOANNES I[us] *Cassenaticus*, ex Carthusia Repausatorii assumptus in episcopum anno 1165 [4], obtinuit a Frederico bullam confirmationis regaliorum anno 1178; interfuit concilio Lateranensi anno 1179 ; lites circa jura nundinarum Gratianopolis et aquarum decursus in molendinis de Plana motas inter episcopum et ducem Divionis, nomine suæ conjugis viduæ ducis de Taillefert et filiæ comitis Dalphini, feliciter composuit [5] ; arbiter fuit in controversiis

---

[1] Ce Stephanus paraît n'avoir jamais existé. Il ne figure pas dans le catalogue des évêques de Grenoble, dressé par saint Hugues, et continué par ses anciens successeurs. (2 Cartul., n° 31.)

L'acte de pacification passé en 1155 à Saint-Simon, près d'Aix-les-Bains, et la Bulle d'Adrien IV (1157) confirmative de cet acte (publiés l'un et l'autre par Spon : *Histoire de Genève*, tom. II, pp. 9 et 14) ne désignent l'évêque de Grenoble que par l'initiale de son nom J., sans doute par erreur, pour G. initiale du nom de l'évêque suivant Geoffroy. *Gaufredus*, qui siégeait déjà le 11 février 1151, jour où il passait un acte à Saint-Jean de Polliénas. (Voir la charte n° 123 du 3e Cartul. de saint Hugues.)

[2] *Ab anno 1151, vel forsan 1150.*

[3] Geoffroy ayant pris le parti de l'empereur Frédéric, qui soutenait l'antipape Victor, fut excommunié en 1163, par Alexandre III.

[4] Il était déjà évêque en février 1163 (ou peut-être 1164, nouveau style), époque où il fit les obsèques de Marguerite d'Albon. (Voir Du Boys, *Vie de saint Hugues et Notice sur les Évêques de Grenoble*, p. 346.

[5] En 1184.

inter Jarentum episcopum Diensem et Aymarum comitem Pictaviensem anno 1193 ¹.

XLV. Petrus I^us *de Sessino* obiit anno 1220 ².

XLVI. Guillelmus I^us, Carthusianus monachus postea episcopus³, fidelitatem et homagium accepit ab Amedeo de Chata anno 1220 ⁴.

XLVII. Soffredus, tanquam dominus et princeps Gratianopolitanus, libertates et privilegia civium Gratianopolitanorum confirmat anno 1226 ; consentit fundationi factæ ab Andrea Delphino unius præpositi et duodecim canonicorum in ecclesia Campaniaci anno 1226, quos anno sequenti in ecclesia Sancti Andreœ Gratianopolis constituit, sibi et successoribus suis reservata in dictum capitulum omnimoda jurisdictione; canonicis sancti Martini de Miseriaco varias possessiones concessit anno 1236⁵.

¹ Il vivait encore en septembre 1219, époque de la terrible inondation de Grenoble. Il mourut le 3 janvier 1220 (*Annal. Cartus.* de dom Le Coulteux, année 1203).

² Pierre de Seyssin mourut subitement la même année 1220, peu après le 14 septembre, jour où il avait encore solennisé la fête de l'Exaltation de la Sainte-Croix sur la montagne de Parménie. (Voir Du Boys, p. 356.)

³ Guillaume Ier siégea moins d'un an ; il fit son testament à la Grande-Chartreuse où il était malade et décéda le 15 avril 1221. (*Annal. Cartus,* copie à la bibliothèque de Grenoble, tom. VI, p. 18.)

⁴ Guillaume Ier reçut en fief, pour lui et ses successeurs, tout ce qu'Amédé de Chatte possédait en Alleu à Polliénas ; et il donna en compensation 300 sous audit Amédé, et autant à sa Mère qui avait des droits dotaux sur les biens inféodés. (*Cartul. de Chissé, Notice analytique de M. l'abbé U. Chevalier. Annexe n° V a.*)

⁵ Dès avant 1223. Soffrey ou Soffred était évêque de Grenoble et faisait don, en cette qualité, de mille sous de Vienne à l'abbaye de Saint-Chaffre, diocèse du Puy, dont il avait été le 27ᵉ abbé *(Gallia Christiana nova: Ecccleesia Aniciensis* : Abbés de Saint-Chaffre). Le 25 novembre 1224, il fit un accord avec le Prieur et le Chapître de Saint-Martin-de-Miséré (Charte 124 du 3ᵉ Cart.), et mourut le 22 juin 1237 (?) (Nécrologe de saint Robert de Cornillon.)

XLVIII. — Petrus II[us] *de Equa*[1], in episcopum electus[2] interfuit concessioni factæ Roberto Vapincensi episcopo per Fredericum II[um] anno 1236, a quo ipse obtinuit confirmationem donationis regaliorum anno 1238 ; unà cum Guigone Delphino statuta Gratianopolitanæ civitatis edidit anno 1244, et ab eodem Guigone Delphino homagium et fidelitatem ut supremus dominus in civitate recepit anno 1246.

XLIX. Petrus III[us][3] ex priore Carthusiæ Repausatorii, eligitur in episcopum anno 1248 : dicto monasterio dedit domum in Perreria Gratianopolis sitam unà cum duodecim sextariis avenæ census.

L. Falco fundavit capellam Villaris Benedicti[4] anno 1252, et monasterium Carthusianorum in Parmenia anno 1259 ;

---

[1] Petrus II *Equa* (et non *de Equa*, ni *de Aqua*) appartenait à une famille de ce nom, dont divers membres sont mentionnés dans les chartes n° 21 du 2° Cartul. de saint Hugues, n°[s] 9 et 125 du 3°, et dans une charte de 1288 rapportée par Valbonnais (Tom. II, p. 49).

[2] *Petrus Equa*, que certains auteurs placent avant Soffrey, est qualifié simplement d'élu, *electus*, soit ici par Mgr Le Camus, soit ailleurs, et surtout dans le Catalogue des évêques de Grenoble dressé par saint Hugues et continué par ses anciens successeurs (n° 31 du 2° Cartul.). Il ne paraît donc pas avoir jamais siégé ; et on ne saurait raisonnablement lui attribuer les actes de 1236, 1238, 1244 et 1246 mis ici sous son nom. Ils doivent appartenir à l'épiscopat du suivant, Pierre III, dont l'élection remonterait ainsi bien avant 1248.

[3] Pierre III mourut en 1249 ou 1250. L'obituaire de la Grande-Chartreuse (*Annal. Cartus.*, tom. VI, p. 425) fixe son décès au 6 des calendes d'octobre (26 sept.) 1249, ou 1250 selon le comput moderne. Thomassin (Ms. fol. 297 v°) le fixe également à 1250. C'est donc sous son épiscopat qu'eurent lieu la chute du Mont-Granier, la formation des *Abîmes de Myans* et la destruction de Saint-André, dans la nuit du 24 au 25 novembre 1248.

[4] Plusieurs auteurs ont avancé que l'évêque Falco avait fondé le prieuré de Villar-Benoît, près de Pontcharra ; mais ce prieuré existait déjà au xii° siècle, et c'est à un de ses plus anciens religieux que fut confié, vers l'an 1149, le soin de former l'esprit et le cœur du jeune

homagium et fidelitatem recepit a comite Gebennensi ratione castri de Domena, anno 1255, et ab incolis Venonis et Murianetæ, anno 1261.

LI. GUILLELMUS II[us] *de Cassenatico*[1] recepit homagium Aymonis comitis Gebennensis, anno 1269, et Fratres Prædicatores in prioratu Sancti Petri extra portam Troïnam Gratianopolis fundavit, anno 1288[2].

Hugues d'Avallon, alors âgé seulement de 8 ans, et qui devait être un jour saint Hugues de Lincoln. En 1218, le prieur de Villar-Benoît, Lantelme, sert de témoin avec deux de ses religieux à une donation faite à la chartreuse de Saint-Hugon par Aymeric d'Avalon, sa femme, et leur fils (Burnier, Cartul, de Saint-Hugon n° 101). Falco n'a donc pas pu fonder le prieuré de Villar-Benoît. Il y a seulement transféré les chanoines de Parmenie ; puis il l'a placé en 1257 sous la dépendance du chapitre de sa cathédrale (voir ci-après le n° 66 des pièces justificatives). Deux ans plus tard, il fit don de la montagne de Parménie aux chartreux qui y envoyèrent une colonie de religieuses saint Bruno tirée de la chartreuse de Prémol (Du Boys, p. 497). Falco mourut le 11 juin 1266 (Nécrologe de Saint Robert).

[1] Dès avant le 8 des calendes d'août (25 juillet) 1266, un Procureur du Dauphin mettait déjà Guillaume II en possession de certains biens épiscopaux (*Fontan.* Cartul. de Dauphiné, tom. 1, p. 253). Le 20 octobre 1266, Guillaume II reçut foi et hommage, en qualité d'évêque de Grenoble, pour la maison de la Balme que Guillaume de Clais tenait de lui. Le 24 janvier 1269, il loua son droit de *Pontenage* sur l'Isère, à Pierre Viennois, pour le prix annuel de 15 livres viennoises. Au mois de juin de la même année, il céda à l'abbaye de Saint-Chef les droits de l'évêché sur les dîmes de Tullin, contre une redevance annuelle de 14 livres viennoises ; le 24 décembre, il reçut foi et hommage d'Aimon, comte de Genève, pour le château de Domène ; et le 19 février 1270, Guillaume de Lans lui rendit foi et hommage pour sa maison de Chepie (voir les chartes n°[s] 15, 16, 17, 18 et 19 annexées par M. l'abbé U. Chevalier à sa *Notice* sur le Cartul. de Chissé (Colmar, 1869). Enfin, le 31 décembre 1295, il céda au prieuré de Saint-Jeoire les biens que l'évêché possédait à Francin, en échange de ceux que le prieuré possédait à Curienne (voir ci-après, pièces justificatives n° 72).

[2] Après avoir établi les Frères-Prêcheurs hors de la Porte-Troine le 28 juillet 1288 (Valbonnais, tom. II, page 46), le *même* évêque,

LII. GUILLELMUS III[us 1] *de Roïno* sedit post Cassenaticum et rexit ecclesiam Gratianopolitanam usque ad annum 1302.

LIII. GUILLELMUS IV[us] *de Roïno*, primum decanus[2], deinde

comme l'indiquent assez les expressions de la charte, leur accorda encore, en 1290, l'autorisation d'ouvrir une porte dans la partie des murs de Grenoble attiguë à leur couvent (ibid. p. 49). C'est par conséquent lui, Guillaume II de Sassenage, et non un prétendu Guillaume III de Royn, qui assista au Conseil provincial de Vienne en 1289.

[1] Les auteurs qui font mourir Guillaume II de Sassenage en 1288, lui donnent pour successeur un Guillaume III de Royn. C'est celui-ci, selon eux, qui aurait assisté au Concile de Vienne en 1289, fait un échange avec le prieuré de Saint-Jeoire en 1295, et qui aurait cédé, en 1298, à la dauphine Béatrix, en échange des droits qu'elle avait sur Saint-Pancrace et Saint-Hilaire, l'hommage de fidélité à lui dû par Chabert de Briançon pour des biens situés au Touvet et aux environs, depuis la Buissière jusqu'à la Terrasse (Valbonnais, tom. II, p. 38). Mais, 1° nous venons de prouver que Guillaume II siégeait encore en 1290 ; 2° on ne voit nulle part qu'il y ait eu élection d'un nouvel évêque de Grenoble entre 1288 et 1290, ni entre 1290 et 1302, année de l'élection du suivant. C'est donc à Guillaume II que doivent être attribués les actes de 1295 et 1298. Ainsi, le prétendu Guillaume III mentionné dans certains auteurs, ne ferait qu'un avec le précédent ; et le suivant deviendrait Guillaume III et non Guillaume IV.

[2] Ce Guillaume de Royn (ou de Roïn) que Mgr. Le Camus nous dit ici avoir d'abord été doyen de Grenoble avant d'en devenir évêque en 1302, est en effet qualifié de doyen dans l'acte sus-énoncé du 24 décembre 1269, et qualifié d'official de la cour épiscopale dans l'acte de 1295. Il assista, en 1311, au Concile général de Vienne. Le 20 décembre 1307, il avait cédé le prieuré de Champagnier au chapitre de Saint-Martin-de-Miséré, en échange du prieuré de Saint-Hilaire ; et le 6 novembre 1318, Aymar de Seyssel, prieur de Saint-Martin-de-Miséré, lui fit, sur sa demande, hommage pour tout ce qu'il tenait de l'évêché, à Saint-Martin-de-Miséré et ailleurs (annexes XX et XXI de la *Notice* de M. le chanoine Chevalier sur la Cartul. de Chissé).

L'acte de 1318 qualifie l'évêque *pro tunc* de Grenoble, de GUILLAUME DEUX, en toutes lettres... *Aymarus de Seyssello, Prior Prioratus sancti Martini... constitutus in præsencia Reverendi Patris in christo domini Guillelmi secundi dei gratia episcopi gratianopolitani...* etc. Cette désignation prouve une fois de plus qu'il n'y a pas eu àGreno-

episcopus eligitur anno 1302 : successit Guillelmo patruo suo, vigore mandati apostolici sub Bonifacio VIII° ; obiit anno 1337 [1].

LIV. JOANNES II[us] *de Chissiaco*, electus anno 1337 [2], medictatem jurisdictionis Gratianopolis, servato sibi et successoribus episcopis supremo dominio, concessit Humberto II° Delphino anno 1343, ab eoque in compensationem dictæ jurisdictionis castrum de Herbesio recepit [3] ; cessionis factæ ab eodem Humberto in favorem primogeniti regis Galliæ auctor fuit : hinc est quod reges Galliarum ipsum et successores episcopos Comitiorum Delphinalium perpetuos præsides fore statuerunt ; sepultus est [4] in Carthusia Parisiensi anno 1350.

LV. RODULPHUS *de Chissiaco*, electus anno 1350, consecratur ab Humberto II° Dalphino 23 februarii 1351 (v. *Memorabilia* Humberti Pilati) [5] ; frequens in visitationibus

ble trois évêques successifs du nom de Guillaume dans le demi-siècle compris entre 1266, date de la mort de Falco, et 1318, date de la charte. Car, si l'on peut parfaitement admettre que les rédacteurs et les signataires de la charte de 1318 aient alors perdu de vue l'existence de ce Guillaume Ier mort depuis près de deux cents ans à la Grande-Chartreuse, après un épiscopat de quelques mois seulement, il est impossible de supposer qu'ils se soient trompés sur l'ordre et le nombre des évêques du nom de Guillaume, qu'ils ont pu voir de leurs propres yeux occuper durant 10, 15 ou 20 ans, le siège épiscopal de Grenoble, et qu'ils aient pu désigner le dernier comme étant le 2e du nom, s'il y en avait eu 3 de suite du même nom.

[1] Guillaume de Royn mourut le 15 des Calendes de mai (17 avril) 1337 (Nécrologe de Saint Robert).

[2] L'élection de Jean de Chissé fut confirmée par Benoît XII (Valbonnais, tom. II, p. 353).

[3] *Ibid.* p. 468.

[4] Il mourut à Paris, le 14 août 1350. (*Notice* de M. l'abbé Bellet sur Aymon Ier de Chissé, p. 2).

[5] A la suite de ses luttes contre le tyran Bouville, gouverneur de Dauphiné (voir DU BOYS, p. 375 et suiv.), Rodolphe de Chissé dût se

diœcescos et civitatis, transfertur ad archiepiscopatum Tarentasiensem anno 1380 [1] ; fundavit et dotavit capellam juxta cœmeterium majoris Carthusiæ, quam variis donis et ædificiis ornavit.

LVI. Franciscus I[us], [2] *de Conziaco*, Rodulphi nepos, Clementis VII[i] papæ Avenionensis capellanus palatiique apostolici auditor, consecratur episcopus anno 1380, deinde cardinalis camerarius, ad sedem Arelatensem demum ad Narbonensem transfertur ; varias lites et controversias inter episcopum et capitulum Gratianopolitanum judex electus feliciter composuit. [3]

LVII. Aymo I[us] *de Chissiaco* [4] prior de *Megenta*, creatur episcopus anno 1388 ; huic Clemens papa VII[us] Avenionen-

---

retirer à Chambéry. d'où il venait faire de fréquents et assez longs séjours, durant l'été, au château de Saint-Hilaire sur le Touvet. Il y passa une bonne partie des étés de 1378 et 1379 (voir le *Décanat de Savoie*, tom. II, p. 197).

[1] Vers la fin de 1385, il fut assassiné avec ses gens, à son château de Saint-Jacques en Tarentaise, par Pierre de Combloux, qui eut les poings coupés et fut pendu à Chambéry en juin 1387. (Archives Costa, Ms n° 2960.)

[2] Nommé évêque de Grenoble le 6 février 1380, François de Conzié fut tranféré à Arles, le 31 janvier 1388, ensuite à Toulouse, d'où il fut encore transféré à Narbonne en 1391, puis créé cardinal camérier.

[3] Il fut choisi et régla comme arbitre, le 31 octobre 1401, les nombreux différents qui existaient entre Aymon Ier de Chissé, évêque de Grenoble et le chapitre de sa cathédrale (voir le *Décanat de Savoie*, tom. II, p. 71 et suiv.). Il mourut le 31 décembre 1432.

[4] Aimon Ier de Chissé, d'abord prieur de Megève (de *Megeva* et non *Megenta*), fut un des plus grands évêques de Grenoble (voir sa *Vie* publiée en 1880, avec une controverse justificative en 1882, par le laborieux et sagace M. l'abbé Ch. Bellet). Il siégea à Grenoble de 1388 au 24 octobre 1427, jour où, en vertu d'une bulle de Martin V, il permuta avec son neveu Aimon II, évêque de Nice depuis 1422 (Bellet ; *Controverse*, p. 21 et suiv.).

sis, tanquam dominus castri de Domena, homagium et fidelitatem præstitit anno 1393 ; xenodochium juxta palatium episcopale erexit et variis redditibus auxit [1] ; interfuit concilio Basileensi [2] ; collapsam ecclesiæ suæ disciplinam pro viribus restituit [3], in tuendis episcopatus juribus et bonis diligentiam satis superque testantur episcopales chartæ quas litteris unciatis exarari et in amplum volumen redigi curavit [4].

LVIII. Aymo II[us] *de Chissiaco*, primum episcopus Niciensis, deinde Gratianopolis per cessionem patrui sui, cui vicissim Niciensem ecclesiam cessit anno 1427, annuente Martino V[o] summo pontifice [5], capellam Fratrum Prædicatorum consecravit anno 1430 et obiit anno 1450.

[1] En 1394.

[2] Il assista, la même année, au Concile de Paris (et non de Bâle).

[3] En 1407, il fit construire, dans sa cathédrale, le mausolée qui devait servir de tombeau aux évêques de Grenoble. Il paraît avoir vécu jurqu'au 2 janvier 1428. (Compte-rendu d'Etienne du Pont, procureur fiscal de la cour d'officialité de Chambéry, de 1423 à 1428 (aux archives de l'évêché de Grenoble).

[4] C'est le beau recueil connu sous le nom de *Cartul de Chissé*, dont M. le chanoine U. Chevalier a publié (Colmar, 1869) le Répertoire, suivi du texte intégral de quelques-uns de ses actes les plus importants.

[5] Aimon II, d'abord chanoine de Saint-André de Grenoble, puis évêque de Nice, et enfin de Grenoble par suite de sa permutation avec Aimon Ier, assista en 1431 au Concile de Bâle. Il y était encore le 17 septembre 1433 (voir aux archives de l'évêché de Grenoble le fol. XII du *Computus Joannis Rosseti* des années 1429 et suiv.). En 1434, il fut délégué pour faire, dans son diocèse, la collecte de la sémidime destinée à pourvoir aux frais du Concile ; et il se fit remplacer par des sous-collecteurs. Le 19 novembre 1435, il était de retour à son palais épiscopal de Grenoble où il donnait décharge à Jean Rosset, sous-collecteur dans le décanat, des sommes qui y avaient été recueillies (voir n° 88 des pièces justificatives). Aimon II mourut au mois de septembre 1450.

LIX. Siboudus *Allamandi*, dominus de Chechillina, decanus cathedralis ecclesiæ, eligitur in episcopum anno 1450[1] ; xenodochium fundavit in pago Chechillinæ, ibidemque quatuor præbendas regulares quæ cum prioratu ejusdem loci unitæ sunt ecclesiæ cathedrali ; diœcesim sæpius perlustravit, statuta synodalia renovavit ; tandem virtutibus et meritis clarus obiit anno 1477[2].

LX. Laurentius I[us] *Allamandi*, Siboudi nepos, abbas Sancti Saturnini Tolosæ, assumitur in episcopum anno 1477 ; deinde translatus ad ecclesiam Arausicanam , quam rexit duobus annis, eaque relicta primam sedem repetiit anno 1484 usque ad annum 1518 ; frequens et diligens fuit in visitatione parrochiarum ; Breviarium, Missale, Rituale et Statuta ecclesiæ Gratinopolitanæ renovavit ; conventum Minimorum de Plana fundavit, ubi Petrus du Terrail eques Bayardus, ejus ex matre nepos, jacet[3].

LXI. Jodocus *de Sillenon* rexit ecclesiam Gratianopolitanam quam diu Laurentius rexit Arausicanam [4] ; sed trans-

---

[1] Il fit construire à ses frais le magnifique tabernacle (*ciborium*) qui se dresse dans le chœur de la cathédrale, en face du tombeau des évêques de Grenoble. Dans une visite faite à sa cathédrale le 22 mars 1455, il dit en effet qu'il se propose d'élever ce tabernacle pour remplacer l'ancienne armoire en bois qui renfermait le saint Sacrement.

Le 24 juin 1462, il consacra la chapelle de Sainte-Marie-Egyptienne de Chambéry (Fodéré, *Narration*, p. 936).

[2] Il mourut le 20 ou 29 janvier 1477.

[3] Laurent Ier, qui avait succédé à son oncle Siboud sur le siège épiscopal de Grenoble, l'occupa d'abord fort peu de temps. Il fut transféré à l'évêché d'Orange le 15 juillet 1477 par bulle du pape Sixte IV.

[4] Jodoc de Silenon, ou mieux Jost (Justin) de Silenen, appartenait à une noble famille de la Suisse allemande. Bien qu'il eut été coadjuteur de l'évêque Siboud, il ne lui succéda pas immédiatement. Il ne fut nommé évêque de Grenoble que par la bulle de Sixte IV qui transférait Laurent Ier à l'évêché d'Orange.

latus ad episcopatum Sedunensem in Valesia[1] anno 1484, sedem Gratianopolitanam Laurentio restituit.

LXII. Laurentius II[us] *Allamandi*, nepos et successor Laurentii I[i], electus est a capitulo anno 1518, designatus est a summo pontifice inquisitor in vitam et miracula sancti Francisci de Paula[2] obtinuit a Paulo V° summo pontifice ut episcopus et canonici Gratianopolis a statu regulari transirent ad statum secularem anno 1557 ; obiit 1561.

LXIII. Franciscus II[us] *de Saint Marcel d'Avanson*, sigillorum curiæ Parlamenti Delphinalis custos, primum præpositus Sancti Andreæ, tum decanus cathedralis, eligitur a capitulo, non obstantibus concordatis, in episcopum anno 1561 ; præceptoriales præbendas in utraque ecclesia cathedrali et collegiata fundavit, hospitale variis donariis auxit ; factionem Calvinianam pro viribus repressit et, quamvis hæretici post dirutas ædes, interfectos Christi sacerdotes, combustas sancti Hugonis cæterorumque sanctorum reliquias et ecclesiæ membranas expilatas, sacra æraria, domo episcopali et urbe potirentur, obstitit ne unquam in ecclesia cathedrali concionem haberent, ibique virus noviciolæ hæreseos disseminarent[3] : obiit die 6[a] februarii anno 1575.

Laurent Ier fut remis en possession de l'évêché de Grenoble par une autre bulle du 8 mars 1484. Il mourut en 1518. On peut voir dans Du Boys, p. 381 et suivantes, les touchants rapports de cet évêque avec son neveu, le *chevalier sans peur et sans reproche*, et les débuts du jeune Bayard à la cour du duc de Savoie, résidant alors à Chambéry.

[1] En 1482, il fut transféré lui-même à l'évêché de Sion. Mais il conserva encore pendant deux ans l'administration du diocèse de Grenoble. (Voir, sur ce remarquable évêque, la savante et fort curieuse *Notice historique de M. l'abbé Charles Bellet*: Lyon, Aug. Brun, 1880).

[2] Ce n'est pas Laurent II, mais son oncle Laurent Ier qui avait été chargé d'informer sur la vie et les miracles de saint Vincent Ferrier, et qui répondit à ce sujet au pape Léon X, en 1516.

[3] Pendant l'épiscopat de François II, le redoutable baron des Adrets entra dans Grenoble en 1562, pilla et saccagea les églises,

LXIV. Franciscus III[us] *Fleard*, abbas Sancti Martini in Bosco, qui cum diu in rationum curia præsidis functus fuisset officio, ad pontificiam dignitatem evehitur anno 1575 [1] ; præfuit cum applausu omnium ordinum patriæ usque ad ann. 1606 quo obiit.

LXV. Joannes III[us] *de la Croix de Chevrières*, comes S[ti] Valerii, ex præside Parlamenti Delphinalis et comite consistoriano, post diversos honorum civilium gradus, episcopatus insignia suscepit ab Henrico IV°, anno 1607, utpote vir summæ prudentiæ et eruditionis, qui ecclesiæ totique provinciæ ita prodesse studuit ut universi Delphinales ad bonum ejus natum testarentur [2] ; interfuit comitiis generalibus regni Parisiis anno 1615 et obiit anno 1619.

LXVI. Alphonsus *de la Croix d'Ornacieux*, Joannis filius et coadjutor sub titulo ecclesiæ Chalcedonensis, episcopalem sarcinam humeris angelicis formidandam pertimescens, solitudinem civitati præposuit et quietem Mariæ Marthæ sollicitudini et ministerio, et ultro se abdicavit episcopatu anno 1620 [3].

---

brisa les tombeaux des Dauphins, et alla ensuite piller la Grande-Chartreuse, dont les religieux durent venir chercher un refuge en Savoie.

[1] Cet évêque sut gagner l'estime et l'affection de Lesdiguières qu'il finit par rendre favorable aux catholiques. Il mourut à Tullin, le 4 octobre 1606.

[2] Sur son invitation, saint François de Sales vint, en 1617, prêcher à Grenoble un carême qui fit une profonde impression, même sur l'esprit des protestants. Il convertit un ministre et ébranla fortement Lesdiguières qui suivait assidûment ses prédications. L'année suivante, le saint évêque de Genève revint à Grenoble poser la première pierre d'un couvent de la Visitation, longtemps connu sous le nom de Sainte-Marie-d'en-Haut. Jean de la Croix s'étant rendu à Paris à l'assemblée du Clergé, y mourut au mois de mai 1619.

[3] Infirme et amoureux de la retraite, Alphonse de la Croix donna spontanément sa démission en 1620. Il mourut à Saint-Marcellin en 1637.

LXVII. Petrus IVᵘˢ *Scarron,* ex supremæ curiæ Parlamenti Parisiensis consiliario, renunciatur episcopus anno 1620 ; morum suavitate et erga omnes benignitate conspicuus, post transactos 48 annos in episcopatu obiit anno 1668 [1].

LXVIII. Etienne Le Camus naquit à Paris, le 24 novembre 1632, d'une notable famille de robe, et fut reçu docteur de Sorbonne le 4 avril 1650. Nommé ensuite aumônier du roi, il parla plusieurs fois devant la Cour avec un succès qui, joint à son esprit brillant et à ses bonnes manières, lui attira des louanges qui l'enivraient et lui faisaient prendre le goût du monde. Mais bientôt revenu à des sentiments plus conformes à son état, il se retira dans une maison isolée pour s'y livrer à l'étude et à la pénitence. Louis XIV, édifié de son changement de vie, le nomma, presque malgré lui, à l'évêché de Grenoble, le 6 janvier 1671. Il fut sacré le 24 août, et prit possession de son siège le 4 novembre de la même année. Peu de temps après, il fit faire une mission où il prêcha lui-même avec un zèle qui pénétrait tous les cœurs. Il convertit plusieurs ministres protestants. Pour attirer les bénédictions de Dieu sur son ministère, il se livrait à des austérités continuelles. Il portait le cilice,

---

[1] Pierre Scarron prit possession de son siège le 6 novembre 1621. Le 24 juin 1623, Lesdiguières abjura en sa présence. En 1629, une peste affreuse ravagea Grenoble ; en 1651, le pont de pierre construit par Jean de Sassenage fut emporté par une inondation. En 1649 avait lieu, près de Vinay, le miracle qui a donné naissance à l'église et au couvent de Notre-Dame-de-l'Osier.

Nota. — Pour de plus amples détails sur un grand nombre des évêques précédents, on peut consulter la *Notice chronologique sur les évêques de Grenoble,* publiée par M. Albert Du Boys, à la suite de sa *Vie de saint Hugues.* C'est encore à cette Notice que nous continuerons d'emprunter des données sommaires sur les autres évêques depuis le 68ᵉ, Mgr. Le Camus inclusivement, jusqu'aux premières années de Mᵍʳ de Bruillard, le 75ᵉ.

couchait sur la paille, se levait à deux heures du matin, disait son bréviaire, lisait l'écriture sainte et, à cinq heures, il allait réveiller lui même un de ses domestiques qui réveillait ensuite les autres. Il faisait la prière en commun à 5 heures et demie. A ses repas, on ne lui servait que des légumes. Innocent XI lui ayant ordonné de retrancher quelque chose à ses austérités, il consentit à manger du poisson les jours gras. Les graves infirmités qu'il avait contractées 5 ans avant sa mort le décidèrent à manger, dès lors, de la viande de temps en temps. Trois mois durant, il faisait chaque année la visite d'une partie de son diocèse, et il prêchait dans la plus petite église de campagne avec autant de zèle que dans sa cathédrale ; son rare mérite fut récompensé par Innocent XI qui le créa cardinal le 2 septembre 1686. Il composa plusieurs ouvrages de théologie, et un excellent recueil de *statuts synodaux*. Enfin, il dressa le catalogue des évêques de Grenoble ses prédécesseurs, que nous avons reproduit plus haut. Il fit un grand nombre de fondations, entre autres celles de deux séminaires, l'un à Grenoble, l'autre à Saint-Martin-de-Miséré. Il répandait d'abondantes aumônes prises non seulement sur les revenus de son évêché, dont il ne se réservait rien, mais encore sur sa fortune personnelle qui était considérable. Ses legs pieux s'élevèrent à quinze cent mille francs. Il assista, en 1700, au conclave pour l'élection de Clément XI, et le 12 septembre 1707, il mourut âgé de 75 ans, à la suite d'une dernière visite pastorale dans son diocèse.

LXIX. Ennemon Alleman de Montmartin, de la maison souveraine des Barons de Faucigny, était docteur de Sorbonne et grand chantre de l'église de Vienne. Il fut nommé à l'évêché de Grenoble en 1707, et sacré le 6 mai 1708. Il prit possession de son siège le 7 mars 1709. C'est sous son épiscopat que fut fondé, à Grenoble, l'établissement des Frères de l'école chrétienne. Il mourut le 12 octobre 1719 à Fontainebleau, où il est enterré.

LXX. Paul de Chaulnes, d'abord chanoine de Saint-André de Grenoble, puis évêque de Sarlat en 1702, fut transféré à Grenoble le 2 janvier 1721. Il y mourut le 20 ou 21 octobre 1725, et fut enterré dans l'église de Notre-Dame, sa cathédrale.

LXXI. Jean IV de Caulet, aumônier du roi et vicaire général de Pontoise et du Vexin, fut nommé à l'évêché de Grenoble et sacré le 14 avril 1726. Il assista, en 1727, au concile d'Embrun. Sous son épiscopat, de nombreuses inondations désolèrent la ville de Grenoble et fournirent au pieux évêque des occasions fréquentes de répandre d'abondantes aumônes et d'exercer envers les malheureux les œuvres de la plus ardente charité. En 1739, il fit prêcher à Grenoble, par le Père Brydaine, une mission qui produisit des résultats immenses dont on peut voir un abrégé dans la *Notice* de M. du Boys, pages 418 et suivantes. Mgr de Caulet mourut en 1771, après un épiscopat de 45 ans.

LXXII. Jean V de Cairol de Madaillan, docteur de Sorbonne, fut nommé évêque de Sarept *in partibus infidelium* en 1761 ; puis, évêque de Vence en 1669, et évêque de Grenoble en 1771. Sa santé faible lui fit donner sa démission en 1780. C'est sous son épiscopat que le décanat de Savoie fut détaché du diocèse de Grenoble, et servit à l'érection d'un évêché à Chambéry, créé par bulle de Pie VI en date du 15 des calendes de septembre (18 août) 1779.

LXXIII Marie-Anne-Hippolyte Hay de Bonteville, nommé évêque de Saint-Flour en 1776, fut transféré à Grenoble le 9 février 1780. Il n'y vint résider qu'en 1783, et finit tristement ses jours le 6 octobre 1788.

LXXIV. Henri-Charles Dulau d'Alleman fut sacré évêque de Grenoble au mois d'avril 1789. Forcé bientôt de s'expatrier à la suite des troubles révolutionnaires, il gouverna dès lors son diocèse par l'intermédiaire de ses vicaires généraux, avec lesquels il correspondit d'abord de Chambéry, ensuite d'Aoste en Piémont et, enfin, de Gratz en Styrie, où il mourut le 4 avril 1802.

LXXV. Claude Simon, ancien chanoine d'Avallon, était né à Semur (Côte-d'Or), le 15 novembre 1744. Il fut sacré évêque de Grenoble le 8 août 1802. Il travailla activement à réparer les ruines accumulées dans son diocèse pendant la révolution, et surtout à rétablir un grand et deux petits séminaires. Sous son épiscopat, Pie VII fut enlevé de Rome en 1809 par Napoléon, traversa son diocèse où il fut reçu avec enthousiasme par les populations, et séjourna à Grenoble du 21 juillet au 1er août. Claude Simon mourut après un épiscopat de 23 ans, le 2 octobre 1825, à l'âge de 81 ans.

LXXVI. Philibert de Bruillard, né à Dijon, le 11 septembre 1765, était curé à Saint-Etienne-du-Mont quand il fut nommé à l'évêché de Grenoble. Son sacre eut lieu le 6 août 1826. Après un épiscopat de 27 ans, à cause de son grand âge, il donna sa démission en 1853.

Il fut nommé chanoine de Saint Denis de première classe, et se retira au couvent du Sacré-Cœur de Montfleury où il mourut le 15 décembre 1860, âgé de 95 ans.

LXXVII. Jacques-Marie-Achille Ginoulhiac naquit le 3 décembre 1806. Nommé professeur de dogme au Grand-Séminaire de Montpellier, puis vicaire général d'Aix, il fut ensuite nommé à l'évêché de Grenoble le 9 décembre 1852, puis sacré le 1er mai 1853. Profond théologien, il publia l'histoire du dogme catholique pendant les trois premiers siècles de l'Église. Sous son épiscopat, les Révérends Pères Trappistes s'établirent dans la forêt Chambarand. En 1870, il fut transféré à l'archevêché de Lyon et de Vienne, et mourut le 17 novembre 1875.

LXXVIII. Pierre-Antoine-Justin Paulinier, né à Pézenas (Hérault), le 29 janvier 1815, fut sacré évêque de Grenoble, à Lyon, le 28 août 1870. En 1875, il fut transféré à l'archevêché de Besançon ; et le 12 décembre 1881, il mourut à

Pézenas dans sa famille, où il s'était rendu déjà gravement atteint par la maladie.

LXXIX. Mgr Amand-Joseph Fava est né à Evin-Malmaison (Pas-de-Calais), le 10 février 1826 ; nommé évêque de Saint-Pierre de la Martinique le 25 juillet 1871, il fut transféré à Grenoble en 1875. Dieu lui accorde heureuses et longues années.

3

Fondation du Prieuré d'Arbin.
1011 (1012?)
(*Décanat* : chapitre V, notes 79, 149.)

Privilegium Evrardi Episcopi Murianæ de Ecclesia sancti Verani[1].

Ego, in Dei nomine, Evrardus, indignus, gratia Dei tamen Præsul sanctæ Matris Ecclesiæ Murianæ, [Maurianæ] cum consilio amicorum meorum, pro remedio animæ meæ et senioris mei Conradi regis, filiique rejus Rodulphi regis, necnon etiam Patris mei et Matris, et omnium parentum meorum, dono sanctæ Ecclesiæ S. Martini Saviniacensis Monasterii, ubi Domnus Durannus Abbas cum grege monachorum habitare videtur, ecclesiam sancti Verani, quæ est in villa, quæ vulgo vocatur Erbins, juxta ripam Iseræ fluminis, cum suo presbyteratu et omnibus adjacentiis suis, quæ infra terminos subtitulatos sitæ sunt : sunt autem prædictæ res sitæ in pago Gratianopoli [Gratianopolitensi] in agro Savogensi, et terminantur à mane villis Marini, à sero terra Cavorni, à meridie Ysarâ volvente, à septentrione verò montem Benedictum ; et in alio loco, in villa quæ dicitur Balbiacus, mansum unum et quantum ad ipsum aspicit usque in exquisitum. Tali igitur tenore dono prædictas res Deo et Sancto Martino, ut ab hodierno die habeant seniores ejusdem loci in suo dominicatu, et annis singulis, in festivitate beati Andreæ, ad altare beati Joannis sanctæ matris ecclesiæ Murianæ decem solidatas ceræ persolvant. S. Evrardi præsulis, qui hoc donum fecit, et firmare rogavit. S. Riculfi qui consensit. S. Leothardi præpositi. S. Arberti. S. Adalberti. S. Desiderii. S. Franconis et Desiderii, filiorum Evrardi. Data tertio Calendas Julii, feria secunda, anno decimo septimo regni Rodulphi regis.

[1] Charte n° 582 du Cartulaire de Savigny, publié par M. Auguste Bernard. Imprimerie impériale, Paris, 1853.

4

Donation faite par Rodolphe III à sa femme Hermengarde, de Saint-Pierre d'Albigny, Saint-Jean-de-la-Porte, Miolans, Conflans et Châteauneuf avec leurs églises et leurs dépendances.

21 février 1014 (1015, notre style).

(*Déc.* : chap. V, notes 46-102)

De Abiniaco, Miolano, Conflenz et Castro Novo [1].

In nomine sancte et individue Trinitatis, Rodulfus Dei clementia serenus rex. — Justis fidelium nostrorum petitionibus adquiescere utile ducimus. Quapropter notum sit omnibus natis et nascendis qualiter, petentibus Burchardo archiepiscopo et episcopo Anselmo, damus Irmingarde regine, conjugi nostre dilecte, in comitatu Savoigense nostre proprietatis cortes in Albiniacum majorem, cum ecclesia in honore sancti Petri consecrata et aliis omnibus appendiciis, et alium Albiniacum cum ecclesia in honore sancti Johannis consecrata et aliis omnibus appendiciis, et Meiolanum cum omnibus appendiciis, et Conflenz cum ecclesia in honore sancte Marie consecrata et omnibus appendiciis. et Novum Castellum super Isaram fluvium cum omnibus appendiciis et mandamentis : hec supra nominata, cum servis et ancillis, ei damus ut habeat potestatem habendi, donandi, vendendi vel quicquid ipsi placuerit inde faciendi. Ut [Et ut] hec a nobis facta credantur et a posteris nostris non infringantur manu nostra roboravimus et sigillari jussimus.

Signum domni Rodulfi regis piissimi.

Paldofus cancellarius recognovi.

— Data viiii kalendas marcias, anno ab Incarnatione Domini M° XIIII° regni domni Rodulfi regis xxiii. Actum Logis castello.

[1] Charte n° 43* de l'*Appendice* des Chartes viennoises, publié par M. le chanoine U. Chevalier, à la suite du Cartul. de Saint-André-le-Bas. — Vienne et Lyon, 1869.

5

Rodolphe III donne à Hermengarde, sa femme, des terres situées à Aix, à Lémenc. à Chambéry, avec leurs dépendances, et le château de Saint-Cassien, avec les siennes.

1014 (1016).

(*Déc.* : chapitre V, notes 47-103.)

De terra Aquis, Lemming, Camefriaco [Camberiaco] et castro Beati Cassiani[1].

IN NOMINE sancte et individue Trinitatis, Rodulfus divino nutu rex. — Notum sit omnibus sancte Dei ecclesie fidelibus, tam presentibus quam et futuris, qualiter ob dilectionem care conjugis nostre Irmengarde, donamus ei quandam terram nostri juris conjacentem in comitatu seu in pago Gratianopolitano vel Savoiense, hoc est Aquis cum omnibus suis appendiciis, et Lemmingis cum suis appendiciis, Camefriaco [Camberiaco] cum suis appendiciis, et castrum Beati Cassiani cum suis appendiciis, in proprium et in jus hereditarium, habendi, donandi, vendendi, comutandi et faciendi quicquid voluerit liberam et firmissimam habens potestatem. Et ut hec a nobis facta credantur et a nemine infringantur, manu propria firmavimus et sigillari jussimus. — Actum civitate Argentina, anno Incarnationis Domini M° XIIII°.

Signum domni Rodulfi regis pii.

Anno Rodulfi regis xxiiii.

Ego Franco, vice Paldolfi cancellarii, scripsi.

[1] Même appendice ; charte n° 44*.

6

Le comte Manasses donne la moitié de l'église de Saint-André de Savoie à la cathédrale de Grenoble.

20 juin 1015 (environ).

(*Déc.* : chapitre II, note 28. — Chapitre III, notes 12, 23, 24, 25, 26. Chapitre XII, notes 58, 61, 63.)

Carta de ecclesia Sancti Andreæ [1].

In nomine Dei æterni et Salvatoris nostri Jhesu Christi. Umbertus, sublimis arbitris providente clementia, sanctæ Gratianopolitanæ ecclesiæ mitis pontifex, notum sit omnibus

[1] Charte n° 118 du *IIe Cartulaire de saint Hugues* ; — et n° 35 du *IIIe*.

filiis ecclesiæ nostræ presentibus scilicet et futuris, adisse nos Manasseum, comitem, et uxorem suam, Ermengardam nomine, et petisse a nobis quatenus eis concederemus, de ecclesia quæ, auctore Deo, a me regi videtur, res sanctæ Dei genitricis Mariæ sanctique Vincentii in prestaria. Cujus precibus clementer adquievi, quoniam justam petitionem ipsius comperi. Quippe, cum viderem eum omnibus viribus suis fidelem nostræ ecclesiæ et in futuro fideliorem esse credam, una cum consilio fidelium et filiis nostræ ecclesiæ, clericis et laicis, assensum prebendo complacui. Sunt namque ipsæ res in pago Gebennensis, in denominatis villis : Cranavis, quantum ibidem Sanctus Vincentius videtur habere; In Luxuviaco similiter; in Cavannaico[1], similiter; in Satiniango, similiter; in Aureliaco, similiter; in Limargo, similiter; in Codolada, similiter; in Presiago, similiter; in Felcheria[2], similiter; In Desia, similiter; in Pradalia similiter; in Luciniango, similiter; in Cresnatis, similiter; in Maciliago, similiter; in Blisiaico, similiter; in Montaniaco, similiter. Sunt namque fines istarum villarum : ab oriente, aqua quæ dicitur Menobia; ab occidente, laccus; a septentrione, Drancia; a meridie, Arva aqua fluens. Quapropter, predictus comes Manasseus et uxor sua, Hermengarda, dat ad prefatam ecclesiam, ex alodo proprio suo, in pago videlicet Gratianopolitano, in comitatu Savogensi, in villa Sancti Andreæ, quantum ibidem aspicit vel aspicere videtur; in Gentiano, similiter; et in Reculato, similiter; et in Cumba Areboldi, similiter; in Alta Villa, quæ vocatur vulgo Chatovilarium, similiter; in Jardinco[3], similiter; et mansos duos, unum quem excolit Oderannus, et alium quem excolit Bonus Filius. Quantum in ipsis predictis villis, vel

---

[1] *Alias : Cavanniaco.*
[2] *Alias : Folcheria.*
[3] *Alias : Gardinco.*

ad ipsos mansos aspicit vel aspicere videtur, hoc est campi culti et inculti, cum pratis, silvis, molinariis, pascuis, cum arboribus, pomiferis et impomiferis, et cum vineis, et aquis, et rivis aquarumque decursibus, totum donamus predictæ ecclesiæ Sancti Vincentii, excepta una medietate predictæ ecclesiæ Sancti Andreæ. In presenti namque donant ecclesiis predictis Sanctæ Mariæ et Sancti Vincentii, et Sancti Donati, ex predicta hereditate, pro censu et investitura, unam medietatem prescriptæ ecclesiæ Sancti Andreæ, cum omnibus adjacentiis suis. Igitur ego Umbertus, episcopus, predictam hereditatem Sancti Vincentii illis, propter istam prestariam, concessi; ea vero ratione ut, quandiu illi duo, Manasseus Comes, et uxor sua Hermengarda vixerint, teneant et possideant; et si, Hermengarda supervixerit Manasseum comitem, mansus ille, quem excolit Amalguinus, ad predictam medietatem de investitura jungatur et ad casam Dei perveniat, et nichil ex rebus predictis vendere nec alienare presumant : post illorum vero discessum, omnes prescriptæ res ad predictas ecclesias perveniant. Hoc vero decrevimus quod, si aliquis de heredibus ipsorum, seu aliqua objecta fuerit persona, qui hanc prestariam violare temptaverit, non vendicet quod petierit; sed insuper sciat se juditio Dei subjacere, et postmodum quod repetit non opere compleat. Et, ut hæc prestaria firma maneat in reliquum manu propria subter firmavi, et clericis ecclesiæ nostræ, una cum vassalis nostris, corroborare jussimus. S. Manassei, comitis, et uxoris suæ, Hermengardæ, qui fieri et firmare rogaverunt. S. Aliosdi, qui fieri et firmare rogavit. S. Vigonis[1]. S. Desiderii. S. Barnoini. S. Theodati. S. Amblardi. S. Morardi. S. Josberti. S. Gislaboldi. S. Arberti. S. Constantini. S. Ananiæ, filiæ comitis. Ego Othgerius, presbiter, scripsi, xii kalendas julii, ad vicem Umberti, episcopi.

---

[1] *Alias : Vigenis.*

7

Fondation du prieuré de Lémenc, par Rodolphe III et sa femme Hermengarde[1].

1029 ?

(*Déc.* : chap. V, note 2.)

Sacrosanctæ Dei ecclesiæ Athanacensi cui Domnus Geraldus abbas miræ sanctitatis vir præesse videtur. Rex Rodulphus et uxor sua Ermengardis Regina, casum humanæ fragilitatis considerantes, quantum hic in præsenti bonæ actionis fructus perciperent, in futuro vero æternæ beatitudinis præmia consequi mererentur; quia dicente Domino, sicut aqua extinguit ignem, ita eleemosyna extinguit peccatum, consilio Domni Leodegarii Viennensis archiepiscopi suæ ecclesiæ primatum obtinentis, necnon aliorum honestissimorum virorum tam laicorum quam clericorum, villam, quæ vocatur Lemensis, dederunt : prædictus siquidem abbas eorum justis petitionibus compulsus, communi Athanacensium Fratrum consilio, inibi monachos misit, qui pro eorum atque omnium antecessorum suorum animabus sedulo Dei misericordia intervenirent. Præterea si quis de feudo quod ab eis habere videtur, liberalitate sua eleemosynam facere voluerit monachis, libere et absque ulla consuetudine concesserunt : præterea vero alibi in villa, quæ vocatur Nogerei, mansum unum dederunt et castanearium ejusdem villæ mansis appendens, necnon et prata, quæ sub eodem castaneario esse videntur, atque mansum Vifredi : signum Rodulphi Regis et domnæ Ermengardis Reginæ, qui hoc donum fecerunt, et ut in perpetuo inconcussum maneret, scripto firmari jusserunt. Signum Umberti comi-

---

[1] Guichenon, *Savoie : Preuves*, pages 4 et 5.

tis ; signum Oddonis ; signum Leodogarii primatis egregii ; signum Artaldi Viennensis urbis præpositi ; signum Domni Ugonis ejusdem urbis ; signum Richardi Reginæ capellani ; signum Wlchirii ; signum Witfredi de Camberiaco ; signum Amaldrici vicarii.

8

Humbert Ier et ses enfants donnent au prieuré du Bourget l'église de Saint-Germain, sur le Mont-du-Chat, et divers autres biens [1].

Avant 1030.

(*Déc.*: chap. I, notes 45 et 47. — Chap. III, note 17. — Chap. V, note 103.)

Ego Umbertus comes et filii mei, quorum nomina hic habentur : Amedeus, Aymo et Oddo, donamus omnipotenti Domino ex rebus ab ipso nobis concessis, et apostolis ejus Petro et Paulo, et ad monasterium Cluniacum, ubi præest Dominus abbas Odilo, aliquid de nostra hæreditate, ecclesiam videlicet s. Germani, quæ est sita super montem Munni, cum decimis, oblationibus, et omnibus suis appenditiis ; donamus etiam desertum in latere ejusdem montis, cum campis, sylvis, pratis, vineis et fructibus : item aliud desertum in comba Dominici, et duos mansos in Pago Bellicensi sub monte ; et in silva usum ad porcos ; et in Maltacena duos mansos ad radicem montis Munni, et tertium mansum in alio loco in eadem Maltacena. Dederunt etiam quædam Vinusinus filius Gothofredi et uxor sua ; et ista landaverunt : et filii Umberti de Balma, Umbertus et Paganus et Amedeus clausos vineæ indominicatos in eadem Maltacena. Dedit etiam Warnerius de Valeria mansum unum in villa

---

[1] GUICHENON, *Savoie: Preuves*, page 5 .

de Tynojo. Hæc supra memorata damus ad sustentationem Fratrum apud Maltacenam degentium, ut participes esse mereamur regni cœlorum. Signum Umberti. Signum Amedei. Sig. Aymonis. Sig. Oddonis. Sig. Winusini. Sig. Humberti. Sig. Warnerii. Si quis ullus homo, aut alia persona calumniare ea voluerit, xv. uncias auri componat : et postea firma et stabilis permaneat cum stipulatione subnixa.

9

La reine Hermengarde donne l'église de Saint-Jean-d'Albigny (Saint-Jean-de-la-Porte) à l'abbaye de Saint-André-le-Bas, de Vienne.

1032 ?

(*Déc.* : chap. III, note 15. — Chap. V, notes 45, 48, 101, 104.)

Carta donationis Ermengardis regine de ecclesia Sancti Johannis de Albiniaco [1].

Omnipotentis Dei dulcissima bonitas benigniter per prophetam clamat dicens : « Nolo mortem peccatoris, sed ut convertatur et vivat » ; et quia omnes vult salvos facere et ad vitam eternam perducere, precipit bona hujus seculi possidentibus ut ex his que possident amicos adquirant in presenti vita, a quibus recipiantur in eterna tabernacula : hec et alia multa. Ego Ermengardis regina, ad mentem reducens divina monita considerensque innumerabilia mea peccata in extremo fine posita, pro redemptione anime senioris mei Radulfi regis necnon et pro anima mea, ut nobis Dominus indulgeat quicquid peccavimus in presenti vita, dono Deo et sancto ejus Andree apostolo et abbati

---

[1] *Cartulaire de Saint-André-le-Bas*; C. n° 224

Iterio et monachis ejus in abbatia jam dicti apostoli infra menia urbis Vienne constitutis, eclesiam Sancti Johannis in Albiniaco et in episcopatu Graciopolitano, cum omnibus appendiciis suis, scilicet ut ab hac die monachi predicti loci, pro redemptione animarum nostrarum omniumque fidelium, in proprios usus teneant et possideant absque ullius inquietudine. Si quis vero huic nostre helemosine et donationi, quod futurum minime credo, contrarius vel calumpniator exstiterit, nisi cito resipuerit iram Omnipotentis Dei omniumque sanctorum incurrat, hec vero nostra donatio firma et stabilis permaneat per omnia futura secula. Signum Ermengardis regine, qui hanc cartam fierit jussit et adstantibus sibi firmare precepit. Signum Leudegarii Viennensis archiepiscopi. Signum Artaldi prepositi. Signum Wigoni decani. Signum Ricardi presbiteri. Signum Otmari.

10

La reine Hermengarde donne à Saint-André-le-Bas (ou au prieuré de Saint-Ours ou Saint-Philippe) une vigne située à Saint-Jean-d'Albigny (Saint-Jean-de-la-Porte).

1033 ?

(*Déc.* : chap. V, notes 49-105.)

Ermengardis regine donatio de vinea Sancti Johannis in Albiniaco [1].

In Christi nomine, ego Ermengardis regina dono monasterio Sancti Andree subteriori, pro remedio anime mee, aliquid de hereditate, hoc est vineam unam in villa Sancti

---

[1] *Ibid.* n° 228.

Johannis in Albiniaco, sub presentia abbatis Iterii ; et hoc donum quod nunc dono et quecumque dedi predicto monasterio, confirmo et corroboro et testes oppono rectoribus celum et terram omnibus qui calumpniam inferre monachis temptaverint. Signum regine, sub testimonio Leodegarii archiepiscopi et Artaldi prepositi et Guigonis decani. Signum Richardi. Signum Balcherii. Et illam vineam quam Folcherius de me tenebat, similiter dono sancto Andree et confirmo et laudo, sub testimonio supradictorum testium.

11

Fondation du prieuré de Notre-Dame des Echelles par Humbert aux Blanches-Mains.

21 janvier 1042 ?

(*Déc.* : chap. III, notes 6, 19. — Chap. V, note 85.)

Item alia carta de eadem [1] ecclesia, quæ est in mandamento de Scalis, et dicit quod in episcopatu Gratianopolitano est [2].

Inter omnes series scripturarum qua Salvator edocuit speciale nobis medicamentum pænitentiæ helemosinis dixit abluenda, ut est illud, « Sicut, inquit, aqua extinguit « ignem, ita helemosina extinguit peccatum ; » et item « alio loco quidam orator, « Redemptio animæ viri divitiæ « suæ ; » eodem quoque exemplo, vir justus erudiens filium :

---

[1] Ces expressions du titre : *Item alia carta de eadem ecclesia*, qui présentent ici un non sens, s'expliquent très bien dans le *I*ᵉʳ *Cartulaire de saint Hugues*, où la présente charte est placée après la suivante, dont le titre est analogue à celui-ci.

[2] *I*ᵉʳ *Cartulaire de saint Hugues* ; C. n° 20.

« Desudet helemosina in manu tua, donec invenias justum
« cui eam tradas. » His itaque ammonitionibus atque exor-
tationibus sanctorum Patrum aure cordis præmonitus, domnus Upertus[1], comes, volo aliquid cedare de hæreditate
mea, quæ michi ex conquisto obvenerunt, ad monasterium
Calmiliacense, quæ est constructus in honore Sancti Petri,
principis apostolorum, ubi Sanctus Theotfredus, et sanctus
Eudo et duo innocentes humati jacent, pro remedium
animæ meæ, ut Deus omnipotens aliquid de peccatis meis
minuare dignetur. Resident autem ipsas res in episcopatu
Gratianopolitano, in loco que nominant Scalas, quod antiquitus vocatur Lavastrone, hoc est ecclesia sanctæ Dei
genitricis Mariæ. Quantum ad ipsam ecclesiam pertinet,
hoc est decimis, et primiciis, et cimiterium, et oblationes
necnon et ecclesias quæ sitæ fuerunt in eadem parrochia,
quæ necdum rehedificatæ sunt, totum et ab integram dono
Deo, et Sancto Laurentio et ad sanctos supradictos. Si quis
hanc meæ donationis cartam post meum discessum contradicere voluerit vel calumpniare ausus fuerit, non vindicet
quod intulerit, sed componat tantum et alterum tantum, et
in domo regis, in cujus regimine est, libris quattuor auri ;
et insuper iram Dei omnipotentis incurrat, et cum Juda
traditore, et Nerone imperatore, et Juliano apostata, et cum
Datan et Abiron participentur in infernum : et postea carta
ista helemosinaria firma et stabilis permaneat. Acta hæc
carta XII kalendas februarii, luna XXV, anno ab incarnatione
Domini millesimo quadragesimo secundo. Ego Upertus,
comes, manibus meis firmo et testes firmare rogo. S. Brochardi, archiepiscopi. Signum Aimoni, episcopi. S. Ameei.
S. Oddoni. S. Orlini et filiorum ejus : Wigoni, Anselmi,
Rostagni, Bornoni. S. Rostagni.

---

[1] Humbert Ier aux Blanches-Mains.

12

Donation faite au prieuré de Notre-Dame des Echelles par Humbert aux Blanches-Mains et ses enfants, Amédé et Odon.

10 juin 1042 ?

(*Déc.* : chap. III, note 7. — Chap. V, note 85.)

Hæc carta dicit quod ecclesia Sanctæ Mariæ, quæ est in mandamento de castro quod vocatur Scalas, in episcopatu Gratianopolitano est [1].

Sacrosanctæ Dei ecclesiæ, sitæ in pago qui antiquitus vocatur Lavastrone, modo vocatur ad Scalas, in honore sanctissimæ Mariæ dicatæ, in episcopatu Gratianopolitano, seu alias ecclesias omnes, destructas et rehedificatas, in eadem parrochia sitas ; ego Umbertus, comes, et filii mei, Amedeus et Oddo, donamus omnes supradictas ecclesias cum uno manso, Sancto Petro Calmiliensis ecclesiæ, Sanctoque Teotfredo necnon Sancto Laurentio, Gratianopolitano monasterio, ob remedium animarum nostrarum omniumque parentum nostrorum, in tali tenore ut monachi ibidem militantes Sancto Laurentio habeant et possideant perpetualiter, sine alicujus contradictione, nominatimque dicimus omnem decimam, et primitias, et cimiteria necnon oblationes ad ipsas ecclesias pertinentes, totum et ad integrum donamus Domino Deo, et ad sanctos supradictos taliter concedimus, qualiter lex nostra concedere præcipit. Si quis calumpniator exstiterit nobis viventibus, defendatur a nobis abundantius. Si quis hanc nostræ donationis cartam post nostrum discessum contradicere voluerit vel calumpniare ausus fuerit, non vindicet quod intulerit, sed

---

[1] *Ibid.*; C. n° 19.

componat tantum et alterum tantum, et in domo regis, cujus in regimine est, libras iiii^{or} auri ; et insuper iram Dei incurrat omnipotentis, et beatæ Mariæ semper virginis, sanctique Michaelis clavigerique Petri vinculis innodatus existat omniumque sanctorum Dei, et cum Juda traditore, et Nerone imperatore, et Simone mago, et Juliano apostata, ac Datan et Abiron participetur in infernum : et postea carta ista helemosinaria firma et stabilis permaneat. Hacta hæc carta iiii° idus junii; luna xviii, anno ab incarnatione Domini millesimo quadragesimo secundo, regnante Einrico rege. Ego Umbertus, comes, manibus meis firmo et testes rogo firmare. S. Brochardi, archiepiscopo. S. Amedei, comitis. S. Oddonis. Signum Bornonis. S. Aureliani, Signum Rostagni.

13

Fondation du prieuré de Voglans, sous la dépendance de l'abbaye de Novalaise [1].

1042 (1043 ?)

(*Déc.* : chap. I, notes 27, 28. — Chap. III, note 20. Chap. V, notes 112, 207.)

In nomine dei saluatoris nostri Jesu Christi henricus dei gratia imperator romanorum secundo anno regni ejus deo propicio quinto decimo die mensis marcii indiccione xii. monasterio sancti petri quod est constructum in novalis loco. Ego aimo clericus filius cujusdam uguonis qui professus sum ex nacione mea lege uiuere romana, iussione et assensu parentum meorum offero et dono ipsi monasterio mercedem promissam consequi credens qua dicitur.

[1] *Monum. hist. Patriæ* : *Chartar.* tome I, col. 549.

quisquis ac uenerabilibus locis de suis aliquit contulerit iuxta [salu] actoris uocem centuplum accipiet et uitam eternam possidebit. pro mercede anime mee et parentum meorum nominatiue ecclesiam sancti martini de uoziglanno. et aliam capellam que super hunc locum posita est. Cum his omnibus ibi positis que mei sunt iuris. et insimul dono uillare quod dicitur azone. et cum omnibus ad ipsum pertinentibus. et duos mansos in loco qui uocatur poia. iterum alium mansum cum pertinenciis qui iacet in uilare quod richeruina vocatur et medietatem de silua que nominatur Sauorgia. cum omnibus que inde peruenerint siue de pascuis siue de omnibus aliis seruiciis. insuper dono medietatem tocius terre siue siluarum que extenditur a lacu usque ad agerem ubi terminatur sauargia. et a flumine lesie et medietatem piscacionis ipsius fluminis usque ad superficiem montis quem supra uoglannum mensura terre uiusmodi est tunc de uineis et terris arabilibus et pratis quingenta et xxiiii jugera suis locis disposita de ierbis et siluis. sexcenta jugera. et si amplius de meo iure infra scriptos terminos inuentum fuerit, siue fuerint diuisa vel indiuisa siue culta uel inculta ripas ruinas seu paludes et usus riparum et ductus earum nihil excepto dono et offero et medietatem piscacionis omminium aquarum que in lacum egrediuntur et propriam piscacionem in ipso lacu ex his inuestituram facio, uuasonem terre et ramum arboris et me ipsum pro monacho predicto novalicis monasterio tradens. Si quis super his ex eredibus successorum nostrorum uel aliorum molestiam intulerit quod absit. et infringere temptauerit. omnipotentis dei maledictionem consequatur. et filii ejus fiant orfani nec sit qui misereatur illis. et ereditatem ipsius alter accipiat. insuper penam hanc sustineat centum uncias auri et trecentas marcas argenti. potestati persoluat qui maledictionem predictam consequatur. nisi condignam uincdictam ex eo sumserit. hanc cartam offersionis in presencia donni Anselmi episcopi gracianopolitani bone memorie laudauit et confirmauit donnus Vifredus de canbariaco cum uxore sua et filiis suis. et donnus berlio cum filiis suis. et donnus ludouicus. et donnus Vifredus de uiriaco. Boso. Anno ad incarnacione domini nostri Jhesu Christi millesimo cadragesimo ii. Actum infra castrum qui carboneria dicitur. datum per manus donni iosephi. abbatis noualiciensis.

14

La reine Hermengarde fait donation à la cathédrale de Grenoble de l'église de Notre-Dame d'Aix, d'une maison Chambéry, d'un mas de terre à Chambéry-le-Vieux et d'un autre à Gutta Grandis

1057.

(*Déc.* : chap. II, note 31. — Chap. III, note 11. — Chap. VI, note 31.)

Carta de Cambariaco[1].

Sacrosanctæ Dei ecclesiæ, quæ est constructa ad honorem Dei, ejusque genitricis Mariæ sanctique Vincentii, gloriosi martiris, infra urbem Gratianopolim, ego Hermengardis regina dono, pro redemptione animæ meæ, ex regali jure, quandam ecclesiam sanctæ Mariæ, in eodem gratianopolitano episcopatu, in loco qui dicitur ad Aquis, cum omnibus decimis ad eam pertinentibus ; et dono ei unum mansum in Cambariaco vetere et alterum in Cute, in loco qui dicitur Gutta Grandis. Dono itaque hæc omnia Deo sanctæque suæ jam dictæ Gratianopolitanæ ecclesiæ, ubi domnus Artaldus,

---

[1] *II° Cartul. de saint Hugues ;* C. n° 20 ; et *III°*, C. n° 38.

episcopus, preesse videtur, tali tenore ut in perpetuum, ad opus ipsius ecclesiæ, vel in usu canonicorum ibi Deo servientium, sine alicujus contrarietate vel defraudatione, permaneat. Hac eadem convenientia dono eidēm ecclesiæ domum Ebonis, in burgo de Cambariaco ; et hoc cognitum sit quia istam domum duo homines equivoci, id est qui uno nomine vocantur, id est Ebo, possident. Quod si, quod absit, aliquis homo aut femina huic nostræ donationi et preceptioni contrarius extiterit et eam dissipare vel infringere temptaverit, non valeat perficere quod injuste quesierit ; sed excommunicatus cum diabolo in infernum, nisi penituerit, pereat, et insuper duo milia solidos pro temeritatis culpa persolvat ; et hæc donatio firma stabilisque permaneat, cum adstipulatione subnixa. Hac eadem constitutione et preceptione dono atque concedo supradictæ ecclesiæ, et jam nominato episcopo Artaldo et suis successoribus, in perpetuum, omnia illa altaria, quæ dominus et maritus meus, rex Rodulfus, regali jure tenuit, in eodem episcopatu, et alius pro eo, et quæ ego modo teneo et aliquis pro me. S. domne Hermengardis reginæ, quæ hanc fecit, laudavit, et hanc cartam scribi jussit et firmari testibus mandavit. S. Domini Leudegarii, archiepiscopi Viennensis. S. Artaldi, prepositi Viennensis ecclesiæ. S. Wigonis, decani ejusdem ecclesiæ. S. Richardi, archipresbiteri Gratianopolitanæ ecclesiæ.

Actum Viennæ, manu Petri cancellarii sanctæ ecclesiæ Viennensis, anno incarnationis Domini nostri Jhesu Christi millesimo LVII, eodem anno quo mortuus est Heinricus secundus, imperator, rege Burgundiæ deficientæ, mense augusto, feria VII^a, epacta XII^a, indictione X, luna XX, Domino vero nostro Jhesu Christo regnante in secula seculorum. Amen.

15

Winitier, surnommé Benzo, se donne avec tous ses biens à Saint-André-le-Bas, soit au prieuré de Saint-Ours [plus tard, de Saint-Philippe]. — Wiffred de Miolan, en sa qualité de suzerain, confirme la donation.

1073-1084 ?

(*Déc.* : chap. V, notes 59, 68, 113 et 124.)

Carta de traditione Winiterii et redditione Witfredi de Miolano[1]

Notum sit omnibus presentibus et futuris, quod Winiterius cognomento Benzo tradidit semet ipsum et totam possessionem suam sancti Andree et Umberto priori et habitatoribus loci Sancti Ursi, in presentia parrochianorum Sancti Johannis et Guiniterii presbiteri et suorum nepotum et consanguineorum. Inde sunt testes : Petrus Secenda, Aalbertus, Acelinus, Ugo de Munt Fort, Endricus Faber, et cum istis ceteri parrochiani. Quicquid vero in istam terram domnus Witfredus de Miolano juste aut injuste possidebat, predicto priori et habitatoribus prefati loci absque omni retento dedit et reliquid, accipiens precium ab eis duos modios vini ; et hanc laudationem et confirmationem fecit in die sancte Agathe, in presentia horum : Wilielmi, Gotafredi, Andree Bernart, Bernart Chaciput, Racherii presbiteri, Clarii clerici, Johannis diaconi, Stephani Ferroyt et aliorum multorum.

[1] *Cartul. de Saint-André-le-Bas;* C. n° 226.

16

Le clerc Amaldric donne la moitié de l'église de Saint-Pierre d'Albigny, et se donne lui-même, à Saint-André-le-Bas, ou au prieuré de Saint-Ours [Saint-Philippe]. — Nantelme (de Miolan) donne aussi des biens situés à la Noiriat, hameau de Saint-Pierre-d'Albigny.

1073-1084 ?

(Déc. : chap. V, notes 53, 109.)

(Littera Duranni de) Sancto Petro Savoi[1].

Suo venerabili patri V [iventio] et omni congregationi Sancti Andree, Durannus humillimus filius, fidele munus orationum in Christo. Notum mihi est quod ideo me illuc tranmisistis, ut secundum posse quiquid possem adquirere [m]; quapropter multum laboravi ut quidam clericus nomine Amaldricus, qui medietatem ecclesie Sancti Petri tenebat, Deo et sancto Andree et fratibus illi servientibus concederet, quod modo gratia Dei inspirante et me sepius illum monente contigit : nam ille clericus se ipsum et ecclesiam Deo et nobis tradidit, eo pacto quod pro quarta parte victum nobiscum habeat et unoquoque anno unum vestimentum ; alteram quartam partem sibi reservavit quantum temporis permanere voluerit in clericali habitu, et postquam monasticum ordinem susceperit, se et totum quod possederit Deo et nobis dereliquid ; et si mors illum in clericali habitu preoccupaverit, similiter quiquid possidet ad nos pervenerit. Et ideo oc quod mandavistis ad presens totum explere non possum, quia de ac re impeditus sum. Signum Nantelmi, Vitfredi. Signum Emmo. Sigum Viniterii. Signum Gerardi. Signum Clementis. Signum Racherii. Signum Desiderii. — Latardis similiter dedit duas posas et unum ortum. — Nantelmus filius Vitfredi dedit duas posas a Noiareia et suum redeismo de Noiareia.

Ibid.; C. n° 208.

17

Saint-Hugues de Grenoble fait donation à la Prévoté d'Oulx de 16 églises de son diocèse, situées en Oisans, pour la plupart.

1080

(*Déc.* : chap. I, note 32.)

Concessio, quam fecit Ugo Gratianopolitanæ ecclesiæ Episcopus[1]

Ego Hugo Gratianopolitanæ ecclesiæ vocatus Episcopus posteris ad notitiam trado, quoniam concessi Lantelmo Præposito Ulciensis ecclesiæ, et Canonicis regularibus ejusdem loci præsentibus, et futuris in Episcopatu nostro ecclesias sedecim pro annuo censu, vid. ecclesiam de Arenis superioribus, ecclesiam de Becis, ecclesiam de Clavaone, ecclesiam de Misoen, ecclesiam de Lento, ecclesiam de Fraxineto, ecclesiam de Abrus[2], ecclesiam de Vens[3], ecclesiam de Fageto, ecclesiam de Violanio[4], ecclesiam de Avelanz, ecclesiam de Lardenes[5], ecclesiam sanctæ Mariæ de Comeriis, ecclesiam sancti Petri de Comeriis, ecclesiam sancti Georgii de Comeriis. Census autem pro unaquaque ecclesia sunt tres solidi, et una cera recipienda. Sed ecclesia de Lardenes debet quinque solidos. Prædicti autem census summa sunt quinquaginta solidi, et sedecim ceræ, cujus census medietas redditur ad Synodum Paschæ, alia medietas ad Synodum omnium Sanctorum. Has sedecim ecclesias cum consilio canonicorum nostrorum concessi Ulciensibus canonicis, et decimas cum sepulturis, et oblationibus, et ceteris omnibus

---

[1] *Cartul. d'Oulx*; C. n° 190.
[2] Eglise d'Auris.
[3] Eglise de Huez.
[4] Eglise de Vaujany.
[5] Eglise de Jardinc (ou de Monteynard).

ad easdem ecclesias pertinentibus, præter decimas, quas Monachi sancti Roberti Casæ Dei tunc possidebant. Scripta est autem hæc charta Kalend. April. anno Incarnationis Dominicæ millesimo octogesimo. Signum Guigonis Decani, signum Petri de sancto Ferreolo, signum Rostagni, signum Johannis de Podio, signum Ricardi de Varsea, signum Adonis, signum Aicardi, signum Guigonis de Lanz. Hæc concessio facta est XVII. Kal. Maii. Amatus Canonicus sancti Rurphi scripsit hanc chartam in capella Hugonis Gratianopolitani episcopi, rogatu et jussione ipsius.

18

Brunier Favre, son compagnon Bernard, ses fils et ses filles relâchent à Saint-Ours [Saint-Philippe] leurs prétentions sur les dîmes de Saint-Jean-de-la-Porte.

8 août, 1080-1099 ?

(*Déc.* : chap. V, notes 61, 115.)

Carta Brunerii Fabri de decima Sancti Johannis de Albiniaco[1].

Notum facere volumus omnibus Christianis presentibus et futuris, quod Brunerius faber et Bernardus socius ejus, filii filieque ejus omnem partem, quam possederant atque calumpniabant ex decima que est in ecclesia Sancti Johannis de Albiniaco, reliquerunt Deo et sancto Andrea super altare sancti Johannis, in presentia Umberti prioris, et propter hoc dedit eis supra dictus Umbertus xx solidos. Et inde sunt isti testes : Ludovicus prior de Arvisio[2], Willelmus prior de Pulcris Vallibus[3], Aalbertus presbiter Medio-

---

[1] *Cartul. de Saint-André-le-Bas* : C. nº 231.
[2] Prieur de Thoiry.
[3] Prieur de Bellevaux, en Bauges.

lani, Johannes presbiter, Andreas Bernarz, Andreas Due, Witfredus Magninius, Ugo Rollandus, Simeon presbiter, Bernardus Gotafredus. Hoc vero factum est mense augusto, in festivitate sancti Ciriaci.

19

Hermengarde, femme de Sylvion de Chignin, et son fils Nantelme, ont relâché à saint Hugues deux parts de la dîme, dans la paroisse du Désert, près de Détrier [1].

1080-1132

(*Déc.* : chap. IV, note 2.)

In parrochia de ecclesia de Deserto, juxta ecclesiam de Dextariis, habet episcopus Hugo decimam, quam dimisit predicto episcopo Hermengarda, uxor Silvionis de Chinnino; et Nantelmus, filius ejus, dimisit aliam decimam in eadem parrochia, non ipsam quam mater ejus dimisit, sed aliam decimam dimisit episcopo Hugoni.

20

Foucher, fils d'Ungrin de Faverges, volens pergere Hierosolimam, *relâche à saint Hugues, pour 60 sous de Valence, ses dîmes sur Murs (les Marches) et sur Francin.*

1095-1132.

(*Déc.* : chap. III, note 79. — Chap. IV, note 3.)

Carta de decima de Muris [2].

Ego Hugo, Gratianopolitanus episcopus, posteris meis ad notitiam trado quod Fulcherius, filius Ungrini de Favergias,

[1] *II° Cartul. de saint Hugues* : C. n° 52.
[2] *II° Cartul. de saint Hugues* : C. n° 108.

volens pergere Hierosolimam, suscepit a me LX solidos Valentinensis monetæ, pro decima quam habebat in parrochia de Muris, vel in parrochia de Francinis, sub ea conditione quod ego et successores mei haberemus decimam illam, quoadusque ipse vel fratres ejus redderent nobis LX solidos quos a me susceperant. Fratres autem Fulcherii juraverunt in manu mea, scilicet Wilelmus et Umgrinus, quod nec ipsi, nec aliquis, consensu eorum vel consilio, aliquam molestiam, vel fraudem, aut violentiam facerent ; quod, si aliqua persona facere presumserit, ipsi fideliter resisterent, donec decimam illam in pace possideremus, aut denarios acciperemus. Insuper fideijussores nobis dederunt Jozlenum, et Asselmum, et Guitfredum et Soffredum, fratrem ejus.

21

Gérald de la Palud restitue à saint Hugues l'église et les dimes de Chignin, et la moitié des églises de Saint-Jeoire et de Murs [des Marches] avec la moitié de leurs dîmes.

1080-1132.

(*Déc.* : chap. I, note 38. — Chap. IV, note 1. — Chap. XII, note 15.)

Carta de Chinnino [1].

Notum sit omnibus Gratianopolitanæ ecclesiæ filiis, tam presentibus quam futuris, quod Geraldus de Palude reddidit ecclesiam de Chinnino Hugoni, episcopo Gratianopolitano, cum tota decima de eadem parrochia, et dimidiam ecclesiam Sancti Georgii, cum medietate decimæ, et dimidiam ecclesiam de Muris, cum medietate decimæ. Hoc totum reddidit

---

[1] *II° Cartul. de saint Hugues* ; C. n° 29 ; — et *III°* ; C. n° 36.

predictus Geraldus, cum uxore sua et filiis suis, Hugoni, episcopo Gratianopolitano, ejusque successoribus nunc et in æternum. Et episcopus concessit filio suo clerico, nomine Adoni, ecclesias quandiu vixerit; post mortem vero ejus, ecclesiæ predictæ, cum decimis earumdem ecclesiarum pertinentibus, remaneant predicto Hugoni, episcopo Gratianopolitano, et omnibus successoribus ejus, sine omni calumpnia. Signum Guigonis de Lanz. Signum Galterio Chalnesio.

22

Falque Gotafred, de Chapparcillan, engage à saint Hugues, pour 4 setiers de blé, mesure de Chambéry, et 4 sous d'Aiguebelle, un muid de vin de la dîme des vignes d'Aisin, près de Saint-André.

1080-1132.

(*Déc.* : chap. III, note 71. — Chap. XII, note 30.)

Item de alio guadimonio[1].

Falco Gotafredus, de Campania Riolenda, misit in guadimonium modium vini decimæ vinearum Aisini episcopo Hugoni et successoribus ejus, pro III^{or} sextariis frumenti, Cambariacensis mensuræ, et III^{or} solidis Aquæbellensis monetæ; et debet tantum tenere episcopus, sive successores sui, predictam decimam, donec accipiat frumentum et denarios, sicut suprâ scriptum est.

---

[1] *IIe Cartul. de saint Hugues*; C. n° 116; — et *IIIe*; C. n° 33.

23

1080-1132 ?

(*Déc.* : chap. III, notes 3, 30).

Carta de condaminis quæ modo sunt inter comitem et episcopum [1].

Notum sit omnibus fidelibus filiis Gratianapolitanæ ecclesiæ quod, post destructionem paganorum, Isarnus, episcopus, ædificavit ecclesiam Gratianopolitanam. Et ideo quia paucos invenit habitatores in predicto episcopatu, collegit nobiles, mediocres et pauperes, ex longinquis terris, de quibus hominibus consolata esset Gratianopolitana terra ; deditque predictus episcopus illis hominibus castra ad habitandum et terras ad laborandum, in quorum castra sive in terras episcopus jam dictus retinuit dominationem et servitia sicut utriusque partibus placuit. Habuit autem predictus episcopus et successor ejus Humbertus predictum episcopatum sicut proprius episcopus debet habere propriam terram et propria castra per alodium, sicut terram quam abstraxerat a gente pagana. Nam generatio comitum istorum, qui modo regnant per episcopatum Gratianopolitanum, nullus inventus fuit in diebus suis, scilicet in diebus Isarni episcopi, qui comes vocaretur ; sed totum episcopatum, sine calumpnia predictorum comitum, predictus episcopus in pace per alodium possidebat, excepto hoc quod ipse dederat ex sua spontanea voluntate. Post istum vero episcopum successit ei Humbertus, episcopus, in Gratianopolitanam ecclesiam, et habuit predicta omnia in pace. Post episcopum autem Humbertum, fuit episcopus Mallenus predictæ ecclesiæ Gratianopolitanæ ; in cujus diebus Guigo vetus, pater Guigonis crassi, injuste cæpit possidere ea quæ modo

---

[1] *II*e *Cartul de saint Hugues* ; C. n° 16 ; — et *III*e ; C. n° 85.

habent comites in Gratianopoli, sive in terris episcopatus, sive in servitiis terrarum predictarum, sive in pluribus ecclesiis, sive in condaminis, sive in ortis, et, ut ita dicam, ex toto episcopatu Gratianopolitano episcopus Gratianopolitanus non habet unum mansum integrum ad suum dominium. Et, sicut fecit predictus comes de ecclesia Gratianopolitana ita exheredavit et expoliavit ecclesiam Sancti Donati de condaminis scilicet, sive de mansis atque de villa. De condaminis quarum superius fecimus mentionem, dum communiter laborabant eas homines episcopi atque comitis, sepe contentio exorta est inter eos; et ut audivit predictus episcopus quod pars illius male et fraudulenter tractaretur ab hominibus comitis, proclamationem fecerunt homines episcopi et episcopus Hugo quem [1] divina clementia eum prefecerat in illis diebus super Gratianopolitanam ecclesiam, Guigoni comiti, filio Guigonis crassi. Tandem acceperunt consilium episcopus Hugo et comes Guigo ut condaminæ dividerentur, misitque episcopus homines suos per divisionem [2] condaminarum et illos quos ipsi in hac divisione vocarent. Misit autem [3] Guigonem conversum et Wilelmum Letardum cellalarium suum et Adonem de Bocoiron, ministralem suum; et isti tres vocaverunt Humbertum Lovetum filium Adonis de Bocoiron, et alios amicos quos fecerunt venire ad dividendum vocaverunt. Et comes misit homines suos, scilicet Joannem de Podio, et Benedictum, botelarium suum sive militem suum, et Petrum Chalnesium, ministralem suum, et Bernardum retroguardam suam de Gratianopoli, id est Bernardum Ruferium. Et isti predicti homines fecerunt venire Gualterium Baban et Richardum de Monte Eisut. Et fecerunt Guigoni converso in primis dividere duas condaminas, quæ sunt juxta ecclesiam

---

[1] Peut-être faut-il lire : *quoniam* au lieu de *quem*.
[2] Alias rectius : *pro divisione. (III° Cartul.; n° 85.)*
[3] Alias, *itaque*, ubi supra.

sancti Victoris de Meiolan ; ipsi Guigoni fecerunt dividere et sociis suis. Et divisit eis Guigo et socii sui predicti illam peciam de terra quæ est supra viam quæ pergit ad Biveu et est super condaminam comitis. Et divisit eis omnes ortos, sicut exit aqua de puteo, et fluit usque ad Charitium et usque ad cimiterium predictæ ecclesiæ, et sicut dividit ortus Bernardi Espeleti qui est comitis. Et has predictas portiones, videlicet terram, quam diximus super viam quæ pergit ad Biveu, et ortos, sicut eos prenotavimus, usque ad cimiterium, misit Guigo conversus et socii sui cum condamina quæ est versus Bocoironem, sive contra occasum solis, et sicut exit via de villa Meiolanis, inter duas condaminas, scilicet istarum duarum condaminarum quæ in hac scriptione dividuntur, et per medium crestum, et tendit usque ad unam arborem quæ vocatur albus spinus, et descendit in stratam publicam ; quæ strata pergit versus Romam vel ad Sanctum Jacobum. Inde sunt prefixi termini. Deinde Guigo conversus dixit hominibus comitis ut eligerent partem meliorem ex duabus condaminis divisis, quam vellent accipere. Ipsi vero, scilicet homines comitis, acceperunt condaminam integram versus aquilonem, sive contra ecclesiam de Biveu.

Postea homines predicti comitis, diviserunt alias duas condaminas, illam scilicet de Ulmo, et illam condaminam quæ est ad Corbonan, quæ sunt in parrochia Sancti Himerii. Habet vero episcopus illam condaminam de Ulmo, comes autem illam de Corbonan. Postea episcopus et comes istam divisionem firmiter tenuerunt[1].

Habent namque inter episcopum et comitem unum pratum optimum communiter juxta ecclesiam sancti Clementis, sive prope flumen Dravi, et debent illud pratum secare homines de Fontanils, videlicet XVI debent esse sectores, et pratum debet habere illam magnitudinem ut per III[es] dies

---

[5] Ce qui suit manque au n° 85 du III[e] Cartulaire.

jugiter XVI sectores operentur sine aliquo lucro; sed cibum debent habere communiter et potum, de domo comitis et de domo episcopi.

Boscus qui vocatur Aulane communiter habent inter comitem et episcopum, et ligna, dum ibi inventa fuerint, et postea terra, postquam ligna cesa fuerint, inter episcopum et comitem communiter debent remanere, excepto campus qui vocatur pratum Ainardi, qui est de episcopo sine comite.

Boscus, qui vocatur Morta, medietas est inter comitem et episcopum : alia vero medietas est de filiis Jauzfredi de Moirenco.

Condamina de Vortz est inrer comitem et episcopum : decima vero est episcopi, et est in parrochia de...... *(sic)*

24

Arbert, chevalier, sa femme Ay et son fils Pierre, associés aux prières de Saint-André-le-Bas, donnent à cette abbaye [ou à Saint-Ours, ou Saint-Philippe] une vigne située à Saint-Jean d'Albigny (Saint-Jean de la Porte).

1081 ?

(*Déc.* : chap. V, notes 50, 106.)

Carta de dono Arberti militis pro societate[1].

Ego Arbertus miles, filius Vuilbodi, et uxor mea nomine Ay et filius meus Petrus accepimus societatem corporis et anime in monasterio Sancti Andree intra menia Vienne urbis posito, sub presentia abbatis Umberti, et ut partem

---

[1] *Cartul. de Saint-André-le-Bas* : C. n° 261.

abere posimus in sacris et in omnibus benefactis qui fiunt in monasterio et in omnibus menbris ejus ; et ut inter socios sancte congregacionis numerari posimus, donamus predicto monasterio et abitatoribus ejus unam vineam nostre ereditatis, sitam in pago Gracianopolitano, in villa Albiniaco et in parrochia Sancti Johannis. Et ut firma et stabilis sit nostra donatio, corroboramus hanc (cartam) per manum et laudacionem domini Guttf(r)edi et Nantelmi filii ejus et fratris mei Odonis.

25

Nantelme, Hugues, Aymon et Pierre, fils de feu Aymon de Miolan, essaient de faire transporter le prieuré de Saint-Philippe à Saint-Pierre d'Albigny. — L'abbé de Saint-André-le-Bas s'oppose à leur tentative.

1082-1100 ?

(*Déc.* : chap. V, notes 55, 111.)

Carta decime Emonis de Miolano in parrochia Sancti Petri[1].

Notum sit omnibus presentibus et futuris, quod Emo de Miolano dedit monasterio Sancti Andree Viennensi de quarta parte decime quam ipse tenebat in parrochia Sancti Petri juxta supradictum castrum posita quandam, pro filio suo Richardo monacho facto in eodem monasterio ; post mortem cujus, filius ejus Nantelmus, Ugo, Emmo atque Petrus, pro fratre suo Guitfredo eidem monas'erio reddito, quicquid pater in eadem decima retinuerat prefato monasterio dederunt, ita tantum quod monachi in prenominata ecclesia starent. Pro qua stacione et pro servicio,

[1] *Cartul. de Saint-André-le-Bas* : C. n° 227.

sine jussu abbatis a priori ejusdem ecclesie Petro uni de supra dictis fratribus promisso, postea interdicente abbati idem Petrus eandem decimam invasit, pro qua invasione excommunicationi suppositus ipse et frater ejus Walterius ; mortuis ceteris, Deo et sancto Petro et beato Andree et habitatoribus monasterii ejus, acceptis inde sexaginta solidis, ipsam decimam reddiderunt per missale super altare beati Petri, ita ut de cetero omnis querela exstirparetur. Testibus Silvione de Belentro et Witfredo de Castellario et Sisbodio de Ponte et Bosone capellano ejusdem ecclesie, et multis aliis quos longum ennarrare.

26

Aymon de Miolan, sa femme et ses enfants donnent Richard, un de ses fils, à Saint-André-le-Bas, et lui donnent en même temps le quart de l'église de Saint-Pierre d'Albigny, de la chapelle de Miolan et de celle du Bourget, hameau sous Miolan.

28 janvier 1083 (n. style).

(*Déc.* : Chapitre V, note 107.)

Carta de filio Emmonis et Elisabet dato monasterio [1].

Anno Dominice Incarnationis millesimo LXXXII, ego Emmo et uxor mea nomine Elisabet, et filii mei Nantelmus, Ugo, Petrus, Emmo, donamus filium meum Richardum monasterio Sancti Andree intra menïa urbis Vienne posito ; et cum filio ipso donamus, per manum et laudationem domni Vuitfredi et Nantelmi filii ejus, monasterio supra

---

[1] *Cart. de saint André-le-Bas* : C. n° 230.

memorato et Umberto abbati et monachis ejusdem loci inibi mansuris iiii(am) partem ecclesie matris in honore Petri apostoli sacrate cum his appendiciis, videlicet cum iiii(a) parte oblationum altaris et cum iiii parte cimiterii et cum iiii parte decimarum de milio et de panicio et omni legumine et canabe, et de omnibus bestiis et de cunctis primiciis : excipiuntur decime frumenti, siliginis et avene. Similiter donamus iiii partem de capella que est in castro Mediolano et de capella que est in burgo sito sub eodem castro. Donamus preterea universas decimas mei alodii ubicumque fuerit ; similiter donamus medietatem decimarum in omni hereditate quam, non pro alodo, sed pro beneficio habemus ; similiter donamus eidem et eisdem quatuor modios vini purissimi ex decimis matris ecclesie supradicte ; insuper donamus campum situm sub burgo sito, qui subjacet castro Mediolano et nunc plantatur vineis. Nos autem per iiii modios vini supradictos et per campum supradictum accepimus xx solidos denariorum ab Umberto abbate Sancti Andree et receptum filii mei Richardi et vestimentum. Scripta per manum Bornonis mona(c)hi, in mense januario, luna vi^a, in calendario v kalendas januarii, (februarii).

27

Gauthier ou Wauthier de Miolan relâche à Saint-André-le-Bas, ou au prieuré de Saint-Ours, ou Saint-Philippe, toutes ses prétentions sur l'église de Saint-Pierre d'Albigny.

(Deuxième moitié du xie siècle [1].)

(*Déc.* : chap. V, notes 52, 108.)

Carta de dimissione Walterii de Miolano[2].

Notum sit omnibus fidelibus quod Walterius de Miolano, pro redemptione anime sue et predecessorum suorum, donat et dimittit omnino ecclesie Sancti Andree et monachis quicquid eis juste vel injuste requirebat pro ecclesia Sancti Petri. Hoc actum est Silvioni priori³, per manum Witfredi de Corloo et Umberti Ascherii et Poncii de Albues et Nantelmi de Albueu et Ebrardi de Castello Novo ; inde sunt testes : Ebrardus sacerdos, Richalmus clericus, et Ferrodus et Aalbertus et Amblardus laici.

¹ Peut-être faudrait-il dire : première moitié du xii° ; car on voit cinq des personnages mentionnés dans cette charte (Silvion, prieur; Ebrard prêtre, Gauthier de Miolan, Ponce d'Albues, et Ferrod) figurer encore dans une charte du 22 avril 1134. N° 232 du *Cartul.* et n° 55 des présentes Pièces justificatives.
² *Cartul. de Saint-André-le-Bas* : C. n° 225.
³ *Priori de Portâ* (seu sancti Ursi, vel sancti Philippi) *ut videre est in carta* n° 232 ; n° 55 des *Pièces justificatives*.

28

Aimon de Miolan, sa femme et ses enfants donnent à Saint-André-le-Bas, ou à Saint-Ours (ou Saint-Philippe), une partie de l'église de Saint-Pierre d'Albigny et des chapelles de Miolan et du Bourget, sous Miolan.

28 janvier 1083.

(Déc. : chap. III, note 21.)

Carta de Ricardo filio Emmonis dato monasterio ¹.

Anno Dominice Incarnationis millesimo LXXXII, ego Emmo et uxor mea nomine Elisabel, et filii mei Nantelmus,

¹ *Cartul. de Saint-André-le-Bas:* C. n° 262. — Cette charte est la reproduction, avec de nombreuses variantes, du n° 230 du même Cartulaire, et du n° 26 des *Pièces justificatives*.

Ugo, Petrus, Emmo, donamus filium meum Ricardum monasterio Sancti Andree intra menia urbis Vienne posito, et cum filio ipso donamus, per manum et laudacionem domni Guttfredi et Nantelmi filii ejus, monasterio supra memorato et Umberto abbati et monachis ejus et omnibus monachis futuris inibi mansuris cartam partem ecclesie matris in honore Petri apostoli sacrate cum his appendiciis, videlicet cum carta parte oblationum altaris et cum carta parte cymiterii et cum carta parte decimarum, de milio videlicet et panicio et omni legumine et cannabe, et de omnibus bestiis et de cunctis primiciis : excipiuntur decime frumenti, siliginis, et advene. Similiter donamus cartam partem de capella que est in castro Mediolano et de capella que est in burgo sito subb eodem castro ; donamus preterea universas decimas mei alodii ubicumque fuerit : similiter donamus medietatem decimarum in omni ereditate quam, non pro alodo, sed pro beneficio abemus ; similiter donamus eidem et eisdem quator modios vini purissimi ex decimis matris ecclesie supradicte ; insuper donamus campum situm sub (b)urgo sito qui subjacet castro Mediolano et nunc plantatur vineis. Nos autem per quatuor modios vini supradictos et per campum supradictum accepimus xx^{ti} solidos denariorum abb Umberto abbate Sancti Andree et receptum filii mei Ricardi et vestimentum. Scripta per manum Bornonis monachi, mense januario, luna vi^a, in kalendario quinto kalendas januarii, (februarii).

29

Un nommé Morard donne à Saint-André, ou au prieuré de Saint-Ours [Saint-Philippe] où il se fait religieux, la moitié de ses biens, laissant l'autre moitié à sa femme et à ses enfants.

Fin du XI° siècle.
(*Déc.* chap. V, notes 60, 114.)

Carta de honore Morardi qui se dedit monasterio[1].

Notum sit omnibus presentibus et futuris, quod Morardus reddidit Deo et sancto Andree suum corpus et animam sub jugo monastici ordinis ; quapropter ibi Deo servientibus medietatem sui honoris tribuit, et hoc ad laudationem sue conjugis et filiorum et amicorum, et alteram partem sue conjugi et filiis reliquit sub custodia monacorum, eo pacto quod (si) ipsa vel filii ejus vellent vendere honorem (vel) aliquod impedimemtum facere quatinus monachis (...) faciant, et post mortem illorum si sine legali herede moriuntur, totus honor ad monacos redeat. Signum Bosonis. Signum Odonis. Signum Dodonis. Signum Stephani. Signum Racherii.

30

Rente annuelle due par l'église de Notre-Dame d'Arvey (le prieuré de Thoiry) à l'évêché de Grenoble.

1100 ?
(*Déc.* : chap. XVIII, note 18.)

Census Arvisii[2].

Hic est annuus census quem ecclesia Beatæ Mariæ de Arvisio debet episcopo Gracianopolitano : decem sestarios

---

[1] *Cartul. de Saint-André-le-Bas* : C. n° 229.
[2] *II° Cartul. de saint Hugues* : C. n° 54.

frumenti mundati, ad mensuram Gracianopolitanam, viginti solidos pro carne et piscibus, decem et octo sestarios optimi vini, ad mensuram Cambariaci, et unum modium avenæ, cum eadem mensura.

31

L'église de Saint-André restituée à saint Hugues par les seigneurs de Saint-André, et par les chevaliers Moret.

29 juillet 1100.

(*Déc.* : chap. II, note 31. — Chap. III, notes 14, 33, 45, 46, 47, 77, 79. — Chap. VII, notes 2, 3, 14. — Chap. XIV, note 19.)

Carta Sancti Andreæ de Savogia[1].

Ego Hugo, Gratianopolitanus episcopus, notum fieri volo Gratianopolitanæ ecclesiæ filiis, presentibus et futuris, quod Jozlenus, et Asselmus et Achinus, fratres, filii Guiniterii, et Guitfredus, et Sofredus et Petrus, filii Geraldi Moreti, reddiderunt, prius patres eorum, postea filii, michi et successoribus meis ecclesiam Sancti Andreæ, cum suo cimiterio, et filii Guiniterii dederunt nobis medietatem decimæ de alodio suo ; et, pro alia medietate quam retinebant, dedi eis XL^a solidos Valentinensis monetæ. Et supra nominati filii Geraldi Moreti dederunt nobis terciam partem decimæ, quam habebant de alodio : pro aliis vero duabus partibus decimæ de alodio, quam retinebant, dedi eis octoginta solidos. Hoc laudavit nobis Richardus, et David et Guiniterius, fratres, filii David, ejusdem ecclesiæ sacerdotis, qui totam hanc decimam habuerant per manus predictorum

---

[1] *IIe Cartul. de saint Hugues* : C. n° 109.

militum, videlicet Jozleni et Asselmi, Guitfredi et Sofredi. Si quis hanc redditionem, et, sicut diximus, ex parte emptionem nobis et successoribus nostris subtraxerit vel aliquo modo fraudaverit, excommunicatus et anathematizatus cum Juda traditore partem habeat usque ad dignam satisfactionem et emendationem. Facta carta ista IIII kalendas augusti, anno ab incarnatione Domini millesimo centesimo, luna XVIII, indictione VIII, era millesima centesima VIII[a].[1] S. Bernardi, decani. S. Fulcherii. S. Ricardi Mainerii. S. Wilelmi de Parrochia. Amatus scripsit, die et anno quo supra.

32

Guiffred de Beaumont et divers membres de sa famille donnent, à la Grande-Chartreuse, la montagne de Bovines ou Bovinant, au nord-est de la Grande-Chartreuse[2].

1100-1102

(*Déc.*: chap. II, note 31. — Chap. III, note 69. — Chap. VII, note 4.

Notum sit omnibus tam præsentibus quam futuris quod fratribus in Eremo Cartusiæ habitantibus donavit Guitfredus de Bellomonte, filius Guigonis, quantum ad eum pertinebat, et Guitfredus avunculus ejus cum filiis suis, necnon et Guigo, hujus Guitfredi Nepos, illius autem prioris frater, cum uxore et filiis suis, alpem de Bovinant, pro remedio animarum suarum, ut possint evadere pœnas æter-

---

[1] *Potius: era CMXXXVIII[a]*. Voir au bas de cette charte, page 167 des *Cartulaires de saint Hugues*, la note 1 de M. Marion, leur savant éditeur.

[2] *Annales des Chartreux*, par dom C. Le Coulteux. An. 1105, tom. II, page 31, de la copie conservée à la Bibliothèque publique de Grenoble.

næ gehennæ, et adipisci gaudia æternæ gloriæ. Hoc autem factum est Domno Hugone Gratianopolitano episcopo præsente, laudante, corroborante. Signum Folcherii Canonici, et Bernardi Decani ; signum Gosseni, Aquini et Anselmi fratrum; signum Petri Gottafredi ; signum Guitfredi Moreth.

33

Les trois frères Anselme, Guillaume et Ricard Mainier, neveux d'un autre Ricard Mainier, cèdent à saint Hugues leur dîme sur Saint-André.

1100-1102

(*Déc.* : chap. II, note 31. — Chap. III, notes 51, 79. — Chap. VII, note 3.)

Item alia carta de eadem parrochia[1].

Ego Asselmus et fratres mei, Guilelmus et Ricardus, nepotes Ricardi Mainerii, donavimus decimam, quam habebamus in parrochia Sancti Andreæ, episcopo Hugoni et successoribus suis ; et accepimus ab eo tres solidos. S. Bernardi, decani. S. Jozleni. S. Achini.

34

Fondation des prieurés d'Aix et de Thoiry. — Augmentation du prieuré de Saint-Martin de Miséré.

1100-1111

(*Déc.* : chap. IV, notes, 13, 41. — Chap. VI, note 4.)

Carta Sancti Martini[2].

Ego Hugo, Gratianopolitanæ ecclesiæ vocatus episcopus, notum facio successoribus meis et ecclesiæ Gratianopoli-

---

[1] *II° Cartul. de saint Hugues:* C. n° 110.
[2] *I°° Cartul. de saint Hugues:* C. n° 4.

tanæ filiis quomodo edificaverim ecclesiam Beati Martini quæ est in parrochia Sancti Himerii. Tres quippe clerici, Petrus videlicet Guilelmi et Johannes Longobardus et Constantinus, seculo abrenuntiare volentes, venerunt ad me, postulantes ut eis regularem habitum traderem et locum ubi sub canonica professione et obedientia nostra Deo servirent. Quibus concessi ecclesiam Sancti Martini eo pacto et partem cimiterii quæ est ad australem plagam, ubi claustrum, domos et officinas facerent. Illam vero partem cimiterii, quæ respicit ad aquilonem, michi meisque successoribus retinui, ubi domos et quæ nobis forent necessaria construerem. Qui in sinodo nostra habitum regularem a nobis susceperunt, et, suscepta benedictione, obedientiam nobis promiserunt. Quibus postea donavi ecclesiam Sancti Hymerii et ecclesiam Beatæ Mariæ de Biveu, retento annuo censu, scilicet decem solidorum, excepta parata, et donavi eis medietatem decimæ ejusdem parrochiæ quam laici possidebant, excepto de condaminis quas tunc habebam et de vinea quæ fuit de chabanaria Petri Aldiardi : aliam vero medietatem michi meisque successoribus retinui. Sequenti vero tempore, predictis fratribus crescentibus numero et religione, donavi eis tanquam propriis filiis quindecim ecclesias, retentis annuis censibus in ipsis ecclesiis, excepta parata, videlicet : in ecclesiis Sancti Pancratii et Sancti Hylarii $vIII^o$ sextaria frumenti mundati, ad mensuram Gratianopolitanam; in ecclesia Sancti Bernardi unam ciminam mellis; in ecclesia Sanctæ Mariæ quæ dicitur Episcopalis IIIes solidos et duas libras ceræ; in ecclesia de Petra, et de Campo, et de Adreiz et de Tencinis, et de Ortigeriis x^{cim} IIII^{or} solidos, excepta parata, et duas ceras de vi libris; in ecclesia de Aquis x solidos, excepta parata, et unam ceram de tribus libris : in ecclesia de Crosis IIII^{or} solidos ; in ecclesia Sancti Stephani de Arvisio v^e solidos ; in ecclesiis Beatæ Mariæ de Arvisio, et Sancti Johannis et de Deserto, retinui stationem meam cum sociis sex, a festivitate apostolorum Petri et

Pauli usque ad Assumptionem beatæ Mariæ. Hæc omnia predicta concessi prenominatis canonicis et successoribus eorum, salva in omnibus tam in ipsis quam in ecclesiis eorum obedientia, potestate, subjectione, quam proprii canonici suo debent exhibere episcopo, non tamen ad destructionem, sed ad custodiam et defensionem. Successores vero mei eos tanquam boni patres tueantur et foveant; ipsi autem tanquam boni filii eis obediant et in omnibus secundum Deum subjecti sint. Et si forte, quod absit, prenominatus locus canonicorum regularium solatio destitutus fuerit, tunc tam prefatæ ecclesiæ quam ecclesiastica bona ad nos vel ad successores nostros tanquam ad proprium dominum suum redibunt.

35

Ricard et David de Myans restituent, à Saint-André, la dîme de leur fief ou du fief d'autrui, avec le consentement des frères de Saint-André et des pères Moret, de Ricard Mainier et de Guinitier Galerna.

1100-1111.

(*Déc.* : chapitre III, notes 14, 47, 50, 60, 61, 79.)

Item alia carta de eadem parrochia[1].

Ego Ricardus de Meians et frater meus, David, decimam, quam habebamus de Ricardo Mainerio et fratribus suis et de Guiniterio Galerna, et preterea omnem omnino decimam, sive de carne, sive de nostro alodio, sive de alterius alodo vel feudo, quamcumque modo possidebamus, reddidimus Deo, et Beatæ Mariæ, et sancto Andreæ, et episcopo

---

[1] *II° Cartul. de saint Hugues:* C. n° 111.

Hugoni et successoribus suis, sicut melius episcopus intellexit ad utilitatem suam et successorum suorum. Et accepimus ab episcopo, pro hac redditione, xvi solidos ; et laudavit hoc Jozlenus, et Achinus, et Guitfredus Moreti, et Soffredus, frater ejus, et Petrus, frater eorum, et Ricardus
Mainerius, et Guiniterius Galerna.

36

*Ricard Mainier, sa femme Aia et ses enfants restituent, à
saint Hugues, la dîme sur les paroisses de Saint-André et
d'Albigny.*

1100-1102

(*Déc.* : chap. II, note 31. — Chap. III, notes 14, 49, 50, 54.
Chap. IV, note 5. — Chap. VII, note 3.)

Item de eadem parrochia [1].

Ego Ricardus Mainerii reddidi Deo, et beatæ Mariæ,
atque sancto Andreæ, et episcopo Hugoni Gratianopolitano
et successoribus suis, omnem omnino decimam, quam ego
habebam in eadem parrochia, videlicet in parrochia Sancti
Andreæ, aut alius homo per me. Hoc laudavit filius meus,
Odo, et ceteri filii mei et uxor mea, Aia. Hanc decimam sibi
retinuit episcopus in dominio et ad servitium Sancti Andreæ :
quod laudavit Ricardus de Meians et David, qui per manum
Ricardi Mainerii habebant.

Aliam vero decimam, quam habebam in parrochia de Albiniaco, similiter ego Ricardus Mainerii et uxor mea, Aia,
et infantes mei, reddidimus episcopo Hugoni Gratianopolitano et successoribus suis. Ipse vero episcopus concessit

---

[1] *IIe Cartul. de saint Hugues* : C. n° 112.

illam decimam de Albiniaco filio meo, Odoni, clerico, in vita sua, tali conditione ut, per singulos annos, daret censum episcopo de hac decima, in festivitate Omnium Sanctorum, videlicet sextarium avenæ, ad mensuram Chambariaci : post mortem autem Odonis, clerici, redeat in dominium episcopi. Signum Bernardi, decani. S. Amet Dei, sacerdotis. S. Jozleni. S. Asselmi. S. Achini.

37

Dotation de la nouvelle église de Saint-André. Accroissements successifs de la dotation.

1100-1111.

(*Déc.* : Chap. III, notes 34, 37, 48, 52, 53, 54, 56, 57, 58, 59, 74, 75, 79. Chap. XII, notes 17, 45, 57.

Item de parrochia Sancti Andreæ [1].

Dedit Guiniterius et filii sui, scilicet Jozlenus, Asselmus et Achinus, quandam petiam vineæ ecclesiæ Sancti Andreæ, pro sponsalitio, sicut melius intellexit Hugo, episcopus, qui eam dedicavit, ad suum profectum et successorum suorum. Juxta quippe predictam dederunt filii Geraldi Moreti, scilicet Guitfredus et Soffredus, unam petiam terræ ecclesiæ Beati Andreæ, per alodium, quæ est sita a meridiana parte, quæ nunc est vinea.

Juxta istas vineas vendidit Amguinus de Muris et conjux ejus, Exparsois, laudante Guiniterio, clerico, filio Exparsois, de quorum parte erat, episcopo Hugoni, et successoribus suis, et ecclesiæ Sancti Andreæ et clericis ibidem Deo

---

[1] *IIe Cartul. de saint Hugues :* C. n° 114.

servientibus, unam petiam terræ, quæ nunc est vinea ; et, quantum ad utrasque vineas predictas, est ista sita ab oriente. S. Jozleni, Asselmi, Achini.

Aliam vero petiam terræ, quæ totidem habet quantum supradicta, emit episcopus Hugo et clerici Sancti Andreæ, scilicet a duobus fratribus... de Arvisio. S. Geraldi, presbiteri ; Guilelmi, nepotis ejus, presbiteri, et Bernardi, presbiteri.

Inferius, scilicet ab oriente, emit episcopus Hugo et clerici Sancti Andreæ aliam petiam vineæ a duobus fratribus, scilicet Bernardo et Guilelmo, sicut melius intellexit episcopus predictus ad suum profectum et successorum suorum. S. Andreæ de Reculatis, et Gualterii Plectrudis, et Euvrardi Pantiæ.

Juxta istam vineam, a parte aquilonis, dedit Richardus Mainerius petiam unam vineæ, pro anima sua, ecclesiæ Beati Andreæ, et episcopo Hugoni, et successoribus suis et clericis ibidem Deo servientibus.

Juxta istam, eodem modo, ab aquilone, dedit Asselmus, frater Jozleni et Achini, ecclesiæ Beati Andreæ, et episcopo Hugoni, et successoribus suis et clericis ibidem Deo servientibus, unam petiam vineæ, quando ivit ultra mare.

A superiori parte ista, scilicet ab occidente, emit episcopus Hugo et clerici Sancti Andreæ quandam petiolam terræ a filiis Guiniterii Mainerii et a filio Burnonis, fratris Guiniterii predicti.

Aliam petiolam terræ, quæ dividitur cum supradicta terra, dedit uxor Richardi Mainerii, nomine Aia, et filii ejus, pro anima Richardi, viri sui, ecclesiæ Beati Andreæ, et episcopo Hugoni, et successoribus suis et clericis in eadem ecclesia Deo famulantibus.

A meridiana parte, dederunt illi duo fratres de Prato, scilicet Bernardus et Guilelmus, unam petiolam vineæ ecclesiæ Sancti Andreæ, et episcopo Hugoni, et successoribus suis et clericis in ecclesia Beati Andreæ Deo servientibus, pro anima matris eorum.

38

La femme de Guy de Cordon relâche à saint Hugues ses dîmes de Puseis. — Nantelme de Mennunce (ou mieux de Bennonce), ses dîmes de Myans et de Chacusard.— Ricard d'Apremont et Galterin d'Aix relâchent leurs droits sur ces dîmes ; Gerald Alimar et son fils Burno, leurs dîmes sur Villar-Gérald. [1]

1100-1132.

(*Déc.*: chap. III, notes 62, 63, 64, 65, 66, 67, 72, 73, 80. — Chap VI,
notes 22, 35. — Chap. VII, notes 5, 8, 47, 55, 59.
Chap. XII, notes 33, 59, 60. — Chap. XIII, notes 59.)

Medictatem decimæ de villa, quæ appellatur Puseis, uxor Guidonis de Cordone dimisit Hugoni, Gratianopolitano episcopo, et successoribus ejus. Postea Gaucelmus, filius ejus, quesivit ut in ecclesia Sancti Andreæ, per totum annum, commemoratio matris suæ fieret. Cantavit etiam pro ea missam episcopus, et insuper ipse Gaucelmus habuit ab Airaldo, decano, x solidos Viennensis monetæ.

Medietatem decimæ de Mean et de Jacusa dimisit Nantelmus de Mennuncio [2] episcopo Hugoni et successoribus ejus, in manu Airaldi, decani, sicut ipse melius intellexit ; et habuit ab ipso decano x solidos. Post mortem vero ejus, filii ipsius, Nantelmus et Petrus, dimiserunt ipsam decimam, atque super altare Sancti Andreæ juraverunt ut, neque per se nec per alios, in ipsa decima aliquid auferrent. Testes sunt : Aquinus, Vilelmus de Favergiis et Geraldus, canonicus.

Deinde Richardus de Aspero Monte, et Galterinus de

---

[1] *III*º *Cartul. de saint Hugues :* C. n° 43.

[2] Ou plutôt, Nantelme ou Antelme de Bennonce ; voir le *Décanat*, tom. I, p. 329.

Aquis et Arbertus, filius ejus, qui in ipsam decimam dominium habebant, in manu episcopi Hugonis, sicut ipse melius intellexit, eam dimiserunt, et insuper juraverunt ut inde fideles essent adjutores ei, si quis injuriam in ea faceret. Et predictus Ricardus habuit inde, ab ipso episcopo, **xxx** solidos Viennenses. Testes hujus venditionis atque guirpitionis fuerunt : Airaldus, decanus, et Guigo de Bella Comba et W. filius ejus, et Morardus de Aspero Monte.

Duas partes decimæ de villa, quæ vocatur Vilar Geralt, emit Airaldus, decanus, **xxxx** solidis Viennensis monetæ et **vii** de blanchet, a Geraldo Alimar et a filio ejus, Berlione, et dimiserunt eas in manu episcopi, sicut ipse melius intellexit ad suam suorumque successorum utilitatem ; tali vero convenientia quod ipsi et successores eorum deservirent ipsam decimam suis dominis, a quibus eam habebant, nisi forte et ipsi gratis eam dimitterent. Hujus guirpitionis testes fuerunt : Vilelmus, monachus Sancti Theotfredi, et Rostagnus, canonicus Sancti Rufi, et Petrus Stephani, Magalonensis, et Aiquinus de Sancto Andrea.

39

Guillaume de Faverges relâche, à saint Hugues, la dîme sur la Thuile, que le comte Humbert II lui avait déjà relâchée auparavant.

1102 (vel potuis 1111 ?) à 1132.

(*Déc.* : chap. III, note 58. — Chap. IV, note 9. — Chap. VI, note 35. Chap. VII, notes 5, 8, 47.)

Carta decime de Arvisio Willelmi de Favirgiis [1].

Ego Hugo, Gratianopolitanæ ecclesiæ episcopus, notum facio presentibus et futuris quod Guilelmus de Favirgiis

---

[1] *IIIe Cartul. de saint Hugues* : C. n° 42.

guirpivit mihi, in manu mea, totam decimam quam ubique habebat, vel alius per eum, et precipue decimam, quam habebat in parrochia Arvisii de Tovelia : et comes Humbertus, a quo ipse Guilelmus habebat predictam decimam, de Toelia, guirpiverat cam mihi ante. Pro hac guirpitione, et donatione et laudatione, quam Vilelmus fecit mihi et successoribus meis de predicta decima, ego Hugo, episcopus, dedi ei ccc. LX solidos Viennensium numorum. Signum Odolrici, decani. Signum Guilelmi, magistri. Signum Vilelmi, monachi. Signum Airaldi, decani.

40

Transaction par laquelle les moines de Saint-Chaffre s'engagent à payer à la cathédrale de Maurienne, et à ses chanoines, une cense annuelle de cinq sols et de douze anguilles, pour les six églises du monastère de Saint-Jean, de la Croix, de la Table, du Beton, du Bourget et du Pontet, que ces moines possédaient en Maurienne[1].

1103

(*Déc* : chap. XIII, note 5.)

Post longas et graves querimonias quas Monachi S. Theofredi fecerunt ante presenciam domni Cononis maurianensis episcopi et canonicorum ejus pro ecclesia de monasterio S. Johannis, et pro quinque aliis sibi subpositis quas possidebant. Placuit domno Villelmo abbati S. Theofredi et conventui ejusdem loci, ut episcopali ecclesie beati Johannis et canonicis ejus quinque solidos censualiter persolverent, quatenus eorum consilio atque subsidio predicta

---

[1] *Monum. Histor. Patriæ. Chart.*, tom, II, n° CXLIX, col. 190.

ecclesia sancti Theofredi, predictam ecclesiam de monasterio sancti Johannis et quinque alias sibi subpositas, deinceps pacifice possideret. Precepto igitur domni Villelmi abbatis sancti Theofredi et conventus ejusdem loci, ego Ugo, prior monasterii sancti Laurentii[1], et Petrus prior sancti Michaelis de Conissa constituimus et confirmamus ut prescripta ecclesia de monasterio sancti Johannis censualiter quinque solidos aquebellensis monete, vel alterius quæ capitaliter cucurrerit per totam terram illam, episcopal ecclesie beati Johannis et canonicis ejus per singulos annos in festo beati Andree persolvat. Sunt autem ecclesiæ sex : ecclesia de monasterio una, ecclesia de Cruce[2], ecclesia de Tabla, ecclesia de Bitumine, ecclesia de Burgeto, ecclesia de Ponteto, cum omnibus rebus que ad eas pertinent ; duodecim etiam anguillas quas canonici Maurianensis ecclesie habent censuales in festo beati Johannis pro ecclesia de Bitumine, laudamus et confirmamus, sicut et predictum censum quinque solidorum. Hujus rei testes sunt : Fulco prepositus maurianensis, Petrus decanus. Artoldus prior granariensis, Berardus monachus ejusdem loci, Sigismundus prior sancti Innocentii, Poncius prior sancti Laurentii, Petrus prior sancti Michaelis de Conissa. Actum est hoc XVI kal. januarii, luna XVI, regnante Henrico rege.

---

[1] Saint-Laurent de Grenoble.
[2] L'église de la Croix-de-la-Rochette.

41

Artaud, prévot du prieuré de Granier, s'engage, avec le consentement de ses religieux, à fournir chaque année, le dimanche des Rameaux, au chapitre cathédral de Maurienne, du poisson pour la valeur de cinq sols[1].

Entre 1080 et 1100 ?

(*Déc.* : chap. XIII, note 4.)

Quoniam quidem justissimum atque dignissimum esse videtur et est, omnes ecclesias per totam diocesim fundatas, majori ecclesie in episcopum capite sicut bona[s] filias matri sue devotissime servire. Ego Artaldus prepositus granariensis, consensu confratrum nostrorum constituo pro ecclesiis quas habemus in episcopatu Maurianensi, ut granariense cenobium per singulos annos, in festo olivarum, canonicis beati Johannis Baptiste majoris ecclesie supradicti episcopatus, quinque solidatas piscium honorifice persolvat. Hujus constitutionis testes sumus ego Artaldus, et Berardus, et Ardecius noster monachus. Umbertus Rufus, Silvio Decanus Etonii, Guido sacerdos. Valterius de Saulciaco.

---

[1] *Monumenta histor. Patriæ, Charta.*, tom. II, n° CXXX, col. 168.

42

Bulle de Paschal II, donnée à Allevard, pour le partage du comté de Salmoirenc, dont 11 châteaux sont assignés au diocèse de Grenoble, et 11, à l'archidiocèse de Vienne[1].

1107.

(*Déc.* : chap. Ier, page 24. — Chap. II, p. 50. — Chap. V, p. 201.)

Paschalis, episcopus, servus servorum Dei. Inter venerabiles fratres, Guidonem, Viennensium, et Hugonem, Gratianopolitanum episcopos, de pago Salmoracensi, per multos annos et multis in conciliis questio ventilata est. Novissime ante presentiam nostram Lugduni in hanc concordiam, ex nostri provisione juditii, convenerunt ut ejusdem pagi æquam divisionem facerent, et tam Viennensi quam Gratianopolitanæ ecclesiæ pars ejusdem divisionis vicinior redderetur. Quicquid autem in territorio infra Bornam et Isaram versus Gratianopolim constituto Viennensis archiepiscopus calumpniabatur ab omni deinceps infestatione liberum Gratianopolitanæ ecclesiæ cederet. Porro ecclesiam Beati Donati, quæ infra Viennensem parrochiam continetur, cum omnibus mobilibus sive immobilibus ad eam pertinentibus, Gratianopolitanus episcopus jure proprietario possideret, et tam canonicas ipsius ecclesiæ quam universa ad eam pertinentia ipse disponeret : Viennensis autem parrochiali tantum jure in clericorum et altarium consecrationibus uteretur. Pari ergo communique consensu, Salmoriacensi [s] pagi talis est facta divisio ut undecim castella, cum ecclesiis et parrochiis et totis mandamentis suis, Viennensi ecclesiæ; item undecim castella, cum ecclesiis et parrochiis et totis mandamentis suis, Gra-

---

[1] Ier *Cartul. de saint Hugues* : C. n° 1.

tianopolitanæ ecclesiæ dederentur. Hæc autem sunt castella quæ in portionem Viennensis ecclesiæ segregata sunt : castrum Sancti Georgii, Brissiacum, castrum Veteræ Villæ, castrum Orniciacum, castrum Boziocellum, castrum Leemps, castrum Planilla, castrum Clari Montis, castrum Sancti Jorii, castrum Peladrudi, castrum Vireu. Item hæc sunt quæ in portionem Gratianopolitanæ ecclesiæ obvenerunt : castrum Vinniacum, castrum Nerpoicum, Castrum Novum, castrum Tullinum, castrum de Rivis, castrum Moirencum, castrum Vorionem, castrum Tulvonis, castrum Miribellum, castrum Minuetum de Scalis, castrum Vorapium ; et super hæc, ecclesia de Cancellaico, cum tota parrochia sua. Sic, largiente Domino, supradictæ questionis diuturnitas terminata est, et pacis atque concordiæ inter Viennensem et Gratianopolitanam ecclesiam earumque presules, utroque in idipsum consentiente, stabilitas instituta est. Quam stabilitatem nos in perpetuum permansuram, largiente Domino, confirmamus, precipientes et omnimodis sanctientes ut pars quæ Viennensi seu Gratianopolitanæ, quemadmodum supra scriptum est, cessit ecclesiæ, semper ejus parrochia sit, nec ulli omnino personæ liceat aut Viennensi suam aut Gratianopolitanæ suam quæ superius distincta est ullo umquam tempore subtrahere porcionem. Si vero alter adversus alterum in deliberate[1] parte questionem aut violentiam fecerit, juxta conditionem qua se in juditio uterque constrinxit accepta[2] portionis possessione careat et omne deinceps agendi jus in eodem negotio prorsus amittat. Ad hæc preceptum est et repetita preceptione firmamus ne Viennensis episcopus ulterius in illa parte Gratianopolitanæ ecclesiæ aut pacem, aut communiam, aut aliquam exactionem requirat, aliter quam in Diensi seu Vivariensi parrochia, ad Viennensem metropolim pertinente. Affuerunt huic juditio sive concordiæ, quæ apud Lugdunum, IIII kalendas

---

[1] *Deliberata.*
[2] *Acceptæ.*

febroarii, facta est, venerabiles episcopi : Ricardus Albanus, Aldo Placentinus, Po[n]tius Anitiensis, Leodegarius Vivariensis, Guido Gebennensis, Eustachius Valentinus, Cono Maurianensis, et Guigo, comes Albionensis. Datum per manum Johannis, sanctæ Romanæ ecclesiæ diaconi cardinalis ac bibliotecarii, apud ecclesiam Sancti petri de Alavardo, iiii° nonas augusti, indictione xv, incarnationis Dominicæ anno millesimo centesimo septimo, pontificatus autem domni Paschalis secundi papæ octavo.

43

Pouillé du diocèse de Grenoble, sous saint Hugues.

De 1107 à 1132.

(*Déc.* : chap. I, notes 26, 33. — Chap. III, note 58. — Chap. X, note 21. Chap. XII, notes 6, 9, 14, 27, 28, 31, 36, 45. — Chap. XIII, notes 9, 31. Chap. XVIII, note 33.)

PREMIÈRE PARTIE[1]

(In archipresbyteratu Viennensi.)

Ecclesia Sanctæ Mariæ de Tescha............	xii denarii[2]
Ecclesia Sancti Martini de Volvredo	xii
Ecclesia Sancti Genesii	xii
Capella de Vinaico........................	vi
Ecclesia de Verz..........................	vi

---

[1] *III Cartul de saint Hugues* : n° 1.
[2] Cette première partie du Pouillé indique, en deniers, le montant du droit de procuration (*parata*) dû par chaque église ou chapelle, à l'évêque en tournée pastorale.

Ecclesia de Vatilievo	xii den.
Ecclesia de Marino	xii
Ecclesia de Chantessa	xii
Ecclesia de Polenau	xii
Capella de Cras	vi
Ecclesia de Tolino	xii
Capella de Tolino	vi
Ecclesia de Lorcu	xii
Capella de Nerpou	vi
Ecclesia de Serra	vi
Ecclesia de Chasselai	xii
Ecclesia de Anos	vi
Capella de Fortaressa	vi
Ecclesia de Quincer	vi
Ecclesia Sanctii Laurentii	xii
Ecclesia de Moraeta	xii
Ecclesia de Caipeia	xii
Ecclesia de Volvredo prope Tolinum	xii
Ecclesia de Renatico	vi
Ecclesia Sancti Valerii de Ripis	xii
Ecclesia de castro Riparum	vi
Ecclesia Sancti Vincentii	xii
Monasterium de Moirenco	xii
Ecclesia de Blivinino	xii
Ecclesia de Salmoirenco	xii
Capella de Voirone	vi
Ecclesia de Scoblaviu	xii
Ecclesia de Buxia	xii
Ecclesia de Burgo Tulvonis	xii
Capella de Tulvone	vi
Ecclesia de Mascharino	vi
Ecclesia Sancti Stephani	xii
Ecclesia Sancti Apri	xii
Ecclesia Sanctæ Mariæ de Vileta	xii
Ecclesia Sancti Laurentii	xii

Ecclesia Sancti Juliani de Rar	VI	den.
Ecclesia Sancti Mauritii	XII	
Capella de Mirabel	VI	
Ecclesia Sanctæ Mariæ de Scalis	XII	
Ecclesia Sancti Christofori	XII	
Ecclesia Sancti Petri de Genovroso	XII	
Capella de Menueto	VI	
Ecclesia Sanctæ Mariæ de Pomerio	XII	
Capella de Balma de Vino	VI	
Ecclesia Sancti Desiderii	XII	
Capella de castro Vorapio	VI	
Ecclesia Sancti Vincentii	XII	
Ecclesia Sancti Martini de Monte	VI	
Capella de castro Cornilionis	VI	
Ecclesia Sancti Agripani	XII	
Monasterium Cornilionis.	..	
Capella de Balma	VI	
Ecclesia Sancti Martini del Vinos	XII	
Ecclesia Sancti Martini de Kez	XII	
Capella de Cercennaz	VI	
Ecclesia de Provaiseu	VI	
Ecclesia de Cartusia	XII	
Ecclesia de Sapeto	XII	
Ecclesia de Corenes	VI	
Capella de Bocoirone	VI	
Ecclesia Sancti Ferreoli	XII	
Ecclesia Sancti Victoris	XII	
Ecclesia Sancti Mauritii	VI	
Ecclesia Montis Bonoldi	VI	
Ecclesia Sancti Himerii	XII	
Ecclesia Sanctæ Mariæ de Biveu	VI	
Ecclesia Sancti Nazarii	XII	
Ecclesia Sancti Mauritii	XII	
Capella Sancti Theotfredi	VI	
Ecclesia Sanctæ Mariæ	VI	

Ecclesia Sancti Petri de Crolle............. xii den.
Ecclesia Sancti Pancratii.................. xii
Ecclesia Sancti Ylarii vi
Ecclesia Sancti Bernardi.................. vi
Ecclesia Sancti Apri xii
Ecclesia de Toveto........................ xii
Ecclesia Sancti Michaelis de Bel Monte....... vi
Capella ejusdem castri.................... vi
Ecclesia Sancti Vincentii de Malcusia........ xii
    Et fiunt omnes denarii prescripti lxiii solidi et dimidium.

(In archipresbyteratu sive decanatu Sabaudiæ.)

Ecclesia Sancti Sigismundi .... vi denarii.
Ecclesia Sanctæ Mariæ de Aquis xii
Capella Sancti Johannis de Aquis. ..
Ecclesia Sancti Pauli. ..
Ecclesia de Mauseu. vi
Ecclesia Claræ fontis..................... vi
Ecclesia [de] Mairinis.................... xii
Ecclesia de Vivariis...................... vi
Ecclesia de Chambariaco Vetere............ vi
Ecclesia de Solnai. vi
Ecclesia de altero Chambariaco xii
Capella de castello...................... vi
Ecclesia de Baisinis. vi
Ecclesia de Verrello vi
Ecclesia de Sancto Albano xii
Ecclesia de Deserto...................... vi
Ecclesia de Riols. ..
Ecclesia de Burgeto xii
Ecclesia de Bordels...................... vi
Ecclesia de Servolais vi
Ecclesia de Mota........................ xii
Ecclesia de Bissiaco...................... vi

Ecclesia Sancti Sulpitii	vi den.
Monasterium de Lamenes.	..
Ecclesia de Cohonnino	vi
Ecclesia de Jacob	vi
Ecclesia de Fenestraz.	..
Ecclesia de Albergis.	..
Ecclesia de Montaniola	vi
Ecclesia de Petra Grossa.	..
Ecclesia Sancti Cassiani	vi
Ecclesia de Vimenis	xii
Ecclesia Sancti Theotbaldi	xii
Capella de Coho.	..
Ecclesia Sancti Johannis de Corbel	xii
Ecclesia alia de Corbel	vi
Ecclesia Sancti Petri inter Montes	xii
Ecclesia de Aspernai	xii
Ecclesia Sancti Marcelli super Barrals	vi
Ecclesia Sanctæ Mariæ Episcopalis	vi
Ecclesia Sanctæ Mariæ	vi
Ecclesia de Grangis	xii
Capella de castro Buxaria	vi
Ecclesia de Cohonino.	..
Ecclesia de Sancto Martino de Barrals	xii
Capella de Bela Comba.	vi
Ecclesia de Volvredo	xii
Ecclesia de Campania Rielent	xii
Ecclesia Sancti Andreæ.	xii
Ecclesia de Muris	xii
Ecclesia de Francinis	vi
Ecclesia de Meianes	vi
Monasterium de Granerio.	..
Ecclesia Sancti Perangii	vi
Capella de Aspero Monte	vi
Ecclesia Sancti Bardulfi	xii
Ecclesia de Barbariaco	vi

Ecclesia de Vilar Walmarum	XII den.
Ecclesia de Triveriis	XII
Ecclesia Sancti Georgii	VI
Capella de castro Chinino	VI
Ecclesia de Corruana	XII
Ecclesia de Balbir	VI
Ecclesia Sancti Johannis	XII
Ecclesia de Deserto	XII
Ecclesia Sanctæ Mariæ de Toreu	XII
Ecclesia Sancti Stephani	XII
Ecclesia de Tovelia	XII
Ecclesia de monasterio Arbinis	..
Ecclesia de Arbinis	XII
Ecclesia de Crosis	XII
Ecclesia Sancti Ursi	VI
Ecclesia Sancti Johannis	XII
Ecclesia Sancti Petri de Albiniaco	XII
Capella de castro Meiolanis	VI
Ecclesia de Fracta Ripa	XII
Ecclesia de Graiseu	XII
Ecclesia de Montelos	XII
Capella de Montelos	VI

Et fiunt omnes denarii prescripti L et IIII solidos[1].

(In archipresbyteratu Gratianopolitano.)

Ecclesia de Valle Sancti Christofori, vel IIII^{or} manubria de zin[2].	VI,
Ecclesia de Venosch	VI
Ecclesia de Vilar Aimon	VI

---

[1] L'addition ne donne que 50 sols et demi.

[2] Ce qui signifie peut-être : VI deniers, ou IV manœuvres de gens ; c'est-à-dire IV journées de manœuvres ; probablement pour aider l'évêque et sa suite à franchir le passage difficile qui donne seul accès à la paroisse de Saint-Christophe en Oisans.

Ecclesia Sancti Laurentii de Lauso..........	XII den.
Ecclesia de Olla....	VI
Ecclesia de Ornone.....	XII
Ecclesia de Valle Sancti Vincentii	XII
Capella de Valle Jozfredi..................	VI
Ecclesia Sancti Hirenei....................	VI
Ecclesia Sancti Benedicti inter Aquas........	XII
Ecclesia Sancti Erigii de valle Bones........	XII
Ecclesia Sancti Johannis de Sevol	XII
Ecclesia de Auries........................	VI
Ecclesia Sancti Christofori de Valdenz.......	XII
Ecclesia de Valleta...	VI
Monasterium Sanctæ Mariæ de Mura.	..
Ecclesia Sancti Mauritii....	XII
Ecclesia Sancti Johannis	VI
Capella de Coieto.........................	VI
Ecclesia Sancti Teuderii de Nanta. ,.......	XII
Ecclesia Sancti Honorati de Vilar	VI
Ecclesia Sancti Petri de Festinino..........	XII
Ecclesia Sancti Theotfredi de Laus	VI
Ecclesia Sancti Christofori del Vilar	XII
Ecclesia Sanctæ Mariæ de Chalma Longa.....	VI
Ecclesia Sancti Johannis de Vallis ...,......	XII
Ecclesia Sanctæ Mariæ de Vallis	VI
Ecclesia Sancti Arigii	XII
Ecclesia de Maires...	XII
Capella de Savel...	VI
Ecclesia de Roach........................ .	XII
Capella de Mota	VI
Ecclesia Sancti Micaelis de Monte.	..
Ecclesia Sancti Petri de Campis............	XII
Ecclesia Sanctæ Mariæ de Mesatico..........	XII
Ecclesia Sancti Petri de Mesatico...........	VI
Ecclesia Sancti Martini de Sichilina..........	XII
Monasterium Visiliæ......................	XII

Capella Visiliæ...............................	vi den.
Ecclesia Sancti Johannis de Valnaves.........	xii
Capella de Oriatico	vi
Ecclesia Sancti Martini de Oriatico..........	xii
Monasterium Sancti Nicetii.................	vi
Ecclesia Sancti Ferreoli de Pineto...........	xii
Ecclesia Sancti Desiderii de Jarria..........	xii
Ecclesia Sanctæ Mariæ de Jarria............	vi
Ecclesia Sancti Stephani de Jarria...........	xii
Ecclesia de Brez............................	xii
Ecclesia Sancti Ypoliti	vi
Ecclesia Sancti Victoris de Herbisio	xii
Ecclesia de Villa Nova......................	vi
Ecclesia de Champaneu	xii
Ecclesia de Eschirolis.......................	vi
Ecclesia de Bresson.........................	vi
Ecclesia de Aiben	xii
Ecclesia de Hera............................	xii
Ecclesia de Venone.........................	vi
Ecclesia de Jeira	xii
Capella de castro Jeriæ.....................	vi
Maurianeta................................	xii
Monasterium Domenæ.	..
Ecclesia Sanctæ Mariæ super Domena	xii
Ecclesia Sancti Johannis super Domena......	xii
Capella Sancti Nicolai de Monte Garcinesco...	vi
Ecclesia de Versatorio......................	xii
Ecclesia de Lanceu	vi
Ecclesia de Vilar Bonold	xii
Ecclesia de Monte Reculati	xii
Ecclesia Sancti Mauritii de Monte Aimonis ...	vi
Ecclesia Sanctæ Agnetis de Monte Aimonis...	xii
Ecclesia Sancti Juliani de Brinosch..........	vi
Ecclesia de Frodgis.........................	xii
Ecclesia de Champo........................	xii

Ecclesia dels Adreiz.....................	vi den.
Ecclesia de Petra........................	vi
Ecclesia de Tencinis	xii
Ecclesia de Urtigeriis....................	vi
Ecclesia de Tehes.......................	xii
Ecclesia de Guncelino...................	xii
Ecclesia Sancti Martini de Chaelais	xii
Capella de Maurestello...................	vi
Ecclesia Sancti Petri de Alavare...........	xii
Ecclesia de Ferrariis.....................	xii
Alia ecclesia Sancti Mauritii	vi
Ecclesia Sancti Marcelli de burgo Alavare....	xii
Capella in eadem parrochia...............	vi
Capella de Alto Vilar.....................	xii
Ecclesia de Deserto......................	xii
Ecclesia de Dextrariis....................	xii
Ecclesia de monasterio Avalonis............	vi
Ecclesia Sancti Maximini..................	xii
Ecclesia de Grignone.....................	xii
Ecclesia de Vilar Benedicto	vi
Ecclesia de Blancha Capella	xii
Ecclesia de Vilar Radulfo	vi
Ecclesia de Moletis	xii

(In archipresbyteratu ultra Dravum.)

Ecclesia de Paschirs	xii
Capella de Clusa........................	vi
Ecclesia Sancti Martini de Avec............	vi
Capella de Mirabello.....................	vi
Ecclesia Sancti Bartholomei	xii
Ecclesia de Inchastris....................	xii
Ecclesia de Prato Lanfredo................	xii
Capella de Guado.......................	vi
Ecclesia de Deserto......................	xii

Ecclesia de Genevrea	xii den.
Capella de Auriol	vi
Ecclesia Sancti Johannis de Viv[o]	xii
Ecclesia Sanctæ Mariæ de Viv[o]	iiii
Ecclesia Sanctæ Trinitatis	vi
Ecclesia Sancti Sulpitii	vi
Ecclesia Sanctæ Mariæ de Costa	vi
Ecclesia de Rivo Sicco	xii
Ecclesia Sancti Petri de Varsea	xii
Capella de Varsea	vi
Ecclesia Sancti Pauli	xii
Ecclesia Sancti Marcellini	xii
Ecclesia de Chabotis	vi
Ecclesia de Clais	xii
Ecclesia de Consiliis	vi
Ecclesia de Saisino	xii
Ecclesia de Saisineto	vi
Capella de Parisio	vi
Capella alia	vi
Ecclesia Sancti Nicetii	xii
Ecclesia de Lanz	xii
Ecclesia del Vilar	xii
Ecclesia de Meldres	xii
Ecclesia de Subteriori Meldres	vi
Ecclesia de Austran	xii
Ecclesia de Chadiarces	vi
Ecclesia de Ingeniis	xii
Capella de Chassanatico	vi
Ecclesia Sancti Petri de Chassanatico	xii
Ecclesia de Fontanis	xii
Ecclesia Sancti Justi	vi
Ecclesia Sancti Pauli de Noiareto	xii
Ecclesia de Voreio	xii
Ecclesia de Aiqualenz	vi
Capella de Vorci	

Ecclesia de Castrucia	xii den.
Ecclesia alia.	..
Ecclesia Sancti Gervasii	xii
Ecclesia de Rovone	vi
Ecclesia de Chonino	xii.
Ecclesia Sancti Johannis de Exartis	xii
Ecclesia de Praellis	vi
Capella de castro Iseronis	vi
Ecclesia de Escharena	xii
Ecclesia Sancti Stephani de Nacone	xii
Ecclesia de Rancurello	vi
Ecclesia de Granenco	xii
Ecclesia Sancti Andreæ	xii
Ecclesia Sancti Justi de Mana	xii
Ecclesia de Alba Ripa	xii
Ecclesia de Ponte	xii
Ecclesia Sanctæ Mariæ de Chauranchis	vi
Ecclesia Sancti Stephani de Chauranchis	xii

Pouillé de Grenoble, sous saint Hugues [1].

1107-1132.

DEUXIÈME PARTIE [2]

Ecclesia de Aquis dat x solidos Valentinensis seu melioris monetæ quæ currit apud Gratianopolim, inter duas sinodos, et unam ceram de tribus libris, ad sinodum Paschæ.

Ecclesia de Claris Fontibus, et de Maireu, x solidos, inter ii^{as} sinodos, et vi sextaria frumenti, et vi avenæ, ad mensuram Gratianopolis, ad festum Omnium Sanctorum.

---

[1] Cette deuxième partie rappelle les cens particuliers, synodatiques ou autres, dus à l'évêque par un certain nombre (le tiers environ) des églises, chapelles et prieurés du diocèse.

[2] *IIIe Cartul. de saint Hugues:* n° 2.

Ecclesia de Solnatio, IIII^{or} solidos, inter duas sinodos.

Ecclesia de Jabob, II solidos, inter duas sinodos.

Ecclesia Cambariaci Veteris, III solidos, inter duas sinodos.

Ecclesia Sancti Valentini, II solidos, inter duas sinodos, et tres sestarios frumenti mundati et IIIes avenæ, ad mensuram Gratianopolitanam, ad festum Omnium Sanctorum.

Ecclesia de Mota, xv solidos, in sinodo maii, quos debent canonici Bell[icenses].

Ecclesia Sancti Sulpicii, v solidos, inter duas sinodos.

Ecclesia de Vimenis, v solidos, inter duas sinodos.

Ecclesia Sancti Johannis et Sancti Michaelis de Corbel, vi solidos, inter duas sinodos.

Ecclesia de Montaniola, II^{os} solidos, inter duas sinodos.

Ecclesia Sancti Cassiani, xviii denarios, intes duas sinodos.

Ecclesia de Cohonino, x solidos, inter duas sinodos.

Capella de castro Chambariaci, III solidos, inter [duas sinodos].

Ecclesia de Baisinis, et ecclesia Sancti Albani, et ecclesia de Verello, VIIII solidos, inter duas sinodos, et VI sestarios frumenti mundati, ad mensuram Gratianopolitanam, ad festum Omnium Sanctorum, et tantumdem de avena.

Ecclesia de Co, xxx solidos.

Ecclesia de Barbaratico, II^{os} solidos, inter duas sinodos.

Ecclesia de Villa Valmar, VI solidos, inter duas sinodos, et III sestarios frumenti et tres avenæ, ad mensuram Gratianopolitanam, ad festum Omnium Sanctorum.

Ecclesia Sancti Bardulfi, III solidos, inter duas sinodos.

Ecclesia de Balberio, et ecclesia de Corruana, IIIes solidos, inter duas sinodos, et quartam partem decimæ.

Ecclesia de Trivers, et ecclesia Sancti Georgii, III solidos, inter duas sinodos, et quartam partem decimæ.

Capella de castro Chinino, x solidos, inter duas sinodos.

Ecclesia Sancti Stephani de Arvisio, v solidos, inter duas sinodos.

Ecclesia de Tovelia, v [1] solidos, inter duas sinodos.

Ecclesia de Crosis, IIII^{or} solidos, inter duas sinodos.

Ecclesia Sancti Johannis de Albiniaco, II solidos, inter duas sinodos.

Ecclesia Sancti Petri de Albiniaco, VIII° solidos, inter duas sinodos.

Domus, quam Nantelmus de Charbonariis dedit in sponsalitio capelle de Miolano, reddit XII denarios forcioris monetæ quæ currit in Savoia, ad sinodum post festum Omnium Sanctorum.

Ecclesia de Fracta Ripa, IIII^{or} solidos, inter duas sinodos.

Ecclesia de Graisevo, XII solidos, inter duas sinodos, et unam ceram de tribus libris, in sinodo post festum Omnium Sanctorum.

Ecclesia de Francinis, II solidos, inter duas sinodos.

Ecclesia de Muris, IIII solidos, inter duas sinodos, et unam ceram de tribus libris.

Ecclesia de Campania Riolentis, VI solidos, inter duas sinodos.

Capella de Bella Comba, II solidos, inter duas sinodos.

Ecclesia de Volvredo, II solidos, inter [duas sinodos].

Capella de Aspero Monte, II solidos, inter II^{as} sinodos, quos debent reddere monachi Graneriis.

Ecclesia de Aspernante, XX solidos, inter duas sinodos.

Ecclesia Sancti Petri inter Montes, XXX solidos, inter duas sinodos.

Ecclesia Sancti Marcelli super Barrals, II solidos, inter II^{as} sinodos.

Ecclesia Sanctæ Mariæ de Monte Episcopali, III solidos, inter II^{as} sinodos, et duas libras ceræ, in Pascha.

Ecclesia Sancti Barnardi, unam eminam mellis, in maio, ad mensuram Gratianopolitanam.

---

[1] Au-dessus du nombre V, on a écrit, plus tard : XIIII.

Ecclesia Sancti Pancracii, et ecclesia Sancti Hilarii, IIII solidos, inter IIᵃˢ sinodos, et medietatem decimæ.

Ecclesia Sancti Himerii, et Beatæ Mariæ de Biveu, x solidos, inter duas sinodos; retinet vero in illis ambabus parrochiis episcopus Hugo medietatem decimæ sibi suisque successoribus, quam emit a Bernardo Longobardo.

Ecclesia Sancti Victoris de Meiolano, x solidos, inter duas sinodos.

Canonici qui morantur apud Arvisium, pro ecclesia Sanctæ Mariæ et Sancti Johannis, et pro ecclesia de Deserto, debent xx solidos, inter duas sinodos ; et, ad festum Omnium Sanctorum, debent x sextarios frumenti mundati et xxxIIII avenæ, ad mensuram Gratianopolitanam ; et, ad Pentecosten, x et vIII° sestarios vini vendibilis, ad mensuram Cambariaci.

Capella de Bocoirone, v solidos, inter [duas sinodos].

Ecclesia de Corenes, II solidos et dimidium.

Ecclesia Montis Bonoldi, vI solidos, inter IIᵃˢ sinodos.

Ecclesia de Sapeto, II solidos et dimidium.

Monachi Sancti Laurentii de Gratianopoli, unum quartallum olei de nucibus, pro ecclesia Sancti Martini de Monte, ad festum Omnium Sanctorum.

Ecclesia Sancti Christofori de Scalis, v solidos, inter duas sinodos.

Ecclesia de Volvredo juxta Tolinum, II solidos, inter duas sinodos.

Ecclesia de Chapcia, xII denarios, inter [duas sinodos].

Ecclesia Sancti Valerii de Ripis, cum capella de castro, et ecclesia Sancti Johannis de Renatico, vI solidos, inter [duas sinodos].

Ecclesia de Tolino, xv solidos, inter [duas sinodos].

Capella ejusdem castri, v solidos, inter [duas sinodos].

Ecclesia de Moreata, IIII solidos, inter [duas sinodos].

Ecclesia de Cantessa, II solidos, inter [duas sinodos].

Ecclesia de Vatileu, III solidos, inter [duas sinodos].

Ecclesia de Polinau, vi solidos, inter [duas sinodos].

Ecclesia de Nerpau, ii solidos, inter [duas sinodos].

Ecclesia de Marinis, iii solidos, inter [duas sinodos].

Capella de Vinnai, iiii solidos, inter ii sinodos ; cujus capellanus habet decimam in condaminis, quæ fuerunt dominorum de Turre, apud Sanctum Gervasium ; in cujus decime redemptione dedit episcopus Hugo xxi solidos.

Ecclesia de Alba Ripa, v solidos, inter [duas sinodos].

Ecclesia Sancti Andreæ, vi solidos, inter [duas sinodos].

Ecclesia Sancti Justi de Mana, vii, inter [duas sinodos].

Ecclesia de Granencs, x solidos, inter [duas sinodos].

Ecclesia Sancti Johannis de Exartis, quæ est juxta castrum Isironis, v solidos, inter [duas sinodos], et unam ceram de iiii^{or} libris, ad festum Omnium Sanctorum.

Ecclesia de Cohonino, iiii^{or} solidos, inter [duas sinodos].

Ecclesia Sancti Gervasii, xxii solidos, inter [duas sinodos], de ecclesia et ciminterio, et unam ceram de tribus libris, ad festum Omnium Sanctorum.

Ecclesia de Voroi, et ecclesia de Aiqualenz, v solidos, inter duas sinodos, et unam ceram de tribus libris, ad festum Omnium Sanctorum.

Ecclesia de Noiareto, vii solidos, inter [duas sinodos], et unam ceram de tribus libris et unum quartallum mellis, ad festum Omnium Sanctorum.

Ecclesia de Lanz, xl solidos, inter [duas sinodos], et iii libras ceræ, ad festum Omnium Sanctorum, et unum sextarium mellis.

Ecclesia de Meudres, viii sextarios siliginis.

Ecclesia Sancti Jacobi de Subteriori Meldres, ii solidos, inter [duas sinodos].

Ecclesia de Campaniaco, x solidos, inter [duas sinodos], et unam ceram de iii libris et dimidia, ad festum Omnium Sanctorum.

Ecclesia de Herbisio, x sextarios frumenti, ad mensuram

Gratianopolitanam, cum recipiente, et sit mundatum frumentum, et x solidos, inter [duas sinodos].

Monachi de Viv[o] debent x sextarios frumenti, ad mensuram Gratianopolitanam, de ecclesia quæ vocatur Eclesiolis, et de Deserto, et de Prato Lanfredo ; et debent idem monachi de Viv[o] alios x sextarios frumenti, videlicet de ecclesia de Fontanils vi, et de Rivo Sicco iiii^{or} ; et totum redditur in festivitate Omnium Sanctorum ; et sit frumentum mundatum.

Ecclesia de Paschers, xii sextarios frumenti mundati, ad mensuram Gratianopolitanam, ad festum Omnium Sanctorum.

Capella de Clusa, iiii^{or} solidos, ad sinodum Paschæ. Habent canonici Ulcenses has predictas duas ecclesias, scilicet ecclesiam de Paschers et capella[m] de Clusa, pro episcopo Gratianopolitano.

Ecclesia de Roag, x solidos, inter [duas sinodos].

Ecclesia de Maires, cum capella de Savel, xii solidos, inter [duas sinodos].

Ecclesia Sancti Aregii, vi solidos, inter [duas sinodos].

Ecclesia de Valdenz, v solidos, ad sinodum post Pascha.

Ecclesia de Venose, vii solidos, inter [duas sinodos], et unam ceram de duabus libris et dimidia, ad sinodum post festum Omnium Sanctorum.

Ecclesia de Alamo, et de Ohos, xii solidos et duas ceras de v libris, inter [duas sinodos], et xii sextarios siliginis mundatæ, ad mensuram Gratianopolitanam, ad sinodum Paschæ ; et hæc debent reddere canonici de Garda.

Ecclesia de Ornone, iiii solidos, ad sinodum post Pascha, et iiii sextarios seliginis, quæ reddantur apud Gratianopolim, ad mensuram legalem ejusdem civitatis.

44

Guigues de Beaumont, sa femme et ses enfants vendent à saint Hugues, pour Saint-André, une terre située dans la paroisse de Vourey (une des paroisses ensevelies sous les abîmes).

1108.

(*Déc.* : chap. II, note 31. — Chap. III, notes 44, 69. — Chap. VI, note 22. Chap. VII, notes 5, 8, 47. — Chap. XII, note 29.)

Carta Guigonis de Bello Monte[1].

Ego Guigo de Bello Monte et uxor mea, nomine Matildis, et filius meus, Guilelmus, et alii infantes mei omnes, vendimus unam petiam terræ Deo, et ecclesiæ Gratianopolitanæ, et episcopo Hugoni et successoribus ejus, et ecclesiæ Sancti Andreæ de Savogia, et Heiraldo decano, et omnibus clericis, tam presentibus quam futuris, in eadem ecclesia Deo servientibus. Est autem predicta terra in parrochia de Volvredo, et habet afrontationes : a parte orientis, terra sive vinea filiorum Guiniterii Mainerii ; a meridie, terra Petri Gotafredi, sive Petri Radulfi ; ab occidente, terra filiorum Geraldi Moreti ; ab aquilone, terra filiorum Malleni. Habuique ego Guigo, pro predicta terra, unum equum pro LX^a solidis et unum insellamentum pro X^{em} solidis a Folcherio, canonico et fratris [fratre] Geraldi Moreti ; quos predictos denarios dedit pro anima sua ecclesiæ Beati Andreæ. Terram autem supra nominatam dedi per alodium, omni tempore, ecclesiis prescriptis, sicut melius intellexit Hugo, episcopus, ad profectum suum et successorum suorum. Facta hæc venditio anno Dominicæ incarnationis millesimo C. VIII. Laudat hæc uxor mea, Matildis, et filius

---

[1] *IIe Cartul. de saint Hugues :* C. n° 113.

meus, Guilelmus, et alii infantes mei. Testes sunt hujus venditionis Jozlenus, et Asselmus, et Achinus, et Soffredus, milites, et alii plures, laici, sive presbiterii atque clerici. Amatus scripsit hanc cartam.

45

Ungrin de Faverges engage à saint Hugues, pour 250 sous viennois (dont vingt valaient alors un marc d'argent), sa dîme à Saint-André sur le pain, la viande et le vin.

1110.

(*Déc.* : chap. III, note 68.)

Item de guadimonio decimæ Ungrini [1].

Ego Ungrinus de Favergias mitto decimam in guadimonium, quam habeo in tota parrochia Sancti Andreæ, episcopo Hugoni Gratianopolitano, scilicet de pane, et carne ac vino. Predicto Hugoni, episcopo, mitto in guadimonium prefatam decimam et omnibus successoribus suis, sine ullo mallo ingenio, pro ducentis L solidis monetæ Viennensis, qui eo tempore viginti solidi valebant marcam argenti ; tali vero tenore ut episcopus Hugo tandiu teneat decimam et successores sui, in pace et sine molestia, donec aut episcopus Hugo, sive successores sui, ducentos L solidos ab Ungrino accipiant. Fidejussores sunt Jozlenus et frater ejus, Akinus de Sancto Andrea, eo tenore quia, si ulla persona aliquid ex parte Ungrini, sive ex parentibus ejus, abstulerint, ipsi reddant tantundem pro decima ablata quantum episcopus perdiderit. Hoc laudavit Guilelmus, frater ejus, et

[1] *IIe Cartul. de saint Hugues :* C. no 115.

nepos ejus, filius Folcherii, teste Jozleno et fratibus suis, Asselmo et Akino de Sancto Andrea. Hoc fuit factum anno incarnationis Dominicæ millesimo c° x°.

46

Fondation du prieuré de Saint-Jeoire.

juillet 1110.

(*Déc.* : chap. I, note 27. — Chap. III, note 55. — Chap. IV, notes 63 et 69. Chap. VI, note 5.— Chap. XII, notes 13, 64.—Chap. XVIII, note 34.)

Carta de Chignino [1].

Ego Hugo, Gratiananopolitanæ ecclesiæ vocatus episcopus, dono fratribus Geraldo, Guilelmo et Barnardo, qui in manu nostra seculo abrenuntiaverunt et sub canonica professione vivere decreverunt et Deo servire, et successoribus eorum sub eadem professione viventibus, ecclesiam Sancti Georgii cum parrochia sua, et capellam de Chignino cum parrochia sua, usque ad Bondologiam pertinentem ; et ecclesiam de Triverio, et ecclesiam de Corruana et capellam de Balberio, cum decimis, et oblationibus, et cimiteriis et aliis ad jus ecclesiasticum pertinentibus. Et constituo ut omnes heæ ecclesiæ sint subjectæ et respondeant ecclesiæ Sancti Georgii, ubi prenominati fratres commorantur. Et retineo michi et successoribus meis annuum censum in his ecclesiis, videlicet : in ecclesia Sancti Georgii, censum xii denariorum et paratam vi ; et in ecclesia de Triverio, censum duorum solidorum et paratam xii denariorum ; et in ecclesia de Corruana, censum duorum solidorum et para-

---

[1] *II*ᵉ *Cartul. de saint Hugues :* C. n° 74 ; et *III*ᵉ, n° 37.

tam denariorum xii ; et in capella de Balberio, censum xii denariorum et paratam vi denariorum ; et in capella de Chignino, censum x solidorum et paratam vi denariorum : et hii omnes denarii sunt Valentinensis vel Viennensis monetæ. Hujus capellæ censum reddent Adoni, filio Geraldi, cui ego censum ipsius capellæ donaveram ; post discessum vero ejus, reddent mihi et successoribus meis. Et, per parochias harum quinque ecclesiarum, retineo michi et successoribus meis quartam partem totius decimæ, ea conditione ut, si predicti fratres decimas emerint, quartam partem precii reddam ; si gratis acquisierint, et ego sine precio quartam partem possideam ; hac servata inter nos conditione ut non liceat predictis fratribus, vel successoribus eorum, se ipsos, vel ecclesias seu ad ecclesias pertinentia alicui personæ, vel congregationi tradere ; similiter non liceat nobis, nec successoribus nostris, predictos fratres, seu ecclesias vel ad ecclesias pertinentia alicui loco vel personæ, sine consilio et voluntate eorum, tradere : predicti vero fratres obedientes et subjecti existant nobis et successoribus nostris, tanquam canonici proprio episcopo ; nostri vero successores predictos fratres et locum eorum non destruant, sed tueantur et defendant sicut proprios filios. Si vero, quod absit, predictorum fratrum et successorum eorum sub canonica professione viventium cohabitatione locus destitutus fuerit, ecclesiæ vel bona ecclesiastica ad episcopum Gratianopolitanum redeant. Facta hæc carta apud Arvisium, iiiº nonas julii, anno incarnationis dominicæ millesimo cº xº, anno pontificatus domni Hugonis, episcopi Gratianopolitani, xxx. Ricardus scripsit.

47

Pierre de Saint-André fait don, à l'église de Saint-André, d'une maison qu'il avait construite sur le cimetière de cette église[1].

1110-1132.

(*Déc.* : chap. III, note 40. — Chap. VI, note 35.
Chap. VII, notes 5, 8, 47.)

Sciendum est quod Petrus de Sancto Andrea dedit ecclesiæ Sancti Andreæ et Hugoni, Gratianopolitano episcopo, et successoribus ejus, domum illam quam in cymiterio ejusdem ecclesiæ ædificavit ; et, pro hac convenientia et donatione, dedit ipsi Petro Airaldus decanus, in adjutorium, omnem calcem quæ in ipsa domo posita fuit ; et episcopus v sextarios frumenti et tres avenæ, eodem pacto, in adjutorium prefatæ domus dedit. Et ipsa domus dum edificaretur, predictus Petrus habuit cotidianum victum in domo canonicorum. Testes hujus donationis et laudationis fuerunt : Airaldus, decanus, Geraldus, socius ejus, et Geraldus de Savoia.

48

Saint-Hugues confirme la donation par lui faite précédemment au chapitre de Saint-Jeoire, des églises de Curienne, de Barby, de Triviers, de Saint-Jeoire, et de la chapelle de Chignin. — Fondation des prieurés de Clarafont et d'Arvillard[2].

1110-1132.

(*Déc.* : tom. I, pages, 13, 140 et 156. — Chap. VII, notes 61, 67.)

Est iterum sciendum quod Hugo, Gratianopolitanus episcopus, dedit canonicis Sancti Georgii, presentibus et futu-

---

[1] *IIIe Cartulaire de saint Hugues* : C. n° 44 (1er alinéa).
[2] *IIIe Cartulaire* : même charte, n° 44 (3 derniers alinéas).

ris, et laudavit ecclesiam de Coroana, et ecclesiam de Balbeio, ecclesiamque de Triverio atque ecclesiam Sancti Georgii ; et pro quarta parte decimæ, quam prefatus episcopus in supradictis ecclesiis retinuit, ipsi canonici, in uno quoque anno, predicto episcopo et successoribus ejus reddere debent octo sextarios frumenti mundati et octo civate, ad mensuram Gratianopolis, et novem sextarios boni vini vendibilis, ad mensuram Cambariaci, et sex solidos inter duas synodos, exceptis paratis. Frumentum et civata ad festum Omnium Sanctorum reddenda sunt ; vinum vero in quadragesima.

Iterum dedit eis capellam de Chinnino, pro qua supradicto episcopo et successoribus ejus x solidos inter duas synodos reddent melioris vulgaris monetæ, preter paratam. Et, si decima ujus capellæ, quæ pro trecentis solidis in vadimonio est, ex toto redimeretur, quinquaginta solidos, quos episcopus in ipso vadimonio dedit, recuperare debet, vel successores ejus. Interim vero, dum decima ipsa redempta non fuerit vel ex toto adquisita, accipiet in ea episcopus, ad festum Omnium Sanctorum, singulis annis, duos sextarios frumenti mundati, et duos civate et tres vini ; et, si aliqua pars inde redempta fuerit, secundum illud quod remanserit, pro quatuor supradictis sextariis partem in ipsa decima accipiet et pro tribus vini. Dedit eis etiam ecclesiam de Maircio et ecclesiam de Claris Fontibus ; et, pro quarta parte decimæ ipsarum æcclesiarum, debent ipsi episcopo et successoribus ejus sex sextarios frumenti mundati et sex civate, et x solidos, tempore quo predictos census reddere [debent], et duas libras ceræ, ad sinodum Paschæ. Tali vero conditione concessit eis ut jugiter in aliqua istarum duarum ecclesiarum regulares canonici commaneant ; nam aliter eas episcopus retineret in proprios usus, etiam cum omnibus melioramentis sive adquisitis.

Similiter hoc eodem tenore concessit eis et dedit ecclesiam de Alto Vilare, et ecclesiam de Dextreriis, et ecclesiam de Deserto, et bona ipsarum ; sed retinuit in eis, sibi et successoribus suis, quartam partem tocius decimæ istarum parrochiarum. Quæ decimæ quandocumque adquisitæ fuerint, quartam partem precii Gratianopolitanus episcopus in eis persolvet ; et insuper retinuit similiter sibi pro ecclesia de Deserto viii solidos, inter duas sinodos, et pro ecclesia de Alto Vilare ii[os], et pro ecclesia de Dextariis duos, et unum cartallum mellis, ad festum Omnium Sanctorum, exceptis paratis.

49

Jozlen de Saint-André, près de mourir, relâche à saint Hugues, entre les mains du doyen Ayrald, toutes ses dîmes sur Saint-André, Epernex, Saint-Pierre d'Entremont, etc. — Saint Hugues assiste à sa sépulture.

4 juillet 1111.

(*Déc.* : chap. II, note 31. — Chap. III, notes 35, 78. — Chap. VI, note 35. Chap. VII, notes 5, 8, 10, 47, 60. — Chap. XII, notes 61, 62. — Chap. XIII, note 11. — Chap. XV. notes 19 et 20.)

Carta de decima Jozleni[1].

Notum sit omnibus fidelibus quod Jozlenus, de Sancto Andrea apud Savogiam, et uxor ejus, Helisabeth, filiusque ejus Silvio, miserunt in wadimonium totam decimam quam habebant in parrochia Sancti Andreæ, excepto de villa quæ vocatur Chat Vilar, pro XL[a] et vi solidis et iiii[or] denariis monetæ Aquæ Belæ. Postea, predictus Jozlenus, in gravi

---

[1] *II° Cartul. de saint Hugues*, n° 117, et *III°*, n° 34.

egritudine perductus, in manu Eiraldi, decani, omnes decimas, quas in isto episcopatu possidebat, fideliter Deo, et ecclesiæ Beatæ Mariæ, atque sancto Vincentio, sive sancto Andreæ, et episcopo Hugoni et omnibus successoribus ejus, dimisit atque guirpivit, sicut melius prefatus Heiraldus intellexit, ad utilitatem predicti episcopi et successorum suorum. Defuncto vero predicto Jozleno, affuit prenominatus episcopus, et antequam sepeliretur, in manu de jamdicto episcopo, uxor predicti Jozleni, Helisabeth, et filius ejus, Silvio, fratresque predicti Jozleni, scilicet Asselmus et Akinus, dimiserunt, reddiderunt, donaverunt ac laudaverunt decimam, quam Jozlenus dimisit in manu Heiraldi Deo, et ecclesiæ Beatæ Mariæ, atque sancto Vincentio, sive sancto Andreæ, et episcopo Hugoni et omnibus successoribus suis, quomodo predictus episcopus melius intellexit ad utilitatem suam et omnium successorum suorum ; scilicet decimam de parrochia tota Sancti Andreæ, cum villa de Chat Vilar, et de parrochia de Aspernaico, et de parrochia Sancti Petri inter Montium, et, ut totum comprehendamus, omnes decimas quas predictus Jozlenus possidebat in isto episcopatu, videlicet de pane et vino, sive de carne, sive de omnibus rebus quæ decimari debentur : teste Heiraldo, decano, et Geraldo, socio ejus, Benedicto, capellano Granariis, Asselmo Barruel, Petro Odone, Guigone de Bela Comba, Berlione de Bela Comba fratreque ejus, Guitfredo Rufo, Petro Radulfo filioque ejus, Bertranno, et fratre suo, Isoardo, David, Desiderio, nepote suo, Petro Benedicto, capellano de Bela Comba, Gualterio, clerico, et fratre ejus, Theotberto, et pluribus aliis, qui ad sepeliendum jamdictum Jozlenum venerant, qui audierunt et viderunt ea quæ supra scripta sunt ac fuerunt facta III° nonas julii, anno incarnationis Dominicæ millesimo centesimo XI°. Amatus vidit, qui scripsit.

50

Nantelme, fils d'Yon d'Arvey reçoit en commande, sa vie durant, de saint Hugues, les églises de la Thuile, et le tiers des dimes de Cruet, de la Thuile et de Puisgros, à condition qu'après sa mort les dimes de Cruet et de Puigros reviendraient au prieuré de Thoiry.

5 août 1111.

(*Déc.* : chap. IV, note 17. — Chap. VII, notes 8, 10, 47. Chap. XIV, note 41.)

Carta Nantelmi de Arvisio[1].

Notum sit omnibus quod ego Hugo, Gratianopolitanus episcopus, commendavi ecclesiam de Tovelia Nantelmo, clerico nostro, filio Ionis de Arvisio, qui fuit condam, retento in eadem ecclesia annuo censu v solidorum, et de parata xii denariorum. Super hæc dedi ei terciam partem decimarum de parrochia Sancti Laurentii de Crosis et tres partes [de] decimis de parrochia Sancti Stephani[2], talique tenore quatenus, dum vixerit Nantelmus predictus, habeat decimas predictas; post mortem vero suam, decimæ de parrochia de Crosis et decimæ de parrochia Sancti Stephani ad canonicos de Toirevo revertantur : decimæ autem de parrochia de Tovelia, cum melioratione predictæ ecclesiæ sive cymiterio, absque ulla calumnia, ad episcopos Gratianopolitanos deveniant. Nam hominium fecerat jam dictus Nantelmus prenominato episcopo, quando decimas ab eo accepit, et fidelitatem super altare Sancti Georgii prefato episcopo et omnibus successoribus suis juravit, quando ei predictam ecclesiam commendavit, sicut melius predictus

---

[1] *IIIe Cartul.* n° 39.
[2] Puygros.

episcopus intellexit ad utilitatem suam et omnium successorum suorum. Decimas enim predictas guirpiverat Io, pater Nantelmi, in manu prelibati episcodi Hugonis, longe ante mortem suam ; et uxor ejus, Sarra, et filii ejus, scilicet Petrus, Aimo Guilelmus, Humbertus et Io, apud ecclesiam Sanctii Georgii guirpiverunt, donaverunt, laudaverunt prefatas decimas Deo, et beatæ Mariæ, atque sancto Vincentio, et episcopo Hugoni, in manu sua, et omnibus successoribus suis, sicut melius predictus episcopus intellexit ad utilitatem suam et omnium successorum suorum. Testes hujus scripturæ sunt : domnus Arbertus, episcopus Avennicensis[1], et magister Odolricus, et Raimundus de Grangis, et Eiraldus, decanus, et Johannes Longobardus, et Giraldus de Triveriis, et Boso, Bernardus, Gualterius, atque Vilelmus. Scripta hæc carta nonis augusti, anno M. C. XI incarnationis Dominicæ, anno pontificatus domni Hugonis, episcopi, XXXI. Amatus scripsit hæc, qui vidit hæc, et multi clerici atque laici, quorum [nomina] scribere longum est.

51

Achin de Saint-André relâche à saint Hugues moyennant 112 sous de Vienne et 110 sous d'Aiguebelle, toute la dime de ses fiefs sur la paroisse de Saint-André.

1111-1132.

(*Déc.:* chap. III, note 39. — Chap. VII, notes 5. 8, 47, 61.)

Carta de decima feudorum Achini Sancti Andreæ[2].

Ego Achinus Sancti Andreæ et uxor mea, Helisabeth, et filii et filiæ meæ, reddimus, donamus et vendimus Deo, et

---

[1] *Avenionensis.*
[2] *III° Cartul.*, n° 40.

beatæ Mariæ, et sancto Vincentio, atque sancto Andreæ, et episcopo Hugoni et successoribus ejus, et Heiraldo, decano, decimam totam feudorum, quam habebamus in parrochia Sancti Andreæ, sicuti ipse episcopus melius intelligit ad utilitatem suam et successorum suorum. Et, pro hac guirpitione et donatione, habuimus, de bonis episcopi, c xii solidos Viennensis monetæ, et ex Aquabellensium denariorum c x solidos. Testes sunt : ipse episcopus, et Heiraldus, decanus, et Geraldus, socius ejus, et Catbertus, et Amico, et Johannes de Graiseu, et multi alii de eadem parrochia.

52

Anselme de Saint-André, avant de mourir, sa femme et son fils Nantelme relâchent, à saint Hugues, leur dîme sur Saint-André.

1111-1132.

(*Déc.* : chap. III, note 38. — Chap. VII, notes 5, 8, 47, 62, 66.)

Carta de decima Anselmi Sancti Andreæ [1].

Notum sit filiis Gratianopolitanæ ecclesiæ, presentibus et futuris, quod Anselmus de Sancto Andrea, in fine vitæ suæ, et uxor sua, Amaldrada, et filius eorum, Nantelmus, guirpiverunt, donaverunt et laudaverunt spontaneè totam decimam, quam habebant in parrochia Sancti Andreæ, Deo, et beatæ Mariæ, et sancto Vincentio, et episcopo Hugoni et successoribus ejus, sine omni retinemento. Signum Airaldi, decani. Signum Geraldi, socii ejus. Signum Geraldi de Chinino. Signum Guigonis de Bello Monte. Signum Achini, fratris ejusdem Anselmi.

[1] *III Cartul.*, n° 41.

53

Bulle de Callixte II confirmant à l'abbaye de Saint-André-le-Bas ses possessions dans divers diocèses.

14 février 1120.

(*Déc.* : chap. V, note 122.)

Calixti, pape bulla (qua Galterium abbatem et ejus monasterium sub protectione Sedis Apostolice suscipit)[1].

Calixtus episcopus, servus servorum Dei, dilecto in Christo filio Galterio, abbati venerabilis monasterii Sancti Andree quod infra menia Viennensis civitatis situm est, ejusque successoribus regulariter substituendis, in perpetuum. — Justis votis assensum prebere justisque peticionibus aures accommodare nos convenit, qui licet indigni justicie custodes atque precones in excelsa principum apostolorum Petri et Pauli specula positi, Domino largiente, conspicimur. Propter quod, dilecte in Christo fili Gualt[e]rii abbas, peticioni tue benignitate debita inpertimur assensum et beati Andree monasterium, cui Deo auctore presides, protectione sedis apostolice communimus; statuimus enim ut cenobium ipsum nulli allii nisi matrici ecclesie Viennensi subjaceat, neque deinceps jurisdictioni alterius ecclesie submittatur. Porro quecumque in presenti legitime possidet presenti[s] scripti pagina confirmamus, videlicet ecclesiam Sancti Petri inter Judeos, ecclesiam Sancte Marie ultra Jayram, villam de Marsino, mansum de Commennaico, Crisinciacum cum ecclesia, Gemmas cum ecclesia, Modiacum cum ecclesia, ecclesiam de Stabilino, Vitroscum cum

---

[1] *Cartul. de Saint-André-le-Bas*, n° 197.

ecclesia, ecclesiam Sancti Petri de Aysino cum capella de Pineto, ecclesiam Sancti Marcelli, ecclesiam Sancti Simphoriani cum capella de Septimo, ecclesiam Sancti Martini de Bocio cum capella de Mala Valle, ecclesiam Sancti Romani de Masclatis, ecclesiam Sancti Andree de Humiliano cum capella de Larnataco, et parrochiam de Crosis et Valseriis, ecclesia[m] Sancti Cristophori cum appendiciis suis, ecclesiam de Domaisino, cum capella Sancti Laurentii de Castello Ponte, ecclesiam de Preissimo cum capella Sancte Marie, ecclesiam Sancti Laurentii de Chimillino in Valle Daine, ecclesiam Sancte Marie et Sancti Baudelii, in Bellicensi episcopatu, ecclesiam Sancti Genesii, ecclesiam Sancti Mauritii cum capella de Conspectu Castello, ecclesiam Sancti Laurentii de Auriciacu, ecclesia[m] Sancti Johannis de Veray, in Gratianopolitano episcopatu, ecclesiam Sancti Johannis cum ecclesia Sancti Ursi, ecclesiam Sancti Germani cum ecclesia Sancti Petri de Albiniaco, cum capella de Meiolano Castello, in archiepiscopatu Lugdunensi, ecclesiam Sancti Martini de Lerisiaco et ecclesiam Sancti Laurentii, cum omnibus predictarum omnium ecclesiarum pertinentiis; quecumque preterea in futurum concessione pontificum, liberalitate principum, oblatione fidelium vel aliis justis modis poteritis adipisci, firma vobis vestrisque successoribus et illibata permaneant. Decernimus ergo ut nulli omnino hominum liceat idem monasterium temere perturbare aut ejus possessiones auferre vel ablatas retinere, minuere aut temerariis vexationibus fatigare, set omnia integre conserventur eorum pro quorum sustentatione et gubernatione concessa sunt usibus omnimodis profutura. Si qua igitur in futurum ecclesiastica secularisve persona hanc nostre constitutionis paginam sciens contra eam temere venire temptaverit, secundo terciove commonita si non satisfactione congrua emendaverit, potestatis honorisque sui dignitate careat reaque se divino judicio existere de perpetrata iniquitate cognoscat, et a sacratissimo Corpore ac Sanguine Dei et Domini nostri Jesu Christi Redemptoris aliena fiat atque in extremo examine districte ultioni subjaccat; cunctis autem loco eidem justa servantibus sit pax Domini nostri Jesu Christi, quatenus et hic fructum bone actionis percipiant et aput districtum judicem premia eterne pacis inveniant. Amen.

Ego Calixtus, catholice ecclesie episcopus, subcripsi.

Datum Romanis, per manum Grisogoni, sancte Romane ecclesie diaconus cardinalis ac bibliothecarii, xvii kalendas marcii, indictione xiii, Incarnationis Dominice anno M° C° XX°, pontificatus autem domni Calixti secundi pape anno secundo.

54

Lettre d'Innocent II à Guigues-le-Chartreux, lui enjoignant d'écrire la vie de saint Hugues. — Réponse de Guigues.

1134-1136.

(*Déc.* : chap. VI, note 21. — Chap. VII, notes 14, 17, 19, 41.)

Epistola Innocentii II papæ[1].

Innocentius Episcopus, servus servorum Dei, dilecto filio Guigoni, priori carthusiensi, salutem et apostolicam benedictionem. Divinis respondentes beneficiis, cognita vita ejus, et auditis quæ per B. Hugonis merita fiunt miraculis, supernæ majestatis clementiam collaudavimus, et Archiepiscoporum, Episcoporum et Cardinalium, atque aliorum qui nobiscum aderant communicato consilio, ipsum inter sanc-

---

[1] Bolland., 1er avril; p.37. — *Annales manuscrites des Chartreux*, tom. II, an. 1134 à 1136.

tos et electos honorari præcepimus, et diem ejus assumptionis cum gaudio solenniter celebrari. Quia igitur ipsius vita, quam piè duxit in corpore et miraculorum coruscatio, qua Deus eum facit apud homines præfulgere, tuæ maxime dilectioni non extant incognita ; auctoritate B. Petri et nostra tibi mandamus, quatenùs ea quæ tibi super hoc nota fuerint, diligenter describendo posterorum memoriæ tradas : ut et deus honoretur in Sancto, et Clerus legens ac populus audiens gratias agant Domino, atque ipsius intercessione peccatorum veniam percipere mereantur. Orantes pro vobis, dilectos filios nostros Carthusienses Fratres per te in Domino salutamus ac benedicimus. Data Pisis x kalend. Maii.

VITA

AUCTORE GUIGONE, PRIORI CARTHUSIENSI

Ex duplici M. S. et Surio.

PROLOGUS, AD PONTIFICEM ROMANUM.

Domino et Patri carissimo, ac reverendissimo, sedis Apostolicæ Pontifici, Innocentio, Carthusiensium pauperum servus inutilis Guigo, perpetuam salutem et pacem in Domino, et si quid apud Deum tanti potest peccatoris oratio. Non pepercit nostræ vel verecundiæ vel imperitiæ Apostolatus vestri imperiosa dignatio. Sicut enim huic opusculo præfixæ vestræ serenitatis indicant litteræ, B. Petri auctoritate et vestra mandastis, ut vitam B. Hugonis, Gratianopolitani Episcopi, noscendam posteris, scripto commendaremus. Rogaverant quidem idipsum jam pridem complures alii, sed maxime non spernendæ auctoritatis Arialdus et Hugo Mauriennensis et Gratianopolitanus Episcopi : è quibus *prior habitu et vita regularis,* Beati viri in tractandis ecclesiasticis rebus per triginta fere comes extitit annos ; *posterior vero ex nobis monachus,* ita ei in ecclesiastico regimine successit, ut propter diuturnam ac vehementem infirmitantem ipsius, in ejus locum, ipso petente vestraque pietate jubente, priusquam obiret ipse, consecraretur. Et erga eos quidem, quos *præ longa familiaritate vel convictu* latere non poteram, nostra nos imperitia seu verecundia, et quæ forte non minus impediebat carnis infirmitas, sufficienter poterant excusare : ad tantæ vero pondus auctoritatis, ne mutire quidem præsumpsimus ; ne dum ei non obedimus cui totus commissus est mundus, eum offenderemus a quo factus est mundus ; et dum apud homines vitamus imperitiæ confusionem, apud Deum incurreremus damnationem. Obsecramus autem eos qui hæc legerint, ne tanti sanctitatem Patris, nostra non solum facundia sed et cogitatione longe majorem, ex ista scriptura metiantur; et maximè, ne putent, nos, ultra quam sua postulant merita, nostris eum sermonibus efferre potuisse. Tantum enim abest ut sanctitatis illius magnitudinem plus æquo valuerimus, quasi favorabiliter, extollere; ut nec illam ipsam *sanctæ conversationis ejus prærogativam*, quod sine fictione dicimus, tum propter imperitiam, tum propter sermonis inopiam, ut erat dignum, potuerimus explicare.

55

Lantelme (ou Nantelme) d'Albigny relâche au prieuré de Saint-Ours — plus tard Saint-Philippe — le quart qu'il possède sur les dîmes de Saint-Pierre d'Albigny.

22 avril 1134

(*Déc.* : chap. V, note 117.)

Carta Lantelmi de decima Sancti Petri de Albinneu[1].

Notum sit omnibus sancte matris ecclesie filiis, quod Lantelmus de Albinneu reddit et donat ecclesie Sancti

---

[1] *Cartul. de Saint-André-le-Bas*, n° 232.

Andree IIII[am] partem decimarum de Sancto Petro de Albinneu, tali videlicet pacto quod unam de filiabus suis recipit supra dicta ecclesia ut faciat eam monacham consilio ecclesie Stans-Medii : quam filiam quia adhuc minoris etatis est, retinet idem Lantelmus usque ad v annos nutriendam ; quod si de hac filia aliquid contigerit infra hunc terminum, alium de infantibus illius recipiat ante dicta ecclesia pacto quo diximus, aut centum solidos persolvat eidem Lantelmo et in pace remaneat. Hujus rei testes sunt : Johannes prior Stansmedii, Silvio prior de Porta, Romanus monachus, Humbertus frater ejus, David sacerdos, Ebrardus sacerdos, Poncius de Albuez, Burno de Sancto Silvestro, Gauterius de Meiolano, Amblardus de Sancto Petro, Ferroldus, cum aliis, multis. Quod factum est x kalendas maii, anno ab Incarnatione Domini MCXXXIIII°.

56

Nantelme d'Albigny confirme au prieuré de la Porte, ou de Saint-Ours, la dîme sur Saint-Pierre, dont il l'avait déjà investi auparavant.

1134?

(*Déc.* : chap. V, note 118.)

Convenientia Aimonis abbatis et Nantelmi de Albiniaco[1].

Notum sit omnibus quod Nantelmus de Albiniaco adiit presentiam abbatis Aimonis Sancti Andree et monacorum ejus et petiit ab eis vineam, quam dederat eis Rachedus pro sepultura sua ; tali vero conven[ien]tia hanc concesse-

---

[1] *Cartul. de Saint-André-le-Bas*, n° 233.

runt ei, ut ipse decimam quam habebat in parrochia Sancti Petri, unde ipsi olim investiti fuerant, consilio sue conjugis eis laudavit et in vestitura dedit per singulos annos duos sextarios et dimidium vini. Testes sunt Petrus camararius et Silvius prior et Clemens monachus. Signum Giroldi presbiteri. Signum Odonis. Signum Joahnnis. Signum Aalberti. Signum Usilii. Signum Witfredi. Signum Nantelmi.

56 bis

Bulle d'Innocent II prescrivant que les futurs chanoines de Grenoble fussent chanoines réguliers, et les futurs évêques, moines, ou chanoines réguliers profès.

2° cal. jun. (31 mai) 1136.

(*Déc.*: chap. VI, note 10.)

Bulla Innocentii II pape, quod episcopus et canonici gratianopol. debent esse regulares [1].

Innocencius episcopus, servus servorum Dei, venerabili fratri Hugoni Grationopolitano episcopo ejusque successoribus canonice promovendis, imperpetuum. — Quisquis post hujus vite terminum celestis regni gloriam cupit acquirere, expedit ut nequaquam cum mundi amatoribus in foro ociosus existat, sed pocius pro accipiendo denario in vinea summi patris familias sollicite operetur. Omnipotenti siquidem Domino gracias agimus et fraternitati tue sincero gratulamur affectu, qui sicut bonus pastor et diligens supra commissum tibi gregem dominicum prudenter vigilas, et

---

[1] *Cartul. de Chissé* (copie) fol. 307, verso.

eum de die in diem ad salutaria pascua ducere ac provocare contendis. Et nos igitur, quibus precipue imminet bona studia mutuis suffragiis adjuvare et piis desideriis assensum pariter adhibere, postulationes tuas, karissime frater Hugo episcope, libenter admittimus, statuentes ut ordo qui secundum beati Augustini regulam tuo laudabili studio est in Grationopolitana ecclesia, Deo gratias, institutus ibidem futuris temporibus irrefragabiliter observetur et, decedentibus clericis qui in presentiarum in ea Domino famulantur, nullus eis nisi regularem vitam professus canonicus surrogetur; obeunte quoque te nunc ejusdem loci episcopo, nemo ibi preterquam religiosus monachus aut regularis canonicus preponatur qui eidem ecclesie, cooperante Domino, preesse valeat et prodesse. Nulli ergo omnino hominum fas sit quod a te super institucione prefate ecclesie factum est, infringere vel minuere seu qualibet occasione convellere, sed omnia in suo vigore ac firmitate permaneant quemadmodum a tua discretione noscitur stabilitum. Si quis igitur in futurum hujus nostre constitucionis paginam sciens contra eam temere venire temptaverit, secundo terciove conmonitus, si non satisfactione congrua reatum suum correxerit, a sacratissimo Corpore et Sanguine Dei et Domini nostri Jhesu alienus fiat, atque in extremo examine divine ulcioni subjaceat; obedientes autem statutis nostris Omnipotentis Dei et beatorum apostolorum Petri et Pauli gratiam consequantur. Amen, amen, amen.

Ego Innocentius, catholice ecclesie episcopus, (subscripsi). — Data Pisis, per manum Aymerici sancte Romane ecclesie diaconi cardinalis et cancellarii, secundo kalendas junii, indicione XIII, Incarnationis Dominice anno M° cent^{esimo} XXXVI°, pontificatus domini Innocentii pape II anno quinto.

57

Bulle d'Innocent II confirmant les droits et privilèges du Prieuré de Lémenc[1].

Avril 1138.

(*Déc.* : chap. V, note 6.)

Anno Domini 1684 die vero 24ª mensis Maii. Ego Antonius a Sanctâ Mariâ Monachus Fulliensis, et secretarius Capitularis Capituli Sancti Petri de Lemenco Monachorum pariter Fulliensium. Lego in veteri pergamena quæ asservatur in Archivio præfati monasterii Sancti Petri de Lemenco supra Chamberium, sequentem copiam maledictionis latæ per sanctum Innocentium Papum secundum contrà eos qui damna inferunt Ecclesiæ Beati Petri de Lemenco. Deinde sequitur Benedictio ab eodem sancto lata eis qui benefaciunt et conservant bona Ecclesiæ supradictæ.

Tenor autem ejus est ut sequitur.

Innocentius Episcopus servus servorum Dei Poncio Priori Monasterii Sancti Petri de Lemenco, ejusque successoribus regulariter substituendis in perpetuum. Sicut injusta poscentibus nullus est tribuendus effectus, sic legitima desiderantium non est differenda petitio. Proinde, dilecte in Domino fili Ponci, tuis rationabilibus postulationibus clementer annuimus, et omnia quæ in monasterio Sancti Petri de Lemenco in qua præsse dignosceris tuo annitente studio juste sunt acquisita vel eadem Ecclesia a quadraginta annis usque in primam hanc præsentem indictionem legitime

---

[1] Archives départementales de la Savoie; Liasse cotée : Lémenc, n° 252.

noscitur possedisse, tibi tuisque successoribus et per vos præfato cœnobio Apostolicæ sedis privilegio confirmamus, quæcumque præterea in futurum concessione Pontificum, liberalitate Regum vel Principum, oblatione fidelium, seu in aliis justis modis auxiliante Domino poteritis adipisci, firma vobis in perpetuum et illibata permaneant. Decernimus ergo ut nulli ecclesiasticæ secularive personæ liceat præfatum locum temere perturbare, aut ejus possessiones auferre, vel allatas retinere, minuere, aut ei novas exactiones imponere, seu aliquibus vexationibus fatigare, sed omnia integra conserventnr, vestris ac pauperum usibus profutura. Si qui sergo huic nostræ constitutioni contraire tentaverit, [secundo tertiove] commonitus, nisi congrue satisfecerit, a sacratissimo corpore et sanguine Dei et Domini Redemptoris nostri Jesu Christi alienus fiat, atque in extremo examine districtæ ultioni subjaceat ; conservantibus autem sit pax domini nostri Jesu Christi, quatenus et hic fructum bonæ actionis percipiant, et apud districtum judicem præmia æternæ pacis inveniant. Amen. Amen. Amen.

Data Laterani, nono Calendas Maii, indictione prima, Incarnationis anno millesimo centesimo trigesimo octavo. Pontificatus vero Domini Innocentii Papæ secundi anno nono.

58

Lettre de Pierre-le-Vénérable, abbé de Cluny, à Dom Bazile, général de Chartreuse, dans laquelle le grand Abbé fait mention de son séjour au prieuré d'Arbin, station hivernale de son Ordre[1].

1152.

(*Déc.* : chap. V, note 150.)

Annus sequitur 1152, indictione 15ª quo Petrus abbas Cluniacensis in Italiam ad Eugenium Papam pergens, Basilii nostri Cartusiæ prioris visendi gratiâ ex itinere consulto divertit; at creberrimus nivibus vias ad montem illum occludentibus consilium invitus mutavit, scripsitque, ex *hiberno* sui Ordinis *prioratu* ad Basilium epistolam quæ quidem modo periit; sed altera quam inter Alpes constitutus scripsit, et ad eam Basilii responsum nobis satis exhibent, quanta inter utrumque interesset necessitudo. Petri epistola talis est :

Carissimo meo et unice amplectando Domno Basilio servorum Dei Carthusiæ priori Fr. Petrus humilis Cluniacensium, Abbas, salutem, cui se devovit, æternam.

« Nuper in procinctu Romani itineris constitutus scripsi,
« vobis ac Fratribus ab *Herbins*, Monasteriolo nostro, quod
« ad vos jam perlatum credo : et tam propositum adeundi
« vos, quam causam quæ ad remanendum compulit nos lit-
« teris indicavi. Scripsi tunc generaliter; scribo nunc sin-
« gulariter. Scribo ab ipsis Alpium faucibus, et excuso quod
« in litteris illis nominis vestri, vel officii, mentionem solito
« more non feci ; oblivio sola in causa fuit. Hanc, ut arbi-

---

[1] *Annales Cartusiennes* de Le Coulteux, tom. III, p. 457 et suiv. de la copie conservée à la Bibliothèque publique de Grenoble.

« tror, mihi ingessit itineris festinantia, et *navis ad trans-*
« *fretandum nos ultra Isaram* flumen parata.

« Volo tamen te, carissime, scire affectum illum meum,
« quo montana vestra adire decreveram, magis causâ te
« visitandi, quam locum, licet sanctum, videndi fuisse. Illum
« enim ac fratres alios, et à multis jam annis sæpè vide-
« ram ; te vero, ex quo istud arduum et cœleste propositum
« assumpsisti, numquam visitaveram. Non fueram nec
« sum immemor quanto me semper affectu colueris, quam
« devoto ac sincero animo, ab ipsis adolescentiæ tuæ annis,
« ad Divina anhelaveris ; quam frequenter eo spiritu Clu-
« niacum tuam, et vere tuam, visitaveris ; quanto insu-
« per tempore in ipso claustro, fratibus nostris tuisque
« adjunctus, Deo militaveris. Placuit dehinc spiritui illi,
« qui ubi vult spirat, ut te de virtute ad virtutem pro-
« veheret, et ascensiones in corde tuo disponens, de bonis
« ad meliora, de altis ad altiora transferret. Statuit et per
« gratiam suam perseveranter statuet supra petram pedes
« tuos, et diriget in viam mandatorum suorum gressus tuos.
« Constituit te in gradu illo vitæ, quo altior aliquis aut vix
« aut nusquam apparet. Eâ de causâ te invisere, et pro-
« fectui tuo, quo violenter regnum Dei rapere contendis,
« proposueram congaudere. Decreveram renovare tecum
« antiquas illas et sanctas felicis memoriæ Domni Guigonis
« prædecessoris tui mecum sæpe habitas collationes, qui-
« bus velut scintillis ab ejus ore prodeuntibus accendebar,
« et omnium pene humanarum rerum oblivisci cogebar.
« Contulissem tecum et de quibusdam hoc in tempore
« necessariis, quæ nec chartis committere, nec multorum
« auribus credere volebam. Hæc quia, carissime, ad præ-
« sens non dantur, precare instanter Omnipotentis miseri-
« cordiam, ut saltem in posterùm concedantur. Iter meum,
« sociosque itineris, ut speciali et intimo amico com-
« mendo, quod tantò majoribus auxiliis eget, quantò majo-
« ribus hoc hiemali tempore periculis formidabile est.

« Fratrem Petrum de Wapingo, olim in Christi militiâ, ut
« ipse vidi, tyronem, nunc veteranum, fratremque Gaufri-
« dum, qui tanto tempore bonum certamen certavit, jam-
« que penè cursum consummavit, ex parte meâ oro ut
« affectuosè salutes, meque nostrosque ipsorum sanctæ
« vitæ et precibus intentè commendes.

« Nescio enim si quis alter primi illius mei temporis
« miles adhuc superstes sit. Similiter et illum nobilem
« carne et spiritu, Otmarum Conversum de Valboneis, om-
« nesque simul pariter, quando convenerint, saluta. »

.. *Sequitur Basilii responsum ad Petrum Cluniacensem.*

59

Charte de Pierre Pinet, chanoine de Die, en faveur du Prieuré de Granier et de la Grande-Chartreuse. [1]

1189.

(Chap. XIII, notes 21, 25, 28.)

Petrus Pinctus, canonicus Diensis, singulis annis die Purificationis Beatæ Mariæ monachos Cartusiæ procurare (sive prandium eis dare) solitus, volensque eleemosynam suam fieri perpetuam, quoddam prædium a prioratu Sanctæ Mariæ de *Gravers* [2] ordinis Sancti Benedicti, cui nomen hodie Sancti Radulphi [Badulphi], creditoribus distractum, suisque redemptum pecuniis, eidem monasterio ea conditione restituit ut ex annuis illius redditibus annuo cibo Cartusiæ monachi reficerentur. Conditionem accepit et con-

---

[1] *Annales manuscrites des Chartreux*, tome V, p. 137 et suivantes.
[2] Lisez : *Graners* ou *Graneriis;* Granier.

firmavit Humbertus, sancti Ramberti abbas, cui subjectus erat præfatus prioratus ; pensionis vero solutionem episcopus Gratianopolitanus se suosque successores tuituros spopondit. Hujus donationis et attributionis extant litteræ satis curiosæ in hunc qui sequitur modum :

« In nomine Domini Nostri Jesu Christi. Certum sit omnibus hominibus tam præsentibus quam futuris quod monasterium Sanctæ Mariæ de Gravers habebat quosdam possessiones quas tanto tempore creditores, pignoris nomine, detinuerant et fructus perceperant, ut eas sibi acquisiisse et monasterium amisisse videretur ; unde Humbertus Sancti Regnaberti abbas, providens utilitati ecclesiæ suæ cum consensu sui universalis Capituli et voluntate et consensu Guifredi prioris Sanctæ Mariæ de Gravers et omnium monachorum ibidem commorantium has supradictas possessiones vendidit, donavit, traddidit, et perpetuo jure habendas concessit Petro Pineti Diensis ecclesiæ canonico. Ipse vero Petrus Pineti pro pretio persolvit eidem monasterio de Gravers, triginta libras Viennensis monetæ, de quibus supra dictæ possessiones a creditoribus liberatæ fuerunt.

« Postmodum etiam Petrus Pineti per hanc venditionem et traditionem jam factus Dominus, considerans utilitatem ipsius monasterii de Gravers, et volens pro salute animæ suæ Fratribus Cartusiæ eleemosinam facere, supra scriptas possessiones ipsi monasterio de Gravers donavit hoc pacto, ut in purificatione Beatæ Mariæ ad procurandos Dominos et fratres Cartusiæ, prior sæpe dicti monasterii de Gravers annuatim præstet et offerat eis panes recentes de duobus sestariis frumenti purgati ad mensuram Gratianopolitanam, et tres eminas vini puri, et unciam et dimidiam boni gariofoli, et pigmentum in quo habeat tres eminas vini puri, et eminam ciceris, et mellis et olei quantum necessarium fuit, et de bonis piscibus duodecim solidatas. Ipse insuper abbas

Humbertus et universum capitulum Sancti Regnaberti, et prædictus prior de Gravers cum fratribus suis ad hanc procurationem annuatim, sicut dictum est, faciendam se et successores suos obligaverunt. Et ut hoc in perpetuum ratum habeatur, prædictus abbas *Humbertus* hanc chartam sui sigilli impressione signavit. Et Dominus Joannes Gratianopolitanus episcopus, in cujus diœcesi monasterium de Gravers situm est, sigillandum mandando rogavit. Præterea ipse Petrus Pineti prædicto Domino episcopo hujus rei curam supplicando commisit. Et ut hanc eleemosynam fratribus Cartusiæ intuitu pietatis ipse et successores sui in perpetuum tuerentur, rogavit. Quod et ipse, sicut debuit, pro se et successoribus suis promisit.

« Actum est anno ab incarnatione Domini CLXXXVIIII. Clemente III summo pontifice, Frederico Romanorum Imperatore. »

60

Bulle de Célestin III confirmant les droits et privilèges de l'abbaye de Saint-Rambert-en-Bugey et, entre autres, les prieurés de Chamoux, de Villard-Sallet et de Granier avec les églises de leur dépendance.

1191.

(*Déc.* : chap. XIII, notes 16, 19, 31.)

Bulle du Pape Célestin III, confirmative des Privilèges de Saint-Rambert [1].

Celestinus Episcopus servus servorum Dei, dilectis filiis Humberto Abbati Ragniberti Jurensis, ejusque fratribus,

---

[1] Guichenon : *Bresse et Bugey*, 4ᵉ partie ; preuves, pages 234-235.

tam præsentibus, quam futuris regularem vitam professis salutem perpetuam. Quoties postulatur a nobis quod religioni et honestati convenire dignoscitur, omnino nos decet libenter concedere, et petentium desideriis congruum suffragium impartiri ; eapropter dilecti in domino filii, vestris justis postulationibus clementer annuimus, et præfatum monasterium, in quo divino estis obsequio mancipati, sub beati Petri, et nostra protectione suscipimus, et præsentis scripti privilegio communimus. In primis siquidem statuentes, ut ordo monasticus qui secundum Deum, ac beati Benedicti regulam in eodem monasterio, noscitur institutus, perpetuis ibidem temporibus inviolabiliter observetur ; præterea, quascumque possessiones, quæcumque bona idem monasterium in præsentiarum juste et canonice possidet aut in futurum concessione Pontificum, largitione Regum, vel Principum, oblatione fidelium seu aliis justis modis, præstante domino poterit adipisci, firma vobis, vestrisque successoribus, et illibata permaneant : in quibus hæc propriis duximus exprimenda vocabulis, locum ipsum in quo dictum monasterium situm est, cum omnibus pertinentiis suis, et cum Burgo adjacenti, cellam de Chamou, Ecclesiam Sancti Michaelis de Monte Andrico ; Ecclesiam Sancti Petri de Villari Lagerio, cum omnibus appenditiis earum, cellam de Villard Salés, Ecclesiam Sancti Juliani de Monte Majori cum omnibus appenditiis earum, cellam Sanctæ Mariæ Graneriis, et Ecclesiam Sancti Petri de Sauciaco, Ecclesiam Sancti Petri de Asperomonte, Ecclesiam Sancti Baldufi, Ecclesiam de Munasco, cem appenditiis earum, cellam Mariæ de Lueys, Ecclesiam Sanctæ Mariæ de Janua, Ecclesiam de Luziaco, Ecclesiam Sancti Desiderii, Ecclesiam de Campanieu, cum appenditiis earum, Ecclesiam Sancti Petri de Benoncia, Ecclesiam Sancti Andreæ de Tenayo, Ecclesiam Sancti Mauritii de Argit, Ecclesiam Sancti Martini de Vaugiis, Ecclesiam Sancti Laurentii de Onciaco, Ecclesiam Sancti Petri de Aranda, cellam Sancti Michaelis de Rupe,

Ecclesiam Sancti Mauritii de Langiis, Ecclesiam Sancti Hilarii de Torciaco, Ecclesiam Sancti Martini de Cleysieu, Ecclesiam Sancti Martini de Varey, Ecclesiam Sancti Mauritii de Ambutriaco, Ecclesiam Sancti Mauritii de Meyri, Ecclesiam Sancti Andreæ de Rigniaco, cellam Sancti Petri de Vilieu, Ecclesiam Sanctæ Mariæ de Hospitalarii, capellam Sanctæ magdalenæ de Loyes, cellam Sancti Christophori de Burgo, cellam Sancti Vincentii de Faramans, eclesiam Sancti Martini de Stingiaco cum appenditiis earum : liceat quoque vobis clericos et laicos, liberos, et absolutos de sæculo fugientes ad conversionem recipere et eos absque contradictione aliqua retinere ; prohibemus insuper, ut nulli fratrum vestrorum, post factam in eodem loco professionem, sine Abbatis sui licentia, nisi strictioris religionis obtentu, fas sit ab eodem loco discedere ; paci quoque, et tranquilitati vestræ paterna sollicitudine providere volentes, authoritate Apostolica prohibemus, ut infra clausuras locorum, seu grangiarum vestrarum, nullus rapinam sive furtum commitere, ignem apponere, hominem capere vel interficere, seu aliquam violentiam temere audeat exercere. Statuimus, insuper, ut nullus infra parrochias vestras vel oratorium de novo sine vestra, et diocesani Episcopi licentia ædificare præsumat, salvis indulgentiis Romanorum Pontificum ; cum autem generale interdictum terræ fuerit, liceat vobis, clausis januis, exclusis excommunicatis et interdictis, non pulsatis campanis, suppressa voce divina officia celebrare. Chrisma vero, Oleum sanctum, consecrationes Altarium, seu Basilicarum, ordinationes Monachorum qui ad sacros ordines fuerint promovendi, à diocesano Episcopo, si quidem Catholicus fuerit, et gratiam atque communionem Apostolicæ sedis habuerit, vobis sine pravitate aliqua præcipimus exhiberi ; decernimus ergo ut nulli omnino hominum liceat præfatum monasterium temere perturbare vel ejus possessiones auferre, ablatas retinere, vel minuere seu quibuslibet vexationibus fatigare, sed omnia integra observentur, eorum, pro quorum gubernatione et sustentatione concessa sunt, usibus omnimodis profutura, salva sedis Apostolicæ authoritate, et diocesani Episcopi canonica justitia. Si qua agitur in futurum Ecclesiastica sæcularisve persona, hanc nostræ constitutionis paginam sciens, contra eam temere venire tentaverit, secundo tertiove commonita nisi peccatum suum digna satisfactione correxerit, potestatis, honorisque sui careat dignitate, reamque se divino judicio existere de perpetrata iniquitate cognoscat, et à sacratissimo corpore et sanguine Dei et Domini Redemptoris nostri Jesu Christi aliena fiat, atque in extremo districtæ ultioni subjaceat ; cunctis autem eidem loco sua jura servantibus, sit pax domini nostri Jesu Christi, quatenus, et ii fructum bonæ actionis percipiant, et apud districtum judicem præmia æternæ pacis inveniant. Amen. Datum Romæ apud Sanctum Petrum per manum Egidii Sancti Nicolai in carcere Tulliano Diaconi Cardinalis, nonis Augusti, indictione nona, incarnationis Dominicæ anno millesimo centesimo nonagesimo primo, Pontificatus vero Domini Celestini Papæ tertii, anno primo.

Ego Celestinus Catholicæ Ecclesiæ Episcopus.

Ego Albinus, Albanensis Episcopus.

Ego Octavianus Hostiensis et Velliterrensis Episcopus.

Ego Joannes Prænestinus Episcopus.

Ego Joannes tituli S^{ti} Clementis, Cardinalis Tusculanus.

Ego Joannes Felix, tituli Sanctæ Suzannæ presbiter Cardinalis.

Ego Guido presbiter Cardinalis Sanctæ Mariæ trans Tyberim, tituli Calixti.

Ego Hugo Presbiter Cardinalis Sancti Martini.

Ego Beraldus Sancti Adriani Diaconus Cardinalis.

Ego Gregorius Sanctæ Mariæ in Porticu Diaconus Cardinalis.

Ego Joannes Sancti Theodorii Diaconus Cardinalis.

Ego Nicolaus Sanctæ Mariæ in Cosmedin Diaconus Cardinalis.

61

Accord, au sujet des offrandes et sépultures, entre les Religieux de Lémenc, où se trouvait l'église baptismale, *et les Hospitaliers (religieux de Saint-Antoine) de Chambéry* [1].

IV° Cal. Maii (28 avril) 1199.

(*Déc.* : chap. V, notes 18 et 34. — Chap. VII, note 68.)

Anno ab Incarnat. Domini millesimo centesimo nonagesimo nono, indict. secundâ, quarto Calend. Maii, luna 29ª. Innocentio præsidente, Philippo imperante, Hospitalariis Oratorium Camberiaci construere, et cœmeterium habere sibi tantùm et fratribus suis est concessum, peregrinis etiam et transeuntibus sanis et infirmis, qui primò hospitati fuerint in Hospitali eorum, ita tamen sibi eligant sepulturam. Si verò primo hospitati fuerint alibi, non poterunt suscipere eos neque sanos, nisi prorsùs ad Religionem eorum se contulerint. Infirmos autem, illos scilicet, qui non possunt negocia sua, sicuti sani, exercere, nullo modo poterunt admittere sine licentia Prioris et Capellani *Baptismalis Ecclesiæ* De familiâ enim suâ illos, solummodo, in eo sepelient qui *Baptismalis Ecclesiæ* non fuerint Parrochiani. Parrochianos autem *Baptismalis Ecclesiæ* ad divina prorsùs officia, Missam videlicet, Pœnitentiam, Crucem, Eulogias, vel quodlibet aliud Christianitatis officium, vel eorum oblationes nullatenùs suscipient. Idem dicimus de peregrinorum et transeuntium, et Comitis et sociorum ejus oblationibus. Quod si contingeret casu aliquo, aliquas oblationes ibidem offeri, non eas arte aliquâ retinebunt, sed *Baptismali Ecclesiæ* fideliter et cum integritate restituent. Sanè Præceptor Hospitalis quilibet de novo constitutus, bonâ fide Priori et Capel-

---

[1] Besson : *Preuves*, n° 42, p. 374.

lano promittet. Si Sacerdos ministrans Moratorio, [in oratorio ?] convictus fuerit vel confessus oblationes retinuisse, pœnam sufficientem ei inferet, et oblationes restituet, vel si ei non inflixerit, à loco eum perpetuò incontinenti removebit. In solemnitate verò Beati Joannis-Baptistæ, in Navitate duntaxat, oblata licenter accipiet sacerdos eorum. Quandocunque verò pro alicujus interdicti sententiâ, *Baptismalis Ecclesia* cessaverit, et ipsi similiter cessabunt ab omnibus, celebrantes tamen submissa voce fratribus solùmmodò atque familiæ, clausis januis, non pulsatis campanis, excepto in exequiis fratrum et familiæ, et eorum quos sepelire debent, et tunc exclusis omnibus præter fratres et familiam. Parrochianum *Baptismalis Ecelesiæ* sanum, qui videlicet non tenetur lecto infirmatis liberum etiam et absolutum ad habitum et ordinem suum suscipere poterunt Hospitalarii, commonentes tamen ut *Matri Ecclesiæ* de quâ videlicet transfertur ad ipsos, beneficia de more persolvat. Infirmum autem, qui videlicet lecto infirmitatis tenetur, nullatenùs recipient, ni [si] assensu et voluntate Prioris et Capellani *Baptismalis Ecclesiæ*. Si quis fuerit in eorum familiâ de Parrochianis *Baptismalis Ecclesiæ* eidem Ecclesiæ tenebitur in omnibus jure parrochiali. Si quid autem adversùs aliquem de Parrochianis habent Monachi, vel Capellanus, non poterunt eum Hospitalarii recipere, donec plenariè indè satisfecerit. De fructibus omnium terrarum quas habent modò fratres Hospitalarii in Parrochiâ Lemensis, Ecclesiæ, vel in anteà sunt adepturi, vicesimum ex integro pro decimâ dabunt Monachis, excepto de hortolaminibus et leguminibus quæ facient in horto suo quem ipsi excolunt juxta Oratorium suum. Si autem aliud ibi facerent, eo modo quo superiùs dictum est, reddent pro decimâ. Si quis vero peregrinus vel transiens, in extremis constitutus, per sacerdotem *Baptismalis Ecclesiæ* inquisitus, in periculo animæ fuerit protestatus se, dum adhuc in terrâ suâ esset, sepulturam elegisse in domo Hospitalariorum, ubicunque moreretur, illum Hospitalarii liberè posteà poterunt sepelire. Hoc autem factum est in præsentiâ Domini Aynardi Viennensis Archiepiscopi, et Joannis Gratianopolitani Episcopi, Monachis et Hospitalariis concedentibus, cujus rei testes sunt Burno Decanus, Raymundus Dandusa, Joffredus de Castello novo, Humbertus *de Duennay*, Pontius *Doriol*, Humbertus de Montali, Petrus *Pinez*, Bernardus Monachus Capellanus Episcopi, Joannes Camerarius ejusdem, Jacobus Buemundi, Hugo Prior Lemenci, Hemo Monachus, Jacobus de Moletis, Oliverius Monachus, et Joannes Monachus, W. *Costa*, Petrus Capellanus Lemenci, Lambertus de Viminis, W. Gis, Habertus Capellanus de Camberiaco, Michaël Capellanus. Præter istos, Hospitalarii qui ad hoc interfuerunt, videlicet Dalmacius *de la Poypi*, Bernardus *de la Garda*, Jordanus de Aquabellâ, Petrus Pellavillans, et multi alii.

62

Jean, prieur de Granier, échange, contre une rente de 40 sous, la pension en denrées due à la Grande-Chartreuse. — Confirmation de cette permutation[1].

1203-1211.

(Chap. XIII, notes 27, 28.)

Post illius mortem [Petri Pineti[2]], Joannes prior de Gravers[3] quærens suum monasterium gravari tali pensione, eam quadraginta solidis annui redditus permutavit, agente

---

[1] *Annales Cartusiennes manuscrites*, de Le Coulteux, tom. V. An. 1189, p. 137, de la copie conservée à la Bibliothèque publique de Grenoble.

[2] Voir, ci-devant, le n° 59.

[3] Gravers pour Graners; le prieuré de Granier.

præfato Joanne Gratianopolitano, et de consensu Anselmi tunc Sancti Ramberti abbatis. — Hujus permutationis litteræ anno 1203 scriptæ sunt, in quibus idem episcopus dicitur nostri benefactoris amicissimus. — Hæc permutatio rursum confirmatur anno 1211 ab eodem episcopo, non autem ejusdem nominis, alio, ut ex litteris constat ab abbate Sancti Ramberti datis, in quibus postquam hujus eleemosinæ institutionem recensuit, addit :..... « capropter Dominus Joannes Dei G. Gratianopolitanus episcopus, qui ad preces Petri Pineti, et pietatis intuitu prædictæ eleemosinæ Eremitis Cartusiæ singulis annis dandæ curam pro se et successoribus suis susceperat, voluntate et assensu abbatis et Capituli Sancti Ramberti dedit priori Sanctæ Mariæ de Gravers ducentos solidos viennensis monetæ, eo pacto ut in singulis annis perpetuo et præfatus abbas et capitulum Sancti Raimberti, et prior de Gravers cum fratribus teneantur dare in festo Purificationis Beatæ Mariæ quadraginta solidos ipsi Domno Joanni episcopo Gratianopolitano....... Ad hæc nos supra nominati abbas..... omnia et singula supra scripta vera esse cognoscentes promittimus vobis Domno Joanni episcopo Gratianopolitano quod singulis annis nos et successores nostri dabimus vobis XL solidos viennensis monetæ, etc.

Datum anno incarnationis 1211, Innocentio Papa III in Apostolica sede præsidente.

63

Bulle d'Innocent III confirmant à l'abbaye de la Cluse ses droits et possessions, parmi lesquelles se trouvent les prieurés de Fréterive et de Montailleur, dans le Décanat de Savoie[1].

3 des Ides d'avril (11 avril) 1216.

(*Déc.* : chap. V, note 236. — Chap. XX, note 12.)

Innocentius Episcopus servus servorum Dei. Dilectis filiis abbati Clusini monasterii, ejusque monachis, tam præsentibus, quam futuris religiosam vitam professis, in perpetuam rei memoriam. Desiderium quod ad religionis propositum, et animarum salutem pertinere monstratur, animo nos decet lubenti concedere, et petentium desideriis, congruum impertiri sufragium. Ea propter dilecti in Domino filii, vestris justis postulationibus clementer annuimus, et felicis recordationis Leonis, Alexandri, Gregorii, Urbani, Pascalis, Calixti, Innocentii, Eugenii, Anastasii, et Alexandri prædecessorum nostrorum romanorum pontificum vestigiis inhœrentes, Clusinum Beati Michaelis monasterium, quod ab illustri viro Hugone nomine Dissuto Avernensis regionis indigena, in Taurinensi parochia intuitu devotionis fundatum, et in monte Picariano, quem ipse ab Arduino Marchione, statuto pretio comparavit, constructum est, ab eodem Apostolorum Principi Beato Petro esse constat oblatum, sub ejusdem Apostolorum Principis, et nostra protectione suscipimus, et præsentis scripti privilegio communimus.

[1] Du *Recueil de Bulles sur Saint-Michel de la Cluse*, Turin, Zapate, 1670 ; pages 15 et suivantes.

Statuentes, ut quascumque possessiones, libertates, et immunitates, et quæcumque bona idem monasterium, in præsentiarum, justè et canonicè possidet, aut in futurum concessione Pontificum, largitione Regum, vel Principum, oblatione fidelium, seu aliis justis modis præstante Domino poterit adipisci, firma vobis, vestrisque successoribus, et illibata permaneant, in quibus hæc propriis duximus exprimenda vocabulis. In episcopatu *Taurinensi* abbatiam Sanctæ Mariæ de Pinarolio, cum omnibus pertinentiis suis ; abbatiam de Caburro, cum omnibus pertinentiis suis, abbatiam Caramaniæ cum omnibus pertinentiis suis ; apud Taurinum, ecclesiam Beati Michaelis, cum pertinentiis suis ; Carniano Ecclesias Sancti Remigii, et Sanctæ Mariæ, ecclesiam Sancti Martini de Alladio ; ecclesiam de Bernetio ; ecclesiam Sancti Joannis de Cavallario ; ecclesiam Sancti Jacobi de Cherio ; villam Javenni cum ecclesiis, curtem Sablonis cum capella, curtem Evorii cum capella, curtem de Alpiniano cum ecclesia Beati Jacobi, curtem de Gaza, et de Villario cum ecclesiis. In episcopatu *Hipporediensi* ecclesiam Sancti Michaelis de Clavasio ; ecclesiam de Longis cum pertinentiis suis, ecclesiam de Caravino, ecclesiam Curte Danielis. In episcopatu *Vercellensi* ecclesiam Sanctæ Marie de Bagnolio cum pertinentiis suis, ecclesiam de Pobleto, ecclesiam de Sturia. In episcopatu *Astensi* abbatiam Sancti Christophori, cum omnibus pertinentiis suis, ecclesiam de Febluvia, ecclesiam de Quatordecim, ecclesiam de Malamorte, ecclesiam Sanctæ Mariæ de Malamorte, Montealto. In episcopatu *Aquensi* ecclesiam Sancti Petri de Muasca, et capellam Sancti Nicolai ; ecclesiam Montis Boscæ cum pertinentiis suis ; ecclesiam Sancti Nazarii. In episcopatu *Tordonensi* ecclesiam Summæ Ripæ, ecclesiam de Nizolasco, ecclesiam Sancti Gregorii de Ceta, ecclesiam Sancti Michaelis de Campo, ecclesiam de Rondomaria, ecclesiam de Castro Veteri, ecclesiam de Morreras [alias de Morena]. In episcopatu *Sanuensi,* [alias *Saonensi*], ecclesiam Sancti Xisti ; ecclesiam de Calasco, ecclesiam de Anguino. In episcopatu *Novariensi* ecclesiam de Perusio cum pertinentiis suis. In episcopatu *Papiensi*, ecclesiam Sancti Jacobi cum appendiciis suis, ecclesiam Montis Bersarii, ecclesiam Sanctis Michaelis de Loreto, cum pertinentiis suis, ecclesiam de Bleonis, ecclesiam de Viginti, ecclesiam Sancti Blasii. In episcopatu *Placentino*, ecclesiam Cravazani, ecclesiam de Rizolio, ecclesiam Rotefredi. In episcopatu *Cremonensi* ecclesiam de Campo Martio, ecclesiam de Casanova. In episcopatu *Mantuano* ecclesiam Curte Attonis, cum pertinentiis suis. In episcopatu *Parmensi* ecclesiam de Pedroleto, ecclesiam Sancti Blasii, ecclesiam de Folegaria. In episcopatu *Hebredunensi* ecclesiam de Culea, cum pertinentiis suis. In episcopatu *Gapnicensi* [aliàs *Vappiensi*], Ecclesia Talarni, Sancti Michaelis, Sancti Gregorii, Sanctæ Mariæ, Sancti Andeoli cum pertinentiis suis, ecclesiam de Musonio, ecclesiam de Cigorino, ecclesiam Sancti Rochi de Rotali. In episcoputu *Diensi* monasterium Sancti Mauritii, cum pertinentiis suis. In episcopatu *Magalonensi*, ecclesiam Sanctæ Crucis de Meligorio. In episcopatu *Avenionensi* ecclesiam Sanctæ Mariæ de Cadelano. In episcopatu *Narbonensi* abbatiam de Joannis, cum omnibus pertinentiis suis, monasterium Sancti Michaelis de Monte-Muretto, cum pertinentiis suis. In episcopatu *Gerundensi* monasterium Sanctæ Mariæ de Cerviano, cum pertinentiis suis, monasterium de Crusiliis, cum pertinentiis suis. In episcopatu *Carcassonensi* abbatiam Sancti Hilarii, cum pertinentiis suis. In episcopatu *Tholosano*, abbatiam Sancti Petri de Curte, cum pertinentiis suis, monasterium Sancti Michaelis de Castello, cum appendiciis suis, ecclesiam de Verniolo, ecclesiam de Avinione, ecclesiam Sancte Gabellee. In episcopatu *Convenarum*, ecclesiam Sancti Juliani, ecclesiam Sancti Martorii. In episcopatu *Conseranensi*, ecclesiam Sancti Gerontii. In episcopatu *Catturensi* [aliàs *Cadurcensi*], monasterium Sancti Joannis de Catursio cum omnibus pertinentiis suis. In episcopatu *Lemovicensi*, monasterium de Bureria, cum pertinentiis suis, ecclesiam de Albiniaco, cum pertinentiis suis, ecclesiam de Gervara. In episcopatu *Pictaviensi* ecclesiam Sancti Michaelis de Monasteriis, cum pertinentiis suis. In episcopatu *Bituricensi* monasterium Sancti Michaelis de Monticello, cum pertinentiis suis, ecclesiam Sancti Desiderati, ecclesiam Sancti Amandi. In episcopatu *Claromontensi* monasterium Sancti Michaelis de Salviaco, cum pertinentiis suis, et de Cumulato, ecclesiam de Arlenco. In episcopatu *Lugdunensi* ecclesiam Sancti Joannis. In episcopatu *Aniciensi* ecclesiam de Aureo, cum pertinentiis suis. In episcopatu *Lausanensi* ecclesiam de Burcio, cum pertinentiis suis. In episcopatu *Verdunensi* [potiùs *Sedunensi*] ecclesiam de Porta Valesio [aliàs de Portu Valesio][1]. In episcopatu *Gebennensi* ecclesiam de Aerio[2], ecclesiam de Megeva, cum pertinentiis suis, ecclesiam de Campo Munito, ecclesiam de Ulgina. In episcopatu Tarentasiensi ecclesiam Alundia, ecclesiam de Auna [Aima?]. In episcopatu *Gratianopolitanensi* ecclesiam de Monteloso, ecclesiam de Fracta Ripa. In episcopatu *Maurianensi* ecclesiam Sancti Marcelli de Eannia *alias* de Cannia [de Camera] cum appenditiis suis. In Apulia ecclesias Sancti Leonardi, cum pertinentiis suis. Porro jam dictum monasterium a Taurinensis Episcopi potestate, dispositione et exactione qualibet liberum omnino fore decernimus, quemadmodum supradicti prædecessoris notri Pascalis Papæ sanctione noscitur institutum. Obeunte vero te nunc ejusdem loci abbate, vel tuorum quo[rum]libet successorum, nullus qualibet subreptionis astutia, seu violentia præponatur, nisi quem fratres communi consensu, vel fratrum pars majoris, et sanioris consilii, secundum Deum, et Beati Benedicti regulam, providerit eligendum. Electus autem a Romano Pontifice, vel de mandato suo ab alio consecretur, sicut B. Prædecessor tuus a Tarantasiensi Archiepiscopo consecrationem de man-

---

[1] Port-Valais, au diocèse de Sion.
[2] Héry–sur–Ugine.

dato Sedis Apostolicæ noscitur suscepisse. Cellas sane ejusdem cœnobii, in quibuscumque partibus sitas eam libertatem obtinere statuimus, ut nulli prorsus episcoporum liceat earum præpositos, Clusini cœnobii monachos ad synodum cogere, nec ipsos, aut easdem cellas præter assensum et conscientiam Romani Pontificis excommunicare, vel etiam interdicere, quatenùs à divinis officiis cessere debeant, nisi pro communi Provinciæ interdicto : et tunc monachis vestris licitum sit in ecclesiis, non pulsatis tintinabulis, divina officia clausis janvis celebrare. Chrisma vero, Oleum Sanctum, consecrationes altarium, dedicationes ecclesiarum, ordinationes monachorum, seu clericorum, qui ad sacros ordines fuerint promovendi de consueta clementia, ac benignitate Apostolicæ Sedis, vobis liceat in monasterio vestro, et in Burgo Sancti Ambrosii, à quocumque malueritis catholico episcopo suscipere ; in aliis autem locis vestris sicut consuevistis Sacramenta quæ dicta sunt recipietis. Causas vero monasterii vel cellarum ejus nullus parochianorum Episcopus, aut etiam Legatus invitis fratribus tractare, aut judicare præsumat, nisi sit de Episcopis, vel de Cardinalibus nostris collateralibus. Præcipimus, etiam, ut omnes ecclesiæ, seu capellæ vestræ, et cimiteria libera sint, et omnino, novæ atque indebitæ exactionis immunia, præter consuetas episcopi paratas, et justicias in presbyteros, si adversus ordinis sui dignitatem offenderint, exceptis nimirum ecclesiis illis, quæ absque hujusmodi subjectione, in abbatis potestate subsistunt. Hoc præterea capitulo decrevimus adjungendum, ut in prochialibus ecclesiis, quas tenetis, presbyteri per vos eligantur, et episcopo præsententur, quibus, si idonei fuerint, episcopus animarum curam absque malitia et dilatione committet, ut de plebis quidem cura ei respondeant. Vobis autem pro rebus temporalibus ad ecclesias pertinentibus, debitam subjectionem impendant. Auctoritate quoque Apostolica constituimus, ut à monachis cellarum vestris de novalibus, quæ propriis manibus, aut sumptibus excoluerint, sive de nutrimentis suorum animalium nullus omnino decimas præsumat exigere. Nulli ergo omnino hominum liceat præfatum Cœnobium temerè perturbare, aut ejus possessiones auferre, vel ablatas retinere, minuere, seu quibuslibet vexationibus fatigare; sed illibata omnia et integra conserventur eorum pro quorum gubernatione, et substentatione concessa sunt, usibus omnimodis profutura, salva Sedis Apostolicæ auctoritate. Si qua igitur in futurum ecclesiastica, secularisve persona hanc nostræ constitutionis paginam facere, contra eam temerè venire tentaverit, per partem vestram monita, nisi reatum suum congrua satisfatione correxerit, potestatis, honorisque sui dignitate careat, reamque se Divino judicio existere de perpetrata iniquitate cognoscat, et a Sacratissimo Corpore, et Sanguine Dei et Domini Redemptoris nostri Jesu Christi aliena fiat, atque in extremo examine districtæ ultioni subjaceat. Cunctis autem eidem loco sua jura servantibus sit pax Domini Nostri Jesu Christi, quatenùs et hic fructum bonæ actionis percipiant, et apud districtum Judicem præmia eternæ pacis inveniant. Amen. Amen.

            Sanctus.   Sanctus.
Locus. | | Sigill.
            Petrus.   Paulus.

INNOCENTIUS PAPA TERTIUS.

Ego Innocentius catholicæ ecclesiæ episcopus.

Ego Cintius titulo Sancti Laurentii in Lucina presbyter cardinalis.

Ego Cenci Sanctorum Joannis et Pauli presbyter cardinalis titulo Paruaclus.

Ego Leo... presbyter cardinalis.

Ego Robertus titulo Sancti Stephani in Cœlio Monte presbyter Cardinalis.

Ego Stephanus Basilicæ duodecim apostolorum presbyter cardinalis.

Ego Gregorius titulo Sancte Anastasie presbyter cardinalis.

Ego Petrus titulo Sancti Laurentii in Damaso presbyter cardinalis.

Ego Nicolaus Tudertinus episcopus.

Ego hugo Ostituzi Vellesenzi [Ostiensi Veliterrensi?] episcopus.

Ego Benedictus Portuensis episcopus.

Ego Pelagius Albanensis episcopus.

Ego Guido Sancti Nicolai in Carcere Tulliano Diaconus cardinalis.

Ego Octavianus Sanctorum..... diaconus cardinalis.

Ego Joannes Sanctorum Cosme et Damiani diacomus cardinalis.

Ego Gregorius Sancti Theodori diaconus cardinalis.

Ego Raynerius Sancti Martini Cosmedin diaconus cardinalis.

Ego Romanus Sancti Angeli diaconus cardinalis.

Datum Laterani per manum Thomæ titulo Sanctæ Sabinæ presbyteri cardinalis tertio idus Aprilis, indictione quarta, Incarnationis Dominicæ anno ducentecimo decimo sexto, pontificatus vero Domini Innocentii papæ tertii anno nono decimo.

64

Transaction passée entre Soffred, évêque de Grenoble, abbé de Saint-Martin de Miséré, et Eustache, prieur du même lieu, d'accord avec son Chapitre[1].

25 novembre 1224.

(*Déc.*: Chap. IV, note, 21. — Chapitre VI, note 4.)

In nomine Domini Nostri Jhesu Christi. Anno Domini M° CC° XX° IIII°, VII° kalendas decembris, noverint presentes

---

[1] *III° Cartulaire de saint Hugues*, n° 124.

et posteri quod controversia que vertebatur inter Soffredum, Gratianopolitanum episcopum, ex una parte, et Heustachium, priorem Sancti Martini de Misereaco, et ejusdem loci capitulum, ex alia, super obedienciis et benedictionibus canonicorum Sancti Martini, super collacionibus prioratuum et institutionibus sacerdotum in omnibus ecclesiis parrochialibus prioratuum Sancti Martini, et super institutionem procuratoris et sacriste ejusdem domus, quod totum episcopus, jure abbatie, ad se dicebat pertinere, hec itaque controversia, per manum A., prioris Excubiarum, et G., prioris Silve Benedicte, ordinis Cartusiensis, assistentibus eisdem R., decano ecclesie Gratianopolitane, ex parte episcopi, et A., priore Sancti Bernardi, ex parte prioris et capituli, de consensu utriusque partis sopita est in hunc modum. Obedientie universorum, tam priorum quam cannonicorum Sancti Martini, penes priorem Sancti Martini in perpetuum remanent; benedictiones universorum corumdem penes episcopum, qui abbas est ejusdem domus, remanent; ita tamen quod, quando ecclesiam Sancti Martini contingerit vacare priore, capitulum ejusdem loci tenetur advocare episcopum, tanquam abbatem, qui primam vocem habet, in capitulo, et de concensu suo eligere priorem, secundum alteram formam canonum ; aut, de consensu suo, creabuntur electores, qui libere priorem eligant, aut, ipso mediante, voluntates singulorum inquirentur, secundum quod capitulum cum ejus consensu malluerint. Cum vero electus fuerit prior, pronunciata ejusdem electione, eidem abbati presentabitur, a quo debet confirmari, in presentia omnium in capitulo assistentium ; et, in eodem loco, presente abbate, predictus prior tam priorum quam canonicorum Sancti Martini ibidem assistentium recipiat obedientias ; et, receptis ab eis obedientiis, pro se et pro universis canonicis et prioribus, presentibus et absentibus, episcopo, tanquam abbati, faciet obedientiam et prestabit fidelitatem : de absentibus vero, in absentia abbatis, obedientias recipiat prior. Item potestatem habebit predictus prior, cum consensu capituli, recipere canonicos, sine consensu abbatis ; instituere poterit priores et destituere, in omnibus prioratibus suis, cum consensu capituli, sine consensu abbatis, exceptis prioratibus de Campo, de Thoiriaco, de Aquis : in istis tribus prioratibus, prior et capitulum, cum consensu episcopi, nomine abbatis, instituent et destituent priores. Item prior instituet sacristam, et omnes alias obedientias ecclesie Sancti Martini dabit cum consensu capituli, sine consensu abbatis, excepto procuratore, quem semper instituent cum consensu abbatis. In octione [optione?] priorum Sancti Martini qui habent ecclesias parrochiales in quibus usque nunc non fuerunt sacerdotes, erit aut presentare canonicos ad curam, aut sacerdotes seculares, quos presentatos episcopus tenetur recipere. Verumtamen presentati canonici sive priores, recepta cura ab episcopo, erunt nichilominus in omnibus obedientes priori Sancti Martini, exceptis his que ad curam pertinent animarum, in quibus obedient episcopo. Actum est hoc in capitulo Sancti Martini, et, ut hec compositio firma et rata in perpetuum observetur, vallata fuit sacramento, ex parte episcopi, per R., decanum Gratianopolitane ecclesie, et per Hu[gonem], procuratorem, et per A., cantorem ejusdem ecclesie, qui, inspectis sacrosanctis evangeliis, consenciente capitulo Gratianopolitano, in animam episcopi juraverunt predictam composicionem inviolabiliter observari. Illud idem juraverunt, ex altera parte, Heustachius, prior Sancti Martini, et ejusdem loci capitulum, videlicet : Anselmus prior Sancti Bernardi, Nicholaus, prior de Bacinz, W., prior de Intermontibus, J., sacrista, Radulphus de Aquis, Johannes de Moletis, W. de Castro Novo, Audeierus, Johannes de Arvisio, P. Bruni, Guigo Rogerii. Ad majorem vero firmitatem, nos Soffredus, Gratianopolitanus episcopus, cum consensu ejusdem ecclesie capituli, et nos Heustachius, prior Sancti Martini, consenciente ejusdem capitulo, sigillorum venerabilis patris nostri,

J., sancte Viennensis ecclesie archiepiscopi, et predictorum, duorum priorum, Excubiarum et Silve Benedicte videlicet, et nostrorum capitulorum, Gratianopolitani et Sancti Martini, hanc cartam fecimus munimine roborari.

65

L'investiture du prieuré de Saint-Germain, situé sur la montagne d'Aiguebelette, et depuis longtemps tombé en ruines, est accordée par le seigneur du lieu, Berlion de Chambéry, à Jacques des Echelles, prieur de Coise, acceptant pour l'abbaye de la Novalaise, qui se propose de rétablir le prieuré[1].

13 juillet 1228.

(*Déc.* : chap. III, note 8.)

Anno domini 1228, indictione I[a], die 13 julii ; cum dominus Jacobus de Scalis, prior de Coysia, de præcepto et voluntate Stephani prioris religiosæ domus de Novalicio, ejusdemque loci conventûs collatio Sancti Germani, de Monte Aquebellettæ longo tempore destructa, ad eos pertinentes, et locum atque domum, cum universis appenditiis et pertinentiis habitationem quondam videlicet suorum monachorum, ad honorem Dei, et utilitatem, atque rehædificationem ejusdem domûs et loci, nomine dictæ domûs de Novalicio, tenendam, regendam et manutenendam vellet, et recuperare, mediante consilio et auxilio Berlionis de Camberiaco, ejusdem loci patroni, ut eadem domus cum

---

[1] Rochex : *Gloire de la Novalèze*, livre III, chap. XI, p. 35.

suis rebus universis libera, et immunis ab omni exa[c]tione ac gravanti consuetudine, sub ipsius et hæredum suorum succedentium protectione in perpetuum permaneret, atque sua jura pacificè possideret.

Idem dominus Berlio, intuitu pietatis, et amore divino motus, in remissionem sui et antecessorum suorum, prædictæ domui de Novalicio, atque ibidem Deo famulantibus, et ante nominato Domino Jacobo, priori de Coisia, pro eis recipienti, dictam domum Sancti Germani cum accessionibus suis, et pertinentiis suis, ubicumque fuerint, superioribus, et inferioribus universis, per investituram perenniter concessit, ad habendum, tenendum et quiete, sine calumnia et vexatione aliqua possidendum ; et quicquid eis placuerit faciendum, tactis sacrosanctis Evangeliis, juramento corporaliter præstito, promittendo per se, vel per alium nunquam contravenire, sed ab omni homine manutenendo, modis omnibus legitimè pro juribus deffendere semper et auttorizare.

Insuper, et ut res esset stabilis horum : Guillielmus ejus filius hoc idem laudando, et concedendo, atque permittendo, salubriter juravit. Actum est hoc apud Camberium, in Castello, sub ulmis, in platea : interfuerunt testes subrogati Dominus Petrus de Fruentia, procurator, et defensor Gebenis, Girardus, dictus Lausanensis, ejus socius, Humbertus de Favergiis, clericus, Hugo atque Gauterius de Camberiaco veteri, miles, Oddo de Tavoletis, Hugo Pautrerii, Aymo Gargia, Hebertus d'Osta.

Subsequenter ad majorem Dei gloriam et rei firmitatem, præsentibus iterum surrogatis testibus Berlione de Camberiaco, Humberto de Favergiis, clerico, et Petro de Moletis, milite, Auberto de Savatisii, Joanne Polongii, et Hugone ejus filio, in domo Granda Bosonis Jordani de Chamberiaco : Guido, supra nominati domini Berlionis filius, dicta omnia laudavit, voluit et concessit, et ut superiùs legitur, firmiter, semper et inviolabiliter teneri per omnia, tactis sacrosanctis Evangeliis, juramento corporaliter præstito, quemadmodum et Pater sæpe dictus dominus Berlio promisit: Ego Vuillielmus Notarius interfui, et sic rogatus scripsi, et subscripsi et tradidi feliciter.

---

65 ᴬ

CHUTE DU MONT-GRANIER

Récit de Pierre de Tarentaise, emprunté à la chronique d'un couvent de Montmélian[1].

1249.

(*Déc.* : chap. VIII, note 37. — Chap. XII, note 16.

... En ces temps et même deux siècles auparavant, il était peu de princes, de ducs et de grands seigneurs qui ne tinssent en fief les biens de la plupart des Eglises, et qui ne portassent même le titre d'abbés, quoique personnes laïques, parce qu'ils possédaient de riches abbayes, et que les empereurs et les princes leur donnaient pour en tirer les revenus.

« J'ai trouvé à cette occasion un événement singulier
« qui mérite d'être inséré dans cette histoire, puisque je l'ai
« vu écrit de la main de Pierre de Tarentaise, l'un de nos
« archevêques, dans un Pontifical manuscrit qui lui servait
« lorsqu'il était cardinal. Cet archevêque qui fut enfin Pape
« sous le nom de Innocent V, avait été de l'Ordre des

---

[1] MENESTRIER, *Histoire civile et consulaire de Lyon*, pages 322-323. Lyon, 1696.

« Frères Prêcheurs, dont il était Général, quand il fut élu
« archevêque de Lyon, et étant jeune religieux au couvent
« de Montmeillant[1], en Savoie, il avait vu dans un livre où
« l'on écrivait ce qui se passait alors de plus digne d'être
« remarqué, que l'an 1249, la veille de la Sainte-Catherine,
« il arriva dans le comté de Savoie qu'un conseiller ou
« avocat du comte, nommé Jacques de Bonnivard, voyant
« sur la pente d'une montagne, à une lieue de la ville de
« Chambéry, où il faisait sa demeure ordinaire, un riche
« prieuré dont le prieur était un bon homme, qui, avec
« quelques religieux qu'il avait sous sa charge, vivait régu-
« lièrement et servait Dieu avec beaucoup de piété ; Bonni-
« vard, qui cherchait depuis longtemps les moyens de se
« rendre maître de ce bénéfice en chassant le prieur et les
« chanoines, vint en cette ville, et s'offrit au Pape par le
« crédit qu'il avait auprès de son maître le comte de Savoie,
« de lui faire quitter le parti de Frédéric. Le Pape écouta
« les propositions de Bonnivard, qui ne lui demandait pour
« récompense de ses services, que le prieuré dont le prieur
« lui avait même confié la garde pour aller achever ses
« études à Paris. Le Pape lui accorda sa demande, et Bon-
« nivard, fort joyeux du succès de son voyage, invite ses
« amis pour assister à la prise de possession. Il leur fait

---

[1] Au chap. VIII du *Décanat* (tom. I, pages 332 et suiv.) j'avais accepté de confiance, à la suite de divers auteurs, la partie de ce récit qui fait remonter au XIIIe siècle l'existence d'un couvent de dominicains à Montmélian. Mais dans un *Mémoire* récent sur ce couvent de son ordre, le R. P. Mothon a démontré, avec pièces à l'appui, qu'il n'a été fondé qu'en 1318, soit dans le premier quart du XIVe siècle. Il faut donc rectifier ce que j'ai dit (pages 392 et suiv.) de son existence au XIIIe siècle, et du séjour plus ou moins prolongé qu'y auraient fait alors les deux dominicains Pierre de Tarentaise et Etienne de Bourbon, qui nous ont conservé, l'un et l'autre, la plus ancienne relation de la chute du Mont-Granier.

« bonne chère, et comme ils étaient au milieu de leur festin,
« bien avant dans la nuit, une grande roche d'une bonne
« lieue d'étendue, se détache soudainement d'une haute
« montagne et accable sous ses ruines Bonnivard avec ses
« amis, le prieuré et 15 ou 16 villages ou hameaux voisins,
« dans l'espace d'une grande lieue.

« Anno Domini 1249, in vigiliâ B. Catharinæ, accidit in
« comitatu Sabaudiæ quod quidam clericus Domini comitis,
« Jacobus Bonivardi dictus, videns in declivo montis quem-
« dam prioratum abundantissimum situm prope villam
« suam quæ dicitur Chamberiacum, nobile castrum dicti
« comitis, cujus prioratus erat prior quidam bonus homo,
« ibi cum aliquibus sociis suis regulariter et Deo devotè ser-
« viens, cogitans quomodo posset dictos canonicos et prio-
« rem inde repellere, et dictum prioratum obtinere, cum
« esset advocatus et consiliarius dicti comitis fa[o?]ventis
« partem dicti Frederici contra Papam et ecclesiam, cujus
« etiam fidelitati commisit dictus prior cum fuisset Parisiùs
« ad scholas, custodiendum annuo censu, quamdiu esset
« Parisiùs, venit Lugdunum ubi tunc erat curia, procura-
« vitque apud Papam promittens quod Dominum suum
« revocaret ab auxilio Frederici ad Papæ voluntatem facien-
« dam, qui obtinuit dictum prioratum. Cum autem, expulso
« priore cum canonicis suis, venisset ad dictum prioratum
« possidendum cum multis amicis suis et faceret inde
« magnum festum in ipsà nocte, circa primam partem noc-
« tis, audiens Deus voces et gemitus injuste expulsorum et
« oppressorum, mons quidam durans et latens et longum
« per spatium unius leucæ cecidit supra dictum prioratum
« opprimens et atterens circa XVI villa et multas parrochias
« cum habitatoribus suis, quæ erant per latum et longum,
« circa spatium unius leucæ, et ibi dictus clericus cum
« suis et prioratu suo subitò est attritus, et brevem habuit
« possessionem. »..................

« Pierre de Tarentaise ajoute qu'il a tiré cette relation d'un livre authentique et digne de foi, du couvent de Montmeillant, *hoc habui a quodam libro authentico reperto in conventu Montismeliani*[1] ».

---

[1] Pierre de Tarentaise, simple religieux dominicain, puis général de son Ordre, devint archevêque de Lyon en 1272, cardinal en 1274, et Pape sous le nom d'Innocent V, au commencement de 1276, année de sa mort.

Le P. Menestrier qui nous affirmait, tout à l'heure, avoir vu le récit de la chute du Mont-Granier en 1249, « écrit *de la main de Pierre de Tarentaise* dans un pontifical manuscrit qui lui servait quand il était cardinal », nous dit ici : « Pierre de Tarentaise ajoute qu'il a tiré cette relation d'un livre authentique et digne de foi du couvent de Montmélian : *hoc habui à libro*, etc. ».

Aucune de ces deux affirmations de Menestrier ne peut se concilier pleinement avec la non existence (prouvée par le P. Mothon) d'un couvent de dominicains à Montmélian au XIII° siècle. Ou la relation a réellement été insérée au pontifical par Pierre de Tarentaise ; et alors il l'aura tirée d'un couvent autre que celui des dominicains de Montmélian, qui n'existait point encore de son vivant, et ne devait être fondé que près d'un demi-siècle après lui. — Ou elle a réellement été tirée du couvent des dominicains de Montmélian ; et alors, elle aura été insérée au pontifical, non par Pierre de Tarentaise, mort depuis près de 50 ans; mais par quelqu'un de contemporain, sinon de postérieur, à la fondation de ce couvent en 1318.

S'il fallait choisir entre ces deux versions ; nous inclinerions vers la première, et voici pourquoi :

1°. On ne peut guère admettre que le P. Menestrier n'ait pas su reconnaître, dans le récit inséré au Pontifical, l'écriture de Pierre de Tarentaise, qu'il pouvait aisément confronter avec celle des nombreux travaux manuscrits laissés par le savant dominicain.

2°. En faisant suivre l'insertion du récit dans son propre pontifical, de ces mots : *hoc habui* ; « j'ai tiré cela, etc. ». Pierre de Tarentaise indiquait assez qu'il était lui-même l'auteur de l'insertion, sans avoir besoin de se signer au bas. Tandis qu'un autre, après avoir inséré la même relation dans un pontifical qui n'était pas le sien, n'aurait pas

« Cette montagne se nommait le Mont-Granier, dont on voit encore les débris durant plus d'une lieue, avec des lacs qui se sont formés dans des creux et des fonds, dont les eaux n'ont point d'issue pour s'écouler. On nomme tout cet espace de terre les abîmes, au bout desquels est un monastère de Cordeliers, avec une chapelle célèbre de Notre-Dame de Mians, où j'ai vu la relation de cet évènement gravée sur un pilier. La tradition du païs porte que l'on entendit, au milieu de ce fracas, des voix qui criaient : *pousse, avance*, et d'autres qui répondaient : *je ne puis, parce que la noire m'empêche*, ce que l'on interprète de l'image de la sainte Vierge qui est de cette couleur, et en grande vénération dans cette chapelle. Mais quoi qu'il en soit de ces dernières circonstances, qui ne sont appuyées d'aucun ancien témoignage certain, la chute de la montagne est constante,

commis l'inconséquence de la faire suivre des expressions : *hoc habui*, « *c'est moi* qui ait tiré cela, etc. », sans nous dire, par sa signature, quel était ce *moi*.

3°. L'auteur de l'insertion dit bien qu'il a tiré son récit d'un livre trouvé dans un couvent de Montmélian, *in conventu Montismeliani* mais il ne dit pas que ce fut un couvent de son ordre, *in conventu nostro*, ce qu'il n'aurait probablement pas omis de faire, s'il avait eu en vue un couvent de dominicains. Ses expressions permettent donc de supposer qu'il a tiré son récit d'un couvent dit de Montmélian, autre, toutefois, que celui des dominicains.

Mais où retrouver ce couvent dont personne, jusqu'à ce jour, ne semble avoir mentionné ni même soupçonné l'existence ? En dehors du couvent de capucins, fondé à Montmélian dans les premières années du XVIIe siècle, il n'y a jamais eu, dans cette ville, d'autre couvent que celui des dominicains fondé en 1318. Bien plus, il n'y a pas même eu là d'église paroissiale avant le XIIIe siècle, et peut être avant le XIVe. En effet, le pouillé de Saint-Hugues, du XIIe siècle, énumérant les églises de cette portion du décanat de Savoie, nomme les églises circonvoisines de Cruet, d'Arbin, de Francin, des Marches, de Chignin, etc., sans faire nulle mention de celle de Montmélian, que nous voyons

et l'on voit le rocher coupé d'une hauteur prodigieuse, au-delà duquel est le désert de la Grande-Chartreuse ; et sans vouloir ni garantir, ni nier qu'il y ait eu du surnaturel en cet évènement, je sais que cela aurait pu arriver naturellement, par les eaux et les fontes des neiges, et des glaces qui creusent et déracinent insensiblement ces grandes masses. »

« J'ai vu arriver en ce païs-là quelque chose de semblable en la montagne dite de *Pied-Gros*, presque vis-à-vis du Mont-Granier, quoique non pas d'une masse à beaucoup près de cette énorme grandeur. »

apparaître pour la première fois dans des documents du XIVe siècle (visites pastorales de 1356 et 1399, pouillés du XIVe siècle), et apparaître non point comme église principale et indépendante ; mais comme simple annexe de celle d'Arbin. — Nous semblons nous éloigner du but ; peut-être y touchons-nous.

4°. Du vivant de Pierre de Tarentaise, au XIIIe siècle, il n'existait pas, à la vérité, de couvent ni de monastère d'aucune sorte à l'intérieur de Montmélian ; mais depuis plus de deux siècles (depuis 1011) il en existait un dans sa banlieue, presque à ses portes, au centre de ce village d'Arbin, nommé tout à l'heure, et tellement rapproché de Montmélian que, un peu plus, on le prendrait pour un de ses faubourgs.

Or si, au point de vue religieux, Arbin primait toujours Montmélian, qui était sous sa dépendance ; au point de vue civil et politique, la position fortifiée de Montmélian, et les combats livrés sous ses murs dès le XIIe siècle, lui avaient acquis, dès lors, une importance et une notoriété à côté desquelles Arbin pouvait en quelque sorte rester inaperçu.

Il ne serait donc pas étonnant que, au XIIIe siècle, un auteur eut désigné sous le nom de couvent de Montmélian, le couvent ou monastère d'Arbin, petit village situé en face et à proximité des remparts de la célèbre forteresse.

5°. L'original du récit, dont le pontifical de Pierre de Tarentaise nous a conservé une copie, a été écrit aussitôt après la chute du

« Cet événement se trouve décrit dans une Chronique de Nicolas Trivet, religieux dominicain, imprimée par le P. dom Luc d'Achery au tom VIII de son *Spicilegium*. Ce chroniqueur dit qu'il y eut près de 5,000 personnes accablées sous les ruines de cette montagne. « Temporibus Fre-
« derici, in Burgundia imperiali, per terram solutam à
« montibus, circiter quinque millià hominum suffocantur.
« Nam unus mons maximus sed evidens (*sic*), — ilfaut sans
« doute : *se dividens* — ab aliis montibus per plura millia cu-

Mont-Granier. On n'en saurait douter quand on voit le dominicain Etienne de Bourbon voyager dans nos pays, au lendemain de la catastrophe, y trouver, recueillir, et emporter avec lui, pour l'insérer dans ses œuvres, un récit absolument semblable, à quelques légères variantes près, à celui du pontifical. Où l'a-t-il puisé ? Il ne le dit pas ; mais, sans nul doute, à la même source que l'auteur de l'insertion dans le pontifical ; c'est-à-dire dans ce couvent dit de Montmélian, qui ne peut-être autre que le prieuré d'Arbin ; à moins que, au lieu d'entendre, par le mot *conventus*, un couvent dans le sens chrétien et liturgique du moyen-âge on ne veuille, avec peu d'apparence de raison selon nous, le prendre, comme les anciens auteurs latins, dans le sens de ressort ou d'agrégation, et traduire le texte du pontifical : *hoc habui à libro authentico reperto in conventu Montismeliani*, de cette manière : J'ai tiré mon récit d'un livre authenthique trouvé chez les habitants de Montmélian, ou dans le ressort de Montmélian.

Tels sont les divers motifs qui nous feraient préférer la première des deux hypothèses sus-énoncées ; tout en restant disposé à adopter la seconde, si elle nous était démontrée plus vraisemblable et mieux fondée.

Au reste, que les relations à peu près identiques de nos deux dominicains (sur lesquelles sont calquées toutes les relations postérieures) viennent d'Arbin ou de Montmélian, et datent toutes deux du XIII° siècle, ou l'une du XIII° siècle, et l'autre du XIV°, peu importe. Ce qui importait, c'était de prouver, comme nous l'avons fait, que l'original d'où elles ont été tirées date bien du lendemain de la catastrophe, soit du milieu du XIII° siècle, et présente tous les caractères désirables d'authenticité et de vérité.

« jusdam vallis cadendo se extendens, ad alios montes
« accessit. »

« Je ne sais si ce fut cet événement qui obligea le pape
Innocent, la même année, de donner à l'abbé et aux religieux d'Aînay une Bulle par laquelle il défendait de conférer à des personnes laïques aucun bénéfice dépendant de
cette abbaye. J'ai vu cette Bulle dans un ancien cartulaire. »

65 B

CHUTE DU MONT-GRANIER

Récit d'Etienne de Bourbon[1], *religieux dominicain,
contemporain de l'événement*[2].

1249.

(Déc : chap. VIII, note 40.)

..... Item, anno Domini Mº CCºXLIX, accidit in comitatu
Sabaudiæ quod quidam clericus dicti comitis, dictus Jacobus Benevais[3] videns in declivo montis quemdam prioratum
habundantissimum, situm prope villam suam que vocatur

---

[1] Etienne de Bourbon écrivait 15 ou 16 ans après l'événement,
dont il avait pu voir le théâtre, lorsqu'il traversa les Alpes pour se
rendre en Piémont.

[2] Ce récit d'Etienne Bourbon m'avait été gracieusement communiqué autrefois par M. Lecoy de la Marche, qui l'a ensuite publié
dans son ouvrage intitulé : *Anecdotes historiques, légendes et apologues tirés du Recueil inédit d'Etienne de Bourbon.* Paris, Renouard,
1877.

[3] Lisez : *Bonivardi*, qu'on trouve presque partout dans les autres
récits.

Chambarriacus, nobile scilicet castrum dicti comitis, cujus erat prior quidam bonus homo, ibi cum aliquibus sociis regulariter et devote Deo ibi serviens ; cogitans quomodo posset dictos canonicos et priorem indè expellere, et dictum prioratum obtinere, cùm esset advocatus et consiliarius dicti comitis, foventis partem Frederici contra papam et ecclesiam, cujus etiam fidelitati commiserat dictus prior, cum ivisset Parisius, ad scholas custodiendum sub annuo censu quamdiù esset Parisius ; venit apud Lugdunum, ubi tunc erat curia[1] [et] tantum procuravit apud Papam, promittens ipse quod Dominum suum revocaret ab auxilio Frederici ad Papæ vocem [voluntatem] faciendam [quod] obtinuit dictum prioratum. Cum autem expulso dicto priore et canonicis ejus, venisset dictum prioratum possidere cum multis amicis suis, et faceret indè magnum festum, in ipsa nocte, circa primam partem noctis, audiente Deo[2] voces et gemitus, injustè expulsorum et oppressorum, mons quidam, durans in latum et longum per spacium leuce, translatus de loco suo, cecidit supra dictum prioratum, opprimens et atterens XVI villas et multas parrochias, cum habitantibus suis, que erant per latum et longum circa spacium unius leuce ; ibi dictus clericus cum suis et prioratu subito attritus est, et brevem habuit loci possessionem.

---

[1] Innocent IV séjourna en effet 6 ans à Lyon, de 1245 à 1251.
[2] Manuscrit : *Audiens Deus*.

65 ᶜ

CHUTE DU MONT-GRANIER

1ᵉʳ récit de Mathieu Thomassin, chroniqueur dauphinois, du XVᵉ siècle.

1248

(*Déc.* : chap. VIII, notes 43, 44.)

De Abissu Bellecombe.

Anno MCCXXXVII, Petrus secundus erat episcopus gratianopolitanus et obiit 1250. Sub cujus regimine, videlicet anno MCCXLVIII, in die Beate Catherine, perierunt ecclesiæ et parrochiæ Sancti Andreæ et de Grangiis cum tribus aliis, propter ruinam rupis descendentem a rupibus Bellecombe. Et eodem tempore et anno Papa Innocentius Lugduni sedem tenebat [1].

2ᶜ récit du même chroniqueur.

1249

De Abissu Montis Sancti Andreæ, inter Castra Asperimonts in Sabaudia, et Bellecombe in Delphinatu, usque ad Capellam Sanctæ Mariæ de Myans, ubi cessavit, et in quo loco est pulchrum Monasterium Observantiæ Sancti Francisci [2].

Anno domini M° CC° XLIX°, in Vigilâ Beate Catherinæ, accidit in comitatu Sabaudiæ quod quidam Clericus *dicti*

---

[1] Ce premier récit, que Thomassin dit avoir tiré des archives de l'église de Grenoble, se trouve au fol. 297 *verso* de son *Registre Dalphinal*, (manuscrit conservé à la Bibliothèque publique de la ville de Grènoble).

[2] Ce deuxième récit se trouve aux folios 318 et 319 du même *Registre*.

Comitis Jacobus Bonivardi dictus, videns in declivo montis quemdam prioratum habundantissimum situm prope villam suam que dicitur Chamberiacum nobile castrum dicti Comitis, cujus prioratus erat prior quidam bonus homo ibi cum aliquibus sociis regulariter et devote Deo serviens. Cogitans idem Jacobus quomodo posset dictos canonicos et priorem inde expellere et demum prioratum obtinere. Cum esset advocatus et consiliarius dicti Comitis foventis partem Frederici contra Papam et ecclesiam, cujus etiam fidelitati commisserat dictus prior, cùm ivisset parisius ad scolas, custodiendum sub annuo censu, quandiu esset Parisius, venit apud Lugdunum ubi tunc erat curia[et] tantum procuravit apud papam promittens ipse quod dominum suum revocaret ab auxilio Frederici ad Pape voluntatem faciendam, quod obtinuit dictum prioratum. Cum autem expulso dicto priore et monachis ejus, venisset ad dictum prioratum possidendum cum multis amicis suis et faceret indè magnum festum; in ipsa nocte, circa primam partem noctis, audiens Deus voces et gemitus injuste expulsorum et oppressorum, mons quidam durans in latum et longum per spacium unius leuce transtalus est de loco suo, cecidit supra dictum prioratum opprimens et atterens circa XVI villagia et multas parrochias cum habitatoribus suis qui erant per latum et longum circa spacium unius leuce. Et ibi dictus clericus cum suis et prioratu subito est attritus et brevem habuit possessionem.

65 ᴅ

Récit tiré des Archives de Cour, à Turin[1].

1249.

(*Déc* : chap. VIII, note 46.)

Anno Domini millesimo ducentesimo quadragesimo nono in vigilia Beatæ Catarinæ, de sero, accidit in comitatu Sabaudiæ, quod quidam clericus, Jacobus Bonivardi dictus, videns in declivo montis quemdam prioratum habundantissimum situm prope villam quæ dicitur Chamberiacum, nobile Castrum dicti comitis, cujus prioratus erat prior quidam bonus et devotus homo, ibi cum aliquibus sociis regulariter et devote Deo ibi serviens. Cogitans dictus Jacobus quomodo posset dictos canonicos et priorem inde expellere, et dictum Prioratum obtinere. Cum esset advocatus et consiliarius dicti comitis foventis partem Frederici contra papam, et ecclesiam, cujus etiam fidelitati commiserat, dictus prior, cum fuisset Parisiis ad scolas, custodiendum sub annuo censu quamdiu esset Parisi, venit apud Lugdunum ubi tunc erat curia romana [et] tantum procuravit apud Papam promittens ipse quod Dominum suum revocaret ab auxilio Frederici, ad Papæ voluntatem faciendam, quod obtinuit dictum prioratum. Cum autem, expulso dicto priore et monachis ejus, venisset ad dictum prioratum possidendum cum multis amicis suis, et faceret inde magnum festum, in ipsa nocte circa primam partem noctis, audiens Deus voces et gemitus injuste expulsorum, et opressorum, mons quidam, durans in longum et latum per spacium unius leucæ, translatus de suo loco, cecidit super dictum priora-

---

[1] Case intitulée : *Myans*. Mineurs Observantins, paquet 7, n° 1.

tum, opprimens et atterens circa sexdecim villagia, et multas parrochias, cum habitatoribus suis, et ibi dictus clericus, cum suis amicis in prioratu attritus, brevem habuit possessionem. Et nihil remansit nec domus nec ædificium, dempta quadam capella sub vocabulo Beatæ Virginis Mariæ de Myanis, infra dictas abixus fundata, quam Diaboli conati fuere in abixum reducere, quod non potuere, Diabolis præcedentibus referentibus novissimis Diabolis quod in dicta capella erat quædam Nigra impediens ne dictam capellam disruerent et in abixum converterent.

Reperitur scriptum apud Lugdunum in Sancto Justo[1] in quodam libro antiquo existente in camera in qua recunduntur gesta antiqua sommorum Pontificum.

65 ᴱ

CHUTE DU MONT-GRANIER

Recit du placard de Myans (du XVe au XVIe siècle)[2].

1249

(*Déc.* : chap. XVIII, notes 50, 52)

Noscat modernorum præsentia et futurorum non ignoret posteritas quod anno salutis nostræ millesimo ducentecimo

---

[1] Une première copie de ce récit, à moi gracieusement transmise en 1875 par M. le Général Dufour, portait ici : *In Sancto Fusto*, version fautive qui avait donné lieu à la note 47 du chapitre VIII du Décanat. Mais je viens d'en recevoir (mai 1886) une deuxième copie où on lit bien : *In Sancto Justo*. — Il existe en outre, aux mêmes archives, entre autres récits, un récit intitulé : *Histoire des Abimes de Myans*, imprimé sur un seul feuillet à Chambéry, en 1711, par J. Gorrin imprimeur-libraire ordinaire de Son Altesse Royale.

[2] CHAPPERON : *Chambéry au XIVe siècle*, p. 407.

quadragesimo nono, in vigilia Sanctæ Catharinæ, de nocte, mirabilis casus accidit. Quidam clericus secretarius domini principis Sabaudiæ Jacobus Bonnivardi nominatus, videns in declivio cujusdam montis inter Chamberiacum et Montismellianum quemdam prioratum ditissimum, cujus prior erat quidam devotus homo ibidem cum aliquibus canonicis regularibus Deo devote serviens. Cogitans autem dictus Jacobus Bonnivardi (qui ipsum prioratum illo tunc tenebat sub annuo censu) quomodo posset dictos canonicos et priorem inde expellere et ipsum prioratum usurpare, cum esset familiaris consiliarius præfati domini principis Sabaudiæ foventis partes Frederici Imperatoris contra Papam et ecclesiam. Quapropter Lugdunum se contulit ubi tunc erat Romana curia et tantum procuravit apud Papam quod ipsum prioratum obtinuit promittens quod dominum suum voluntati Papæ inclinaret. Cumque expulsis priore et monachis venisset ad dictum prioratum possidendum cum multis amicis suis et epulantes magnum festum agerent circa primam partem noctis, audiens Deus voces et gemitus servorum suorum injuste expulsorum, mons quidam magnus de loco suo translatus cecidit super dictum prioratum opprimens et atterens circa sexdecim villagia et multas paroissias cum habitatoribus suis, spacio unius leucæ per longum et latum, dempta quadam capella sub vocubulo Beatæ Mariæ de Myanis longe ante ibidem fundata quam demones conati fuerunt in abissum reducere sed non potuerunt; nempe demones precedentes et divinam justiciam exequentes sequacibus suis clamabant quod in dicta capella erat quædam virgo nigra impediens ne ipsam capellam diruerent et in abissum mitterent. Sicque Bonnivardus ille cum suis et prioratu divino nutu absortus fuit. Judicia quippe Dei abissus multa.

In eadem vero capella beatæ Mariæ de Myanis sita in Abissis successu temporis fundatus et edificatus fuit hic conventus fratrum minorum de observantia sub anno Domini millessino quatercentesimo quinquagesimo secundo penultima die Augusti.

65 F

CHUTE DU MONT-GRANIER

Récit du P. Gonon, Célestin de Lyon[1].

1251.

(*Déc.* : chap. VIII, notes 51 et 52.)

Annus Christi 1251. Per id temporis mirabilis casus accidit in Sabaudiâ, in Vigiliâ S. Catharinæ. Quidam clericus, secretarius Domini principis Sabaudiæ, Jacobus Bonivardi nominatus, videns in declivo montis, inter Camberiacum et Montemmelianum, quemdam prioratum ditissimum cujus prior erat quidam devotus homo, ibidem cum aliis canonicis regularibus Deo devote serviens. Cogitavit autem dictus Jacobus Bonivardi, qui ipsum prioratum jam tunc tenebat sub annuo censu, quomodo posset dictos canonicos et priorem inde expellere, et ipsum prioratum usurpare, cum esset familiaris consiliarius præfati Domini principis Sabaudiæ fa[o?]ventis partes Frederici imperatoris contra Papam et Ecclesiam. Quapropter Lugdunum se contulit, ubi tunc erat Romana Curia, et tantum procuravit apud Papam, quod ipsum prioratum obtinuit, promittens quod Dominus suus voluntati Papæ inclinaret. Cumque expulsis Priore et Monachis ivisset ad dictum prioratum possidendum, cum multis amicis suis, et epulantes magnum festum agerent, circa primam partem noctis, audiens Deus voces et gemitus suorum servorum injuste expulsorum, mons quidam magnus

---

[1] Pages 256-257 de son *Chronicon SS. Deiparæ Virginis Mariæ*: Lyon, 1637. — Ce récit porte en marge : *Ex antiquis monimentis Monasterii B. Mariæ de Myanis.*

de loco suo translatus cecidit super dictum prioratum, opprimens et atterens circa sexdecim vilagia et multas parochias cum habitatoribus suis spatio unius leucæ per longum et latum, dempta quadam Capella, vocabulo Beatæ Mariæ de Myanis, longe ante ibidem fundata : quam dœmones conati fuère in abyssum reducere, sed non potuerunt. Nempe dœmones precedentes, et divinam justitiam exequentes, sequacibus suis clamabant, quod in dicta Capella erat quædam Virgo Nigra impediens ne ipsam capellam diruerent, et in abyssum mitterent. Sicque Bonivardus ille cum suis, et prioratu, divino nutu absorptus fuit : judicia quippe Dei abyssus multa. In eadem vero capella Beatæ Mariæ de Myanis, sita in abyssis, successu temporis, fundatus fuit et ædificatus conventus Fratrum Minorum de Observantia anno Domini 1452, penultima die Augusti.

65.e

CHUTE DU MONT-GRANIER

Récit du P. Picquet. [1]

1249

(Déc. : chap. VIII, notes 53, 56.)

De cœnobio Nostræ Dominæ de Myanis.

Inter pleraque encomia nobilis ac generosi Jacobi Montis-Majoris comitis, hoc non infimum locum tenet, quod jussu

---

[1] *Provinciæ Divi Bonaventuræ. Fratr. Min. Observ... Descriptio*, Tournon, 1610., p. 174 et suiv.

paterno, sacra Solimæ loca, ac sui patroni limina Compostellæ veneratus sit.

Verùm dum in Hispaniis peregrinaretur, contigit serenissimum Castellæ Regem aperto Marte cum sarracenis, Dei, nominisque Christiani hostibus dimicare eumdem uti ope, et consilio præfati comitis. Qui, cum inter dimicandum armis adversariorum premeretur et in varia discrimina adduceretur, ad opportunas Deiparæ Virginis ac beati Francisci preces toto animo recurrens victor evasit. Quamobrem salvus et incolumis ad propria reversus, antiquam ædiculam Nostræ Dominæ de Myanis multis miraculis claram, Callixti III. Pont. Max. diplomatis virtute fultus, anno datis Domini 1455, sui pontificatus primo; et alterius apud S. Joannem in Laterano concessit 4 idus Martii anno 1458 non modo decoravit et adauxit, sed et à jure parœcialis ecclesiæ immunem reddidit. Ea vero fuit Deo dicata et B. Virgini sub titulo Nativitatis anno Domini 1466. Huic autem pius conditor cœnobium Franciscanum propriis sumptibus extructum annexuit, Ludovica à Camera, ejus charissima conjuge, et Francisca sorore uterina, manus adjutrices præbentibus. Religiosus insuper Hugo Calesius Sancti Georgii prior nec non et Ludovicus Rubodius hunc locum pluribus beneficiis cumularunt ac sacram basilicam mausoleis propriis adornarunt. Ea sub eodem tecto gemina, est ac devotissima. In inferiori Dei Genitricis imago cernitur miraculis pluribus illustris, et quæ ab incolis illuc per annum confluentibus in summâ veneratione habetur; ea præsertim ratione quod quemadmodum olim in regione Pentapoleos, invalescentibus sceleribus Deus, fortissimus ultor et æquissimus judex, pluit ignem et sulphur : mersitque urbes in profundum, ubi nunc est mare mortuum seu lacus asphaltidis, vel bituminosus, ità et hic, anno Domini 1249, 24 nov. circa vesperam, Innocentio IV pontifice maximo sedente, sexdecim pagi iram Numinis divini experti sunt per cacodœmones qui à Granariis rupibus grandia saxa veluti montes divellantes domos, ecclesias, homines et jumenta obruerunt : ut vere de eis quod de Ægyptiis possit dici : Misit in eos iram indignationis suæ ; indignationem et iram, et tribulationem, immissiones per angelos malos. Huic autem uni ædiculæ, Beata Virgine eos prepediente, nocere non potuerunt. Hæc vero accidisse ferunt hac ratione, quod cum Jacobus Bonivard ducis serenissimi Sabaudiæ à secretis, subdole monachos qui illic morabantur loco pepulisset, hi animo consternati, precibus jugis B. Virginem precati sunt quatenùs apud filium esset illis subsidio. Ipsis itaque orantibus circumvicinus ager horrendum Dei judicium expertus est. Unde facillime adducor ut credam incolas illos fuisse pessimos ; inter quos nequidem aliqui fuerant reperti qui ea evaserint quemadmodum Loth cum filiabus è Sodomis : vel qui aliquantulum subversores angelos suis precibus aut meritis remorari potuerint. Nam vix credibile est id accidere potuisse sola unius hominis culpa : cum repromisisset olim Dominus se non deleturum Sodomam, si in câ reperirentur decem homines justi. De hac ingenti vindicta fortassis loquitur R. D. Majolus episcopus Vulturariensis. « *Mons ingens in Burgundia à proximo monte dehiscens vallesque proximas coarctans multa agricolarum millia oppressit, ut Wernerus in Fasciculo refert ; ac per multa milliaria se diffundens, rursum quinque millia suffocavit, ac tandem mirandum in modum aliis montibus accessit, an. circiter 1230.* Doctissimus vero Genebrard, 4 Cron. id videtur referre ad aliud tempus, dum ait : 1241. *Mons in Burgundia à montibus dehiscens, vallesque coarctans, multa millia agricolarum miserè oppressit.*

Et certe nihil (meo judicio) adversus hæc potest objici præterquam, quod diversa sit temporis et regionis ratio. Sed quid obest quominus aliquis sit in annorum supputatione error, et tamen verè sit res gesta ? Imo nec erroris potest argui, qui particulâ circiter utitur ; veluti qui superius retulit ad annum 1230. Quoad regionem, certum est Burgundiæ nomine aliquando Allobrogum agros denotari ; et hujus opinionis est ipse R. D. Alphonsus Delbene episcopus Albiensis, natione Sabaudus, cum de regno Burgundiæ Transjuranæ loquitur : *initium capiebat à flumine Rheno, continebaturque Jura monte, et Isara fluvio, et finibus Sedunorum, complectens in se agrum Helvetiorum, Rauracorum, et Veragrorum et Allobrogum.* Sed an eadem sit historia, necne, parum refert ; satis nobis est, quod illic supersint abyssi piscosæ ad cœnobium nostrum pertinentes, et acervi glebarum vel lapidum, hujus rei perpetui testes. Hàc dicunt aliqui D. Franciscum quondam pertransiisse ; ac genuflexo ante gloriosissimæ Virginis Mariæ imaginem, prophetico spiritu prædixisse, ædificandum aliquando ibi monasterium sui instituti celeberrimun. Et verè ecquidem : Nam ex eo prodeunt homines docti ingenii, acumine commendabiles, summisque laudibus virtutum præstantes. Inter quos æternâ memoriâ dignus est R. P. F. Grandis, vir pius et doctus. cujus providentiæ tribuendum est, post Deum, quod ultimo sæculo, hæc provincia reformata fuerit. Porro cœnobii ambitus prægrandis est ; in loco amœno, et aliquantulum clivoso. Ædificia tamen humilia sunt et evangelicam paupertatem præ se ferentia. Claustrum hodie, prudentis atque sagacis rei familiaris œconomi vigilantia, testitudine optima firmatum est. Ibidem est viridarium amplissimum horti ubique optimi, ac frugiferi, adeò ut hoc aggresti cœnobio nihil sit, verno tempore, inter Allobroges speciosius.

65 H

CHUTE DU MONT-GRANIER

Récit du P. Philippe de la Sainte-Trinité[1]

1249

(*Déc.* : chap. VIII, note 58. — Chap. XII, note 2.)

..... Anno Christi 1249, die 28 nov., sub Innoc. IV Pontifice Lugduni in Gallia generale concilium celebrante contra Fredericum II Imperatorem, regnante S. Ludovico, Thoma Comite Sabaudiæ eidem Imperatori adhærente ; contigit quod, ad separandum ab Imperatore dictum Comitem, et pontifici reconciliandum, inductus est Jacobus de Bonivard, secretarius ejus admodum dilectus, oblato canonicorum regularium S. Augustini prioratu in urbe Sancti Andreæ : ex quo cum violenter religiosos expulisset, hi ad capellam Nostræ Dominæ de Myans accedentes ejus auxilium implorant.

Tunc serenus aer nubibus obscuratur, et circa nonam post meridiem horam, Dei permissione dœmones patrem [partem] Montis de Grenier effringunt cujus ingentia saxa, grandini mixta cum horribili tonitruum fragore, et terribili terræ motu, in dictum vibrantes prioratum et in urbem et in adjacentia loca horridam et ad tria circiter milliaria longam latamque effecerunt abyssum, suppressa cum suo prioratu dicta urbe, et sedecim pagis ac sex parrochiis, occiso quoque dicto Bonivardo tunc in prioratu cœnante cum invitatis sociis ad celebritatem captæ

---

[1] *Generalis chronologia Mundi* : Lyon 1663; p. 603.

possessionis, et sex millibus aliis. Prætendebant dæmones ruinam ulterius promovere, ut suis clamoribus indicabant ; sed coercentur sistere, ne dictæ Capellæ nocerent, per intercessionem imaginis miraculosæ, ut subjunctis fatentur quærimoniis. Postea anno 1462, ædificatus est ibi conventus Fratum Minorum de Observantia, et locus tum adventantium pietate, tum miraculorum frequentia celeberrimus est.

65 [1]

CHUTE DU MONT-GRANIER

Récit du P. Gumpemberg[1].

1249

(*Déc.* : chap. VIII, note 59. — Chap. XII, note 2.)

Imago B. M. miraculosa mianensis.

1. RUINA LAMENTABILIS.
2. MONS A DŒMONE DIRUTUS.
3. SACELLUM B. M. EST MUNITIO.

Quemadmodum non infrequenter salutem ex inimicis accipimus, ita non raro contigit ut Deiparæ honor cultusque per ipsos dæmones, omnia alia cogitantes, non perfunctorie promoveatur.

Fredericus II imperator, toti Eclesæ gravis, anno demum millesimo ducentesimo quadragesimo nono, Concilio Lugdunensi desiit esse tolerabilis. Etenim quod se præte-

---

[1] *Atlas Marianus* : Munich, 1675 ; n° XIII, p. 39.

rito, in sacri exercitûs ducem Ludovicus Galliæ Rex electus esset, episcopos ac cardinales passim in itinere captos, carceribusque mancipatos docuit, ecclesiam pro imperatore habere tyrannum. Nec defuère qui ejusmodi mandatis ultra quam juberentur parerent. Hos inter quidam fuit Joannes Boncicardus, qui licet in contrarias partes tractus, ac prioratu in urbe S. Andreæ Canon. Regularium S. Augustini donatus esset, ferociam tamen non exuit. Etenim simul ac loci dominus factus est, ejectos per nefas religiosos ad hoc, de quo loquimur, Deiparæ sacellum compulit. Hîc afflictis rebus opem poscunt exules, seque Virgini impense commendant. Vix fusæ preces, vix in cœlum elatæ auditæque ; cum inductæ cœlo sereno spissæ nubes, noctem tristissimam non sine multorum metu portenderunt. Etenim vigesimo octavo novembris hora post meridiem nona, annuente Deo cacodœmones partem vicini Montis Grenierii emolientes inter fulgura et grandines in ipsum Monasterium præcipitarunt. Ita Bonicardus cum suis in prima cœna inter pocula sepultus est. Nemo piorum fuit qui hominem lugeret, tot secum innocentibus in exitium tractis. Etenim cum Monasterio urbem integram, sexdecim pagos, seu parœcias, universim sex millia hominum ruina hæc obtrivit.

Nec contenti hac strage mali dœmones, montem Grenierium ab imis sedibus eruere tentarunt. At eorum conatibus obstitit Deiparæ, de quo nunc sermo, sacellum ; in quo coram Virginis statua, dudum jam miraculis clara, religiosi, dum fractus illabi videbatur orbis, asylum quærebant, hactenùs nec plus ultra imber lapideus desæviit. Auditi per aera horrendi clamores vociferantium, impediri se quominus totum cum radicibus evulsum montem in omnem late regionem disjiciant.

Hodie statuam B. Virginis miraculosam curant in adjuncto Monasterio religiosi S. Francisci de Observantia. Plurima refert historia typis auctorirate publica impressa, quam ad me misit R. P. Bartoquinus Rector Collegii Camberiensis.

65 [J]

CHUTE DU MONT-GRANIER

Récit de Philibert de Pingon [1].

1249

(*Déc.:* tom. I, p. 400.)

..... Nec tunc sine supernorum providentia Amedeus abfuerat (*1249 in valle Augustana*) sive Montcmeliano. Hæc enim inter oppida mons eminentissimus Granerus nomine, terræ motus quadam prodigiosa specie (Brasmatiam vocant) crepuit et concidit, atque suscitatis sursum deorsum, immensissimis rupium molibus, veluti funda emissis, totam regionem per leucæ amplissimæ spatium longe lateque oppressit. (*Ex notis ejus seculi, vigilia Sanctæ Katarinæ anno 1249*) Sexdecim pagos celebres cooperuit. Id nocte intempesta factum, octavo kalend. decembris. Horrendum spectaculum, quo magna vis hominum omnis sexus, ætatis, ordinis, misere absorpta est, armentis, pecudibus, ingenti suppellectili contrita, necnon, quod perpetuum fuit, exsiccatis fontibus, contectis et absumptis alveis rivulisque aquarum, agris, pratis, vineis, plantariis et omni solo, feracissimo priùs, nunc sterili penitùsque inutili derelicto. Causam aliqui tanti casûs naturæ rationibus et rerum principiis disquirunt, scil[icet] densiores spiritus per confragrosas semel admissos, inclusosque coarctati, inflari ac tandem exhalatione sicca in apertum ferri, eructare et superiora

---

[1] *Philiberti Pingonii Chronicon Sabaudicum*; manuscrit, fol. 322, recto. — Je dois cet extrait à la gracieuse obligeance de M. le comte A. de Foras, le savant auteur de l'*Armorial de Savoie*.

quæque vel maxima commovere sua vi, deturbareque. Huic quatuor illa genera terremotuum Brasmathiæ, Chasmathiæ, et Mycemathiæ, quæ extra rem sunt. Alii divino et potiori consilio eventum tribuerunt. Hinc vulgi tunc rumor increbuerat, id in supplicium contigisse Jacobo cuidam Bonivardo, magnæ auctoritatis et consilii viro apud Principem, quem pro Federico in Pontificem acuebat, et tamen Lugdunum profectus, a Pontifice sacerdotium sive prioratum perpinguem ejus loci impetrarat, idque commentitio jure caduc[um?], quod tacite Pontifici fuisset pollicitus, principem in suas partes totum posse adducere. (*Ex tabula veteri affixa in æde Beatæ Mariæ de Mians*). Atque ita Bonivardus justo possessore et piis monachis summa injuria expulsis, dum ea nocte simul cum suis stationariis debaccharetur, cunctos subito impetu fulminantis montis opressos simul cum tota illa ora. Unam intactam fuisse ædiculam, in qua Virginis Mariæ effigies observaretur. Locus nunc adhuc terræ saxorumque cumulis et tumulis infamis apparet. Ædes ipsa magna in concavo terræ visitur et ad aram numinis imago vetustati venerabilior, donariis, votivis et libationibus circumdata. Mianum loco nomen est, qui locus a Franciscanis, arctioris regulæ quam Observantiam vocant, incolitur : quod reliquum est agri patentissimi ob tantam voraginem *Abissus* ab incolis dicitur. Olim divi Andreæ templum Montaniolæ..... erat, Granopoleo episcopo addictum. Nunc Montaniola et cæteris absorptis omnibus quæ a Sambardulpho pago ad Camparlianum et Favaretum extendunt. Eam ob causam indicebantur ubicumque supplicationes, incedebant obsecrabundi omnes bini, nudis pedibus, lineis indusiis, assumpto etiam sacco et cilicio ad distantes aras et pulvinaria cum lachrimis et miserandis vocibus, qui maxime rupibus vel montibus supposita haberent domicilia, etc.

66

L'évêque Falco, d'accord avec le Chapitre de sa cathédrale, statue que le doyen de Saint-André de Savoie sera toujours choisi parmi les chanoines profès de ce Chapitre [1].

1257 (23 janvier).

(*Déc.* : chap. II, notes 31, 33. — Chap. VI, notes 19, 33. — Chap. XII, note 25. — Chap. XV, note 12.)

Cum omnis anima sua natura Deum servire debeat ac divinum Numinis cultum ampliare ut oriens [hauriens?] de fonte vivo salutem etiam haurire mercatur de quo cum legitur : hic enim est fons vivus cui non communicat alienus. Indè est quod nos F[alco] divina permissione ecclesie Gratianopolitanæ episcopus, cum assensu et voluntate B..... decani et Capituli ecclesie ejusdem loci, cupientes non modicum divinos cultus ampliare, prioratum Vilaris-Benedicti cum pertinentiis suis, consentientibus et volentibus canonicis ibidem existentibus, ecclesie B. Marie Gratianopolitane unire ac subjicere volumus in hunc modum : videlicet quod primo constituatur conventus [duodecim canonicorum ad minus cum Priore] et Prior illius ecclesie eretur à Capitulo [et episcopo prout alie obedientie ecclesie Gra-

---

[1] Cette charte nous a été conservée manuscrite par l'abbé Gras du Villard, qui l'avait extraite du fol. 141 du Cartulaire de Chissé (copie) où elle n'existe plus.

Cet acte, tel qu'on le trouve dans la copie de Gras du Villard, présente des fautes évidentes et assez nombreuses ; on peut en corriger quelques-unes au moyen des extraits qu'en donne Valbonnais ; tom. II, p. 135 et 174 de son *Histoire de Dauphiné*. Les passages compris ici entre crochets indiquent plusieurs de ces corrections et omissions.

ecclesiis, per nos et successores nostros dedimus et concessimus dicte ecclesie et Beate Marie Gratianopolis ad habendum tenendum et possidendum et quidquid voluerit faciendum libere et quiete et sine contradictione prout nos juste tenebamus et possidebamus. Promittentes per nos et successores nostros deffendere et custodire et non contravenire ; et ne mensa episcopalis super hoc esset onerata, dicti Decanus et Capitulum Gratianopolis episcopali sedi domum et Prioratum de Parmenia cum pertinentiis dederunt et concesserunt per se et successores suos pleno jure possidendum et quidquid sibi placuerit faciendum.

Verum cum domus Eleemosine Gratianopolitane pleno jure spectet ad nos nullo medio ; Nos desiderantes dictam [ipsam?] domum in melius reformare, ut religio valeat ibidem pullulare, ordinavimus et voluimus de consensu et voluntate Decani et Capituli Gratianopolis, Canonicos regulares ibidem procreare duos cum Priore, et nos successores nostri debemus et promittimus ordinare ibidem Priorem unum de canonicis ecclesie Gratianopolitane professis et non aliundè ; Canonicos autem predicte Eleemosine et conversos seu redditos Episcopus et Prior ejusdem loci instituant, et Prior, facta obedientia et fidelitate [Episcopo] obedientiam eorum recipiat, qui canonici et conversi in cimeterio ecclesie majoris sepeliantur. Preterea sciendum est quod dicti duo canonici vel plures, si augmentatis facultatibus ipsius domûs in posterùm crearentur, usque ad quatuor cum clerico suo sint chorearii et liberam tam in anniversariis quam in aliis tanquam chorearii recipiant, etiam si dicti canonici ad matutinum missam et vesperas ad quas dicti canonici venire tenentur, necessitate compellente non venerint.

Verùm cum non sit arandum cum bove et asino, et in Decanatûs capite Montis-Sancti-Andree sint instituti Regulares Canonici, indecens nimis et absurdum videbatur quod persona secularis Decanus ibidem institue[re]tur, undè

tianopolitane ordinantur] et de Capitulo Gratianopolitano videlicet professis, vel de ejusdem loci Villaris-Benedicti professis, si hoc [hunc ?] Episcopus et Capitulum Gratianopolitanum magis duceret eligendum ; et in omnibus subjecta sit ecclesia Villaris-Benedicti ecclesie B. Marie Gratianopolitane, quemadmodum Prioratus de Parmenia consuevit esse subjectus ecclesie predicte ; videlicet, quod Capitulum Gratianopolitanum, [unà cum Episcopo] habeant correctionem visitationem institutionem et destitutionem et alia que fiunt in ecclesiis, in signum plene subjectionis quantumcumque necessitas vel utilitas occurrere videretur. [Item canonici Villaris-Benedicti fraternitatem ecclesie Gratianopolitane spiritualem habeant], et cùm contigerit quod canonici Villaris-Benedicti unus vel plures, venirent in civitatem Gratianopolitanam, ad ingressum chori et refectionem refectorii, cùm per septem dies vel quindecim moram continuam eos ibidem facere contigerit, admittantur ; vel si infirmitate detenti majorem moram ibidem necessario duxerint faciendam. Et ut melius et honestius officietur in ecclesia Villaris-Benedicti, cum ad hoc ipsius non sufficerent facultates, ecclesias sancti Vincentii et sancte Marie de Malcusa cum decimis et pertinentiis earumdem que ad capitulum Gratianopolitanum perveniebant, dedimus et concessimus tenendas et perpetuo possidendas, ita tamen quod in signum subjectionis dicta ecclesia Villaris-Benedicti faciat quatuor sextarios frumenti annuatim, et in qualibet synodo quinque solidos censuales apud Gratianopolim reddendos ecclesie Beate Marie ; et quia dictum capitulum Gratianopolitanum in concedendis et dandis istis ecclesiis dicte ecclesie Villaris-Benedicti, nimis lesum et gravatum videretur, in recompensationem sexaginta sextarios frumenti, totidem avene que percipiebantur in ecclesia sancti Martini de Miscriaco, que ecclesia, ratione decimarum ecclesiarum sancti Himerii et de Biviaco nobis faciebat, quas decimas nomine nostro dicta ecclesia sancti Martini percipit et colligit in dictis

deformitas sequebatur et quodam modo religionis observantia titubabat. Nos vero Deum habentes per oculos considerantes quod in unum congregati non debent esse divise professionis, attendentes et utilitatem, commodum et honorem Ecclesie Gratianopolitane ordinavimus et statuimus et etiam Capitulo Gratianopolitano, promisimus et concessimus per nos et per successores nostros conferre semper canonicis gratianopolitanis professis *Decanatum Sancti Andree* cum vacaverit. Et illis idem promisimus et ordinavimus predicto capitulo de archipresbiteratibus scilicet Viennensi et Ultra Draco, videlicet quod numquam nisi canonicis professis dicte ecclesie Gratianopolitane conferantur, ita tamen quod collatio fiat de omnibus predictis singulis personis. Hec omnia et singula supradicta promittimus per nos et successores nostros custodire, deffendere et non contra venire nec per nos nec per successores nostros. Decanus vero et Capitulum Gratianopolis hoc idem et sub eadem forma promiserunt; dictas autem promissiones ab invicem fecimus nobis F[alcone] supra dicto Episcopo stipulantibus et promittentibus nomine domus episcopalis super facto domus Parmenie et super facto sanctarum ecclesiarum Vincentii et sancte Marie de Malcusa, et nomine domus Villaris-Benedicti, promissiones dictorum Decani et Capituli recipientibus, stipulante et promissiones nostras recipiente B. decano, nomine Capituli Gratianopolitani predicti super omnibus aliis supradictis.

Hec autem omnia supradicta fecimus authoritate J[ohannis] sancte viennensis ecclesie Archiepiscopi, et ad consilium ipsius et voluntatem qui ad requisitionem nostram sigillum suum una cum sigillo nostro et sigillis dictorum B. Decani et capituli Gratianopolis et domus Villaris-Benedictis duxit presentibus apponendum in predictorum omnium testimonium et perpetuam firmitatem.

Actum est hoc in generali capitulo Gratianopolitano, in

crastinum B. Vincentii [1] in presentia canonicorum omnium presentium, in presentia canonici viennensis, videlicet Jo. Prioris claustralis, Guigonis Raverii, Aymaris de Petra, P. Margail, Un. de Ventia, P. de Laya, Guigone de Portu, M. de Terralia, Lancelmi Sayvo. V^r de Geria, Simonety Raverii canonicorum ecclesie Gratianopolitane supradicte, anno Domini millesimo ducentesimo quinquagesimo septimo.

67

Poncet Bertrand de Montmélian, et sa femme Euglentyne vendent à Falco, évêque de Grenoble, leurs censes, droits, revenus et bien féodaux de Francin, pour le prix de XIII mille sous, et XXXIV livres VI sous viennois [2].

1260.

(*Déc.* : chap. XII, note 64. — Chap. XV, note 43.)

Anno ab Incarnatione Domini millesimo II^c. LX°, indictione quarta, IV° Cal. Martii, coram testibus infrascriptis, Poncetus Bertrandi de Montemeliano, et Euglentina, uxor sua, sine ullo dolo, metu, coactione, violentia et absque deceptione, scientes prudentesque et spontanei, pro sua maxima et evidenti utilitate, confitentes et asserentes se esse majores viginti quinque annorum, vendiderunt et nomine venditionis concesserunt jure proprio, puro et mero allodio, pro se suisque heredibus, successoribus, bonorumve possessoribus, venerabili patri F[alconi] Domino Gratiano-

---

[1] 23 janvier 1257.
[2] *Cartul. de Chissé* (copie), fol. 476 et suivantes.

politano Episcopo suisque successoribus bonorumve possessoribus in perpetuum, aut cui donare vel dimittere voluerit in testamento vel extra, vel aliter alienare seu concedere, pretio XIII millium solidorum et XXXIIII librarum et VI solidorum viennensium que confessi sunt Poncetus et Euglentina supradicti se habuisse et recepisse à predicto domino Episcopo et in utilitatem suam versanda fora durasse [jurasse?] omnes res universas et singulas possessiones terras cultas et incultas, vineas, prata, saliceta nemora et insulas, arbores fructiferas, homines, mulieres, domos, servitia, placita, dominia directa et utilia, hommagia, feuda fidelitates, servitutes, justicias, banna grossa et minuta, corvatas, census, obventiones, talias, collectas, actiones, jura corporalia et incorporalia, specialiter et generaliter omnia et singula que dicti conjugales, videlicet Poncetus et Euglentina, habent tenent possident vel alter ab ipsis vel pro ipsis seu nomine ipsorum conjugalium, nomine suo et nomine Albergi Daygleres apud Francyens et in parrochiâ de Francyens, ubicumque sint vel ubicumque fuerint, sicut protenditur a rivo qui vocatur Bondo[lo]gia[1] citra et inferius, usque ad aquam de Glandons[2] et continetur specialiter in hac venditione dimidium cujusdam petie terre et prati que site sunt ultrà Bondologiam, juxta fontem Vitte... quas petias terre et prati tenet Johannes Martini, de quibus rebus debet idem Joannes Martini sex garcynas frumenti de servitio, cum omni jure, actione, requisitione, dreytura et petitione quod et quam dicti conjugales habebant vel habere poterant seu etiam exigere in predictis et infrascriptis, excepta quadam petia nemoris que jacet subtus Cinnyns[3] cui coheret nemus Humberti Marescalci,

---

[1] Le ruisseau de la Louse, ou Bondeloge, qui sépare Francin de Chignin et de Montmélian.

[2] Le torrent du Glandon qui sépare Chapareillan des Marches, et, la Savoie du département de l'Isère.

[3] Chignin?

et excepto feudo domini Gonterii de Bryansone. Et si plus valent predicta et infrascripta pretio supradicto, illud plus dicti conjugales donaverunt eidem domino Episcopo suisque successoribus in perpetuum pura et simplici donatione inter vivos, de quibus universis et singulis supradictis et infrascriptis dicti conjugales predictum dominum Episcopum investierunt et quasi incorporalem possessionem induxerunt et quasi devestiendo se dicti conjugales penitus de omnibus universis et singulis supra dictis et infrascriptis, constituendo dicti conjugales se possidere predicta et infrascripta nomine ipsius domini Episcopi quousque adeptus fuerit corporalem possessionem et quasi quod adipiscendi et intrandi propria auctoritate, sine judiciali aditu, eidem domino Episcopo licentiam donaverunt cedendo, mandando prestando eidem domino Episcopo omnes actiones et petitiones reales personales utiles directas mixtas controversias et omnes alias actiones que sub verbo actionis continentur, pro rebus supradictis et infrascriptis sibi competentes nunc vel imposterum competiture, faciendo et constituendo ipsum dominum Episcopum procuratorem ut in rem suam.

Promittentes dicti conjugales per stipulationem predicto domino Episcopo stipulanti et per sacramentum se prestituros et facturos quod dictus dominus Episcopus possit apprehendere corporalem possessionem et quasi omnium rerum et jurium supradictorum et infrascriptorum, et per se vel per alium, non fieri quo minus possit predictus dominus Episcopus predicta facere et adimplere, que omnia universa et singula supradicta et infrascripta promiserunt dicti conjugales, per solempnem stipulationem, et quilibet in solidum predicto domino Episcopo stipulanti et juramento super sancta Dei Evangelia corporaliter prestito, propriis expensis et sumptibus defendere et conservare immunia ab omni persona contradictore libera et franca ab omni exactione, et nunquàm contra venire aliquo jure vel aliqua ratione. Si verò contingeret quod res predicte vel aliqua de ipsis rebus evincerentur in jure a predicto domino Episcopo et inde contingeret ipsum dominum Episcopum furere [furtivè?] aliquas expensas seu aliquod damnum sustineret, promiserunt dicti conjugales per solempnem stipulationem predicto domino Episcopo stipulanti et juramento super sancta Dei Evangelia corporaliter prestito se restituros eidem domino Episcopo rem equivalentem in loco eque bono, aut justam estimationem rei evicte et sumptorum et expensarum resarcire.

Et est sciendum quod dicta Euglentina fuit certiorata à me Johanne Juliani, notario publico, legis Julie que inhibet alienationem feudi dotalis, et de privilegio dotis. Renuntiant in hoc facto, predicti conjugales exceptioni pecunie non numerate et non recepte doti mali et injustum [vel in factum?] et beneficio restitutionis in integrum quod datur minoribus et majoribus in contractibus lesis, et juri dicenti quod si alter contrahentium decipiatur in contractu ad dimidiam partem justi pretii, quod contractus rescindatur vel quod deest justo pretio compleatur, et juri dicenti quod si dolus dederit causam contractui, vel inciderit in [ipsum]? contractum quod contractus ipso jure nullus sit, et juri dicenti quod deceptus possit agere ne decipiatur, et senatusconsulto *Veleyano* et legi *assiduis* et *Authenticæ*? quæ incipit: *Sive a me*, et omni alio juri canonico et civili scripto et non scripto promulgato et promulgando per quod possent venire contra predicta vel aliqua de predictis, vel juri dicenti generalem renuntiationem non valere nisi precedat specialis; que omnia universa et singula supradicta et infrascripta promiserunt dicti conjugales per stipulationem predicto domino Episcopo stipulanti et juramento super sancta Dei Evangelia corporaliter prestito, rata et firma perpetuò habere et nunquam contra venire aliquo jure vel aliqua ratione.

Item in predicta venditione inseruntur IIII[or] sextariate prati que jacent apud Castellarium quibus coherent ab uno latere pratrum capellani de Francyns, et ab alio latere pratrum Humberti Nigri. Item una sextoriata prati que jacet apud Lou Verneys, cui coheret pratum de Alamandis. Item quedam petia vinee que jacet apud nemus Resyins [*à Bois-Rosynt ?*] cui coheret terra Petri Raibi. Item quatuor fossorate vinee et quedam petia terre que coherent ad invicem quibus coheret terra Johannis Martini. Item salicetum de virgulto cui coheret terra Petri Suzanne, quod salicetum fuit estimatum viii denarios fortes censuales. Item medietas vini puri de clauso de Villa-Veteri cui coheret vinea des Souchars. Item vinea quam tenent Anrycus, Johannes et Selvo Moyroudi fratres, filii quondam..... Varnone, cui coheret vinea Gilberti. Item medietas vini de vinea quam tenet Humbertus Raybi, que sita est subtus domum ipsius Humberti ad fontem. Item duo jornalia terre que jacet apud Leschenevens cui coheret terra Petri Maconis. Item taschia de tribus jornalibus terre que jacent en les Mortes, in loco ubi dicitur el Comons. Item omnes alie taschie que debentur Albergo quondam Daygleres apud Francyns, et in loco del Comons, et quarta pars de Alogiis. Item Petrus Macons continetur in hâc venditione et est homo ligius domini Episcopi supradicti, et unius panis et quoddam membrum et sex garcyne frumenti de servitio annuatim quos debet idem Petrus Macons. Item Johannes Quarters et Petrus Quarters sunt homines ligii et debent xviii denarios fortes et duos pullos et terciam partem unius garcyne frumenti de servicio. Item Petrus Raibi est homo ligius et debet novem solidos et unum denarium fortem et viginti duas garcynas frumenti de servicio annuatim. Item Anrycus Moyroudi est homo ligius. Item Humbertus Raybi et David Raybi sunt homines ligii et debent ipsi et Petrus frater ipsorum duas garcynas frumenti et duos solidos et duos denarios fortes de servicio. Item tres garcyne frumenti et sexdecim denarios fortes de servicio quos debet Humbertus Raybey. Item sex garcyne frumenti de servicio quos debet dictus David. Item Freschet qui est homo ligius et sex garcyne frumenti et sexdecim denarios fortes de servicio quos debet idem Freschet. Item Molars et frater suus qui sunt homines ligii. Item Bernardus Adors qui est homo ligius et due garcyne frumenti cum dimidia et tres pullos et xxii denarios fortes de servicio quos debet idem Bernardus. Item Johannes d'Adors qui est homo ligius et due garcyne frumenti et duos solidos fortes de servicio quos debet idem Johannes Adors. Item Petrus Bovers est homo ligius et ipse Petrus et Johannes Adors debent unam garcynam frumenti et unam gallinam et tres pullas de servicio. Item Johannes Adors debet quatuor denarios de servicio. Item Petrus Bovers debet duodecim denarios fortes de servicio et terciam partem unius membri de servicio. Item Tronchetus est homo ligius et debet unam quartam frumenti quatuor denarios fortes et unam gallinam de servicio. Item Perrinus Tronchetus est homo ligius et debet unam quartam frumenti et tres pullos et quatuor denarios fortes de servicio. Item Bernardus Chalvet qui est homo ligius et debet unam quartam frumenti et duos denarios et pulam [*poussine?*] de servicio. Item Bernardus Syentres est homo ligius et debet tres denarios de servicio. Item liberi Johannis Allencro [?] sunt homines ligii et debent duodecim denarios fortes de servicio. Et isti homines supradicti sunt homines ligii predicti domini Episcopi. Item continentur in hac venditione viginti septem garcyne frumenti et due garcyne civade [*d'avoine*] quos debet Johannes Martini, et sex denarios de servicio quos debet idem Johannes Martini. Item quatuor garcyne frumenti de servicio quos debet Johannes Clericus. Item undecim garcyne frumenti de servicio quos debet Reges de Francyns. Item unum sextarium civate de servicio quos debet Bernardus Regis. Item duos solidos de servicio fortes quos debent Humbertus et Johannes Alamandi. Item duos solidos de servicio fortes quos debet Humbertus Barn. Item duodecim denarios de servicio quos debent Hubertus de Vineis [*des Vignes, ou de Viviers?*] et Freschet.

Item duodecim denarios de servicio quos debet Perreta Domenchi. Item sex denarios fortes de servicio quod debet Petrus de Monte. Item unum membrum et tres pulli de servicio quos debent Bernardus et parerii sui. Item duos solidos fortes et unus panis de servicio quos debet Guiffredus Peytavin. Item decem denarios fortes quos debet de servicio Andreas Bellyers. Item xxii denarios fortes de servicio quos debet Capellanus de Francyns. Item quatuor solidos fortes, duos denarios minus, de servicio quos debet Alberg. Bernardi Donat. Item duos solidos et sex denarios fortes de servicio quos debet Petrus Rayby et fratres sui del Verney. Item duos solidos et sex denarios fortes de servicio [quos debet] Johannes Fonchars. Item quinque solidos de servicio fortes quos debent Johannes Encros et Petrus Bovers. Item quinque solidos de servicio quos debent Petrus Rayby et Selvo de Fonte et Johannes Alamant. Item duos solidos et sex denarios de servicio fortes quos debet tenementum de Solanda del Verney. Item duos panes et tres pulli quos debent Johannes Fonchars et Petrus David et parerii sui. Item li (*sic*) galina et duodecim denarios fortes de servicio quos debet Andreas Pontrex. Item xviii denarios fortes et unus pullus et medietas alterius pulli de servicio quos debet Perreta Domenchi. Item quatuor denarios fortes de servicio quos debet Petrus David. Item duodecim denarios fortes et una gallina de servicio quos debet Petrus Armandi et parerii sui. Item tercia pars unius garcyne frumenti et et duo pulli et quatuor denarios fortes de servicio quos debet Olibruns, filius de Nicola. Item sex denarios fortes de servicio quos debet Humbertus Nigri. Item una garcina frumenti et una gallina et tres pulli de servicio, quos debet Lyolimenta. Item una gallina de servicio, Perryns ly Escofers debet predictam gallinam. Item quatuor denarios de servicio quos debet Bernardus Laudryns. Item quindecim denarios fortes de servicio quos debet Johanna Gilby. Item duos denarios de servicio quos debet Albertus David. Item quatuor denarios de servicio fortes quos debent Johannes David et Johannes Martini. Item una garcina frumenti de servicio quam debent ly Davins. Item quinque garcine frumenti de servicio quas debet Girodus David. Item due garcine frumenti de servicio et unum sestarium vini de servicio quos debent custodes de Francyns. Item una garcina frumenti de servicio quam debent Petrus Buers et Johannes Adors et Bernardus ly Encros et nepotes sui. Item lescourres et lychanalajeo [*le battage et l'échenillage ?*] Item quoddam casale cum suis pertinentiis situm apud Francyns et quedam pecia vince que coheret cum quadam pecia saliceti que coherent ad invicem. Item dimidium jornale terre quod jacet super costas de Cevol cui coheret terra Johannis Martini, quod dimidium jornale fuit estimatum unam quartam frumenti cense. Item medietas dominii sive jurisdictionis et majorum Bannorum ville et parochie de Francinis que continetur in hac venditione, que estimata sunt xii libras et x solidos monete. Et fuit pactum inter dictum dominum Episcopum ex una parte, et predictos conjugales ex altera, quod si contingeret predictum dominium sive jurisdictionem ad medietatem majorum bannorum evinci a predicto domino Episcopo in solidum vel pro parte, quod ipsi conjugales pro rata eidem domino Episcopo resarcirent. Item continetur in hac venditione medietas bannorum minorum ville et parochie de Francyns, et voluerunt predicti conjugales quod presens instrumentum posset emendari vel refici et corrigi ad opus et utilitatem predicti domini Episcopi quantum [vel quoties ?] cumque sibi placuerit consilio unius vel plurium sapentium. Que omnia universa et singula supradicta promiserunt dicti conjugales per solempnem stipulationem predicto Episcopo stipulanti, et juramento super sancta Dei Evangelia corporaliter prestito, rata et firma perpetuo habere et nunquam contra venire aliquo jure vel aliqua ratione, sed inviolabiliter observare.

Actum est hoc apud Francyns, retro ecclesiam de Francyns, ubi testes ad hoc specialiter fuerunt vocati et rogati Frater Vido de Balma, Frater Girodus de Ordine Fratrum Minorum, dominus Petrus de Monte et Johannes Richardi, canonici de Vilario-Benedicto, dominus Amedeus Prior de Albyns, Jacobus Montaners capellanus de Bella Comba, dominus Johannes, capellanus de Francyns, dominus Odo de Vinerz [*Viviers ?*] Miles, Boso de Coruonna [?] Rodulphus de Comers [*Commiers ?*] domicellus, Bertrandus frater Ponceti Bertrandi, et Ego Johannes Juliani, auctoritate imperiali Notarius, hiis omnibus interfui et sic rogatus hanc cartam scripsi feliciter.

68

Fondation de la Commanderie des Échelles par Béatrix de Savoie, veuve de Raymond Bérenger, comte de Provence. [1]

1260 [2] (vidimé le 9 décembre 1266).

(*Déc.*: chap. V, notes 171, 172.)

In nomine Domini nostri Jehsu Christi. Hoc est exemplum cujusdam instrumenti confecti super quadam donatione

---

[1] Archives de l'Economat de Turin. — *Guichenon, Savoie*, Preuves : p. 64 à 66.

[2] Cette charte dont Guichenon fixe, par erreur, la date aux ides de novembre (13 novembre) 1266, est datée du 6 des ides de novembre (8 novembre) 1260, et de la 6ᵉ année du pontificat d'Alexandre IV (pape de 1254 à 1261). L'erreur de Guichenon vient de ce qu'il a lu : *Anno Domini millesimo ducentesimo sexagesimo sexto, idibus novembris, Pontificatus domini Alexandri Papæ IV anno sexto* ; là où il fallait lire : *Anno Domini millesimo ducentesimo sexagesimo, sexto idus novembris, Pontificatus Al. anno sexto.*
Cette erreur de date, due à une simple transposition de virgule, a jeté assez de confusion dans le récit de Guichenon (*Histoire de Savoie*, tome I, p. 263) et dans la disposition de ses chartes relatives aux Échelles. (Voy. la même *Histoire, Preuves*, p. 64, 65 et 66.)

quam domina Beatrix uxor quondam domini R. Berengarii comitis Provincie fecit domui hospitalis sancti Johannis Jerosolamitani et domino Ferrando de Barratio majori Preceptori citra mare tunc temporis dicti hospitalis, recipienti nomine prefati hospitalis de castro juridicione et mero imperio sive mixto dominio de segnoria de Scalis. Quod quidem instrumentum munitum erat et corroboratum sigillo cereo predicte domine B. pendente cum quodam cordono de ceda (seta) rubeo, et ex una parte dicti sigilli est et apparet quedam ymago cujusdam domine sedentis super quodam equo tenentis florem lillii in manu; circumscriptio litterarum rotunditatis dicti sigilli ex predicta parte talis est signo crucis premisso : S. comitisse uxoris R. Berengarii comitis et marchionis Provincie et comitis Folcalquarii ; et ex alia parte dicti sigilli est et apparet quoddam scutum infra quod est et apparet ymago cujusdam aquille et circumscriptio literarum rotunditatis dicti sigilli talis est, signo crucis premisso, arma comitis Sabaudie et marchionis Ithalie; tenor cujus instrumenti talis est. — IN NOMINE sancte et individue Trinitatis Patris et Filii et Spiritus sancti amen. Que in tempore fiunt ne labantur cum tempore poni solent in lingua testium aut scripture testimonio perempnari. Eapropter noverint universi presentes et posteri quod nos Beatrix relicta inclite recordationis domini Ramondi Berengarii comitis Provincie diem extremi examinis cupientes pietatis et misericordie operibus prevenire, ac eternorum intuitu seminari in terris quod multiplicato fructu in celis deo propitio recolligere valeamus, attendentes quod qui seminat in benedictionibus de benedictionibus et metet vitam eternam, sic in remedium et salutem anime nostre ac felicis memorie domine N. matris nostre et domini comitis antedicte et progenitorum seu predecessorum nostrorum ad laudem et gloriam Dei omnipotentis et gloriose Virginis Marie ac beati Johannis et sanctorum omnium, de parte talenti nobis crediti duximus ordinandum, disponentes et inviolabiliter observari precipientes imperpetuum prout inferius continctur. Donamus igitur pura mente et irretractabili voluntate concedimus hospitali Sancti Johannis Jerosolomitani et domino Ferrando de Barratio majori Preceptori hospitalis citra mare, recipienti nomine prefati hospitalis, castrum juridiscionem merum imperium sive mixtum et dominium ac segnoriam de Scalis et territorii sui sive districtus gratianopolitani diocesis cum pertinentiis et universis proventibus fructibus seu redditibus et aliis appendentiis, sive in militibus domicellis vel aliis hominibus quibuscumque, sive in domibus terris pratis et aliis possessionibus seu tenementis furnis molendinis nemoribus pascuis silvis vel saltibus aquis ripis ripariis piscationibus tractis venationibus laudimiis et trezenis bannis justiciis censibus servitiis talliis suis questis mercatis lesdis et omnibus aliis quibuscumque quocumque modo vel nomine censeantur, prout nos habemus tenemus et possidemus aut habere tenere et possidere debemus vel vise sumus habere, exceptis hiis que ad domum Cartusiensem et Fratres ejus pertinent, quibus nullum intendimus prejudicium generare nec in donatione hujusmodi concludere quoad aliqua que teneant vel possideant aut tenuerint seu possiderint in dominio et segnoria castri de Scalis et territorii sui seu mandamenti et districtus ejusdem. Donamus inquam et concedimus tali modo et conditione appositis ut in dicto loco fiat domus et ecclesia ubi habitent et teneantur per ipsum hospitale tredecim sacerdotes et duo diaconi et tres clerici de proventibus supradictis et aliis que dante domino juste poterint accipere in futurum; qui predicti Domino continue in divinis officiis ibidem perpetuo famulentur et sint de Fratribus dicti hospitalis si reperiri poterint, alioquin alii subrogentur usque ad dictum numerum sufficientes et ydonei ad servitium ecclesiasticum faciendum. Adjicimus insuper et [ut?] unusquisque sacerdotum, semel in ebdomada quandiu vixerimus unam missam de Beata Maria, et post decessum nostrum, unam mortuorum pro salute anime nostre specialiter debeant celebrare. ITERUM adjicimus et specialiter et expressim quanto carius possumus inhibemus ut predictum castrum cum pertinentiis suprascriptis universis et singulis in toto vel in parte nec venditionis nec permutationis nec donactionis nec alio quovis allienationis genere in alium vel alios transferatur, nec alicujus submittatur dominio preterquam dominio comitatus Sabaudie, si de Fratrum ipsius hospitalis gratuita forte procederet voluntate. VOLUMUS etiam ordinamus et precipimus per hospitale pauperum cum pertinentiis suis quod in eodem loco facere seu construere proponimus, Domino annuente, subsit eis et helemosinam faciant et manuteneant prout nos ad sustentationem egenorum et miserabilium personarum Deo propitio disponemus. PROMICTENTES per nos et nostros eidem Preceptori nomine dicti hospitalis recipienti et solempniter stipulanti predictam donationem firmam tenere et inviolabiliter observare et contra non venire, dummodo sacerdotes diaconi et clerici memorati teneantur ibidem prout superius est expressum. RENUNCIANTES omni juri insinuationi ultra certam scientiam loquenti omnique juri canonico vel legali per quod contravenire per nos vel alium aut alios possemus aliquo ingenio vel aliqua ratione et specialiter juri, si quod est, per quod generalis renunciatio non valeret. HANC itaque donationem nos Ferrandus, Preceptor predictus, recipiens nomine hospitalis predicti et modum seu conditionem appositum et appositam cum premissis ceteris oneribus acceptantes domum et capellam de Bussia ejusdem diocesis cum pertinentiis suis et redditibus universis prout ad hospitale Sancti Johannis Jerosolamitani pertinent seu pertinere debent, de fratrum nostrorum consilio applicamus imperpetuum et annectimus ad majorem substentationem hujusmodi personarum. PROMICTENTES nomine dicte domus, prefate domine sollempniter stipulanti, sacerdotes diaconos et clericos antedictos cum aliis personis necessariis ad utilitatem illius domus et dictarum personarum servitium opportunis continue ibi tenere, tam de fructibus nostris quam de aliis ad premissa sufficientibus et ydoneis ad Jehsu Christi servitium et ad ipsius domine suorumque progenitorum salutem. PROMICTENTES eidem, ut supra, nos facturos et curaturos bona fide quod major Magister et conventus hospitalis predicti de ultra mare predicta omnia laudent approbent et acceptent et sub suarum testimonio licterarum sigillent et confirment ad majorem perpetui roboris firmitatem. ACTUM apud Scalas in aula nostra anno Domini millesimo ducentesimo sexagesimo, sexto idus novembris pontificatus domini Alexandri pape IV, anno sexto. Interfuerunt venerabiles patres domini Johannes Vienennsis, H. Ebrodunensis archiepiscopi, L. Niciensis episcopus, Ph. Lugdunensis, electus. Iterum eadem die interfuerunt ad idem frater Gui de Chavellu, frater Arnaudus Osasicha, frater Oddo et frater Martinus capelani, frater Raimbaudus de Podio Michael, Aimo Cathena, Petrus de Chavellu et plures alii in cujus rei perpetuam firmitatem. Nos dicta B. et nos dictus Preceptor sigilla nostra presentibus appendi fecimus in testimonium veritatis. Ne autem servitium defraudetur predictum, neve imposterum helemosina subtrahatur et ut predicta universa et singula perpetuo firmiter attendantur, VOLUMUS ambo et consentimus ut episcopus gratianopolitanus, qui pro tempore fuerit, hos contringat et usque ad emendam congruam compellat quoscumque viderit et de jure noverit compellendos. Et ego Golfridus Sien (?) publicus notarius Manuasca et in aliis terris prioratus Sancti Egidii pro hospitali et notarius in comitatibus Provincie et Forchalcherii pro D. nostro Carolo illustri Comite nunc dei gratia rege Sicilie de mandato domini R. Davit tenentis locum judicis in curia hospitalis Manuasca supracriptum instrumentum exemplare non cancellatum nec abolitum nec in aliqua parte sui corporis viciatum nullo etiam in eo addito vel diminuto seu mutato sed sicut in ipso instrumento originali pro vero inveni de verbo ad verbum legi et obscultavi in publicam formam redegi et inde publicum instrumentum feci, et supradictus R. Davit supradictum mandatum michi fecit in presentia et testimonio fratris Pontii Cornillani bajule Manuasce et fratris venerabilis de Petra Viridi et fratris venerabilis Cornillani et fratris Raimbaudi de Petra Viridi. Et ego predictus notarius signum meum apposui et hoc exemplum feci auctoritate predicta anno dominice incarnationis MCCLXVI, pridie nonas novembris[1] in palatio ville Manuasce, in porticu infra portam ferream. Anno quo supra quinto idus decembris[2] Dominus Ferandus de Baratio prior domorum hospitalis Sancti Johannis Jerosolimitani in prioratu Sancti Egidi [i?] qui, tempore confectionis originalis hujus exemply, erat magnus Comendator domorum dicti hospitalis in partibus cismarinis, facta collatione hujus exemply cum autentico, videns cum factum secundum quod autenticum huic exemplo suam auctoritatem interposuit et decretum, et ut ei major habeatur fides fecit eum suo communiri sigillo.

69

Herluin de Chignin cède, pour le prix de 75 livres viennoises, sa tour, sa maison adjacente et ses autres biens de Curienne à Falco, évêque de Grenoble, dont il les reçoit ensuite en fief[3].

1261 (2 septembre).

(*Déc.* : chap. IV, note 71. — Chap. XV, note 45.)

Anno Domini 1261 indictione IIII[a], IV° nonas septembris, Herluinus de Chininno filius quondam Guidonis de Chinins

[1] Copié le 4 novembre 1266.
[2] Vidimé le 9 décembre.
[3] *Cartul.* de Chissé, (copie), fol. 482 et suiv.

sine ullo dolo, metu, coactione, violentia et absque deceptione, sciens, prudens et spontaneus habita presenti deliberatione, sua maxima evidenti utilitate, volens accipere in feudum et nomine feudi pro se suisque heredibus successoribus in perpetuum à venerabili in Christo Patre F[alcone] Dei gratia Gratianopolitano Episcopo et ab ipsius successoribus in perpetuum que inferiùs, dixit et asseruit et recognovit juramento prestito super sancta Dei Evangelia ad instantiam et requisitionem ejusdem venerabilis Patris F. Dei gratia Gratianopolitani Episcopi presentis et recipientis pro se et suis successoribus tanquam ille cujus interest, quod predicte res, jura et possessiones et quasi que inferius specificabuntur sunt sue ipsius Herluini, et ipsarum omnium est dominus et dominium ipsarum habet, et ipsas res tenet, possidet et quasi jure proprio et puro mero alodio, et ipsas res non habet vel possidet ab alio in feudum in emphyteosim vel in albergamentum, vel alio modo, nec idem Herluinus modo recognoscit se habere ab alio, et alicui non sunt dicte res, jura possessiones et quelibet ipsarum aliquo jure civili et naturali, vel civili vel naturali obligate seu annexe, seu aliquo jure servitutis vel alio quocumque onere vel aliquo usagio quocumque nomine censeantur ; sed sunt libere et franche à predictis et ab omnibus aliis quecumque sint et quocumque nomine nuncupentur. Quas predictas res jura possessiones et quasi que inferius nominantur idem Herluinus pro se suisque heredibus et successoribus in perpetuum accepte et recepte in feudum et nomine feudi a predicto venerabili Patre F. Dei gratia Gratianopolitano Episcopo presente et recipiente et ab ipsius successoribus in perpetuum transferens penitus idem Herluinus in ipsum dominum Episcopum recipientem nomine suo et suorum successorum dominium directum predictarum rerum jurium, bonorum possessionum et quasi que inferius specificabuntur, et jurisdictionem et omne jus quod potest competere ex directo dominio sive nomine directi dominii, et omne jus quod dominus debet habere in feudo et pro feudo, et in rebus feudalibus, nihil penitus retinens idem Herluinus in predictis, nisi utile dominium quod vassalus habet vel habere debet in feudo, et illud utile dominium ab eodem domino Episcopo et à suis successoribus idem Herluinus in feudum recepit et accepit nomine feudi ; pro quo feudo idem Herluinus promisit per stipulationem et juramento super sancta Dei Evangelia prestito eidem domino Episcopo stipulanti pro se et successoribus suis, se facturum et soluturum eidem domino Episcopo viginti solidos de placito in mutatione possessorum dicti feudi tantum, et non in mutatione domini Episcopi qui pro tempore fuerit, et hommagium et fidelitatem salva fidelitate et hommagio duorum dominorum, videlicet domini Comitis Sabaudiæ et domini Lantelmi de Miolano quibus, ut asserit idem Herluinus, pro aliis rebus in hommagio et fidelitate et non pro rebus istis ; pro quibus universis et singulis que supra et infra dicuntur dedit et solvit idem dominus Episcopus dicto Herluino septuaginta quinque libras viennenses quas idem Herluinus confessus est non spe future numerationis et solutionis, sed jam facte et percepte se habuisse recepisse et numerasse ab eodem domino Episcopo in utilitatem suam conversas fore durasse [jurasse ?], de quibus rebus juribus bonis possessionibus et quasi que infra dicuntur, modo et forma supradicta dictus Herluinus se et quasi devestivit, dictum dominum Episcopum recipientem pro se et successoribus investivit et quasi, constituendo idem Herluinus se possidere et quasi quantum ad civilem possessionem nomine ejusdem domini Episcopi et quantum ad naturalem quoad feudum. Quas quidem res jura bona possessiones et quasi inferius continentur dedit seu donavit in feudum et nomine feudi idem dominus Episcopus pro se suisque successoribus dicto Herluino suisque heredibus in perpetuum ad xx^{ti} solidos de placito predictos, solvendos in mutatione possessorum tantum dictarum rerum feudalium et pro hommagio et fidelitate faciendo eidem domino et suis successoribus in perpetuum, pro dictis rebus feudalibus a dicto Herluino et ab ipsius heredibus in perpetuum, salva fidelitate et hommagio predictorum duorum dominorum videlicet, domini Comitis Sabaudiæ et Lantelmi domini de Miolano. Promittens idem Herluinus eidem domino Episcopo stipulanti et juramento prestito super sancta Dei Evangelia, quod ipse erit fidelis dicto Domino Episcopo ut vassalus debet esse domino, et quod usagium predictum solvet et faciet ad requisitionem domini Episcopi et suorum successorum.

Hec autem sunt res bona jura homines possessiones et quasi quas dictus Herluinus accepit in feudum et nomine feudi à dicto domino Episcopo, videlicet turrim quam idem Herluinus habet apud Coroanam, cum domo plana sita juxta dictam turrim, cum omnibus suis pertinentiis universis et et singulis. Item pratum suum situm in claustro subtus domum suam. Item pratum suum situm supra turrim. Item unam scitoriatam prati sitam subtus Petram-Grossam. Item duas seytoriatas prati al la Nyon [*ou* Nyor?]. Item unam seytoriatam in pratis de la Moyli [?]. Item omnes arbores pratorum. Item duas scytoriatas prati en les Mietes et supra les Mietes. Item quatuor jornalia terre supra pratum situm supra domum suam. Item a les Epinetes sex jugera terre sita inter terram domini Petri Malesmans à superiori parte et inferiori. Item en Crest Tyber [?] decem jornalia juxta terram Petri Apinerii [?]. Item in Costa citra Crest Tyber duo jornalia super terram Petri Apinerii. Item in Costa Molendini, decem jornalia. Item molendinum citra aquam de Vernz [*Vernet*?] et nemus desuper, et sunt ibi circa xv jornalia nemoris. Item in Comba-Rei unum jornale et dimidium terre juxta terram Alquars. Item a la Consoni [?] duo jugera supra terram Mathei Gay. Item ad Petram-Nigram tria jornalia juxta terram als Bogons [?]. Item in campo de les Fontanetes sex jornalia subtus viam quâ pergitur versus Camberium. Item el trans [?] subtus Coroanam triginta quinque jornalia et congunguntur terre de la Maerz [?]. Item in Comba-Riffier juxta terram viniterii [Vincentii?] octo jornalia. Item en la Rochi triginta quinque jornalia. Item in Combis vigenti jornalia. Item ad Salam Montis-Merleti, duo jornalia. Item ad Foramen de Combellmaus [?], duo jornalia, et conjunguntur terre de la Maerz Armandi. Item subtus Peru-Rosseti unum jornale terre supra terram Wuillelmi de Bellaguarda. Item juxta terram Presbiteri unum jornale juxta prata supra villam. Item en Combellmaus [ou Covellmaus?] juxta terram Wuillelmi de Bellaguarda et illorum de Molar septem jornalia. Item nemus de la Rochi de xxx^{ta} jugeribus et plus. Item nemus de Sarlosan de lx^{ta} jugeribus. Item nemus del Devens [ou Denens?] de xl^a jugeribus et plus. Item homines suos Jacobum Delprat, Cuchet, Hugonem, Borgeta, Gunterium [seu Viniterium?], Johannem lo morz. Item saliceta sua de Coroana. Item fecit pactum idem Herluinus dicto domino Episcopo et sibi promisit per stipulationem et per juramentum pro se suisque heredibus in perpetuum quod quicumque idem dominus Episcopus aut sui successores propter aliquam guerram requireret à dicto Herluino vel a suis successoribus turrim predictam et quod idem Herluinus turrim predictam quiete et pacifice redderet et traderet dicto domino Episcopo, aut de ipsa turre ipsum dominum Episcopum vel suos successores, adjuvaret contra malefactores dicti domini Episcopi vel successorum suorum dominum suum, et hoc est in electione [?] domini Episcopi qui nunc est vel qui pro tempore ibi fuerit. Item fecit pactum idem Herluinus dicto domino Episcopo recipienti nomine suo quo supra et promisit per stipulationem dicto domino Episcopo stipulanti et juramento prestito quod quotiescumque vel quicumque idem dominus Episcopus vel sui successores requirerent per se vel alium dictum Herluinum vel suos successores, quod ipse recognosceret in curia sua res quas tenet ab eo in feudum, et habet nomine domini et usagia inde debita eidem domino Episcopo quod idem Herluinus recognosceret predicta.

Item actum fuit inter eumdem dominum Episcopum et Herluinum quod quotiescumque placeret ipsi Herluino aut successori suo in feudis supradictis quod dictus Herluinus posset reddere domino Episcopo et successori suo, ut domino, turrim et feuda supradicta et ipse recipere teneretur et pro posse suo, quantum de jure liceret defendere et conservare et generaliter omnia que habet vel habiturus est apud Coroanam et in parochia Coroanne, excepto feudo domini Petri de Malesmans, ipse Herluinus recognoscit esse de feudo domini Episcopi Gratianopolitani.

Item ibidem et incontinenti ad requisitionem dicti Domini Episcopi idem Herluinus confessus fuit et recognovit quod omnia que habet tenet possidet et quasi, vel alter ab ipso vel pro ipso seu nomine ipsius in feudum in emphyteosim vel alio modo, vel tenere in posterum et habere in parochia Coroanne, excepto feudo domini Petri de Malesmans, se tenere et habere in feudum et nomine feudi ab eodem domino Episcopo et successoribus suis.

Que omnia universa et singula supradicta promisit dictus Herluinus per stipulationem dicto domino Episcopo stipulanti pro se et successoribus suis et juramento super sancta Dei Evangelia prestito rata et firma perpetuo habere et nunquam contra venire aliquo jure vel aliqua ratione, sive de facto vel de jure, sed firmiter defendere et conservare ab omni persona et contradictore dictas res jura possessiones et quasi de puro et mero aliodo dicto domino episcopo sine aliquo onere, prout superius expressum suis propriis expensis, et se oponere promisit et de evictione cavere rerum predictarum.

Renuncians specialiter expresse idem Herluinus juri dicenti quod si alter contrahentium fuerit deceptus in contractu ultra dimidiam partem justi pretii, quod contractus rescindatur, vel quod deest justo pretio suppleatur, et exceptioni pecunie non numerate non solute, doli mali et in factum, et juri dicenti quod si dolus dederit causam contractui vel inciderit in contractum quod contractus ipso jure nullus sit, vel quod possit agere deceptus ut dedecipiatur, et omni juri scripto vel non scripto per quod posset venire contra predicta vel aliqua de predictis, vel per quod predicta vel aliqua de predictis possent retractari, irritari vel etiam annullari, et juri dicenti generalem renunciationem non valere nisi precesserit specialis. Et pro supradictis pactis et conventionibus eidem domino Episcopo et successoribus firmiter attendendis ab ipso Herluino et successoricus suis extiterunt eidem domino Episcopo et successoribus suis fidejussores dominus Petrus de Chignins in xxx^{ta} libras viennenses, Aymo de Hervisiis in xxv libras viennenses, dominus Armandus de Chinins in decem libras viennenses, Herluinus filius quondam domini Burnonis de Chinins in x libras viennenses, Rodulphus de Puteo in xv libras viennenses, Antelmus filius domini Anselmi de Chinins in x libras viennenses, qui promiserunt juramento prestito quod si dictus Herluinus et sui pacta et conventiones non attenderent usque ad quindecim, et inde dominus Episcopus sustineret aliquod dampnum, quod quilibet fidejussor usque ad summam qua tenetur emendaret ad voluntatem dicti Episcopi, vel ostagia tenerent apud Chamberiacum postquam forent per septem dies in antea requisiti, ab ostagio nullatenus egressuri donec prius domino Episcopo fecerint quantum suum, et ipse Herluinus ipsos fidejussores omnimode promisit et juravit indempnes conservare. Ista omnia supradicta juravit dictus Herluinus servare et custodire bona fide et de predictis universis et singulis predictus Herluinus precepit fieri publicum instrumentum confici et refici et in absentia ipsius Herluini consilio sapientium secundum quod contractus est inhitus non tamen mutata substantia contractus quasi [vel tanquam ?]

notarius qui fecit instrumentum per Dominum Episcopum esset requisitus.

Idem predictus Herluinus fecit pactum eidem domino Episcopo et promisit per stipulationem dicto domino Episcopo stipulanti juramento prestito se acturum curaturum procuraturum et facturum quod fratres sui Lantelmus et Burno, infra duos menses postquam venerint in partibus Sabaudie, laudabunt et approbabunt et ratificabunt omnia supradicta, et si quod jus habent in predictis totum illud ponent in ea et cedent et promittent per stipulationem et juramento super sancta Dei Evangelia prestito dicto domino Episcopo rata et firma perpetuo habere predicta et se non contra venire et quod inde facient vel precipient fieri publicum instrumentum. Et dictus Herluinus promisit per stipulationem et juramento dicto domino Episcopo à dictis fratribus dictum feudum defendere custodire et manutenere suis propriis expensis.

Actum est hoc apud Corannam in domo capellani ubi dicitur à la Molly, ubi fuerunt vocati testes et rogati Magister Stephanus de Goncellino, dominus Odo de Viners [vel Vivers, *Viviers ?*] miles, Johannes Juliani publicus Notarius, Anselmus scriba domini Episcopi, dominus Aymo capellanus Tuellie, Petrus Jocellini, Petrus de Hervisiis.

Postmodum, anno eodem et die apud Coroannam, in turre ejusdem Herluini, coram testibus infrascriptis videlicet domino Petro de Chinins, Petro de Hervisiis, Petro Cucheti de Corvanna, domina Ambroxia uxor sepedicti Herluini certiorata à me Jacobo Notario de jure hypothecario et de privilegio dotis, laudavit et approbavit et concessit predicta omnia dicto domino Episcopo et successoribus suis, promittendo per stipulationem dicto domino Episcopo stipulanti et juramento prestito, contra supradicta in totum vel in partem non venire aliquo jure vel aliqua ratione, et si quid juris ipsa habebat in predictis, totum illud posuit in predicto feudo et renuntiavit ex certa scientia ipothecarum juri, privilegio dotis, senatus consulto Velleiano, exceptionni doli mali beneficio in favorem mulierum introducto, omni confectioni omni juri scripto et non scripto, omni juri canonico et civili per quod posset contra predicta venire vel aliqua de predictis, generaliter omni actioni exceptioni juridicenti generalem renunciationem non valere nisi precesserit specialis, et ipsa domina Ambroxia extitit certiorata de omnibus juribus supradictis.

Postmodùm vero, nono Kalendas Novembris, supradictus Herluinus dicto domino Episcopo de omnibus supradictis pacifice attendendis fidejussorem dedit videlicet dominum Hugonem de Poipia in quingentis solidis viennensibus qui nisi dictus Herluinus ut superius contractum attenderit ipse eidem domino Episcopo sicut et alii fidejussores promiserunt sicut et ipse attendere promisit postquam fuerit requisitus.

Actum est hoc apud Camberiacum in domo Jacobi Barberii, ubi sunt vocati testes et rogati dominus Aynardus de Chinins, Aymo d'Arvisio, Roletus de Puteo. Item, IIII° Kalendas Novembris eodem modo et eadem forma alium fidejussorem dedit videlicet dominum Petrum de Palude in quingentis solidis viennensibus qui eodem modo quo et alii fidejussores promiserunt et ipse domino Episcopo attendere promisit.

Actum est hoc apud Camberium ante domum Villermi Fabri de Ancyner [?] ubi sunt vocati testes et rogati Michael Vulliermus de Ancyner Fabri, Aynardus de Prato [?] parochie de Montagnola.

Subsequenter Burnonetus frater predicti Herluini omnia supradicta universa et singula sexto decimo Calendas Decembris dicto domino Episcopo et successoribus suis laudavit et concessit et esse voluit et si quid juris dreiture rationis actionis habebat in predictis omnibus universis et singulis dicto domino Episcopo cessit et omnimode quitavit et promisit per stipulationem et juramento prestito dicto domino Episcopo supradicta perpetuo rata et firma habere et se nunquam contra venire. Et hec omnia supradicta ipse Burno promisit in manu Petri Jocelini nomine Domini Episcopi et de mandato suo recipientis attendere et servare bona fide.

Actum est hoc apud Camberiacum in domo Jacobi Barberii ubi fuerunt vocati testes et rogati Guarcinus filius quondam Aymonis Guarcini, Magister Aymardus scriptor, Petrus Ambrosius, Guionetus de Chinyns, Ego Jacobus Barberii auctoritate [vel facultate ?] imperiali et comitis Sabaudie notarius et scriptor rogatus scripsi et tradidi feliciter.

70

Éléonore de Provence, reine d'Angleterre, constitue une rente annuelle de cent marcs sterling, ou un capital de 1,500 marcs sterling, à l'hôpital de Saint-Jean de Jérusalem, fondé aux Échelles par Béatrix de Provence, sa mère[1].

1262.

(Déc. : Chap. V, note 174.)

Noverint universi presentes litteras inspecturi quod nos Alianora dei gratia Regina Anglie domina Hybernie et Ducissa Aquitannie super manerio de Flabchm [?] Norwicensis diocesis cum domina Beatrice comitissa Provincie matre nostra karissima convenimus in hunc modum, videlicet quod dicta mater nostra manerium predictum cum juribus et pertinenciis suis quod habebat ad vitam suam et per quindecim annos ultra ex donatione domini nostri et viri karissimi illustris regis Anglie cessit quictavit et donavit

[1] Archives de l'Économat, à Turin.

nobis et nostris imperpetuum nichil penitus retinens in eodem. Et nos, pro predicta quictancia et donatione, promittimus bona fide et sub obligatione omnium bonorum nostrorum assignare centum marchas sterlingorum bonorum et legalium in redditibus annuatim ad opus domus hospitalis Jerhosolimitani de Scalis quam fundavit predicta mater nostra, et predictam assignationem tenemur facere ad arbitrium Prioris majoris dicti hospitalis Jerosolimitani qui pro tempore fuerit in partibus anglicanis. Verum si dictam assignationem facere non possemus quando in Angliam venerimus, promittimus sub obligatione predicta nos soluturas et daturas dicto Priori qui pro tempore fuerit nomine, et ad opus dicti hospitalis de Scalis, mille et quingentas marcas bonorum et legalium sterlingorum ad emendos redditus supradictos persolvendas infra tres annos proxime venturos videlicet, in festo beati Michaelis proxime venturo quingentas marcas, et sic singulis annis in dicto festo quingentas marcas, quousque de illis mille et quingentis marchis fuerit prefato Priori plenarie satisfactum. Item sciendum quod si predicta assignatio centum marcarum in redditibus annuatim non poterit fieri et haberi pro predicta summa mille et quingentarum marcarum nos totum defectum de nostro proprio suplere promittimus et ad hoc volumus nos teneri et principaliter obligari. Et in hoc renunciamus omni juri scripto et non scripto et consuetudinario per quod possemus contra predicta vel aliqua predictorum. In cujus rei testimonium has nostras licteras fieri fecimus patentes. Actum apud Sanctum Maurum de Fossatis, die beati Michaelis, in Monte Gumba, anno domini millesimo ducentesimo sexagesimo secundo.

71

Union du prieuré de la Motte au chapitre de Belley. — Prieur de la Motte. — Curé. — Procureur dudit lieu. — Leurs attributions respectives[1].

1274.

(Vidimus de 1307.)

(*Déc.* : Chap. V, note 228.)

Nos Humbertus de Turre, officialis Curiæ Bellicensis, notum facimus universis presentes littera inspecturis, quod nos vidimus, et de verbo ad verbum, legimus ac diligenter inspeximus quamdam litteram, non abolitam non cancellatam, non vitiatam nec in aliqua sui parte corruptam, sigillatam decem sigillis integris, cujus impressuræ et caracteres evidenter apparebant ; videlicet sigillo Ecclesiæ Bellicensis, sigillo domini Vullielmi de Amaysino, quondam Prioris Bellicensis, domini Vullielmi quondam Archidiaconi Bellicensis, sigillo Magistri Joannis de Valentia, quondam Procuratoris bonæ memoriæ domini B. Dei gratiâ quondam Episcopi Bellicensis, et sigillo curiæ Bellicensis, et sigillis quibusdam aliis canonicorum Ecclesiæ Bellicensis, cujus litteræ tenor de Verbo ad verbum sequitur, et est talis :

Noverint universi presentes litteras inspecturi, quod cùm domus seu Ecclesia de Mota in Sabaudia pertinens ad Ecclesiam Bellicensem, pleno jure vacaret per liberam resignationem domini Vullielmi de Amaysino Prioris Bellicensis, ac rectoris de Mota ; Nos venerabilis Archidiaconus, totumque Capitulum Bellicence attendentes, ac etiam considerantes utile fore Capitulo nostro bellicensi, si domus, seu Ecclesia de Mota, cum suis pertinentiis, unirentur, remoto quolibet medio, Capitulo nostro supradicto, nulla divisione existente inter Capitulum nostrum supradictum et domum seu Ecclesiam de Mota supradictam, assistentes

[1] Registre ecclésiastique du Sénat, vol. de 1695 à 1697, fol. 12.

ob hoc specialiter in Capitulo nostro Bellicensi, presentibus magistro Joanne de Vallentia Procuratore R[di] Patris Domini B. Dei gratia Episcopi Bellicensis et magistro Bernado Officiali bellicensi, in hoc consentientibus, et procuratorio nomine authoritatem præstantibus dictam domum seu ecclesiam de Mota, cum pertinentiis ad nostram Ecclesiam seu Capitulum bellicense pertinentibus pleno jure Capitulo nostro bellicensi unimus, ita quod nulla sit divisio inter dictum Capitulum, domum, seu Ecclesiam de Mota supradictam ; et quicumque noster fuerit Prior bellicensis illam eamdem Juridictionem habeat in prædicta domo et ecclesia, et pertinentiis suis, qualem et quantam habet in aliis bonis et rebus Capituli supradicti et quidquid in prædicta domo seu Ecclesia dictus Prior viderit ordinandum, ad suam ordinet voluntatem de consensu Canonicorum Capituli supradicti, sicut in aliis rebus majoribus et negotiis fieri consuevit, et tam dominus Prior quam Capitulum, vel major, et sanior pars dicti Capituli procuratorem in dicta domo, seu Ecclesia, quem voluerit instituat, et destituat, prout deinceps Prioris et Capituli in majoris et sanioris partis ejusdem processit voluntate, qui Procurator ab ipsis ut supradictum est, institutus utilia dictæ domûs et Ecclesiæ procuret et faciat, et inutilia prætermittat. Item dictum Capitulum aliquem de Canonicis dicti Capituli studeat præsentare R[do] in Christo P. D[no] Episcopo Gratianopolitanensi, qui in dicta Ecclesia de Mota curam habeat animarum, et in spiritualibus sit sollicitus et intentus, et dicto episcopo tanquam diocesano de spiritualibus , respondeat, et de temporalibus dictæ Ecclesiæ de Motta proinde dicto Procuratori, recipienti procuratorio nomine Prioris et Capituli bellicensis fideliter teneatur. Item placuit omnibus de Capitulo nostro bellicensi hanc unionem, et conjuctionem, factam de domo et Ecclesia de Mota Capitulo bellicensi, attendere et servare et in nullo contravenire, et universi et singuli de Capitulo supradicto, sponte sua, et propria voluntate jurant, tactis Evangeliis sacrosanctis, ipsam unionem attendere et servare et in nullo contravenire, et nunquam illam per se, vel per alium revocare, nec alicui ipsam revocare volenti aliquatenùs consentire, volentes et consentientes universi et singuli, quod quicumque prædicti Capituli contra prædictam unionem et ordinationem venire præsumpserit, pœnam incurrat interdicti quam super mensem sustineat, pœnam excommunicationis incurrat, à quâ absolvi non possit, nisi à suo proprio Episcopo Bellicensi.— Item unione supradicta de communi censensu omnium Canonicorum bellicensium in Capitulo bellicensi facta est ordinatio de domo et Ecclesia de Mota, et pertinentiis suis infrascripta quam omnes de Capitulo jurarunt tactis sacrosanctis Evangeliis attendere et servare, et in nullo contravenire, quæ sic incipit... : — Imprimis ordinamus quod duo Canonici ipsius Capituli instituantur, quorum unus animarum curam habeat in Ecclesia supradicta et plenam sollicitudinem in spiritualibus tantum adhibere et in iis quoad curam pertinet animarum, et iste appellabitur *Incuratus*. Ille vero in temporalibus sit sollicitus et intentus, et provideat familiæ in omnibus necessariis, recolligat omnia bona ad Capitulum bellicense ratione Ecclesiæ bellicensis et Ecclesiæ de Mota pertinentia sita ultra *Montem Cati*, et studeat fideliter administrare, et iste appellabitur *Procurator*. Hic autem causas hominum de Mota audiat et decidat, expensis ipsarum causarum pœnas si quæ fuerint, et banna, censas, et servitia sive census decimas, tachias et generaliter omnia bona alia, jura et usagia Ecclesiarum supradictarum levet et percipiat et fideliter administret, et ad provisionem sui et familiæ suæ, et ad procurationem Episcopi diocesani sui, et receptionem Nunciorum Curiæ Romanæ et aliorum hospitum transeuntium et generaliter ad omnia alia bona totius hospitii suportanda Ecclesiæ de Mota, et ad solutionem censæ infrascriptæ facienda universa et singula supradicta, exceptis iis quæ anniversaria Ecclesiæ bellicensis, et Prior bellicensis pro prioratu suo percipiunt ultra Montem Cati, sibi valeat retinere. Et si in prædictis vel aliquibus prædictorum excedet dictus Procurator vel existet negligens aut remissus, correctio ad Priorem et Capitulum debeat pertinere, et per ipsos quæ corrigenda fuerint, corrigantur. Iste siquidem Procurator pro omnibus rebus bonis, et juribus supra dictis solvet, reddet, et dabit Priori et Capitulo antedictis annuatim quadraginta sextaria frumenti, triginta sextaria siliginis vanatæ et quinquaginta sextaria avenæ receptibilis, et sexaginta sextaria vini puri, et hæc omnia sunt ad mensuram de Mota, et quadraginta libras viennenses in bona pecunia numerata pro censa rerum omnium prædictarum. Et si Ecclesia bellicensis præter hoc ultra Montem Cati aliquod acquireret, illa redderet et daret cum prædicta censa Ecclesiæ supra dictæ. Amphiteoticari causam possessionis dictæ ecclesiæ non possit, non ædificare de novo, nec expensas magnas facere, nec collectam aliquam per parrochiam, nec mutuum quodlibet, nec Ecclesiam de Mota vel bellicensem in aliquo obligare sine consensu Prioris, et Capituli prædictorum, nec [intuitu questi ?] aliquam arborem fructuariam amputare, vel vendere, vel in aliquo deteriorare valeat; sed per eos dicti Capituli ad expensas suas, ad pascinandum tempore pascionagii recipere teneatur. Item dictus Procurator dicto Incurato in victu et vestitu aliisque suis necessariis provideat decenter et honeste, et idem Incuratus teneatur per juramentum respondere eidem Procuratori de iis quæ ad manum suam pervenerint occasione spiritualium prædictorum ; prædictus vero Procurator habeat [ou teneat ?] unum alium presbiterum secularem, cum uno cleriro seculari. Item unum asinarium, unum porcarium, unum forestarium, item unum roncinum, cum uno garcione ac unum equarium secum habeat, quibus teneatur in victu et vestitu ac necessariis providere. Item dominum Priorem bellicensem, si placuerit ad Ecclesiam de Mota accedere ter, vel quater in anno, et ibidem moram tantum habere per unum diem vel duos, vel tres dies, ipsum decenter et honorifice recipere teneatur, ac si ibidem morari voluerit, omni occasione remotâ, cum expensis suis propriis, ibidem moretur. Canonicos autem bellicenses transeuntes, ad dictum locum declinantes, nec non nuncios seu asinarios Capituli supradicti, ac hospites recipere teneatur dum ibidem fuerint in necessarium perinde. Item statutum est et ordinatum per Capitulum antedictum, quod Prior et Capitulum supradicti quicumque eisdem vel majori, et saniori parti Capituli, penitus tam Procuratorem quam Incuratum a prædicto loco valeant emovere, et alios instituere; et quod tam dictus Procurator quam Incuratus admoniti per Priorem et Capitulum, vel litteras, vel nuncium eorumdem, vel majoris et sanioris partis eorumdem, teneatur per sacramentum et obedientiam ad Claustrum bellicense redire, et dictum locum ab omni obligatione ab eisdem facta reddere absolutum. Forma autem sacramenti quod prædicti Procurator et Incuratus subire debent in institutione sua hæc est : Ego F. N. juro supra sancta Dei Evangelia quod Ego fideliter administrabo res, et bona ad Capitulum bellicense ratione Ecclesiæ bellicensis et de Mota pertinentia, et quod homines dicti Capituli et bona ipsarum, ac jura dictæ Ecclesiæ pro posse meo manutenebo, custodiam et deffendam, et rationem administrationis meæ reddam semel in anno, scilicet in crastino Nativitatis B. Joannis Baptistæ, et censam prædictam quolibet anno infra Nativitatem Domini reddam Priori et Capitulo ante dictis, et ipsis ero obediens et fidelis, et ad Claustrum quotiescumque eis placuerit ad requisitionem Prioris et Capituli, vel majoris et sanioris partis ejusdem redibo, nec de bonis Ecclesiæ de Mota et Capituli post prohibitionem ipsorum me intermittam, nec institutum, vel instituendem ab ipsis impediam, vel faciam impediri, et omnia faciam de consilio Incurati, et eidem in omnibus quibus potero præbebo consilium, et juvamen ; et hoc juro supra sancta Dei Evangelia me facturum et completurum pro posse meo prout continetur in ordinatione facta a Priore et Capitulo bellicensi supra rebus bonis, et juribus quæ Ecclesia bellicensis percipit, vel percipere consuevit seu debuit in parrochia de Mota, et de Servolex et de Bissiaco, et S^{ti} Baudelii *(sic — Saint-Baldoph)* et generaliter ubicumque ecclesia aliquid percipit ultra Montem Cati. — Sequitur sacramentum Incurati : Ego Fr. N. supra Sancta Dei Evangelia juro quod Ego pro posse meo procurabo utilitatem Ecclesiæ Capituli bellicensis et de Mota consilium, auxilium et juvamen quotiescumque potero debitum, et de iis quæ ad manum meam pervenerint occasione Curæ ecclesiæ de Mota et rerum spiritualium ad eamdem pertinentium, eidem Procuratori ipsius Ecclesiæ fideliter reddam, et quod Priori et Capitulo Bellicensi ero obediens et fidelis, et quotiescumque eis vel majori parti Capituli placuerit, et ab eisdem monitus fuero ad Claustrum eorum redibo, nec substitutionem alteram loco mei factam vel faciendam impediam, vel faciam impediri, nec abindè, nisi de permissu ipsorum, de prædictis me intermittam. — Sacramentum Prioris bellicensis de novo faciendum in præmissis : Ego Prior bellicensis juro ad Sancta Dei Evangelia quod ordinationem factam super Ecclesia bellicensi ultra Montem Cati prout in ipsa ordinatione sigillata sigillo venerabilis Prioris Domini Joannis Dei gratia episcopi bellicensis et Vulliermi Prioris, et Domini Vulliermi Archidiaconi Ecclesiæ bellicensis plenius continetur, custodiam adimplebo et nunquam contraveniam, nec contravenire volenti consentiam, nec censam diminuam nec Procuratorem vel Ecclesiam, vel domum de Mota gubernabo in aliquo qui dictam censam dicto Capitulo possit restituere, atque dare sine speciali consilio Capituli bellicensis vel majoris, et sanioris partis ejusdem. Item Statutum est quod qui de novo Canonicus Creatus fuerit supradictam ordinationem servare, et attendere, jurare, teneatur.—Forma vero Canonicorum ad hoc consentientium, est hæc : Dominus Vullielmus de Amaysino Prior, Dominus Vullielmus de Mossiaco Archidiaconus, Dominus N. de Syanna, Prior Claustralis, Dominus B. de Camburcio Camerarius, Dominus Hugo Domicreto Infirmarius, Dido de Amesino, P. de S^{to} Casino Decanus, D. P. Descalis, Guygo de Langiis, Dominus Bernardus, Dominus B. de Cordon, Dominus Anselinus de Mota, Anselinus de S^{to} Georjio, Theobaldus de Puteo Grosso, qui universi et singuli sigilla habentes una cum sigillo Ecclesiæ bellicensis, et sigillis prædictorum Magistrorum Joannis Procuratoris et Officialis quorum sigilla non habentes sigilla sua propria sunt contenti, præsentibus sunt appensa in robur et testimonium rei gestæ. Datum et actum in Capitulo bellicensi die martis ante ramum Palmarum[1] anno Domini millesimo ducentesimo septuagesimo quarto. Item sciendum est quod Dominus P. de Rossoll sacrista prædictis omnibus præsens fuit, et consensit eisdem, et ea proprio juramento juravit se servaturum ut superius continetur. Item sciendum est quod Ansellinus de S^{to} Georgio non fuit præsens, licet nomen ejus scriptum sit, supra quem errorem veritatem P. de S^{to} Cassino, et Theobaldus de Puteo et alteri dicentes se habere mandatum a dicto Anselino, promisere se facturos, et cavituros quod dictus Anselinus prædicta omnia rata habebit, et ea proprio juramento firmabit. Item Guydo de Amesino, et C. Sacrista et Anselinus de Mota promisere per juramentum se facturos, et curaturos quod Dominus Gullielmus de Monte Giraudi, prædicta omnia rata habebit et ea proprio juramento firmabit. Actum ut supra in cujus visionis nostræ. Nos præfatus Officialis Curiæ bellicensis facta diligenti collatione cum originali prædictæ litteræ ad hoc præsens transcriptum sigillum Curiæ belli-

[1] Le mardi de la Passion de l'an 1274.

censis huic præsenti transcripto duximus apponendum·
Datum Bellisi, septimo Idus februarij, anno Domini, millesimo ter centesimo sexto, sumpto millesimo in Paseate [1].

72

Humbert de Chignin, prieur de Saint-Jeoire, cède à l'évêque de Grenoble les biens que son prieuré possède à Curienne, en échange des biens de l'évêché situés à Francin, et reçoit en retour 290 livres viennoises. [2]

1295

(*Déc.* : chap. IV, note 73. — Chap. VI, note 45. — Chap. XIV, note 148. Chap. XV, note 52.)

Anno Domini millesimo ducentesimo nonagesimo nono, indictione octava pridie kal. januarii (*31 décembre*) coram me notario et testibus infrascriptis Reverendus in Christo Pater Dominus Guillelmus, divina miseratione Gratianopolitanus episcopus nomine suo et successorum suorum in dicto episcopatu, ex una parte ; et Religiosus vir Dominus Humbertus, Prior prioratus Sancti Georgii in Sabaudia, nomine suo et successorum suorum in dicto prioratu, ex altera. Considerantes quod longe utilius est eidem domino Episcopo et successoribus in dicto episcopatu tenere res bona et jura de Coroanna quam res bona et jura de Francino, propter guerrarum pericula et viarum discrimina, et ex eo quia dictus dominus Episcopus apud Francinum fortes habet vicinos et homines dicti loci per dictum dominum Priorem S. Georgii, qui est eorum vicinus, poterunt satis commodè

---

[1] Vidimé à Belley. le 7 février 1307.
[2] *Cartul. de Chissé* (m^s), fol. 325 à 328.

manuteneri et deffendi. Cum dictum dominum Episcopum appareat à dicto loco de Francino distari et dictum Dominum Priorem viciniorem esse dicti loci de Francino.

Et, vice versà, longè utilius est dicto domino Priori et successoribus suis in dicto prioratu tenere res bona et jura de Francino quam res bona et jura de Coroanna, cum prioratus predictus Sancti Georgii gravaretur onere debitorum et commodius ac honestius poterunt solvi debita dicti Prioratus de pecunia habita, ut dicitur, a dicto domino Episcopo per dictum dominum Priorem. Hinc est quod considerata utriusque utilitate prout hec omnia supradicta dicti dominus Episcopus et dominus Prior asserebant, fecerunt permutationem ad invicem et titulo permutationis tradiderunt et concesserunt et quasi unus alteri bona res et jura infrascripta; videlicet, dictus dominus Episcopus pro se et successoribus suis in dicto episcopatu permutavit et titulo vere et legitime permutationis tradidit cessit et concessit et quasi dicto domino Humberto Priori presenti et recipienti pro se et successoribus suis in dicto prioratu pro bonis, rebus, juribus, per dictum dominum Priorem dicto domino Episcopo inferius permutatis omnia bona, res, jura, census, servitia, usagia, homines et hommagia redditus, proventus et obventiones terras cultas et incultas rivagia, aquarum decursus, nemora et herma et pascua et omnia alia que dictus dominus Episcopus habebat tenebat possidebat, vel quasi vel habere et possidere vel quasi videbatur apud Francinum et in parrochia et infra parrochiam de Francino Gratianopolitane diocesis una cum edificiis que sunt à magna porta dicti loci de Francino à parte inferiori usque ad domum domini Johannis Capellani de Albiniaco quondam, videlicet duo soterna (vel socerva, forsan focurna? *fours*) et edificia que sunt supra dicta soterna, retinens idem dominus Episcopus alia edificia cum plateis ortis et viridariis, exceptis decimis predicte parrochie de Francino et jure patronatus ejusdem ecclesie et aliis que habet et tenet dicta ecclesia, et exceptis et retentis eidem domino Episcopo et successoribus suis Petro et Guigone Rayberti fratribus et liberis eorum legitimis seu heredibus ipsorum et hommagiis eorumdem, et censibus, servitiis et usagiis que et quos faciunt dicti fratres et facere tenentur predicto domino Episcopo et bonis rebus quas ipsi tenent in feudum seu emphiteosim ab eodem domino Episcopo et exceptis feudis nobilium, et exceptis aliis bonis rebus et juribus que et quas dictus dominus Episcopus habet extra dictam parrochiam de Francino, licet fuerint de aquisimentis factis per predictum dominum Episcopum vel predecessorem suum quas decimas et jus patronatus et alia supra exceptata dictus dominus Episcopus sibi et successoribus suis in dicto episcopatu retinuit specialiter et expressé. De quibus rebus et juribus permutatis per dictum dominum Episcopum domino Priori pro se et suis successoribus idem dominus Episcopus se et suos successores devestivit et quasi, et dictum Dominum Priorem recipientem pro se et suis successoribus investivit et quasi per traditionem annuli sui et constituit se possidere et quasi nomine dicti domini Prioris predictas res et bona et jura permutata quousque idem Dominus Prior per se vel per alium de eodem corporalem possessionem et quasi fuerit apprehensus cujus apprehendende et apprehensam habende et retinende auctoritate propria sibi dedit licentiam dictus dominus Episcopus quandocumque voluerit et sibi visum fuerit expedire, ejus licentia vel alterius persone minime requisita.

Vice versa, dictus dominus Prior pro se et successoribus suis in dicto prioratu permutavit et titulo vere et legitime permutationis tradidit cessit et concessit et quasi dicto domino Episcopo presenti et recipienti pro se et successoribus suis in dicto Episcopatu *turrim* seu domum suam fortem de Coroanna et edifficia et situm et conditionem loci de Coroanna cum eorum ingressibus et egressibus et pertinentiis universis et omnia alia bona res jura census servitia et usagia homines et homagia eorumdem, redditus proventus et obventiones terras cultas et incultas vinagia aquarum decursus memora pascua et herma et omnia alia que dictus dominus Prior habebat vel habere debebat, tenebat possidebat vel quasi vel habere et possidere vel quasi videbatur apud Coroannam et in parrochia et infra parrochiam de Coroanna Gratianopolitanensis diocesis ; exceptis decimis predicte parrochie de Coroanna, et jure patronatus ecclesie de Coroanna et aliis que habet et tenet dicta ecclesia et exceptis censibus antiquis quos dictus prioratus Sancti Georgii percipiebat infra dictam parrochiam de Coroanna antequam dicta turris cum aliis pertinentiis essent per dictum priorem adquisita et ad dictum prioratum pervenissent. Quas decimas et quod jus patronatus et alia supra exceptata dictus dominus Prior sibi et successoribus suis retinuit specialiter et expresse pro bonis rebus et juribus per dictum dominum Episcopum eidem domino Priori superius permutatis et pro quatuordecim viginti et decem libris viennensibus pro *turri* seu domo et edifficiis situ et conditione loci de Coroanna antedictis. Quam summam pecunie confessus fuit et publice recognovit dictus dominus Prior se habuisse recepisse et numerasse a dicto domino Episcopo et in utilitatem dicti prioratus versam fore. Exceptioni non numerate et non recepte pecunie et spei future numerationis dictus dominus Prior renuntiando, de quibus rebus et juribus permutatis per dictum dominum Priorem dicto domino Episcopo pro se et successoribus suis in dicto prioratu dictus dominus Prior una cum *domo forti seu turri*, edifficiis et situ ac conditione loci predictis se devestivit et quasi et dictum dominum Episcopum recipientem pro se et successoribus suis per traditionem ejusdem annuli investivit et quasi et constituit et possidere et quasi dictus dominus Prior nomine dicti domini Episcopi predictas res et jura permutata quousque dominus Episcopus per se vel per alium de eisdem corporalem possessionem et quasi fuerit

apprehensus, cujus apprehendende et apprehensam habende
et retinende auctoritate propria sibi dedit licentiam dictus
dominus Prior quandocumque voluerit et sibi visum fuerit
expedire ipsius domini Prioris vel alterius persone licentia
minime requisita. Quas res et jura ad invicem permutatas et
permutata promiserunt dicte partes sibi ad invicem per pactum solempni stipulatione vallatum et dictus dominus Episcopus bona fide sub obligatione et hypotheca omnium bonorum dicti episcopatus et dictus dominus Prior sub obligatione et hypotheca omnium bonorum dicti prioratus et per
juramentum ad sancta Dei evangelia corporaliter prestitum
ab eodem salvare, manutenere et defendere in judicio ab omni homine et persona. Promittentes dicte partes sibi invicem
sub obligationibus et juramentis predictis de evictione
predictarum rerum et jurium permutatarum et permuta-
torum ; et si deficerent in predictis vel aliquo predictorum,
promiserunt sibi ad invicem facere et prestare unus alteri
[omnia?] ea que contrahentes in causa evictionis tenentur
facere et prestare cedendo una pars alteri omnia jura omnesque actiones reales personales directas utiles contrarias
atque mixtas sibi competentes et competentia pro predictis
rebus et juribus sibi ad invicem permutatis. Constituendo
unus alterum in rebus permutatis supradictis procuratorem
ut in rem suam, hoc acto et in pactum deducto inter partes
predictas quod dictus dominus Prior nullam juridictionem
nullum bannum censum seu servitium habeat, exigat seu
percipiat in predictis Petro et Guigone Rayb[ert]i fratribus
vel altero ipsorum nec eorum liberis seu heredibus seu hos
piciis suis seu uxoribus eorumdem nec etiam in animalibus
ipsorum sed dampnum quod darent animalia sua emendare
teneantur ad cognitionem proborum virorum eligendo-
rum, per dictum dominum Priorem et ejus successores et
per Capellanum dicti loci de Francino qui nunc est et qui
ibidem fuerit temporibus pro futuro. De aliis vero extraneis
qui deliquent vel committent bannum in bonis et rebus de

predictis Raybus [Raybertis ?] possit dictus dominus Prior levare bannum sicut in aliis bonis et rebus predicte parrochie de Francino.....

Item fuit actum et in [pactum ?] deductum inter partes quod si Capellanus de Francino faciebat seu facere tenebatur aliquem censum predicto domino Episcopo pro terris pratis vineis nemoribus seu aliis possessionibus, quod illum censum idem Capellanus predicto domino Priori et ejus successoribus solvere teneatur ; et si Capellanus de Coroanna faciebat seu facere tenebatur aliquem censum dicto domino Priori pro terris pratis nemoribus seu aliis possessionibus, quod illum censum idem Capellanus predicto domino Episcopo et ejus successoribus solvere teneatur. Hoc acto etiam et in pactum deducto inter partes predictas quod cum predicte res et jura de Coroanna essent de feudo et dominio dicti domini Episcopi ut idem dominus Episcopus asserebat et dictus dominus Prior confitebatur, quod predicta bona res et jura de Francino sint et esse debeant et remaneant et teneantur de feudo et dominio dicti domini Episcopi et ad hommagium et fidelitatem sint ex nunc affixa pariter et astricta. Confitens et publice recognoscens dictus dominus Prior se tenere tenere debere et tenere velle ac etiam se tenere constituit ex nunc in antea bona res et jura predicta de Francino de feudo et dominio dicti domini Episcopi et successorum suorum in dicto episcopatu sibi teneri ad hommagium et fidelitatem pro predictis, et ad viginti solidos viennenses de Placito in mutatione domini tantum. Quam fidelitatem et hommagium idem dominus Prior pro predictis bonis rebus et juribus de Francino pro se et suis successoribus ibidem incontinenti fecit dicto domino Episcopo manualiter et prestitit et promisit pro se et suis successoribus dicto domino Episcopo et ejus successoribus subire facere et prestare omnia ea que in forma fidelitatis nove et veteris continentur. Promittentes dictus dominus Episcopus bona fide se facturum et curaturum quod capitulum Beate Marie Gratianopolis et dictus dominus Prior per juramentum se facturum et curaturum quod capitulum seu conventus dicti loci Sancti Georgii presentem permutationem et omnia alia superius enarrata atque facta laudabunt ratifficabunt et approbabunt et promittent predicta omnia universa et singula rata grata habere et tenere perpetuo atque firma contra de jure vel de facto minime veniendo. Renuntiantes dicte partes expressim et par pactum exceptioni predicte permutationis sit non facte vel non rite facte conditioni sine causa vel injusta causa, et juri dicenti quod si dolus dat causam contractui vel incidat in contractum quod contractus non valet et rescindi debet, beneficio restitutionis in integrum quod dat ecclesiis in contractibus lesis vel circonventis, et juri dicenti bona ecclesiastica alienari non posse sine solempnitate, Autentice quæ incipit : *Hoc jus porrectum* et illi clausule generali edicti pretoris *Si qua mihi* justa causa videbitur, in integrum restituatur, omni privilegio impetrato vel impetrando per quod predicta vel aliqua de predictis possent viciari infringi vel totaliter annullari et omni alii juri auxilio et benefficio per quod dicte partes vel ipsarum altera possent contra predicta vel aliqua de predictis facere vel venire vel contra eadem aliquatenus se tuheri, cum predicta permutatio facta sit ob evidentem utilitatem partium predictarum ut ipse partes asserebant. Quas quidem res bona et jura superius ad invicem permutatas asserebant dicti dominus Episcopus et dominus Prior fore adquisita seu empta per ipsos vel antecessores corumdem. Que omnia universa et singula prout superius dicta sunt et narrata promiserunt dicte partes sibi ad invicem stipulantes videlicet dictus dominus Episcopus pro se et successoribus suis sub obligatione et ypoteca omnium bonorum dicti episcopatus, et dictus dominus Prior pro se et successoribus in dicto prioratu sub obligatione et ypotheca omnium bonorum dicti prioratus, et per juramentum ad sancta Dei evangelia corporaliter prestitum ab eodem rata grata habere tenere perpetuo atque firma contra de jure vel de facto per se vel per alium nullatenus veniendo. Et fuit actum inter partes quod de predictis fierent duo publica instrumenta seu plura alia ejusdem tenoris per me notarium infrascriptum quotienscumque per dictos dominum Episcopum et dominum Priorem vel alterum ipsorum seu successores eorumdem super hoc fuero requisitus.

Actum apud Balmam dicti domini Episcopi, presentibus testibus vocatis, videlicet domino Guillelmo de Royno officiali curie Gratianopolitane, domino Johanne de Gizerino canonico Beate Marie Gratianopolis, domino Hugone de Castronovo canonico Ecclesie Viennensis, Fratre Hugone de Salin (*Salins?*) priore Predicatorum Gratianopol. Fratre Bertrando de Auriis de ordine Predicatorum, domino Johanne de Versatorio (*Versoud?*) Canonico Ulciensi et domino Francone Raynaudi presbytero et me Stephano de Murianetta auctoritate Imperiali publico notario qui iis omnibus interfui et rogatus, hanc cartam scripsi et tradidi meo signo signatam.

Nos vero decanus et capitulum ecclesie Gratianopolis ac capitulum seu conventus Sancti Georgii in Sabaudia attendentes et considerantes predictam evidentem utilitatem dictarum Ecclesiarum et capitulorum predictorum predicta omnia universa et singula prout superius dicta sunt et narrata laudamus approbamus ratificamus ac etiam firmanus promittentes bona fide et sub ypotheca bonorum ecclesiarum predictarum pro nobis et nostris successoribus rata grata et firma habere et tenere, contra de jure vel de facto minime veniendo. Renuntiantes omnibus juribus exceptionibus benefficiis et renuntiationibus quibus renuntiaverunt superius dicte partes. Et ad majorem firmitatem omnium premissorum robur et testimonium sigilla nostra capituli Beate Marie et capituli seu conventus Sancti Georgii una cum sigillis dictorum dominorum Episcopi et Prioris duximus apponendum huic presenti publico instrumento. Datum et actum anno indictione et die loco et coram testibus quibus supra.

73

Acte de fondation de la Chapelle de Sainte Marguerite, dans le teritoire de Détrier, par le Damoiseau François de la Rochette.[1]

1298-1416

(*Déc.* : chap. Ier, note 50. — Chap. IV, note 143. — Chap. XVII, note 78.)

**Litteras super limitibus Episcopatus gratianopolitani
à parte Episcopatus Murianne et Ruppecule.**

Nos Petrus Verromesii legum Doctor Officialis Curie Camberiacensis pro Reverendo in Christo Patre et domino Aymone, miseratione divina Episcopo gratianopolitano ; universis et singulis presentibus et futuris notum facimus quod nos hodie, per Johannem de Ponte procuratorem fiscalem prefati Episcopi requisiti : Vidimus cernuimus inspeximusque et coram nobis in judicio publice legi fecimus quoddam publicum instrumentum per Petrum Francisci de Viniaco [Viviaco ?] notarium publicum receptum subscriptum et signatum tribusque sigillis impendentibus cum pendaliis ciriceis coloris violete et crocei, videlicet primum Reverendi in Christo Patris et domini domini Guillelmi miseratione divina tunc Episcopi gratianopolitani, aliud vero humilis Prioris Sancti Georgii in Sabaudia, et ultimum capituli Prioratus pre-

---

[1] Folios 598 à 608 de la copie (m^s) du *Cartulaire d'Aimon de Chissé.*

dicti Sancti Georgii, veris caracteribus apparentibus, sigillatum domini Episcopi cera abba et alia duo sigilla dictorum dominorum Prioris et capituli Sancti Georgii cera viridi sigillatum non vitiatum non abrasum non abbolitum nec cancellatum nec etiam in aliqua sui parte suspectum, sed omni prorsus vitio machinatione et fraude carentem, prout prima facie apparebat. Cujus quidem instrumenti tenor sequitur et est talis:

Anno a Nativitate Domini millesimo ducentesimo nonagesimo octavo, indictione prima, decimo sexto Idus Februarii, per hoc publicum instrumentum cunctis appareat evidenter quod cum vir nobilis Franciscus de Rupecula domicellus, filius domini Guigonis de Rupecula militis quondam, et domina Beatrix uxor ipsius Francisci promoti effectu mente proposuerunt infra Pratum clausum dicti domini Francisci siti in territorio Rupecule gratianopolitani diocesis, juxta viam publicam per quam itur versus Sanctum Bonetum ex alia [parte] et juxta domum Duriaci ex altera, Capellam cum cimiterio de novo fondare que perpetuo per servitores idoneos remaneat ordinata, qui ibidem deserviant divinaque officia perpetuo celebrent pro ipsorum conjugum predecessorum et successorum suorum animarum salute, et Capellam ipsam dotare de bonis et redditibus de quibus Capellani sive Capellanus instituendus vel instituendi ibidem cum aliis servitoribus commode valeant substentari dictusque locus infra terminos parrochie ecclesie sancti Mauritii infra mandamentum Rupecule gratianopolitane diocesis existat dictaque ecclesia sit priori et prioratui Altivillaris subjecta, ipseque Prior et Prioratus predictus viro religioso domino Humberto Priori religioso domus Prioratus Sancti Georgii in Sabaudia gratianopolitane diocesis et eidem Prioratui Sancti Georgii immediate pleno jure subesse dicantur.

Idcirco, ipsi conjuges ad prefatum dominum Priorem

Sancti Georgii et Capitulum Prioratus ipsius attendentes, ipsos piis supplicationibus exorarunt ut fondandi in loco premisso dictam Capellam cum cimiterio liberam ab omni subjectione obedientia servitute et exactionibus quibuscumque ipsorum Prioratuum ac etiam ecclesie supradicte immunem sibi promissionem suam dignarentur concedere et assensum. Quare prefatus dominus Humbertus Prior prioratus predicti ac etiam canonici Prioratus ipsius quorum nomina inferius continentur et capitulum ipsius convocati et congregati in capitulo ad sonum campane, ut moris est, sive in loco in quo capitulum tenere consueti sunt, habita liberatione [deliberatione ?] provida super premissis, attendentes multa grata et accepta servicia que sibi et prioratibus supra dictis ac etiam ecclesie supra dicte fecerunt dicti conjuges et faciunt incessanter. Volentes insuper vota que ad honestatem respiciunt et animarum salutem optata solli[ci]tudine efficaciter exaudire et eisdem conjugibus qualem possunt remunerationem impendere de predictis gratis ac voluntatibus suis spontaneis non decepti non cohacti plene instructi et certifficati ut asserunt dilucide de premissis nominibus suis et successorum suorum ac nominibus Prioris Prioratus Altivillaris predicti et curati ecclesie sancti Mauricii predicte, et successorum suorum volunt donant et concedunt universaliter universi dictis conjugibus presentibus et recipientibus et michi notario infrascripto sollempniter stipulanti et recipienti nomine omnium quorum interesse poterit. in futurum promissionem, licenciam et assensum nominibus quibus supra fondandi construendi et edifficandi in loco promisso infra confines predictos Capellam predictam cum cimiterio et fondatam et constructam ibidem tenendi perpetuo pleno jure et servitorem sive servitores prout eisdem conjugibus eorum successoribus in perpetuum expedire visum fuerit ponendi totiens quociens opus erit, et ibidem tenendi in eadem Capella perpetuo moraturos. Dantes et concedentes prenominati dominus Prior et Capitulum nominibus quibus supra et ex causa donationis perpetue simplicis et irrevocabilis inter vivos dictis conjugibus et michi notario infrascripto solempniter stipulantibus nominibus quibus supra omnia jura sua omnesque suas actiones reales personales utiles et directas et omnes alias quascumque actiones sibi competentes competentia, competituras et competitura quacumque ratione occasione vel causa in loco premisso infra confines predictos et in Capella fondanda in loco premisso et adversus servitorem sive servitores qui pro tempore fuerint instituti in capella premissa et in rebus bonis et redditibus dandis et assignandis per eosdem conjuges vel eorum alterum vel quantamcumque personam aliam dicte Capelle et servitoribus qui ibidem pro tempore fuerint vel ipsorum alium quoquomodo, nichil juris rationis petitionis servitutis subjectionis actionis vel obligacionis omnia in predictis vel ipsorum aliquo sibi aliqualiter retinentes, et ipsos conjuges et me notarium infrascriptum recipientes ut supra in premissis omnibus et singulis procuratores constituunt ut in rem suam, hoc tamen salvo excepto et retento per prenominatum dominum Priorem et capitulum supra dictum per pactum expressum interpositum sollempni stipulatione vallatum inter partes premissas, quod ille vel illi qui in dicta Capella fuerint instituti pro tempore parochianos ecclesie sancti Mauricii predicti vel de Altovillari de Mostereto et Deserto quicumque fuerint vel ipsorum aliquem sive aliquos non possint nec debeant ad officia divina et alia ecclesiastica sacramenta nec in cimiterio Capelle construende in loco premisso ad sepeliendum corpora eorum quoquomodo recipere.

Et si, quod absit, receperint quoquo tempore et exinde obventiones dona legata relicta elemosinas vel aliud emolumentum, quodcumque habuerint, quod totum illud una cum corporibus illis curato ecclesie sancti Mauricii predicte qui pro tempore fuerit infra septem dies precisse [sic] cum integritate reddere dare et tradere teneantur. Et hoc quilibet Capellanus qui in capella premissa construenda fuerit institutus pro tempore quam cito ibidem fuerit institutus attendere servare omni mode cum effectu et restituere suo proprio sacramento firmare jurare et promittere teneatur; salvo tamen excepto et retento per pactum expressum interpositum quod prenominati conjuges et successores ipsorum possint et sibi liceat si elegerint, in cimisterio Capelle construende in loco premisso suorum corpora facere sepelliri, et in ipso tamen Capellanus sive Capellani qui in dicta Capella tunc instituti fuerint vel fuerit illa que sibi dicte Capelle vel eorum alteri obvenerint racione funeris sive sepulture corporum dictorum conjugum et successorum suorum sibi appropriare et ipsa dicto Curato sancti Mauricii dare et reddere minime teneantur. Promictunt insuper prenominatus dominus Prior et capitulum supra dictum nominibus quibus supra dictis conjugibus et michi notario infrascripto recipienti nominibus quibus supra per sollempnes stipulaciones se facturos et curaturos pro posse suo quod Prior Prioratus Altivillaris predicti et curatus ecclesie Sancti Mauricii predictus predicta omnia et singula laudabunt confirmabunt et concedent; et de omni jure et actione sibi vel ipsorum alicui competentibus et competituris in predictis capella construenda et cimisterio et aliis supra dictis quictaciones donationes bonas et firmas quousque de jure valeant cum effectu facient dictis conjugibus et persone publice recipienti nomine omnium quorum interest vel intererit, salvis tamen hiis que superius continentur; quod si facere noluerint quod eis nec ipsorum alicui non prestabunt consensum auctoritatem ad veniendum contra premissa vel aliqua premissorum sed ipsos conjuges et successores ipsorum jurabunt et eisdem consulent in premissis. Renunciantes in hoc facto prenominatus dominus Prior et capitulum supra dictum per factum interpositum sollempnibus stipulacionibus vallatum exceptioni doli metus et in factum condicioni sine causa et ex injusta causa, petitioni et oblacioni libelli et cujuslibet simplicis peticionis induciis viginti dierum et quatuor mensium et omni alii dilationi legali et judiciali, beneficio restitutionis in integrum et omnibus previlegiis indulgentiis impetratis vel impetrandis indultis vel indulgendis, et omnibus juris auxilio per quod possent venire contra predicta vel aliqua predictorum aut in aliquo se tueri.

Que omnia et singula supra dicta promictunt prenominatus dominus Prior et capitulum supra dictum dictis conjugibus et michi notario infrascripto sollempniter stipulantibus nominibus quibus supra per sollempnes stipulationes et sub ypothecis et obligationibus omnium bonorum suorum et prioratuum predictorum presencium et futurorum et per juramenta ab ipsis corporaliter prestita super sancta Dei evangelia, rata et firma habere tenere attendere facere complere omni mode cum effectu et non contra facere vel venire neque ratione juris communis neque specialis neque racione deceptionis, nec beneficium restitutionis aliquo tempore petere quominus predicta omnia et singula perpetuo cum effectu plenam habeant roboris firmitatem.

Promittentes insuper prenominatus dominus Prior et capitulum supra dictum dictis conjugibus presentibus et recipientibus per sollempnes stipulationes quod dictus dominus Prior sigillum suum et dictum capitulum sigillum capituli presenti publico instrumento apponerent ut predicta majorem obtineant roboris firmitatem. Rogantes et requirentes dictus dominus Prior et capitulum supra dictum Reverendum in Christo Patrem dominum Guillelmum Dei gratia gratianopolitanum episcopum ut predicta omnia et singula ratifficet et confirmet, et in premissis auctoritatem suam dignetur interponere et decretum et sigillum suum presenti publico instrumento apponat, ut predicta majorem habeant roboris firmitatem. Nomina vero canonicorum capituli supra dicti sunt hec ; dominus Petrus de Chynino sacrista, dominus Gregorius de Chamberiaco, dominus Petrus Charinni, dominus Johannes de Joncinilla, dominus Stephanus Bonardi canonici prioratus Sancti Georgii.

Versa autem vice dicti conjuges attendentes grata et accepta servicia que sibi fecerunt dictus dominus Prior et capitulum supra dictum, volentes etiam eidem domino Priori et capitulo supra dicto remuneracionem quam possunt impendere de predictis ac etiam in recompensacionem illorum omnium in quibus dictus dominus Prior et capitulum supra dictum sive quecumque persona alia possent dicere se et prioratum predictum Altivillaris et ecclesiam Sancti Mauricii predictam lesas fuisse in donatione et concessione predictis dant eisdem domino Priori et capitulo presentibus et recipientibus donacione mera pura simplici et irrevocabili inter vivos viginti solidos viennenses annui redditus sive de redditibus in perpetuum. Item donant ex causa predicta michi notario infrascripto sollempniter stipulanti nomine dicti domini prioris Altivillaris et omnium quorum intererit quinque solidos viennenses annui redditus sive de redditibus in perpetuum. Item ex alia parte donant ex causa premissa michi notario infrascripto sollempniter stipulanti recipienti nomine ecclesie Sancti Mauricii predicte duos solidos viennenses annui redditus in perpetuum. Quos quidem redditus omnes et singulos promictunt dicti conjuges dicto domino Priori et capitulo supra dicto et michi notario infrascripto sollempniter stipulantibus et recipientibus nominibus quibus supra per sollempnes stipulationes assignare dare et assettare dictis dominis prioribus et capitulo et ecclesie supra dicte Sancti Mauricii usque ad festum Paschatis precisse

proxime futurum super rebus bonis et sufficientibus certis
et declaratis, cum omni dominio eorumdem et rerum pro
quibus debentur sive debebuntur annui redditus supra dicti
de Allodio et in territorio Rupecule prout melius et secu-
rius fieri et dictari poterit ad utilitatem dictorum dominorum priorum et ecclesie supra dicte. Promictunt insuper dicti conjuges dicto domino Priori et capitulo supra
dicto et michi notario infrascripto sollempniter stipulantibus predictis nominibus eisdem dominis prioribus capitulo et ecclesie supra dicte et eorum successoribus teneri
in perpetuum de ommi evictione universali et particulari omnium predictorum et judicium in se recipere
suis propriis sumptibus et expensis si dicti domini priores
et curatus ecclesie supra dicte vel ipsorum aliquis sive
successores ipsorum convenirentur vel inquietarentur aliquo tempore pro predictis vel aliquo predictorum. Que
omnia et singula supradicta promictunt dicti conjuges
dictis domino Priori et capitulo et michi notario infrascripto sollempniter stipulantibus predictis nominibus per
sollempnes stipulationes quod ipsi predicta omnia rata
habebunt tenebunt perpetuo, et non contra facient vel
venient aliquo casu vel ingenio de jure vel de facto, et
quod ipsi nec successores ipsorum nec Capellanus sive
Capellani in dicta Capella instituendi pro tempore nullum
previlegium indulgenciam impetraverunt impetrabunt pretextu capelle premisse nec aliquid facient nec utentur
propter quod diminuentur vel diminui possint jura prioratuum et ecclesiarum predictorum et predictarum. Renunciantes in hoc facto dicti conjuges per pactum interpositum sollempnibus stipulationibus vallatum et juramento
ipsorum omnibus juribus exceptionibus renunciationibus
previlegiis indulgentiis supra dictis sibi lectis per me notarium infrascriptum. Et demum omni juris beneficio per
quod possent venire contra predicta vel aliqua predictorum.
Que omnia et singula supradicta promictunt dicti conjuges

predictis nominibus prefatis domino Priori capitulo et michi notario infrascripto recipientibus predictis nominibus per sollempnes stipulationes et per juramenta ab ipsis super sancta Dei Evangelia corporaliter prestita et sub ypothecis et obligationibus omnium bonorum suorum presencium et futurorum attendere facere complere omnimode cum effectu et non contra facere vel venire et se facturos et curaturos quod predicta observabuntur ut superius continetur omnimode cum effectu. Precipientes dicte partes de premissis fieri duo publica instrumenta ejusdem tenoris unum pro quolibet eorumdem per me notarium infrascriptum apud Sanctum Georgium in prioratu premisso in claustro ubi capitulum tenere consuet sunt dicti dominus Prior et capitulum.

Actum est hoc ubi testes interfuerunt vocati et rogati dominus Burno de Chignino, dominus Petrus Farefici presbiteri, Henricus de Mentons Domicellus, Raymondus Pistor habitator in prioratu premisso, Guillelmus Monachi clericus.

Subsequenter autem anno die et indictione quibus supra per hoc publicum instrumentum cunctis appareat evidenter quod prefatus dominus Episcopus ad requisitionem dictorum domini Prioris et capituli volentium requirentium confirmavit et corroboravit omnia et singula supradicta, et si quid in premissis vel ipsorum aliquo incuria vel imperitia minus firmitatis insertum est voluit idem dominus Episcopus et concessit prenominatis conjugibus presentibus et recipientibus et michi notario infrascripto recipienti ut supra quod predicta omnia et singula ex hac sua auctoritate vires confirmationis plenissime suscipiant et validum perpetuumque robur obtineant firmitatis et in premissis omnibus et singulis pro tribunali sedens auctoritatem suam interponat et decretum ; et prenominatis conjugibus presentibus et requirentibus ut supra suam concedit auctoritatem licenciam et assensum construendi, fondandi in loco premisso Capellam predictam cum cimisterio modo et forma quibus superius continetur. Et ex fondacione ipsa dicti conjuges nominibus quibus supra in dicta Capella et cimisterio et aliis supradictis que ad ipsam Capellam pertinebunt in posterum in perpetuum jus patronatus instituendi destituendi ponendi et amovendi rectorem rectores servitorem sive servitores in dicta Capella fondanda quando et quociens sue et successorum suorum fuerit voluntatis. Quam quidem Capellam cimisterium et alia omnia que ad ipsam Capellam modo quolibet pertinebunt, ac etiam servitorem sive servitores instituendos ibidem pro tempore vult idem dominus Episcopus nomine suo et successorum suorum et concedit dictis conjugibus et michi notario infrascripto recipienti predictis nominibus esse liberam libera liberos et immunes à procurationibus exactionibus auxiliis et aliis universis et singulis que ad legem juridictionis et legem dyocesanam pertinent, salvo excepto et retento tamen eidem domino Episcopo quod presentatum sive presentatos per eosdem conjuges et successores ipsorum idem dominus Episcopus promovere et ordinare ad sacros ordines teneatur cum super hoc fuerit tempore debito requisitus. Que omnia supra dicta promittit idem dominus Episcopus dictis conjugibus et michi notario infrascripto sollempniter stipulantibus nominibus quibus supra per sollempnem stipulationem bona fide nomine suo et successorum suorum attendere, facere, servare nec alicui contra venire volenti aliqualiter consentire nec aliquid facere fecit dixit quominus predicta omnia perpetuo valeant omnimode cum effectu. De quibus omnibus preceperunt dicte partes fieri publicum instrumentum pro dictis conjugibus et eorum successoribus per me notarium infrascriptum.

Actum apud Curuannam in domo prefati domini Episcopi ubi testes interfuerunt vocati et rogati Johannes de Versatore [de Versatorio ?] canonicus sancti Martini, dominus

Petrus Farfici presbiter, dominus Dei Filius curatus ecclesie de Curuanna. Ego Petrus Francisci de Biviaco [vel Viviaco vel Viniaco?] auctoritate imperiali notarius publicus predictis omnibus et singulis presens fui et ea rogatus recepi expedivi et publicavi ; et hoc publicum instrumentum pro dictis conjugibus et eorum successoribus manu propria scripsi subscripsi et tradidi signis meis solitis signatum.

Nos autem Guillelmus miseracione divinâ gratianopolitanus Episcopus, et nos Humbertus Prior prioratus Sancti Georgii gratianopolitane diocesis, nosque Petrus sacrista, Gregorius de Chamberiaco, Petrus Tharinni, Johannes de Joncinilla et Stephanus Bonardi canonici Prioratus predicti et capitulum dicti loci confitentes asserentes omnia premissa et singula processisse et gesta fuisse et eadem promictentes attendere et observare in omnibus per omnia ut superius continetur.

Nos prenominati Episcopus et Prior et capitulum supra dictum sigilla nostra vera et propria una cum subscriptione et signis dicti Petri Francisci notarii publici ad majorem firmitatem omnium et singulorum predictorum huic instrumento publico per eumdem notarium publicato duximus apponenda, et per eumdem notarium publicum hec subscribi jussimus vice nostra. Datum anno et indictione predictis. Quod quidem instrumentum ut premittitur, copiatum et exemplatum facta diligenti collatione de presenti transcripto vidimus seu sumpto cum originali instrumenti supra dicti quod nichil addito distracto vel mutato per quod facti substantia in aliquo varietur una cum notariis suprascriptis que consonantia reperimus.

Igitur nos memoratus officialis sedentes pro tribunali more majorum in hiis scriptis pronunciamus et declaramus hoc presens scriptum *vidimus* et exemplum tantam fidem robur et auctoritatem ubique locorum obtinere debere et eidem deinceps adhibendam fore quantam originali instrumenti predicti.

Datum chamberiaci in domo nostre habitationis ubi pro tribunali sedere consuevimus. Anno a nativitate sumpto millesimo quater centesimo decimo sexto, die decima quarta mensis Maii, sub sigillo *majori* dicte nostre Curie munimine, et subscriptionibus notariis inferius nominatis in robur et testimonium veritatis omnium et singulorum premissorum.

P. Veronnesii Offic.

Et ego Claudius Raynerii de Chamberiaco gracianopolitane diocesis clericus auctoritate imperiali et domini nostri Sabaudie Ducis notarius publicus Curieque prelibati domini Officialis Chamberiaci juratus in premissis omnibus et singulis dum sic per dictum dominum Officiatem fierent et agerentur una cum notariis suprascriptis presens personaliter interfui et de jubsu ejusdem domini Officialis et mandato presens sumptum *vidimus* et exemplum scripsi et signum mei tabellionatus officii in eodem apposui consuetum, in robur et testimonium omnium et singulorum premissorum.

Ego vero Johannes de Montangio de Chamberiaco clericus auctoritatibus imperiali et domini nostri Sabaudie Ducis notarius publicus et Curie prefati domini Officialis juratus qui premissis omnibus et singulis dum sic fierent et agerentur per dictum dominum Officialem una cum notariis supra et infrascriptis presens fui et de dicti domini Officialis precepto hic me subscripsi et signavi et signum mei notariatus fideliter apposui in robur et firmitatem premissorum omnium.

Ego siquidem Johannes de Ponte de Sancto Paulo junior, Bellicensis diocesis, auctoritate imperiali notarius publicus et Curie prefati domini Officialis juratus qui premissis omnibus et singulis dum sic fierent et agerentur per dictum dominum Officialem una cum notariis suprascriptis presens fui et de dicti domini Officialis precepto hic me subscripsi et signum meum notariatus fideliter apposui in robur omnium suprascriptorum.

74

Guiffred de Bertrand, prieur d'Arbin, donne quittance au comte Amédée de Savoie de 300 livres de bons deniers viennois, dus pour prix de deux mille setiers de vin, vendus au Prince par ledit Prieur.[1]

1298

(Déc. : Chap. XVIII, note 128.)

Anno domini millesimo cc° lxxxx viii. ind^e xi. iii nonas octobris presentibus testibus infrascriptis, religiosus vir dominus Guiffredus Bertrandi prior prioratus Albini gratianopolitanensis dyocesis gratis ac voluntate sua spontanea, ad instantiam et requisitionem mej notarij infrascriptj solemniter stipulantis nomine et ad opus illustris viri domini Amedej Comitis Sabaudiæ, et omnium quorum intererit, confitetur solemniter et publice recognoscit quod ipse die presenti habuit et recepit a præfato domino Comite per manum discreti viri domini magistri Petri de Cellanova phisici clerici et familliaris ipsius domini Comitis soluentis pro ipso domino Comite trescentas libras bonorum denariorum viennensium in quibus idem dominus Comes dicto domino Priorj tenebatur ex causa emptionis duorum millium sestariorum vini per prefatum dominum Priorem eidem

[1] Tiré des manuscrits de l'abbé de Commène. — Archives Costa.

domino Comiti venditorum prout dicitur contineri in quodam publico instrumento confecto per Albertum Mistralis de Montemeliano notarium publicum. De quibus tercentum libris viennensibus se tenet integre pro pagato, et ipsum dominum Comitem ad instantiam mei notarij infrascripti recipientis ut supra soluit, quictat de tercentum libris viennensibus predictis et michi notario infrascripto recipienti ut supra pactum expressum faciendo de non petendo in perpetuum ab eodem aliquid de summa, et pecunia supradicta. Renuntians idem dominus Prior in hoc facto exceptioni dicte pecuniæ ex causa predicta non habitæ spei futuræ numerationis, et omni juris auxilio per quod contra prædicta venire posset, quæ omnia supradicta promittit idem dominus prior michi notario infrascripto ut supra per solemnem stipulationem, et sub hypotheca, et obligatione omnium bonorum suorum rata, grata, et non contra facere vel venire. Actum Chamberiaci ante domum Jacobi Vereglo quondam ubi testes interfuerunt vocati et rogati Guillelmus de Cletis, Johannetus Vereglos burgensis Chamberiaci, Johanninus Bergoninj.

75

Pouillés des diocèses de Savoie, et de quelques autres diocèses circonvoisins, au XIVᵉ siècle [1]

XIVᵉ siècle.

(Déc. : Chap. 1ᵉʳ, note 23.— Chap. V, note 234.— Chap. XII, notes 7 et 46.— Chap. XXI (7ᵉ du tom II) note 19. — Voir aussi la carte géographique à la fin du tome II.)

GEBENNENSIS (DIŒCESIS).

Sequntur solutiones dimidie decime beneficiorum civitatis et diocesis gebennensis.

Et si vis stare certam decimam, cape pro quolibet solido unam libram, et tunc erit recta décima.

Episcopus Gebennensis...	*Genève*	VIIIᶜ lib.	
Prepositus ecclesie Gebennensis...	....	XV	—
Sacrista......		XV	—
Cantor......	....	VIII	—
Decanus Alingii..........	*Allinges*	XVII	—
Decanus Salinchie..	*Sallanches*......	L	—
Decanus Anassiaci.......	*Annecy*	VIII	—
Decanus de Viollenay.....	*Vullionnex*......	XX	—
Decanus Albone...... ...	*Aubonne*	XV	—
Decanus de Rimilley.....	*Rumilly*	XX	—
Decanus Anamassie......	*Annemasse*......	IX	—
Decanus Seyssiriaci	*Ceysérieux*......	VII	— vien.

In ecclesia Gebennensi sunt XXXᵗᵃ prebende, quelibet taxata...XX lib. sic quelibet pro medietate decime... XX sol.

---

[1] Tiré d'un manuscrit de la Bibliothèque nationale, intitulé : *Cartularium Sabaudie* (fonds latin n° 10,031). Nous devons cet extrait à l'obligeance de l'infatigable et savant M. le chanoine C. U. J. Chevalier, membre agrégé de *l'Académie de Savoie*.

Curati civitatis gebennensis.

Curatus Sancti Germani..	*Saint-Germain* ..	xx	lib.
Curatus Sancti Gervasii ..	*Saint-Gervais* ...	xx	—
Curatus Beate Marie Mag-dalene................	*Sainte-Marie Madeleine*........	xviii — x s.	
Curati Crucis et Sancti Leo-[degarii]....	*Sainte - Croix et St-Léger*......	vii	—

quilibet non solvunt, et sunt capituli.

Curatus Sancte Marie Nove.	*N. D. la Neuve*..	non taxatur	

Abbates non exempti.

Abbas Habundancie.. ...	*Abondance*	v^{c}xxx lib.	
Abbas de Fillie..........	*Filly*	ciii^{xx}ii — x s.	
Abbas de Intermontibus..	*Entremont*	ix^{xx}x —	
Abbas de Siz...........	*Sixt*	clxv	—

Priores non exempti.

Prior Sancti Georgii......	*Saint-Georges*...	xviii	lib.
Prior de Genoillier........	*Genollier*	xx	—
Prior de Dyvona.........	*Divonne*	iiii^{xx}	—
Prior de Nyons	*Nyons*	xxxv	—
Prior de Sessier..........	*Cessy*	lx	—
Prior de Satignie.........	*Satigny*	ciii	—
Prior Sancti Johannis Gebennensis....	....	viii^{xx}x	—
Sacrista Sancti Johannis..	....	xiii	—
Grangerius de Foygeres...	*Feigeres*........	xvii	—
Prior de Melerea.........	*Meillerie*........	xxv	—
Prior Sancti Pauli	*Saint-Paul*	iiii^{xx}	—
Prior de Thonons	*Thonon*.........	c	—

— 222 —

Prior de Oftercier [Etercier?]	Etercy		
Prior Bellevallis	Bellevaux	VI^{xx}X	lib
Prior d'Ognenos [aliàs. Dovenoz, Dognevoz?]	Douvaine	LX	—
Prior de Pollenay	Pellionex	VII^{xx}	—
Prior de Viuz in Fabricis	Viuz sur Faverges	IIII^{xx}	—
Prior de Suriaco	Sevrier	LXIII	—
Prior de Poysier	Poisy	L	—
Prior de Seissel	Seyssel	L	—
Prior de Greisie	Grésy-sur-Aix	XXXIII	—
Prior de Lavaign [iaco]	Lovagny	L	—
Prior de Onflafol	Anglefort	XLV	—
Prior de Taloires, pro se et membris		III XX	—
Prior Sancti Jorii	Saint Jorioz	IIII^{xx}IX	—
Prior de Vione	Mollard-de-Vions	LX	— vien.
Prior de Champaignia	Champagne	L	—
Prior Bellimontis	Belmont	XXX	—
Prior Seysisiaci [Seysiriaci?]	Ceysérieux	XXXV	—
Prior de Lullie	Lully	X	— geben.

Curatis Decanatûs Albone.

Curatus de Promentous	Promenthoux	IX	lib.
Curatus de Lugrinis	Grens	XX	—
Curatus de Genoble	Genollier	VIII	—
Curatus de Pereux	Perroi	XV	—
Curatus de Vix	Vich	XIII	—
Curatus de Albona	Aubonne	XXII	—
Curatus de Foschie	Féchy	IX	—
Curatus de Brussoniez	Bursinel?	VI	— X s.
Curatus de Monterol	Montherod	VIII	—
Curatus de Gemello	Gimel	XIII	—

Curatus de Gillie	*Gilly*	VIII	lib.
Curatus de Bungney (Bruygney ?)	*Bégnins*	XVIII	—
Curatus de Nyons	*Nyons*	XVIII	—
Curatus de Cracie	*Crassier*	X	—
Curatus de Celignye	*Céligny*	VII	—
Curatus de Comugn [iaco].	*Commugny*	VIII	—
Curatus de Dyvana	*Divonne*	XI	—
Curatus de Versonay	*Versonnex*	XVI	—
Curatus de Sessier	*Cessy*	XVIII	—
Curatus de Gez.	*Gex*	XXI	—
Curatus de Thuirier [Chivrier ?]	*Chevry*	XX	—
Curatus de Boissie	*Bossy*	VIII	—
Curatus de Ornay	*Ornex*	VI	— x s.
Curatus de Fernay	*Fernex*	X	— x s.
Curatus de Moyns	*Moëns*	VIII	—
Curatus de Gignis	*Gingins*	VI	—
Curatus de Coissino	*Coinsins*	non solvit décimam	
Curatus de Sancto Lupo, aliàs Verseya	*Versoix*	XIIII	lib.
Curatus de Pouillie	*Pouilly St-Genix*.	XXXIII	—
Curatus de Pizis	*Pisy*	IX	—
Curatus de Matign [iaco]..	*Mategnins*	XIII	—
Curatus de Burdign [iaco].	*Bourdigny*	VIII	—
Curatus de Pinez	*Peney*	non solvit decimam	
Curatus de Chaloes	*Chalex*	XX	lib.
Curatus de Peycie	*Peicy*	VI	—x s.
Curatus de Thorie	*Thoiry*	X	—
Curatus Sancti Jo [hannis] de *Gonoilles*	*St-Jean de Gonville*	VII	—
Curatus de Asserens	*Asserens et Marval*.	VIII	—
Curatus de Pirons	*Péron*	VIII	—
Curatus Sancti Germani ..	*Saint- Germain de Joux*	X	—x s.
Curatus de Chagnay	*Chanay*	XIII	—

Curatus de Lancrenz	*Lancrans*	xvii	lib.
Curatus de Chargiou	*Surjoux* (près Nantua)	vii	—
Curatus de Chanfrognin	*Champfronier*	x	—
Curatus de Montangio	*Montanges*	x	—
Curatus de Aloyria	*Lalleyriat*	xiiii	—
Curatus de Echalon	*Echallon*	xx	—
Curatus de Ardone	*Ardon* (en Michaille)	x	—
Curatus de Billie	*Billiat*	xiii	—
Curatus de Craz	*Craz*	viii	—
Curatus de Ingiou	*Injoux*	viii	—
Curatus de Cheysir [iaco]	*Chezéry*	vii	—
Curatus de Pougine	*Pougny*	vi	—
Curatus de Bacins	*Bassins*	vii	—
Curatus de Greyllie	*Greilly*	vii	—
Curatus de Colay	*Collex*	vii	—
Curatus de Sambra	*Saubraz*	vii	—
Curatus de Laya	*Léaz*	vi	—
Hospitale de Chanay	*Chanay*	non solvit.	
Curatus de Prignyo	*Prégny*	—	—

Decanatus Saysiriaci.

Curatus de Chindriou	*Chindrieux*	viii	lib.
Curatus de Onflafol	*Anglefort*	xii	—
Curatus de Seysello	*Seyssel*	xvi	—
Curatus de Cordonon	*Corbonod*	xviii	—
Curatus de Serreres	*Serrières*	xii	—
Curatus de Ruffiou	*Ruffieux*	vii	—
Curatus de Mous	*Motz*	xix	—
Curatus de Tallussieu	*Talissieu*	xxiiii	— vien:
Curatus de Champaign [ia]	*Champagne*	xv	— —
Curatus de Bellimontis	*Belmont*	xxx	— —
Curatus de Buis	*Vieu*	xxx	— —
Curatus de Ruffieu	*Ruffieux* (en Valromey)	xiii	—
Curatus de Poillon	*Pollien*	xx	—

Curatus de Boigna	Vougnes	x	lib.
Curatus Sancti Martini....	St-Martin de Bavel	xvi	—
Curatus de Occesiou......	Luthésieux	xii	—
Curatus de Chavercins .... (Charencins ?)..........	Charencin	x	—
Curatus de Lognyou......	Lilignod	xiii	—
Curatus de Fontaneu.... .	Fitignieu	x	—
Curatus de Longes	Lompnieux......	xiii	—
Curatus de Brenou.. .. .	Brenod	xi	—
Curatus de Chandouru	Champdor	xx	—
Curatus de Albergent.....	Albergement.....	x	—
Curatus de Hostona.......	Hottone.........	xiii	—
Curatus de Frugiou [Singiou?].	Songieu	xxi	—
Curatus de Lochiou	Lochieu	xii	—
Curatus de Viriou parvo..	Virieu-le-Petit....	xiiii	—
Curatus de Charvonay....	Charvonay	xxii	—
Curatus de Sey [se] riaci..	Ceysérieu	xxx	—
Curatus de Beonis........	Béon	xii	—
Curatus de Passins	Passin..........	xv	—
Curatus de Chaignez	Chanaz	xi	—

Decanatus Anamassie

Curatus de Villa	Ville-La-Grand..	vii	lib. geben.
Curatus de Jussie	Jussy	xviii	—
Curatus de Vendovres	Vendœuvres	vii	—
Curatus de Vitraz	Vétraz..........	xii	—
Curatus de Bona	Bonne..........	xl	—
Curatus de Corsie........	Corsier	vii	—
Curatus de Villariis.......	Villard(près d'Hermance)	xiii	—
Curatus de Hermencia....	Hermance.......	viii	— x sol
Curatus de Anamass [ia]..	Annemasse......	xv	—
Curatus de Prifurgio [Presingio?]..	Présinges	ix	—
Curatus de Montous	Monthoux	xiiii	—
Curatus de Fansonay.....	Foncenex	viii	—

Curatus de Lucingio	Lucinge	xxiiii	lib.
Curatus de Cranves	Cranves	xi	— x s.
Curatus de Satuberes	St-Maurice?(près Bellerive)	vi	—
Curatus de Sales (hameau de Cranves)	Sales	non solvit.	
Curatus de Maignier	Meinier	vi	lib.
Curatus de Cholay	Choulex	vi	—
Curatus de Estrambes	Estrambiéres	vi	—x s.

Decanatus Alingii

Curatus de Villariis	Villard	xiii	lib.
Curatus de Cervenz	Cervens	xii	—
Curatus de Drailliens	Draillant	viii	—
Curatus de Orsier	Orsier	x	—
Curatus de Thonons	Thonon	ix	—
Curatus de Burdign [iaco].	Burdignin	ix	—
Curatus de Margences	Margencel	xv	—
Curatus de Massongie	Massongy	xvi	—x s.
Curatus de Alberes	Habère	xiii	—
Curatus de Anthie	Anthy	xi	—
Curatus de Biollo	Le Biot	xv	—
Curatus de Bons	Bon	xx	—
Curatus de Tallie(Tullie?)	Tully	x	—
Curatus de Fiez [Siez?]	Sciez	xvii	—x s.
Curatus de Fessis	Fessy	xxx	—
Curatus de Genevray	Genevrey	ix	—
Curatus de Valleysione	Balleyson	xx	—
Curatus de Lulie	Lully	vi	—
Curatus de Dovenos	Douvaine	xiii	—
Curatus de Brentona	Brenthone	vii	—
Curatus Sancti Desiderii	Saint-Didier	ix	—x s.
Curatus de Lulins	Lullin	xi	—
Curatus de Cusier	Cusy (N.d'Herm.)	x	—
Curatus de Salsello	Saxel	vi	—x s.

Curatus de Marchillie. ...	Machilly	VII	lib.
Curatus de Vallie	Vailly	VII	— x s.
Curatus de Brenz	Brens.........	X	—
Curatus de Alpibus......	St-Jean d'Aulps..	XV	—
Curatus de Veygie.:. ...	Veigy.........	XIIII	—
Curatus de Armoy	Armoy.........	LX	—
Curatus de Alingio	Allinges	LX	—
Curatus de Aquiano ......:	Evian..........	XIII	—
Curatus de Fiscerna......	Féternes........	XXI	—
Curatus de Sancto Citerio.	Saint-Cergues...	XX	—
Curatus de Bronay	Bernex	XVII	—
Curatus de Brecoraniis ...	Brecorans.......	VI	—
Curatus Sancti Pauli......	Saint-Paul	XII	—
Curatus de Sancto Gingulpho.................	Saint-Gingolph..	IX	—
Curatus de Vachereces....	Vacheresse......	X	—
Curatus de Nova Sella.....	Neuvecelle	IX	— x s
Curatus de Chevenu......	Chevenox	XII	—
Curatus de Lugrino	Lugrin	XIII	—
Curatus de Larnigio	Larringe	VII	—
Curatus de Colons (Tolons?)	Thollon.........	VII	—
Curatus de Habundancia..	Abondance	XX	— v s
Curatus de Marins........	Marin	X	—
Curatus de Publie........	Publier......:.	IX	—
Curatus de Buegio	Boëge	XXX	—
Curatus de Avullie........	Avully.........	VII	—
Curatus de Missirie	Messery	nihil solvit	

Decanatus Rumilliaci

Curatus de Rumilliaco....	Rumilly	XXXIII	lib. x s.
Curatus de Moiez........	Moye..........	XXXV	—
Curatus de Boucie..	Boussy	XII	—
Curatus de Valleres	Vallières........	XVII	—
Curatus de Sancto Eusebio	Saint-Eusèbe ...	XV	—

Curatus de Quercu	*Chêne*	x	lib.
Curatus de Cusie (Tusie?)	*Tusy*	xiii	—
Curatus de Vallibus	*Veaux ou Vaulx*	vii	—
Curatus de Chillie	*Chilly*	xxx	—
Curatus de Disingie	*Desingy*	xx	—
Curatus de Masingie	*Massingy*	viii	—
Curatus de Vansie	*Vanzy*	x	—
Curatus de Bonagaita	*Bonneguette*	vii	—
Curatus de Clarofonte	*Clarafont*	viii	—
Curatus de Salos	*Sales*	xx	—
Curatus de Cluesia(Eluesia?)	*Eloise*	vii	—
Curatus de Chalongio	*Challonges*	xii	—
Curatus de Versones	*Versonnex*	xiii	—
Curatus de Versonay	*Arcine?*	vii	—
Curatus de Fruigie(Fringie?)	*Frangy*	xii	—
Curatus de Musagio	*Musiège*	xi	— x s
Curatus de Mentonay	*Menthonex*	ix	—
Curatus de Chaumons	*Chaumont*	xiiii	— x s
Curatus Sancti Innocencii	*BrisonSt-Innocent*	viii	—
Curatus de Alte Ville	*Hauteville*	vii	—
Curatus de Laya	*Léaz*	vi	—
Curatus de Lornay	*Lornay*	xv	—
Curatus de Albenco	*Albens*	xxv	—
Curatus de Marign [iaco]	*Marigny*	x	—
Curatus de Marllio	*Marlioz*	xiii	—
Curatus de Bloye	*Bloye*	vii	—
Curatus de Bassie	*Bassy*	vi	—
Curatus de Cologn [iaco]	*Cologni*	vii	—
Curatus de Chissinaz	*Chessenaz*	viii	—
Curatus de Ansignie	*Ansigny*	vi	—

Decanatus Anassiaei

Curatus de Choisy	*Choisy*	xxv	—
Curatus de Andilly	*Andilly*	xvi	—

Curatus de Cupunay	*Copponnex*	xxv	lib.
Curatus de Nuglaz	*Nonglard*	ix	—
Curatus de Espaignie	*Epagny*	xi	— x s.
Curatus de Cosengie	*Sillingy*	xv	—
Curatus de Cisolrigie (Cisolingie?)	*Avregny?*	x	—
Curatus de Ferreres	*Ferrières*	vii	—
Curatus de Villa	*Villaz*	xx	—
Curatus de Navez	*Naves*	xx	—
Curatus de Alonzie	*Allonzier*	vii	—
Curatus de Argunay	*Argonnex*	xii	—
Curatus de Ville Pelous	*Villy-le-Pelous*	vii	—
Curatus de Misignie	*Mésigny*	vii	—
Curatus de Sersier	*Cercier*	xxxi	—
Curatus de Olleriis	*Les Ollières*	xxxii	—
Curatus de Cleriis (Cletis?)	*Les Clefs*	xvi	—
Curatus de Anassiaco Burgo	*Annecy*	xxi	— x s.
Curatus de Grasie	*Crans?*	xxi	—
Curatus de Sancto Jorio	*Saint-Jorioz*	xv	—
Curatus de Mota	*La Motte*	ix	—
Curatus de Comio (Tonno?)	*Thônes*	cx	—
Curatus de Clausa Dei	*La Clusaz*	xvi	—
Curatus de Bornado Magno	*Le G^d-Bornand*	xx	—
Curatus de Manigot	*Manigod*	xv	—
Curatus de Guirier (Givrier?)	*Gévrier?*	xxv	—
Curatus de Alaya	*Alex*	xx	—
Curatus de Sotenay	*Settenex*	xv	—
Curatus de Cons	*Cons*	vi	— x s.
Curatus de Fabricis	*Faverges*	viii	—
Curatus de Sancto Ferreolo	*Saint-Ferréol*	xv	—
Curatus de Lovagnio	*Lovagny*	xv	—
Curatus de Sancto Urso	*Saint-Ours*	vi	— x s.
Curatus de Hoyrie	*Héry-sur-Alby*	xx	—

Curatus de Cusie	*Cusy*	xv	lib.
Curatus de Taloyries	*Talloires*	xviii	—
Curatus de Voyries	*Veyrier*	xl	—
Curatus de Montello (Moncello ?)	*Montcel*	vii	—
Curatus de Duigie (Dingie?)	*Dingy-St-Clair*	ix	—
Curatus de Sancto Donato	*St-Donat (d'Alby)*	ix	—
Curatus de Montone	*Menthon*	xxxii	—
Curatus de Trivuignins	*Trévignin*	vi	—
Curatus de Monte Sancti Martini	*Mont St-Martin*	xxviii	—
Curatus de Marcelay	*Marcellaz*	xxx	—
Curatus de Etercior	*Etercy*	xi	—
Curatus de Muris	*Mures*	x	—
Curatus Sancti Mauritii	*St-Maurice (d'Alby)*	vii	—
Curatus de Calcibus	*Leschaux*	xvi	—
Curatus de Duygii	*Duing*	xii	—
Curatus de Memmin	*Montmin*	vii	— x s.
Curatus de Meytez	*Meitet*	viii	— x s.
Curatus de Pringio	*Pringy*	xvii	—
Curatus de Tullia	*La Thuile*	xvi	—
Curatus de Douczaz	*Doussard*	xiii	—
Curatus de Cuvat	*Cuvat*	xii	—
Curatus de Serraval	*Serraval*	lx	—
Curatus de Veygie	*Vieugy*	xii	—
Curatus de Marlenz	*Marlens*	xlii	—
Curatus de Soyneu	*Seynod*	xxxiiii	—
Curatus de Quintaz	*Quintal*	xiii	— x s.
Curatus de Anassiaco veteri	*Annecy-le-Vieux*	xxx	—
Curatus de Serreriis (Sevreriis ?)	*Sevrier*	xv	— vien.
Curatus de Chapoyrio	*Chapeiry*	xx	—
Curatus Sancti Silvestri	*Saint-Silvestre*	xv	—
Curatus Sancti Eustachii	*Saint-Eustache*	l	—

Curatus de Greysie.......	*Grésy*	xii	lib xs.
Curatus de Meez	*Metz*	xxxii	—
Curatus de Sernay.......	*Cernex*	xxxii	—
Hospitalarius de Droyse ..	(*H. de Droisy*) ...		
Curatus de Sancto Offengio	*St-Offenge-Dessus*	vi	—
Curatus de Mugnaz......	*Mognard*	vi	—
Curatus de Desertis	*Les Déserts*	xvi vienn.—	
Curatus de Vignia (Ugina?)	*Ugine*	xl	—
Curatus de Composta	*La Compôte*	xxv	—
Curatus de Heyrier	*Héry-sur-Ugine*..	xxiiii	—
Curatus de Bella Comba...	*Bellecombe*	xvi	—
Curatus de Scola.........	*Ecole*	xl	—
Curatus de Jarsie	*Jarsy*	xxvi	— x
Curatus de Castellar [io]...	*Le Châtelard*	xxxiii	—vienn.
Curatus de Douciaco......	*Doucy*	xxviii	—
Curatus Sancte Radegunde	*Sainte-Reine*	xxxiii	—
Curatus de Albone[Allione?]	*Aillon*	xxx	—
Curatus de Ariz..........	*Arith*	xx	—
Curatus Sancte Euphemie inferius	*St-Offenge-Dessous*	xviii	—

Decanatus Sallanchie.

Curatus de Nangie	*Nangy*	ix	—
Curatus de Artaz	*Artaz*	xviii	—
Curatus de Mogeveta	*Mégevette*	viii	—
Curatus de Contamina	*Contamine-s-Arve*	ix	—x s.
Curatus Sancti Gervasii...	*Saint-Gervais* ...	xl	—
Curatus de Legier	*Les Getz*	viii	— x
Curatus de Sancto Jorio..	*St-Jeoire en Fauc.*.	x	—
Curatus de Viuz	*Viuz-en-Salaz* ...	xx	—
Curatus de Turre.........	*La Tour*	ix	—
Curatus [Sancti] Sigismundi	*St-Sigismond*....	xxi	—
Curatus Sancti Samoyn...	*Samoëns*........	xvii	— x

Curatus de Fleyrie.........	*Fleirier*	xxviii	lib.
Curatus de Bogœva	*Bogève*	vii	—
Curatus de Arachia	*Araches*	xv	—
Curatus de Thiez.........	*Thiez*	lx	—
Curatus de Filingio.......	*Fillinge*	lx	—
Curatus de Magles........	*Magland*	xvii	— x
Curatus de Verossia	*St-Nicolas de Véroce*..	xxvii	—
Curatus de Mogova.......	*Mégève*	xxxv	—
Curatus de Flumcto	*Flumet*	xix	—
Curatus de Comblaut	*Combloux*	xxii	—
Curatus de Salanchia.....	*Sallanches*	lx	—
Curatus de Passie	*Passy*.	xxxv	—
Curatus de Lacu, Le Lac..	(*hameau de Servoz*)..	vi	—
Curatus de Syensie.	*Scionzier*	xviii	—
Curatus de Ponchie........	*Pontchy*	xvi	—
Curatus de Chamonys	*Chamonix*	xxi	lib.
Curatus Sancti Laurentii..	*St-Laurent*	xiiii	—
Curatus de Bostodioz [Costa? dioz]...............	*La Côte d'Hiot*...	vii	—
Matricularia de Campo Munita	*Chamonix*..	viii	—
Curatus de Marcelaz......	*Marcellaz*	vi	—
Curatus de Pontis Sancti Martini	*Pont St-Martin* ..	vi	—
Curatus Sancti Innocentii..	*St-Innocent*	vi	—
Curatus de Sinterie	*Scientrier*	vii	—
Curatus Sancti Petri Rumill [iaci]..	*St-Pierre de Rumilly*.	xii	—
Curatus de Pacris	*Pers*	xxviii	—
Curatus de Gissie	*Jussy*	xii	—
Curatus de Arantone......	*Arenthon*	xxv	—
Curatus de Cornie........	*Cornier*	xi	— (1)
Curatus de Villa	*Ville-en-Salaz* ...	xxviii	—

(1) S[unt] m[elius] x lib.

Curatus de Bornando parvo	Petit-Bornand ...	xv	lib.
Curatus de Clusis	Cluses	xxxii	—
Curatus de Martign[iaco]..	Marignier.......	xxxv	—
Curatus de Arbusign[iaco].	Arbusigny	xxxiii	—
Curatus de Rignie	Reignier........	xii	—x s.
Curatus Montis Sersonay..	Mont-Saxonnex ..	x	—
Curatus Sancti Ypoliti	St-Polto ou Hippolyte	xx	—
Curatus de Aysia¹........	Ayse	xxxii	—
Curatus de Myoncie	Mieussy	xxxvi	—
Curatus de Colonia [Toloma?].	St-Jean de Tholome..	vi	—
Curatus de Sancto Sixto..	St-Sixt	vii	—
Curatus de Boex[Loex?]..	Loex	vi	—
Curatus de Ruppe........	La Roche	xxx	—
Curatus de Foncign[iaco] .	Faucigny	x	—

Decanatus de Vullien, alias Vollenay.

Curatus de Crusilliaci	Cruseille	l	lib.
Curatus de Boyssey	Bossey	vii	—
Curatus de Foygeres......	Feigères	xii	—
Curatus de Aquarum	Evires	l	—
Curatus de Brenay.......	Bernex	x	—
Curatus de Lullie	Lully	vi	—x s.
Curatus de Moydens......	Neydens	xi	—
Curatus de Villy Loveres [Boveres?].............	Villy-le-Bouveret	xx	—
Curatus de Lancie	Lancy	xv	—
Curatus de Savign[iaco] ..	Savigny	xiii	—
Curatus de Cortign[iaco] ..	Cartigny	vii	—
Curatus Belli Montis......	Beaumont	xii	—
Curatus de Sappeto.......	Le Sapey	xxviii	—
Curatus de Exerto	Essert-Ezéry.....	x	—
Curatus de Ver.	Vers............	xv	—
Curatus de Espagn[iaco] ..	Epagny	vi	—x s.
Curatus de Chucie[Chancie?]..	Chancy	xviii	—x

Curatus de Throna........	*Troinex*	VII	lib.
Curatus de Valleyrie	*Valleiry*	VII	—
Curatus de Virie	*Viry*	XVIII	—
Curatus Sancti Julini.....	*St-Jullien*	XVI	—
Curatus de Humillie......	*Humilly*	VII	—
Curatus de Vullion[aco]...	*Vullionex*	VI	—x
Curatus de Vubens	*Vulbens*	VIII	—
Curatus de Cheynay......	*Chenex*	VII	—
Curatus de Thoreyn	*Thorens*	IIII^{xx}	—
Curatus de Mura.........	*La Muraz*........	XXXIIII	—
Curatus de Lacimay [Lacunay?]	*Laconnex*	XIII	—
Curatus de Groysio.......	*Groisy*	XXXV	—
Curatus de Chavana	*Chavannaz*	XXII	—
Curatus de Thurie [Chivric?]	*Chevrier*	XVI	—x s.
Curatus de Bardonay.....	*Bardonnex*	VI	—x s.
Curatus de Colonges......	*Collonges (Archamp)*..	XV	—
Curatus de Thoyrie	*Thairy*	IX	—
Curatus de Confign[iaco]..	*Confignon*	VI	—
Curatus de Dingie........	*Dingy*	VI	—
Curatus de Compesores ...	*Compésières*	non solvit.	
Curatus de Exerret [Exertet?]................	*Essertet*	VI libr.	

Abbates et abbatisse exempti.

Abbas Alte-Combe........	*Hautecombe*	IIII^c x lib.	vienn. de xxx lib.
Abbas Sancti Supplicii....	*Saint-Sulpice [en Bugey]*	LXX	lib.
Abbas Boni Montis.......	*Bonmont*........	VIII^{xx}	—
Abbas Choysier[iaci]	*Chésery*....	VI^{xx}x	—
Abbas de Stamedio.......	*Tamié*..........	LXX	—
Abbas de Alpibus.........	*Aulps*..........	V^c	—
Abbatissa de Bons	*Bons*	X	—vien.

Abbatissa de Monte........	Sainte-Catherine.	xi	lib.
Abbatissa Boni Loci......	Bonlieu........	lx	—
Abbatissa Belle Rippe.....	Bellerive........	xxx	—
Priorissa de Mœlans......	Mélan..........	l	—
Abbatissa Loci..........	Lieu...........	non taxatur.	

Priores exempti.

Prior de Contamina......	Contamine......	xii^{xx}x lib.	
Prior de Megeva.........	Mégève.........	iii^c	—
Prior de Chamonis.......	Chamonix......	ii^{c}xli	—
Prior Cluse Sancti Bernardi	La Clusaz......	xxiii	—
Prior de Bieuz Supra Albie.	Viuz-la-Chiésaz.	xx	—
Prior de Laya...........	Léaz..........	xx	—
Prior de Felingie........	Sillingy........	xxii	— x s.
Prior de Thiez..........	Thiez (sur Arve).	xxx	—
Prior de Bacins.........	Bassins.........	iiii^{xx}	—
Prior de Brorssins.......	Bursins........	iiii^{xx}	—
Prior de Previssins......	Prévessins......	l	—
Prior de Chindriu........	Chindrieux.....	lv	—
Prior de Villagrandi......	Ville-la-Grand...	xxv	—
Prior de Bonagaita........	Bonneguette.....	xxxv	—
Prior Sancti Victoris......	S^t nisi Saint-Victor [de Genève]....	xx ix^{xx}v	— —
Prior d'Asserens.........	Asserens.......	lxx	—
Prior de Quercu.........	Chêne.........	xl	—
Prior de Villa e Michaillia.	Ville-en-Mich....	l	—
Prior de Dray Leyens.....	Draillans.......	xxv	—
Prior de Vallibus........	Vaulx, ou Veaux	xxii	—
Prior de Russins........	Russin.........	xv	—
Prior Capelle Sancti Roberti	Montcel [Saint-Robert du]....	xxxvi	—
Prior de Rumill[iaco]....	Rumilly en Albanais, [St-Agathe]	xxx	—

Prior de Pomeriis........	Ch. de Pommier.	c	lib.
Prior de Augione........	Ch. d'Oujon.....	xxx	—
Prior de Vallone.........	Ch. de Vallon...	xl	—
Prior Repositorii........	Ch. du Reposoir.	xxi	—
Prior Sancti Innocentii...	Saint-Innocent..	cv	—
Prior de Perroux........	Perroi..........	lx	—
Prior de Pulcris Vallibus..	Bellevaux.......	viii^{xx}	— vien.
Prior de Arveria.........	Ch. d'Arvières...	l	—
Prior de Talissie.........	Talissieu........	vi^{xx}xv	—
Prior de Ferreria........	Ferrières ?......	x	—
Prior de Heyrie	Héry-s-Ugine....	vi^{xx}xv	—
Prior de Ugina..	Ugine..........	c	—
Prior de Allione.........	Ch. d'Aillon.....	xx	—
Prior de Ardone.........	Ardon..........	x	—
Prior Elemosine	l'Aumône (Rumilly).	xv	—

Hospitalarii.

Hospitalarius de Chanay..	Chanay.........	xxxv	—
Hospitalarius de Mussie...	Mieussy.........	xx	— x s.
Hospitalarius de Vulpillieres	Vulpillière?.....	vii	— x —
Hospitalarius de Altevilla..	Hauteville.......	viii	— x —
Hospitalarius Clarmontis..	Clermont.......	xvii	—
Rector domus Templi de Croyset...............	Croyset ?..... ..	xii	— x —
Hospitalarius de Compesieres	Compézières	..	..
Hospitalarius de Droysey..	Droisy..........	..	..
Rettor de Maconay........	Maconnex.......	ix	—
Rettor de Serveta	Servette?........	xxxviii	lib.
Rettor de Coloign[iaco]...	Cologny	xxx	—

Sunt aliqui personatus, quos solvunt curati per imposicionem patronorum indebite, et nunquam solvunt decimam nec assignantur in beneficium, et majorem partem tenet dominus episcopus.

Personagia.

Curatus de Lugn[ino] ou Lugrino........debet.	*Lugrin*........	v sol.
Curatus de Gillie —	*Gilly*..........	VII lib.
Curatus de Boissie —	*Bossy (hameau de Cholex-Bossy)*.	XX —
Curatus de Fernay —	*Fernex*.........	C —
Curatus de Pissiz —	*Pisy*...........	XXX —
Curatus de Guignies —	*Gingins*........	V —
Curatus de Cuynis —	*Coinsins*........	X —

In decanatu Rumill(iaci).

Curatus de Chillie.........	*Chilly*.........	IIII —
Curatus de Musegio......	*Musiège*........	XXX s.
Curatus Sancti Donati de Albie...............	*St-Donat d'Alby*.	XIII s.

In decanatu Annass(iaci).

Curatus de Choisie......	*Choisy*..........	XL sol.
Curatus de Andillie......	*Andilly*.........	L —
Curatus de Copunay......	*Copponnex*.....	LXX —
Curatus de Cosangie......	*Sillingy*........	
Curatus de Alonzie........	*Allonzier*.......	X —
Curatus d'Argunay.......	*Argonnex*.......	X —
Curatus de Vullie Pelious.	*Villy-le-Pellous*..	X —
Curatus de Sersier.......	*Cercier*.........	LXX —
Curatus de Olleriis.......	*Les Ollières*......	XL —
Curatus de Comio [fortè Tonno?]............	*Thônes*.........	XXV ([1])

([1]) Secundum librum Camere.

Curatus de Herte [Herie?]
prope Albie............. *Héry-sur-Alby*... VI lib.
Capella Sancti Anthonii in
Ecclesia Geben[nensi].. *St-Antoine de Gen.* .. ..
Curatus de Voyrie........ *Veyrier*......... VI sol.
Curatus de Duigie........ *Dingy*.......... X —
Curatus de Memone [Mentone?]............... *Menthon*........ XXI —
Curatus de Muris......... *Mures* .. VIII cap. frumenti, XII cap. avene.
Curatus Sancti Mauricii de
Albie .... *St-Maurice d'Alby* XL sol.
Curatus Chapeyrie .... *Chapéry*........ LXX —
Curatus de Tovat [Covat?]. *Cuvat*... . ... XII cap. frumenti.
Curatus de Seyno .... *Seynod*......... VIII sol.
Curatus Sancti Silvestri... *Saint-Sylvestre*.. XXX —
Curatus de Sernay .... *Cernex*......... XXX —
Curatus de Gusie [Cusie]. *Cusy*........... XL —

In decanatu Vullione.

Curatus de Thoyrie........ *Thairy* .... L —
Curatus de Lenaer .... *Lancy?*......... XXX —
Curatus de Savugn[iaco].. *Savigny* ... ... IIII lib. X —
Curatus de Sappeto .... *Sapey* .... XXV —
Curatus de Exer .... *Essert-Ezéry* .... X —
Curatus de Ver .... *Vers.* .... unum modium frumenti.
Curatus Sancti Julini..... *Saint-Julien* .... IIII lib.
Curatus de Duigie [Dingie?] *Dingy-en-Vuache* X sol.
Curatus de Vuibens....... *Vulbens*......... XXX —
Curatus de Chernay ...... *Chenex*......... IIII lib. X —
Curatus de Thoreyn ...... *Thorens*......... C —
Curatus de Mura .... *La Muraz*....... XXV —
Curatus de Mynzie........ *Minzier*......... XX —
Curatus de Lacrunay ..... *Laconnex*....... V —
Curatus de Grueisie ...... *Groisy*.......... L —

Curatus de Colinges	Collonges (arch.)	LX	cap. frumenti bladi.
Curatus de Thuirie[Chivric?]	Chevrier	L	sol.
Curatus de Jonzie	Jonzier	L	—
Curatus de Humill[iaco]	Humilly	X	oct. frumenti.
Curatus de Compeseres	Compesières	XXV	sol.

In decanatu Anamass(iaci).

Curatus de Jussie	Jussy	XL	sol.
Curatus de Villariis	Villard	V	—
Curatus de Anamass[iaco]	Annemasse	XXX	—
Curatus de Prinsingie	Presinge	XX	—
Curatus de Lucingio	Lucinge	XXX	—
Curatus de Sales	Sales	Sex octo bladi.	
Curatus de Cranves	Cranves	XL	sol.

In decanatu Salinch(ie).

Curatus de Artas	Arthaz	XL	—
Curatus Sancti Gervasii	Saint-Gervais ... X	lib.	
Curatus de Sancto Jorio	Saint-Jeoire X	—	
Curatus Sancti Sigismondi	Saint-Sigismond	XXX	—
Curatus de Floyris	Flérier	C	—
Curatus de Arachia	Arache IIII	—	
Curatus de Maglans	Magland	CX	—
Curatus de Clusis	Cluses	XX	—
Curatus de Marign[iaco]	Marignier VI	—	
Curatus de Ruppe	La Roche	X	—
Curatus de Fiagn [iaco] [Fucigniaco?]	Faucigny	XL	—

In decanatu Aling(iaci).

Curatus de Villariis	Villard ou (Villars)	XX	—
Curatus de Ceruens	Cervens	XXX	—

Curatus de Anthie	*Anthy*	VIII lib.
Curatus de Soffie[Fessie?].	*Fessy ?*	XIIII sol
Curatus Belle Persone[Balleysone?]	*Balleyson.*	IX lib.
Curatus Sancti Desiderii..	*Saint-Didier*	V —
Curatus de Machille	*Machilly*	XXX octo frumenti bladi.
Curatus de Amillie [Avullie?]	*Avully*	V lib. cere
Curatus de Bons	*Bons*	XL sol.
Curatus de Novasella.....	*Neuvecelle*	XXX —
Curatus de Miserie.......	*Messery*	XXIIII oct. blad.

75ª

BENEFICIA ET TAXACIONES

decime Maurianensis diocesis

Dominus épiscopus.................. VIII^c lib. viennen.
Prebendæ Sancti Johannis Maurianensis sunt XVIII; et est decanus, cantor et sacrista, qui non taxantur nec habent redditus.

		lib.	sol.	den.
Prebenda Civitatis.	*de la Cité*........	XVI	XV	
Prebenda de Cuyna.	*Cuines*	XII	XVI	VIII
Prebenda de Villariis superioribus	*Saint - Collomban - des-Villards*.....	XVII		
Prebenda de Villario inferiori.	*Saint - Alban - des - Villards*........	XV	VI	
Prebenda Sancti Remigii............	*Saint-Rémy*	XII	XVI	VIII
Alia dicti loci........	—	XII	XVI	VIII

		lib.	sol.	den.
Tertia prebenda ejusdem loci.........	—	XII	XVI	VIII
Prebenda de Traversa	La Traverse (hameau de Thyl)...	XV.	V	
Prebenda Montis Richerii...........	Montricher........	XII	XVI	VIII
Alia prebenda dicti loci.............	—	XII	XVI	VIII
Prebenda Albiciaci..	Albiez............	XII	XVI	VIII
Alia prebenda dicti loci.............	—	XII	XVI	VIII
Prebenda Cluniaci [Tigniaei?]......	Clugny ou Tigny ?[1] hameau de la Chapelle).........	XIIII		
Prebenda de Crosa..	N.-D. du Cruet....	XII	VI	VIII
Prebenda de Rioterio	Rhotherens........	XII		
Prebenda de Ruppecula............	La Rochette.......	VIII	X	

Capelle

Capella Sancte Anne.....	XI		
Pelerine........................	XII	VI	VIII
Capella Sancti Johannis Regis..........	XX		
Capella Sancti Andree..	X		
Capella Sancte Katerine...............	X	III	IIII
Capella Sancti Pe[tri]..	non taxatur.		
Capella Sancti Anthonii...........	non taxatur.		

Prebende Sancte Katerine de Aquabella.

Prepositus pro prepositura.............	XXXI
Idem pro prebenda...................	XVI

[1] V. le Cartul. de Maurienne, *Carta.* n° 105, p. 216 du tom. II des *Documents* de l'Académie de Savoie.

	lib.	sol.	den.
Anthonius Faveonis	xx		
Hugo Sapini	xi	x	
Jo[annes] de Muris	xiii	x	
Jo[annes] de Rupe	xv		
Guillelmus de Grangia	xv		
Jo[annes] Amblardi	xvii		
Amblardus ejus frater	xvi	x	
Cantor, pro redditibus cantorie	x		
Theus[or]arius	xi		
Bonifacius de Augusta	xii		
Prebenda	xiiii	x	
Prebenda Villaris-Largerii ...... *Villar-Léger*	xvi		

Capelle ecclesie Aquebelle.

		lib.	sol.	den.
Capella de Chaudana.	*de la Chaudane*[1] ...	x	x	
Capella parva Sancte Katherine		x		
Abbas Thamedei	*Tamié*	xl		
Abbatissa Bituminis.	*Le Betton*	ii^{c}xii	xv	
Prior Sancti Jul[iani]	*St-Julien*	vi^{xx}iii		viii
Prior Castri Hermel.	*N.-D. de Chatel (près d'Hermillon)*	xl		
Prior Coberie	*de Corbières*[2]	iiii^{xx}		
Prior Sancti Ste[pha-ni] Aquebelle	*St-Etienne d'Aiguebelle*	xxv	vii	viii
Prior Sancte Helene de Miller[iis]	*Ste-Hélène des Millières*	xxv		
Prior Eytonis	*Aiton*	vii^{xx}		

[1] Peut-être une chapelle dédiée à sainte Thècle, qui avait une chapelle au hameau de la Chaudane, paroisse de Valloires, où l'on suppose que la sainte est née.

[2] Hameau de Saint-Pierre de Belleville. Voir sur ce prieuré de Corbières en Hurtières, le Rég. du Sénat de 1685, fol. 108.

		lib.	sol.	den.
Prior Camere.......	La Chambre.......	c		
Prior de Cruce......	La Croix (d'Aiguebelle ?).........	XXIII	XII	VI
Prior Villarii Salete.	Villarsallet........	XX		
Prior Charmussii [Chamussii].... ..	Chamoux.........	VIII^{xx}		
Prior Coysie........	Coise.............	VI^{x}		
Prior Sancte Helene de Lacu..	Ste-Hélène du Lac	XX		
Prior Vallis Sancti Hugonis........ .	St-Hugon (chartreuse de)..	VI		
Prior Allionis.......	Aillon (Chartreuse d').............	XXX		
Prior Sancti Petri de Alavardo..... ...	St-Pierre d'Allevard	L		
Curatus Beezani....	Bessans.	XXXVII	XIII	IIII
Curatus Lancei Villaris....	Lanslevillard.....	XX		
Curatus Lancei Burgi	Lanslebourg.......	XX	X	
Curatus Terminionis.	Termignon........	XV		
Curatus Solenarum [Soleriarum?]...	Sollières?.......	X		
Curatus de Entravachia............ ...	St-Pierre-d'Extravaches............	XVII	XVII	VI
Curatus Auczesii ...	Aussois..........	XX		
Curatus Burgeti.....	Bourget..........	XX		
Curatus Aprilis.....	Avrieux	XXI		
Curatus Amondane..	Modane..........	XVIII	XIII	IIII
Curatus Sancti Andree...............	Saint-André......	XXI		
Curatus Orelle.....	Orelle...........	XXV		
Curatus de Tillia....	Thyl	XXVIII		
Curatus de Beugna..	Beaune..........	XXII		
Curatus Sancti Mi-				

		lib.	sol.	den.
chaelis............	Saint-Michel......	XXII		
Curatus Sancti Martini de Porta.....	Saint-Martin de la Porte..........	VIII		XX
Curatus Sancti Martini ultra Arcum..	St-Martin d'Arc...	X		
Curatus Vallis Maignerii...........	Valmeinier........	IX	XII	VI
Curatus Volovii.....	Valloires.........	XL	XVI	VIII
Curatus Albanen....	Albane...........	XV	X	
Curatus Monti Liveti [Lineti?].........	Mont-denis [1]	XIX		
Curatus Villarii Gondu^n sic...........	Villar-Gondran ...	XX		
Curatus Albiaci juvenis...............	Albiez-le-Jeune....	XV		
Curatus Albiaci Veteris.............	Albiez-le-Vieux....	XXV		
Curatus Montis Rotondi...........	Montrond.........	XII		
Sancti Johannis de Arva...........	St-Jean d'Arves...	XLIII	VIII	IIII
Sancti Saturnini de Arva...........	St-Sorlin d'Arves..	XXIII	X	
Villarii Ramberti...	Villarambert......	XXIIII		
Curatus Fontis Cooperti............	Foncouverte.......	XX		
Curatus Sancti Pancracii............	St-Pancrace.......	X	VIII	IIII
Curatus Sancto Jarr[ia]ci...........	Jarrier...........	XIX		
Curatus Beate Marie Civit[atis]........	N.-D. de la Cité (de St-Jean de Maurienne)	X		

[1] V. le *Cartul. de Maurienne*, pp. 69 et 137.

		lib.	sol.	den.
Capitulum Mauri[anense] pro dicta curia	Saint-Jean de Maurienne [1]	XXVI		
Curatus Sancti Martini de Hemel	Saint-Martin d'Hermillon	XIII	X	X
Curatus Pontis Amalfrodi	Pontamafrey	XI	VI	VIII
Curatus Montis Varnerii	Montvernier	XI		
Curatus Montis Pascalis	Montpascal	XII		XX
Curatus Montis Aymonis	Montaymon	XII		
Curatus Montis Gillafredi	Montgelafrey	XIII	VI	VIII
Curatus Beate Marie de Cuyna	Ste-Marie de Cuines	IX		XX
Curatus Sancti Stephani de Cuyna	Saint-Etienne de Cuines	IX		XX
Curatus Sancti Albani de Villariis	St-Alban des Villards	IX		
Curatus Sancti Colombani	St-Colomban	X		
Curatus Sancti Remigii	St-Rémy	XXVI		
Curatus de Capella	La Chapelle	XIII	VI	
Curatus de Aypera	Epierre	X	X	
Curatus de Argentina	Argentine	XXI	XV	X
Curatus Sancte Albane de Urteriis	St-Alban d'Hurtières	XII	XVIII	X
Curatus Sancti Georgii de Urteriis	St-Georges d'Hurtières	XI	V	

[1] *Ibid.* pp. 13, 296, 297.

		lib.	sol.	den.
Curatus Monti Sapeti	*Montsapey*	XIII	VI	VIII
Curatus Boni Villareti	*Bonvillaret*	XVI	X	
Curatus Boni Villarii	*Bonvillard*.........	XVIII		II
Curatus Beate Marie de Milleriis[1]	*N.-D. des Millières*..	..	..	..
Curatus Sancte Helene de Lacu.....	*Ste-Hélène du Lac*..	XIIII		VII
Curatus de Milleriis.	*Les Millières*......	XIIII	XI	VIII[1]
Curatus de Chamoiseto	*Chamousset*	XIIII	VI	VIII
Curatus Castri Novi.	*Chateauneuf*	XV	XVI	VIII
Curatus Burgi Novi..	*Bourgneuf*.	X	XVIII	IIII[2]
Curatus Podii Galterii	*Saint-Jean-Pied (ou Puy) Gautier*....	X		
Curatus de Sociato [Sociaco ?].......	*St-Pierre de Soucy.*	XIX	VII	VIII
Curatus Montis Gilberti	*Montgilbert*	X	III	IIII
Curatus Villarii Arins...	*Villard d'Héry*.....	X	XIIII	II
Curatus Villarii Largerii	*Villar-Léger*.......	XIIII	VII	VI
Curatus de Cruce...	*La Croix de la Rochette*	XI	X	
Curatus Musterii, aliàs Mostereti....	*Le Moutaret*	XIIII		
Curatus de Rupecula	*La Rochette*... ...	XII	VI	VIII
Curatus Ponceti(Ponteti ?)............	*Le Pontet*.........	IX	XV	X
Curatus Tabulæ....	*La Table*.........	XVI		

[1] *Secundum lib[rum] Camere.*
[2] *Unita Abbatiœ Bituminis.*

		lib.	sol.	den.
Curatus de Stabulis.	*Etable*......	XII	VI	VIII
Curatus Furnellorum	*Fourneaux*			
Curatus de Braniano (Bramano ?)......	*Bramans*..........			
Curatus Sancti Juliani.............	*St-Julien*			
Curatus Montis Richerii............	*Montricher*........			
Curatus Beate Marie Castri Hucel	*N.-D. du Châtel*[1] ..			
Curatus Sancti Sulpitii.............	*de St-Sulpice (hameau de St-Rémy)*			
Curatus Sancti Apri.	*St-Avre*			
Curatus Camere....	*La Chambre*.......			
Curatus Sancti Martini supra Cameram	*Saint-Martin de la Chambre*........			
Curatus Beate Marie de Croso.........	*N.-D. du Cruet*....			
Curatus Tigniaci....	*Tigny (hameau de la Chapelle)*			
Curatus de Corberia.	*Corbières (St-Jacques de)*[2]........			
Curatus de Randera.	*Randens*..........			
Curatus Oythonis...	*Aiton*..			
Curatus Moncyonis (Montyonis?). ...	*Monthion* [3]			
Curatus Beate Marie de Aquabella.....	*Aiguebelle*			
Curatus Sancti Ste-				

[1] *Cart. de Maur.* cartæ n° 1, notes 5 et 6 ; et n° 100, note 1.
[2] V. Besson : *Preuves*, p. 480, charte n° 112.
[3] Le diocèse de Maurienne remontait donc, sur la rive gauche de l'Isère, jusqu'à Monthion (et Grignon) inclusivement.

	lib.	sel.	den.

phani de Aquabella *Aiguebelle* ....
Curatus Ponteti in
   Monte acus .... *Le Pontet-en-Huile.*
Curatus Burgeti in
   Monte acus ...... *Le Bourget-en-Huile*
Curatus Camissii,
   (Camusii?) .... *Chamoux* ....
Curatus de Roconens
   (Rotorens?) .... *Rotherens* ....
Curatus de Pratella-
   rum .... *Presles* ....
Curatus Villarii Sa-
   leti .... *Villard-Salet* ......
Curatus Campi Lau-
   rencii .... *Champ-Laurent* ....
Curatus Montis En-
   drici .... *Montendry* ....
Curatus Bituneti .... *Betonnet.* ....
Curatus Alte Ville ... *Hauteville* ....
Curatus de Coysie ... *Coise* ....
Curatus Sancte He-
   lene de Lacu ..... *Ste-Hélène du Lac.*
Curatus de Chamba-
   ne,(aliàs)Chavanne *La Chavanne* ......
Curatus Planesie ... *Planaise.* ....

75ᵇ

BENEFICIA ET TAXACIO

Decime civitatis et diocesis Tarantasiensis.

		lib.	sol.	den.
Dominus Archiepiscopus	*L'Archevêque.*	VIIᶜ	L	
Canonici regulares..	*les Chanoines réguliers*	IIᶜ	XL	
Canonici seculares..	*les Chanoines séculiers*	C		
Archidiaconus.......	*l'Archidiacre*	V	V	
Ecclesia de Tignes..	*Tignes*.............	VII	X	
Ecclesia Sanctæ Fidis	*Sainte-Foy*	XV	VII	VI
Ecclesia de Villaro Orgerii	*Villaroger*	VII	X	
Ecclesia de Monte Vellexano........	*Mont-Valesan*	VI	X	
Ecclesia de Sexto...	*Séez*...............	XVIII	XV	
Ecclesia Sancti Mauricii..	*Le Bourg-Saint-Maurice*	XL		
Ecclesia Alteville...	*Hauteville-Gondon.*	VII	VII	VI
Ecclesia Landris....	*Landry*...........	VI		
Ecclesia de Peysey..	*Pesey*.............	X	II	VI
Ecclesia de Bellentro	*Bellentre*	XXV		
Ecclesia de Capella..	*Les Chapelles*......	XVII	X	
Ecclesia de Mascoto.	*Macot*	VII	X	
Ecclesia de Ayma...	*Aymé*.............	XV		
Ecclesia de Sancto Martino Ayme....	*St-Martin d'Ayme*..	XX	X	
Ecclesia de Graveriis				

---

[1] In libro Camere dicitur : VII lib. x sol.

		lib.	sol.	den.
[Graneriis ?]	*Granier*	VII		
Ecclesia de Longa Fide	*Longefoy*	IIII	XV	
Ecclesia de Villeta	*Villette*	XII	X	
Ecclesia de Monte Girodo	*Montgirod*	VII	X	
Ecclesia de Prato	*N.-D. du Pré*	VII	X	
Ecclesia de Sancto Marcello	*St-Marcel*	VIII		
Ecclesia de Villareto	*Villaret*	Nichil		
Ecclesia de Altacuria	*Hautecourt*	IX	XV	
Curatus de Musterio	*Moûtiers*	X	X	
Prior de Sancto Albano	P{r} *de St-Alban*	XV	XV	
Prior de Sancto Michaelo	P{r} *de St-Michel*	XXII	X	
Prior de Sancto Martino	P{r} *de St-Martin*	XXV		
Ecclesia de Champaniaco	*Champagny*	VIII	X	
Ecclesia de Bocellis	*Bozel*	XVIII	X	
Ecclesia de Sancto Bono	*St-Bon*	XII	XV	
Ecclesia de Perreria	*La Perrière*	IIII	X	
Ecclesia de Sancto Germano	*St-Germain*	VI		
Ecclesia de Foisset supra Salinum	*Fessons-sur-Salins*	Nichil		
Ecclesia de Salseria	*La Saulce*	Nichil		
Ecclesia de Sancto Martino Belleville	*St-Martin de Belleville*	XXIIII	XV	
Ecclesia de Sancto Johanne de Bellavilla	*Saint-Jean de Belleville*	XXII	X	

		lib.	sol.	den.
Ecclesia de Costa...	St Laurent de la Côte..	VII	X	
Ecclesia de Allodiis..	Les Allues.........	XXIIII		
Ecclesia de Bosco...	Le Bois..........	Nichil		
Ecclesia de Bellecombe............	Bellecombe.......	VI		
Ecclesia de Avanchoriis.............	Les Avanchers.....	XV	XV	
Ecclesia de Duciaco.	Doucy...........	IX	VI	VIII
Ecclesia de Sancto Eugendo........	St-Oyen	IIII	X	
Ecclesia de Brianczone............	Briançon [N.-D. de]	..	.	
Ecclesia de Celeriis..	Celliers..........	V	XX	
Ecclesia de Bonavalle	Bonneval..........	..	..	
Ecclesia de Pussiaco	Pussy...........	VI		
Ecclesia de Civino et de Rognay.......	de Cevins et de Rognaix.........	IX	VII	VI
Ecclesia S^{ti} Ypoliti..	St-Paul (ou Hippolyte)..........	VI	XV	
Ecclesia de Exteris [Essertis?]......	Essert-Blay	V	XV	
Ecclesia de Aqua Blanca..........	Aigueblanche	VII	XI	III
Ecclesia de Cors et de Ozay	Grand-Cœur [Cœur d'en deça]¹.....	VII	X	
Ecclesia de Villari Girolli..........	Villargerel........	IIII	X	
Ecclesia de Navis...	Nâves	X		
Ecclesia de Cors de Lay	Petit-Cœur²......	VII	X	
Ecclesia de Feisser	Feissons-sous-Brian-			

---

¹ Cœur d'en deça, (en patois *dessay*), par rapport à Moûtiers.
² Cœur d'au delà, (en patois *delay*), par rapport à Moûtiers.

		lib.	sol.	den.
inferiori........ ..	çon.		LXXV	
Ecclesia de Bastia...	La Bâtie..........	XII	X	
Ecclesia de Sancto Prato [Grato?]....	St-Grat de Tours ?.	IIII	X	
Ecclesia de Conflenco	Conflans...	X		
Ecclesia de Ventone.	Venthon.	VI		
Ecclesia de Villars..	Le Villard-de-Beaufort.	VII	X	
Ecclesia de Sancto Maximo	Beaufort [Saint-Maxime de]....,	XVI	X	
Ecclesia de Alta Locia	Hauteluce ,........	XVIII	XV	
Ecclesia de Queio...	Queige	VI		
Ecclesia de Marcodo [Martodo?].......	Marthod ......,...	XXV		
Ecclesia de Tenoysso..,.............	Thénésol..........	IX	XV	
Ecclesia de Alûpda [sic]............,...	Allondaz..........	XL	V	
Ecclesia de Mercuriato ....,...	Mercury ....,...	XL	V	
Ecclesia de Plancherina.............	Plancherine.......	IIII	X	
Ecclesia de Gemiliaco	Gemilly...	VI		
Ecclesia de Verreno.	Verrens..	CXII	VI	
Ecclesia de Clariaco.	Cléry........	IIII	X	
Ecclesia de Sancto Vitali............	St-Vital..........	VIII	X	
Ecclesia de Turnone.	Tournon..........	V		
Ecclesia de Gilliaco.	Gilly	IX	VII	VI
Ecclesia de Sancto Sigismundo.	St-Sigismond	VII	X	
Ecclesia hospitalis propre Conflençum	l'Hôpital, près de Conflans........	XII	X	

		lib.	sol.	den.
Ecclesia de Pallude..	*Pallud*............	xv		
Domus biciminus[Bituminis].........	*Abbaye du Beton*...	xii		
Domus Stamedei....	*Abbaye de Tamié*..	..	..	..

75°

BENEFICIA ET TAXACIONES

Decime civitatis et diocesis Sedunensis.

	lib.	sol.
Dominus episcopus....................	iiii^c	
Decanus Valerie pro decanatu........ *Décanat de Valère*.	xl	
Decamus Valerie pro prebenda.........	v	x
Decanus sedunensis pro decanatu..... *Décanat de Sion*..	lxx	
Sacrista pro sacristia et prebenda	xvii	x
Cantor pro cantoria et prebenda..... ...	xv	x (a)
Sunt xxiii prebende alie, quælibet taxata.		c

Item sunt octo canonie, quarum una taxatur x lib., — alia ix lib., — alia vi lib., — alia vi libr., — alia l sol., — alia lx sol., — alia c sol., — et alia lx sol. —

Sequntur altaria inferiora et sancti Theodoli :

	lib.	sol.
Magnum altare sancti Thedoli (sic)......	vi	
Parvum altare sancti Theodoli..........		l

(a) Alias xvii lib. secundum librum cameræ.

	lib.	sol.
Beati Johanis Euvangeliste..	vi	
Beati Silvestri.......................	iiii	
Beati Nicholai.......................	iiii	
Beati Jacobi.....................	vi	
Beati Bartholomei....................	iiii	x
Beatorum Petri et Pauli..............	iiii	
Capella Sancti Pauli.............	v	
Capella Sancti Stephani..............	v	
Marticularius........................	vi	
Beate Marie Magdalenes in ecclesia inferiori	v	
Sequntur altaria in Valeria .... *Valère*...........		
Altare-corporis Christi ....•...	xiiii	
Altare Beati Nicholai	iiii	
Altare Beati Michaelis.................	iiii	
Altare Beate Johanis.................	iiii	
Altare Beati Marie-Magdalenes..........	iiii	
Sequitur decanatus Superior...........		
Curatus de Conches. *Conches*..........	xx	
Rector beate Katherine	xxx	
Curatus de Bran........	lx	
Curatus de Aragnon. *Ærnen ?*	xxx	
Vicarius ejus........	viii	
Rector beati Severini *Saint-Séverin*.....	xx	
Curatus Morgie.... *Morge*	xx	
Vicarius.......	v	
Curatus de Narres.. *Naters*...........	iiii xx	
Vicarius ejus...............	xiiii	
Curatus de Simplono *Simplon*..........	v	
Curatus de Vespie... *Visp (Viège)*......	lxviii	
Vicarius ejus	xiiii	
Curatus de Thouson..................	xii	
Curatus de Pratoborno *Praborgne(Zermatt)*	v	

		lib.	sol.
Capella de Buella..................		LXX	
Curatus de Arognye		XX	
Vicarius ejus......................		VIII	
Prior de Castellionis	*Chatillon*	XIII	
Curatus de Liech...	*Louèche*..........		LXX
Curatus de Loute...	*Leuz*	LX	
Curatus de Laques..	*Lacques*	XX	
Curatus de Villa....................		V	
Curatus de Sirra....	*Sierre*		LXX
Curatus de Gironde.	*Géronde*.........	V	
Prior de Hilies, pro-rebus quas tenet apud Suro.......	*Val d'Illiez ?*.......	IIII	
Curatus de Granges.	*Granges*	XIII	
Prior de Granges....	*Granges*	IX	
Prior de Lens.......	*Lens*	XV	
Prior de Ayenc......	*Ayent*............	XIII	
Curatus de Ayenc...	*Ayent*	V	
Curatus Sancti Leonardi..............	*Saint-Léonard*	IIII	
Curatus de Germisua	*Grimisuat*.........	V	
Curatus Amvisii.....	*Anniviers ?*........	XX	
Curatus de Vercore.	*Vercorin*	IIII	X
Curatus de Chaler...	*Chaley*............	V	
Curatus de Grona...	*Grône*	VIIII	
Curatus de Bremosio	*Bramois*	IIII	
Curatus de Nas.....	*Nax*...............	X	
Curatus de Ervens..	*Héremence*........	XX	
Curatus de Vex.....	*Vex*	XV	
Curatus de Magy....	*Mage*.............	V	
Curatus Sedunensis.	*Sion*..............	XX	
Curatus Sancti Germani	*Savièse*	XII	X
Curatus Concegii....	*Conthey*..	XV	

		lib.	sol.
Vicarius ejus..................			xl
Curatus de Vertro...	*Vétroz*............	vii	x
Curatus Ardinensis..	*Ardon*............	xx	
Prior de Clayes, Clage	*St-Pierre de Clages*.	xx	
Curatus de Leycron (Leytron?)......	*Leytron*............	x	
Curatus de Sallion..	*Saillon*..........	viiii	
Curatus de Fullio...	*Fully*............	xiiii	
Curatus de Nemda..	*Nendaz*...........	xx	
Curatus de Rida....	*Riddes*............	x	
Curatus de Saxon...	*Saxon*............	iiii	
Prior Martign (ia) ci.	*Martigny*.........	xxx	
Curatus Sancti Branchii...............	*Saint-Branchier*....	xx	
Curatus de Villugio..	*Vollège*..........	v	
Curatus de Bagnies.	*Bagnes*............	xv	
Capella de Bagnies..	*Bagnes*............	iiii	
Curatus de Orseres..	*Orsières*..........	xii	x
Curatus de Lides....	*Liddes*............	vii	x
Curatus de Burgo Montisjovis.......	*Bourg Saint-Pierre*.	x	
Personnatus Intermontium........	*Entremont*........		xl
Abbas Sancti Mauricii.............	*Saint-Maurice*.....	iii^{c}lx	
Curatus de Servans.	*Salvan*..........		l
Curatus Sancti Mauricii...........	*St-Maurice*........	vii	x
Curatus de Chuez...	*Choëx*............	v	
Curatus de Tribus Torrentibus.....	*Trois Torrents*.....	v	
Curatus de Illies....	*Val d'Illiez*........	viii	
Curatus de Columberio............	*Collombey*........	x	

		lib.	sol.
Curatus de Mura....	*Muraz*............	v	
Curatus de Viona...	*Vionnaz*..........		l.
Curatus de Vubrie..	*Vouvry*...........	v	
Prior Portus Valesii.	*Port-Valais*.......	v	
Curatus de Chosel..	*Chessel*..........	v	
Curatus de Novavilla	*Noville*..........	v	
Rector seu prior domus Allii.........	*Aigle*............	x	
Curatus Allii.......	*Aigle*............	xii	
Curatus de Ormone.	*Ormonts*.........	v	
Rector domus Alevi.	*Arvey*............	vi	
Curatus Aloni......	*Ollon*............	vi	
Curatus de Bacio....	*Bex*..............	xxv	
Curatus de Belmont.	*Huemoz ?*........	v	
Capella de Grion....	*Grion*............		ix

75^d

BENEFICIA ET TAXACIO

Decime Civitatis et diocesis Augustensis.

	lib.	sol.
Dominus Episcopus................	III^c	
Capitulum......................	II^c	
Prepositura....................	cv	(¹)
Archidiaconnus	xl	
Magister Jornis.................	xx	

(¹) Secundum librum camere.

	lib.	sol.
Francer de Boiza	XVII	X
P. de Ponte	XX	
Anth. de Billens	XV	
P. de Ruysan	XV	
Reynerius de Septimo	XV	
Martinus de Bugella	XV	
Gorius de Bersatoribus	XV	
P. de Chalant	X	
Villelmus Grenodi	XV	
Ja. de Estrambuy	X	
P. Sariodi de Turre	XXV	
Archidiaconus pro prebenda sua	XV	
Prepositus	XVIII	
P. de Giliis	XIII	X
Anth. de Layaval	XII	X
P. Pape	XVI	
P. Sariodi	XV	
Aymo de Anysio	XV	

Capelle.

Prebenda Altaris Sancti Vincentii	X	
Prebenda Altaris Sancti Petri	XII	
Johannes de Vallecalterio	IX	
Domini Jorri	X	
Domini Jo. Duc	IX	
Domini Joffredi	XI	
Domini Marci	IX	
Domini Jo. de Pontesio	IX	

Ecclesie parrochiales.

Primo Tullia	*La Thuile*	XX
Diderius	*Pré St-Didier*	XVIII
Curia major	*Courmayeur*	XXXV

		lib.	sol.
Moriacum............	*Morgex*............	xxv	
Sala................	*La Salle*..........	xxx	x
Derbia..............	*Dreby*.............	xii	x
Aurisium............	*Arvier*............	xxv	
Cyvoyez.............	*Avise*.............	xxx	
Arnerium............	*Arnaz*.............	xvi	x
Intro...............	*Introd*............	xv	
Voux................	*Ozcin (ou Bosse?)*..	xvi	x
Cognia..............	*Cogne*.............	xxx	
Sancta Maria Castri Argenti..........	*(N.-D. de Chatel-Argent?)*..........	l	
Sanctus Leodegarius	*St-Léger (d'Aimaville?)*.....	xx	
Sanctus Martinus de Amavilla........	*St-Martin (d'Aimaville)*..........	xv	
Jovenczant..........	*Jovençau*..........	x	
Villa en Granczant..	*Valgrisanche*......	x	(¹)
Granczant...........	*Gressan*...........	xlv	
Sanctus Petrus Castri Argente......	*St-Pierre (de Chat. Argent?)*.......	xx	
Jo. Auguste.........	*St-Jean d'Aoste*....	xxv	
Sanctus Ste[phanus] Auguste.........	*St-Etienne d'Aoste*.	x	
Gignyoc.............	*Gignod*............	xx	
Sanctus Remigius....	*St-Rémy*...........	xx	
Escrobles...........	*Etroubles*.........	xv	
Doma................	*Diemoz*............	xii	x
Vallis pellina......	*Valpelline*........	xv	
Sanctus Xpistoforus.	*St-Christophe*.....	xlv	
Quarcum (Quartum?)	*Quart*.............	xv	
Sanctus Marcellus...	*St-Marcel*.........	xx	
Fenicium............	*Fénis*.............	xl	

(¹) Alias xii lib. x sol. secumdum librum camere.

		lib.	sol.
Sanctus Denisius...	St-Denis..........	x	
Varaye	Verraye..........	xx	
Tornion	Torgnon..........	x	
Antey	Antey (St André ou la Madelaine d').	xv	
Chastellion........	Chatillon	x	
Sanctus Vincentius.	St-Vincent.......	xx	
Sanctus Germanus..	San Germano[Monte di].	xvii	
Publey	Publey ?.........	xii	
Agacium..........	Ayaz............	xii	
Breczon	Brusson..........	xv	
Villa en Challant....	Challant..........	xvi	
Arnandum	Arnaz...........	xxv	
Eyssagny	Issogne	xii	
Champorchier	Champorcher......	xiv	
Hona.............	Hône............	xx	
Donatum..........	Donaz	xxiv	
Villesia........ ...	Vissey ?.........	xxv	
Sossinia (Sossima?).	Issime?..........	xviii	

Priores diocesis Angustensis

Prior Sancti Ursi Sax	St-Ours..........	iii^c	
Prepositus Sancti Egidii.............	St-Gilles (de Verrès)	cl	
Prior Sancti Benigni.	St-Benin ou Benigne	vi^{xx}	
Prior Sancti Jacobi.	St-Jacques d'Aoste.	lxxii	
Prior de Chavanes..................		iiii^{xx}	
Prior de Nuns......	Nus	xl	
Prior Sanctæ Helene	Ste-Hélène	l	
Prepositus.........	Le Prévot (de Montjoux?).........	cv	

75ᵉ

BENEFICIA ET TAXACIO

Decime civitatis et diocesis Bellicensis

		lib.
Episcopus Bellicensis	*Belley*	VIᶜ
Abbas Sancti Sulpicii	*St-Sulpice*	VIII^{xx}X
Capitulum Bellicense	*Le chap. de Belley*..	VIᶜ
Abbatissa de Bons ..	*Bons*	XXX
Prior Bellicensis	*Le Prieur de Belley*	XVI
Sacrista Bellicensis .	*Le Sacristain*	XX
Decanatus Bellicensis	*Décanat de Belley* ..	

non taxatur nec valet aliquid, sed habet ecclesiam Albigniaci annexam et taxatur infra.

Camerarius	*Le Camérier*	X
Infirmarius	*L'Infirmier*	X
Thesaurarius.	*Le Trésorier*	X
Prior de Saysiaco ...	*De Chézery*	LX
Prior Yenne.	*Yenne*	IIᶜXXX
Prior Consiaci	*Conzieu*	VIII^{xx}
Prior Ynimontis	*Inimont*	VII^{xx}
Prior de Lupino	*Lepin*	XXX
Prior Sancti Benigni	*St-Beron*	LXX
Prior Pontis Bellivicini	*Pont-de-Beauvoisin*	XL
Prior Sancti Genesii.	*St-Genix*	VI^{xx}
Prior de Corbelino ..	*Corbelin*	LX
Prior de Ordenaz	*Ordonnaz*	XLV

		lib.
Capellanus Bellicensis.............	Le Chapelain de Belley...........	x
Capellanus de Arandaz.............	Arandaz..........	xviii
Capellanus de Argil et de Ta.........	Argis............	xx
Capellanus de Evogez	Evoges..........	xxx
Capellanus de Longa Comba..........	Longecombe......	xv
Capellanus de Pramillieu et de Rumeys...........	Prémillieu et Rumeys............	xx
Capellanus Rossillionis................	Rossillon.........	xx
Capellanus de Viriaco	Virieu-le-Grand...	xvii
Capellanus de Tusiaco (Cusiaco?).....	Cusieu...........	xiii
Capellanus de Bons..	Bons............	x
Capellanus de Sancto Campo...........		x
Capellanus de Massigney...........	Massignieu de Rires	xv
Capellanus de Vatagio	Vattages..........	xx
Capellanus de Themilliaco.........	Thézillieu?......	xv
Capellanus de Contreuos...........	Contrevoz........	xx
Capellanus de Anderto..............	Andert..........	x
Capellanus Sancti Germani.........	St-Germain-les-Paroisses..........	xx
Capellanus de Amblaone...........	Ambléon.........	xx
Capellanus Petre Castri..............	Pierre-Chatel......	xx

		lib.
Capellanus de Colomiaco	*Colomieu*	XII
Capellanus de Consiaco	*Conzieu*	XX
Capellanus de Albigniaco	*Arbignieux*	XX
Capellanus de Peyriaco	*Peyrieu*	XVIII
Capellanus de Ysiaco	*Isieux*	X
Capellanus de Cordone	*Cordons*	XIII
Capellanus de Billiona	*Billième*	XV
Capellanus de Cheveluto	*St-Jean de Chevelu*	XXII
Capellanus de Oncest	*Ontex*	X
Capellanus de Sancto Paula (*sic*)	*St-Paul-sur-Yenne*	XX
Capellanus de Yenna	*Yenne*	XXX
Capellanus de Mayriaco	*Meyrieux*	XXII
Capellanus Sancti Johannis de Novalesia	*Novalaise*	X
Capellanus de Troyria (Troysia?)	*Traize*	XV
Capellanus de Loysieu	*Loisieu*	X
Capellanus de Gerbayrio	*Gerbaix*	XXV
Capellanus de Ayiis et de Dullers	*Ayen et Dullin*	XX
Capellanus de Oncins	*Oncin*	XXX
Capellanus de Bochia	*La Bauche*	VII
Capellanus de Sancto Franco	*St-Franc*	VIII

		lib.
Capellanus de Ruppe Forti............	*Rochefort*......·...	xv
Capellanus de Grisino.............	*Gresin*............	xvii
Capellanus de Sancto Mauriaco........	*St-Maurice de Rotherens*...... ..	xiiii
Capellanus de Champaigniaco........	*Champagneux*.....	xx
Capellanus de Genesii..............	*St-Genis*..........	xx
Capellanus de Auriciaco (Avriciaco?).	*Avressieux*........ ...	xxx
Capellanus de Bello Monte...........	*Belmont*..	x
Capellanus Sancti Albini..........	*St-Albin de Vaulserre*............	x
Capellanus de Augusta.............	*Aoste*.......... ..	x
Capellanus de Chimillino...........	*Chimilin*.........	x
Capellanus Pontis Bellivicini.......	*Pont-de-Beauvoisin*	x
Capellanus de Brideria..............	*La Bridoire*.......	x
Capellanus de Avellana.............	*St-Jean d'Avellane*.	x
Capellanus de Preysini'.............	*Pressins*..........	x
Magister Grangie d'Oncins.........	*Grange d'Oncin*....	xx
Pro grangia de Fraytariva et de Bueria	*de Fryterive et de (La Buisse ?)*....	iiii^{xx}
Pro grangia de Euresof	*Anglefort?*...... .	vi^{xx}

		lib.
Prior de Burgeto, pro redditibus de Oncest.............	Le Prieur du Bourget pour les revenus d'Ontex.....	LX
Abbas Sancti Reneberti.............	l'abbé de St-Rambert.............	IIII^{xx}
Infirmarius Sancti Reneberti........	Infirmier de Saint-Rambert........	VI
Prior Portarum.....	Prieur de Portes ..	IIII

76

Edouard, comte de Savoie, ratifie le contrat d'échange du prieuré de Saint-Hippolyte sur Aix, contre certains biens situés dans la vallée de Suze, (échange fait en 1307 entre le comte Amé V, père d'Edouard, et l'abbé de Saint-Just-de-Suze).

(1327).

(Déc. : chap. V, notes 218 et 219.)

Instrumentum abbatis Secusiæ super ratificatione sibi facta per Dominum.[1]

Anno a nativitate domini millesimo tercentesimo vigesimo septimo, indictione decima, die decima sexta mensis januarii, per hoc præsens publicum instrumentum cunctis appareat evidenter quod cum illustris et magnificus vir dominus Amedeus bonæ memoriæ quondam comes Sabau-

---

[1] *Archives de la Chambre des Comptes.* — Protocole de Jean Raynaud, an. 1322 et suiv.

diæ et in Italia Marchio pro se et successoribus suis permutasset et ex causa permutationis perpetuæ cedisset tradidisset concessisset venerabili in Christo patri domino Henrico, Dei Gratia abbati monasterii Sancti Justi de Secusia, Thaurinensis diocesis, recipienti pro se et successoribus suis nomine dicti monasterii nec non domini Sancti Justi de Secusia jurisperito procuratori et procuratorio nomine conventus dicti monasterii res infrascriptas sitas in Valle Secusiæ videlicet: villam quæ dicitur de Foresto et Fonctumania [cum?] juribus et pertinentiis suis et jus quod idem dominus comes habebat in villagiis Montis Pancerii et toto Monte Pancerio. Item jus quod habebat in villagiis et territorio de Mediana. Item vineam de Mediana, quæ quondam fuit Bartholomei Pistoris cum grangia prato et arboribus interpositis nec non nomina jura rationes et actiones quæ et quas idem dominus comes habebat et habere poterat in dictis villis et locis de Foresto, Fonctumania de Monte Pancerio et in prædictis et traditis et concessis. Versa vice, prefati dominus abbas procuratoris nominibus quibus supra tradidissent et concessissent dicto domino comiti pro se et successoribus suis recipienti et ex causa permutationis predictæ res infrascriptas, videlicet prioratum Sancti Hypoliti de Aquis Gratianopolitanensis diocesis cum omnibus et singulis universaliter rebus et bonis ad ipsum prioratum pertinentibus prout de prædicto plenius constat per quoddam publicum instrumentum manu Petri Francisci de Viviaco notarii publici currente in eo anno domini millesimo tercentesimo septimo, inditione quinta, die decima quinta decembris. Itaque abbas et conventus monasterii supra dicti requirerent illustrem et magnificum virum dominum Edouardum nunc comitem Sabaudiæ et in Italia marchionem filiumque et hæredem dicti domini Amedei quondam, quatenus ratificare laudare et approbare dignaretur dictum permutationis contractum et omnia et singula in instrumento ipsius permutationius contenta, quodque cogere et cogi facere omnes feudatarios et vassallos habentes feuda et bona intra terminos dictarum villarum et rerum permutatarum ut esse ad faciendum eidem domino abbati fidelitates et ad respondendum et usagiandi de prædictis juribus feudis et rebus prout alias mandatum extiterat per dictum dominum Amedeum quondam comitem, ut in ipsius patentibus litteris continetur et juxta formam permutationis prædictæ; dictus vero dominus Edouardus nunc comes dicebat se prædicta nolle facere nec debere sed potius dictum permutationis contractum retractare et res prædictas dicto monasterio traditas et permutatas ad manus ipsius domini comitis reducere velle pro eo quod idem dominus comes dicebat et asserebat dictam permutationem non valuisse nec fieri potuisse in sui præjudicium cum ipsi jam emancipato per dictum suum patrem ante permutationem prædictam donasset simpliciter et inter vivos dictus dominus Amedeus pater ipsius totum comitatum Sabaudiæ et totam terram suam retento solummodo usufructu, et pro eo quod dicebat suum comitatum Sabaudiæ enormiter læsum fuisse in permutatione predicta cum Reverendo dicto domino abbati, res traditæ longe plus valeant quam res prædicto domino comiti traditæ per dictum dominum abbatem. Ex adverso a parte dicti domini abbatis dicebatur et proponebatur dictum dominum comitem teneri ad observantiam contractus prædicti non obstantibus objectionibus supra dictis pro eo quod posito quod dictus dominus Amedeus dicto domino Edouardo jam emancipato dictam donationem, fecisset, est tamen ipse dominus Edouardus hæres dicti domini Amedei quondam ejus patris, propter quod tanquam hæres ratum habere debet factum dicti domini Amedei, nec contra ipsum venire potest et de evictione tenetur si dicto domino abbati evincerentur res supra traditæ in causa permutationis prædictæ, et quem de evictione tenet actio eundem agens repellit exceptio. Dicebatur etiam ex parte dicti abbatis quod idem dominus abbas res prædictas justo titulo tenuit et possedit atque prescripsit per spacium viginti annorum aut circa, ipso domino Edouardo sciente et non contradicente, et quod dictus contractus fuit legitime et solemniter celebratus et de voluntate et autoritate summi Pontificis et absque dicti domini comitis et comitatus aliqua læsione, quibus rationibus et aliis quam pluribus ex parte dicti domini abbatis dicebatur et asserebatur dictum dominum Edouardum nunc comitem teneri ad concessionem petitorum per ipsum dominum abbatem et observantiam contractus permutationis prædictæ. Tandem dictus dominus Edouardus comes volens annuere petitioni et requisitioni dictorum domini abbatis et conventus et eisdem jura sua et dicti monasterii totaliter illæsa servare, ad instantiam et requisitionem viri venerabilis fratris Humberti de Ruppecula monachi elemosinarii et scindici dicti monasterii, ut dicitur, et mei notarij infrascripti ut publicæ personæ stipulantis requirentis et recipientis et ad opus dictorum domini abbatis et conventus et monasterii supra dicti pro se et successoribus suis dictam permutationem et omnia et singula in instrumento dictæ permutationis contenta laudavit, ratificavit, confirmavit et approbavit atque de novo concessit, prout melius et firmius de jure potuit permutari pro se hæredesque suos et successores universales et singulares jam dicto notario infrascripto quo supra nomine stipulanti dictum permutationis contractum et omnia et singula in contractu dictæ permutationis contenta rata et firma perpetuo habere, tenere nec contrafacere vel venire per se vel per alium aliqua causa vel ratione de jure vel de facto, et res in dicto permutationis contractu contentas universaliter et singulariter dicto monasterio manutenere et deffendere et præstare omnia quæ dictus ejus pater promiserat ut in instrumento ipsius permutationis plenius continetur. Mandans insuper idem dominus comes per hoc præsens publicum instrumentum omnibus et singulis hominibus vassallis et feudatariis ad quos pertinet quod prædictam permutationem ut supra feuda et alia bona habent tenent et possident quatenus eidem domino abbati et eius successoribus fidelitates et homagia faciant usagiant et obediant, prout hactenus obedire consueverant dicto domino Amedeo quondam comiti ante permutationem prædictam et prout in instrumento dicte permutationis plenius continetur; volens etiam et præcipiens ipsos ad hæc cogi per Ballivum Vallis Secusiæ et Castellanum Secusiæ, vel ipsorum alterum, eo modo poterint forciari quotiescumque per dictum dominum abbatem super hoc fuerint requisiti. Deinde dictus dominus comes pro prædictis et pro jure quod se in dictis rebus habere dicebat confessus fuit et publice recognovit se a dicto domino abbate habuisse et recepisse et sibi numeratos esse ducentos florenos de Florentia boni auri bonæ [monetæ?] et justi ponderis. Renoncians extra dictorum ducentorum florenorum non habitorum non receptorum, et pecuniæ non numeratæ et omni actioni et exceptioni doli in factum et condictioni sine causa et quæ non possit dicere vel opponere in prædictis læsionem aliquam intercessisse vel aliquam aliam exceptionem juris vel facti et omni privilegio et rescripto impetrato et impetrando et generaliter omni juris auxilio canonici et civilis scripti et non scripti quo mediante conveniri posset, laudavit etiam confirmavit et approbavit dictus Edouardus comes prædictus quandam compositionem seu transactionem olim factam inter dictum dominum comitem Amedeum et dictum dominum abbatem post permutationem prædictam super quibusdam discordiis et ratione dictæ permutationis et aliis quibusdam causis oriebantur inter dictum dominum comitem Amedeum et dictum dominum abbatem prout continetur in quodam instrumento publico de dicta compositione confecto per manum Girodi de Nocuyday, de Aquiano, notario publico diœcesis Gebenensis, currente in eo anno domini millesimo tercentesimo decimo quinto indictione decima tertia et die veneris ultima mensis januarii. Promittens idem dominus Edouardus comes per juramentum pro se et suis in notarii stipulantis [præsentia ?] ut supradictam compositionem et omnia et singula in ipsius instrumento contenta rata et firma habere perpetuo et tenere et non contra facere vel venire per se vel alium de jure vel de facto, renuncians omnibus exceptionibus et juribus supra scriptis et aliis quibuscumque palam vel clam super scripta sic deffendere observare et adimplere promisit ut supra et ad sancta Dei Evangelia corporaliter tacta juravit; versa vice dictus Scindicus scindicario nomine prædicto promisit per solemnem stipulationem et sub obligatione dicti monasterii dicto domino comiti stipulanti pro se et suis prædictam permutationem et compositionem super contentis in dicta permutatione factam, et omnia et singula in ipsius instrumentis contenta, rata grata et firma habere perpetuo et tenere et nunquam contra facere vel venire nec impedimentum apponere seu apposuisse quo minus ipsa omnia plenissime obtineant roboris firmitatem sub obligatione omnium bonorum dicti monasterii restitutione et refusione damnorum et interest litis et extra, præcipiens idem dominus comes de prædictis per me notarium infra scriptum tot fieri publica instrumenta quot a me fuerint requisita quæ sigillentur sigillo ipsius domini comitis ad majoris roboris firmitatem, ita quod ipso sigillo apposito vel non, sigillo rupto vel non, nilominus præsens instrumentum plenissimam obtineat roboris firmitatem. Actum est hoc in castro Camberiaci ubi testes ad hæc vocati fuerunt et rogati dominus Egidius Richardi miles, dominus Petrus de Claro-Monte dominus Aurelianæ et ipsius domini comitis vice cancellarius, et dominus Humbertus de Castelleto curatus Baijaci villæ.

Ensuite de la commission de la souveraine Chambre des Comptes de Savoye du 22 present mois signé par le seigneur conseiller d'Estat de Son Altesse Royale et second président en ladite Chambre le seigneur De Oncieu contresigné Domenget mise sur requête présentée par les Révérends doyens, chanoines et chapitre de Nostre-Dame d'Aix, a esté par moy Jean Chastellain, conseiller de Son Altesse Royale et clavaire de ladite chambre soubsigné procedé à l'extrait du contrat cy dessus tiré du prothocolle de Joannes Reynaud; de l'année 1322 et des années suivantes, et après deue collation faitte sur ledit prothocolle j'ay expedié le present suivant ma dite commission aux dits sieurs Doyen, Chanoines et Chappitre de Nostre Dame d'Aix pour s'en servir ainsy et comme ils verront à faire sans préjudice des droits de Son Altesse Royale et de tous tiers non ouis, a Chambéry le vingt deux juin mil six cent quatre vingt et huit, signé Chastellain.

77

Serenissimi principis Humberti Dalphini donatio cunctorum Lacuum cum piscatura illorum sitorum in mandamento Bellecombe loco vulgariter dicto *Ad abissos* in favorem Fratrum Predicatorum Gratianopolis, ad terminum 3000 annorum. [1]

26 novembre 1337.

(*Dec.* : chap. XII, note 75.)

Humbertus Dalphinus Viennensis, Dux Campisauri, Vienne Comes et Albonis ac Palatinus. Notum facimus quod nos pro nobis heredibus ac successoribus nostris piscaturam totam omnium et singulorum lacuum nostrorum existentium in Abissu in mandamento Bellecombe dilectis nostris carissimis Fratribus Predicatoribus conventus Gratianopolis usque ad trium millium annorum futurorum pro temporum successione terminum damus et concedimus, ipsos

---

[1] Folio 8, *Verso*, du *Cartulaire (ms) des Frères Prêcheurs*, aux archives de l'évêché de Grenoble. — Page 40 du même Cartulaire publié en 1870 à Romans, par M. l'abbé U. Chevalier.

investientes per presentes litteras et ponentes eos in dicta piscatura nunc et in posterum loco nostro; mandantes et precipientes expresse Castellano nostro Bellecombe moderno pariter et futuris vel eorum locum tenentibus quathenus dictos fratres vel eorum procuratores aut nuncios in possessionem dicte piscature ponant realiter et inducant, eosque piscari et de piscatura facere ad eorum libitum per se vel per alium pacifice potiantur et fortes faciant manuteneant et deffendant in piscatura predicta. *Datum Gratianopoli* sub annulo secreto una cum alio nostro sigillo die vigesima sexta mensis novembris, anno domini millesimo tercentesimo trigesimo septimo. Reddantur littere portitori. Per dominum orethenus, Humbertus Pilati.

78

Union au prieuré de Clarafont de l'église Mouxy qui dépendait auparavant du prieuré de St-Hippolyte sur Aix.[1]

13 février 1344.

(*Déc.* : chapitre IV, note 20. — Chap. V, note 219. — Chap. XIV, note 162. — Chap. XV, notes 17 et 17 *bis)*

In nomine Domini amen. Anno Nativitatis eiusdem Domini millesimo tercentesimo quadragesimo quarto, indictione duodecima, die decima tertia mensis februarii, per hoc præsens publicum instrumentum cunctis tam præsentibus quam futuris appareat manifestum quod cum venerabilis religiosus vir dominus Franciscus de Chinino prior prioratus de Clarisfontibus gratianopolitensis diœcesis dudum ut as-

---

[1] Archives du Sénat; Reg. ecclés. de 1627.

serit exposuerit Reverendo in Christo patri et domino Joanni Dei et apostolicæ sedis gratia gratianopolitensis ecclesiæ episcopo, et capitulo eiusdem ecclesiæ insimul congregatis in unum, quod reverendus in Christo pater dominus Henricus abbas monasterii Sanctis Justi de Secusia taurinensis diocesis, ordinis Sancti Benedicti, autoritate Sedis Apostolicæ, specialiter sibi primitùs indulta permutavit homines vassallos jura et alia bona quæcumque pertinentia ad prioratum Sancti Yppoliti de Aquis gratianopolitanensi diocesis ad dictum monasterium pleno jure spectantia pro eo quia ab ipso monasterio nimis distare dignoscebatur et ex certis causis aliis cum nonnullis villis hominibus redditibus juribus et bonis aliis potentis principis domini Amedei quondam comitis Sabaudiæ præfato monasterio magis utilibus, retento tamen in eadem permutatione mandato Sedis Apostolicæ quod propter eandem permutationem ecclesia dicti prioratûs Sancti Yppoliti debitis obsequiis non fraudetur, sed quod facerent ibidem dictus dominus abbas et ejus conventus prædictus perpetuo congrue deserviri, et salvo excepto et retento eidem domino abbati et eius successoribus jure patronatûs in perpetuûm ecclesiæ et in ecclesia de Mouxiaco gratianopolitanensis diocœsis eadem permutatione non obstante prout hæc et plura alia in quodam *Vidimus* facto sub publica forma ut prima facie legebatur in eodem et scripto manu Roberti de Epersic imperiali autoritate notarii publici sub anno domini milesimo tercentesimo quadragesimo tertio, quod incipit a secunda linea *aliis* et finit in eadem *apparere* cum subscriptione duorum notariorum publicorum vedelicet Domengeti Tioudi et Jacquemeti de Villario de Tresserva autoritate imperiali notariorum publicorum eorumque signis propriis una cum subscriptione Officialis chamberiensis in fine junctarum et sigilli curiæ dicti Officialis chamberiensis in cera rubra impendentis sigillatis. Exposuit etiam idem dominus prior de Clarisfontibus quod dominus abbas et conventus monasterii prædicti

solvere consueverunt curato vel priori ecclesiæ Sancti
Yppoliti prædicti pro sui sustentatione anno quolibet semel
sex solidos turonenses grossos argenti et quædam alia onera
eidem ecclesiæ Sancti Yppoliti incumbentia supportare;
et curatus dictæ ecclesiæ de Mouxiaco consuevit nomine
pensionis annuæ solvere dicto monasterio Sancti Justi prædicti decem et octo solidos viennenses bonæ monetæ prout
Reverendus P. dominus Martinus nunc abbas monasterii
prædicti asseruit in instrumento facto super donatione dicti
patronatus prædicta fore vera; proposuit etiam idem dominus
prior quod præfatus dominus Martinus abbas prædictus
consideratis et diligenter attentis laboribus propter distantiam locorum dicti prioratus Sancti Yppoliti a monasterio
predicto et expensis neccessarie faciendis et curati aliis oneribus pro eadem ecclesia Beati Yppoliti supportandis, et pro
utilitate et commodo dicti sui monasterii habito diligenti
tractatu cum suo conventu, jus patronatus prædictum jam
dictæ ecclesiæ de Mouxiaco dictamque annuam pensionem
una cum juribus rationibus omnibus et singulis eidem domino abbbati et sui conventus predicti competentibus in et
pro dicta ecclesia de Mouxiaco cedit transtulit et concessit
prout melius de jure potuit fieri eidem domino Francisco
priori prioratus de Clarisfontibus præsenti et recipienti nomine suo et dicti sui prioratus pro se et successoribus in perpetuum in dicto prioratu, et pro eo quia idem dominus prior de
Clarisfontibus qui nunc est et pro tempore fuerit inibi prior
prædicta onera sustentationis et alia quæcumque predictæ
Sancti Yppoliti ecclesiæ et pro ipsa a tempore dictæ donationis incumbentia in perpetuum solvere teneatur pro dictis
domino abbate et suis monasterio et conventu et prout ipsi
dominus abbas et ejus conventus ante eandem donationem
et translationem tenebantur. Acto tamen ut idem dominus
prior asserebat in eadem donatione inter dominos abatem
pro sua parte et eundem dominum priorem ex altera quod
dictus dominus abbas pro se et suis succesoribus teneatur

et debeat perpetuo solvere pro rebus dicto monasterio datis in cambium per supradictum dominum comitem decimam papalem quandocumque et quotiescumque continget in diocesi Taurinensi. Requirens etiam idem dominus abbas ut dominus prior prænominatus asserebat dominum gratianopolitanensem episcopum prædictum ut ipse tanquam diocesanus predictæ donationi et translationi per ipsum dominum abbatem et ejus conventum factis eidem domino priori de Clarisfontibus dignaretur præbere consensum et autoritatem et suum interponere decretum prout prædicta idem dominus prior continere dicebat in quodam publico instrumento recepto per Robertum de Expersiaco imperiali autoritate notarium publicum sub anno domini millesimo tercentesimo quadragesimo tertio die decima octava mensis decembris et grossatum manu Jacquemini de Villario de Tresserva notarii publici coadjutoris ejusdem Roberti et prout in eodem instrumento prædicta continentur. Quod instrumentum idem dominus prior exhibuit et ostendit ad legendum contenta in eodem eidem domino episcopo et capitulo predicto, dictusque vero gratianopolitanensis episcopus prædictus attenta requisitione dicti domini abbatis ut in eodem instrumento dicitur continere et supplicatione domini præfati prioris de Clarisfontibus donationem et translationem jurium rerum et bonorum commutationem ut præfertur factas per dictum dominum abbatem et ejus conventum priori et prioratui prædicto de Clarisfontibus, consideratis causis prædictis dictæ donationis pro parte eiusdem domini abbatis allegatis et aliis justis causis quæ eundem dictum dominum gratianopolitanensem episcopum movebant, laudavit, rattificavit et approbavit dictas donationem concessionem et translationem et in eisdem suam interposuit autoritatem et decretum. Protestato tamen et retento per eundem dominum episcopum et concesso per ipsum dominum priorem quod si reperiatur nunc vel in futurum quandocumque jus patronatus dictæ ecclesiæ de Mouxiaco vel quæcumque alia contenta in donatione et concessione eisdem pertinere eidem domino episcopo gratianopolitanensi et ecclesiæ suæ quod omnia et singula jura sibi et ecclesiæ prædictæ competentia et competitura in eisdem semper illibata remaneant et illæsa persistant non obstantibus confirmatione et approbatione decreti prædictis per ipsum factis. Ita tamen quod prædictus dominus prior de Clarisfontibus et prioratus ejusdem in illo casu ad prædicta onera supportanda minime teneantur.

Postquam supplicavit dictus dominus prior eidem domino episcopo humiliter et devote ut dictam ecclesiam de Mouxiaco cum ipsius juribus, reditibus et obventionibus quibuscumque unire et annexare dignaretur priori et prioratui prædictis de Clarisfontibus. Requirens etiam humiliter dictum capitulum et personas ejusdem capituli ut in eadem unione per eundem dominum episcopum faciendam suum præstare dignaretur expressum consensum ex justis causis alias propositis et declaratis per eundem dominum priorem et ut dicebat in præsentia dictorum dominorum episcopi et capituli quæ causæ unionis prædictæ faciendæ sunt et fuerunt expositæ per eundem dominum priorem videlicet quia a tempore prædictæ permutationis factæ per dictum abbatem et eius conventum cum dicto domino quondam comite Sabaudiæ longis temporibus et diversis pro juribus papalibus nuntiis cuiuslibet et aliis certis causis dicta ecclesia Sancti Yppoliti sepe stetit ecclesiastico supposita interdicto, quia cum ibidem non esset prior volens seu potens solvere onera jura et debita ibidem assignata et solvi taxata, dictusque dominus abbas et ejus conventus qui onera prædictæ ecclesiæ prioratus prædicti supportare tenebantur et in ecclesia ejusdem prioratus in divinis facere deserviri et animarum parrochianorum curam gerere, etiam præfatis multum distent ab eadem gratianopolitani diosesis, nec etiam cogi possent ad solutionem et observationem præmissorum autoritate ordinaria ejusdem domini gratianapolitanensis episcopi, cum idem dominus abbas et ejus conventus exemti existant ob quam etiam causam interdictorum dicta ecclesia est diminuta pluribus parrochianis suis. Item dicta ecclesia de Mouxiaco ultra modum opprimitur juraque ejusdem ecclesiæ et possessiones quam plurimum sunt occupata per potentes et personas alias aliarum partium quæ recuperari et defendi nequeunt per impotentiam curati ipsius ecclesiæ de Mouxiaco et quæ tamen deffendi reintegrari et recuperrari possent faciliter eadem facta unione per prænominatum dominum priorem de Clarisfontibus. Item etiam quia nisi fieret eadem unio dictus dominus prior non posset commodè supportare onera dictœ ecclesiæ Sancti Yppoliti incumbentia, et quæ quidem ecclesia una cum dicto jure patronatus ad eosdem dominos abbatem et monasterium hactenus pertinebant et idem jus patronatus cum oneribus prædictæ ecclesiæ præmissis Sancti Yppoliti translata fuerunt in eundem dominum priorem de Clarisfontibus. Item etiam quia idem dominus prior concedit eiusdem sui prioratus nomine ex causa unionis huiusmodi quod in eadem ecclesia de Mouxiaco instituatur Vicarius perpetuus ab eodem domino episcopo idoneus ad præsentationem ejusdem domini prioris cui ipse dominus prior teneatur providere in omnibus ut decet et exigit negotium, nec non etiam unum alium presbyterum in eadem ecclesia de Mousie in divinis deservientibus et residentibus tenere et sibi in necssariis providere, in qua quidem ecclesia de Mousie non consuevit residere nisi unicus et solus sacerdos curatus. Item quod dominus episcopus de consensu venerabilium et religiosorum virorum dominorum Athenulphi de Balma decani majoris dictæ ecclesiæ gratianopolitanensis, Guigonis de Comeriis decani Sancti Andree in Sabaudia, Petri de Royno archipresbiteri de Ultra-Draco, Aymonis de Claysio, Aymari de Arciis prioris de Eleemosyna, Hugonis de Comeriis infirmario, Francisci de Chesio prioris de Rupe, Guigonis Boverii operarii, Petri Clavelli chabiscolli, Petri Bouduyni, Michodi de Matringio, Guigonis Paneti et Joannis de Arciis canonicorum prædictæ ecclesiæ gratianopolitanensis in revestiario ipsius ecclesiæ ubi consuetum est tenere capitulum ibidem insimul congregati et ibidem una cum dicto domino episcopo existentium pro summaria informatione recipienda super causis jam dictis et eadem unione facienda commissis idem dominus Episcopus de consensu prædictorum dominorum canonicorum vices suas discretis viris dominis Petro de Bucorione priori Sinardi, Petro Bouduyni canonico eiusdem ecclesiæ gratianopolitanensis et super prædictis causis allegatis per eundem dominun priorem et præpositis et quæ etiam se facturum offerebat summarie se informarent diligenter, et eadem facta informatione per eosdem recepta vel per alium seu per alios ab eisdem deputandi eidem domino episcopo referrent quid reperirent super præmissis dicti quod domini commissarii per se et alios testes quos recipi et examinari fecerunt per venerabiles viros dominum Johannem Magnin curatum Sancti Leodegarii, Joannem Ansermum notarios commissarios ab eisdem specialiter deputatos et super receptione et examinatione testium autoritate prædicta super præmissis recipiendis et examinadis, dictique domini Joannes et Joannes Ansermi notarii depositiones testium per eosden super eisdem recceptis in scriptis redactis suisque sigillis fideliter interclusis remiserunt eisdem dominis Petro de Bucurione et Petro Bouduyni. Et quia eisdem dominis commissariis constitit per inquisitionem factam prædictam super prædictis quod dicta unio eiusdem ecclesiæ de Mousic licite fieri posset per præfatum dominum episcopum et adhuc etiam hæc et de novo referunt coram dicto domino episcopo et capitulo præmisso videlicet eandem unionem ex eisdem causis superius allegatis et aliis etiam quæ movere possunt et debent eumdem dominum episcopum, dictam unionem fieri posse debere licite et canonice: idcirco prænominati domini Atenulphus de Balma decanus maior, Guigo de Comeriis decanus Sancti Andree in Sabaudia, Aymo de Claysio, Petrus de Royno archipresbiter de Ultra-Draco, Hugo de Comeriis infirmarius, Franciscus de Chaisio prior de Rupe, Guigo Boverii operarius, Aymaro de Arciis prior de Helemosina Sancti Hugonis, Petrus Clavelli chabiscoli, Petrus Bouduyni, Nicodus de Matringio, Guigo Paneti et Joannes de Arciis canonici ecclesiæ gratianopolitanensis prædictæ in unum insimul congregati more solito in revestiario ecclesiæ prædictæ gratianopolitanensis ubi est consuetum tenere per prænominatos dominos canonicos capitulantes tam super dicta unione quam super corum aliis negociis ut asserebant et capitulum facientes ibidem omnes simul et unanimiter consenserunt et consensum unanimum ex eisdem causis præmissis præbuerunt et præbent supplicantes prænominati canonici eidem domino episcopo ibidem præsenti ut ipsam unionem facere velit et ecclesiam prædictam de Mouxiaco prædicto priori et eius prioratui de Clarisfontibus cum ipsius ecclesiæ juribus obventionibus et pertinentiis universis et singulis nunc et in perpetuum quando tamen eidem domino episcopo videbitur eandem unionem expediens fore faciendam. Sane prænominatus dominus Joannes episcopus gratianopolitanensis prædictus pensatis per eundem ut dicebat tractatibus permutationibus donationibus supplicatione informatione relatione tractatu et consensu capituli subsequuto et aliis omnibus et singulis præmissis nec non omnia alia et singula quæ in dicta unione et pro ea facienda eminent utilia quantum sibi ab Alto concessum est sollicitationis studio cupiens intendere gratiose prædicta benignivolentia prosequi amplioribus commodis ecclesiarum prædictarum de Mousie prioratus Sancti Yppoliti et Clarisfontis sibi subjectarum, idcirco ex causis præmissis et quia eidem domino episcopo apparet ut asserit ratione dictæ unionis si fiat augmentatibur cultus divinus et officium divinorum quem augmentare desiderat, reparabitur ecclesia dicti prioratus Sancti Yppoliti, quæ est omnino diruta, regimini gubernationi et saluti animarum parochianorum subiectorum eidem prioratui Sancti

Yppoliti providebitur, juraque episcopalia decanalia papalia et alia præmissa commode persolvi poterunt per dictum dominum priorem de Clarisfontibus, nec non jura possessiones et bona dictæ ecclesiæ de Mousie si qua perdita existant vel diminuta per impotentiam curati loci eiusdem faciliter recuperari et reintegrari poterunt dictæ ecclesiæ per priorem et prioratum de Clarisfontibus, attento namque dictam donationem juris patronatus dictæ ecclesiæ de Mousie per eundem dominum abbatem pro supportandis oneribus sustentatione servitiorum dictæ ecclesiæ Sancti Yppoliti quæ onera præmissa et provisionem dictus dominus prior commode cessante unione prædicta supportare nequiret debita meditatione præmissorum per eundem dominum episcopum pensata autoritate sua episcopali diocesana dictam parrochialem ecclesiam de Moussie cum eius ecclesia de Mouxiaco plena proprietate et cum omnibus et singulis rebus bonis decimis oblationibus obventionibus ad ipsam ecclesiam spectantibus cum consensu capituli sui prædicti univit et annexit dicto priori et prioratui de Clarisfontibus sub modificationibus, protestationibus, conventionibus et retentionibus infrascriptis eisdem unione robore firmitatis et perpetuo valituram post tempus spontaneæ renonciationis seu obitus naturalis domini curati et rectoris qui nunc est ecclesiæ prædictæ de Mousie, cujus curati et rectoris jura in eadem ecclesia volumus non obstante huiusmodi unione permanere illæsa. In primis fuit actum protestatum retentum conventum et solemniter ordinatum in eadem unione et inter eundem dominum episcopum præsentem stipulantem solemniter et recipientem nomine suo et successorum suorum in dicto episcopatu ex parte una, et eundem dominum Franciscum priorem prædictum solemniter permutantem et concedentem pro se et suis successoribus in dicto prioratu de Clarisfontibus ex parte altera, qui ex causa unionis prædictæ vel prædictam per eundem dominum episcopum factæ nulli alii preiudicium generetur, sed iura sua cuicumque reserventur illæsa. Item fuit actum protestatum retentum conventum et solemniter ordinatum inter partes prædictas ut supra quod si reperiretur dictam ecclesiam de Mousie fuisse unitam mensæ episcopali seu jus patronatus eiusdem ecclesiæ fuisse donatum vel concessum per dominum abbatem Secusiensem prædictum per dominum comitem Sabaudiæ quondam vel aliquem eius prædecessorum seu per prænominatum dominum abbatem Secusiensem vel per aliquem prædecessorum eius ad quem seu quos jus patronatus ipsius ecclesiæ dicebat pertinere, quod hæc præsens unio ecclesiæ predictæ de Mouxiaco submissio seu incorporatio cum ipsius juribus prædictis facta prioratui prædicto nulla sit, et nunc ut ex nunc pro nulla et pro non facta habeatur, et quod eo casu idem dominus Joannes episcopus gratianopolitanensis qui nunc est vel qui pro tempore fuerit gratianopolitanensis episcopus dictam ecclesiam de Mousie cum ipsius juribus pertinentiis, proventibus et escheutis quibuscumque quantum in ipso prioratu est expensis suis sibi restitui per dictum dominum episcopum compensatis obventionibus emolumentis perceptis per dictum dominum priorem cum oneribus recipere possit idem dominus episcopus sua propria autoritate habere et tenere etiam jure quæsito et non vocato ad prædicta per eundem dominum episcopum seu eius mandato priorem prioratus de Clarisfontibus prædicti, ita tamen actum conventum ac etiam concessum per dictum dominum episcopum qui in illo casu idem dominus prior sive prioratus eiusdem de Clarisfontibus ad prædicta sive infrascripta onera supportanda in aliquo minime teneatur posteaquam omnia concessit idem dominus prior de Clarisfontibus pro se et suis successoribus in dicto suo prioratu, retento et semper salvo jure in præmissis domini abbatis Secusiensis. Item fuit actum conventum et concessum inter partes prædictas ut supra quod dictus dominus prior de Clarisfontibus qui nunc est et pro tempore fuerit digne et laudabiliter faciet dictæ ecclesiæ de Mouxiaco in divinis deservire, et quod pro servitio divino ibidem celebrando teneatur et debeat idem dominus prior de Clarisfontibus et eius successores in futurum perpetuo teneantur et debeant ibidem tenere et habere duo sacerdotes continue residentes quibus sacerdotibus teneatur idem dominus prior qui nunc est vel pro tempore fuerit in victu et vestitu et de quo possit competens ibidem tenere hospitale honorifice et competenter providere prout exigit status sacerdotum huiusmodi, quorum unus præsentandus per eundem dominum priorem instituendus in vicarium perpetuum ibidem instituatur per dictum dominum episcopum gratianopolitanensem dum tamen idoneus fuerit, et tempore statuto a vacationis tempore vicariatus huiusmodi præsentetur. Alioquin si idem prior negligens fuerit in præsentando vicario hujusmodi idem dominus episcopus jure suo diocesano eundem vicarium perpetuum ibidem illa vice instituere possit. Acto etiam quod si super provisione victu et vestitu hujusmodi presbyterorum vel alterius eorum de consensu pro vestitu vel provisione præmissorum sacerdotum ullo unquam tempore questio oriretur inter dominum priorem qui nunc est vel qui pro tempore fuerit et sacerdotem seu sacerdotes qui ibidem pro tempore ponentur et erunt in dicta ecclesia de Mouxiaco, qui prior et priores ipsius prioratus qui ibidem pro tempore fuerint teneantur et sint efficaciter obligati dare et solvere sine aliqua contradictione sacerdoti et sacerdotibus ibidem residentibus pro prædictis provisione et vestitu omne id et quidquid præciperit et ordinaverit dominus gratianopolit. episcopus qui nunc est vel qui pro tempore ibidem fuerit, et hoc quotiescumque questio seu rancura huiusmodi orietur inter aliquos vel aliquem ex dictis presbiteris ex parte una, et dictum dominum priorem qui nunc est vel pro tempore fuerit ex parte altera ; et qui vicarius gerat curam parrochianorum eiusdem ecclesiæ de Mouxiaco et in sui institutione vicariatus eidem domino episcopo jura præstare teneatur in talibus opportuna et fieri consueta.

Item fuit actum protestatum concessum et conventum inter partes prædictas ut supra quod idem dominus prior teneatur in futurum et perpetuo solvere et supportare omnia et singula dictæ ecclesiæ Sancti Yppoliti onera papalia, episcopalia, archiepiscopalia sinodi decanatus censas servitia onera legatorum curiarum et nuntiorum Apostolicæ Sedis tallias collectas et alia quæcumque onera in quibus et ad quæ idem prioratus Sancti Yppoliti tenetur vel reperiretur teneri de jure vel consuetudine cuicumque, et præsertim teneatur idem dominus prior ratione prioratus memorati Sancti Yppoliti procuratorem prout decet et exigi ut consuevit et potest a priore prioratus Sancti Yppoliti antequam esset cum domino comite facta permutatio solvere procurationem domini episcopi prædicti diocesani ratione visitationis nec non et subsidium eidem domino episcopo in casu in quo prior prioratus eiusdem ecclesiæ Sancti Yppoliti diocesis gratianopolitanensis tam jure quam gratia præstarent subsidium domino episcopo gratianopolitanensi qui pro tempore fuerit solvere teneatur dominus prior prædictus pro eodem prioratu subsidium cum casus prædicti orientur, et idem de domino decano Sancti Andree in Sabaudia. Item quod dictus dominus prior de Clarisfontibus pro se et suis successoribus in dicto suo prioratu promitit et se expresse obligavit et obligat solvere indemne ecclesiam gratianopolitanensem pro prioratu Sancti Yppoliti de decima papali quoties continget eam levari pro præmissis. Item quod omnia et singula ad quæ prioratus Sancti Yppoliti tam ratione talliarum subsidiorum procurationum censarum servitiorum et alia quæcumque potuerunt reperiri tenere tam de tempore ipsius domini episcopi quam eius predecessoris ipsi domino episcopo vel eius certo nuntio seu mandato vel eius successoribus infra festum Paschæ proxime solvere teneatur, solutionesque factas a tempore permutationis per dominum abbatem prædictum cum domino comite Sabaudiæ de prædictis ostendere ipse dominus prior de Clarisfontibus si quæ factæ sunt teneatur, et si de præmissis aliqua questio vel dubium oriretur voluit et vult ipse dominus prior stare cognitioni domini prioris Sancti Donati qui nunc est qui parte vocata possit ordinare ut melius dictare poterit. Item fuit actum concessum et retentum inter partes prædictas ut supra et præmissum ac etiam supra Sancta Evangelia iuratum per dictum dominum priorem de Clarisfontibus quod ipse idem dominus prior prædicta omnia et singula superscripta et infrascripta facit et fecit de expresso consensu assensu et consilio venerabilis religiosi viri domini Burnonis de Chinino prioris prioratus Sancti Jorii in Sabaudia diocesis gratianopolitanensis proximi superioris sui et capituli eiusdem nec non et quod idem dominus prior de Clarisfontibus prædicta omnia universa et singula prædictum dominum priorem de Sancto Jorio de voluntate sui capituli, laudare, approbare, ratificare, confirmare et observare facere prout superius continetur eidem domino priori de Clarisfontibus et suis successoribus in dicto prioratu suo cum effectu facere et procurare teneatur.

Prædicta autem omnia et singula prout superius sunt acta gesta concessa retenta scripta promissa et enarrata per præfatum dominum episcopum ex parte una, et dictum dominum priorem de Clarisfontibus ex altera, promisit et ad sancta Dei Evangelia corporaliter manu tacta juravit idem dominus prior de Clarisfontibus pro se et suis successoribus in dicto prioratu sub expressa obligatione et ypotheca omnium bonorum suorum præsentium et futurorum et dicti sui prioratus, nec non bonorum reddituum quorumcumque prædictæ ecclesiæ de Mousiaco servare attendere pariter et complere et nunquam contrafacere vel venire, de quibus omnibus universis et singulis supra et infrascriptis præceperunt et requisiverunt prænominati dominus episcopus et domini decanus sancti Andreæ in Sabaudia et prior prioratus de Clarisfontibus et specialiter idem dominus decanus et in quantum tangit eum et decanatum suum prædictum fieri per me notarium publicum infrascriptum tria vel plura publica instrumenta eiusdem tenoris quos habere voluerunt dictæ partes quorum unum habeat idem dominus episcopus aliud idem dominus decanus et aliud idem dominus prior de Clarisfontibus, quæ possunt dictari, corrigi, refici et meliorari producta in judicio vel non producta ad consilium unius vel plurium sapientium facti tamen substantia non mutata, sigillisque eorundem dominorum episcopi et venerabilis sui capituli prædicti et ipsius domini decani Sancti Andreæ appositione munita in robur et testimonium omnium et singulorum præmissorum. Actum apud Gratianopolim in domo episcopali videlicet in capella superiori præsentibus ipso domino decano sancti Andreæ in Sabaudia, dominus Franciscus de Chesio prior de Rupe, Guigo Boveri operario ecclesiæ Gratianopolitanensis, Petro Bouduyni, Michodo de Matringio, Hugo de Royno canonicis prædictæ ecclesiæ Gratianopolitanensis et venerabilibus et discretis viris dominis Petro de Bucurione priore Sinardi viennensis diocesis, Joanne Armueti canonico sancti Andreæ Gratianopolitanensis, Petro Repelini presbytero et Joanne Alberti notario testibus ad præmissa specialiter rogatis et vocatis.

Postquam eisdem anno et indictione quibus supra die vicesima mensis februarii in presentia mei notarii infrascripti et testium infrascriptorum constituti venerabiles et religiosi viri domini Burno de Chinino prior prioratus Sancti Jorii in Sabaudia Gratianopolitanensis diocesis nec non Johannes de Cheysiaco sacrista eiusdem prioratus, Aymo de Muris, Guillelmus de Pradellis, Jacobus de Burgeto, Johannes de Monte Garino, Johannes Magnin a Pontebellivicini, Guillelmus de Avastato canonici eiusdem prioratus sancti Jorii in Sabaudia in eodem prioratu claustralem residentiam facientes ut asserebant simul more solito in capitulo ipsius prioratus et ecclesiæ eiusdem congregati ad instantiam et requisitionem venerabilium et religiosorum dictorum domini prioris de Clarisfontibus supradicti eidem domino priori de Sancto Jorio et sui prioratus subjecti ibidem præsentes et cum instantia requirentes capitulantes et dictum eorum capitulum facientes præmissis omnibus et singulis supra per ipsum dominum priorem de Clarisfontibus gestis actis factis promissis conventis et concessis ut instrumento suprascripto continentur prius per ipsum dominum priorem de Sancto Jorio visis diligenter et per me notarium infrascriptum lectis ad requisitionem dicti domini prioris de Clarisfontibus prioris in eodem capitulo in præsentia dictorum dominorum prioris et canonicorum prædictorum et ipsius domini de Clarisfontibus prioris præsentia, habita inter eos prius diligenti deliberatione et informatione super contenta in instrumento suprascripto ut dicebant eorum mutuum consensum pariter et assensum præbuerunt eaque omnia et singula dicentes consentientes et asserentes rite et legitime acta et facta fuisse laudaverunt, ratificaverunt emologaverunt approbaverunt et confirmaverunt ac etiam promiserunt bona fide et sub nota eorum religionis et ordinis manus eorum ad ipsorum pectus positas prædicta omnia et singula suprascripta et infrascripta attendere rata firma et grata habere et ea inviolabiliter observare, quibus omnibus et singulis supra et infrascriptis perpetuam habere voluerunt firmitatem. Actum in prioratu Sancti Jorii, videlicet in capitulo ejusdem loci, præsentibus testibus ad præmissa vocatis et rogatis videlicet domino Petro de Thuyllia presbytero Vincentio Bally notario Andrea Bally clerico de Thuyllia Gratianopolitanensis diocesis, Aymareto de Conflens et Amedeo de Chinino domicellis.

Ego vero Philippus de Lacu autoritate imperiali notarius publicus præmissis omnibus et singulis una cum testibus suprascriptis præsens fui et hoc præsens publicum instrumentum rogatus et requisitus recepi et in duabus pellibus seu cartis membranis quia tantum sub una comprehendi non poterat scripsi signoque meo consueto tam in principio quam in medio dictarum cartarum simul connexarum cum glutine coniunctarum tripliciter consignavi.

79

Bulle unissant le décanat de Savoie à l'évêché de Grenoble.
1ᵉʳ OCTOBRE 1343.

(*Déc* : chap. VI, note 50 — Ch. XV, notes 26, 58. — Chap. XVI, note 4.)

Unio facta de decanatu Sancti Andree in Sabaudia mense episcopali Gratianopolis, b(one) memorie dom Johanni tunc episcopo Gratianopol. per fe[licis]-re[cordationnis]dom. Clementem papam sextum [1].

Clemens episcopus, servus servorum Dei, venerabili fratri Johanni episcopo Gratianopolitano, salutem et apostolicam benedictionem. Ex injuncto nobis apostolice servitutis officio circa omnes ecclesias, quarum solicitudo nobis inminet generalis, diligencius vigilare nos convenit ne dispendia paciantur et ut earum prelati ad suorum supportacionem onerum sufficientes habeant, secundum earum decenciam, facultates. Exhibita siquidem nobis tue peticionis series continebat quod in ecclesia Gratianopolitana, preter decanatum majorem alius decanatus inferior, decanatus Sancti Andree in Sabaudia Gratianopolit. diocesis vulgariter appellatus, fore dinoscitur ad collationem episcopi Gratianopolit. qui est pro tempore pertinens, cujus quidem decanatus inferioris decani qui fuerunt pro tempore propter eorum potenciam, temporibus guerrarum que fuerunt inter nobiles viros dalphinos Viennenses et comites Sabaudie qui extiterunt pro tempore, multa jura episcopalia occuparunt et detinuerunt occupata propter quod inter episcopos Gratianopolit. et de-

---

(1) Cartul. (copie) d'Aim. de Chissé, f° 533. — Notice sur ce Cartulaire par M. U. Chevalier : pièce annexe XXIII, *in parte qua*. — BESSON, p. 310.

canos ipsius decanatus inferioris qui extiterunt pro tempore graves lites, questiones et discordie exorte fuerunt, et propter hoc eciam multi de comietatu Sabaudie in dicta diocesi existentes jurisdictionem predicti episcopi vilipendunt, reddittus quoque mense episcopalis Gracianopol. propter multas et varias expensas quas te subire oportet pro conservatione status pacifici Dalphinatus et comictatus predictorum, et pro sedandis questionibus et discordiis que inter nobiles et alias gentes Dalphinatus et comictatus predict. sepissime et faciliter oriuntur, ad tui sustentationem congruam non sufficiunt ; quare nobis humiliter supplicasti ut, ad tollendum lites et questiones exortas inter predictos episcopos et decanos et que continue possunt oriri, et ut subdicti tui in eodem comictatu consistentes ad tui obedienciam reducantur tuque circa conservacionem dicti status pacifici et sedandas alias discordias et dissenssiones antedictas liberius vacare valeas et susportare neccessarias expensas, subvenire tibi super hiis de opportuno subvencionis remedio dignaremur. Nos itaque tuis supplicacionibus inclinati, predictum decanatum inferiorem Sancti Andree, cujus fructus, reddittus et proventus centum florenos auri vel circa, secundum taxacionem antique decime, valorem annuum ut asseris non excedunt, cum omnibus juribus et pertinenciis suis mense tue episcopali Gratianopolitane auctoritate apostolica perpetuo annectimus et unimus ita quod, cedente vel decedente decano ipsius decanatus inferioris qui nunc est, possis dictum decanatum inferiorem ejusque ac jurium et pertinenciarum ipsius per te vel alium auctoritate propria possessionem apprehendere et retinere in usus proprios dicte mense : non obstantibus reservacionibus appostolicis specialibus vel generalibus quibuscunque, aut si aliqui super provisionibus sibi faciendis de hujusmodi decanatibus ac dignitatibus vel personatibus seu officiis aut aliis beneficiis ecclesiasticis in dicta ecclesia speciales vel in illis partibus generales apostolice sedis vel legatorum ejus licteras impetrarint, quas licteras ad dictum decanatum inferiorem volumus non extendi, sed nullum per hoc dictis impetrantibus quoad assecucionem decanatuum, dignitatuum, personatuum et officiorum ac beneficiorum aliorum prejudicium generari ; seu quibuslibet licteris et indulgenciis appostolicis, specialibus vel generalibus, quorumcunque tenorum existant, per quas effectus presencium impediri valeat quomodolibet vel differri, et de quibus quorumque totis tenoribus habenda sit in nostris litteris mentio specialis. Volumus autem quod tu, loco dicti decanatus inferioris et de redditibus ipsius, ad instar alterius duorum archipresbiteratum, in predicta ecclesia existentium, in eadem ecclesia pro divino cultu inibi observando unum alium archipresbiteratum, prout eciam ad id te sponte obtulisti, dotare et construere tenearis, alioquin hujusmodi annexionis et unionis gracia habeatur penitus pro non facta. Nulli ergo omnino hominum liceat hanc paginam nostre annexionis et unionis, ac voluntatis infringere, vel ei ausu temerario contra ire. Si quis autem hoc attemptare presumpserit, indignationem omnipotentis Dei ac Beatorum Petri et Pauli Apostolorum ejus se noverit incursurum. Datum apud Villam novam, Avinionensis diocesis, kalendis octobris, pontificatus nostri anno secundo.

(Facta collatio.)

80

Charte de fondation d'un Archiprêtré de Savoie, à la place du Doyenné, uni à l'Evêché de Grenoble.

1349

(Déc. : Chap. XV, note 24. — Chap. XVI, note 8. — Chap. XVIII, note 32

Dotatio facta Archipresbitero Sabaudie ad instar aliorum archipresbiterorum per felicis recordationis Dominum Jo (hannem) episcopum Gratianopolitanum pro Decanatu Sancti Andree in Sabaudia[1].

In nomine Domini, amen. Anno Nativitatis ejusdem Domini millesimo tercentesimo quadragesimo nono, inditione secunda, die quarta mensis novembris, noverint universi presentes pariter et futuri quod in presencia nostrum notariorum publicorum et testium subcriptorum, existens reverendus in Christo pater dominus Johannes, divina providencia Episcopus Gratianopolitanus, nomine suo et ecclesie sue ibidem proposuit et dixit quod dudum sanctissimus pater et dominus dom. Clemens, divina providencia Papa VI, ad ipsius domini Episcopi supplicationem humilem et instanciam, per suas licteras apostolicas vera bulla plumbea, more Romane curie, in filis sericis bullatas, sub data apud Villam Novam Avinionenensis dyocesis, kalendis octobris, pontifficatus dicti domini Pape anno secundo, in nostrum notariorum et testium subscriptorum presenciam publice lectas, apostolica auctoritate annectivit perpetuo et univit mense episcopali Gratianopolitanensi Decanatum inferiorem Sancti Andree in Sabaudia, Gratianopol. dyocesis, cum omnibus

---

[1] **Cartulaire de Chissé (copie** *ms***) fol. 534.**

juribus et pertinenciis suis, ita quod cedente vel decedente decano qui tunc erat ipsius Decanatus inferioris, idem dominus Episcopus posset auctoritate sua propria dictum Decanatum inferiorem ejusque ac jurium et pertinenciarum ipsius per se vel alium possessionem apprenhendere et retinere in usus proprios dicte mense, non obstantibus reservationibus apostolicis specialibus vel generalibus quibuscumque. Ita tamen quod loco dicti Decanatus idem dominus Episcopus unum Archipresbiteratum teneatur constituere et dotare in ecclesia predicta Grationopol., prout hec omnia et singula in dictis licteris apostolicis plenius continentur. Verum cum prefatus Decanatus inferior nuper vacaverit, prout idem dominus Episcopus exposuit et dixit, per translacionem venerabilis et religiosi viri domini Guigonis de Comeriis, canonici ecclesie Grationopol., ultimi Decani predicti Decanatus inferioris de ipso domino Guigone factam a predicto Decanatu inferiori ad Decanatum majorem ecclesie Grationopol. predicte et per assequtionem ipsius Decanatus, ipseque dominus Episcopus, ut dixit, auctoritate apostolica supra dicta ac vigore annexionis et unionis predicte dictum Decanatum inferiorem Sancti Andree in Sabaudia suisque ac jurium et pertinenciarum ipsius Decanatus possessionem corporalem receperit et habuerit ac in usus proprios dicte mense episcopalis Grationopol. retinuerit, habeat, teneat, retineat et possideat paciffice et quiete ut dixit. Idcirco prefatus dominus Episcopus volens, ut dixit, tanquam obediencie filius mandatis apostolicis obedire, auctoritate apostolica predicta sibi in hac parte concessa, loco predicti Decanatus inferioris Sancti Andree creavit et de novo constituit in ecclesia Grationopol. predicta pro divino cultu ibidem observando unum Archipresbi teratum ad instar alterius aliorum duorum archipresbiteratuum in ipsa ecclesia Gratian. existentium, cujus collatio, provisio et omnimoda dispositio ad ipsum dominum Episcopum et ejus successores pertineat in solidum pleno jure.

Cui quidem Archipresbiteratui et Archipresbitero pro tempore ipsius per eumdem dominum Episcopum aut ejus successores canonice instituendo prefatus dominus Episcopus constituit, assignavit pro dote et pro substentatione ipsius eumque dotavit de bonis dicti Decanatus inferioris ut sequitur. In primis assignavit eidem Archipresbyteratui et Archipresbytero pro tempore ipsius et constituit ex nunc pro dote visitationes et procurationes quas decanus pro tempore dicti Decanatus ab ecclesi[arum?] rectoribus infra limites dicti Decanatus existentibus consuevit percipere levare et prout idem Decanus eas ab olim percepit et levavit et ad eum pertinuerit ipsas procurationes ratione hujusmodi visitationum exigere et levare absque tamen jurisditione aliquali, quam idem dominus Episcopus sibi et successoribus suis retinuit expresse in omnibus supra et infrascriptis. Item constituit et pro dote assignavit eidem Archipresbiteratui et Archipresbitero tempore ipsius canonice instituendo omnes et singulas paratas et omnia et singula que prefatus Decanatus inferior pro paratis hujusmodi ab ecclesiis Decanatus predicti consuevit percipere et habere et prout ad eumdem pertinebant. Item ecclesiam de Montagniola cum ipsius ecclesie decimis et jure patronatus videlicet presentandi eidem domino episcopo ad curam animarum ejusdem ecclesie cum locus fuerit vicarium ydoneum per ipsum dominum episcopum et successores ejusdem ad presentationem hujusmodi instituendum, vel institutum destituendum, si casus occurreret destitutionis, salvis et retentis eidem domino Episcopo et ejus successoribus juribus episcopalibus in ecclesia antedicta et in vicario pro tempore ipsius. Item constituit et assignavit ut supra eidem Archipresbiteratui et Archipresbitero pro tempore ipsius sex veysellos frumenti et sex veysellos avene ad mensuram castri Marchiarum et sex sestaria vini ad eamdem mensuram, que prefatus Decanus inferior consuevit percipere et habere in parrochia Beate Marie de Myans, mandamenti castri predicti. Que omnia et singula idem dominus episcopus assignavit et pro dote constituit prefatis Archipresbite ratui et Archipresbitero pro tempore ipsius per ipsum Archipresbiterum canonice instituendum perpetuo habenda, tenenda, exhigenda, levanda et possidenda. De quibus omnibus et singulis idem dominus episcopus requisivit sibi fieri unum vel pluria publica instrumenta per nos notarios infrascriptos.

Acta sunt hec Gratianopoli in parva aula domus episcopalis, presentibus viris religiosis et discretis domino Petro priore de Garda, Francisco priore de Bassino, Petro priore de Intermontibus, necnon et dominis Johanne Magnini curato Sancti Leodegarii Chamberiaci, Guigone curato Sancti Georgii in Sabaudia, Antelmo curato de Curianna, Guigone curato de Escoblaviz, Johanne curato de Buxia, Petro curato Sancti Petri castri Chamberiaci, Petro curato Cartusie, Petro curato Chamberiaci Veteris et pluribus aliis testibus ad premissa vocatis et rogatis.

Et ego Guillelmus Barberii de Bonavilla, clericus Gebennensis dyocesis, imperiali auctoritate publicus notarius premissis omnibus una cum dictis testibus presens fui et hoc presens publicum instrumentum una cum Stephano Babolini notario publico infrascripto socio meo recepi, manu propria scripsi et grossavi signisque meis consuetis consignavi et signatum fideliter tradidi requisitus in robur et testimorium premissorum.

Et me Stephano Baboloni de Sancto Georgio in Valdema, Viennensis dyocesis, auctoritate imperiali notario publico qui premissis omnibus unà cum prenominatis testibus presens instrumentum unà cum Guillelmo Barberii notario publico, qui presens instrumentum manu propria grossavit, recepi et in registro meo de verbo ad verbum registravi ut omnium universorum et singulorum premissorum habeatur memoria in futurum, signoque meo consueto signavi.

(*Facta collatio.*)

81

Tailles papales dans le Décanat de Savoie, remises aux Légats Apostoliques.

1375-1378.

(Déc. : Chap. XVIII, note 92.)

Ex Computo (fol. XI et seq.) Petri de Fonte Curati Tuyllie, Procuratoris et Receptoris quorundam redituum, decimarum et plurimarum aliarum rerum apud Coruanam et in quibus dam aliis locis [1].

....

Item reddit computum quem recepit pro talliis factis in Synodo Maii anno domini 1378.

Et primo à priore de Burgeto............ ... II flor. et dimid. pp.
A Priore de Clarofonte............... XVIII den. gross.
A Priore Fractcripe .... IX den. gr.
A Curato de Meyriaco............... VIII —
A Curato de Bissiaco..... ... . VI —
— de Cognino.................. IX —
— de Murs et de Mians.......... X —
— de Francino .... VI —
— Sancti Laurencii de Croso..... XV —
— Sancti Johannis de Porta..... IX —
— de Villar Varmar............ X —
— de Ballaribus (Barralibus ?)... IIII —
— Sancti Georgii. .... VI —
— Sancti Petri de Albiniaco..... XX —

[1] Archives de l'Evêché de Grenoble ; 2ᵉ cahier d'un Fascicule coté : n° 3414.

—   Sancti Johannis de Hervesio.. x —
—   de Desertis................ vi —
A Curato de Gresiaco................ i flor. boni pond.
—   Sancti Cassini.............. iii den. gross.
—   Sancti Petri de Asperomonte.. vi den. gr.

Summa dictarum particularum computatis duodecim den. gross. pro i flor. pp. (parvi ponderis.)

       xii s. xi den. gross.
    et ii flor. cum dimidio pp.
    et i flor. boni ponderis.

Recepit à personis infrascriptis pro talliis terminorum Synodorum Maii et Omnium Sanctorum et temporibus retroactis.

Et primo à Priore de Fractaripa pro tallia *Nunciorum Sedis Apostolice* temporis preteriti.......... i flor.
A Curato de Mouxiaco pro eodem....... viii d. gross.
—   de Meyriaco................ x —
—   Castri Chamberiaci.......... viii —
—   Sancti Sulpicii.............. viii —
—   de Cognino................. ii fl. x d. i obol. gr.
—   de Jacob................... ii ff. viii d. gr.
—   de Vimenis................. i flor.
—   de Coux.................... xiiii d. gross.
—   de Corbello................. vi d. gr.
—   de Bellacomba.............. vi d. gr.
—   de Chaparillant............. i flor.
—   de Montemeliano............ i flor.
—   Sancti Johannis de Porta...... i flor.
—   de Villar Varmar............ ii fl. reginæ.
—   Sancti Petri de Albigniaco..... ii flor.
—   de Vimenes................. xiii den. i quart. g.
—   Sancti Georii (*sic*)............ iii flor.
—   de Cognino................. ii fl. x d. i ob. gross.
—   de Coruanna................ i fl. reginæ et iii d.
—   de Croso................... ii fl. ii d. iii quart. g.

A Priore de Allione¹ pro synodo maii 1378 vii den. gross.
— de Burgeto.................. iii flor.
Ab eodem pro termino Omnium SS. 1375 xvi den. gross.
A Priore de Lemenco............... xv —
— de Bacino pro eodem.......... i flor.
— de Albino................... xii den. gross.
— de Monte Alioudo pro eodem... ix —
— de Bellicio²....... .... iiii —
A Curato de Burgeto............... ..... iiii —
— de Bissiaco pro eodem........ iiii —
— de Cognino pro eodem termino.. vi —
— de Berberas pro eodem....... viii —
— de Villar Valmar............. vi —
— de Monte allioud pro eodem termino. .... vi —
A Curato de Cervolay............... ii d. gross.
A Curato de Asperomonte............. iiii —
A Curato Sancti Laurentii de Croso...... ix —
A Priore de Portà pro eodem........... i flor.
A Curato Sancti Georgii...... .... ii flor.
A Curato de Buxeria................. i flor.
— Beate Marie de Malcusa....... vi d. gross.
— Sancti Marcelli............ .. iv —
— d'Espernay.................. ... i flor.
Recepit ab eodem pro tallia synodi Om-
nium SS. anno 1378................ vi den. gross.
A Priore de Burgeto pro termino 1378... xxxii —
— de Aquis de et pro eodem...... xx —
— de Mota de et pro eodem....... xxxii —
— Lemenci de et pro eodem...... xxx —

¹ La chartreuse d'Aillon avait des biens en plusieurs endroits du décanat.
² Le chapitre de Belley était patron de la Mote, dont le prieuré lui était uni. (Pouillé de 1497 et plusieurs visites pastorales.)

A Priore de Bacino de et pro eodem.... ii flor.
— Sancti Bardulphi............... ii flor.
— de Albino....................... ii flor.
— Fracteripe..................... i flor.
— de Monte Alioud............... xviii den. gross.
— de Bellicio.................... viii —
A Curato de Mouxiaco de et pro eodem
termino......................... viii d. gross.
A Curato de Meyriaco............... x —
— Chamberiaci.................. ii flor.
— de Sonnaz .... i flor.
— de Burgeto................... viii d. gross.
— Chamberiaci Veteris.......... i flor.
— Sancti Cassini................ iiii flor.
— Sancti Petri de Asperomonte... viii d. gr.
— Castri Chamberiaci........... viii d. gr.
— de Bissiaco................... viii d. gr.
— Sancti Sulpicii................ viii d. gr.
Recepit à Curato de Jacob.............. viii d. gr.
— de Vimenes................... i flor.
— de Couz de et pro eodem....... i flor.
— de Barberaz.................. xvi den. gross.
— Bellecombe................... vi —
— de Chaparilliant.............. i flor.
— Muris et de Mians............ i flor.
— de Francino................... viii de. gross
— Sancti Johannis de Porta...... i flor.
— Villar Varmar................ i flor.
— Sancti Petri de Albigniaco .... ii flor.
— Sancti Johannis de Hervesio... i flor,
— de Coruanna.................. iiii den. gross.
— de Montemeliano............. i flor.
— Sancti Stephani de Podio Grosso viii den. gross.
— de Desertis .... viii —
— de Greisiaco.................. xiiii d. gr,

Recepit à curato de Monte Alioud.. ..... ɪ flor.
— de Viveriis................... ɪɪɪɪ den. gross.
— de Cervolay................. ɪɪɪɪ —
— Cognino...... .... ɪ flor.
— de Tuyllia................... ɪ flor.
A Preceptore Sancti Anthonii Chamberiaci ɪɪ flor.
A Priore de Allione......... .... ɪ flor.
A Curato Sancti Laurentii de Croso..... xvɪɪɪ den. gross.
A Priore de Clarofonte...... .... ɪɪ flor.
A Curato de Corbello................. vɪ den. gross.
A Priore de Porta................... ɪɪ flor.
A Priore sancti Georgii............... ɪɪɪɪ flor.

      Summa dictarum particularum :
    xʟv sol. ɪ den. gross.
  et ʟxv flor. auri parvi ponderis.

Et plus bas, au folio 20, verso du même compte, on lit :

Libravit domino (Episcopo Rodulpho) manualiter de recuperatis per ipsum curatum Tuyllie à debitoribus domini de dictis talliis Legatorum Apostolorum (*sic*) et de recuperatis per ipsum Curatum in Synodo Maii 1377 per Litteram Domini de confessione et recepta data die 25 Aprilis anno Domini 1377, quam reddit :

    .... 162 flor. auri, parvi pond.
    Item............ 2 den. gross. ad aurum.
    Et... .... 6 sol. et 6 den. grossos ad
                        monetam Sabaudie.

82

Bulle de Clément VII (Antipape d'Avignon) confirmant l'union du Décanat de Savoie à l'Évêché de Grenoble.

23 mars 1388.

(*Déc.* chap. XVI, note 64.)

Confirmacio dicte unionis dicti Decanatûs facte domino nostro nunc episcopo gratianopolitano per felicis recordationis dominum Clementem Papam septimum [1].

Clemens episcopus servus Servorum Dei dilecto filio Aymoni electo Gratianopolitano salutem et apostolicam benedictionem. Sincere devocionis affectus quem ad nos et Romanam geris ecclesiam promeretur ut petitiones tuas illas presertim que tuam ac mense episcopalis Gratianopolit. utilitates et commoda respiciunt ad exauditionis gratiam admittamus. Dudum siquidem felicis recordationis Clemens Papa VI predecessor noster ex certis rationabilibus causis Decanatum Sancti Andree in Sabaudia tue dyocesis consuetum aliàs per Canonicos ecclesie gratianopolitane gubernari, et ad collationem Episcopi Gratianopolitani pro tempore existentis pertinentem, eidem mense perpetuo per suas litteras annexuit et univit; et deinde, sicut exhibita nobis pro parte tua petitio continebat, licet annexio et unio hujusmodi effectum plenum sortite ipseque Decanatus ratione dictarum annexionis et unionis tam per nonnullos predecessores tuos quam per bone memorie Rodulphum Archiepiscopum Tarentasiensem tunc episcopum Gratianopolitanum longo tempore paciffice possessus extitisset, tamen

---

[1] Cartul. de Chissé (copie ms) fol. 536-37.

dilecti filii capitulum ejusdem ecclesie contra eumdem Rodulphum Episcopum super Decanatu predicto et ejus occasione litem et questionis materiam suscitarunt et tandem prefati Rodulphus Episcopus et capitulum pro bono pacis et concordie in quondam Jacobum Cluniacensem, tunc Sancti Theophredi Ordinis Sancti Benedicti masticonensis et aniciensis dyoceseon monasteriorum Abbatem, tanquam in arbitrum arbitratorem et amicabilem compositorem super premissis compromittere curaverunt. Qui auditis hinc inde propositis ac visis et diligenter inspectis hujusmodi cause meritis, arbitratus est quod idem Rodulphus episcopus quondam eidem ecclesie presideret et Decanatum eumdem, vigore unionis hujusmodi tenere et possidere deberet ; et quod in casu quo ipse Rodulphus episcopus ad aliam ecclesiam transferretur, vel episcopus Gratianopolitanus esse desineret, Decanatus predictus ad statum pristinum reverteretur, et per eosdem canonicos gubernari deberet. Et subsequenter cum de ipsius Rodulphi Tarentasiensis ac de venerabilis fratris nostri Francisci, Archiepiscopi Arelatensis, tunc electi Gratianopolitani, Gratianopolitanis ecclesiis tunc vacantibus, personis providissemus, nos dictum Decanatum eidem mense per nostras litteras incorporavimus et univimus, et tandem prefatum Franciscum a vinculo quo eidem Gratianopolitane ecclesie cui tunc preerat tenebatur absolventes ipsum ad Arelatensem ecclesiam tunc vacantem transtulimus, et de persona tua eidem ecclesie Gratianopolitane duximus providendum. Cum autem, sicut eadem petitio subjungebat, ab aliquibus asseratur incorporationem et unionem nostras hujusmodi expirasse et propterea dubites super dicto Decanatu quem ut asseris incorporationis et unionis predictarum vigore tenes et possides paciffice et quiete imposterum molestari ; Nos volentes tibi super hoc de opportuno remedio providere, tuis in hac parte supplicationibus inclinati, Decanatum ipsum cum omnibus juribus et pertinenciis suis mense episcopali predicte, auctoritate

Apostolica imperpetuum incorporamus annectimus et unimus, ita quod liceat tibi et successoribus tuis episcopis Gratianopolitanis qui fuerint Decanatum hujusmodi retinere, ejusque fructus redditus et proventus in tuorum dicte mense ac eorumdem successorum usus convertere, non obstantibus quibuscumque constitutionibus apostolicis ac statutis et consuetudinibus ipsius ecclesie contrariis juramento, confirmatione apostolica vel quacumque firmitate alia roboratis; aut si aliqui super provisionibus sibi faciendis de hujusmodi decanatibus, ad dignitatibus personatibus vel officiis in dicta ecclesia speciales vel aliis beneficiis ecclesiasticis in illis partibus generales apostolice Sedis vel legatorum ejus litteras impetraverint, etiam si per eas ad inhibicionem reservacionem et decretum vel aliàs quomodolibet sit processum, quas litteras et processus habitas per easdem ad predictum Decanatum volumus non extendi; sed nullum per hoc eis quoad assecutionem hujusmodi decanatuum ac dignitatum personatuum vel officiorum aut beneficiorum aliorum prejudicium generari ; et quibuslibet privilegiis indulgentiis et litteris apostolicis generalibus vel specialibus quomodocumque tenore existant, per que presentibus non expressa vel totaliter non inserta effectus eorum impediri valeat quomodo libet vel differri, et de quibus quomodocumque totis tenoribus habenda sit in nostris litteris mentio specialis. Proviso quod dictus Decanatus debitis non fraudetur obsequiis sed supportentur debite ipsius onera consueta ; Nos enim ex nunc irritum decernimus et inane, si secus super hiis a quoquam quavis auctoritate scienter vel ignoranter contigerit attemptari.

Nulli ergo omnino hominum liceat hanc paginam mee incorporationis annexionis unionis voluntatis et constitutionis infringere vel ei ausu temerario contraire. Si quis autem hoc attemptare presumpserit, indignacionem omnipotentis Dei et Beatorum Petri et Pauli appostolorum ejus se noverit incursurum.

Datum avenione x kal. Aprilis, Pontificatus nostri anno decimo.

(*Facta collatio*). Jo. Ludovici

83

Droit de dépouilles — *Jus spolii* — dans le Décanat.

L'évêque de Grenoble retire les dépouilles du curé de Cognin et du curé de Barberaz, dont les églises étaient du patronage de l'évêché de Grenoble[1].

1396-1399.

(Déc., chap. XVIII, notes 16, 87 et 90).

(Fol. II, verso)... Recepit de et pro spoliis domini Francisci Francon[is?] curati Cognini quondam, videlicet pro precio quatuor sextariorum vini pretio quolibet sextario v den. gross. ultra vinum potatum per parrochianos et alios qui fuerunt apud Cogninum ad eumdem portandum in ecclesiam Fratrum Minorum Chamberiaci : xx denar. grossos.

[1] Tiré d'un cahier ms. intitulé :
Computus secundus Guigoneti Marescalci de Chamberiaco, de receptis et libratis per ipsum factis nomine Reverendi in Xto Patris et Domini, Domini Aymonis Episcopi Gratianopol. ab anno 1396 ad. 1399.

Ce cahier est le 17ᵉ d'un registre ms. coté 2598. et intitulé : *Compte des Mistraux de l'évêché de Grenoble.* (Archiv. de l'év. de Gren.)

Item pro pretio xxvi lintheorum parvorum tam bonorum quam pravorum ultra decem alia linthea prava sordida et destructa que remanserunt cuidam mulieri vocate Villata que ipsum visitavit quolibet pretio i grossi, xx gross. Item pro pretio dimidii vaysselli nucleorum viii gross. et pro pretio ix quartanorum frumenti, quolibet quartano ii gross et dimidium. Et residuum contentorum in inventario quod reddit dimisit in dicta cura jubsu domini Hugonis Perrerii ad opus domini Jacobi tunc curati. Et postea ipsa bona recepit dominus Johannes de Boveto curatus modernus. Qui de ipsis cum domino manu Nicholeti Berchatti, magistri hospicii ejusdem episcopi, composuit ad x floren. die tertia augusti anno 1498 : v flor. x gross. et dimidium.

(Fol. iii, recto)... Recepit de et pro spoliis domini Stephani Rostagni quondam curati Barberaci descriptis in inventario scripto manu Guigonis de Ponte Notario anno 1397, Indict. Vª, die xii mensis Maii.

Et primo xviii vayssel. frumenti sibi venditi per Nicholetum Berchatti pretio quolibet vayssello x den.gross : xv flor.

Item de et pro viii vayssellos et dimidium avene ultra tres vayssellos datos jubsu domini officialis et Nicholeti Berchatti Francisco de Serravalle cujus famuli fuerunt in custodia dicte cure et ultra dimidum vayssellum avene expensum per Nicholetum Berchatti Petrum Terrail cum eorum comitiva precio quolibet vayssello vi den. gross : iii sol. vi den. gross. et dimi.

Item de et pro precio septem vayssellorum siliginis ultra unum vayssellum datum Reverdite ancille dicti curati quondam, pauperi mulieri, precio quolibet vayssello vi gross. et dimidium : iii flor. ix gross. Item pro precio quinque quartanorum fabarum x gross. Item pro pretio quatuor quartanorum ordei ultra duos quartanos datos ancille predicte : v gross.

Item pro precio duorum quartanorum rasorum nucleorum : v gross. Item pro precio LXXVI sestariorum vini, ultra vinum trium doliorum consumptum tam in vigilando corpus dicti curati quam die sepulture, quam post per Capellanum qui servivit et alios qui fuerunt, ubi potaverunt ecce circa XIII sestarios, et computat pro quolibet sestario ad rationem v gross. prout fuit venditum : XXVII flor. I gross. Item IX grossos repertos in cassa curati. Item pro precio trium doliorum sibi venditorum pro tanto : III florenos, ultra unum cussignietum de pluma grossa, II scutellas, I platellum, I graletum I piterfum[?] parvum stagni, duas ollas metalli, unum cacabum, unum landers[?] XVI linteamina, unam forraturam culcitre tele grosse, decem gausapia, IIII mapas, unam conchiam cupri, unam culcitram cum pulvinali, unum cavanacium, II cohopertoria grosse foderata panno albo, unum coquipedum, unum equum pili bay, que omnia apportata et ducta fuerunt domino [episcopo] apud Sanctum Hylaire et ultra alia de quibus supra fit mentio contenta in inventario, que omnia vendita fuerunt domino Guillelmo Bernardi curato moderno Barberaci per Nycoletum Berchati predictum : LIIII flor. IX gross. et dimidium.

De debitis dicti curati nichil computat.

....

(fol. v)... Libravit de mandato domini Guigonis Beczonis Officialis Chamberiaci et in ipsius presentia, pro sepultura domini Francisci Curati Cognini, facta die XXIIII^a decembris anno a nativitate domini 1397, ultra medietatem luminariorum solutam per fratrem Guillelmum Franchonis ordinis Fratrum Minorum pro quatuor torchiis ponderantibus XIII libras, duabus libris parvarum candelarum pro confratria Trinitatis clericorum, de qua confratria erat idem curatus, pro triginta octo sacerdotibus dato cuilibet, XII den. fort. : IIII flor. IX grossos pro hominibus qui fecerunt fossam pro illis qui portaverunt torchias a Cognino usque ad ecclesiam

Fratrum Minorum Chamberiaci et oblationibus minutis IX grossos et dimidium. Anthonio Jaqueti de Leyssia misso ad dictum dominum nostrum episcopum pro notifficando sibi mortem dicti curati die XIX decembris, VI grossos, ultra panem trium quartanorum frumenti repertum in dicta domo coctum et expensum tam pro agricolis quam pro funeribus : IX flor. X gross. et dimidium.

Libravit die martis XV mai 1397 pro sepultura et intumulatione domini Stephani Rostagni curati Barberaci quondam defuncti die lune XIIII mai circa vesperas eodem anno, de mandato domini Guigonis Beczonis officialis Chamberiaci et in ipsius presentia. Et primo in XII torchiis ponderantibus XL libras, III libris parvarum candelarum pro confratribus confratrie clericorum de qua erat, *una libra cere pro hydriis et calice factis et positis cum corpore ipsius curati in tumulo prout est moris* [1]; et omnia empta fuerunt ab Anthonio de Bolio apothecario : I grossum et dimidium.

Item Mermodo Borrelli pro precio unius stole posite super corpore dicti curati cum aliis vestimentis sacerdotalibus I grossum et dimidium. Item in emptione soculariorum novorum positorum pedibus dicti corporis : II gross. LXXV sacerdotibus inclusis monachis Lemenci, Sancti Anthonii et Minorum, dato cuilibet II grossos, inclusis IX grossis et tres quartos unius grossi pro crucibus : XIII flor. III gross. et tres quartos. Item in obtationibus minutis pro domino Officiali oblatis in missis ibidem celebratis ; pro crida Chamberiaci qui sepulturam cridavit eis debito confratrie clericis capellanorum et pro permultis qui tenuerunt torchias XIII grossos et III quartos.

Anthonio Jaqueti misso apud Gratianopolim ad dominum pro notifficando sibi predicta : V gross. Item in panibus, carne,

---

[1] On peut voir, sur cette usage dans nos contrées, la note 88 insérée au tom. II du *Décanat* : pages 177 et 178.

caseo, postibus, tachiis pro chassa dicti curati, inclusis duobus florenis datis duobus mistralibus jubsu domini Officialis qui steterunt sero quo corpus dicti curati fuit vigillatum, etiam die dominica sero decedentis contra fariseos *(sic)* predoncs et vastatores bonorum dicte cure una cum clericis quos ipsi farisei interficere pluribus vicibus attentarunt : IIII flor. v gross. III fort. Ultra melioramentum factum in dicta cura gentibus tenutis in eadem post sepulturam dicti curati, expensas capellani et clerici ibidem tenutorum et aliis omnibus ibidem sustentis, et ultra remunerationem clericorum qui ibidem tribus seris et diebus se custodierunt et nichil inde habuerunt, qui sunt Nicolaus Magni, Johannes Veluet, Franciscus de Cusines et Petrus de Roman : xxx flor. VIII gross. VII fort.

84

Les prieurs de Saint-Jeoire, Humbert de Queige en 1356, et Guigues Sauvage, en 1400, font hommage des terres et biens de Francin à l'évêché de Grenoble[1].

1356-1400

(*Déc*. Chap. IV, notes 75, 76, 78, 79. — Chap. XV, notes 53, 54.

In nomine Domini nostri Jesu Christi amen. Noverint universi et singuli presentes pariter et futuri hoc presens publicum instrumentum inspecturi seu etiam audituri quod anno nativitatis ejusdem Domini millesimo quatercentesimo

[1] Cartul. de Chissé (copie ms) fol. 329 et suiv.

indictione octava, cum dicto anno sumpta, et die tertia mensis Julii, in presentia mei notarii et testium infrascriptorum constituti personaliter reverendus in Christo pater et dominus dominus Aymo Dei gratia episcopus Gratianopolitanus ex parte una, et venerabilis et religiosus vir dominus Guigo Salvagii prior prioratus Sancti Georgii in Sabaudia, Ordinis Sancti Augustini Gratianopolitanensis diœcesis ex parte altera. Prefatus insuper dominus Guigo prior supradictus non deceptus, non cohactus nec aliquibus dolo fraude deceptione seu machinatione indutus ab aliquo vel circumventus, sed sciens certus prudens volens et spontaneus ac de jure et de facto suis et dicti sui prioratus ad plenum adnissus [advisus?] *avisé*, certificatus, et informatus ut dicebat et prout ex verbis suis liquide apparebat adherendo et insequendo actus et vestigia aliorum priorum dicti prioratus predecessorum suorum in dicto prioratu Sancti Georgii pro se et successoribus suis in dicto prioratu ad petitionem et requisitionem prefati domini episcopi Gratianopolitani ibidem presentis stipulantis et recipientis pro se et successoribus suis in dicto episcopatu Gratianopolitano confessus fuit et in rei veritate palam publice et manifeste recognovit confiteturque sollempniter et recognoscit se tenere, tenere velle ac tenere debere seque tenere constituit de feudo et dominio dicti domini episcopi Gratianopolis et ecclesie Gratianopolitane omnia bona res jura census servitia usagia homines et hommagia redditus proventus et obventiones terras cultas et incultas rivagia aquarum decursus et nemora herma et pascua et omnia alia que habet tenet et possidet apud Francinum et infra parrochiam de Francino olim per predecessores dicti domini episcopi Gratianopolitani, predecessores domini prioris Sancti Georgii in escambium et titulo permutationis tradita et concessa prout constat et continetur in quodam publico instrumento confecto et signato, ut in eo legitur, per Guibertum Pollien notarium publicum. Cujus quidem instrumenti tenor in hoc presenti publico instrumento de voluntate et expresse confessa dictorum domini episcopi Gratianopolitani et domini prioris Sancti Georgii seriatim est insertus per me notarium publicum infrascriptum, pro quibus omnibus confitetur et recognovit dictus dominus prior pro se et suis successoribus in dicto prioratu ut supra se debere et teneri facere et prestare dicto domino episcopo Gratianopolitano et suis successoribus in dicto episcopatu fidelitatem et hommagium et *viginti solidos* viennenses seu unum *Nisum de Placito*[1] in mutatione domini tantum. Et ibidem prefatus dictus prior pro omnibus supra dictis per ipsum ut supra recognitis, tenendo *manus suas complosas* inter manus prefati domini episcopi Gratian. eidem domino episcopo presenti stipulanti et recipienti nomine suo et dicte ecclesie sue Gratianopolitane ac successorum suorum canonice intrantium in eadem, fecit et prestitit hommagium et fidelitatem interveniente *oris osculo* inter ipsos in signum perpetui federis et amoris. Promittens dictus dominus prior bona fide pro se et successoribus suis in dicto prioratu sub voto religionis sue, manu apposita pectori more religiosorum, esse eidem domino episcopo et successoribus suis pro predictis obediens et fidelis eidemque omnia et singula fidelitatis capitula tam nove forme quam veteris inviolabiliter observare. Et prefatus dictus dominus episcopus Gratianopolitanus ponendo manus ad pectus more prelatorum, promisit bona fide pro se et suis successoribus in dicto episcopatu eidem domino priori et suis successoribus in dicto prioratu facere omnia que verus dominus fideli suo facere debet et tenetur. Protestans dictus dominus prior quod si plus recognoscat

---

[1] Ce genre de Plaid ne doit pas trop surprendre. Les Evêques sortis des grandes maisons restaient parfois chasseurs et batailleurs, comme le fut Thomas de Savoie, évêque de Turin, qu'on voit acheter des faucons, des armes, etc. en 1353. (V. CIBRARIO : *Origine de la monarchie*, tome 2, p, 148.)

quam debeat, et quam ejus predecessores recognoscere consueverint et deberent, quod sibi suoque prioratui et ejus successoribus in aliquo prejudicare non possit; si vero pauca quam debeat recognoscat, offert se assidue paratum facere et recognoscere quod fuerit rationis juxta informationem quam sibi super hoc facient memoratus dominus episcopus et ejus successores seu aliquis nomine ipsorum. Cui quidem protestationi idem dominus episcopus annuit et consentit. Que quidem omnia universa et singula suprascripta promiserunt dicte partes ut supra sub obligatione et ypotheca omnium bonorum dictorum episcopatus et prioratus, una parte alteri, et converso, attendere perficere complere et inviolabiliter observare rata grata valida et firma habere perpetuo et tenere et nunquam contra per se vel per aliam interpositam personam facere dicere vel venire facto vel verbo tacite vel expresse nec alicui contravenienti seu contravenire volenti in aliquo consentire, cum omni renuntiacione juris et facti sibi in hoc competenti, pariter et cautele. Tenor vero dicti instrumenti supra designati sequitur et est talis :

Anno domini millesimo tercentesimo quinquagesimo sexto, indictione nona die decima Augusti mensis, apud Albinum infra domum liberorum domini Hugonis Bertrandi militis quondam, videlicet in aula magna superiori coram me notario publico et testibus infrascriptis per hoc presens publicum instrumentum cunctis appareat evidenter et manifestè quod cum olim bone memorie reverendus in Christo dominus Guillelmus episcopus Gratianopolitanus nomine suo et successorum suorum in dicto episcopatu ex una parte, et religiosus vir dominus Humbertus prior quondam prioratus Sancti Georgii in Sabaudia, nomine suo et successorum suorum in dicto prioratu ex altera, consideratis et diucius perpensatis utilitatibus dictorum episcopatus et prioratus ad invicem permutationes fecerunt que inferius declarantur. Primo namque prefatus dominus episcopus pro se et successoribus suis in dicto episcopatu permutavit et titulo vere et legitime permutationis tradiderit et concesserit vel quasi dicto domino priori presenti et recipienti pro se et successoribus suis in dicto prioratu pro bonis rebus et juribus per dictum dominum priorem domino episcopo inferius permutatis, omnia bona res jura census servicia usagia homines et homagia redditus proventus et obventiones terras cultas et incultas rivagia aquarum cursus et nemora herma et pascua et omnia alia que dictus dominus episcopus habebat tenebat et possidebat vel quasi vel habere et possidere vel quasi videbatur apud Francinum et in parrochia et infra parrochiam de Francino Gratianopolitane diocesis una cum ediffíciis que sunt a magna porta dicti loci de Francino a parte inferiori usque ad domum domini Johannis capellani de Albiniaco quondam, videlicet duo focurna (*fours*?) et ediffícia que sunt supra dicta duo focurna, retinens dictus dominus episcopus alia ediffícia cum plateis ortis et vuidariis [viridariis?] et exceptis decimis dicte parochie de Francino et jure patronatus ejusdem ecclesie et aliis que habet et tenet dicta ecclesia, et exceptis et retentis dicto domino episcopo et successoribus suis Petro et Guigone Raybi fratribus et liberis eorum legitimis seu heredibus ipsorum, et homagiis eorumdem et censibus serviciis et usagiis quos faciunt dicti fratres et facere tenentur domino episcopo sepe dicto, et bonis et rebus quas et que ipsi tenent in feudum et emphiteosim ab eodem domino episcopo, et exceptis feudis nobilium, et exceptis aliis bonis rebus et juribus que et quas dictus dominus episcopus habet extra dictam parochiam de Francino licet fuerint de aquisimentis factis per dictum dominum episcopum et predecessorem suum, quas decimas et jus patronatus et alia superius exceptata dictus dominus episcopus sibi et successoribus suis in dicto episcopatu retinuit specialiter et expresse. Vice verò versa dictus dominus prior pro se et successoribus suis in dicto prioratu permutavit et titulo vere et legitime permutationis tradidit et concessit vel quasi dicto domino episcopo presenti et recipienti pro se et successoribus suis in dicto episcopatu *Turrim* seu Domum suam fortem de Coroana et edifficia et situm condicionem loci de Coroanna cum eorum ingressibus et egressibus et pertinenciis universis et omnia bona alia res jura census servicia usagia homines et homagia eorumdem redditus proventus et obvenciones terras cultas et incultas rivagia aquarum decursus nemora pascua herma et omnia alia que dictus dominus prior habebat et habere debebat et possidebat vel quasi vel habere et possidere vel quasi videbatur apud Coroannam, in parochia et infra parochiam de Coroanna dicte gratianopolitane diocesis, exceptis decimis predicte parochie de Coroanna et jure patronatus ejusdem et aliis que habet et tenet eadem ecclesia, et exceptis censibus antiquis quos dictus prioratus Sancti Georgii percipiebat infra dictam parochiam de Coroanna antequam dicta Turris cum aliis pertinenciis esset per dictum priorem adquisita et ad dictum prioratum pervenissent, quas decimas et jus patronatus et alia superius exceptata dictus dominus prior sibi et successoribus suis retinuit specialiter et expresse, pro bonis rebus et juribus per dictum dominum episcopum eidem domino priori superius permutatis et pro quatuordecim viginti et decem libris viennensibus pro Turri seu domo et edifficiis situ et condicione loci de Coroanna antedicti. Quam pecunie summam dictus dominus prior confessus fuit habuisse et recepisse a dicto domino episcopo, prout predicta et quam plura alia pacta et convenciones in quodam publico instrumento quatuor sigillis impendentibus sigillato facto sumpto manu Stephani de Muriannetta notario publico sub anno currente millesimo ducentesimo nonagesimo quinto, indictione octava, pridie calendas januarii plenius continetur. Verum cum inter cetera que in dicto instrumento sunt inserta continetur in eodem instrumento quod inter partes predictas actum et in pactum deductum fuerit quod cum predicte res et jura de

Coroanna essent de feudo et dominio dicti domini episcopi ut idem dominus episcopus asserebat et dictus dominus prior confitebatur, quod predicta bona res et jura de Francino essent et esse deberent et remanerent et tenerentur de feudo et dominio dicti domini episcopi, et ad homagium et fidelitatem essent et nunc afficta pariter et adstricta, confitendo et publice recognoscendo dictus dominus prior se tenere, tenere debere et tenere velle ac etiam se tenere constituendo, bona res et jura predicta de Francino de feudo et dominio dicti domini episcopi et successorum suorum in dicto episcopatu, et sibi teneri ad homagium et fidelitatem pro predictis, et ad viginti solidos viennenses de placito, in mutatione Domini tantum. Pro quibus viginti solidis de placito in mutatione domini et in ipsorum viginti solidorum solutione et exoneratione de voluntate et consensu et assensu dominorum episcoporum et priorum qui pro tempore fuerunt in dictis episcopatu et prioratu, a tempore confectionis dicti instrumenti citra pacto super hoc habito inter ipsos traditus fuerit unus *Nisus* vel *Esparveis*, ac solutus quotiescumque casus hujusmodi mutationis domini evenit et datus in solutum pro dictis viginti solidis et in ipsorum exonerationem, ut premittitur, usque in presentem diem. Hinc est quod constituti in mei notarii et testium infrascriptorum presentia reverendus in Christo pater et dominus dominus Rodulphus miseratione divina Gratianopolitanus episcopus nomine suo et successorum suorum in dicto episcopatu ex una parte, et vir venerabilis et religiosus dominus dominus Humbertus de Quogio prior prioratus Sancti Georgii nomine suo et successorum suorum in dicto prioratu ex altera, asserentes predicta omnia et singula esse vera ipsi domini episcopus et prior nominibus quibus supra scientes et spontanei pacificaverunt et pactum expressum inter se convenerunt quod ab inde in antea quociencscumque casus hujusmodi mutationis domini episcopi Gratianopolitani evenerit, quod dictus dominus prior et successores ipsius illi episcopo qui de novo venerit et in dicto episcopatu canonice intraverit, viginti solidos viennenses solvant, seu unum *Nisum* pro dicto Placito, et ad libitum dicti domini prioris et ejus successorum ac etiam voluntatem, ita quod solutis dictis viginti solidis viennensibus ab exactione et obligatione predicti *Nisi*, idem dominus prior et ejus successores sint penitus liberi atque quiti; et vice versa, facta traditione dicti *Nisi* ad solutionem dictorum viginti solidorum minime compescantur nec compelli possint ratione placiti antedicti. Confitendo idem dominus episcopus publice et manifeste sibi fuisse plenarie satisfactum et etiam predecessoribus suis de quibuscumque placito et censibus in quibus idem dominus prior et predecessores sui eidem dicto domino episcopo seu predecessoribus suis quovismodo teneri possent ratione dictorum episcopatus et prioratus seu reperirentur aliqualiter obligati ipsum dominum priorem presentem et recipientem nomine suo et successorum suorum in dicto prioratu solvendo de eisdem placito et censibus temporis preteriti usque in presentem diem pariter et quittando, cum pacto de ulterius non petendo, postquam prefatus dominus episcopus pro se et successoribus suis in dicto episcopatu coram me notario et dictis testibus infrascriptis sepe dictum dominum priorem nomine suo et successorum suorum recipientem de dictis rebus et juribus in dicta parrochia de Francino existentibus exceptis et sibi salvis superius semper ut premittitur in dicta permutatione exceptatis per *traditionem unius annuli* quem in manu sua tenebat, ut est moris, retinuit et etiam revestivit; qui quidem dictus prior ibidem in presentia memorati domini episcopi Gratianopolitani nec non mei notarii et testium infra scriptorum constitutus sciens et spontanee confitens et in veritate recognoscens se tenere, tenere velle et tenere debere de feudo et dominio dicti domini episcopi et ecclesie sue Gratianopolitane predictas res et jura de Francino predecessoribus suis per predecessores dicti domini episcopi ut supra in escambium datum ut superius continetur ad fidelitatem et homagium et ad viginti solidos viennenses seu unum Nisum de placito ad mutationem domini tantum, ut supra est expressum, pro eisdem recognitionibus stando tenendo *manus suas complosas* inter manus prefati domini episcopi eidem domino episcopo presenti stipulanti et recipienti nomine suo et dicte ecclesie et successorum suorum canonice intrantium in eadem fecit prestitit homagium et fidelitatem, interveniente *oris osculo* inter ipsos, in signum perpetui federis et amoris.

Promittens idem dominus prior pro se et suis successoribus in dicto prioratu sub voto Religionis sue esse eidem domino episcopo et successoribus suis pro predictis obediens, et fidelis eidemque omnia fidelitatis capitula tam nove forme quam veteris inviolabiliter observare ; et idem dominus episcopus, ponendo manum ad pectus more prelatorum, promisit pro se et suis successoribus in dicto episcopatu eidem domino priori et suis successoribus facere que verus dominus fideli suo facere debet et tenetur, protestans dictus dominus prior, quod si plura recognoscat quam debet et quam ejus predecessores recognoscere consueverunt et deberent, quod sibi suoque prioratui et ejus successoribus in aliquo prejudicare non possit. Si vero pauca quam debeat recognoscat, offert se assidue paratum facere et recognoscere que fuerint rationis juxta informationem quam sibi super hoc facient memoratus dictus episcopus seu ejus successores seu aliquis nomine ipsorum. Quam protestationem idem dominus episcopus annuit et concessit. Que omnia et singula suprascripta promiserunt dicte partes attendere et inviolabiliter observare et numquam contra facere vel venire cum omni renunciacione juris et facti sibi in hoc facto competenti pariter et cautele ; testibus presentibus ad premissa vocatis et rogatis videlicet domino Girardo de Chissiaco milite, Francisco de Quegio domicello, Fratre Johanne Vicario domus de Melano Ordinis Cartusiensis, domino Guillelmo Soffredi presbytero, et Anthonio Porterii habitans de Bigunis (forsan Cignins?)et ego Guibertus Pollien dou Nantil, Gebennensis diœcesis clericus auctoritate imperiali notarius publicus hiis omnibus presens fui una cum dictis testibus, et requisitus de premissis facere duo publica instrumenta ad opus cujuslibet partis unum, unius et ejusdem tenoris que possint iterum reffici corrigi et dictari ad consilium peritorum, facti tamen substantia in aliquo non mutata, hoc instrumentum publicum recepi feci scripsi subscripsi in forma publica redegi signoque meo michi solito signavi fideliter et tradidi. Datum et actum ut supra : Guibertus.

De quibus omnibus et singulis supradictis prefati dominus episcopus Gratianopolitanus et dominus prior Sancti Georgii et eorum quilibet sibi petierunt et concesserunt fieri per me notarium publicum infrascriptum unum et plura tenoris ejusdem publica instrumenta que possint et valeant dictari corrigi emendari et reffici, producta in judicio vel non, cum omnibus clausulis et renuntiationibus opportunis, ad dictamen et consilium jurisperitorum, facti tamen substantia in aliquo non mutata.

Acta fuerunt hec apud Sanctum Ylarium infra Castrum episcopale dicti loci, presentibus Reverendissimo in Christo Patre et domino domino Francisco miseratione divina Archiepiscopo Narbonnensi Sancte Romane ecclesie Camerario, venerabilibus et discretis viris domino Johanne de Chissiaco Decano Sallanchie Gebennensis diœcesis, et domino Petro Firmini Curato Montismeliani Gratianopolitane diœcesis testibus ad premissa vocatis specialiter et rogatis.

Ego vero Guillelmus Surrelli curie Gratianopolitane apostolica et imperiali auctoritatibus notarius publicus premissis omnibus et singulis dum fit per supra nominatos dominum Aymonem episcopum Gratianopolitanum et dominum Guigonem Salvagii priorem Sancti Georgii acta et gesta fuerunt una cum prenominatis testibus presens personaliter vocatus interfui, de quibus hoc presens publicum instrumentum ad opus prefati domini episcopi Gratianopolitani notavi et recepi et in eodem me subscripsi manu mea propria, et signum meum in principio hujus presentis mee subscriptionis apposui consuetum in robur et testimonium omnium premissorum.

(Facta collatio).

85

Pensions dues ou payées, en 1415, au prieuré de Saint-Martin-de-Miséré, par les prieurés de Thoiry, Aix, Bassens, Entremont, Bissy et Sainte-Hélène, tous de sa dépendance.

1414-15

Computus Religiosi viri domini Huberti Aquini, Sacriste prioratus Sancti Martini de Miseriaco, quod reddit Huberto in Christo Patri et Domino Humberto Preposito Montisjovis, Priorique prioratus Sancti Martini *(du 30 août 1414 au 30 août 1415)*. [1]

PENSIONES PRIORATUUM

A Domino Franscisco de Arciis Priore de Thoriaco, qui ratione dicti Prioratus debet annuatim de pensione tresdecim florenos boni ponderis nichil computat recepisse quia dominus eidem remissit dictam pensionem pro presenti anno.

Item, a Domino Johanne de Chastillione, Priore de Aquis, qui debet annuatim ratione dicti prioratus de pensione qua-

---

[1] Archives de l'Evêché de Grenoble, liasse cotée 2591, 4ᵉ cahier.

tuor libras bonorum viennensium monete sabaudie, et pro anniversario Humberti de Moyssiaco debet decem solidos viennenses ; et pro rebus quas tenet apud Bassinum de feudo Sancti Martini debet viginti solidos bonorum viennensium valentes pro dicto anno, in recepta : vi. x gr. x. d.

Item à domino Petro Mosonis, Canonico, Johanne Massoti, domino Cardinali Hostiensi, pro pensione dicti prioratûs, pro anno presenti recepit sexaginta solidos bonorum viennensium, valentium iii flor. ix gros. Et pro escambiis xiiii solid. vien. valentium, quos recepit. x. gross. d.

Item a domino Georgio de Nucetis priore de Intermontibus pro pensione racione sui prioratûs debita, pro anno presenti, recepit, xx solid. vien. valentes xv grossos.

Item a domino Johanne de Arciis priore Bissiaci pro pensione ratione sui prioratus debita pro presenti anno, per manum domini Nycoudi Moselli recepit. ii florenos.

Item à domino Johanne Veteris, prioris Prioratûs Sante Helene, qui ratione dicti proratus debet de annua pensione unum florenum nihil computat recepisse, quia dominus eisdem dedit pro presenti anno.

86

Le prieur de Lémenc, patron de l'Eglise de Saint-Girod, retire les dépouilles du curé Claude Viret, (ou Vinet) récemment décédé dans cette paroisse. [1]

4 déc. 1426

(*Déc* : chap. XVIII, note 83.)

Johannes Monthionis, licenciatus in decretis, prior prioratus Sancti Petri de Lemenco, prope Chamberiacum, gra-

---

[1] Archives dép. de la Savoie ; fol. 1. 2. 3 et 4 d'un fascicule sur Lémenc, coté n° 252.

tianopolitanensis dioecsis. . *vend, par acte Pierre Rolland, notaire, à Pierre Viret (ou Vinet) de Saint-Girod, notaire, tous les biens meubles laissés par Claude Viret, curé de Saint-Girod, récemment décédé, en tant que ces biens n'appartiennent pas à ladite église ; mais appartiennent audit prieur,* tam de jure quam de consuetudine ab antiquo legitime prescripta, *à cause du prieuré de Lémenc qui, en vertu de son droit de patronage sur l'église de Saint-Girod, possède aussi le droit de dépouille,* jus spolii, *sur tout ce qu'a laissé le défunt,* sive sit aurum argentum, olle, cacabi, veyssella, plastri, poti, stagni, lecti, gausapia et alia domus ustensilia, sive garnimenta, boves, vachæ, oves, equi equæve et alia quæcumque animalia et jura commendarum quarumcumque bestiarum atque blada ; et hoc pretio septuaginta florenorum auri parvi ponderis.

Actum apud sanctum Girodum ante domum supradicti prioratus, presentibus Aimone Grossi, de Mugniard, domino Johanne Symondi Curato Albencii, domino Villermo Chabodi, curato Esparsiaci, domino Johanne Bodouyni Capellano, et Johanne Bastonerii filio Johannis Bastonerii notario, pro testibus ad premissa vocatis.

87

Le même prieur perçoit les dépouilles du curé défunt du Viviers.[1]

1ᵉʳ juillet 1427

(*Déc.*: chap. XVIII, note 84.)

Le prieur Jean de Monthion, velut patronus parrochialis ecclesia de Viveriis, ad quem de usu et consuetudine legiti-

---

[1] Mêmes archives; folio 5, 6, 7 et 8 du même fascicule.

me prescripta bona et spolia Dompni Petri Perrini, ultimi Curati dictæ ecclesiæ de Viveriis nuper defuncti pertinent *vend par un premier acte, à noble Claudine femme* discreti viri Guillelmi Richardi, de Viveriis, notarii, *toutes les récoltes en blé pendantes par racine dans les terres de ladite église, et le tout pour 9 veissels de froment, 9 veissels de seigle et 6 veissels d'avoine.*

Acta fuerunt hec apud Viverias (*sic*) in domo mei notarii etc.

Par un 2e acte, du même jour, le même Prieur cède à Jean Duret, habitant du Viviers, pour le prix de 5 florins d'or de petit poids, les foins pendants alors par racine.

Actum Viveriis, in domo mei Notarii. etc.

88

Compte de la semi-dîme imposée par le Concile de Bâle en 1434 recueillie dans l'archiphêtré de Savoie[1].

1434.

(*Déc.* : chap. XVIII, note 94.)

Computus Johannis Rosseti de Chamberiaco filii naturalis Stephani Rosseti quondam subcollectoris ad hoc deputati à Reverendissimo in Christo Patre et Domino Aymone de Chissiaco miseratione divina Gratianopolis Episcopo com-

---

[1] Extrait du compte de Jean Rosset, de Chambéry. (Archives de l'évêché de Grenoble, 7e cahier d'un fascicule coté n° 3414.)

missario et collectore seu receptore principali in ejus civitate et diocesi ac districtu Gratianopolitano ad hæc deputato a sacrosancta generali Synodo Basiliensi in spiritu sancto legitime congregata universali ecclesia representante pro semideximâ per eamdem sacrosanctam Synodum universaliter pro honeribus (*sic*) ipsius supportandis imposita ut ex tenore hujusmodi impositionis constat bulla plombea ab eadem sancta synodo emanata data Basilliæ quinto nonas maii. Anno domini millesimo quadringentesimo trigesimo quarto, manibus Guillelmi de Cruce apostolica auctoritate notarii publici signata, ad levandum seu levari faciendum in dictis ejus civitate et diocesi ab omnibus ecclesiasticis personis ibidem degentibus hujusmodi semidecimam seu xx^{um} denarium, et hoc de receptis et libratis per dictum Johannem seu Jacobum de Molario ejus nomine factam occasione præmissorum quantum tamen se extendit archipresbyteratus et dudum decanatus Sabaudiæ duntaxat quoniam in aliis partibus dictæ suæ diocesis Johannes Alliodi subcollector ad hæc per dictum Dominum Episcopum extitit deputatus qui Johannes Alliodi eidem Domino Episcopo tenebitur computare si non computaverit, et hoc vigore commissionis inde per dictum Dominum Episcopum dicto Johanni Rosseti ejus litteris patentibus factæ. Redditus, scilicet, dicto Domino Episcopo per dictum Johannem Rosseti prout infra :

	lib.	sol.	den.
Primò abbas Altæcombæ	VI		
Prior Burgeti	VII		
Curatus Burgeti		X	
Prior de Aquis		LXX	
Curatus Mouxiaci		X	II
Prior Mote	XIIII		
— Bellicii		LX	
— Lemenci	VII		
— Bacini	V		V

	lib.	sol.	den.
Prior Intermontium	IV		
— Thoyriaci	VII	X	
Curatus Sancti Johannis de Arvesio		XX	
— Podii grossi		XV	VI
— Tuylliæ		XXXIII	IV
Prior sancti Georgii		VIII	
— Albini	VI	VI	VI
— de Porta	V	XIII	VI
— Fractærippœ		XXII	
— Montilliosi		LX	
— Altisvillarii		XX	
— Sancti Badulphi	III		
Preceptor sancti Antonii Chamberiaci		XXIII	VI
Abbatissa Bytuminis		LXVIII	
Abbas Stamedei	IV	II	
Curatus Asperimontis		VIII	
— de Experney		XX	
— de Corbello		XIV	
Prior Bissiaci		V	
Curatus Meyriaci et Clarifontis		X	
— Chamberiaci veteris		XV	
Curati Sonnaci		XIV	
Curatus Sancti Leodegarii Chamberiaci		XVIII	
— Sancti Petri de Castro Chamberiaci		XII	
— Sancti Sulpicii		XVI	
— de Cognino		XV	
— de Jacob		VII	
— de Vimenis		X	
— de Couz		X	IV
— Barberaci		XX	
— de Muris et Myans		XVII	
— de Francino		XI	
— Montismeliani		XV	

	lib.	sol.	den.
Curatus de Croso		XXVI	VI
— de Porta		XXIV	
— Villaris Valmaris		XX	
— Sancti Petri de Albigniaco		XL	
— de Coruanna		XIII	
— de Greysiaco		X	
— Montilliosi		XII	II
— de Buysseria (la Buissière)		XVI	
— de Chapparillianco		XXII	
— Bellæcombæ		XIII	
Prior de Barralibus		L	
Sacrista ejusdem loci		VIII	

Non taxati.

Sacrista Burgeti.................. XI gross.
Sacrista de Aquis, juravit nichil valet supportare.
Curatus de Aquis.................. XXV sol.
Curatus Pugniaci X
— Tresservæ...................... IV
Curatus Sanctos Yppoliti et Sygismondi, Juravit.
— Motæ......................... ⎫
— Lemenci...................... ⎪
— Bacini........................ ⎬ Juraverunt.
— Sancti Albani................. ⎪
— Verelli....................... ⎪
— Thoyriaci.................... ⎭
Sacrista Thoyriaci.................. VIII sol.
— Sancti Georgii .... III flor.
Curatus Fractæ Ripæ .... III flor, V gr. dym^{id}.
— Montagniolæ .... VIII sol.
— de Barralibus................ X sol.
— Sancti Marcelli .... VIII sol.
— de Vogleno.................. XII sol.

Curatus de Cervoley............... ⎫
— Sancti Badulphi........ ..... ⎬ Juraverunt.
Sacrista Badulphi......... .... ⎫
Sacrista Sancti Anthonii Chamberiaci.. ⎪
Curatus Sancti Cassini........... ... ⎬ Juraverunt.
— de Viveriis.... .... ⎪
— Beatæ Mariæ de Monte........ ⎭

Summa universalis totius receptæ vi^{xx} xv lib. vii sol. xi den. Item vii flor. vi gross et dymid.

Valent in summa prius recepta libris et solidis ad florenos reductis : Singuli duodecim denarii pro uno solido ; singuli vinginti solidi pro una libra, et quælibet libra pro quindecim grossis, et singuli xii grossi pro uno floreno.

Videlicet : viii^{xx} xvi flor. ix gross. ii tertios unius grossi.

De quibus.

Libravit dictus Johannes Rosseti, manibus dicti probi de Molario, domino Nicolao Soquet, presbytero Rotomagensis dyocesis, familiari et procuratoris reverendi in Christo Patris et Domini Hugonis Episcopi Prenestiensis Cardinalis de Chipro ut per litteras confessionis ipsius domini episcopi de recepta quantitatis subscriptæ datas Gratianopoli in ejus domo episcopali, die XIX novembris m° iiii^c xxxv (1435) quam reddit manibus ipsius Domini Episcopi signatas, et ejus sigillo rotundo sigillatas.

Videlicet : iiii^{xx} iii flor. ii gross. (83 flor. 2 gros).

Libravit plus Stephano Rosseti receptori dicti domini episcopi in pluribus particulis manibus dicti Jacobi de Molario et quos idem Stephanus de consensu dicti domini Episcopi libravit pro nobili Jacobo de Chissiaco fratre dicti domini Episcopi in acquisimento facto de Castro de Russet (?)

Videlicet : iiii^{xx} (80) florins.

Item libravit in pluribus particulis pro exequi mittendo monitiones factas contra omnes hujusmodi semidecimam debentes.

Videlicet : 11 flor.

89

Transaction entre Jean de Monthion, prieur de Lémenc, et le curé de Saint-Pierre-sous-le-Château, au sujet des droits de sépulture dans la paroisse de Saint-Pierre-sous-le-Château. [1]

25 février 1443.

(*Déc.* : Chapitre V, note 38.)

Anno domini millesimo quatercentesimo quadragesimo tertio Indictione sextâ, die vigesimâ quinta mensis februarii, hujus veri et publici instrumenti tenore, sit universis notum atque manifestum quod, cum quæstio et debatum essent, majoresque verti in futurum sperarentur inter venerabilem virum dominum Joannem Montionis, decretorum doctorem, velut et tanquam priorem prioratus Lemenci ordinis Sancti Benedicti, gratianopolis Diocesis, parte ex una, et honorabilem virum dominum Richardum Pectoralis, curatum parochialis Ecclesiæ Sancti Petri de subtus Castrum Camberiaci, partibus ex altera, de et super eo videlicet quod dictus dominus prior dicebat, petebat et proponebat quod ipse, et sui successores, in eodem prioratu habere, levare, et percipere debeat in dicta Ecclesia Sancti Petri de subtus castrum Camberiaci videlicet duas partes

---

[1] Registres du Sénat de l'an 1695, fol. 1.

oblationum, sepulturarum defunctorum in dicta parrochiali Ecclesia sepultorum, et duas partes ipsarum sepulturarum et medietatem linteaminum ob causam dictarum sepulturarum, ibidem provenientium ; jam dicto domino Richardo Pectoralis Curato in contrarium dicente, et ad præmissa se opponente pro eo quia ipse, et sui prædecessores in dicta parrochiali ecclesia, easdem oblationes, sepulturas, et linteamina percipere, et levare soliti sunt, et ideo ad præmissa nequaquam teneri, multaque alia dicebant, proponebant, replicabant, et allegabant dictæ partes hinc et inde. Tandem ipsæ partes affectantes litium amfractus jurgiaque evitare, de eisdemque ad pacem compositionem et transactionem devenire, nonnullorum amicorum suorum amicabili tractatu interveniente, in mei notarii publici, testiumque subnominatorum præsentia constitutæ eædem partes, quæ gratis et mutuo advisæ, tractatu amicabili prædicto interveniente, pro se et suis successoribus, in dictis prioratu, et parrochiali Ecclesia canonice intrantibus de et super præmissis quæstione et lite ad pacem, transactionem et compositionem devenerunt et decreverunt, in hunc qui sequitur modum.

Primo quod dictus dominus prior, et sui prædicti successores, habere, percipere et levare debeant in dicta parrochiali Ecclesia de subtus Castrum Camberiaci ultra medietatem ceræ ibidem occasione defunctorum pertinente et percipi solitæ per sacristam dicti prioratus Lemenci videlicet medietatem oblationum ipsius sepulturæ, cum medietate etiam ipsius sepulturæ ; Idem etiam et medietatem lenteaminum ad causam ipsarum sepulturarum fiendarum in dicta parrochiali ecclesia, eidem domino curato provenientium, solvendorum, et realiter cum effectu expediendorum per ipsum dominum curatum et suos quando sepulturas fieri continget in dicta parrochiali ecclesia prælibato domino priori, et suis quibus supra successoribus, et his mediantibus, sit inter easdem partes, de et super præmissis, finalis conclusio pariter et concordia.

Quam quidem compositionem ac transactionem et omnia alia et singula, in præsenti instrumento publico contenta, promittunt memoratæ partes contrahentes et quilibet ipsarum, prout ad ipsam præsens concernit negotium pro se et suis quibus supra successoribus, pars parti alteri et econtra sibi vicissim mutuis et solemnibus stipulationibus hinc et inde intervenientibus, ministerioque etiam mei nottarii publici subscripti stipulantis solemniter, et recipientis omnia et singula in præsenti instrumento publico contenta, more publicæ personæ, viceque nomine et ad opus dictarum, partium et cujuslibet earumdem et suorum, ac omnium aliorum, et singulorum quorum interest, et interesse poterit in futurum per ipsarum partium propria et corporalia juramenta dictus dominus prior manus ad pectus ponendo, more Religiosorum et sub suæ religionis voto, et dictus dominus curatus similiter, et tactis Dei Evangeliis Sanctis et ipsæ partes, et quælibet ipsarum, ut sibi competit bona sua, dictorum prioratus et curæ, mobilia, immobilia presentia et futura quæcumque inde obligando, et hypothecando, ratam rata, gratam grata, firmam pariter atque firma, habere perpetuo et tenere, et numquam contra facere, dicere, opponere, vel venire nec alicui contravenire volenti in aliquo de cætero consentire, sed præmissa omnia et singula facere, complere, solvere, et inviolabiter observare in cunctis suis partibus et particulis, per modum et formam supra declaratos, singula singulis referendo renuciantes autem in hoc facto dictæ partes, et quælibet ipsarum prout sua interest, ex suis certis scientiis, et per vim suorum supra præstitorum juramentorum, exceptioni omnium et singulorum in præsenti instrumeuto publico contentorum, non sic et non legitime actorum, dictorum et gestorum, exceptionique doli mali, vis, metus, erroris et in factum actioni, conditioni sine causa, ob causam, vel ex injusta causa ; petitionique et oblationi libelli copiæ præsentis instrumenti, et ejus notæ juri per quod deceptis vel læsis in suis contractibus subvenitur, juri dicenti, si dolus det causam contractui, vel incidat in contractu, contractum non valere, sed ipsum recindi debere, juri dicenti confessionem extra judicium, vel non coram suo judice factam minime valituram omnique recursui ad arbitrium boni viri, ac omnibus aliis juribus exceptionibus, tam canonicis, quam civilibus, quibus contra præmissa vel præmissorum aliqua, facere, dicere, vel venire posset, aut in aliquo se tueri, et maxime juri dicenti generalem renunciationem non valere, nisi præcesserit specialis. Protestantes autem eædem partes et quælibet ipsarum in principio, medio, et fine ejusmodi compositionis instrumenti, altera de consensu alterius et è contra. Quod si ipsæ partes, vel sui prædicti imposterum reperirent legitimas informationes prædeclaratis contrariantes, quod præsens compositionis instrumentum eisdem partibus, nec cuiquam ipsarum præjudicium, neque gravamen aliquod generare possit, sed prorsus remaneant contenta in ipsis informationibus legitimis, si quas contingit reperiri, in eorum perpetua roboris firmitate, quibuscumque in præsenti instrumento, cæteris non obstantibus de quibus præmissis omnibus et singulis, memoratæ partes, voluerunt et præceperunt fieri, et confici per me notarium subscriptum, duo ejusdem tenoris et substantiæ publica instrumenta pro qualibet parte unum, dictanda et corrigenda, si fuerit opus, dictamine et consilio peritorum, unius, vel plurium, facti tamen substantia in aliquo non mutata.

Actum apud Lemencum, in capitulo dicti prioratus Lemenci: præsentibus dominis Antonio Cacheti, Curato de Jacob, Aymone Barriti, Curato Lemenci, Joanne Blanchini, Farqueto Bernardi, et Humberto de Bengiis, omnibus cappellanis testibus ad præmissa vocatis et rogatis. Et me Petro Philiberti de Camberiaco clerico, authoritatibus Imperiali, et domini nostri Ducis Sabaudiæ notario publico qui præsens instrumentum publicum rogatus recepi, ipsumque prætextu commissionis mihi per prælibatum dominum nostrum Ducem factæ scribi, et levari feci, manu Jacobi Bardini de Seissello notarii publici, habitatoris Camberiaci, coadjutoris mei, deinde ipsum manu meâ propriâ subscripsi, et signavi fideliter, et tradidi ad opus dicti domini prioris et suorum, in testimonium præmissorum.....

90

Transaction entre Jacques de Montmayeur, seigneur d'Apremont, fondateur du couvent de Myans, et Jean Aragon, Curé des Marches, au sujet de l'église de N.-D. de Myans, annexe des Marches[1].

6 avril 1466.

(*Déc.* : chap. X, notes 29 et 35. — Chap. XI, notes 8 et 10. Chap. XII, note 1.)

In nomine sanctæ et individuæ Trinitatis peremniter triomphantis Patris et filii et spiritus Sancti Amen. Divina sanctorum Patrum testatur authoritas, nec non sacræ scripturarum paginæ confirmant neminem posse fieri salvum nisi ab illo custodiatur qui cœlum palmâ ponderat, terramque pugillo concludit. Quapropter illustris Dominus Jacobus, comes Montis majoris sibi domum in cœlestibus peroptans construi in qua conditorem et vivificatorem nostrum contueri et indesinenter mereatur videre, cogitavit sollicita mente quatenus de rebus sui proprii juris Deo sanctisque ejus idem opus conficeretur, ut pietatis supernæ universa misericordia gratiam suæ absolutionis tribua

[1] Registre ecclésiastique du Sénat, annexée 1680, folios 27 et suiv.

et remissionem ; qui inquam Dominus Comes anno ætatis suæ decimo octavo sanctam civitatem Hyerosolimitanam in societate quondam illustris Domini Gaspardi ejus genitoris visitavit, et cætera Terræ Sanctæ loca in quibus idem pater unicum sibi præsentavit Altissimo, et in ejus sacrosancto sepulchro militiæ seculari [s ?] insignivit ipse manu proprio [propria ?] decore, et deinde ad limina Sancti Jacobi visitanda idem Dominus Comes accessit, ac classe Regis Castellæ in regno Granatæ contra infideles suis sumptibus multos nobiles strenuos duxit, et postmodum Sancti Patricii et aliàs successive tam Franciæ quam Allemaniæ, Italiæ, Hispaniæ, Angliæ et Hyberniæ loca peregre visitavit devota.

Demum infusa sibi cœlitus uberiori devotione, salubriter cogitans quod hujusmodi substantia peremniter possideri minime valet nisy fuerit cum cœlestibus et æternis salubri commercio commutata ; cum, Deo disponente, ad ipsius suæque sanctissimæ Genitricis Beatæ Mariæ et Beati Francisci cæterorumque sanctorum et sanctarum omnium gloriam et laudem perpetuam unum conventum ordinis Minorum de Observantiâ in loco Beatæ Mariæ de Myano gratianopolitanæ diocesis, et in territorio et dominio ipsius Domini Comitis, fundaverit et ædificari fecerit virtute, et ex eo quod illustrissimus et Dominus noster Dominus Ludovicus Dux Sabaudiæ dudum obtinuit à felicis recordationis Nicolao Papa quinto, quod potuisset sibi in ditione et dominio suis eligere (erigere ?) duos conventus Fratrum Minorum de Observantia , unum in loco in Bulla seu rescripto Apostolico nominato, et alium in loco per ipsum Dominum Ducem nominando, satisfaciendo curato seu rectori parrochialis ecclesiæ in loco nominando, pleniûs describitur in dictis Litteris Apostolicis. Virtute cujus gratiæ obtentæ seu rescripti Apostolici idem Dominus Dux ad requisitionem ejusdem Domini Jacobi comitis Montismajoris nominavit et elegit sibi locum prædictum Beatæ Mariæ de Myano, hoc mediante quod idem Dominus Comes recompensam det ei tradat curato condignam. In quo loco de Myanis Deus precibus et meritis ejusdem Beatæ Mariæ virginis operatur multa miracula dietim, et longevis temporibus perseverant ; affluunt enim gentes ex diversis partibus, diliviumque seu *Abissus* in diruptione ibidem remansit, et amplius gressus suos non habuit, ubi multæ animæ ab hoc sæculo migrarunt in septem parrochiis pro tunc ibidem situatis, et ipsæ parrochiæ in sempiternum perierunt, quod ex evidentia publica unicuique intuenti constat, et forte plus (plures ?) animæ ibidem existentes, tunc defunctæ, sunt adhuc in Purgatorio pœnitentiam agentes et gratiam quærentes à Domino nostro Jesu Christo qui ipsas animas suo pretiosissimo sanguine redemit, et Deus qui pater misericordiarum est, ut quisque catholicus cogitare potest, voluit ipsum locum fore propitium ad ipsum Conventum ibidem fondandum ; cumque fuerit concordatum et arrestatum inter præfatum illustrem Dominum Jacobum Comitem Montismajoris ex una parte, et venerabilem et circumspectum virum Dominum Johannem Aragonis Decretorum Doctorem, curatum parrochialis ecclesiæ sancti Mauritii de Muris aliàs de Marchiis, cui parrochiæ Sancti Mauritii parrochia seu ecclesia dicti loci Beatæ Mariæ de Myano aliàs canonicè erat annexa ex alia parte ; primitus tamen, parte dicti Domini Comitis certis litteris Apostolicis super hoc obtentis pluribusque altercationibus et dietis habitis inter dictas partes et tenutis hinc indè tam coram reverendo in Christo Patre Domino Domino gratianopolitano miseratione divina Episcopo, quam coram venerabili viro Domino Priore Sancti Laurentii dictæ gratianopolitanæ diocesis judice commissario Apostolico ad hoc constituto et ordinato, quatenus ad causam recompensæ et exannexationis ipsius parrochialis ecclesiæ Beatæ Mariæ à dicta cura sancti Mauritii facta, ipse Dominus Comes tradere, deliberare et expedire teneretur eidem venerabili viro Domino Johanni Aragonis videlicet centum decem florenos parvi ponderis, de puro mero et franco allodio, tam in bonis redditibus' censis in domineriis pratis possessionibus et aliis prædiis bonis et sufficientibus, sine tamen aliquo dominio infra tres leucas propè dictam curam de Muris, seu de Marchiis et infra decem annos tunc proximos, ipseque Dominus Comes infra dictum tempus decem annorum existens, et ante terminum ipsum decem annorum elapsum cupiens dictam recompensam prout licet et convenerit, tradere et expedire prout supra. Hinc fuit et est quod anno currente millesimo quatercentesimo sexagesimo sexto, indicione quatuordecima, die vero sexta mensis aprilis, prælibatus inquam illustris Dominus Comes in castro loci Asperimontis, in aula bassa juxta coquinam ipsius castri existens, in nostrum Guillermi Cududerii et Antonii Bidendati de Rupercula notariorum publicorum ac testium subscriptorum præsentia personaliter constitutus prælibatus illustris Dominus Comes Montismajoris qui non improvide nec per errorem sed gratis ac ejus mera libera et spontanea volontate pro se et suis hæredibus et successoribus quibuscumque, in recompensationem prædictam tradit, deliberat, donat et expedit perpetuo præfato venerabili viro Domino Johanni Aragonis curato prædicto præsenti stipulanti et recipienti pro se et suis in dicta cura Sancti Mauricii successoribus quibuscumque, videlicet quinquaginta florenos parvi ponderis, sexaginta veyssellos frumenti, quadraginta quatuor veyssellos tres quaternos et tertium unius quartæ avenæ ad mensuras contentas et descriptas in recognitionibus ipsius illustris Domini Comitis infra mentionatis et viginti duas gallinas ad rationem, pro singulo veyssello frumenti, octo denariorum grossorum ; pro quolibet veyssello avenæ, quatuor denariorum grossorum ; et pro quolibet gallina sex denariorum fortium eidem Domino Comiti debitos et debitas in loco et parrochia Tulliæ de servicio annuali et perpetuo, per plures tenementarios et emphyteotas nominatos contentos et descriptos in dictis recognitionibus præ-

libati illustris Domini Comitis et de novo factis et receptis
per providum virum Humbertum Dyonisii de Serreriis in
Choutania, notarium publicum et commissarium in dicto
loco Tulliæ per dictum Dominum Comitem deputatum et
constitutum, et in libro papiri magnæ formæ debitæ tabel-
lionato et signato mentionatos, quem librum prælibatus
Dominus Comes eidem Domino Curato in nostrum dictorum
notariorum et testium præscriptorum præsentia ad opus
sui ipsius Domini Curati et suorum in dicta curia perpetuo
successorum manualiter tradidit et expedivit ; et aliundè
ei ultra præmissa tradit ipse Dominus Comes et expedit
ut supra, pro complemento valoris dictæ recompensæ videlicet quamdam suam peciam prati continentem circa quatuor scytoratas prati, sitam apud Chacusacum, propè
molendinum dicti loci de Chacusaco, juxta pratum Petri
et Claudii Thevenonis alias Chovesonis ex Oriente, pratum
Petri Eder alias de Calce Cyrille et fossale dicti molendini
ex bisia et occidente, et juxta iter seu exutam ex vento,
et juxta suos alios confines ad habendum tenendum et possidendum fruendum et gaudendum per dictum dominum
venerabilem curatum et suos prædictos ad honorem Dei
suæque sanctæ ecclesiæ quiquid in proprios usus juste et
rationabiliter agere voluerint, libero fruantur arbitrio, absque alicujus substractione vel subjectione ; devestiens se
prælibatus dominus Comes de præmissis redditibus et
bonis in prædictam recompensam traditis et expeditis ut
supra, et dictum dominum venerabilem curatum investiens
traditione unius calami manualis, ut moris est, salvo
tamen directo dominio et jure emphytheosis ipsa
rum rerum tam sibi domino Comiti quam quibus interest et pertinere potest exceptandis et reservandis ;
constituens se idem dominus Comes dictas res redditus
et bona in dictam recompensam tradita, precario nomine dicti venerabilis domini curati se tenere et possidere donec et quousque ipse dominus curatus per se vel

alium ipsius nomine possessionem realem et corporalem seu quasy de eisdem apprehenderit et apprehensus fuerit ; quam possessionem ab hac hora in anteà accipere possit sua propria authoritate et tenere sine licentia et authoritate cujusvis alterius personæ super hoc requisita sive quomodolibet expectata, nihil juris, rationis, proprietatis et dreyturæ in eisdem retinens ipse dominus Comes ; sed in dictum dominum curatum et suos prædictos totaliter transferens cedens et remittens salvis tamen ut supra reservatis directo dominio et jure emphyteosis rerum et bonorum eorumdem quibus, ut supra pertinent ; mandans ideo et præcipiens prælibatus illustris dominus Comes, tenore præsentis instrumenti omnibus et singulis tenementariis prædictis et ipsorum reddituum debitoribus quatenùs eosdem redditus res et proventus ab indè in anteà solvant et expediant prælibato domino Curato et suis in dicta cura successoribus, sibique specificent et recognoscant ipsos redditus et proventus prout et quemadmodum sibi illustri domino Comiti facere debebant et tenebantur ante hunc contractum ; et facta hujusmodi recognitione præmissorumque solutione ipse dominus Comes ex nunc prout ex tunc et è contrà eosdem tenementarios licet absentes, tanquam præsentes ministerio nostrum dictorum notariorum publicarum personarum stipulantium et recipientum ad opus ipsorum tenementariorum omniumque et singulorum quorum interest, intererit et interesse poterit quomodolibet in futurum, solvit et quittat perpetuo cum pacto expresso de quidquam ulterius, ratione eorumdem non petendo. De qua quidem recompensa ut supra tradita et expedita præfatus venerabilis dominus Curatus pro se et suis in dicta cura sancti Mauritii successoribus se tenens pro contento et satisfacto, ipsamque recompensam tanquam condignam acceptando, prælibatum dominum Comitem et suos de eadem recompensa solvit, liberat penitus perpetuo atque quittat cum pacto expresso de quidquam ulterius ratione ejusdem recompensæ non petendo seu querelando.

Quicumque ergo ad hoc opus per prælibatum dominum Comitem ut supra, facto consilium vel adjutorium dederit, habeat benedictionem quam Dominus tribuit fidelibus suis. Verum, si quis quod supra cœptum est secùs fecerit oblationem et devotionem prædictam ecclesiæ Dei in usus suos transferre aut alicui de suis dare aut consentire voluerit, iram omnipotentis Dei patiatur et à luminibus sanctæ Dei ecclesiæ alienus efficiatur, et à consortio christianorum privetur et cum Diocletiano et Maximiano persecutoribus christianorum sive cum datan et Abiron nec non Zarcam et Arfazar vel etiam cum Juda traditore et cum omnibus inimicis Christi in flammis inferni dignam pœnam Deo illis retribuant (?) sempiternè ardeant, et nihilominus præsens donatio sive recompensa firma permaneat.

Quæ omnia universa et singula supra et infra scripta ac in præsenti publico et instrumento contenta, promittunt prælibatus illustris dominus Comes ex una parte, et dictus venerabilis dominus Curatus parte ex altera, et ipsorum quilibet in quantùm sua interest pro se et suis ut supra per juramenta sua ad sancta Dei Evangelia corporaliter præstita et sub obligatione universorum et singulorum bonorum suorum et cujuslibet eorumdem mobilium et immobilium præsentium et futurorum quorumcumque habere rata grata et firma, et nunquam per se vel per alium in aliquo contra facere dicere vel venire, volenti clam tacite vel expressè in aliquo consentire ; sed ipsa omnia et singula prout supra sunt expressa unus ipsorum alteri et è contrà attendere et complere et inviolabiliter observare ; ipseque dominus Comes dictos redditus et res easdem in recompensam prædictam traditas manutenere, perpetuo defendere et garentire ab omnibus et contra omnes in judicio et extra, dicto domino Curato et suis ut supra.

Renuntiantes siquidem in hoc facto prælibatus dominus Comes ex una parte, et dictus venerabilis dominus Curatus ex alia parte, pro se et suis ut supra, et ipsorum quilibet, in quantum eum concernere potest, ex ipsorum certis scientiis vigoreque suorum superius præstitorum, juramentorum, omni actioni et exceptioni dictæ compensæ ut supra non factæ et non deliberatæ, omniumque et singulorum prædictorum non ita actorum seu aliter gestorum quam scriptorum, dictæque quittationis de prætensa recompensa ut supra non facta, doli mali, vis, metus erroris causa, ob causam vel ex injusta causa, juri dicenti quod ex juramento non oritur actio, nisy ipsum juramentum fuerit prius in judicio delatum, omnique exceptioni erroris cavillationis et fraudis, omnique alio juri canonico et civili decretorumque auxilio quibus mediantibus contra præmissa vel præmissorum aliqua facere dicere vel venire possent aut in aliquo se tueri; et maxime juri dicenti generalem renunciationem non valere nisy præcesserit specialis.

De quibus præmissis dictæ partes preceperunt et jusserunt per nos notarios subscriptos fieri duo publica instrumenta videlicet prælibatus dominus Comes unum ad opus dicti Conventus venerabilium Religiosorum Fratrum Myani, ipseque dominus Curatus unum ad opus sui et suorum successorum ut supra, ipsique omnes tot quod ex inde fuerint petita et requisita unius et ejusdem tenoris et substantiæ quæ possint et valeant dictari corrigi meliorari licet levata vel non levata, in judicio producta vel non producta, consilio et dictamine unius vel plurium jurisperitorum, facti tamen substantia in aliquo non mutata, quorum præsens est ad opus prælibatorum domini Comitis et dominorum Religiosorum dicti Conventus.

Actum in Asperomonte in parva aula Castri ipsius loci Asperimontis dicti domini Comitis, juxta coquinam ipsius Castri, præsentibus venerabilibus viro Domino Ludovico Rubodi, Domino Antonio Usilie de Tarentasia Capellanis, nobilibusque viris Humberto de Montemajori, Jacobo et Claudio de Montemajori et Claudio Paluelli, et discretis viris Guillelmus Fontanelli de Bognia, mandamenti Belliaci,

Enemone Paviti de Allione notarius et Johanne Medici de Cusiaco, clerico testibus ad præmissa vocatis et rogatis. Et me Anthonio Bidendati aliàs Mulini de Rupercula authoritate imperiali notario publico et curiarum illustrissimi Principis et domini domini nostri Sabaudiæ Ducis jurato, qui dum præmissa sic fierent et agerentur cum dictis testibus præsens fui hocque publicum instrumentum rogatus una cum provido viro Guillermo Cudurerii de Choutagnia notario publico subscripto et signato, recepi ipsumque manu Johannis Dei Filii alias Frenerii grossare feci, manuque mea propria signavi et subscripsi in fidem robur et testimonium omnium et singulorum præmissorum.

Meque Guillermo Cudurerii de Castroforti in Choutagnia, clerico authoritatibusque Imperiali et Sabaudiæ Ducali notario publico, qui dùm præmissa sic fierent et agerentur, cum prænominatis testibus præsens fui, hocque publicum instrumentum rogatus una cum provido viro Anthonio Bidendati aliàs Mulini de Rupercula notaro publico suprascripto et signato recepi, ipsumque manu supradicti Johannis Dei Filii alias Frenerii, notarii publici coadjutoris mei grossare feci, manuque mea propria subscripsi signoque meo tabellionali in talibus assueto munivi fideliterque reddidi in robur et testimonium omnium et singulorum præmissorum.

91

Bulle de Sixte IV portant: union du Décanat avec tous ses droits à la Sainte-Chapelle, union de l'église de Saint-Léger à la mense Capitulaire, de celle de Cognin à la Trésorerie, de celle d'Hermance à la Chantrerie, et érection d'un Archidiaconat, avec les dîmes des Marches pour dotation. [1]

1474. — 12 des calendes de juillet. [2]

Sixtus Episcopus, servus servorum Dei, ad perpetuam rei memoriam. Ex supernæ providentia Majestatis in supremo militantis ecclesiæ speculo constitutus romanus Pontifex circa ecclesiarum omnium suæ curæ commissarum ac personarum in illis Altissimo famulantium profectum, venustatem et decorem et ut in ipsis ecclesiis divinus cultus augeatur prout et debito pastoralis officii sibi commissi incumbit, diligenter prospicit et intendit, earumque honorem auget, ac ecclesiasticarum personarum opportunitatibus et ut ipse ac alii Christi fideles sublatis molestiis et perturbationibus animi quiete et tranquillitate possint Altissimo reddere famulatum, salubriter providet, sicuti ecclesiarum et personarum hujusmodi qualitas exigit catholicorum ac nobilium personarum exposcit devotio, et id in Domino conspicit salubriter expedire.

[1] Archives du Sénat de Savoie. Rég. de 1727. — Cette Bulle a déjà été publiée par M. de Jussieu dans sa *Sainte-Chapelle* (p. 176 et suiv.) mais avec erreur de date et d'assez nombreuses fautes d'impression ; et il convient de la reproduire ici, à côté de la suivante, inédite, qui la révoque.

[2] C'est-à-dire le 20 juin, et non, comme le dit M. de Jussieu, le 12 des Calendes de Juin, qui tombent le 21 mai.

Sane pro parte dilectæ in Christo filiæ nobilis mulieris Yolantis ducissæ Sabaudiæ nobis nuper exhibita petitio continebat quod episcopus Gratianopolitanus pro tempore existens certam partem suæ diocesis in districtu et dominiis ducis Sabaudiæ ac episcopalem jurisdictionem et officialem foraneum habet, ac sæpe numero evenit quod temporibus guerrarum inter Sabaudienses et Delphinenses subditi præfato episcopo ratione præfatæ partis jurisdictionis qui sub dominio ipsius ducis existunt excommunicationis sententia ligati, pro absolutionis beneficio obtinendo ad ipsum episcopum qui in Delphinatu existit causantibus hujusmodi guerris, quæ modernis temporibus multoties visæ sunt, tute accedere non possint in animarum suarum periculum et scandalum plurimorum. Verum si eadem pars jurisdictionis ab ecclesia vel sede Gratianopolitana omnino dismembraretur et separaretur, ac ipsa pars ecclesiæ castri Camberiaci Capellæ Sanctæ nuncupatæ dictæ diocesis per ducem et ducissam Sabaudiæ tunc existentes fundatæ et in collegiatam ecclesiam auctoritate apostolica erectæ, ac Sancti Leodegarii Camberiaci quæ de jure patronatus ipsius ducis existit mensæ capitulari ac Sancti Petri de Cognino, quam Mermetus de Veulerio, thesaurarius thesaurariæ, necnon Sancti Georgii de Hermentia quæ etiam jure patronatus ipsius ducis existit et quam Ludovicus Charreria cantor dilecti filii obtinent prædictæ et Gebennensis diocesis parrochiales ecclesiæ cantoriæ dictæ ecclesiæ perpetuo unirentur, annecterentur et incorporarentur, ac in ipsa ecclessia unus Archidiaconatus, qui inibi secunda dignitas, non tamen principalis, et post decanatum ipsius ecclesiæ esset, de novo erigeretur, et illi sic erecto decimæ quas episcopus ipse ratione decanatus Sabaudiæ eidem ecclesiæ uniti in parrochia parrochialis ecclesiæ de Muris aliàs de Marchiis, Gratianopolitanæ diocesis percipere consuevit etiam perpetuo applicarentur et appropriarentur, profecto statui dictorum subditorum debite consuleretur, ac divinus cultus in ipsa ecclesia castri Camberiaci susciperet incrementum, necnon dilecti filii capitulum, thesaurarius, cantor et archidiaconus dictæ ecclesiæ decentius se sustentare et onera eis incombentia commode supportare valerent. Quare, pro parte dictæ ducissæ asserentis quod fructus, redditus et proventus dictæ mensæ episcopalis adeo uberes sunt quod ipse episcopus ex eis absque fructibus et emolumentis ipsius partis diocesis in Sabaudia existentis statum suum decenter tenere potest, nobis fuit humiliter supplicatum ut partem jurisdictionis in Sabaudia existentem hujusmodi a sede et mensa episcopalibus prædictis dismembrare et separare, illaque cum omnibus juribus et pertinentiis suis eidem ecclesiæ Capellæ Sanctæ nuncupatæ ac Sancti Leodegarii mensæ capitulari et Sancti Petri Thesaurariæ necnon Sancti Georgii ecclesias prædictas Cantoriæ præfatis perpetuo unire, annectere et incorporare, in ipsaque ecclesia Capella Sancta nuncupata unum archidiaconatum quæ inibi secunda dignitas, non tamen principalis, et post decanatum dictæ ecclesiæ sit, de novo erigere, illique decimas prædictas etiam perpetuo applicare, aliaque in præmissis opportune providere de benignitate Apostolica dignaremur.

Nos igitur qui dudum inter cætera volumus quod petens ecclesiastica beneficia aliis uniri teneretur exprimere verum valorem secundum communem estimationem tam beneficii uniendi quam illius cui uniri petitur, alioquin unio ipsa non valeret, et quod in unionibus semper commissio fiat ad partes, vocatis quorum interest, partis jurisdictionis, mensæ capitularis, thesaurariæ, cantoriæ et decimarum prædictarum, fructuum, reddituum et proventuum eorum annuos valores præsentibus pro expressis habentes, ejusmodi supplicationibus inclinati, partem jurisdictionis in Sabaudia, ut profetur, existentem, necnon quidquid juris episcopalis in eadem parte jurisdictionis in hujusmodi dominio et districtu Sabaudiæ ipse episcopus habet etiam respectu jurisdictionis decimarum, reddituum et proventuum ipsius ecclesiæ Gratianopolitanæ et decanatus Sabaudiæ hujusmodi ab eadem sede et mensa episcopali auctoritate Apostolica tenore præsentium dismembramus ac separamus, illamque cum suis pertinentiis ante dictis eidem ecclesiæ Sanctæ Capellæ nuncupatæ ac Sancti Leodegarii mensæ capitulari et Sancti Petri Thesaurariæ necnon Sancti Georgii ecclesias prædictas cum omnibus juribus et pertinentiis supradictis Cantoriæ præfatis perpetuo unimus, annectimus et incorporamus ; in ipsa quoque ecclesia Capella Sancta nuncupata unum Archidiaconatum qui inibi secunda dignitas, non tamen principalis, et post Decanatum ipsius ecclesiæ sit, de novo erigimus, illique dictas decimas etiam perpetuo applicamus et appropriamus, ita quod ex nunc liceat decano et capitulo partis jurisdictionis et cedente vel decedente moderno ipsius ecclesiæ Sancti Leodegarii rectore aut aliàs illam quomodolibet dimittente, et thesaurario Sancti Petri et cantori præfatis, vel pro tempore existentibus Sancti Georgii ecclesiarum, omniumque jurium et pertinentiarum suarum, necnon pro tempore existenti archidiacono dictæ ecclesiæ seu capellæ prænuncupatæ prædictarum decimarum corporales possessiones per se vel alios auctoritate propria libere apprehendere vel perpetuo retinere, ipsisque unitis ecclesiis per idoneos presbyteros ad eorum etiam respective nutum ponendos et amovendos deserviri et illarum parrochianorum animarum curam exerceri facere, illarumque fructus redditus et proventus in suos ac mensæ capitularis, Thesaurariæ, Cantoriæ Archidiaconatus et singularum unitarum ecclesiarum usus utilitatemque convertere, diœcesanorum locorum et quorumcumque aliorum licentia vel assensu minime requisitis ; et insuper auctoritate et tenore prædictis perpetuo statuimus et ordinamus quod tam decanus dictæ ecclesiæ Capellæ Sanctæ nuncupatæ quam singulæ personæ ecclesiasticæ et religiosæ in dicta parte jurisdictionis nunc et pro tempore commemorantes et residentes cum omnibus et singulis bonis eorum mobilibus et immobilibus, præsentibus et futuris, ab omni superioritate, potestate, dominio, visitatione et correctione tam archiepiscopi Viennensis quam episcopi Gratianopolitani tunc et pro tempore existentium eorumque vicariorum et officialium penitus et omnino exemptæ sint, ipsæque personæ dicto decano et nulli alteri subjiciantur, ac idem decanus et nullus alius de causis tam civilibus quam criminalibus personarum earumdem cognoscere, easque secundum casus exigentiam punire et beneficiis suis privare, et de ipso decano ejusque sententiis pro tempore latis, non ad archiepiscopum seu episcopum præfatos, sed ad Sedem Apostolicam appelari debeat, ipseque decanus ea quæ tam ordinis quam jurisdictionis sunt in prædicta parte jurisdictionis per quemcumque maluerit catholicum antistitem gratiam et communionem ejusdem Sedis habentem exerceri et celebrari, et omnes etiam sacros ordines et presbiteratus promovendis conferri ac litteras dimissorias concedi, necnon chrisma et sanctum oleum cathecumenorum ac omnia alia in præmissis et circa ea necessaria confici, ecclesias, altaria, cœmetaria consecrari et si opus sit aqua prius, ut moris est, benedicta reconciliari facere, ac ab ipso antistite pro se et eisdem personis chrisma et oleum hujusmodi, ita quod pro eorum receptione ad præfatum episcopum Gratianopolitanum accedere minime teneantur, recipere possit ; et quod presbyteri curati vel alii clerici ipsius partis juridictionis non ad synodum dicti episcopi, sed ipsius decani quando illos vocabit accedere teneantur; quodque collatio, provisio, præsentatio, electio seu quævis alia dispositio singulorum beneficiorum ecclesiasticorum cum cura vel sine cura in dicta parte jurisdictionis consistentium quæ eidem episcopo pertinebant, de cætero præfatis decano et capitulo pertineant, ac curati et clerici et aliæ personæ a nullo præterquam ipso decano visitari non possint nec debeant, et omnimoda jurisdictio ac omnia jura episcopalia etiam quoad forum pœnitentiæ quæ ipsas personas eidem episcopo pertinebant, eidem decano de cætero spectent, idemque decanus ipsis personis in dicta parte jurisdictionis commorantibus ipsam tonsuram conferre valeat, quodque decanus ipse ac canonici, presbyteri beneficiati et alii ministri ecclesiæ Capellæ Sanctæ nuncupatæ in illa omnibus curialibus et curiam ducalem Sabaudiæ frequentantibus sive in Pascha sive extra Pascha omnia ecclesiastica sacramenta etiam extremæ unctionis absque tamen præjudicio jurium parrochialium ecclesiarum conferre, necnon presbyteri et alii clerici sæculares et religiosi ad divinum officium obligati horas canonicas juxta morem romanæ ecclesiæ dicere et recitare possint, et ad alium morem seu ordinem in iis observandum si noluerint non teneantur, quodque archidiaconus dictæ ecclesiæ pro tempore existens canonicalem portionem sicut unus ex ipsis ecclesiæ canonicis ultra numerum in ea institutum percipere debeat, ac nullus in archidiaconum ipsius ecclesiæ recipi vel admitti possit nisi magister in theologia aut in altero jurium doctor seu cum rigore examinis licentiatus existat, ipseque in absentia dicti decani eidem capitulo præsit, necnon archidiaconatus prædictus beneficium incompatibile necnon pro incompatibili beneficio reputetur, ac præsentatio personæ idoneæ ad illum duci et ducissæ Sabaudiæ pro tempore existentibus, institutio vero ejusdem personæ dicto decano pertineat ipseque decanus aut magister dictæ ecclesiæ Capellæ Sanctæ nuncupatæ cum quibusvis personis in præsentia ducis et ducissæ eorumdem matrimonium ipsum contrahere possint, dispensare valeat, ipseque decanus in sessionibus et processionibus quibuscumque abbatibus antecedat et præferatur, necnon collatio provisio, præsentatio, electio et quævis alia dispositio beneficiorum ecclesiasticorum ad decanum et capitulum ejusmodi, etiam ratione partis jurisdictionis et decanatus unitorum prædictorum, pertinentium de cætero pro uno decano in solidum, et pro alio mensibus decano et capitulo præfatis conjunctim pertineat, ita tamen quod in hujusmodi actu decanus, nisi

pro una voce computetur, in aliis autem pro duabus vocibus
computari debeat, declarationibus quoad hujusmodi collationes et alias dispositiones auctoritate Apostolica factis non
obstantibus et quod beneficia ipsa sub gratiis expectativis
vel specialibus reservationibus non cadant aut comprehen-
dantur; quodque magistri cantus aut grammaticæ puerorum
innocentium ecclesiæ Capellæ Sanctæ nuncupatæ hujusmodi
ad nutum ipsorum decani et capituli revocabiles sint, ac
archidiacono, cantori et thesaurario præfatis causæ Apostolicæ tanquam canonicis ecclesiarum cathedralium committi
possint, et quod præsentibus litteris haud derogari possit
nisi de illis de verbo ad verbum specialis et expressa mentio
fiat, quodque decanus et capitulum præfati ac singuli in
præfata ecclesia Capella Sancta nuncupata perpetui beneficiati præsentes et futuri in ipsa ecclesia aut curia ducali
Sabaudiæ residendo, seu in universitate studii Taurinensis
insistendo, fructus redditus et proventus quorumcumque
beneficiorum ecclesiasticorum cum cura et sine cura etiam
residentiam personalem requirentium quæ in quibusvis ecclesiis sive locis obtinent et in posterum obtinebunt cum
ea integritate, quotidianis distributionibus duntaxat exceptis, libere percipere valeant cum qua eos perciperent, si in
dictis ecclesiis sive locis personaliter residerent, et ad residendum interim in eisdem minime teneantur nec ad id
inviti a quocumque valeant coarctari; præterea venerabili
fratri nostro episcopo Gebennensi ac dilectis filiis thesaurario ecclesiæ Taurinensis ac officiali Maurianensi per Apostolica scripta mandamus quatenus ipsi vel duo aut unus
eorum per se vel alium seu alios præmissa omnia et singula
ubi, quando et quoties fuerit opportunum solemniter publi-
cantes, ac eisdem decano, capitulo, beneficiatis ac residentibus in curia ducali in præmissis efficacis defensionis
auxilio assistentes, faciant auctoritate Apostolica prædicta
decano, capitulo et beneficiatis præfatis seu procuratoribus
suis eorum nominibus fructus, redditus et proventus benefi-

ciorum hujusmodi juxta tenorem præsentium integre ministrari, nec permittant eos per ipsos ordinarios seu quosvis alios ad residendum interim in dictis ecclesiis sive locis compelli, vel aliàs contra præsentium tenorem atque formam quomodolibet molestari ; contradictores auctoritate nostra apostolica appellatione postposita compescendo, nonobstantibus si decanus, capitulum et beneficiati præfati aut commorantes in curia ducali in dictis ecclesiis seu locis personalem non fecerint residentiam, ac felicis recordationis Bonifacii Papæ octavi prædecessoris nostri, illa præsertim per quam concessiones de fructibus percipiendis in absentia sine præfinitione temporis fieri prohibentur et quibusvis aliis Apostolicis ac in synodalibus et provincialibus conciliis editis generalibus vel specialibus constitutionibus et ordinationibus ac voluntate nostra prædicta necnon ecclesiarum in quibus beneficia ipsorum decani, capituli et beneficiatorum seu in curia commorantium forsan fuerint, cum juramento, confirmatione Apostolica vel quavis firmitate alia roboratis etiamsi de illis servandis et non impetrandis litteris Apostolicis contra ea ipsi decanus et capitulum ac beneficiati per se vel procuratores suos præstiterint hactenus vel in posterum eos præstare contigerit forsitan juramentum contrariis quibuscumque, aut si aliqui super provisionibus sibi faciendis de hujusmodi vel aliis beneficiis ecclesiasticis in illis partibus speciales vel generales dictæ Sedis vel legatorum ejus litteras impetrarint, etiamsi per eos ad inhibitionem reservationem et decretum vel aliàs quomodolibet sit processum, quas quidem litteras et processus pro tempore habitos per easdem ac inde secuta quæcumque quoad unitas ecclesias prædictas volumus non extendi, sed nullum per hoc eis quoad assecutuniomen beneficiorum aliorum præjudicium generari, seu si locorum ordinariis a Sede prædicta sit concessum vel in posterum concedi contigat quod personas ecclesiarum et locorum suarum civitatum et dioceseon, etiam in dignitatibus personatibus, administrationibus vel officiis constitutas per substractionem suarum proventuum ecclesiasticorum vel alias compellere valeant ad residendum personaliter in eisdem, aut si eisdem ordinariis ac dilectis filiis ipsarum ecclesiarum capitulis ab eadem sit Sede indultum, vel in antea indulgeri contingat, quod canonicis et personis dictarum ecclesiarum etiam in dignitatibus personatibus, administrationibus vel officiis constitutis, et in illis non residentibus, vel qui in eis primam hujusmodi non fecerint residentiam fructus redditus et proventus suorum beneficiorum ecclesiasticorum ministrare minime teneantur et ad id compelli non possint per litteras Apostolicas non facientes plenam et expressam ac de verbo ad verbum de indulto hujusmodi mentionem, et quibuslibet aliis privilegiis, indulgentiis et litteris Apostolicis generalibus vel specialibus quorumcumque tenorum existant per quæ præsentibus non expressa vel totaliter non inserta effectus earum impediri valeat quomodolibet vel differri, et de quibus quorumcumque totis tenoribus de verbo ad verbum habenda sit in nostris litteris mentio specialis. Proviso quod unitæ ecclesiæ et alia beneficia per ipsos decanum et capitulum ac beneficiatos pro tempore obtenta hujusmodi, propterea debitis non fraudentur obsequiis et animarum cura in unitis ecclesiis et si quæ alia imminent aliis beneficiis prædictis nullatenus negligatur, sed per bonos et sufficientes vicarios quibus de ipsorum proventibus necessaria congrue ministrentur diligenter exerceatur et deserviatur inibi laudabiliter in divinis. Nos enim ex nunc irritum decernimus et inane si secus super his a quoquam quavis auctoritate scienter vel ignoranter contigerit attentari. Nulli ergo omnino hominum liceat hanc paginam nostræ dismembrationis, separationis, unionis, annexionis, incorporationis, erectionis, appropriationis, applicationis, statuti, ordinationis, mandati, voluntatis et constitutionis infringere, vel ei ausu temerario contraire. Si quis autem hoc attentare præsumpserit, indignationem omnipotentis Dei et beatorum Petri et Pauli apostolorum ejus se noverit incursurum.

Datum Romæ apud Sanctum Petrum, anno Incarnationis Dominicæ millesimo quatercentesimo septuagesimo quarto, duodecimo kal. julii, pontificatus nostri anno quarto.

92

Bulle (inédite) de Sixte IV, révoquant la bulle de 1474 qui unissait le Décanat de Savoie au Chapitre de la Sainte Chapelle, et unissant de nouveau ledit Décanat à l'Evêché de Grenoble. [1]

1476

(Déc. : Chap. V, note 82. — Ch. XIX, note 5.)

Sixtus Episcopus servus servorum Dei ad perpetuam rei memoriam. Etsi de cunctis orbis Ecclesiis, quarum nobis divina dispositione incumbit, nos sedulo cogitare conveniat, de statu tamen cathedralium, et insignium Ecclesiarum, quæ præ cæteris excellentiores sunt prædicta dignitate universis, quando aliqua in Ecclesiarum præjudicium, vel læsionem a nobis ad importunam aliquorum instantiam, vel aliter emanasse comperimus, precipue cum ex iis oriri contentiones et scandala formidentur, illa curavimus de medio submovere, prout etiam catholicorum Principum exposcit devotio, et in domino conspicimus salubriter expedire. Dudum si quidem pro parte dilectæ in Christo filiæ nobilis mulieris Yollandæ Ducissæ Sabaudiæ nobis exposito sæpe numero evenire temporibus guerrarum inter Sabaudienses, et Delphinenses subditos Episcopi Gratianopolitani ratione partis jurisdictionis suæ, quam

---

[1] Copie tirée des archives de M. le chevalier Le Blanc, qui a eu l'amabilité de la mettre à ma disposition.

in diversis locis ducatus Sabaudiæ, et præsertim usque ad ultra Castrum Camberii habebat, excommunicationis sententiâ ligati pro absolutionis beneficio obtinendo ad dictum Episcopum, qui in Delphinatu existebat causantibus hujusmodi guerris tute accedere non poterant. Nos ipsius Ducissæ in ea parte supplicationibus inclinati totam illam partem jurisdictionis in Sabaudia ut præfertur existentem, nec non quiquid juris in ea parte jurisdictionis in Sabaudia ut præfertur existentem, nec non quiquid juris in ea parte jurisdictionis in dominio et districtu Sabaudiæ Episcopus etiam habebat, etiam respectu dictæ jurisdictionis decimarum, reddituum, et proventuum ecclesiæ Gratianopolitanæ, ac Decanatus Sabaudiæ hujusmodi a sede et mensa episcopali Gratianopolitana demembravimus, et separavimus, illamque cum universis pertinentiis ecclesiæ Decanoque dictæ cappellæ castri nuncupatæ dictæ diœcesis perpetuo univimus, annexavimus, et incorporavimus : Ita quod ex tunc licere Decano, et capitulo dictæ ecclesiæ partis juridictionis, ac jurium, et decimarum hujusmodi corpolarem possessionem per se, vel alios propria authoritate apprehendere, ac illorum fructus, redditus, et proventus in suos, ac mensæ Capitularis dictæ Ecclesiæ usum et utilitatem convertere, et perpetuo retinere ; ac statuimus, et ordinavimus, quod tam Decanus dictæ Ecclesiæ, quam singulæ personæ ecclesiasticæ in dicta parte juridictionis tunc, et pro tempore commorantes cum omnibus, et singulis eorum bonis mobilibus et immobilibus quæ habebant, et in futurum haberent ab omni superioritate, dominio, potestate, visitatione et correctione tam Epispopi Viennensis quam Episcopi Gratianopolitani tunc, et pro tempore existentium, eorumque vicariorum, et officialium penitus, et omnino exemptæ forent ; ipsæque personæ eidem Decano, et nulli alteri subjicerentur : ac idem Decanus, et nullus alius de causis tam civilibus, quam criminalibus personarum earumdem agnoscere, easque secundum casus exigentiam punire, et beneficiis suis privare haberet, et ab ipso Decano, ejusque sententiis pro tempore latis non ad Archiepiscopum, seu Episcopum præfatos, sed ad Sedem Apostolicam appellari deberet ; ipseque Decanus ea quæ tam ordinis, quam juridictionis suæ in prædicta parte juridictionis per quemcumque mallet catholicum antistitem, gratiam et unionem Sedis Apostolicæ habentem exerceri et celebrari, ac omnes sacros etiam presbiteratus ordines promovendis conferri. ac litteras dimissorias concedi, nec non chrisma, et sanctum oleum catechumenorum, ac omnia alia in præmissis, et circa ea necessaria confici, ecclesias, altaria, cemeteria consecrari, ac si opus foret aqua prius, ut moris est, benedicta reconciliari facere, et ab ipso antistite pro se, et eisdem personis chrisma, et oleum hujusmodi. Ita quod pro eorum receptione ad præsentem Episcopum Gratianopolitanum accedere minime tenerentur, ad quem collatio provisio, præsentatio, seu quævis alia dispositio singulorum beneficiorum ecclesiasticorum cum cura, vel sine cura in dicta parte jurisdictionis consistentium, quæ eidem Episcopo pertinebant, de cætero præfatis Decano, ac Capitulo pertinerent, ac curati clerici, aliæque personæ hujusmodi a nullo præter quam ab ipso Decano visitari possent, nec deberent, et omnimoda jurisdictio quæ in ipsas personas dicto episcopo pertinebat ex tunc et in antea ipsi Decano pertinerent, et spectarent, ipseque Decanus personis in dicta parte juridictionis commorantibus primam tonsuram conferre, ac in quibuscumque personis in præsentia Ducis, et Ducissæ prædictorum matrimonium dispensare volentibus, ac in quibuscumque temporibus, et locis matrimonium dispensare valeret, diœcesani loci, et cujusvis alterius licentia super hoc in præmissis minime requisitâ, prout in dictis Litteris plenius continetur. Cum autem sicut exhibita nobis nuper pro parte charissimi in christo filii nostri Ludovici Francorum Regis Christianissimi petitio continebat, cum civitas ipsa

Gratianopolitana sub sua dominatione, et in ejus dominiis consistat, ac prædicta Ecclesia ob separationem, demembrationem, ac unionem annexionem, et incorporationem hujusmodi non leviter, sed admodum graviter in suis juribus opprimatur, atque læsa censeatur, ac præmissorum occasione inter Regem, et Ducissam præfatos, qui uterini sunt, inter quos mutuam charitatem ac pacis et quietis dulcedinem vigere et augeri summopere affectamus, dissidia, ac jurgiorum faces, ac materia suboriri possent tempore procedente, pro parte Regis præfati nobis fuit humiliter supplicatum ut Archiepiscopum Viennensem, et præfatum Episcopum, nec non Ecclesiam, et Capitulum Gratianopolitanum prædictum, qui Episcopus et Capitulum causam quam super separatione, demembratione et aliis præmissis etiam non nullis aliis rebus contra Decanum et Capitulum ecclesiæ Camberiaci præfatos movere intendebant, dilecto magistro Antonio de Graffis cappellano nostro, et causarum Apostolici auditorii per nos, seu de mandato nostro committi obtinuerunt, ut in ea ad nonnullos, licet paucos, actus processo, in pristinum et eum statum, in quo antequam Litteræ prædictæ a nobis emanarent quomodolibet existebant, restituere, reponere, reintegrare et reducere, ac præfatis Decano et Capitulo ecclesiæ Camberiaci in Archiepiscopum, et Episcopum ac Gratianopolitanam ecclesiam et capitulum præfatos in possessione, vel quasi partis jurisdictionis, juris decimarum, jurium, reddituum, fructuum, et proventuum, ac aliorum quæ jurisdictionis et ordinis Episcopi existunt præmissorum, in quo erant, antequam Litteræ prædictæ emanarent ut præfertur de cætero molestare præsumant, aliasque in præmissis opportune providere de benignitate Apostolica dignaremur. Nos igitur, qui scandalum prout spectat ad nostrum officium quantum cum Deo possumus, obviamus, attendentes quod licet tempore emanationis Litterarum prædictarum Sabaudis ac Delphinatibus, et è converso tutus non pateret accessus, in præsentiarum tamen eorum unicuique ad ipsa dominia sine quovis discrimine aut jactura liber patet aditus, quodque Litteræ demembrationis ac separationis nec non unionis, annexionis et incorporationis hujusmodi absque Episcopi Gratianopolitani, quam cujusvis alterius hac in re interesse habentibus emanarint, et quod Rex ipse crebris vicibus per suas litteras nobis humiliter supplicaverit, et pro sedandis litium dispendiis, ac jurgiorum vepribus quæ propterea subsequi poterant, Archiepiscopum, ac Episcopum præfatos pro tempore existentes in eum, et pristinum statum, in quo antequam Litteræ ipsæ demembrationis, separationis, unionis, annexionis incorporationisque hujusmodi quomodolibet existebant, restitueremus, reintegraremus, reduceremus, et reponeremus; hujusmodi supplicationibus inclinati Archiepiscopum Episcopum, Ecclesiam et Capitulum Gratianopolitanum prædictos adversus Litteras prædictas, quas et in eis contentas clausulas quascumque ac si de verbo ad verbum insererentur, haberi volumus pro expressis, nec non omnia et singula in eis contenta authoritate Apostolica ex certa nostra scientia tenore præsentium Ecclesiam Gratianopolitanam prædictam in pristinum et eum statum, et ad possessionem vel quasi juridictionis, et jurium hujusmodi, in quibus erant antequam prædictæ emanarentur, restituimus, reducimus, et plenarie reintegramus. Ita quod liceat de cætero Archiepiscopo Viennensi, et Episcopo Gratianopolitano præfatis per se, vel alium, aut alios jurisdictione et juribus hujusmodi uti, eaque quasi possidere, et percipere propria authoritate, prout faciebant antequam prædictæ Litteræ emanarentur; ac præfatis Decano et Capitulo Camberiaci districtius inhibemus sub excomunicationis latæ sententiæ pœna in Decanum, et singulares personas dicti Capituli Ecclesiæ Camberiaci, quam eos, si contra fecerint, incurrere volumus eo ipso absque alia declaratione, ne postquam præsentes Litteræ ad eos pervenerint, notitiam ac pro parte eorumdem Episcopi, et Capituli Gratianopolitani fuerint requisiti eosdem Episcopum Ecclesiam Gratianopolitanam ac illius Capitulum in possessionem, vel quasi partis jurisdictionis, jurium decimarum fructuum reddituum et proventuum, ac aliorum quorumcumque quæ ordinis, et juridictionis episcopalis existunt, respective molestari, aut quominus Episcopus Gratianopolitanensis de illis pacifice gaudere possit, impedire directe, vel indirecte, sed illis eos pacifice uti permittant. Et nihilominus dilectis nostris filiis Abbati monasterii Sancti Andreæ viennensis, et Priori prioratus Sanctæ Mariæ Magdalenæ, ac Præposito Præpositruræ Sancti Andreæ Gratianopolitanæ Diœcesis præfatis per Apostolica Scripta mandamus, quatenus ipsi, vel duo, aut unus eorum per se, vel alium, aut alios Archiepiscopo Viennensi, Episcopo et Capitulo Gratianopolitano præfatis super his efficacis defensionis præsidio assistatis, ac præmissa ubi et quando eis expedire videbitur, fueritque de super his legitime requisiti solemniter supplicantes faciatis eosdem Episcopum, Archiepiscopum, et Capitulum Gratianopolitanum pacifica possessione partis jurisdictionis jurium decimarum, fructuum, reddituum et proventuum aliorumque prædictorum respective perpetuis futuris temporibus gaudere, non permittentes eos et eorum aliquem per Decanum, et Capitulum dictæ Ecclesiæ Camberiaci aut alios quoscumque indebite molestari, et illos ex eisdem Decano, et singularibus personis Capituli dictæ Ecclesiæ Camberiaci, quos eis excommunicationis sententiam hujusmodi incurrisse constiterit in ecclesiis, dominicis et aliis festivis diebus, dum inibi populi multitudo ad Divina audienda convenerit, excommunicationis sententia hujusmodi irretitos esse denuncietis, faciatisque ab aliis nunciari, et ab omnibus arctius evitari, ac legitimis servatis processibus illos iteratis vicibus aggravari, contradictores per censuram appellatione postposita compescendo, invocato ad hoc, si opus fuerit, auxilio brachii sæcularis, non obstantibus felicis recordationis Bonifacii Papæ octavi prædecessoris nostri constitutionibus, quibus cavetur ne quis extra suam civitatem et diœcesim nisi, certis exceptis casibus, et in illis unam dietam a fine suæ Diœcesis ad judicem evocetur, seu ne judices a Sede prædicta deputati extra civitatem, et diœcesim in quibus deputati fuerint, contra quoscumque procedere, aut alii vel aliis suas vices committere præsumant, nec de duabus dietis in concilio generali, et aliis Apostolicis constitutionibus contrariis quibuscumque, aut si Decano, et Capitulo, ac singularibus personis dictæ Ecclesiæ Camberiaci, vel quibusvis aliis communiter, vel divisim a Sede prædicta indultum existat, quos interdici, suspendi vel excommunicari, aut extra vel ultra certa loca ad judicium evocari non possint per Litteras Apostolicas non facientes plenam et expressam, ac de verbo ad verbum de Indulto hujusmodi mentionem, et alia quælibet dictæ Sedis indulgentia generalis, vel specialis cujuscumque tenoris existat per quam præsentibus non expressam vel totaliter non insertam effectus hujusmodi impediri valeat quomodolibet vel differri, et de qua cujusque toto tenore habenda sit in nostris Litteris mentio specialis. Nulli ergo hominum liceat hanc paginam nostræ restitutionis, repositionis, reductionis, reintegrationis, inhibitionis, et mandati infringere, vel ei ausu temerario contraire Si quis autem hoc attentare præsumpserit indignationem Omnipotentis Dei, ac B. Petri, et Pauli apostolorum ejus se noverit incursurum. Datum Romæ apud Sanctum Petrum, anno Incarnationis Dominicæ millesimo quatercentesimo septuagesimo sexto, decimo secundo Kalendas Januarii, Pontificatus nostri anno sexto. — Joannes de Tartarinis.

Sequitur tenor executionis factæ per R. Dominum Franciscum de Tempore [1] Priorem Sanctæ Mariæ Magdalenæ, commissarium.

[1] Ce n'est pas François du Temps (*de Tempore*), ainsi qu'on l'a mal lu ; mais François de Lemps, qui était alors prieur de la Magdeleine.

92 bis.

Pouillés du Diocèse de Grenoble.

[Extraits divers concernant la partie du Diocèse située en Savoie.]

1497 [1]

(*Déc.* : Chap. IV, note 136. — Chap. XII, notes 8 et 47.
Chap. XVIII, note 19.)

1600...(et quelques) [2]

(*Déc.* : Chap. IV, notes 55 et 136. — Chap. V note 227.
Chap. XIV, note 20.)

NOTA : Le texte du Pouillé de 1497 est imprimé, comme le reste du volume en caractères romains, dans lesquels sont intercalés, en caractères italiques, placés entre deux tirets, les extraits de l'autre Pouillé [3].

In decanatu seu in archipresbyteratu Sabaudiæ.

Ecclesia Sancti Jacobi de Mossiaco est de patronatu prioratus Claris Fontis : cujus fructus valent L^{ta} florenos ; et sunt in parrochia dicti loci triginta foca. Capella Sancti Anthonii et capella Sancti Christofori carent fundacione et rectore — *Est et altera Sancti Victoris in Monte, loco nuncupato au Revaz quæ pariter caret fundatione et rectore.* — Curatus

---

[1] Pouillé publié en 1869 par M. Marion, à la suite des Cartulaires de Saint Hugues de Grenoble.

[2] Copie tirée des Archives de M. le Chevalier Le Blanc, à Cruet.

[3] Le Pouillé du décanat de Savoie au xve siècle avait déjà été publié, une première fois, en 1859, au tome III des *Mémoires et Documents de la Société savoisienne d'histoire et d'archéologie*. Mais cette publication ne comprend ni les paroisses du décanat situées en Dau-

dicti loci facit, annis singulis, mense episcopali, in synodo maii, xviii denarios bone monete.

Ecclesia prioratus et cure Beate Marie de Aquis. Dictus prioratus dependet a prioratu Sancti Martini de Miscreaco,

phiné, sur la rive droite de l'Isère, et qui sont : Chapareillan, Barraux, Saint-Marcel-sur-Barraux, La Buissière, Sainte-Marie-d'Alloix, et Sainte-Marie-du-Mont; ni les paroisses savoisiennes du Diocèse de Grenoble situées hors du Décanat de Savoie, et qui sont celles d'Arvillar, de Saint-Maurice et de Saint-Martin de Détrier, des Molettes, de la Chapelle-Blanche et de Villar-Roux, comprises dans l'Archiprêtré ou Décanat de Grenoble, et celles de Saint-Pierre de Genebroz, de Notre Dame des Echelles, de Saint-Christophe et de Saint-Jean de Couz, comprises dans l'archiprêtré de Viennois.

La regrettable lacune a été, il est vrai, comblée, dix ans plus tard, par la publication intégrale du Pouillé de 1497, à la suite des Cartulaires de Saint-Hugues. Ce Pouillé donne, en effet, l'énumération et l'état, à cette époque, de toutes les paroisses ou eglises du diocèse de Grenoble, et, par conséquent, de toutes les paroisses savoisiennes comprises dans l'un ou l'autre de ses décanats ou archiprêtrés.

Une nouvelle publication de la partie du Pouillé de 1497 relative aux paroisses savoisiennes du diocèse de Grenoble, pourrait donc paraître inutile à première vue.

Mais, d'un côté, si le volume des cartulaires comprenant ce Pouillé, figure dans la plupart des bibliothèques publiques, il se trouve rarement dans les bibliothèques particulières, surtout en Savoie.

D'un autre côté, nous avons eu, grâce à l'aimable et généreuse obligeance de M. le Chevalier Le Blanc, la bonne fortune de mettre la main sur un Pouillé du commencement du xvii° siècle, c'est-à-dire postérieur au précédent de plus d'un siècle. Et comme l'état des paroisses d'un diocèse n'est pas tellement immuable que le temps n'y apporte souvent, avec lui, des changements plus ou moins notables ; il ne saurait être ni inutile, ni sans intérêt de reproduire, dans ce recueil local et à la portée de tous, la partie du Pouillé de 1497 qui intéresse la Savoie, en ayant soin d'intercaler lorsqu'il y a lieu, dans le texte relatif à chaque paroisse, les passages du Pouillé postérieur qui indiquent les modifications survenues dans cette paroisse entre la fin du xv° siècle et le commencement du xvii°.

Tels sont les divers motifs de la publication, nouvelle sous certains rapports, de ce document, malgré sa longueur relative.

et sunt ibidem quatuor religiosi, ordinis Sancti Augustini, cum priore et curato, qui omnes recipiunt episcopum visitantem ; solus tamen curatus visitatur et procurat. Et valent fructus dicti prioratus III^c florenos — *nunc sunt Decanus, canonici et curatus ; hujus præsentatio ipsorum est*. — Cura est ad presentacionem prioris dicti loci : et valent ejus fructus L^{ta} florenos ; suntque in parrochia dicti loci VII^{xx} foca. Capella Sancti Anthonii est ad presentacionem nobilis Philippi de Moussiaco. Capella Sancte Katherine est ad presentacionem Johannis Pulli — *et suorum hæredum*. — Capella Beate Marie de Consolacione, de fundacione Humberti Lanfredi et ad presentacionem suorum heredum : capella Sancti Spiritus, ad presentationem priorum confratrie ejusdem Sancti : capella Sancti Johannis Baptiste, de fundacione et ad presentacionem Johannis Goncellini : capella Sancti Martini, ad presentationem dominorum dicti loci de Aquis : alia Sancti Johannis Baptiste, prope pinnaculum, de fundacione ejusdem domini de Aquis, est unita communitati religiosorum dicti loci de Aquis : capella Sancti Eligii, ad presentacionem priorum confratrie dicti sancti. Capella Beate Marie *du Chappellet — seu Rosarii* — caret fundatione. Capella Sancti Nicolay, ad presentacionem priorum confratrie ejusdem sancti. In loco de Aquis est unum hospitale, in quo est quedam devota capella Beate Marie, ad presentacionem dicti domini de Aquis. Prior dicti loci facit, annis singulis, mense episcopali, in sinodo Omnium Sanctorum, XXXV solidos bone monete veteris, et, in sinodo maii, alios XXXV solidos ejusdem monete et tres libras cere. Item, ad causam prioratus Sancti Pauli, Sancti Sigismundi et de Mons, debentur, in sinodo Omnium Sanctorum, VII solidi bone monete, et, in sinodo maii, VII solidi cum dimidio ejusdem monete.

Ecclesia Sancti Sigismundi prope Aquas et ecclesia Sancti Ypoliti, que ab aliquibus vocatur Sancti Pauli, invicem sunt unite et sunt de patronatu et ad presentacionem domini de

Aquis, ut asseritur: alii vero dicunt quod est de patronatu prioris Claris Fontis. Fructus sunt pauci valoris : et sunt in ambabus parrochiis xxxv foca. In ecclesia Sancti Ypoliti est capella Sancti Blaisii, noviter constructa per nobilem Philippum de Moussiaco, et Capella Sancti Sepulcri, pariter de novo constructa per curatum dicti loci ; que carent ambe fundacione et rectore. Ecclesia et parrochia Sancti Sigismundi sunt in fine diocesis hujus, a parte diocesis Gebennensis.

Ecclesia Sancti Mauricii de Pogniaco est de patronatu prioratus de Aquis : cujus fructus valent xxv florenos ; et sunt in parrochia dicti loci xxxv foca. Et est pariter dicta parrochia in fine hujus diocesis, a parte Gebennensis diocesis.

Ecclesia prioratus et cure Sancti Mauricii Claris Fontis. Prioratus est ordinis Sancti Augustini, dependens a prioratu Sancti Georgii, in quo debent esse duo religiosi ejusdem ordinis, cum priore et curato, qui recipiunt episcopum visitantem. Fructus dicti prioratus valent II^c XL^{ta} florenos : et sunt in parrochia dicti loci Claris Fontis L^{ta} foca. Cura est ad presentacionem dicti prioris Claris Fontis ; — *nunc pertinet ac capitulum Sanctæ Capellæ præsentatio Camberii Castelli, cui per unionem cura Clarefontis unita est ;* — et eidem est unita ecclesia Sancti Johannis Baptiste, loci Meyriaci. Quarum ambarum fructus valent L^{ta} florenos ; et sunt in dicta parrochia Meyriaci xxx^{ta} foca. In ecclesia Claris Fontis est capella Sancti Spiritus, annexa majori altari. Capella Glaudii Geneveysii, capella Sanctorum Michaelis et Catherine et capella Beate Marie et Sancte Catherine, in dicta ecclesia Claris Fontis fundate, carent fundatione et rectore. Apud ecclesiam Meyriaci est capella nobilium de Revello, unita cure, et capella Sancti Spiritus, que est ad presentacionem priorum confratrie ejusdem sancti. Prior dicti prioratus Claris Fontis facit, annis singulis, eidem domino episcopo, de pensione annua, sex vayssellos frumenti et sex vaissellos avene; et, ultra hoc, facit, in synodo Omnium Sanctorum, septem solidos et sex denarios, et, in synodo maii, septem solidos et octo denarios bone monete.

Ecclesia Sancti Donati de Sonnassio est de patronatu prioratus Lemencii prope Chamberiacum : cujus fructus valent L^{ta} florenos ; et sunt in parrochia dicti loci L^{ta} quinque foca. Capella Sancte Crucis, in dicta ecclesia fundata, est ad presentacionem domini de Sonnas. Curatus dicti loci facit mense episcopali, annis singulis, in sinodo Omnium Sanctorum, tres solidos bone monete.

Ecclesia Beate Marie Magdalenes de Tresserva est de patronatu dicti prioratus de Aquis : cujus fructus valent x florenos — *fructus erant 20 floren.* ; — et sunt in parrochia dicti loci $xxxIIII^{or}$ foca. Capella Sancti Theodoli caret fundacione et rectore. Capella Beate Marie de Pietate fuit constructa per Anthonium de Verneto; sed nondum est fundata. Capella Beate Marie et Sancti Anthonii fuit constructa per nobilem Guillermum Alamandi et ejus uxorem, que nondum et fundata.

Ecclesia Sancti Martini de Vougleno est de patronatu domini ducis Sabaudie, qui presentat curatum, et fructus ejus valent xxx^{ta} florenos.: suntque in parrochia dicti loci xxx^{ta} foca. Capella Sancti Grati, juxta dictam ecclesiam, est ad presentacionem — *ejusdem Ducis* — Luce Penneti.

Ecclesia Sancti Vincencii de Viveriis est de patronatu prioratus Lemencii pro[pe] Chamberiacum : cujus fructus valent xxv florenos — *fructus erant 30 flor.* ; — et sunt in parrochia dicti loci xx^{ti} foca.

Ecclesia prioratus et cure Sancti Mauricii de Burgecto. Prioratus est ordinis Cluniacensis et spectat ad collationem abbatis Cluniaci : cujus fructus valent III^c scuta — *nunc autem prioratus est* Patrum Nominis Jesu, *et Cura de eorum præsentatione.* — Et sunt ibidem cum priore sacrista, sex religiosi et curatus, qui recipiunt episcopum visitantem :

solus tamen curatus visitatur et procurat. Cura est ad presentacionem prioris dicti loci : cujus fructus valent LXXVI florenos ; et sunt in parrochia dicti loci cx foca. Capella Sancti Anthonii est ad presentacionem domini de Bressi. Omnes alie capelle ejusdem ecclesie sunt unite communitati religiosorum dicti prioratus. Cure predicte est unita ecclesia Sancti Vincencii de Bordellis ; in cujus parrochia sunt VI foca. Capella castri dicti loci de Bordellis est ad presentacionem domini dicti castri. Infra locum Burgecti est unum hospitale, et in hospitali quedam capella, que sunt de fundacione vocatorum les Moreaulx. Extra dictum locum Bourgecti est una maladeria, noviter constructa per dominum Oddonem de Luyriaco, priorem Burgeti, cum quadam pulcra capella ad honorem et sub vocabulo sanctorum Ursi, Apri et Theodoli.

Ecclesia prioratus et Cure Sancti Johannis de Mota. Dictus prioratus est ordinis Sancti Augustini — *erat antiquitus ordinis sancti Augustini unitus quidem Capitulo Canonicorum tunc temporis Regularium Ecclesiæ Cathedralis Sancti Joannis Baptistæ Bellicensis, in quo solebant residere sex Religiosi cum Priore, Curato et vicario perpetuo* — unitis capitulo ecclesie Bellicensis : cujus fructus valent iii^c scuta. Cura dicti loci est ad presentacionem dicti capituli, et valent ejus fructus vii^{xx} florenos : suntque in parrochia dicti loci ii^c foca. Est eciam in dicta ecclesia unus vicarius perpetuus, qui instituitur per episcopum : cujus vicarie fructus valent XXV florenos. Capitulum, curatus et vicarius episcopum visitantem recipiunt et procurant, et ab eo visitantur, quantum concernit curam. Curatus dicti loci facit, annis singulis, mense episcopali, in sinodo maii, quindecim solidos bonorum forcium. Capella Sancti Georgii — *de fundatione et præsentatione N. Guilielmi de Mota seu nunc N. Dominorum de Curtillie* — est ad presentacionem nobilis Guillermi de Mota. Capella Sancte Catherine est ad presentacionem nobilium de Bello Forti. Capella Sancti

Sebastiani — *de præsentatione Domini de Pingon. Capella Beatæ Mariæ Rosarii de præsentatione Nobilium de Guers. Capella Sancti Antonii de præsentatione Nobilium de la Motte* — caret fundacione. Capella Sanctornm Circi et Jullite, ad presentacionem — *Domini Darestel. Capella Sancti Blasii de fondatione et præsentatione vocatorum* les Mollard. *Capella sanctæ Crucis, super tribunali de fondatione Parchemini, alias Bruyèriis, modo de præsentatione Domini Delestra* — nobilium Areselein. Infra dictam parrochiam — *in pago dicto Estrambey (Le Trembley)* — est quedam capella Sancti Christofori, constructa per quandam duxissam Sabaudie, que caret fundacione et rectore — *Item, altera Capella Beatæ Mariæ Nativitatis ejusdem, in pago dicto Ronjoux.*

Ecclesia prioratus et Cure Sancti Valentini de Bissiaco dependet et est ad collacionem prioris prioratus Sancti Martini de Misereaco. Prior est curatus, et ad causam cure, presentatur episcopo instituendus. Et valent ipsius prioratus et cure fructus IIe florenos : suntque in parrochia dicti loci Lx^{ta} foca. Capella, que est supra tribunam, est ad presentacionem domini de Varey. Capella in ingressu ecclesie, a latere dextro, fuit constructa per Anthonium Arbalesterii et nondum est fundata. Prior dicti loci facit mense episcopali, annis singulis, in synodo maii, XVIII denarios bonorum forcium — *denarios fortes* ; — et percipit dominus episcopus decimas in certa parte dicte parrochie.

Ecclesia Sancti Stephani de Cervollay est de patronatu prioratus Sancti Theodori de l'Espine, Bellicensis diocesis — *vel prioratus* de Saint-Chef, *in Delphinatu* : — cujus fructus valent XL^{ta} florenos ; et sunt in parrochia dicti loci XXV foca.

Ecclesia Sancti Theobaldi de Couz spectat pleno jure ad collacionem domini episcopi Gracionopolitani : cujus fructus valent L^{ta} florenos ; et sunt in parrochia dicti loci Lx^{ta} sex foca. Curatus dicti loci facit, annis singulis, mense episcopali, in sinodo Omnium Sanctorum, duos solidos et sex denarios bone monete, et, in sinodo maii, tres solidos et sex denarios ejusdem monete. Et, ultra hoc, percipit dominus episcopus decimas in parrochia dicti loci.

Ecclesia Sancti Sulpicii spectat pleno jure ad collacionem dicti domini episcopi : et valent ejus fructus xxx florenos ; suntque in parrochia dicti loci L^{ta} foca Curatus dicti loci facit domino episcopo, annis singulis, in qualibet synodo, tres solidos et novem denarios, et percipit idem dominus episcopus decimas in dicta parrochia. In cacumine montis Aque Bellecte, infra dictam parrochiam, est una capella — *Beatæ Mariæ Pietatis cujus redditus habet sacrista sancti Georgii de præsentatione parrochianorum ejusdem ecclesiæ,* —que est in presenti diocesi ; et ibi est limes dividens ipsam diocesim a diocesi Bellicensi.

Ecclesia Beate Marie de Vimenis spectat pleno jure ad collacionem domini episcopi ; cujus fructus valent L^{ta} florenos ; et sunt in parrochia Lx^{ta} foca. Curatus dicti loci facit, annis singulis, mense episcopali, in qualibet synodo, tres solidos et novem denarios bone monete ; et percipit dominus episcopus decimas in parrochia dicti loci. Capella Sancti Theodoli, in dicta ecclesia fundata, est ad presentacionem parrochianorum dicti loci.

Ecclesia Beati Johannis Baptiste Sancti Cassini est de patronatu prioratus Sancti-Georgii : cujus fructus valent xxv florenos ; et sunt in parrochia dicti loci xviii foca. Capella Sancti Johannis est ad presentacionem domini dicti loci Sancti Cassini. Capella castri dicti loci est unita cure. Curatus dicti loci facit, annis singulis, mense episcopali, in synodo Omnium Sanctorum, xiii denarios et obolum, et, in synodo maii, decem octo denarios et obolum bone monete.

Ecclesia Sancti Mauricii de Jacob est de patronatu prioratus de Lemenco : cujus fructus valent xxx^{ta} florenos ; et sunt in parrochia dicti loci xxx^{ta} foca. Curatus dicti loci facit, annis singulis, mense episcopali, in qualibet sinodo, xviii denarios bone monete.

Ecclesia prioratus et cure Sancti Bartholomei de Bassino. Prioratus est unitus capelle castri Chamberiaci ; et olim erat ordinis Sancti Augustini, dependens a prioratu Sancti Martini de Misereaco — *nunc annexus Sanctæ Capellæ Castri Camberiensis* : — cujus fructus valent ii^c florenos. Cura est ad presentacionem capituli dicte capelle : cujus fructus valent xxx^{ta} florenos. Et sunt in parrochia dicti loci xiiii^{cim} foca. Capella Sancte Margarite est ad presentacionem Humberti Roussecti et suorum : capella vero Sancte Crucis est annexa prioratui.

Ecclesia Sancti Petri de Cognino spectat pleno jure ad collacionem episcopi Gracianopolitani : cujus fructus valent xl^{ta} florenos ; et sunt in parrochia dicti loci xl^{ta} foca. Curatus dicti loci facit, annis singulis, mense episcopali, in qualibet sinodo, septem solidos et sex denarios bone monete ; et percipit dominus episcopus decimas in parrochia dicti loci. Capella Sancte Catherine, in dicta ecclesia fundata, est annexa cure : capella vero Sancti Spiritus est ad presentacionem priorum confratrie ejusdem sancti. Infra parrochiam predictam est devota capella Beate Marie de Cognino, prope Chamberiacum, que est de fundacione et ad presentacionem domini ducis Sabaudie : et valet lx florenos estque munita pluribus preciosis ornamentis, prout ducis magnificenciam decet — *Modo est conventus Capucinorum.*

Ecclesia Beate Marie Chamberiaci Veteris spectat pleno jure ad collacionem episcopi Gracianopolitani : cujus fructus valent lx^{ta} florenos ; et sunt in parrochia dicti loci quadraginta foca. Curatus dicti loci facit, annis singulis, mense episcopali, in qualibet sinodo, duos solidos et tres denarios bone monete ; et percipit dominus episcopus decimas in parrochia dicti loci.

Ecclesia Sancti Petri subtus castrum Chamberiaci est unita capelle dicti castri — *Capellæ Sanctæ quæ debet ei vicarium dignum et capacem* — cujus fructus valent xxx florenos ; et sunt in parrochia dicti loci iiii^{xx} foca. In dicta ecclesia est capella Beate Catherine, ad presentacionem vocatorum de Ternay : capella vero Sancti Sebastiani caret fundacione et rectore — *capella Sanctæ Crucis curæ unita. Infra chorum ejusdem de præsentatione Nobilis* de Lambert. *Prope cacumen suburbii* de Maché *est pulchre fabricatra capella sancti Sebastiani per Serenissimos Duces Sabaudiæ, eidem curæ unita, et in quo est confraternitas ejusdem Sancti, singulis hebdomadis missam unam per vicarium celebrare faciens.* — Infra vero parrochiam predictam est ecclesia capelle dicti castri, in qua est ecclesia collegiata, habens decanum et canonicos, capitulum facientes: et est de fundacione dominorum ducum Sabaudie. Capitulum dicti castri facit mense episcopali, ad causam dicte cure Sancti Petri, annis singulis, videlicet, in sinodo Omnium Sanctorum, tres solidos et novem denarios bone monete, et, in sinodo maii, tres solidos et tres denarios ejusdem monete — *In Castro Camberiensi, intra parrochiam Sancti Petri, est ecclesia Collegiata nuncupata Sancta Capella ; nempe habet Sanctam Syndonem et eidem inserviunt quotidie et decantant horas canonicas diurnas et nocturnas unus Decanus, unus Archidiaconus et duodecim canonici quorum unus Cantor unus est Thesaurarius, 14 numero Capitulum facientes ; et sex presbyteri et quatuor magni clerici ; Item duo Magistri, alter grammaticam, cantum alter sex pueros novitios, obsequio ejusdem ecclesiæ tantum addictos, edocentes. Et unus olim Organista, sed jam est sacrista. Decanus omnium Prælatus et superior habens in eos jurisdictionem ordinariam, a quo immediate ad Sedem Apostolicam appellatur.*

Ecclesia prioratus et cure Sancti Petri de Lemenco. Prioratus dicti loci est ad collacionem abbatis Athanatensis, Lugduni, ordinis Sancti Benedicti : cujus fructus valent ii^c ducatos. Prior est curatus, et, ad causam cure, presentatur episcopo instituendus : suntque in parrochia dicti loci LX^la foca, ultra habitantes Chamberiaci, qui ibidem inhumantur. Et dicuntur in dicto prioratu hore canonice, dietim, per religiosos. Prior et religiosi, ad causam cure, recipiunt episcopum visitantem et eum procurant — *Jam vero pro illis sunt Patres Fullienses, Ordinis Sancti Bernardi.* — Capella Sancti Anthonii est ad presentacionem Bonivardorum — *alias Mofon* : — capella Passionis Dominice, ad presentacionem domini de Montaigny : capella Beate Marie de Consolacione, ad presentacionem confratrum confratrie ejusdem Beate Marie : capella Sancti Blaisii, ad presentacionem domini de Breyssy, alias Vererdet — *Bernardet* : — capella Richerandorum, ad presentacionem Noyellorum : capella Anthonii Belli, drapperii ad ejus presentacionem : capella Roussectorum, ad presentacionem eorumdem : capella Michaelis Marchandi, ad presentacionem ejusdem et suorum. Capella — *Beatæ Mariæ et Sancti Johannis, de fondatione Domini* — de Eschirena spectat communitati religiosorum. Capella Sancti Bartholomei, ad presentacionem … Capella Sancti Concordii spectat dicte communitati religiosorum. Capella Sancti Crispini — *Domini de Pingon. Capella Sancti Andreæ cum Sancto Blasio de præsentatione Prioris. Capella Sanctorum Johannis Baptistæ et Evangelistæ de præsentatione Domini* Depradel. *Capella Capitum de præsentatione Sacristæ. Capella Sanctæ Catherinæ unita Sanctæ Apolloniæ de præsentatione Domini* de Crecheray. *Capella Sanctæ Crucis, in claustro, est de præsentatione Domini de Sancto Petro et Sanctæ Catherinæ in sacristia* — et capella de Trinitate pariter spectant dicte communitati, et sunt in claustro ejusdem ecclesie : capella vero Sancte Crucis, in eodem claustro, est ad presentacionem domini Sancti Petri. Capella Sancti Michaelis *du Charnier* spectat dicte communitati, et pariter capella Beate Marie subtus terram. Capella Sancti Sepulcri, pro parte, spectat sacristie, et est ibi una alia capella, de fundacione et patronatu domini de Eschirena. In dicta parrochia est unum hospitale prope pontem, vocatum *du Reclus;* et est ibi capella Sancti Clari, de fundacione et ad presentacionem nobilium Baaderetorum — *nunc Domini* de la Croix, *alias* La Barra, *prope quam est altera capella Sanctæ Margaretæ* Depradel ; — et ibi prope est oratorium Reclusi.

Ecclesia Sancti Leodegarii Chamberiaci est de patronatu et ad presentacionem domini ducis Sabaudie — *et unita Sanctæ Capellæ quæ pariter ad illam regendam et serviendam debet adhibere vicarium dignum et capacem et modestum, omni virtutum exemplo præditum* — cujus fructus valent vi^{xx} florins ; et sunt in parrochia dicte ecclesie iii^c foca. Capella Sancti Andree est ad presentacionem domini ducis Sabaudie : capella Sancti Anthonii de Padua, ad presentacionem heredum nobilis Johannis Chivallerii : capella Sancti Sebastiani, ad presentacionem confratrum confratrie ejusdem sancti : capella Sancti Hugonis, ad presentacionem nobilis Jacobi Lamberti et suorum : capella Sancte Trinitatis, in qua sunt duo rectores, ad presentacionem priorum confratrie Sancte Trinitatis : capella Sancti Johannis Baptiste, ad presentacionem nobilium de Ponte, Sancti Johannis Mauriane : capella Sancti Jacobi, ad presentacionem nobilium de Roveyria, alias Baudelet : capella Sancti Eligii, ad presentacionem priorum confratrie dicti sancti : capella Beate Marie medii augusti, ad presentacionem priorum confratrie ejusdem festi : capella Corporis Christi, ad presentacionem priorum confratrie ejusdem festi : capella Sancti Mauri, ad presentacionem nobilis Guillermi Rossecti : capella Sancti Spiritus, ad presentacionem confratrum confratrie ejusdem sancti. Capella Sancti Grati nundum est fundata. Capella supra portam ecclesie. In quadam tribuna est capella Sancti Jacobi, in qua sunt duo rectores, ad presentacionem nobilis Petri Lancrii et suorum. Capella Sanctorum Crispini et Crispiniani, ad presentacionem priorum confratrie **dictorum** sanctorum : capella Sancti Glaudii, ad presentacionem nobilium de Marchandis — *Jam de Challes.* — Capella Sancti Stephani caret fundacione. Capella Sancti Christofori — *nunc translata est, per unionem, ad capellam Sancti Sebastiani sitam in parœcia Motœ, de præsentatione hæredum Nobilis Humberti Grinesii, seu Domini de Pingon,* — ad presentacionem heredum nobilis Humberti Gruerii ; capella Sancte Catherine, ad presentacionem heredum nobilis Lamberti Odineti : capella Sancti Michaelis, supra tribunam, ad presentacionem nobilis Aymonis et Guilllermi Roussecti : capella decem millium Martirum, ad presentacionem domini Johannis Villecti et suorum : capella quinque plagarum Domini Nostri, ad presentacionem Jacobi Columbi : capella Beate Marie de Pietate, ad presentacionem Ludovici Chatelli et suorum : capella Sancte Crucis, ad presentacionem — *Consulum Urbis* — rectoris hospitalis novi Sancti Francisci : item, alia Capella Beate Marie, ad presentacionem domini Montaigniaci. Capella Sancti Martini est annexa cure. In hospitali Sancti Francisci, dicti loci Chamberiaci, sunt due capelle, una Beate Marie et alia Sancte Trinitatis, in qua sunt duo rectores. Quarum omnium presentacio, necnon et provisio dicti hospitalis, pertinet consulibus dicti loci Chamberiaci. Est eciam in dicto loco Chamberiaci hospitale, prope portale de Mache, fundatum per Johannem de Rodano, alias de Lugduno ; cujus provisio spectat dictis consulibus, qui habent jus presentandi. Et sunt in dicto hospitali due capelle, una ad honorem Beate Marie de Consolacione, alia ad honorem Sancti Jacobi, que sunt ad presentacionem consulum predictorum — *Capella Sancti Boni de præsentatione Nobilium de Pavi, Sancti Johannis D'Arvey ; capella Sanctæ Ursulæ et undecim millium virginum, de præsentatione..... Capella Sancti Joseph de præsentatione Confratrum. In hospitali de Bonivard, sub Castro Camberiaci, capella Sanctæ Apolloniæ de præsentatione Domini de*

Lescheraina, præsidis Cameræ Computorum Serenissimi Ducis Sabaudiæ cui unita est capella in Lemenco sita. In hospitali suburbii Montismeliani Camberii est capella Sancti Laurentii, de præsentatione Domini de Macorsay, seu Milliet, et in ea erat Confraternitas utriusque sexus Corporis Christi. Nunc ibi sunt Patres Eremitarum Sancti Augustini discalceatorum.

Camberii est et ecclesia Præceptorialis Sancti Antonii cujus Præceptor habet Jus præsentandi et conferendi capellam Sanctæ Magdalenæ extra et prope suburbium Montismeliani Camberii, ubi est Maladeria ab ea dependens. Est et alia ecclesia præceptorialis Sancti Johannis hieroselimitani seu Equitum Melitæ, Ecclesia conventus Fratrum Prædicatorum de Observantia Congregationis Hollandiæ, in cujus claustro est locus ubi frequens habetur Senatus Supremus Sabaudiæ. Ecclesia conventualis Fratrum Minorum Ordinis Sancti Francisci, ampla, sumptuosa et multis capellis ornatis [ornata?] Ecclesia Sanctæ Catherinæ Reverendorum Patrum Societatis Nominis Jesu, ubi est Collegium magnificum, superbum, non omnino est perfectum, in quo erudiuntur adolescentes ab eisdem, et fiunt Congregationes Beatæ Mariæ Virginis Annuntiatæ et Assumptæ. Ecclesia Sororum Sanctæ Claræ intra Urbem, Ordinis Minorum Inclusarum. Ecclesia ejusdem Sanctæ Claræ nec non Fratrum Minorum. Ecclesia Sanctæ Mariæ Ægytiacæ de Observantia Sancti Francisci. Sunt et aliæ Confraternitates saccis nigris indutorum seu Pænitentium apud Sanctum Dominicum, et albis apud Sanctum Franciscum. Quorum illi, singulis annis hominem a mortis supplicio de Principis liberalitate et privilegio eruunt, et Pænitentes Crucifixi seu Misericordiæ vocantur; cum ducunt per Urbem in supplicatione noctu, die Cænæ Domini. Atque alia devota loca quæ nominatim enarrare longius esset: ut capella Beatæ Mariæ Lauretanæ extra portam, Sanctæ Mariæ Ægyptiacæ, etc. — Ultra predictas ecclesias et capellas, sunt in dicto loco Chamberiaci conventus et ecclesie sequentes;

Ecclesia conventus Fratrum Predicatorum, de observancia congregacionis Ollandrie ;

Ecclesia conventus Fratrum Minorum ordinis Sancti Francisci, valde sumptuosa ;

Ecclesia preceptorie Sancti Anthonii ;

Ecclesia alia preceptorie Sancti Johannis Jherosolimitani Chamberiaci ;

Ecclesia suorum Sancte Clare, ordinis Minorum ;

Ecclesia alia sororum Sancte Clare, dicti ordinis, ad Sanctam Mariam Egiptiacam, extra et prope dictum opidum Chamberiaci. Extra portale dicti loci, tendens ad Montem Melianum, est una maladeria, in qua est una capella, que est sub cura et regimine preceptorie Sancti Anthonii. Sunt et alia plura devota loca in dicto loco Chamberiaci aut suburbiis ejusdem, que longum esset enarrare.

Ecclesia Sancti Andree de Montaigniola est ad presentacionem archipresbiteri Sabaudie, et est prima ecclesia dicti decanatus, in qua per archipresbiterum custoditur sanctum crisma, pro provisione tocius decanatus — *Ibidem custodiebatur chrisma ad provisionem Decanatus.* [1] — Fructus ejusdem valent L^{ta} florenos ; et sunt in parrochia dicti loci XXX^{ta} foca. Et facit curatus dicti loci mense episcopali, annis singulis, in qualibet sinodo, XVIII denarios bone monete.

Ecclesia Sancti Desiderii de Barbara spectat pleno jure ad collacionem domini episcopi : cujus fructus valent XL^{ta} florenos ; et sunt in parrochia dicti loci XVIII foca. Capella Beate Marie et Sancti Grati, de fundacione et ad presentacionem Petri Rosserii : capella Sancti Andree, ad presentacionem Petri Rosserii et suorum — *Capella Sancti Andreæ de præsentatione Nobilium de Candiæ, et Priorum Sancti*

---

[1] Les saintes huiles pour le Décanat n'étaient donc plus conservée à Montagnole, à l'époque où fut dressé ce Pouillé (commencement du XVIIe siècle).

Spiritus. — Dominus episcopus percipit decimas in parrochia dicti loci.

Ecclesia prioratus et cure Sancti Badulphi. Prioratus est ordinis Sancti Benedicti, ad collacionem abbatis Sancti Regneberti, a quo dependet ; in quo debent esse prior, sacrista, unus religiosus et curatus, qui recipiunt episcopum visitantem et procurant. Fructus dicti prioratus valent IIII^c florenos. Cura est ad presentacionem dicti prioris, et valent ejus fructus xxx^{ta} florenos : suntque in parrochia dicti loci IIII^{xx} foca. Capella Sancti Grati est annexa dicto prioratui. Prior dicti loci facit, annis singulis, mense episcopali, in sinodo Omnium Sanctorum, duos solidos et quatuor denarios bone monete, et, in synodo maii, duos solidos et tres denarios ejusdem monete. Curatus vero ejusdem loci facit eidem mense episcopali, annis singulis, in sinodo Omnium Sanctorum, II solidos, III denarios, et, in synodo maii, II solidos et IIII^{or} denarios dicte monete.

Ecclesia Sancti Petri Asperi Montis est de patronatu et ad presentationem dicti prioratus Sancti Badulphi ; cujus fructus valent L^{ta} florenos ; et sunt in parrochia dicti loci XLV foca. Capella Sancti Viti — *intra parrochiam* — est annexa cure. Capella Beate Marie castri dicti loci Asperi, Montis est ad presentacionem domini dicti castri. Curatus dicti loci facit, annis singulis, mense episcopali, XVIII denarios bone monete.

Ecclesia prioratus et cure Sancti Petri de Intermontibus. Prioratus est ad collationem prioris Sancti Martini de Miscreaco, a quo dependet ; in quo debent esse prior, sacrista, unus religiosus et curatus, qui est mensalis prioris, et qui recipiunt episcopum visitantem et eum procurant. Fructus prioratus valent VI^{xx} florenos — *olim erant 220 floren*. — Cura est ad presentacionem dicti prioris, et valent ejus fructus XII^{cim} florenos, ultra — *fructus adventitios et* — victum in claustro : suntque in parrochia dicti loci CX foca. Capella Sancte Catherine est de patronatu dominorum **In**termontium, et eidem est unita capella castri.

Ecclesia Beate Marie d'Asperney spectat pleno jure ad collacionem episcopi Gracionopolitani ; cujus fructus valent c florenos ; et sunt in parrochia dicti loci lxxxx foca. Capella Sancti Johannis Baptiste, fundata per nobilem Johannem de Chalanderia, est ad presentacionem nobilium de Chalanderia. Dominus episcopus percipit decimas in parrochia dicti loci.

Ecclesia Sancti Johannis de Corbello et ecclesia Sancti Michaelis de Rucheria invicem sunt unite, et sunt ad presentacionem prioris majoris domus Cartusiæ. Quarum ambarum fructus valent xL^{ta} florenos : et sunt apud Corbellum xxxiii foca, et apud Rucheriam xii. Curatus dicti loci facit, annis singulis, mense episcopali, in qualibet sinodo, tres solidos et vi denarios bone monete.

Ecclesia Sancti Albani, cui est unita ecclesia de Verello, est ad presentacionem prioris de Bassino : cujus fructus valent xxx^{ta} florenos ; et sunt in parrochia dicti loci L^{ta} foca. In eadem est fundata capellania Beate Marie ac Sanctorum Sebastiani, Francisci et Katerine, de patronatu nobilis Johannis Philiberti de Challes et ejus fratris — *In ambitu parœciæ est capella Beatæ Mariæ* de Lorette *cui inservit Curatus, de fondatione et præsentatione Dominæ* de Lescheraine ; *est et altera in castro de Monteherminodii.*

Ecclesia Sancti......[1] — *Vincentii* — de Triveriis est de patronatu prioratus Sancti Georgii : cujus fructus valent xx^{ti} florenos ; et est curatus mensalis prioris ; suntque in parrochia dicti loci viginti foca.

Ecclesia Sancti Stephani Villaris Balmarum — *Villaris Balmaris, aliàs* de la Ravoire *(sic)* — spectat pleno jure ad collacionem episcopi Grationopolitani : cujus fructus valent Lx^{ta} florenos ; et sunt in parrochia dicti loci xL^{ta} foca. Capella Beate Marie est annexa cure, fundata per nobilem Johannem Fabri. Capella, que est supra tribunam, caret

---

[1] Nomen patroni deest.

fundacione et rectore. Dominus episcopus percipit decimas in dicta parrochia, et facit curatus dicti loci mense episcopali, annis singulis, in qualibet sinodo, iiii^{or} solidos et vi denarios bonorum forcium.

Ecclesia Sancti Johannis de Arveysio est ad presentacionem capituli — *seu potius Decani* — capelle castri Chamberiaci, ad causam prioratus de Thuyriaco : cujus fructus valent lx^{ta} florenos ; et sunt in parrochia dicti loci lx^{ta} foca. Capella Sancte Catherine est ad presentacionem nobilis Johannis de — *de Fonte, et Jam Domini Antonii* de Charpenne, — Ponte et suorum : capella Sancti Theodoli, ad presentacionem domini de Chaffardone : capella Beate Marie Pietatis, noviter constructa per nobilem Johannem de Loya, que nondum est fundata. Estque alia capella, infra presbyterium, que est unita cure. Curatus dicti loci facit, annis singulis, mense episcopali, in sinodo Omnium Sanctorum, quindecim solidos bonorum forcium.

Ecclesia Sancti Johannis Barbiaci est de patronatu et ad presentacionem prioratus Sancti Georgii : cujus fructus valent x florenos : et sunt in parrochia ejusdem loci xxv foca. Curatus dicte ecclesie facit, annis singulis, mense episcopali, in qualibet synodo, bonorum forcium sex solidos [1].

Ecclesia Sancti Mauricii Curianne est ad presentacionem dicti prioratus Sancti Georgii : cujus fructus valent xxx^{ta} florenos ; et sunt in parrochia dicti loci xl^{ta} foca. Capella Sancti Michaelis in Monte, infra dictam parrochiam, spectat dictis priori Sancti Georgii et curato Curiane. Curatus dicti loci facit, annis singulis, mense episcopali, in qualibet synodo, sex solidos bone monete ; et habet dominus episcopus, in dicto loco Curianne, plures census et reditus, et homines justiciabiles, ut in recognicionibus continetur.

Ecclesia prioratus et cure Beate Marie Thuyriaci. Priora-

---

[1] Verba *sex solidos* manu posteriore addita sunt.

tus est ordinis Sancti Augustini, dependens a prioratu Sancti Martini de Misereaco, et est nunc unitus capelle castri Chamberiaci : cujus fructus valent v⁰ florenos. Et debent ibidem esse quatuor presbiteri seculares loco IIII⁰ʳ religiosorum, qui tenentur cotidie ad horas canonicas, conventualiter, preter matutinas, quas non dicunt in ecclesia, nisi diebus dominicis et festivis. Dicti presbiteri ibidem collegiati et curati recipiunt episcopum visitantem : solus tamen curatus visitatur et procurat. Cura est ad presentacionem capituli dicte capelle : cujus fructus valent xxxIIII⁰ʳ florenos; et sunt in parrochia dicti loci IIIIˣˣ foca. Capella Sancte Catherine et capella Sancti Anthonii sunt unite collegio dicte ecclesie : capella vero Sancti Spiritus, constructa per dominum Thomam de Cabans, — *de Cabanis* — et capella Sancti Sebastiani carent fundacione et rectore. Capella Sancti Spiritus est ad presentacionem heredum domini Guichardi — *de Cabanis* — Capitulum dicte capelle, ad causam dicti prioratus, facere tenetur et solvere, annis singulis, domino episcopo, de pensione annua et antiqua, duodecim veyssellos frumenti et xxxII veyssellos avene, ad mensuram Chamberiaci.

Ecclesia Sancti Michaelis de Deserto est de patronatu dicti prioratus Thuyriaci : cujus fructus valent IIIIˣˣ florenos; et sunt in parrochia dicti loci IIIIˣˣ foca. Capella Sancti Grati fuit constructa per dominum de — *de Greysi et Desertorum* — Grilhi et dicti loci de Deserto, et caret adhuc fundacione et rectore. Capella Sancti Spiritus est ad presentacionem confratrum confratric ejusdem sancti — *In hac ecclesia est Capellania ad altare Sanctæ Mariæ Pietatis et Sancti Claudii de patronatu laïcorum vocatorum nomine* Les Roux *cujus rector, in registro anni 1583, fol. 298, Dominus Stephanus Moynerius.* — Et est dicta parrochia in fine hujus diocesis, a parte Chotanye, Gebennensis diocesis.

Ecclesia Sancti Stephani de Podio Grosso est ad presentacionem dicti prioratus Thuriaci : cujus fructus valent IIIIˣˣ florenos ; et sunt in parrochia dicti loci quinquaginta foca. Capella Sancte Catherine est annexa cure. Quedam alia capella seu altare, ibidem erecta, caret fundacione. Capella Sancti Spiritus, noviter instituta, est ad presentationem....[1] Curatus dicti loci facit mense episcopali, annis singulis, videlicet in sinodo Omnium Sanctorum, quatuor solidos et novem denarios bone monete, et, in sinodo maii, tres solidos et novem denarios ejusdem monete; et percipit dominus episcopus in parrochia dicti loci terciam partem decimarum ; prioratus vero Thuyriaci et curatus dicti loci alias duas partes.

Ecclesia Sanctorum Petri et Pauli de Tullia spectat pleno jure ad collacionem domini episcopi Gracionopolitani : cujus fructus valent xxx^{ta} florenos ; et sunt in parrochia dicti loci Lx^{ta} foca. Curatus dicti loci facit, annis singulis, mense episcopali, $xIIII^{cim}$ solidos et tres denarios bone monete; et percipit dominus episcopus in parrochia dicti loci decimas in solidum — *Curatus tertiam partem.*

Ecclesia prioratus et cure Sancti Georgii. [Prioratus] est ordinis Sancti Augustini, et est conventualis : in quo sunt, ultra priorem et curatum, xvi religiosi ejusdem ordinis, qui tenentur ad horas canonicas, diurnas et nocturnas, conventualiter. Prioratus predictus immediate subest Romano pontifici. Prior dicti loci pro hominibus, censibus, et redditibus, et omnibus aliis, que habet, tenet et possidet, apud Francinum et in parrochia Francini, tenetur prestare fidelitatem et homagium domino episcopo, cum oris osculo, et ad xx^{ti} solidos seu ad unum nisum de placito, in mutacione domini tantum. Tenetur eciam et debet solvere eidem domino episcopo, de pensione annua et perpetua, videlicet duodecim veyssellos frumenti, xII^{cim} veyssellos avene et xII^{cim} sextaria vini. Prior, religiosi et curatus dicti loci recipiunt episcopum visitantem : solus tamen curatus et

---

[1] Nomen præsentatorum deest.

cura sua visitatur et procurat. Curatus per dictum priorem presentatur episcopo instituendus : et valent fructus ipsius cure xxx^{ta} florenos, ultra victum quem habet in prioratu ; fructus vero prioratus valent mille florenos. Et sunt in parrochia dicti loci xxx^{ta} foca. Capella Sancte Catherine ; capella Sancti Blaisii ; capella Sancti Sebastiani ; capella Sancti Glaudii ; capella Beate Marie in navi ; capella Beate Marie de capitulo ; capella Beate Marie Magdalenes ; subtus pinnaculum, et capella Sancte Crucis, supra tribunam, spectant collegio seu communitati religiosorum dicti prioratus, et per eos deserviuntur.

Ecclesia Sanci Petri de Chignino est unita dicte cure Sancti Georgii, et sunt ibidem xx^{ti} foca.

Ecclesia Sancti Petri de Francino est ad collacionem episcopi Gracionopolitani, plene jure : cujus fructus valent xxx^{ta} florenos ; et sunt in parrochia dicti loci vii foca. Decime dicti loci olim spectabant domino episcopo, quamvis illas nunc accipiat major domus Cartusie.

Ecclesia Sancti Mauricii de Marchiis spectat pleno jure ad collacionem domini episcopi Gratianopolis : cujus fructus valent vii^{xx} florenos — *nunc unita Archidiaconatui Capellæ Sanctæ Sabaudiæ, fructus 240 flor.* — et sunt in parrochia dicti loci xxx^{ta} [foca]. Infra villam Marchiarum est — *Capella Sancti Michaelis unita hospitali ejusdem loci, de fondatione et præsentatione olim Domini Comitis Montismajoris ; nunc N. de Bellegarde* — una capella, de fundacione et ad presentacionem domini, comitis Montis Majoris, domini dicti loci Marchierum : cujus fructus valent iiii^{xx} solidos. Curatus dicti loci facit, annis singulis, mense episcopali, videlicet in sinodo Omnium Sanctorum, vii solidos et sex denarios bone monete : et tres libras cere, et, in sinodo maii, vii solidos et sex denarios ejusdem monete : et percipit dominus episcopus decimas in parrochia dicti loci. Infra dictam parrochiam est venerabilis et devotus conventus Fratrum Minorum, de Observancia Beate Marie de Myans, qui subest provinciali Francie Sancti Bonaventure. — *Ibi undequaque facta fuit ruina et subversio Montis Asperi et destructio parœciarum quinque et urbis unius; cujus ecclesia præcipua erat Sancti Andreæ nomine, et titulus totius Decanatus; vulgò vocantur Abissi per leucam unam: Idque anno 1248, die 27ª novembris.* — Et ibi fuit terminata ruyna, que, de anno domini millesimo ducentesimo XLVIII°, VII kalendas decembris, cecidit de Aspero Monte, et quinque parrochias destruxit, et signanter villam ecclesiamque Sancti Andree, qui erat titulus dicti decanatus Sabaudie.

Ecclesia prioratus et cure Sancti Nicolay de Albino prope Montem Melianum. Prioratus est unitus capitulo dicte capelle castri Chamberiaci : cujus fructus valent II^c LX florenos — *Olim erat Ordinis Cluniacensis, Matisconensis diœcesis, et ab eodem Abbate dependebat. Ibi residebant prior duo religiosi et curatus. Nunc sunt duo presbyteri seculares et unus vicarius Curati qui residet Montismeliani.* — Cura est de patronatu et ad presentacionem dicti capituli, ad causam ipsius prioratus ; — *Cui unita fuit olim ecclesia Sancti Verans quæ erat vera parœcialis, postea etiam ecclesia Beatæ Mariæ oppidi Montismeliani.* — et valent ipsius cure fructus LX^{ta} florenos, inclusa cura Montis Meliani, que eidem est annexa. Et sunt in parrochia dicti loci Albini LX^{ta} foca, Capella Beate Marie subtus pinnaculum est ad presentacionem nobilium de Chaffardone. Capella Sancti Petri est ad presentacionem domini de la Prousee. — *Domini de la Perrouse; capella propinqua Sancti Spiritus de præsentatione confratrum ipsius seu pœnitentium alborum, caret fondatione et rectore; Capelle Sancti Aimonis seu Sanctæ Crucis, de præsentatione Domini Rostagni ; Capella Sanctæ Mariæ Pietatis de præsentatione Nobilis Petri* de Troulioux. *Capella Sancti Andreæ de præsentatione Domini Montisfortis, unita Sancto Petro. Capella Beatæ Mariæ Virginis de præsentatione Domini de Cresto, unita altari Beatæ Virgi-*

nis. Capella Sanctæ Catharinæ caret fondatore et rectore. Capella Sancti Michaelis supra tribunal (sic) de præsentatione Antonii Turlodi, dicti Grattet. — Capella alia, ibidem propinqua, caret fundacione et rectore. Capella Beate Marie de Pietate, ad presentacionem heredum domini quondam Petri de Brollio, fundatoris : capella Sancti Andree, ad presentacionem dicti domini de la Prousee : capella Beate Marie, ad presentacionem domini Montis Fortis. Capella Sancte Catherine caret fundacione et rectore. Capella Sancti Aymonis seu Sancte Crucis, supra tribunam, est ad presentacionem [1] . . . . . .

Ecclesia Sancti Verani, in qua olim solebat esse parrochia dicti loci, est unita dicto prioratui.

Ecclesia parrochialis Beate Marie ville Montis Melliani est unita dicte cure Albini ; et sunt in villa et parrochia dicti loci vi^{xx} foca. Capella Sancti Spiritus, infra dictam ecclesiam fundata, est ad presentacionem confratrum confratrie ejusdem sancti : capella Sancti Anthonii, ad presentacionem nobilium de Revoyria : capella Sancti Petri, de fundacione et ad presentacionem vocati Blondeti et suorum. Capella Sancti Johannis Baptiste, erecta per nobilem Johannem Croizerii, — *Ceriserii et Sanctæ Catharinæ Philippi Ceriserii* (et non Croiserii, ni Croisie), — nondum est fundata. Capella Sancte Catherine, de fundacione et ad presentacionem nobilis Philippi Croizie et suorum : capella Sancti Mauri, de fundacione Guigonis de Lery et ad suorum presentacionem : capella Beate Marie de Pietate, ad presentacionem Johannis Chauderonis et suorum. Capella Sancti Eligii caret fundacione Capella Sanctorum Johannis et Catherine, de fundacione et ad presentacionem Anthonii de Gouleto et suorum : capella Sancti Mauricii, retro majus altare, fundata per nobiles Vincencium et Anthonium Porterii. Capella que est supra tribunam, in introitu ecclesie,

---

[1] Nomen præsentatoris deest.

caret fundatione et rectore — *Capelle quamplures illæ sunt unitæ curæ et Altariensibus ejusdem.* — Capella Sancte Trinitatis, extra et prope dictam ecclesiam, est ad presentacionem nobilium Roussetorum dicti loci. Capella Sancti Georgii, ibidem prope fundata, est ad presentacionem nobilium de Revoyria. In dicta villa est unum hospitale, et in hospitali una capella Beati Glaudii, de fundacione domini de Blondet, in qua nullus est rector ; sed est dictum hospitale sub regimine consulum dicti loci. Est eciam extra villam predictam una maladeria — *est extra Urbem maladeria in qua est capella egregiè constructa sanctorum Mauri et Boni, quæ caret fondatione,* — et ibi est una pulcra capella Sancti Grati, in qua nulla est fundacio. Infra villam predictam Montis Meliani est ecclesia conventus Fratrum Predicatorum, qui nunc sunt reformati et sub congregacione Ollandrie — *Est una capella extra portam Albini, sunt Capellæ Beatæ Mariæ, Sanctæ Crucis et Sanctæ Helenæ de præsentatione Nobilium de Coymel (vide institutionem anni 1571, fol. 385 et anni 1591, fol. 492). Propè illam sunt Patres Capucini ubi est ecclesia anno 1600 cœpta*[1]*, Rege Galliæ ejusque exercitu conferente.*

Ecclesia Sancti Laurencii de Croso est ad collacionem domini episcopi, quamvis prioratus Tuyriaci pretendat habere presentacionem. Fructus cure dicti loci valent vi^{xx} florenos : et sunt in parrochia ejusdem loci vi^{xx} foca. Capella Sancti Theodoli est ad presentacionem nobilis Francisci de Poypone, qui presentat rectorem. Capella Sancte Catherine est ad presentacionem nobilis Gabrielis de Verdone et suorum : capella Beate Marie, ad presentacionem nobilium — *d'Albert, Dominorum de Fontana* — de Fontana : capella Purgatori, ad presentacionem domini Jacobi Veyrecti. Capella Sancti Glaudii fuit fundata per dic-

---

[1] La rédaction de ce Pouillé, sans date, est donc de quelques années postérieure à l'an 1600.

tum de Fontana, et super jure presentandi est contreversia inter dominum Myolani et nobilem Franciscum de Poipone. Capella Beate Marie de Pietate est ad presentacionem nobilis Guillelmi de Verdone et suorum — *Capella Sanctæ Catherinæ de præsentatione Nobilis de Garnier.* — Curatus dicti loci facit, annis singulis, mense episcopali, in qualibet synodo, tres solidos bone monete ; et percipit dominus episcopus medietatem decimarum bladi in parrochia dicti loci.

Ecclesia Sancti Johannis de Porta est ad presentacionem et de patronatu prioris prioratus Sancti Philippi : cujus fructus valent Lx^{ta} florenos ; et sunt in parrochia dicti loci Lx^{ta} foca. Capella Sancti Spiritus et Sancti Grati est ad presentacionem et de fundacione Johannis Regis et suorum : capella Beate Marie, de fundacione domini Johannis Oudrici : capella Sanctorum Anthonii et Boni, ad presentacionem heredum Jacobi Martini, fundatoris : capella alia Beate Marie, fundata per Guillelmum et Johannem Martini, qui presentant, seu sui heredes. Capella Sancte Crucis est unita cure. Infra dictam parrochiam est capella Sanctorum Boni et Glaudii, pariter unita cure. Curatus dicti loci facit, annis singulis, mense episcopali, in qualibet synodo, xviii denarios bone monete.

Ecclesia prioratus Sancti Philippi. Prioratus ipse dependet ab Abbacia seu monasterio Sancti Andree monachorum Vienne, ordinis Sancti Benedicti ; et debent ibidem esse duo religiosi cum priore, qui recipiunt episcopum visitantem — *Nunc spectat ad reverendes Patres societatis nominis Jesu.* — Ibidem asseritur esse caput sancti Philippi, apostoli. Prior dicti prioratus facit, annis singulis, mense episcopali, in qualibet sinodo, xxxiiii^{or} solidos et sex denarios bone monete. Capelle omnes ejusdem ecclesie sunt unite dicto prioratui et serviuntur per communitatem ejusdem.

Ecclesia Sancti Petri de Albiniaco est ad presentacionem prioris dicti prioratus Sancti Philippi : cujus fructus valent vi^{xx} florenos; et sunt in parrochia dicti loci viii^{xx} foca. Capella Sancti Johannis, euvangeliste, ad presentacionem curati et nobilium de Revollo — *de Revello* — capella manglierie Sancte Catherine, ad presentacionem prioris Sancti Philippi : capella Sancte Trinitatis, de fundacione et ad presentacionem Aymonis Bonneracti et Jaquemetti Latoz : capella Beate Marie Pietatis, fundata per Anthonium Petiti, alias Chappelli, qui presentat : capella Sancti Eligii et Purgatorii, fundata per communitatem dicti loci, que presentat : capella Sancti Sebastiani, de fundacione et ad presentacionem Aymonis Albi, Andree Boconis et domini Johannis Albi, qui illam fundaverunt. Capella Sancti Anthonii, prope magnum altare, est de fundacione et ad presentacionem domini Myolani. Infra dictam parrochiam est una capella Beate Marie Pietatis, fundata per dominum Johannem Cheysie, in cacumine montis de Fraxino. Infra dictam parrochiam est capella Sancti Michaelis, que est fundata per Christoforum Raverii. In dicto loco Sancti Petri est ecclesia conventus Fratrum Heremitarum, ordinis Sancti Augustini, fundata per dominos Myolani. Curatus dicti loci Sancti Petri facit, annis singulis, mense episcopali, in qualibet sinodo, sex solidos bone monete.

Ecclesia Sancti Stephani castri Myolani est ad presentacionem domini dicti loci Myolani : cujus fructus valent x florenos ; et sunt ibidem iiii^{or} foca. Curatus dicti loci facit, annis singulis, mense episcopali, in synodo Omnium Sanctorum, xviii denarios bone monete.

Ecclesia Sancti Christofori de Freta Rippa est ad presentacionem domini episcopi Maurianensis : cujus fructus valent xxx florenos ; et sunt in parrochia dicti loci xxxv foca. Capella Sancti Spiritus, ad presentacionem parrochianorum dicti loci. In dicta ecclesia olim solebat esse prioratus. Curatus dicti loci facit, annis singulis, mense episcopali, in qualibet sinodo, tres solidos bone monete. Infra dictam parrochiam est una maladeria seu leprosaria, in qua est capella Beate Marie Magdalenes, ad presentacionem domini Myolani.

Ecclesia Sancti Petri Greysiaci spectat pleno jure ad collacionem domini episcopi : cujus fructus valent vi^{xx} x florenos ; et sunt in parrochia dicti loci lxx^{ta} foca. Capella Sancti Anthonii est ad presentacionem curati. Capella Beate Marie Pietatis est ad presentacionem domini Myolani : capella Sancti Andree ad presentacionem parrochianorum Capella Beate Marie, supra tribunam, est annexa cure : capella Sancti Sebastiani, ad presentacionem nobilis Johannis Benedicti. Curatus dicti loci facit, annis singulis, mense episcopali, in sinodo Omnium Sanctorum, novem solidos bone monete et tres libras cere, et, in sinodo maii, novem solidos ejusdem monete ; et percipit dominus episcopus decimas in parrochia dicti loci. Capellanus dicte capelle Beate Marie, ex legato facto per dominum Petrum de Chaina, debet, annis singulis, dicte mense episcopali, in sinodo Omnium Sanctorum, quinque solidos fo[r]tium Sabaudie, valentes septem grossos cum dimidio.

Ecclesia prioratus et cure Sancti Mauricii Montilliosii. Prioratus predictus est ordinis Sancti Benedicti, dependens a monasterio Sancti Michaelis de Stella, Thaurinensis diocesis : cujus fructus valent ii^c florenos ; et debent in eodem prioratu esse cum priore unus monachus, cum curato. Cura est ad presentacionem prioris : cujus fructus valent xxv florenos ; et sunt in parrochia dicti loci lx^{ta} foca. Prior et curatus recipiunt episcopum visitantem, et curatus eum procurat. Capella Sancti Anthonii est ad presentacionem prioris. Capella Beate Marie, virginis, est annexa prioratui : capella Sancti Sebastiani, ad presentacionem et de fundacione nobilis de Veysiaco. Capella Sancti Blaisii est ad presentacionem domini abbatis Stanne — *Stamedii* — capella Sancti Luppi, de fundacione prioris dicti loci ; que nondum est auctorizata. Capella Sancti Michaelis, in castro dicti loci, est ad presentacionem prioris.

Ecclesia Beate Marie de Chappenrilhaico — *de Chapariliano* — spectat pleno jure ad collacionem domini episcopi : cujus fructus valent vi^{xx} florenos ; et sunt in parrochia dicti loci Lx^{ta} foca. Curatus dicti loci facit, annis singulis, mense episcopali, in qualibet sinodo, tres solidos bone monete ; et percipit dominus episcopus decimas in parrochia dicti loci, exceptis certis locis, in quibus illas percipit curatus. Capella Sancti Georgii est annexa cure et spectat vicario perpetuo dicti loci, qui presentatur per curatum et consules confratrie Sancti Spiritus — *Capella Sancti Martini, ex registro anni 1591. Capella Sancti Francisci et Beatæ Mariæ Pietatis.*

Ecclesia prioratus et cure Sancti Martini de Barralibus. Prioratus est ordinis Sancti Benedicti, dependens a monasterio Sancti Theoffredi, Aniciensis diocesis : cujus fructus valent vi^{xx} scuta ; et sunt ibidem prior, sacrista, duo religiosi et curatus, qui visitantur per episcopum et eum recipiunt et procurant. Cura est ad presentacionem dicti prioris, et valent ejus fructus xxx florenos : suntque in parrochia dicti loci Lx^{ta} foca. Curatus est mensalis prioris. Capella Sancti Anthonii spectat communitati dicti prioratus. Capella supra tribunam caret fundacione, et pariter capella Sancti Mauri, que fuit constructa per dominum Rode, sacristam dicti loci. In capella Belle Combe sunt duo rectores, quorum unus presentatur per dominum Murineysii, et alius per nobilem Jacobum de Bella Comba et dominum Thouveti, et eorum successores.

Ecclesia Sancti Blaisii Belle Combe est ad collacionem domini episcopi Gracionopolitani, pleno jure : cujus fructus valent L^{ta} florenos ; et sunt in parrochia dicti loci xL^{ta} foca. Curatus dicti loci facit, annis singulis, mense episcopali, in qualibet sinodo, sex solidos bone monete ; et percipit dominus episcopus decimas in parrochia dicti loci, quas tenet dictus curatus in accensamentum a dicto domino episcopo, pro x^{cem} florenis.

Ecclesia Sanctorum Marcelli et Georgii est ad presentacionem prioris dicti prioratus de Barralibus : cujus fructus valent xx^{ti} florenos ; et sunt in parrochia dicti loci xx^{ti} foca. Et ibidem sunt pulcherrime reliquie, duo videlicet capita sanctorum Georgii et Marcelli. Curatus dicti loci facit, annis singulis, mense episcopali, in qualibet sinodo, duodecim denarios bone monete.

Ecclesia Sancti Johannis Baptiste de Buxeria est ad presentationem prioris de Barralibus : cujus fructus valent Lx^{ta} florenos ; et sunt in parrochia dicti loci L^{ta} foca. Capella Sancti Nicolay est ad presentacionem nobilium Fuzeriorum, heredum Petri Cassardi, Petri Sabaudie et Petri Bene Facti. Capella Sanctorum Jacobi et Magdelenes est annexa cure : capella Beate Marie, ad presentacionem nobilium de Grangiis. Capella Beate Marie de Pietate et Beati Martini est ad presentacionem nobilium Servaiginorum : capella Sancti Petri, supra tribunam, ad presentacionem nobilis Urbani Cocti et suorum : capella Sancti Antonii, ad presentacionem nobilis Johannis Baoquelerii et suorum. Infra dictam villam Buxerie est capella Beate Anne, que est ad presentacionem heredum Petri Sabaudie. Prope castrum ejusdem loci est capella Sancti Sebastiani, de fundacione Dalphini, annexa cure. In burgo dicte ville est hospitale, et in hospitali una capella Sancti Jacobi, ad presentacionem nobilium Morellorum ; et, extra dictam villam, est una parva maladeria seu leprosaria, sine aliqua capella.

Ecclesia Beate Marie d'Alloy est de patronatu et ad presentacionem prioratus de Corenco : cujus fructus valent xL^{ta} florenos ; et sunt in parrochia dicti loci XXII foca Capella Sancti Jacobi, ad presentacionem et de fundacione nobilis Jacobi Berengarii et suorum successorum.

Ex Decanatu seu Archipresbyteratu Gratianopolitano.

. . . .

Ecclesia Sancti Martini de Dextreriis [est] de patronatu dicti prioratus Alti Villaris ; que est annexa et unita ecclesie Sancti Mauricii prope Rupeculam. Quarum ambarum fructus valent triginta florenos : et sunt foca sexdecim apud Sanctum Martinum, et apud Sanctum Mauricium viginti quinque. Capella Sancti Anthonii, in ecclesia Sancti Mauricii, est annexa cure, de fundacione domini Camere : capella confratrie Sancti Spiritus, ad presentacionem prioris ejusdem confratrie. Infra dictam parrochiam Sancti Mauricii est conventus Carmelitarum Rupecule, qui sunt citra rivum de Jandron : qui rivus, ad dictam partem, facit limitem diocesis presentis a diocesi Maurianensi.

Ecclesia prioratus et cure Beate Marie Alti Villaris. Prioratus dicti loci dependet a prioratu Sancti Georgii in Sabaudia, ordinis Sancti Augustini ; cujus prior confert dictum prioratorum Alti Villaris, cum vaccat : racione tamen cure quam tenet, idem prior presentatur episcopo instituendus. Fructus dicti prioratus valent centum sexaginta florenos, cura inclusa, que eidem, ut premictitur, est unita. Et sunt in parrochia dicti loci quinquaginta foca. Prior dicti loci episcopum visitantem recipit et procurat. Capella Sancti Michaelis, infra dictam ecclesiam fundata, est unita prioratui, et pariter capella Beate Catherine et Sancti Jacobi, et capella Sancte Margarite, que est infra dictam parrochiam, extra tamen dictam ecclesiam. Infra dictam parrochiam est domus Vallis Sancti Hugonis, ordinis Cartusie. Prior dicti loci facit, annis singulis, mense episcopali, in qualibet sinodo, decem novem solidos et sex denarios bone monete.

Ecclesia Beate Marie Capelle Albe spectat pleno jure ad collacionem episcopi ; cui est unita ecclesia Sancti Petri Villaris Rodulphi. Quarum ambarum fructus valent quinquaginta florenos ; et sunt in eisdem, videlicet in qualibet earumdem, triginta foca. Capella Sancti Georgii, infra dictam ecclesiam Capelle Albe, est unita cure. In ecclesia Villaris Rodulphi est quedam çapella supra tribunam, de patronatu illorum de Cheveluto. Inter dictas ecclesias sunt limites Dalphinatus et Sabaudie.

....

Ecclesia Sancti Mauricii de Moletis est de patronatu prioratus Sancte Helene in Sabaudia : cujus fructus valent triginta quinque florenos ; et sunt ibidem sexaginta foca.

....

Ex Archipresbyteratu Viennesii.

....

Ecclesia Beate Marie de Scalis est de patronatu preceptorum dicti loci de Scalis : cujus fructus valent xxx^{ta} florenos ; et sunt in parrochia dicti loci vii^{xx} foca. In dicta ecclesia est unus prior ordinis Sancti Johannis Jherosolimitani, qui facit, singulis annis, mense episcopali, in qualibet sinodo, duos solidos et sex denarios bone monete. In dicto loco de Scalis est una alia venerabilis ecclesia dicti ordinis Sancti Johannis Jherosolimitani, infra castrum ejusdem loci, munita pluribus venerandis reliquiis. Infra dictam parrochialem ecclesiam est capella Sancti Nicolay, que caret rectore et fundacione. Capella Sancti Anthonii spectat communitati religiosorum dicti loci. Supra tribunam est quoddam altare sine titulo aut fundacione. Capella Sancte Catherine est annexa cure. Capella Sancti Spiritus caret fundacione.

Ecclesia Sancti Christofori prope Scalas est de patronatu prioratus Sancti Laurencii Gracionopolitani : cujus fructus valent iii^{xx} florenos ; et sunt ibidem iii^{xx} foca.

Ecclesia Sancti Johannis de Couz, supra Crotam, est annexa dicte ecclesie Sancti Christofori ; in qua sunt novem foca. In ecclesia Sancti Christofori est capella domini de Trochiis, in qua non est aliqua fundacio neque rector.

Ecclesia Sancti Petri de Genebroso prope Scalas est de patronatu dicti prioratus Sancti Laurencii Gracionopolitani : cujus fructus valent quadraginta florenos ; et sunt in parrochia dicti loci XL^{ta} foca. Capella Sancti Georgii, infra dictam ecclesiam, et capella Beate Marie Magdelenes, extra, infra tamen dictam ejusdem loci parrochiam, sunt annexe cure predicte.

93

Bulle de Léon X érigeant le Prieuré de Notre-Dame d'Aix en Collégiale, à la prière de Claude de Seyssel d'Aix, Evêque Elu de Marseille [1].

(9 des Calendes de mars, — 21 février — 1513.)

(Déc. Chap. IV, note 23. — Chap. V, note 221.)

Leo Episcopus, servus servorum Dei ad perpetuam rei memoriam. [Divina] Clementia disponente. . . . . qui immobilis permanens sua providentia mirabili ordine dat cuncta moveri, in Apostolicæ Sedis cathedra meritis licet insufficientibus constituti ecclesiarum monasteriorum et locorum ecclesiasticorum omnium sæcularium et regularium quorumlibet, statum et conditionem diligenter prospicientes,

---

[1] Tirée des papiers de l'abbé de Comnène, conservés aux archives de M. le marquis Costa de Beauregard, n° 1244.

eorumque dispendiis occurrere ac honori et utilitati providere satagentes, illorum statum nonnunquam immutamus et alteramus prout temporum et locorum conditionibus diligenter pensatis, ad divini cultus augmentum et animarum Christi fidelium salutem, ac pro ecclesiarum, monasteriorum et locorum eorumdem salubriori statu decore et venustate conspicimus in Domino salubriter expedire.

Sane pro parte dilecti filii Claudii Electi Massiliensis utriusque juris doctoris Nobis nuper exhibita petitio continebat quod cum nuper Oppidum Aquense Gratianopolitanæ diocesis ignis incendio pro magna parte consumptum fuerit, ac prioratus Beatæ Mariæ ejusdem Oppidi Ordinis Sancti Augustini et illius ecclesia hujusmodi incendio combusti, ruinæ subjaceant, ipsaque ecclesia etiam in illius choro non modica reparatione indigeat, ac in dicto Oppido licet illud convenienti populo edificatum sit, et in quo illius in temporalibus Dominus pro tempore existens residere consueverat, nulla collegiata ecclesia existat; si dictus prioratus, qui conventualis existit, et quem dilectus filius Magister Ludovicus de Rossis, clericus Lugdunensis, Notarius et familiaris Noster, ex concessione et dispensatione Apostolica in commendam obtinet, et illius sacrista, ac in eo prædictus Ordo Sancti Augustini et dependentia penitus supprimerentur et extinguerentur, ipsiusque prioratus ecclesia quæ etiam parrochialis existit in Collegiatam ecclesiam cum Sigillo et Archa sive capsa communibus et aliis collegialibus insigniis; et in ea unus Decanatus, dignitas inibi principalis, pro uno Decano qui inibi præeminentiam et jurisdictionem sicuti Decani aliarum collegiatarum ecclesiarum illarum partium habere consueverunt haberet, et ad quem cura animarum dilectorum filiorum parrochianorum ejusdem erigendæ ecclesiæ pertineret, ac duodecim canonicatus et totidem præbendæ pro totidem canonicis qui simul cum dicto Decano capitulum ipsius ecclesiæ inibi constituerent erigerentur et instituerentur, ac illis seu eorum Mensæ capitulari omnia et singula mobilia et immobilia bona nunc ad prioratum et sacristiam prædictos pertinentia perpetuo applicarentur et appropriarentur, nec non dicti Oppidi ac quæ de jure patronatus dicti Domini temporalis pro tempore existentis existit Sancti Pauli dictæ diocesis parrochiales ecclesiæ, nec non una ad Sancti Spiritus et alia ad Sancti Hippoliti sitæ, altaria in ecclesia prioratus hujusmodi perpetuæ capellaniæ perpetuo unirentur annecterentur et incorporarentur, cujus patronatus et præsentandi Nobis et pro tempore existenti Romano Pontifici ad Decanatum ; ipsi vero Decano pro tempore existenti ad singulos canonicatus et præbendas prædictos tam hac prima vice ab eorum primæva erectione vacantes cum erecti fuerint, quam postea quoties vacaverint, dilecto filio nobili viro moderno et pro tempore existenti dicti Oppidi in temporalibus Domino perpetuo reservaretur ac concederetur. Dictus Dominus modernus[1] non solum unioni ipsius ecclesiæ Sancti Pauli consentiret, sed etiam in augmentum reddituum dictæ Mensæ decimas seu fructus decimales ejusdem ecclesiæ Sancti Pauli ad eum legitime pertinentes eidem Mensæ perpetuo donaret et concederet, ac certas domos, platea et ædificia in dicto Oppido consistentia et ad ipsum etiam legitime pertinentia pro habitationibus Decani et canonicorum prædictorum cum effectu assignaret, nec non parrochiani erigendæ ecclesiæ hujusmodi in illius ræædificatione summam mille florenorum monetæ illarum partium exponerent ex quo necessariæ reparationi ipsius erigendæ ecclesiæ et spirituali consolatione eorumdem parrochianorum consuleretur ; et tam Oppidum quam ecclesia hujusmodi prioratus non parum decorarentur ; et in ipsa erigenda ecclesia divinus cultus, cum animarum salute et Christi fidelium devotio ad ipsam

[1] On lit en marge : *Nota* : que le seigneur et baron d'Aix d'alors s'appelait François-Philibert, et sa mère Franceyse de Seyssel de La Chambre, qui fit le fideicommis en faveur du seigneur marquis de la Serra moderne Mre Sigismond de Seyssel.

sic erectam ecclesiam augeretur, et ipsi Christi fideles fre
quentius ad eandem erectam ecclesiam pro Missis et aliis
divinis officiis audiendis confluerent.

Quare, pro parte tam Claudii Electi qui pro carissimo in
Christo filio nostro Ludovico Francorum Rege, illustri ad
Nos et Sedem Apostolicam Orator destinatus et de illustri
Baronum Genevæ procreatus, ac cujus præfatus modernus
dicti Oppidi in temporalibus Dominus ex fratre patruele
nepos existit, quam moderni Domini Ludovici prædictorum
asserentium prioratus et sacristiæ ac parrochialium ecclesiarum et capellaniarum hujusmodi insimul centum et quadraginta ducatorum auri de Camera fructus, redditus et
proventus secundum communem estimationem valorem
annuum non excedere ; Nobis fuit humiliter supplicatum ut
prioratum et illius sacristiam ac in eo ordinem et dependentiam prædictos penitus supprimere et extinguere, ac
ecclesiam prioratus hujusmodi in collegiatam, et in ea unum
Decanatum dignitatem principalem pro uno Decano, nec
non duodecim canonicatus et totidem præbendas pro totidem canonicis qui simul cum Decano prædicto capitulum
ipsius ecclesiæ faciant et constituant cum Archa et Sigillo
ac aliis collegialibus insigniis erigere et instituere, ac omnia et singula mobilia et immobilia bona nunc ad prioratum et sacristiam prædictos pertinentia eidem Mensæ pro
Decanatus ac canonicatuum et præbendarum hujusmodi
dote perpetuo applicare et appropriare, nec non parrochiales
ecclesias et capellanias prædictas etiam perpetuo unire
annectere et incorporare ; nec non jus patronatus et præsentandi personas idoneas Nobis et pro tempore existenti
Romano Pontifici ad Decanatum, et ad canonicatus et præbendas prædictas eidem Decano etiam pro tempore existenti,
tam hac prima vice quoad Decanatum duntaxat excepta,
quam quotiens pro tempore vacabunt per Nos et pro tempore
existentem Romanum Pontificem et Decanum præfatos
respective instituendas eidem moderno Domino et succes-

soribus dicti Oppidi Dominis pro tempore existentibus perpetuo reservare et concedere aliasque in præmissis opportune providere de Benignitate Apostolica dignaremur.

Nos igitur qui dudum inter alia voluimus quod semper in unionibus commissio fieret ad partes, vocatis quorum interesset, quique ecclesiarum collegiatarum omnium decorem et, in illis, divinum cultum nostris potissime temporibus vigere et augeri sinceris desideramus affectibus, Claudium Electum ac modernum Dominum, et Ludovicum de Rossis præfatos ac eorum quemlibet à quibusvis excommunicationis, suspensionis et interdicti aliisque ecclesiasticis censuris, sententiis et pœnis à jure vel ab homine quavis occasione vel causa latis, si quibus quomodolibet innodati existunt, ad effectum præsentium duntaxat consequendum harum serie absolventes et absolutos fore censentes, hujusmodi supplicationibus inclinati ad Dei laudem et militantis ecclesiæ exaltationem prioratum præfati Ludovici de Rossis ad hoc expresso accedente consensu, et in eo ordinem Sancti Augustini ac prioratus hujusmodi, nec non si ad hoc moderni ipsius prioris et sacristæ expressus accesserit assensus, sacristiam quæ inibi officium claustrale existit, aliasque dignitates et officia regularia, si quæ sint, necnon dependentiam hujusmodi auctoritate Apostolica tenore præsentium penitus et omnino supprimimus et extinguimus, ac ecclesiam prioratus hujusmodi in Collegiatam cum Sigillo et Archa communibus ac aliis insigniis collegialibus, et in ea unum Decanatum, dignitatem principalem, pro uno Decano qui inibi præeminentiam et juridictionem habeat, et ad quem cura animarum parrochianorum corumdem pertineat ut præfertur, nec non duodecim canonicatus et totidem præbendas pro duodecim canonicis qui simul cum dicto Decano capitulum ipsius ecclesiæ faciant et constituant, et in eadem ecclesia personaliter residere ac divinis interesse teneantur auctoritate et tenore prædictis erigimus et instituimus ac omnia et singula mobilia et immobilia bona nunc ad prioratum et sacristiam prædictos pertinentia pro Decanatus et canonicatuum et præbendarum prædictorum dote, nec non si etiam ad hoc dicti moderni Domini quoad dictarum ecclesiarum Sancti Pauli et dicti Oppidi parrochiales ecclesias et quæ sine cura sunt capellanias hujusmodi respective obtinentium expressus accesserit assensus, parrochiales ecclesias et quæ sine cura sunt capellanias prædictas cum omnibus juribus et pertinentiis suis eidem Mensæ perpetuò applicamus, ità quod cedentibus vel decedentibus modernis parrochialium ecclesiarum ac capellaniarum prædictarum possessoribus, seu illas aliàs quomolibet dimittentibus, liceat Decano protempore existenti, et cum personæ ad canonicatus et præbendas prædictas, præsentatæ et institutæ fuerint, capitulo dictæ ecclesiæ erectæ per se vel alium seu alios corporalem possessionem unitarum ecclesiarum et capellaniarum juriumque et pertinentiarum prædictorum propria auctoritate libere apprehendere et perpetuo retinere, illarumque fructus, redditus et proventus in suos et Mensæ ac unitarum ecclesiarum et capellaniarum prædictarum usus et utilitatem convertere nec non eisdem unitis parrochialibus ecclesiis per presbyteros idoneos ad eorum nutum ponendos et amovendos, in divinis deserviri et animarum cura[m] dilectorum filiorum illorum parrochianorum exerceri facere diœcesani loci et cujusvis alterius licentia super hoc minime requisita ; necnon jus patronatus et præsentandi personas ydoneas Nobis et pro tempore existenti Romano Pontifici ad Decanatum hac prima vice excepta, et ad canonicatus et præbendas prædictos eidem Decano pro tempore existenti, tam hac prima vice quam quotiens pro tempore vacabunt per Nos et pro tempore existentes Romanos Pontifices et Decanum præfatos respective instituendas eidem moderno postquam decimas domos et alia bona prædicta et dicti parrochiani mille florenos hujusmodi assignaverint, ut præfertur; et successoribus suis dicti Oppidi Dominis pro tempore existentibus dicta auctoritate earumdem præsentium tenore perpetuo reservamus et concedimus, et insuper eisdem Decano et Capitulo ut pro felici statu et salubri directione dictæ erectæ ecclesiæ illiusque personarum ac divinorum officiorum in illa celebratione quæcumque statuta et ordinationes rationabilia et honesta ac à sacris canonibus non deviantia cum consilio et voluntate dicti moderni et pro tempore existentis Domini temporalis dicti Oppidi facere, edere, illaque mutare limitare et tollere ac alia de novo facere quotiens ipsis pro utilitate dictæ ecclesiæ visum fuerit, nec non horas canonicas diurnas et nocturnas ac alia divina officia eadem erecta ecclesia juxta rationem et ritum Romanæ ecclesiæ dicere, decantare et recitare libere et licite valeant auctoritate et tenore prædictis facultatem concidemus pariter et indulgemus.

Nec non dilectos filios Canonicos dicti prioratus ordinem ipsius tacite vel expresse professos qui nunc sunt à delatione habitus ipsius ordinis, tribus votis substantialibus eisdem auctoritate et tenore absolvimus et liberamus ac cum eis et eorum singulis ut canonicatus et præbendas erectos hujusmodi si ad eos præsententur et instituantur in eis recipere et retinere libere valeant auctoritate et tenore prædictis de specialis dono gratiæ dispensamus, nonobstantibus voluntate nostra prædicta et aliis Apostolicis constitutionibus ac Monasterii vel alterius loci regularis a quo prioratus ipse depend..... forsan ....
....

Nec non quibusvis specialibus vel generalibus reservationibus de dignitatibus principalibus in collegiatis ecclesiis per Nos et Sedem eandem factis et faciendis contrariis quibuscumque, aut si aliqui super provisionibus sibi faciendis de prioratibus et officiis ac hujusmodi speciales vel aliis beneficiis ecclesiasticis in illis partibus generales dictæ Sedis vec Legatorum ejus Licteras impetraverint, etiamsi per eas ad inhibitionem reservationem et decretum vel alias quomodolibet sit processum ; quas quidem Licteras et processus habitos per easdem, et indè secuta quæcumque ad prioratum et sacristiam ac unitas ecclesias et capellanias hujusmodi, volumus non extendi ; sed nullum per hoc eis quoad assecutionem prioratuum et officiorum seu beneficiorum aliorum præjudicium generari, et quibuslibet aliis privilegiis, indulgentiis et Licteris Apostolicis generalibus vel specialibus quorumcumque tenorum existant, per quæ præsentibus non expressa vel totaliter non inserta effectus earum impediri valeat quomodolibet vel differri, et de quibus quorumque totis tenoribus de verbo ad verbum habenda sit in nostris Licteris mentio specialis.

Volumus autem quod propter unionem annexionem et incorporationem prædictas unitæ ecclesiæ et capellaniæ hujusmodi debitis non fraudentur obsequiis et animarum cura in eisdem unitis ecclesiis nullatenus negligatur, sed earum ac dictarum capellaniarum congrua supportentur onera consueta. Et insuper ex nunc irritum decernimus et inane si secùs super hiis à quoquam quavis auctoritate scienter vel ignoranter contigerit attemptari.

Nulli ergo omninò hominum liceat hanc paginam nostræ absolutionis, suppressionnis, extinctionis, erectionis, institutionis, applicationis, appropriationis, unionis, annexionis, incorporationis, reservationis, concessionis, indulti, liberationis, dispensationis, voluntatis et decreti infringere, vel ei ausu temerario contraire.

Si quis autem hoc attemptare præsumpserit, indignationem Omnipotentis Dei, ac Sanctorum Petri et Pauli Apostolorum ejus se noverit incursurum. Datum Romæ, apud Sanctum Petrum, anno Incarnationis Dominicæ millesimo quingentesimo tertio decimo, nono Kalendas Martii, Pontificatus Nostri anno primo.

93 bis.

Bulle de Léon X qui unit définitivement Saint-Léger à la Sainte-Chapelle[1].

1514

(*Déc.* : Chap. V, note 83, p. 231.)

Leo Episcopus servus servorum Dei, ad perpetuam rei memoriam. Ad exequendum pastoralis officii debitum, vigilantibus studiis intendentes circa ecclesiarum præsertim collegiatarum insignium, ac personarum in illis divinis laudibus insistentium statum prospere, et salubriter dirigendum aciem attentæ considerationis extendimus, ut in illis devotæ sollicitudinis studio benedicatur Altissimus, et cultus divinus suscipiat incrementum, et ea quæ propterea per Romanos Pontifices prædecessores nostros proinde facta fuerunt licet effectum sortita non fuerint aprobemus confirmemus, et invocemus, aliaque concedamus, et ordinemus, prout Christi fidelium, maxime nobilium, exposcit devotio, ut conspicimus in Domino salubriter expedire. Sane exhibita Nobis nuper pro parte dilecti filii nobilis viri Caroli Sabaudiæ Ducis petitio continebat quod licet aliàs felicis recordationis Sixtus Papa quartus prædecessor noster Parrochialem Ecclesiam Sancti Leodegarii Oppidi Camberiaci, Gratianopolitanæ diocesis, quæ de jure patronatus dicti Ducis existit, mensæ capitulari ecclesiæ Capellæ Sanctæ, Sanctæ Sindonis nuncupatæ, Castri Camberiaci dictæ diocesis per Ducem, et Ducissam Sabaudiæ pro tempore existentes fundatæ ac in collegiatam ecclesiam apostolica authoritate erectæ, et quæ plurimum insignis

---

[1] Copie conservée dans les cartons de l'auteur.

existit pro divini cultus incremento et dilectorum filiorum Decani, et Capituli ipsius ecclesiæ decentiori sustentatione et onerum, et incumbentium comodiori suportatione univerit, annexaverit, et incorporaverit, tamen unio, annexio, et incorporatio hujusmodi effectum sortitæ non fuerint; verum si dicta parrochialis ecclesia eidem mensæ de novo uniretur, annecteretur et incorporaretur, ex hoc profecto canonici, et capitulum ecclesiæ collegiatæ hujusmodi in suis commoditatibus aliquod subventionis auxilium susciperent, et onera eis pro tempore incumbentia facilius perferre, et divinis in eadem commodius interesse possent. Quare pro parte dicti Caroli Ducis asserentis fructus, redditus, et proventus dictæ parrochialis ecclesiæ sexaginta ducatorum auri de Camera, secundum communem æstimationem, valorem annuum non excedere Nobis fuit humiliter supplicatum, ut unionem, annexionem et incorporationem de dicta parrochiali ecclesia per eundem Sixtum predecessorem nostrum, ut præfertur factam, ac omnia et singula in illis contenta confirmare, et approbare ac pro potiori cautela parrochialem ecclesiam prædictam dictæ mensæ perpetuo unire, annectere et incorporare, ac alias in præmissis opportune providere, de Benignitate Apostolica dignaremur.

Nos qui dudum inter alia voluimus, quod petentes beneficia ecclesiastica aliis uniri tenerentur exprimere verum annuum valorem, secundum æstimationem prædictam, etiam beneficii cui illud uniri peteretur, alioquin unio non valeret, et semper in unionibus commissio fieret ad partes, vocatis quorum interesset, præfatum Carolum Ducem a quibusvis excommunicationis, suspensionis et interdicti aliisque ecclesiasticis sententiis, censuris et pœnis a jure, vel ab homine quavis occasione vel causa latis, si quibus quomodolibet innodatus existit, ad effectum præsentium dumtaxat consequendum harum serie absolventes, et absolutum fore censentes, ac fructum, redditum, et proventum dictæ mensæ verum annuum valorem præsentibus pro expresso habentes hujusmodi supplicationibus inclinati unionem, annectionem, et incorporationem hujusmodi de dicta parrochiali ecclesia per eundem Sixtum prædecessorem, ut præfertur, factas ac, prout illas concernunt, omnia et singula in eis contenta approbamus et confirmamus ac perpetuæ firmitatis robur obtinere volumus ; ut nihilominus pro potiori cautela parrochialem ecclesiam cum omnibus juribus, et pertinentiis suis, eidem mensæ de novo perpetuo unimus annectimus, et incorporamus ; ita quod cedente, vel decedente moderno ipsius parrochialis ecclesiæ rectore seu illam in commendam obtinente, aut aliàs illam quomodolibet dimittente, vel in quovismodo et ex cujuscumque persona, etiam apud Sedem Apostolicam, vacante liceat eisdem canonicis et capitulo corporalem possessionem parrochialis ecclesiæ, juriumque, et pertinentium prædictorum, etiam propria authoritate libere apprehendere, per se vel per alium seu alios, et perpetuo retinere, illiusque fructus, redditus et proventus in suos, mensæ et parrochialis ecclesiæ, juriumque, et pertinentium prædictorum usus, et utilitatem convertere, ac eidem parrochiali ecclesiæ per unum et dictis canonicis, seu per alium presbyterum idoneum ad eorum nutum amovibilem in divinis deservire, et illius parrochianorum animarum curam exerceri facere Diocesani loci et cujusvis alterius licentia super hoc minime requisita, nonobstantibus voluntate nostra prædicta, ac aliis constitutionibus et ordinatiobus Apostolicis, et quibusvis gratiis expectativis specialibus vel generalibus reservationibus, et absque consensu illius moderni rectoris seu illam in commendam obtinentis coadjutorum deputationibus, etiam cum provisionibus, seu commendis ex tunc unionibus, annexionibus, et incorporationibus, suppressionibus, applicationibus, extinctionibus, appropriationibus, nominationibus, uniendique, annectendi et incorporandi, supprimendi, extinguendi applicandi, reservandi, et nominandi, ac nominatis vel aliis conferendi seu commendandi, et aliis facultatibus et mandatis, nec non quibuscumque aliis gratiis, litteris, indultis, seu dispositionibus in quarumvis personarum cujuscumque dignitatis, status gradus, ordinis, eruditionis, nobilitatis, et præeminentiæ existentium, etiam familarium nostrorum continuorum commensalium in istis propriis litteris descriptorum, aut Romanæ Curiæ officialium quævis officia in ea etiam actu exercentium, vel etiam, Archiepiscopali, Episcopali aut Patriarchali dignitate, seu Cardinalatus honore fulgentium, vel Patriarchalium, Archiepiscopalium, Episcopalium, Abbatialium, aut quarumvis aliarum mensarum seu dignitatum, vel aliorum beneficiorum quorumcumque, aut etiam in nullius favorem et commodum, a Nobis de Sede prædicta seu circa Legatis etiam motu proprio, et ex certa scientia ac de Apostolicæ potestatis plenitudine, etiam Regum, Reginarum, Principum, Ducum, Prælatorum Cardinalium, aut aliorum Dominorum ecclesiasticorum, et temporalium universitatum studiorum jurium cessorum Abbatorum, aut damnorum, et spolii etiam per infideles eis illatorum, seu redemptionis captivorum etiam de manibus eorumdem infidelium vel subsidii, etiam pro fide Catholica impensorum, seu quavis alia excogitabili, et grandis causæ consideratione intuitu, vel respectu in genere, vel in specie, etiam nominatim de dicta parrochiali ecclesia, et cum in quibusvis etiam derogatoriarum derogatoriis fortioribus, efficatioribus, et insolitis clausulis, irritantibusque et aliis decretis, etiam talibus, quod illis nullatenus, aut non nisi sub causis inibi expressis modo vel forma derogari, seu illorum effectus suspendi possit concessas, et concessa, quorum tenores, ac si de verbo ad verbum præsentibus insererentur pro expressis habentes, earumque vim, et effectum suspendimus, ac in parrochiali ecclesia prædicta ejusque vaccatione effectum sortiri, vel locum habere non posse neque debere decernimus contrariis quibuscumque ; aut si aliqui super provisionibus sibi faciendis, de hujusmodi vel aliis beneficiis ecclesiasticis in illis partibus speciales, vel generales dictæ Sedis, vel Legatorum ejus Litteras impetrarunt, etiam si per eas, ad inhibitionem, vel resignationem, et decretum, vel alias quomodolibet sit processum, quas quidem Litteras, et processus habitos per easdem, et inde sequta quæcumque ad dictam parrochialem ecclesiam volumus non extendi, sed nullum per hoc quoad assecutionem beneficiorum aliorum eis præjudicium generari, et quibuslibet aliis privilegiis indulgentiis, et Litteris Apostolicis generalibus, vel specialibus quorumcumque tenorum existant per quæ presentibus, non expressam, vel totaliter non insertam, effectus earum impediri valeat quomodolibet vel differri, et de quibus quorumcumque totis tenoribus habenda sit in nostris Litteris mentio specialis, proviso quod dicta ecclesia parrochialis propterea non fraudetur obsequiis, et animarum cura in ea nullatenus negligatur, sed ejus congrue supportentur onera consueta, non enim unionem hujusmodi absque præfati Ducis pro tempore existentis consensu nunquam revocare, vel etiam dismembrare, nec in quibusvis revocationibus unionum, etiam per constitutiones seu regulas Cancellariæ, etiam motu proprio, et ex dictâ scientiâ ac cumquibusvis clausulis etiam derogatoriarum derogatoriis fortioribus insolitis etiam nominatim et in specie de dicta parrochiali ecclesia faciendas comprehendi posse, vel debere, et quoties illam revocari, aut dismembrari contigerit, etiam toties facta de novo, et concessa intelligatur ac ex nunc irritum et inane decernimus, si secus super his a quoque quavis authoritate scienter vel ignoranter contigerit attentari.

Nulli ergo omnio hominum liceat hanc paginam nostræ absolutionis, aprobationis, confirmationis, unionis, annexionis, incorporationis, suspensionis, et decreti infringere, vel ei ausu temerario contraire. Si quis autem, attentare hoc præsumpserit, indignationem Dei omnipotentis, ac Beatorum Petri et Pauli Apostolorum ejus se noverit incursurum.

Datum Romæ, apud Sanctum Petrum, anno Incarnationis Dominicæ millesimo quingentesimo quarto decimo, sexto idus aprilis; Pontificatus nostri, anno secundo. — P. Cotin. F. Vanellinus.

94

Bulle de Léon X accordant au duc Charles III le droit de présentation et patronage sur l'Archevêché de Chambéry, érigé par une autre Bulle du 21 mai précédent. [1]

1515.

8 des Ides de juin (6 juin).

(Déc. : Chap. XIX, note 13.)

Leo episcopus, servus servorum Dei, dilecto filio nobili viro Carolo Sabaudiæ duci, salutem et apostolicam benedictionem. Dum ad devotionis constantiam et fidei integritatem eximiam, quibus te erga Nos et Romanam ecclesiam clarere perspicimus, exactæ dirigimus considerationis intuitum, digne ducimur non immerito illa tibi concedere per quæ tuo honori et decori valeat salubriter provideri. Sane cum nuper ex certis causis oppidum Camberiaci tuæ tem-

---

[1] Cette Bulle, dont une copie existe aux archives Costa, a déjà été publiée p. 222 de la *Sainte-Chapelle* de M. de Jussieu, qui la prend mal à-propos pour la Bulle d'érection de Chambéry en Archevêché.

porali ditioni subjectum, quod tunc Gratianopolitanensis
diœcesis erat, habita desuper cum fratribus nostris deliberatione matura, et de illorum consilio et Apostolicæ potestatis plenitudine in civitatem, et ecclesiam Sanctæ Sindonis
castri ejusdem civitatis tunc oppidi Camberiacensis in
metropolitanensem ecclesiam cum archiepiscopali dignitate,
apostolica auctoritate erexerimus et instituerimus, ac
decanatum ejusdem ecclesiæ qui inibi dignitas principalis
et de jure patronatus tui et pro tempore existentis ducis
Sabaudiæ existebat, penitus et omnino suppresserimus et
extinxerimus, ipsiusque decanatus bona et fructus, necnon
præposituram sanctorum Nicolai et Bernardi montis Jovis
ordinis sancti Augustini, Sedunensis diocesis, de qua ex
privilegio apostolico tibi concesso, nulli nisi habita prius
intentione tua de persona cui foret conferenda, conferri
poterat, mensæ archiepiscopali Camberiacensi perpetuo
applicaverimus, appropriaverimus, univerimus et annexerimus, necnon de persona dilecti filii Joannis[1] electi Camberiensis, de simili consilio eadem auctoritate providendum duxerimus : nos attendentes æquum existere ut etiam
personam idoneam, ac tibi gratam et acceptam, ex qua
merito confidere possis, ad ecclesiam Camberiacensem
prædictam præsentari, ac sperantes quod tu eo promptius
et ferventius nobis et dictæ romanæ ecclesiæ devotum te
exhibebis, quo majoribus favoribus et gratiis te noveris
ab apostolica sede munitum, tibi jus nominandi et præsentandi Nobis et romano Pontifici personam idoneam ad dictam
ecclesiam Camberiacensem quotiens illam de cætero quoquomodo vacare contigerit, per Nos et pro tempore existentem romanum Pontificem ad nominationem et præsentationem hujusmodi in archiepiscopum præficiendum, de

---

[1] D'après cette Bulle, ce serait donc ce Jean....... qui aurait été nommé 1er Archevêque de Chambéry en 1515, et non Urbain de Miolan, comme le disent Besson, Grillet et la plupart de nos historiens.

simili fratrum eorumdem consilio auctoritate Apostolica tenore præsentium reservamus, concedimus et assignamus, ac quod juri nominandi et præsentandi personam idoneam hujusmodi, ac si illud tibi ex vera fundatione competat, etiam per Sedem prædictam, etiam consistorialiter derogari non possit, nec derogatum censeatur, nisi de toto tenore et data præsentium plena, specifica, individua, specialis et expressa mentio, ac de verbo ad verbum non autem per clausulas generales idem importantes mentio fiat, et tui ad id accedat assensus, et sic per quoscumque judices et commissarios, etiam causarum palatii Apostolici auditores et ejusdem Romanæ ecclesiæ cardinales, judicari, sententiari et definiri debeat, sublata eis et eorum cuilibet aliter judicandi, sententiandi et definiendi facultate et auctoritate, ac irritum et inane quidquid in contrarium scienter ac ignoranter contigerit attentari decernimus et declaramus, non obstantibus præmissis constitutionibus et ordinationibus apostolicis, ac dictæ ecclesiæ Camberiacensis, juramento, confirmatione apostolica vel quavis alia firmitate roboratis, statutis et consuetudinibus cæterisque contrariis quibuscumque. Nulli ergo omnino hominum liceat hanc paginam nostræ reservationis, concessionis, assignationis, decreti et declarationis infringere vel ei ausu temerario contraire. Si quis autem hoc attentare præsumpserit, indignationem omnipotentis Dei ac beatorum Petri et Pauli apostolorum ejus se noverit incursurum. Datum Romæ apud sanctum Petrum, anno incarnationis dominicæ millesimo quingentesimo quinto decimo, octavo idus junii, pontificatûs nostri anno tertio.

95

Bulle de Léon X supprimant l'Archevêché qu'il avait érigé à Chambéry par Bulle du 12 des calendes de juin (21 mai) 1515 [1].

1516.

16 des calendes d'octobre (16 septembre)

(Déc.: chap. XIX, note 17.)

Leo episcopus servus servorum Dei, ad perpetuam rei memoriam. Romanus pontifex pacis et justitiæ præcipuus conservator, et in quo potestatis consistit plenitudo, nonnunquam ad nonnulla concedenda deflectitur quæ postmodum rationalibus causis suadentibus, et præsertim cum illa in episcoporum suorum, quos in partem sollicitudinis evocavit Altissimus, et eorum jurisdictionis ordinariæ præjudicium cedere comperit, revocat, cassat, et annullat, et alias ad æquitatis et justitiæ semitas reducit, prout rerum et temporum, ac personarum regali dignitate fulgentium, et locorum, conditionibus ac qualitatibus pensatis conspicit in Domino salubriter expedire. Dudum siquidem oppidum Camberiacum gratianopolitanæ diœcesis, in quo duces Sabaudiæ ut plurimum residentiam facere, ac episcopi Gratianopolitani pro tempore existentes officialem foraneum habere et deputare consueverunt, certis de causis etiam dilecto filio nobili viro Carolo Sabaudiæ Duci id a Nobis

---

[1] Copie tirée des archives de M. le chevalier Le Blanc, à Cruet. — *Nota:* Cette Bulle avait déjà été publiée, avec une erreur de date et quelques variantes et omissions, par M. de Jussieu: *Sainte Chapelle,* p. 225.

summe petente, et super hoc Nobis humiliter supplicante, de venerabilium fratrum nostrorum Sanctæ Romanæ Ecclesiæ cardinalium consilio, præfatum oppidum in civitatem Camberiensem, ac collegiatam ecclesiam Cappellam Sanctam nuncupatam sub invocatione Sanctæ Syndonis per duces Sabaudiæ, qui pro tempore fuerunt fundatam, et dotatam in metropolitanam ecclesiam cum archiepiscopali dignitate, jurisdictione, et superioritate, crucis et pallii delatione et usu, et aliis metropolitiis insigniis, nec non præeminentiis, honoribus et privilegiis, quibus aliæ metropolitanæ ecclesiæ de jure vel consuetudine, aut alias utebantur, potiebantur, et gaudebant, ac uti, potiri et gaudere poterant quomodolibet in futurum eréximus, creavimus et instituimus, ac metropolitanæ dignitatis, et Archiepiscopalis honoris, nec non dictum oppidum civitatis titulo decoravimus et insignivimus, dictamque civitatem et illius districtum et territorium, ac partem diœcesis prædictæ Gratianopolitanæ, ac juridictionis, quæ præfatus episcopus in districtu, et dominiis ducatus et ducis Sabaudiæ, nec non quidquid juris episcopalis in ea parte, et jurisdictionis in hujusmodi dominio, et districtu Sabaudiæ idem episcopus, seu dilecti filii capitulum, aut aliqua persona ecclesiæ Gratianopolitanæ ordinis Sancti Augustini tam conjunctim, quam divisim habebat, et habere consueverat, etiam respectu juris decimarum, reddituum, et patronagiorum ipsius ecclesiæ Gratianopolitanæ, et ducatus Sabaudiæ ejusdem diœcesis, a diœcesi, sede episcopali, et mensa episcopali Gratianopolitana penitus et omnino perpetuo demembravimus et separavimus, nec non demembrata hujusmodi eidem ecclesiæ Camberiacensi perpetuo applicavimus, et appropriavimus, prout nostris forsan inde confectis litteris plenius continetur.

Cum autem sicut accepimus ex præmissis Gratianopolitana ecclesia, ac venerabilis frater noster modernus episcopus, nec non dilecti filii capitulum Gratianopolitanum, et personæ ecclesiasticæ de annuis laudibus in eadem ecclesia Gratianopolitana dotatæ, nec non charissimus in christo filius noster Franciscus Francorum rex christianissimus, cui per episcopum Gratianopolitanum pro tempore existentem, juramentum fidelitatis et homagium præstatur, cujusque plurimum interest quod præfatus pro tempore existens episcopus Gratianopolitanus suam jurisdictionem in parte demembrata hujusmodi exercere, ac illius habitatores, qui a mille annis et ultra semper eidem episcopo Gratianopolitano in spiritualibus subjecti fuerunt, cohercere valeat, eorumdemque episcopi Gratianopolitani, et Francisci regis successores ex iis notorie plurimum graventur, exindeque contentiones, et hominum cædes, ac scandala verisimiliter in dies exoriri formidentur; Nos qui in demembratione exemptione, et separatione, hujusmodi præmissorum notitiam non habuimus, ne illarum prætextu gravamina ac lites, scandala, contentiones et cædes hujusmodi sequantur providere volentes, de simili eorumdem fratrum nostrorum consilio demembrationem et separationem, ac quoad illas litteras forsan confectas prædictas, cunctaque et singula demembrationem et separationem hujusmodi concernentia, et indè secuta quæcumque authoritate Apostolica tenore præsentium quoad possessionem duntaxat, illis ac jure partium in petitorio salvis remanentibus, revocamus, cassamus, irritamus et annullamus, ac pro nullis et infectis ac juribus vacuis haberi et censeri volumus, nec non demembrata et separata prædicta in pristinum, et eum statum in quo antequam illa demembravissemus, et separavissemus erant, restituimus et reintegravimus, decernentes irritum et inane, si secus super his a quoquam quavis authoritate scienter, vel ignoranter contigerit attentari.

Quocirca venerabilibus fratribus nostris archiepiscopo Viennensi, et episcopo Vivariensi, ac dilecto filio officiali Viennensi per Apostolica scripta motu simili mandamus, quatenus ipsi vel duo, aut unus eorum per se, vel alium, seu alios præsentes litteras, et in illis contenta quæcumque ubi quando et quoties opus fuerit ac pro parte Francisci regis, et successorum suorum, ac episcopi Gratianopolitani et capituli prædictorum, et aliorum quorum interest, seu alicujus eorum desuper fuerint requisiti, solemniter publicari faciant, authoritate Nostra revocationem collationem et annullationem, restitutionem, et reintegrationem hujusmodi tangentia, per excommunationis, et alias sententias, censuras, pœnas ecclesiasticas, seu temporales, etiam pecuniarias firmiter observari, non permittentes eosdem Franciscum regem, et successores suos, nec episcopum Gratianopolitanum et capitulum, et alios quorum interest, seu eorum aliquem per archiepiscopum Camberiensem pro tempore existentem et ducem præfatos, ac dilectos filios capitulum Camberiacense, seu quoscumque alios desuper quomodolibet molestari, et nihilominus eos quos revocationem cassationem annullationem, restitutionem et reintegrationem hujusmodi minime observasse, et illis contravenisse eis constiterit censuras hujusmodi incurrisse declarent, et in eventum declarationis ejusmodi, ac legitimis super his servatis processibus censuras ipsas, quoties opus fuerit, iteratis vicibus aggravent, et loca in quibus eos morari, seu ad quæ declinare contigerit, ecclesiastico supponant interdicto, contradictores per censuras easdem appellatione postposita compessendo, invocato etiam ad hoc, si opus fuerit, auxilio brachii sæcularis, non obstantibus præmissis, ac felicis recordationis Bonifacii papæ VIII constitutione qua inter alia cavetur, ne quis extra suam civitatem et diœcesim, nisi in certis exceptis casibus, et in illis ultra unam diætam a fine suæ diocesis ad judicium evocetur, seu ne judices a sede prædicta deputati extra civitatem, vel diœcesim in quibus deputati fuerunt contra quoscumque procedere, aut alii vel aliis vices suas committere præsumant, et de duabus diætis in consilio generali editis, dummodo ultra tres diætas aliquis authoritate præsentium ad judicium non trahatur, et aliis constitutionibus Apostolicis contrariis quibuscumque, aut si archiepiscopo Camberiensi, et capitulo præfatis, vel quibusvis aliis communiter, vel divisim ab eadem sit Sede indultum quod interdici, suspendi, vel excommunicari, aut extra, vel ultra tuta loca ad judicium evocari non possint per litteras Apostolicas non facientes plenam et expressam, ac de verbo ad verbum, de indulto hujusmodi mentionem, et alia quælibet dictæ Sedis indulgentia generali vel speciali, cujuscumque tenoris existat, per quam præsentibus non expressam, vel totaliter non insertam effectus hujusmodi impediri valeat quomodolibet, vel differri, et de qua cujusque toto tenore habenda sit in nostris litteris mentio specialis. Volumus autem quod si præfatus dux Sabaudiæ, vel venerabilis frater noster modernus, seu pro tempore existens archiepiscopus Camberiacensis de præmissis nostris litteris in aliquo se senserint gravatos super præmissis demembrationibus et aliis in præfatis nostris litteris contentis gravaminibus hujusmodi in petitorio duntaxat coram Nobis, et Sacrosanctæ Romanæ ecclesiæ cardinalium collegio aut aliis judicibus ad id per illos, et Sedem Apostolicam pro tempore deputandis contra episcopum decanum, et capitulum Gratianopolitanum, ac alios quoscumque sua in præmissis pro tempore interesse putantes, de jure suo experiri libere et licite possint et valeant, possessorii tamen actione eis penitus interdicta. Nulli ergo hominum liceat hanc paginam nostræ revocationis cassationis, irritationis annullationis restitutionis reintegrationis decreti mandati et voluntatis infringere, vel ei ausu temerario contraire. Si quis autem hoc attentare præsumpserit, indignationem omnipotentis Dei ac beatorum Petri et Pauli apostolorum ejus se noverit incursurum. Datum Romæ apud S. Petrum, anno Incarnationis Dominicæ millesimo quingentesimo decimo sexto, sexto decimo calendas octobris, Pontificatus nostri anno quarto.

96

Transaction, au sujet des prébendes du Chapitre-Prieuré de Saint-Jeoire, entre les chanoines du lieu, et Mgr Jean-Philibert de Challes, Évêque de Maurienne, Prieur commendataire. [1]

3 nov. 1550.

(*Déc.* : Chap, IV, notes 82 et 88.)

In nomine Domini Amen. Cum fuerit et sit, prout infra scriptæ partes fuisse et esse asseruerunt, quod alias lites e controversiæ fuerunt inter reverendos patres olim priores Sancti Jorii sive Georgii in Sabaudia loci de Sancto Jorio ordinis canonicorum regularium Sancti Augustini Gratianopolitanensis diocesis priores sive commendatarios, et tunc venerabiles dominos sacristam, infirmarium et canonicos dicti prioratus de et super victu et expensis præstandis dictis dominis ex alia parte ; superque eisdem concordia alias inter bonæ memoriæ dominum Carolum de Rossis, tunc pro tempore dicti prioratus commendatarium, et canonicos ejusdem prioratus inita fuerit per quam concordatum et transactum fuit, et pro expensis quas prælibati domini sacrista infirmarius cantor et canonici in refectorio solebant percipere facere et habere idem dominus de Rossis tunc et pro tempore existens dicti prioratus prior sive commendatarius tradere et expedire haberet eisdem dominis sacristæ, infirmario, cantori et canonicis numero duodecim, nec non vicario perpetuo ejusdem prioratus, et cuilibet videlicet duodecim veyssellos frumenti mensuræ Camberiaci, duodecim sommatas vini et triginta florenos pro eorum pitantia, clerico

---

[1] Copie de 1620, dans mes cartons.

etiam dicti prioratus octo veysellos frumenti, octo sommatas vini et viginti florenos, necnon oblationes et obventiones ac emolumenta capellæ do Chignino pro fieri faciendo nemus pro eorum focagio, prout de præmissis apparere dicitur instrumento publico desuper confecto recepto per Hugonem Sarpoletum notarium sub die, anno et mense in eodem descriptis, dictaque concordia sive transactio per eosdem de Rossis tunc priorem et canonicos observata, posteaque super dictis expensis et victu alia differentia orta fuerit inter reverendum patrem dominum Johannem Philibertum de Challes episcopum Maurianensem, tunc dicti prioratus commendatarium perpetuum, ex una, et præfatos tunc sacristam infirmarium cantorem et canonicos ecclesiæ sive prioratus ex alia parte, amicabilique concordia finita, per quod concordium transactum fuerit quod dictus dominus prior tradere et realiter expedire habeat dictis duodecim canonicis et vicario perpetuo et cuilibet ipsorum videlicet pro anno decem veysellos frumenti mensuræ Camberiaci cum gittis (?) puri et mundati ad ponendum in molendino, undecim sommatas vini ad rationem viginti octo cartelletorum pro singulo barrali solvendos in festo Sancti Martini cujuslibet anni, et triginta florenos pro pitantia solvendam, unam videlicet in nativitate Beati Joannis Baptistæ, aliam vero in Sancti Michaelis, aliam in Nativitate Domini et aliam quartam partem in Resurrectione Domini Nostri Jesu Christi festivitatibus successive et immediate sequentibus cujuslibet anni, necnon ultra præmissa dare et relaxare habeat admodiationem et emolumenta capellæ seu ecclesiæ Sancti Petri de Chignino pro fieri faciendo nemus eorum focagii, quod prædicta concordia non fuerit bene observata et pretextu frumentum non dabatur ut decebat mundatum, argentum vero non solvebatur dictis dominis canonicis terminis statutis et conventis, neque per Summum Pontificem aut aliàs per quemcumque alium authorisata nec confirmata; unde majores lites formidabantur inter reverendum in Christo patrem et dominum

dominum Franciscum Delambert episcopum Nicenum modernum dicti prioratus Sancti Jorii sive Georgii in Sabaudia priorem sive commendatarium ex una, et reverendos dominos modernos sacristam, infirmarium, cantorem et canonicos dicti prioratus, ut ipsi reverendi domini sacrista, infirmarius, cantor et canonici infra nominati jurgia et differentias evitare et cum eodem reverendo patre domino Delambert priore seu commendatario in pace et sub debita ejus obedientia vivere cupientes instanter rogaverunt et requisierunt nobilem et generosum dominum Delambert ex scutiferis illustrissimi domini domini Caroli Sabaudiæ Ducis, fratrem et procuratorem præfati reverendi Patris domini Francisci episcopi et prioris sive commendatarii dicti prioratus ut de novo cum eisdem dominis sacrista, infirmario cantore et canonicis transigere et concordare dignaretur, ita et taliter ut in futurum et de cætero nulla inter eos oriri possit quæstio. Propterea fuit et est quod anno a nativitate ejusdem Domini millesimo quingentesimo quinquagesimo, inditione octava, die vero tertia mensis novembris Pontificatus Sanctissimi in Christo Patris et Domini nostri Domini Julii divina Providentia Papæ tertii anno primo, in mei Anselmi Martini burgensis Camberiaci notarii apostolici in archivio Romanæ curiæ descripti et in suprema curia Parlamenti Sabaudiæ procuratoris testiumque inferius nominatorum ad hæc vocatorum et rogatorum præsentia personaliter constituti præfatus nobilis Hector Delambert ex scutiferis prælibati illustrissimi domini domini Caroli Sabaudiæ Ducis et frater et procurator præfati reverendi patris domini Francisci Delambert episcopi et prioris sive commendatarii perpetui dicti prioratus Sancti Georgii ex una, et reverendi et venerabiles domini Joannes Bavosi vicarius, Joffredus Bavosi cantor, Claudius Guilliot canonici dictæ ecclesiæ et procuratores ac proprio nomine aliorum dominorum canonicorum et capituli dictæ ecclesiæ Sancti Georgii sine Jorii in Sabaudia pro quibus de rato et ratione ac quoad hujusmodi transactionem appunctuamentum et conventionem omniaque in eo ac supra et infra scripta habebunt rata grata firma et valida, eaque ratifficabunt et approbabunt quoties fuerint requisiti in forma juris valida promiserunt, ex alia parte, ad infra scriptam transactionem et conventionem ac pactum inter se decreverunt reservatis tamen in omnibus et per omnia prælibati reverendi Patris domini episcopi et prioris sive commendatarii necnon Sanctæ Sedis Apostolicæ beneficio et voluntate, imprimis quod dictus reverendus dominus prior et sui in futurum successores tradere et realiter expedire seu expedire facere debeat dictis duodecim canonicis et curato et cuilibet ipsorum anno quolibet pro eorum victu et expensis videlicet duodecim veyssellos ad mensuram Camberiaci frumenti pulchri et acceptibilis et talis ac eodem modo eodemque tempore quo a decimariis et debitoribus earumdem decimarum decimæ reditus dicti prioratus recipiuntur et recuperantur sive exigentur recipientur et recuperabuntur scilicet a festo Beatæ Mariæ Magdalenæ usque ad festum Omnium Sanctorum; præterea clerico ecclesiæ dicti prioratus octo veyssellos mensuræ prædictæ frumenti talis qualis supra modo et forma prædictis solvendos; item cuilibet ex dictis canonicis nec non curato ejusdem ecclesiæ duodecim sommatas vini quolibet barrali tenenti viginti octo cartelletos solvendos tempore vindemiarum tam de quarta parte vini crescentis et sive excrescendi in vinea closi et desertæ dicti prioratus, quam de vino decimarum dicti prioratus bono, puro et franco ; clerico vero supra dicto octo sommatas vini qualis et supra solvendas. Item cuilibet dictorum duodecim canonicorum, et curato prædictis, anno quolibet, triginta florenos in duabus solutionibus, unam videlicet in festo Omnium Sanctorum, aliam vero medietatem dictorum triginta florenorum in festo Paschalis sive Resurrectionis Domini Nostri Jesu Christi sine aliqua difficultate. Item fuit inter dictas partes quibus supra nominibus transactum et appunctuatum quod dicti canonici percipiant et percipere debeant possint et valeant oblationes sive censum ecclesiæ et capellæ Chignini, in qua non comprehenduntur aliquæ decimæ, et hoc pro fieri faciendo nemus eorum focagio, et eo mediante, ipsi domini canonici teneantur eidem capellæ in divinis deservire seu deservire facere eorum sumptibus et expensis, et onera dicti servitii supportare. Item fuit actum et transactum inter dictas partes, nominibus quibus supra, quod dicti domini canonici teneantur et debeant accipere de nemoribus dicti prioratus pro prædicto eorum focagio, primo quidem de nemoribus siccis si sunt, et deinde de viridibus in loco minoris damni quo fieri poterit, et quod non possint facere scindere aliquas arbores quercus nisi per foresterium fuerint signatæ. Item quod dicti domini canonici habeant et habere debeant pro eorum lectis, anno quolibet, ut consuetum esse asseruerunt, viginti quatuor fasces paleæ ex decimis Sancti Georgii, videlicet quilibet ipsorum canonicorum duos fasces. Item fuit actum quod si contingat aliquem ex dictis canonicis ab humanis decedere, quod cæteri canonici accipere et retinere ac percipere debeant frumentum et vinum quæ eidem tali canonico defuncto reperientur de sua præbenda, et canonicum loco illius defuncti tunc instituendum de dicta præbenda vel eorum sumptibus nutrire debeant et teneantur usque ad tempus receptionis præbendarum. Item quod omnes cameræ quas de præsenti tenent præfati domini canonici extra dormitorium ipsis remaneant videlicet a suprema parte, et quando aliquis dictorum canonicorum decedet, poterit ipse reverendus dominus prior cameram talis defuncti alio canonico sibi beneplacito donare et tradere prout sibi placuerit; et si aliquis dictorum canonicorum non habeat cameram extra dormitorium, prælibatus reverendus dominus prior dabit sibi locum pro camera et sofurno ædificandis in aliquo loco dirupto, infra tamen dictum prioratum ad sui beneplacitum et voluntatem. Item et alia omnia onera dicti prioratus supportari solita per dominos priores, supportare debeat dictus reverendus prior. Item fuit dictum et transactum quod dicti domini canonici et curatus seu ejus vicarius ac clericus dictæ ecclesiæ teneantur et debeant facere personalem et continuam residentiam, et qui non facit sine licentia prælibati reverendi domini prioris sive ejus vicarii careat et carere debeat præbenda pro tempore quo defuerit juxta ordinationem reverendi domini prioris sivé ejus vicarii. Item fuit actum dictum et transactum quod dicti domini canonici seu alter ipsorum non possit nec debeat aliquas censas ecclesiarum capellarum seu aliarum rerum vel redituum tenere ad censam seu aliqua negotia sæcularia exercere sub pœna perditionis præbendæ prædicto arbitrio tamen reverendi domini prioris præfati sive ejus vicarii. Item quod curtilia sive horti quos tenent aliqui ex ipsis dominis canonicis ipsis remaneant et, post ipsorum dominorum canonicorum decessum, si aliquem ex ipsis decedere contingat, idem reverendus dominus prior dabit alteri canonico cui sibi placuerit et suæ fuerit voluntatis. Quæ omnia præmissa dictæ partes nominibus quibus supra, ipse videlicet nobilis Hector quo supra nomine quatenus præfato reverendo domino episcopo Niciensi et priori beneplacitum in præmissis reservaverunt ita fieri placeat, et præfati domini vicarius, cantor, canonici et procuratores præfati servare adimplere et observare necnon illis contra venire quin imo præfati reverendi domini canonici procuratores ratifficare facere per alios dictæ ecclesiæ et prioratus canonicos absentes infra octo dies proximos per juramenta sua per dictos vicarium cantorem et canonicos eorum manibus a dextris ad sua pectora more ecclesiasticarum personarum positis. Ipse vero nobilis Hector tactis scripturis sacro sanctis ac sancta Dei Evangelia respective præstita, et sub suorum quorumcumque bonorum mobilium immobilium præsentium et futurorum quorumcumque obligatione et ypotheca promiserunt et convenerunt, renuntiantes insuper præfatæ partes quibus supra nominibus omnibus et singulis juribus canonicis et civilibus statutis et consuetudinibus privilegiis juris et facti exceptionibus quibus mediantibus contra præmissa vel ipsorum aliqua facere, dicere vel venire aut se tueri et deffendere possent seu eorum aliquis posset, et maxime juri dicenti generalem renunciationem non valere nisi specialis legitime præcesserit. De quibus præmissis dictæ partes quibus supra nominibus unum vel plura publicum seu publica fieri atque confici petierunt instrumentum seu instrumenta. Acta fuerunt præmissa Camberii in domo habitationis spectabilis domini Milliet ex collateralibus consilii ducatus olim Camberiaci residentis et camera sui studii, præsentibus ibidem eodem spectabili domino Claudio Milliet collaterali, necnon nobili et potente Michaele Guillet domino loci de Monthouz, Camberiaci commorantibus, testibus ad præmissa vocatis et rogatis, et me eodem Anselmo Martini notario subsignato.

Martini.

Die vero nona mensis prædicti novembris anni indictionis et pontificatus prædictorum, in mei ejusdem notarii Apostolici et testium inferius nominatorum præsentia personaliter constituti reverendus et venerabilis Dominus Joannes Bavosi vicarius, et Eustachius de Cabanis sacrista, Franciscus Hugonis, Joffredus Bavosi cantor, Johannes Martini, Claudius Guilliot, Petrus Sarpoleti, Joannes Blancheti, Anthonius Girodi, Anthonius Bafrosi, Aymo de Cabanis, et Dionisius de Cabanis omnes canonici ecclesiæ sive prioratus Sancti Georgii sive Jorii in Sabaudia Gratianopolitanensis diocesis, in loco dictæ ecclesiæ capitulari et capitulum per eos teneri solito, ad sonum campanæ more solito ad infra scripta peragenda capitulariter congregati, et capitulum inter se facientes majorem et saniorem partem omnium canonicorum et capituli repræsentates et facientes, informati prius de instrumento concordiæ sive transactionis initæ sub die tertia mensis hujus novembris inter nobilem Hectorem Delambert ex scutiferis illustrissimi domini domini Caroli Sabaudiæ ducis ut fratrem et procuratorem reverendi in Christo patris et domini domini Francisci Delambert Dei et Apostolicæ Sedis gratia episcopi Niciensis prioris sive commendatarii perpetui dicti prioratus Sancti Georgii ex una, et reverendum et dominum Joannem Bavosi vicarium Joffredum Bavosi cantorem et Claudium Guilliot canonicum dictæ ecclesiæ sive prioratus uti procuratores aliorum præfatorum dominorum canonicorum ejusdem prioratus ex alia partibus omnibusque in dicta transactione superius descripta hic alligata et per me signata, dictis dominis canonicis de verbo ad verbum lecta contentis, dictam transactionem et omnia in ea contenta sponte et ex eorum certa scientia omnibus melioribus modo via causa et forma quibus melius fieri potuit ac possit et debet, ratifficaverunt approbaverunt et emologaverunt ratifficantque approbant et emologant, ac rata grata et firma habent et habere perpetuo promittunt per juramenta per quemlibet eorum manu dextra ad pectus apposita more egregiarum personarum præstita, et sub suorum quorumcumque bonorum mobilium et immobilium præsentium et futurorum obligatione et ypotheca illisque non contravenire quovis quæsito colore vel ingenio necnon contravenire volenti quomodolibet consentire tacite vel expresse quin imo ea inviolabiliter observare et adimplere promiserunt et convenerunt et quilibet eorum promisit et convenit; renuntiantes insuper præfati reverendus et domini vicarius sacrista, infirmarius cantor et canonici omnibus et singulis juribus canonicis et civilibus scriptis et non scriptis statutis consuetudinibus privilegiis juris et facti exceptionibus quibus mediantibus contra præmissa aut ipsorum aliqua facere, dicere vel venire, aut se quomodolibet tueri et diffendere possent, aut eorum aliquis posset, maxime juri dicenti generalem renunciationem non valere nisi specialis legitime præcesserit; de quibus præmissis præfati domini canonici petierunt eis et quilibet ipsorum per me notarium subsignatum fieri unum vel plura publicum sive publica instrumentum et instrumenta Acta fuerunt præmissa in ecclesia Sancti Georgii in loco prædicto capitulari solito, præsentibus ibidem venerabili domino Petro Fistule curato Burginovi, nobili et egregio Hugone Sarpoleti notario regio secretarioque dicti capituli, ac venerabili domino Claudio Miconis presbitero, et domino Hugone Richardi præsbitero vicario dicti loci, testibus ad præmissa vocatis et rogatis.

Et quia ego Anselmus Martini Burgensis Camberiaci notarius Apostolicus in archivio Romanæ curiæ descriptus præmissis interfui, ideoque hic me subscripsi et ea manu propria scripsi et meis nomine, cognomine et parvo signo solitis publicavi in eorum fidem rogatus et requisitus.

MARTINI.

96ª

Provisions par lesquelles Mgr de Saint Marcel d'Avanson, évêque de Grenoble, nomme l'avocat François Empereur, official de Savoie.[1]

1566 (12 décembre).
(Déc. : Chap. XVII, note 93.)

Franciscus de Sancto Marcello d'Avanson, miseratione divina et Sanctæ sedis Apostolicæ gratia episcopus et princeps Grationopolitanus, abbas Sancti Martini de Miseriaco,

---

[1] Archives de l'évêché de Grenoble, folios 22 et 23 du registre n° 3 intitulé : *Liber officiorum episcopatus Grationopolitani, sub Reverendissimo Patre domino Francisco d'Avanson.*

decanus decanatus Sabaudiæ ratione sui episcopatus, cui perpetuo est unitus, præpositus ecclesiæ collegiatæ Sancti Andreæ ejusdem civitatis Gratianopolis. Dilecto nobisque fideli nobili et egregio Francisco Lempereur, utriusque juris doctori, et in supremo Sabaudiæ Senatu causarum patronus, salutem in Domino. Nos fide dignis de probitate scientia morum honestate et etiam idoneitate ac legalitate tuis debite ut decet informati. Ea propter te præfatum nobilem et utriusque juris doctorem Franciscum Lempereur tanquam bene meritum et onus hujusmodi suscipientem fecimus ex nostra certa scientia episcopalique auctoritate constituimus, deputavimus ac nominavimus, prout et tenore præsentium ex nunc deputamus in dicto nostro decanatu Sabaudiæ Chamberiaci officialem foraneum ad honores prærogativas et præheminentias dicti nostri decanatus officialibus retroactis temporibus..... à prædecessoribus nostris concessa quibus etiam tui in dicto hujusmodi officialatus officio prædecessores hactenus gavisi fuerunt et sunt. Dantes propvtereà et concedentes tibi omnimodam ac plenam protestatem in dicto decanatu crimina et excessus corrigendi et via juris puniendi usurpationes exactiones et alia quæcumque mala corrigendi et abusus tollendi, ad statumque debitum reducendi, aliosque officiarios nostros in dicta curia maleversantes si qui fuerint (quod non speramus) suspendendi, aliosque in eorum locum substituendi, causa tamen à te summariè cognita; et donec aliter per nos à te prius, ut volumus, informati super eisdem provisum fuerit ; contra quascumque hæreses ac alios à fide catholica segregatos et sacrilegos, usurarios, fornicarios aliosque criminosos procedendi et puniendi de omnibus ad nos et dicti nostri decanatus forum ecclesiasticum de jure vel consuetudine spectantibus cognoscendi, prout et nos de jure facere possemus, tam contrà ecclesiasticos seculares vel regulares, quam contrà laicos cujuscumque conditionis ordinis vel gradus existant, causas lites et quæstiones seu controversias tàm civiles quàm criminales seu mixtas nec non etiam alias quascumque commissionales à sancta Sede Apostolica seu alio quocumque superiore tibi directas cognoscendi easdemque juxta juris canonici sanctionem debite terminandi, litteras dimissorias primæ tonsuræ tantum, dispensationes juramenti et alias à jure aut consuetudine introductas dandi et concedendi, pro tribunali sedendi in dicto nostro decanatu ; quascumque excommunicationis interdicti sententias aliasque juris censuras et pœnas decernendi, laxandi processus quoscumque fulminandi, criminosos, rebelles, aut alios quoscumque culpabiles excommunicandi, agravandi et reagravandi, atque ipsos capiendi seu captos faciendi etiam cum invocatione brachii secularis ; sententias et instantias tam interrogatorias quam definitivas faciendi et promulgandi debitèque exequtioni demandandi seu demandari faciendi quascumque appellationes ad vos emissas et in futurum emittendas à quibusvis judicibus sive Apostolica sive ordinaria authoritate constitutis admittendi vel respuendi decausisque hujusmodi apellationum cognoscendi et illas terminandi ; et generaliter omnia alia universa faciendi quæ in præmissis et circa hujusmodi officium necessaria et opportuna fuerint, demptis tamen provisionibus beneficiorum, quæ nobis reservamus, subque stipendiis per prædecessores vestros haberi solitis. Mandantes, proptereà, omnibus et singulis officiariis et subditis nostris, non subditos vero requirentes, quathenùs vobis in his quæ ad dictum officium spectant et pertinent pareant, obediant fideliterque ac efficaciter intendant. Tu enim medio juramento in manibus nostris præstito promisisti nobis esse obediens et fidelis officiumque hujusmodi probè, legaliter et diligenter exercere, subditis nostris omnibusque aliis prosequentibus bonam, brevem, expeditamque justiciam ministrare, cæteraque omnia et singula rectè facere et debite exercere, juxta tamen à nobis de proximo facienda et promulganda statuta, et alias juris regulas.

Præcipientes insuper receptori seu censerio nostro qui est, aut pro tempore fuerit, quatheniùs tibi stipendia prædicta prædecessoribus tuis solvi solita solvat, loco et tempore consuetis expediat, quæ quidem illi in suis ratiociniis seu computis nobis reddendis allocari præcipimus et mandamus, reportata tamen per eosdem à te debita quictancia de solutis.

Datum Chamberiaci die duodecima mensis decembris, anno domini millesimo quingentesimo sexagesimo sexto, præsentibus ibidem in domo nobilis Johannis Ruffini olim Regis secretarii, eodem Ruffini et nobilibus Michael de Sautereau, Anthonio Ruffini utriusque juris doctoribus et venerabili domino Gabriele Lobeti Gratianopolitanæ ecclesiæ canonico, testibus. In quorum omnium et singulorum fidem litteras manu nostra propria signatas ex indè fieri et subscribi per ordinarium nostrum secretarium sigillique nostri authentici jubsimus et fecimus appensione muniri anno et die prœmissis.... *Signé*: d'Avanson, episcopus Gratianopolitensis.

Per præfatum reverendum dominum episcopum et principem abbatem et decanum sic concessum.

A. Draqui, secretarius.

96ᵇ

Bulle (extrait de la) de Grégoire XIII, unissant le prieuré de St-Philippe au Collége des Jésuites de Chambéry.

28 Mars 1591.
(*Déc.* : Chap. V, note 146.)

On lit dans le procès-verbal de la visite faite à Saint-Philippe le 21 septembre 1673, par Mgr le Camus : [1]

Mgr a été au prieuré de Saint-Philippe de la Porte, uni au Collége des Jésuites de Chambéry, par la Bulle de Grégoire XII en ces termes :

...... Prioratus B. M. et Sancti Philippi in Porta, seu in valle Miolani Sancti Benedicti Gratianopolitani diocesis. Nos ordinem prædictum omnemque statum et dependentiam ejusdem in dicto prioratu Apostolica auctoritate supprimimus perpetuo tenore præsentium et extinguimus, ac prioratum ipsum, qui conventualis non est, cum annexis hujusmodi ac omnibus juribus et pertinentiis suis eidem Collegio auctoritate et tenore prædictis etiam perpetuo unimus annectimus et incorporamus, ita quod liceat rectori et Collegio præfatis per se vel per alium seu alios dicti Collegii corporalem possessionem prioratus et annexorum juriumque et pertinentium prædictarum propria auctoritate libere apprehendere et perpetuo retinere... ac ecclesiam ejusdem prioratus per quemcumque presbyterum idoneum, ad eorumdem rectoris et collegialium nutum ponendum et admovendum, in divinis deservire facere diœcesani loci licentia super

---

[1] Du procès-verbal de ladite visite, aux archives de l'Evêché de Grenoble.

hoc minime requisita............ .... Proviso quod propter unionem annexionem et incorporationem hujusmodi dictus prioratus debitis non fraudetur obsequiis et animarum cura, si qua illi imminet, nullatenùs negligatur sed ejus congrua supportentur onera consueta........

97

Le Prieuré conventuel de Saint-Jeoire est uni, avec ceux de Nantua et de Contamine, à la Sainte-Maison de Thonon, par la même Bulle de Clément VIII qui érige cette Sainte-Maison.

1599, 13 septembre.
(*Déc.* : Chap. IV, notes 89 et 91.)

Extrait de la Bulle d'érection [1].

Clemens Episcopus servus servorum Dei ad perpetuam, etc.
.... Si in prædicto oppido Thononii una domus Albergamentum nuncupanda omnium scientiarum et artium sub invocatione Beatæ Mariæ Compassionis seu septem dolorum quæ per unum Præfectum et septem presbyteros seculares probatæ et exemplaris vitæ existentes, ac juxta ritum et instituta dilectorum filiorum presbiterorum secularium congregationis Oratorii de Urbe inibi introducendos, regi et gubernari et in qua, tanquam publica omnium scientiarum et artium universitate, ad instar aliarum publicarum et famosarum universitatum, omnes scientias, et artes, præcipùe theologiæ scholasticæ, controversiæ, casus conscientiæ, Sanctorum Patrum traditiones, et sacræ scripturæ publicè doceri, et legi ; ut omnes expulsis hæreseos te-

[1] Duboin : *Raccolta*, tom. 1, pp. 348 à 355.

nebris ad lucis splendorem accedentes, recipi et educari ac fidei catholicæ præceptis, omnibusque scientiis et artibus pro cujusque ingenii acumine imbui et instrui debeant, illique sic edocti et imbuti, juxta cujusque capacitatem, et industriam fructum eidem domui afferant, ex quo merces et alia venalia comparentur, et qui ad eas comparandas Gebennam petebant, pro majori eorum commoditate, Thononium et ad dictam domum rebus hujusmodi tunc confluentem cujusvis generis, sexus, conditionis et professionis personæ (catholicè tamen viventes) recipiantur; et in ea quisque suæ artis, aut scientiæ talentum exerceat, variosque modos ad hæreticorum conversionem excogitet, perpetuo erigeretur et institueretur, illique sic erectæ et institutæ pro ejusdem domus, illiusque alumnorum et habitatorum sustentatione et manutentione tres prioratus conventuales, videlicet Sancti Jorii, quem Gregorius tituli Sancti Augustini presbyter Cardinalis de Monteparo nuncupatus, et Nantuaci, quem Tiberius Mutus, ac Contamine locorum seu oppidorum Sancti Benedicti, seu alterius ordinis Gebennensis prædictæ, et Gratianopolitanæ, seu alterius diœcesis, quem Philipus Bucius, clerici, dilecti filii, ex concessione, seu etiam dispensatione Apostolicâ in commendam ad eorum vitam obtinent, etiam perpetuo unirentur annecterentur et incorporarentur, ex hoc profecto ipsorum hæreticorum conatibus et versutiis obviaretur, ac illorum conversioni, nec non fidei propagationi, animarumque prædictarum saluti, ac securitati plurimùm consuleretur, nec in dictis prioratibus divinus cultus minueretur.

Nos igitur....... motu proprio.... .. in dicto oppido Thononii....... unam domum Albergamentum nuncupandam, omnium scientiarum et artium......... Apostolica auctoritate tenore præsentium perpetuò sine alterius præjudicio erigimus et instituimus eidemque domui sic erectæ et institutæ prioratus prædictos..... . perpetuò unimus annectimus et incorporamus........

Insuper dilectum filium Franciscum de Sales præpositum ecclesiæ Gebennensis in dictæ domus sic erectæ præfectum pro hac prima vice, iisdem auctorictate, et tenore, constituimus, et deputamus...... .... proviso quod propter unionem, annexionem et incorporationem hujusmodi, prioratus prædicti debitis non fraudentur obsequiis, et in eis animarum cura, si qua illis immineat, nullatenus negligatur, neque monachorum et ministrorum numerus minuatur, sed prioratuum hujusmodi et dilectorum filiorum conventuum eorumdem, congrue supportentur onera consueta........... Datum Romæ, apud Sanctum Marcum anno Incarnationis Dominicæ millesimo quingentesimo nonagesimo nono, idibus septembris, Pontificatus nostri anno octavo.

98

Extrait de la Bulle de Clément VIII qui sécularise et érige en commandes de l'Ordre des SS. Maurice et Lazare, le Prieuré de Lémenc et 23 autres bénéfices, parmi lesquels les prieurés d'Allondaz, d'Ugines, d'Evian et de Sainte-Hélène[1].

1604

17 des Calendes de juillet (15 juin).

(*Déc.* : Chap. V, note 42.)

Clemens Episcopus servus servorum Dei ad perpetuam .... Si [ecclesiæ seu capellæ et prioratus]........ de Lemens supra Camberiacum Gratianopolitanensis [diocesis] cujus quinquaginta; ac de Allonda cujus quin-

---
[1] Duboin, *Raccolta*, tom, I, pp. 295-300.

quaginta; necnon de Ugina Tarentasiensis, cujus quinquaginta; et Sanctæ Mariæ de Evian, Gebennensis, seu alterius, cujus quinquaginta; ac Sanctæ Elenæ locorum seu oppidorum, vel terrarum prioratibus Sancti Benedicti, seu aliorum ordinum Maurianensis diœceseon respective, cujus ultimo dicti et illis forsan annexorum respectivè etiam quinquaginta ducatorum auri de Camera fructus, redditus et proventus secundum communem æstimationem valorem annuum non excedunt..........
.... supprimerentur et extinguerentur, ac ecclesiæ, seu capellæ et prioratus hujusmodi sic suppressi, sine tamen illos et illas ad præsens quomodolibet obtinentium præjudicio ex nunc, prout ex tunc, et contra in totidem præceptorias dictæ militiæ [sanctorum Mauricii et Lazari] .... erigerentur et instituerentur, illæque sic erectæ eidem militiæ etiam perpetuo unirentur........., ex hoc profecto dictæ militiæ, quæ potissimum adversùs infideles instituta est, decori, morumque militum imposterum subventioni opportunè consuleretur........ Nos igitur....... Apostolica auctoritate, tenore præsentium perpetuo supprimimus et extinguimus, ac ecclesias, seu capellas et prioratus hujusmodi......... in totidem præceptorias dictæ militiæ .... erigimus et instituimus, illasque sic erectas et institutas eidem militiæ......... perpetuo unimus, annectimus, incorporamus, applicamus et appropriamus........ Datum Romæ, apud sanctum Petrum, anno Incarnationis Dominicæ 1604, 10° Kal. Julii, Pontificatus nostri anno 13°

99.

Bulle d'Urbain VIII, confirmant la substitution des Feuillans aux Bénédictins de Lémenc[1].

1625 le 4 des cal. de mars. (26 février).
(Déc. : chap. V, note 43.)

Urbanus Episcopus, servus servorum Dei Dilecto filio officiali venerabilis Fratris nostri episcopi Gratianopolitani, salutem et Apostolicam benedictionem. Circumspecta Romani Pontificis providentia ne Litteræ à suis prædecessoribus præsertim ad quarumlibet Congregationum Regularium favorem emanatæ valeant quomodolibet impugnari, aut debita illarum executio quoad ea quæ proindè desuper transacta fuerunt retardari possit, sed sublatis quibuslibet impedimentis Litteræ ipsæ debitum suum sortiantur effectum, remedia prout convenit et per suppressionis Regularium Ordinum in quibuscumque prioratibus et aliis regularibus locis in quibus disciplinam monasticam et regularem normam ita depravatas et collapsas esse conspicit ut vix ad regularem hujusmodi observantiam reduci et revocari posse videantur, et concessionis prioratuum et regularium locorum hujusmodi aliis aliorum approbatorum ordinum Religiosis qui exactioris disciplinæ regularis observatores esse dignoscuntur ministerium adhibet opportuna; et iis quæ propterea proinde facta fuisse dicuntur ut firma et illibata perpetuo subsistant Apostolici muniminis adjicit formitatem.

Aliàs siquidem cum bonæ memoriæ Philibertus dum vixit Archiepiscopus Taurinensis olim Episcopus Mauria-

[1] Archives du Sénat, Registre de 1625, fol. 181 et suiv.

nensis animadverteret disciplinam monasticam et regularem normam in prioratu conventuali Sancti Petri de Lemenco prope et extra oppidum Camberiaci, Ordinis Sancti Benedicti, Gratianopolitanensis diocesis, quem dictus Philibertus Archiepiscopus ex concessione Apostolica ad ejus vitam dum in humanis ageret obtinebat, jamdudum ita depravatam et collapsam esse, ac illius religiosos qui ibi tunc erant vitam adeo magno cum scandalo et ipsius Ordinis vilipendio traducere et ad regularem dicti Ordinis observantiam vix reduci et revocari posse viderentur. E converso verò monachos Congregationis Beatæ Mariæ Fuliensis Cisterciensis Ordinis tanquam regulæ suæ exactissimos observatores in puritate mentis et spiritus humilitate sub suavi regularis observantiæ dictæ Congregationis jugo Præpotenti Deo assiduum impendere famulatum, ac indefesso mentis et corporis studio, orationibus, jejuniis, vigiliis, verbi Dei prædicationibus ac fidelium confessionibus audiendis, aliisque spiritualibus exercitiis intendere, atque odorem bonæ famæ longè latèque diffundere consuevisse; et si illi in ipso prioratu loco religiosorum et monachorum primo dicti Ordinis introducerentur, ex hoc statui dicti prioratus ac divini cultus in eo ejusque ecclesia incremento ac Christi fidelium illarum partium ædificationi et vicinorum hæreticorum conversioni opportuna ratione consultum iri posse, eosque ac ejusdem Congregationis superiores et monachos nedum ad hoc inclinatos esse sed id etiam pro ea qua sunt pietate summoperè desiderare, ipse Philibertus Archiepiscopus et dilectus filius Franciscus à Sancta Maria Magdalena visitator ac Procurator generalis dictæ Congregationis ab illius superioribus ad hoc specialiter deputatus ejusdem Congregationis ac dilectorum filiorum illius generalis ac aliorum illius superiorum nominibus præmissis ac aliis rationibus et causis adducti matura deliberatione præhabita ad infrascriptam inter se tunc, sub Sedis Apostolicæ beneplacito devenerunt transactionem.

Quod, scilicet, Ordo Cisterciensis juxta reformationem dictæ Congregationis in eodem prioratu, prævia primo dicti Ordinis ac sacristiæ et aliorum si quæ essent officiorum claustralium et portionum monachalium perpetua suppressione et extinctione prioris titulo et dignitate ac mensa priorali dudum antea per felicis recordationis Clementem Papam VIII prædecessorem Nostrum ex tunc cum primum dictus prioratus sub certis modo et forma tunc expressis vacaret, et in actu perpetuæ unionis ejusdem ac aliorum prioratuum aliorumque beneficiorum ecclesiasticorum dictæ ac forsan aliarum diocescon militiæ Sanctorum Mauritii et Lazari sub certis etiam modo et forma similiter tunc expressis factæ Apostolica auctoritate perpetuo suppressis et extinctis, salvis nihilominus tunc remanentibus loco primo dicti Ordinis introduci, ac prioratus præfatus quoad ea quæ ad mensam illius conventualem spectabant, cum illius ecclesia, claustro, dormitorio ædibus et ædificiis ac parte horti et areæ ejusdem nec non juribus, fructibus redditibus, proventibus, privilegiis, immunitatibus et pertinentiis quibuscumque quibus catenùs tam conventus in communi quam particulares religiosi primo dicti Ordinis in ipso prioratu degentes seorsùm et separatim usi et potiti fuerunt, et tunc utebantur fruebantur et potiebantur tàm ratione sacristiæ et aliorum ipsius prioratus officiorum claustralium si quæ essent, dummodo tamen id secundi dicti ordinis regulari observantiæ non repugnaret, quàm quovis alio jure et titulo ad eos pertinentibus, nec non honoribus et oneribus ex iisdem dependentibus; ita etiam quod prior dicti prioratus pro tempore existens nullam penitùs jurisdictionem super religiosis secundo dicti Ordinis et Congregationis, aliisque personis conventualibus vel ab eis dependentibus habere neque exercere posset perpetuo uniri et incorporari deberet, et tam dictus Philibertus Archiepiscopus quam ejus successores prioratum præfatum in titulum seu commendam aut aliàs quomodolibet obtineant, monachis et religiosis secundo dicti Ordinis et Congregationis in ipso prioratu ut præfertur introducendis, eamdem vini tritici et pecuniarum quantitatem quam ipsius prioratus sacrista et septem alii monachi qui antea in eodem prioratu manuteneri consueverant percipere soliti erant, nempe, undecim tritici boni et recipientis mensuras, quas vassellos in illis partibus vocant mensuræ non agitatæ vel concussæ quam (*mot illisible*) vulgo vocant et octodecim salmas seu plaustra vini etiam boni et recipientis ad rationem quinquagenta sex vel quinquaginta octo quarticulorum seu quartilatorum ejusdem mensuræ pro qualibet salma, seu quolibet plaustro ejusdem mensuræ *critinæ*,? nec non summam quinquaginta florenorum ad rationem duodecim solidorum monetæ Sabaudiæ pro quolibet floreno hujusmodi et sic in totum, pro toto conventu, octoginta similis tritici mensuras et nonaginta sex vini salmas ac quadringentorum florenorum summam; quoad triticum videlicet pro duabus et tribus partibus qualibet die septima mensis decembris cujusvis anni, et pro reliqua tertia parte circa Assumptionis beatæ Mariæ Virginis festivitatem et quoad vinum circa festum divi Martini de mense novembris; quo vero ad pecuniam pro una videlicet in Domini Nostri Jesu Christi et altera medietatibus in Beati Johanis Baptistæ Nativitatum festivitatibus anticipatis solutionibus.

Et præterea sumptus elemosinarum et cœnarum seu prandiorum dierum feriæ sextæ hebdomadæ Sanctæ et Rogationum dari solitorum donec aliter desuper et super quibuscumque aliis oneribus, solutionibus et vestiariis antea monachis primo dicti Ordinis dari et præstari etiam solitis inter eos conventum foret; ac etiam Advocato ac Procuratori et Barbitonsori ipsius prioratus solita stipendia juxta antiquam consuetudinem antea etiam observatam, Advocato, videlicet, quatuor, cuilibet vero ex Procuratore et Barbitonsore duas similis tritici mensuras, et ulteriùs conventui Monachorum Congregationis ejusmodi in dicto prioratu introducendorum summam quinquaginta florenorum similium pro quibuscumque reparationibus tam circa manutensionem operæ seu fabricæ ecclesiæ claustrorum aliorumque ejusdem prioratus ædificiorum quam illorum reparationem quotannis perpetuis futuris temporibus persolvere et præstare; et ulterius pro commodiori monachorum dictæ Congregationis in ipso prioratu introducendorum habitatione domum seu ædes conventuales aliaque ædificia areas et hortos quæ pro habitatione prioris pro tempore existentis destinata erant, à recta linea ædium hujusmodi à stillicidiis tecti præ valvis ecclesiæ inchoanda et recta usque ad murum hortum viæ seu itineri vicinum intercludentem, juxta quem murus fieri deberet sicut et etiam ab angulo ejusdem muri recta etiam protrahendo usque ad situm seu solum vel vestigia ædium in quibus ejusdem prioratus torcular positum vel collocatum olim erat, eodem tamen situ seu solo ipsi Priori integro remanente, et ab eodem loco et anteriori seu primo vel proximo angulo ejusdem casalis recta etiam linea ducendo murum ut præfertur construendum usque ad alium posteriorem murum post ejusdem ecclesiæ chorum ipsis monachis concedere et dimittere teneretur; ita tamen ut si id commode fieri posset exhinde nullus super hortis claustris et aliis pertinentiis monachorum dictæ Congregationis in ipso prioratu introducendorum pateret aditus vel prospectus. Pro primis vero reparationibus tam in dicta ecclesia, non tamen ratione fenestrarum vitrearum chori, quam etiam in præfatis ædificiis pro commoda et necessaria habitatione quatuor monachorum qui ibi sub hoc principio erant habitaturi construendis, nec non pensionibus eis ratione alimentorum necessariorum præstandis et persolvendis dictus Philibertus Archiepiscopus omnes et singulos fructus ac reditus dicti prioratus ad eum pertinentes scilicet mille florenos annis singulis ratione alimentorum, residuum vero pro reparationibus præfatis, detractis tamen prius ex residuo hujusmodi pensionibus seu præbendis antea per sacristam et alios septem monachos seu religiosos primo dicti Ordinis nec non vicarium perpetuum dictæ ecclesiæ ac pueros choristam cæterosque ipsius prioratus officiales percipi solitis, cederet et assignaret, nec non ultra promissa domum et cellas pro eisdem quatuor dictæ Congregationis monachis sub hoc principio in dicto prioratu introducendis mobilibus ac suppellectilibus aliisque commoditalibus necessariis illis juxta regularia dictæ Congregationis instituta convenientibus instructis suis propriis expensis ex præfato fructuum residuo detrahendis pro hac prima vice duntaxat parare teneretur.

Ubi vero priores hujusmodi reparationes factæ forent dictique quatuor monachi sub hoc principio, ut præfertur, introducendi totidem ex præbendis seu pensionibus vel portionibus monachalibus antea per religiosos seu monachos primo dicti Ordinis percipi solitis tunc primo vacaturas assecuti forent, eo casu prior seu commendatarius dicti prioratus pro tempore existens ab onere reparationum et præstatione seu solutione pensionum aut alimentorum præfatorum liber immunis et exemptus remaneret, ac omnes et quoscumque dicti prioratus fructus et proventus tanquam ad eum pertinentes integre percipere posset; fructus vero quatuor primo vacaturarum præbendarum seu pensionum à die quâ earum singulas vacare contingeret et usque ad earum posterioris vacationem inclusive pro reparatione fabricæ et ædificiorum prioratus illiusque ecclesiæ hujusmodi applicati censerentur, et quamdiu fructus et proventus hujus prioratus in usum reparationis et solutionis pensionum seu portionum monachalium hujusmodi applicati remanerent, tamdiù etiam Philibertus Archiepiscopus ac commendatarius ejusque successores dicti prioratus priores seu perpetui commendatarii à solutione sive præstatione summæ quinquaginta florenorum annuorum in reparationem ecclesiæ seu illius operæ et fabricæ ac ædificiorum hujusmodi, ut præfertur, promissæ, liberi quoque et immunes remanerent ac onera præfata ex ipsius prioratus redditibus et proventibus in primis et ante omnia detrahi deberent; adveniente vero alicujus ex reliquis portionibus seu pensionibus monachalibus præfatis vacatione, ex tunc immediatè numerus monachorum dictæ Congregationis gradatim et successivo ordine, donec numerus octo monachorum ipsius Congregationis completus esset augeri deberet; et ipsi tunc ad omnipotentis Dei gloriam populique spirituali consolatione, divina officia cum debita devotione et mentis attentione juxta regularia dictæ Congregationis cisterciensis instituta vel illius præscripta in dicta ecclesia celebrare tenerentur, prout in instrumento publico dictæ transactionis dicitur contineri.

Cumque præmissa pro regularis disciplinæ in dicto prioratu jampridem collapsæ divinique cultus in illius ecclesia augmento facta esse dignoscerentur et dilectus filius nobilis vir Carolus Emmanuel Sabaudiæ dux et Pedemontium princeps ac dictæ militiæ magnus magister seu perpetuus administrator, cæterique dictæ militiæ milites habita illorum notitia eadem grata et rata haberent illis etiam consensissent, ac tam Philibertus archiepiscopus quam Franciscus supradicti dictam transactionem aliaque præmissa Apostolicæ Sedis munimine roborari desiderarent, et pro transactionis hujusmodi aliorumque præmissorum approbatione et confirmatione ad piæ memoriæ Paulum Papam V etiam prædecessorem Nostrum recursum habuissent, idem Paulus prædecessor, eorum supplicationibus sibi desuper porrectis inclinatus, tunc existenti officiali Gratianopolitano per suas litteras dedit in mandatis ut prævia transactionis aliorumque præmissorum generali approbatione et confirmatione ejusdem prioratus et illius ecclesiæ usum dictæ Congregationi monachorum Fuliensium sub certis modo et forma concederet, aliaque in dictis litteris contenta exequeretur prout in ipsis litteris plenius continetur.

Cum autem sicut exhibita a Nobis nuper pro parte Francisci visitatoris præfati petitio continebat litteris præfatis executioni demandatis, et habita per religiosos dictæ Congregationis usus præfatæ ecclesiæ et aliorum sibi concessorum possessione, et illa hactenùs retenta per eumdem Franciscum visitatorem novissime cognitum fuerit eamdem transactionem per clausulas generales non autem particulares prout expediens fore videbatur, duntaxat approbatam fuisse ac simplicem perpetui usus dictæ ecclesiæ et aliorum sibi ex forma earumdem litterarum concessorum concessione, et illorum simplicem surrogationem in loco primo dictorum monachorum transactioni præfatorum in qua inter cætera habetur quod ipsa ecclesia non quoad illius usum tantum, sed liberè religiosis dictæ Congregationis concedi mensaque illius conventualis ac sacristiæ aliaque officia claustralia, si quæ essent, portionis monachalis in dicto prioratu antea existentis et primo dictus Ordo ac omnia essentia et dependentia regularis ordinis Sancti Benedicti hujusmodi ex tunc prout postquam illa omnia vacarent perpetuo supprimi et extingui, necnon illis sic suppressis et extinctis omnia et singula illorum ac mensa conventualis religiosorum dicti prioratus proprietates, res bona et jura quæcumque in quibuscumque rebus consistentia præfatæ Congregationi et illius religiosis in dicto prioratu introducendis pro illorum dote, omniumque illis incumbentium supportatione applicari debere, non plenè correspondere, et ea ratione litteras præfatas cum omnibus et singulis indè secutis de surreptionis seu obreptionis aut nullitatis vitio argui seque etiam desuper molestari posse tempore procedente.

Nos qui dudum inter alia voluimus quod petentes beneficia ecclesiastica aliis uniri tenerentur exprimere verum annuum valorem secundum communem existimationem etiam beneficii cui aliud uniri peteretur, alioquin unio non valeret, idemque observaretur in quibuscumque perpetuis concessionibus, dismembrationibus et applicationibus de quibuscumque fructibus et bonis ecclesiasticis præfato Francisco ne superiores et monachi dictæ Congregationis ob præmissa dictarum litterarum frustrentur effectu, in præmissis opportunè providere, ipsumque amplioribus favoribus et gratiis prosequi volentes, et à quibusvis excommunicationis suspensionis et interdicti aliisque ecclesiasticis sententiis censuris et à pœnis à jure vel ab homine quavis occasione vel causa latis, si quibus quomodolibet innodatus existit, ad effectum duntaxat præsentium consequendum harum serie absolventes et absolutum fore censentes, nec non dictæ transactionis ac scripturarum desuper confectarum tenori, etiam verioris ac datæ præsentibus pro expressis habentes ipsius Francisci supplicationibus in hac parte inclinati, ex voto congregationis venerabilium fratrum nostrorum Sanctæ Romanæ Ecclesiæ Cardinalium negotiis Regularium præpositorum discretioni tuæ per Apostolica scripta mandamus quatenùs vocatis qui fuerint evocandi ordinis Sancti Benedicti hujusmodi jamdudum in ipso prioratu per Clementem prædecessorem præfatum in certos tunc expressos eventus quibus locus forsan hactenùs factus non fuit ut præfertur, suppressum et extinctum omnemque illius essentiam et dependentiam regularem necnon mensam illius conventualem ac sacristiam et alia si quæ sint officia claustralia et portiones monachales de novo quatenùs opus sit in ipsa ecclesia et parte seu portione ædium dicti prioratus illarumque pertinentiarum Francisco seu Congregationi hujusmodi etiam ut præfertur concessarum ex nunc prout postquam illa eorumque singula quocumque modo etiam apud Sedem præfatam vel aliàs quomodocumque processum etiam ex causa permutationis, vel decessum seu privationem aut quamvis aliam dimissionem officia et portiones monachales hujusmodi de præsenti obtinentium. Qui etiam illa et illas non nisi ad hoc ut illorum omnium suppressio et extinctio suum sortiantur effectum resignare aut dimittere vel juri sibi in illis vel ad illa et illas quomodolibet competenti cedere possint alioquin omnes et quæcumque resignationes vel dimissiones aut cessiones et quæcumque aliæ dispositiones de illis aliis factæ cum omnibus et singulis indè sequendis nullæ et invalidæ eo ipso sint et esse censeantur auctoritate nostra perpetuò supprimas et extinguas necnon illorum sic suppressorum et extinctorum omnia et singula proprietates, res bona et jura quæcumque in quibusvis rebus consistentia et ubicumque existentia annuasque præstationes et pensiones suprascriptas præfatæ Congrègationi, ità quod liceat illius generali et superioribus ac monachis in dicto prioratu hactenus introductis et deinceps introducendis, illorum omnium veram realem et actualem possessionem per se vel alium seu alios eorum et dictæ Congregationis nominibus apprehendere et apprehensam perpetuo retinere, illorumque omnium fructus redditus proventus jura obventiones et emolumenta universa percipere exigere levare ac in suos et dictæ Congregationis communes usus et utilitates convertere, diocesani loci vel cujusvis alterius licentia de super minime requisita, etiam perpetuo applices et appropries.

Præterea eosdem Franciscum et ipsius Congregationis monachos et religiosos in locum primo dictorum monachorum, ita quod etiam omnibus et singulis privilegiis libertatibus immunitatibus exemptionibus prærogativis aliisque facultatibus et gratiis tam spiritualibus quam temporalibus secundo dicto Ordini illiusque instituto non repugnantibus quibus primo dicti monachi in dicto prioratu pro tempore existentes de jure usu vel privilegio aut aliàs quomodolibet utebantur fruebantur potiebantur et gaudebant pariter et pariformiter et æquè principaliter ac sine ulla prorsus differentia non secùs quam sibi in specie concessa fuissent uti frui potiri et gaudere, privilegiumque parrochi primitivi quo olim antè præmissa dicti prioratus prior pro tempore existens ratione dicti prioratns utebatur et gaudebat **ex** nunc prout postquam suppressioni et extinctioni aliisque præmissis locus plenarie factus fuerit ; ubi ipse prior illius exercitii capax non fuerit retinere illoque etiam loco et vice ac ad instar prioris præfati perpetuo uti et gaudere liberè et licitè possint et valeant substituas et subroges ac substitutos et subrogatos fore et esse decernas ac Francisco et dictæ Congregationis superioribus et monachis in reliquis quod litteræ præfatæ cum omnibus et singulis in ea contentis clausulis et decretis processusque de super habiti vel habendi à data præsentium tantùm valeant et plenam roboris firmitatem obtineant in omnibus et per omnia perindè ac si de toto dictæ transactionis tenore in eisdem litteris mentio facta fuisset, aliaque præmissa distinctè expressa ac suppressio et extinctio ac applicatio hujus modi illarum vigore factæ etiam fuissent dicta authoritate concedas et indulgeas, non obstantibus priori voluntate nostra præfataac Lateranensis Concilii novissimè celebrati (*mot illisible*)? perpetuas nisi in talibus à jure permissis fieri prohibentis, aliisque quibusvis Apostolicis ac in sinodalibus provincialibusque et universalibus Conciliis editis specialibus vel generalibus constitutionibus et ordinationibus ac utriusque Ordinis et Congregationis præfatorum juramento confirmatione Apostolica vel quavis firmitate alia roboratis statutis et consuetudinibus privilegiis quoque indultis et litteris Apostolicis illis illorumque generali Abbatibus aliisque superioribus et personis sub quibuscumque tenoribus et formis ac cum quibusvis etiam derogatoriorum derogatoriis aliisque efficacioribus et insolitis clausulis irritantibusque et aliis decretis in genere vel specie aut aliàs quomodolibet concessis.

Quibus omnibus etiamsi de illis eorumque totis tenoribus speciali specifica expressa et individua ac de verbo ad verbum non autem per clausulas generales idem importantes mentio seu quævis alia expressio habenda aut aliqua alia exquisita forma ad hoc servanda foret illis aliàs in suo robore permansuris hac vice duntaxat harum serie specialiter et expressè derogamus cæterisque contrariis quibuscumque.

Datum Romæ, apud Sanctum Petrum, anno Incarnationis Dominicæ millesimo sexcentesimo vigesimo quinto, quarto Calendas Martii, Pontificatus nostri anno tertio.

100

Bulle (extrait d'une) de Clément IX, portant suppression et sécularisation des Chanoines réguliers de Saint-Jeoire, (qui n'avaient plus de régulier que le nom) et des prébendes offices et bénéfices du prieuré, et soumettant les chanoines à la vie commune adoptée dans la Sainte-Maison de Thonon. [1]

3 novembre 1667.

(Déc. : Chap. IV, notes 91 et 92.)

Clemens Papa nonus. Venerabilis Frater.....
Salutem et Apostolicam benedictionem. Exponi Nobis nuper fecerunt dilecti filii vice prior et canonici regulares prioratus conventualis Sancti Georgii ordinis canonicorum regularium Sancti Augustini Gratianapolitanensis diœcesis, ex parte ducatus Sabaudiæ quod dudum in loco Thononii .... erecta fuit congregatio presbytetorum secularium Oratorii nunc Domus Sancta nuncupata........... cum autem, sicut eadem expositio subjungebat, in prædicto prioratu Sancti Georgii, unus vice prior et tredecim canonici de præsenti vivant ex eorum præbendis quas eis solvit

---

[1] *Registres du Sénat* de 1667, fol. 135 et suiv. — Voir aussi Duboin, *Raccolta*, tom. 1, p. 369.

dicta Congregatio, seu Domus Sancta quemadmodum à priore commendatario antiquitus solvebantur, ac ex aliis redditibus infrascriptis, illique nihil habeant regulare præter nomen, nullam observent regulam, nihil agant quo a presbyteris secularibus distinguantur, nequidem quoad habitum, nisi quod super habitum fasciolam ex tela alba duos digitas latam collo appensam gestant, a nullo monasterio dependeant, nec ullum superiorem agnoscant, et solum apparentem quamdam obedientiam præstent eorum vice priori, qui est unus ex ipsis canonicis, a prædicta Congregatione seu Domo Sancta electus, à quo habitum recipiunt de consensu ejusdem Congregationis seu Domus Sanctæ, et in cujus m nibus assertam eorum professionem emittunt secreto et cum modica ædificatione seu consolatione sui ipsorum, nec ullam habeant propriam professionis formulam, unde multi nunquam profiteri voluerunt, prout novissime unus, licet in ætate septuaginta quatuor annorum constitutus esset, et forsan quinquaginta et amplius annorum spatio ibidem canonicus fuisset; quinimo bona temporalia et alia cujusvis generis possideant, emant, vendant, negotientur, contrahant, donent irrevocabiliter, aliisque negociis secularibus quibusvis dent operam sine ulla licentia quemadmodum viri seculares facerent, et eorum aliqui, quibus nihil est præter præbendam, etiam rebus mechanicis incumbant, eant obsonatum, aliaque vilia ministeria obeant, eaque de causa non sine gravi scandalo persæpe absint à choro, quod et alii cujusvis etiam minimi negotii causa quandoque ad longum tempus faciunt, idque impunè; cumque si iidem canonici ad statum presbyterorum secularium reducerentur, et ..... sub institutis supra dictæ Congregationis..... viverent, ac eorum præbendæ canonicales, sacristæ, infirmarii et cantoris officia...... aliaque beneficia ab eodem prioratu dependentia supprimerentur, et illorum cæterorumque bonorum ad mensam conventualem hujusmodi spectantium fructus, redditus et proventus ..... pro Præfecti et alumnorum vitam communem in dicto prioratu ducturorum sustentatione, eorum ministrorum et inservientium manutentione applicarentur, inde procul dubio quieti et conscientiæ securitati dictorum exponentium consuleretur..........

Nos igitur.... hujusmodi supplicationibus inclinati Fraternitati tuæ per præsentes committimus et mandamus ut constito tibi de nar*i*atis in prædicto prioratu Sancti Georgii .... ordinem prædictum......... auctoritate nostra Apostolica perpetuo supprimas et extinguas, ac ejusdem prioratus canonicos regulares ad statum presbyterorum et clericorum secularium qui in communi vivere..... eadem Auctoritate reducas...... præterea pro Præfecti, alumnorum, ministrorum et inservientium prioratus hujusmodi sustentatione et manutentione omnes et singulos tam præbendarum canonicalium et sacristæ infirmarii et cantoris officiorum...... quam parrochialis ecclesiæ ejusdem prioratus...... ac alterius parrochialis ecclesiæ loci de Arvillars ab eodem prioratu dependentis, et inde parum distantis...... fructus redditus et proventus qui ad summam septingentorum viginti vel circiter scutorum annuatim ascendunt, Auctoritate prædicta perpetuo applices et appropries........

Datum Romæ, apud Sanctam Mariam Majorem, sub annulo Piscatoris, die tertia novembris anno millesimo sexentesimo sexagesimo septimo, Pontificatus nostri anno primo.

101

Documents relatifs aux Saintes Epines de Miolans et Saint-Pierre d'Albigny. [1]

(Déc. :Chap. XIV, p. 731 à 744.)

101 A

Bref du Pape Urbain VIII, autorisant le marquis de Saint-Chamond à retirer une des trois Saintes Épines de Saint-Pierre d'Albigny.

2 septembre 1625.

Venerabili Fratri Episcopo gratianopolitano.

Venerabilis Frater salutem et Apostolicam benedictionem. Singularis ardensque Catholicæ religionis zelus, nec non egregia virtutum dona quibus dilectum filium modernum Marchionem de St Chamond a domino multipliciter insignitum esse accepimus promerentur ut ejus votis, quo ex devotionis fervore prodire dignoscuntur, quantum cum Domino possumus favorabiliter annuamus. Exponi siquidem Nobis nuper fecit dictus Marchio, quod majores illius è civitate Jerusalem, sive aliis Terræ Sanctæ locis, ad quæ devotionis causa accesserunt, tres Spinas ex corona a perfida Hebræorum gente sacratissimo capiti Salvatoris et Domini Nostri Jesu Christi suæ passionis tempore imposita in regnum Franciæ transportarunt, illasque in ecclesia sive capella arcis de Miolans, temporalis ejusdem Marchionis, ut asserit, jurisdictionis Gratianopolitani diocesis collocarunt.

---

[1] *Ces documents sont extraits des archives de l'Eglise paroissiale de Saint-Pierre d'Albigny.*

Successu vero temporis tres Spinæ prædictæ, ut debitis cum honore et reverentia severius asservarentur, e prædicta ecclesia seu capella ad ecclesiam Sancti Petri domûs Fratrum ordinis Eremitarum Sancti Augustini loci de Albiny dictæ diocesis translatæ fuerunt. Cum autem, sicut eadem expositio subjungebat, dictus Marchio aliam ecclesiam sive capellam in arce sive castro de St Chamond ejusdem Marchionis, ut pariter asserit, temporalis jurisdictionis, Lugdunensis diocesis, construxerit, ad eamque unam ex tribus Spinis prædictis transferi posse summopere desideret, Nos dictum Marchionem specialibus favoribus et gratiis prosequi volentes et a quibusvis excommunicationis, suspensionis et interdicti, aliisque ecclesiasticis sententiis, censuris et pœnis a jure vel ab homine quavis occasione vel causa latis, si quibus quomolibet innodatus existit, ad effectum præsentium duntaxat consequendarum serio absolventes et absolutum fore censentes, supplicationibus ejus nomine Nobis super hoc humiliter porrectis inclinati, Fraternitati tuæ per præsentes committimus, quatenus petita, licet non obtenta a superioribus dictæ domûs licentia, unam ex tribus Spinis tibi bene visam ex ecclesia dictæ domûs extrahas, illamque venerabili Fratri Archiepiscopo Lugdunensi, sive dilecto filio ejus officiali, vel personæ in dignitate ecclesiastica constitutæ, ab altero eorum ad id specialiter deputandæ ad effectum illam in ecclesia sive capella per dictum Marchionem noviter, ut perhibetur, constructa, in ea debitis etiam cum honore et reverentia asservanda collocandi, tradas et consignes, super quibus plenam tibi per præsentes facultatem concedimus et impartimur.

Mandantes propterea in virtute sanctæ obedientiæ ac sub indignationis et aliis arbitrii nostri pœnis superioribus et Fratribus dictæ domûs ne te super extractione Spinæ in vim præsentium facienda, molestari audeant seu præsumant, sed omnem in hoc tibi favorem et auxilium præstent, non obstantibus constitutionibus et ordinationibus Apostolicis ac dictæ domûs etiam juramento, confirmatione Apostolica vel quavis firmitate alia roboratis statutis et consuetudinibus, cæterisque contrariis quibuscumque quibus omnibus et singulis eorum tenores præsentibus pro plene et sufficienter expressis habentes, illis aliàs in suo robore permansuris hac vice duntaxat specialiter et expresse derogamus. Datum Romæ apud Sanctam Mariam Majorem, sub annulo piscatoris, die 2da Septembris MDCXXV, Pontificatûs nostri anno tertio.

V. Beatini.

101 [B]

Lettre de S. A. S. le prince de Piédmont.

8 Mai 1627.

A Notre R[d] père et dévôt orateur le prieur de l'Eglise Saint-Augustin de Saint-Pierre d'Albigny.

Révérend et dévot Orateur ; Monsieur de Saint-Chamond, Ambassadeur extraordinaire pour S. M. en Italie, après nous avoir fait savoir que ces trois Saintes-Epines qui sont en votre église y avaient été laissées par ses prédécesseurs, il nous aurait très instamment prié d'agréer le passionné désir qu'il avait d'en avoir une pour la dédier au lieu que sa dévotion l'obligeait. Cette demande nous a semblé si raisonnable que nous ne la lui avons pu refuser, pourvu que sa Sainteté s'en contentât. Cette ne sera donc pour autre que pour vous dire que lorsqu'il fera aparoir du consentement du Pape pour la retirer, vous ne fassiez aucune difficulté de la donner ; et m'assurant qu'ainsi sera, sans qu'ayez besoin d'autre réplique, nous prions Dieu vous avoir en sa sainte garde. De Thurin le 8 mai 1627. Signé Emanuel. Et plus bas signé : D. Meynier.

101ᶜ

Commission de Monseigneur l'Évêque de Grenoble pour retirer une des Saintes Epines de Saint-Pierre d'Albigny.

8 mai 1627.

Petrus Scarron Dei et Sanctæ Sedis Apostolicæ gratia episcopus et princeps Gratianopolitanus abbas Sancti Martini, decanus Decanatûs Sabaudiæ, Sancti Patris Notario perpetuo, Regis consilii Consiliarius ac Statuum Delphinatus præses perpetuus dilecto nobis in christo domino Ysaaco Dufaure presbitero, jurium baccalaureo præcentori ac canonico nostræ cathedralis ecclesiæ nec non totius nostri episcopatus Officiali Generali salutem. Cum ob multiplices quibus nos angimur curas præsertim in tenendo et celebrando generali Statuum consessu in quo, more prædecessorum nostrorum præsidere solemus et debemus, nobis non liceat executioni demandare Breve Apostolicum nobis donatum parte petentis et sollicitantis Domini Marchionis de Sancto Chamond a sanctissimo Domino nostro Urbano Papa octavo obtentum, subdatum Romæ apud Sanctam Mariam Majorem, secunda mensis septembris anni MDCXXVⁱ, pie quod nobis invigilat adire Ecclesiam Sancti Petri Albinari R.R. Patrum Eremitarum Sancti Augustini, illaque sic petita licet non obtenta licencia a priore et religiosis dictæ ecclesiæ, unam ex tribus Sanctis Spinis quæ quondam capiti Salvatoris Domini nostri Jesu Christi a perfida Hebræorum gente impositæ fuerant extrahere illamque, juxta dicti Brevis tenorem, revendissimo Fratri Lugdunensi Archiepiscopo seu ejus officiali tradere, et tandem in ecclesia seu capella noviter constructa in castro seu oppido de Sancto Chamond honorificè et decenter deponatur.

Nos igitur hoc in jure te committimus et mandamus ut nomine nostro dictam ecclesiam Fratrum præfatorum Eremitarum adeas, præfatam Sanctissimam Spinam extrahas tradendam et præsentandam dicto reverendissimo Antistiti seu ejus officiali, et alia peragas quæ nos ageremus si nobis per otium liceret prædictum Breve Apostolicum executioni demandare, et juxta illius tenorem et formam idque peragendi tibi facultatem ad effectum hujusmodi impertientes. Datum Gratianopoli, die 8ª mensis maii, anno millesimo sexcentesimo vigesimo septimo.

Signé: Petrus Epis. Grat. De mandato præfati Reverendissimi Domini Episcopi et principis.

Signé : *Béraud secrétaire.*

101 D

Procès verbal fait par l'official de Grenoble, de la Sainte Epine prise au couvent des pères Augustins de Saint-Pierre d'Albini.

(13 mai 1627.)

L'an mil six cent vingt-sept et le treizième jour du mois de mai jour et fête de l'Ascension de Notre Seigneur, je Isaac Dufaure, précenteur et chanoine de Grenoble et official général en l'évêché du dit Grenoble, me suis transporté dudit Grenoble en la ville de Saint-Pierre d'Albigny, en Savoye, dépendant de La Baronnie de Myolans, diocèse dudit Grenoble, et étant en l'Eglise des Révérends pères Augustins et parlant à Révérend père Claude Gallent, prieu au couvent desdits pères Augustins, ycelui assisté de ses religieux, je leur ai fait voir le Bref de sa Sainteté ci attaché, donné à Sainte Marie-Majeure sous l'anneau du Pêcheur, le deuxième septembre, l'an mil six cent vingt-cinq, duement signé et scellé en cire rouge ; et ensuite la commission de Monseigneur le Révérendissime Evêque et Prince dudit Grenoble attachée au dit Bref, à moi adressée du huitième de ce dit mois de mai, et encore une lettre de Son Altesse de Savoie adressante au dit prieur des Augustins, du huitième mai mil sept cent vingt-sept ; et, en vertu desdits Bref et Commission, j'ai pris l'une des trois Saintes Epines qui sont gardées en ladite Eglise, en la présence de haut et puissant seigneur, Messire Melchior Mitte de Chévrières, marquis de Saint Chamond, comte de Myolans et Anjou, premier baron de Lyonnais et Savoye, chevalier des ordres du Roi, conseiller en ses conseils d'Etat et privé, capitaine de cent hommes d'armes de ses ordonnances, maréchal des camps et armées, et son Ambassadeur extra-ordinaire en Italie, et des sieurs juges, chatelain et autres officiers dudit Seigneur ; et après avoir enfermé ladite Sainte Epine dans une boîte d'yvoire, je l'ai à l'instant remise entre les mains de Mre Jean Chambeyron chanoine du dit Saint Chamond, aumônier dudit seigneur, et commis par Messire Thomas de Merchatin Lafaye, comte et précenteur et grand vicaire de Lyon, laquelle ledit sieur Chambeyron a pris avec humilité et a promis la porter avec révérence, suivant l'intention de Sadite Sainteté, dans la chapelle de Saint Jean Batiste, au château dudit Saint Chamond, dans laquelle ledit seigneur de Saint Chamond, cy présent, a promis de la faire honorablement renfermer et soigneusement conserver parmi les autres saintes reliques qui y sont, et la faire enchasser dans un reliquaire de cristal de roche garni d'argent doré qu'il a fait préparer à cet effet ; le tout ce que dessus a été fait en présence dudit

Seigneur Marquis, et des sieurs Lafayette de Sainte Polgue, d'Authum, du Croyet, de Pigmerieu, de Rives, Julliany, Latour, Brolly maître d'hôtel, Chambon secrétaire valet de chambre et autres officiers, lesquels Seigneur Marquis et susnommés ont signés le présent acte avec nous, et le sieur Laurent Nitoud prêtre. Et nous, assistants en tout ce que dessus : signé Saint Chambond, du Faure official général de Grenoble, Saint *Polque*, le Croyet, D'ally, J. a. de Rives, Saint Agnat d'Autum, de *Pugmeries*, Julliany, Latour, Brolly, Nitoud, Brolly juge, Pignieu Chatelain, Chambon, et Chambeyron aumônier.

101 ᴱ

Accord fait entre le Seigneur Saint Chamond et les Augustins de Saint-Pierre d'Albini en Savoie.

(9 juillet 1634.)

Comme ainsi soit que nous frère François Truchet commissaire provincial et prieur de Saint-Pierre d'Albigny, de l'ordre Saint Augustin en Savoie et des provinces de Narbonne et Bourgogne, nous nous serions transporté à Paris expressément en qualité de député par les religieux prêtres dudit Saint-Pierre, ainsy qu'il apert par la procuration du 23 mars dernier, signée Rana, notaire ducal, en vertu de laquelle Je dit Prieur tant à notre nom, comme au nom des prêtres dudit lieu et couvent, nous nous sommes présentés par devant le Seigneur Marquis de Saint Chamond, chevalier des ordres du roy, comte de Myolans et Anjou, premier baron de Savoie et de Lyonnais, gouverneur de Sisteron et lieutenant général pour le Roy en Provence, fondateur des Augustins de Saint-Pierre d'Albigny, auquel après avoir représenté le pauvre état, misère, détérioration et ruine totale du susdit couvent, avons exibé notre commission et pouvoir de transiger traiter et apointer avec ledit Seigneur, occasion d'une Sainte Epine retirée dudit couvent par ledit Seigneur, dont il y a procès par devant le souverain Sénat de Savoie, nous avons jugés de là n'être à propos de voir à l'avenir des religieux cloitrés fréquenter les barraux pour plaider contre leurs seigneurs fondateur et bienfaiteur, assurant qu'il n'y a eu aucun profit jusques à présent, et considérant qu'il vaut mieux traiter avec son prince Seigneur bienfaiteur par suplique, humilité que par menace, *sermo mollis frangit iram* ; et partant ayant appris que ledit Seigneur fondateur était grandement irrité et justement contre les religieux de Saint-Pierre *in genere et in particulari* tant occasion d'un refus a lui fait d'une chose a lui due légitimement, comme aussi par le mauvais traitement en sa propre personne par certains religieux, à cause de quoi le couvent et religieux ont beaucoup souffert et souffriront encore à l'avenir et ne peuvent s'en relever, quant à la chute urgente et ruine totale de l'église et des autres bâtiments dudit couvent, que par les faveurs, clémence, bénignité et charité dudit Seigneur, sur quoi nous confiant avons priés et exhortés ledit Seigneur d'user de clémence et bonté ordinaire envers ces religieux, et qu'à l'imitation de Notre Seigneur, leur veuille remettre les fautes, quoique grandes et connues de tous ; semblablement se désister des plaintes et poursuites faites et à faire, tant par devant nous et autres supérieurs de l'ordre de Saint-Augustin, comme par devant les cours souveraines et autrement, protestant dès à présent et entièrement de nous désister chrétiennement de toutes poursuites faites et à faire contre ledit Seigneur pour le sujet susdit ; et même avons prié et exhorté ledit Seigneur que, par ses faveurs et bénignités, veuille laisser audit couvent et religieux les deux Saintes Épines qui y sont restées, en l'état qu'elles seraient à présent dans ledit couvent, et leur en faire un propre don : de plus avons priés et exhortés ledit Seigneur que par ses charités et bons plaisirs, veuille élargir, donner quelques aumônes et faire du bien audit religieux et couvent, pour la reconstruction de leurs églises et couvent ruinés.

A quoi nous Melchior de Chévrières, Marquis de Saint Chamond, faisant réflexion, avons présentement fait voir nos prétentions en ce que nos prédécesseurs les seigneurs de Myolans, étant employés au service des Rois de France et des Papes aux Terres Saintes, Italie et ailleurs, leurs furent données certaines Saintes Epines de Notre Seigneur et autres saintes reliques, lesquelles furent aportées en Savoie au château de Myolans, la réserve seulement par ledit seigneur jusques à l'aliénation du château de Myolans par la dame Claude de Myolans femme au sieur de Saint-Vallier, laquelle se retirant dans le couvent de Saint-Pierre, à son logis ordinaire, elle fit transporter audit lieu ses meubles, joyaux et, entre autres, les dites Saintes Epines, contestées pour lors en ladite partie, par le curé de Myolans ; comme apert par *sentence*, laquelle dame depuis, occasion des troubles en toute la France et lieux circonvoisins, en la Savoie, voulant assurer lesdites saintes reliques, à la réquisition des religieux, mit au dépot dans l'église des Augustins de Saint-Pierre, lesdites Saintes Epines, lesquelles, par le décès de ladite dame, ont été laissées là ; concluante que lesdites Saintes Epines étaient là, seulement par entrepôt, et partant qu'elles sont de la maison de Myolans, comme apert par titre, et que les religieux n'en ont eu que la jouissance pendant le temps du procès de la terre et seigneurie de Myolans; donc les religieux ont eu tort nous avoir refusé ce qui nous était dû justement, suivant les demandes juridiques faites sur titres connus du pays, et conséquament de Son Altesse, et ensuite de cela, nous avoir offensé en notre propre personne.

Nonobstant ce, mu de l'amour de Dieu, fondés sur les

supliques présentes desdits Révérends Pères, remettons aux pieds du crucifix les offenses à nous faites par les susdits religieux, et promettons n'en vouloir avoir aucun ressentiment à l'avenir ; et pour ce, dès à présent, ensuite du desistement desdits Pères, annullons et cassons toutes les poursuites faites de notre part à l'encontre des susdits Pères par devant qui que ce soit, et comme telles les déclarons. Semblablement nous nous désistons de la poursuite et recherche des deux autres Saintes Epines étant audit couvent dont il y en a une rompue en deux pièces, ainsi et comme elles se voient dans ledit couvent, et par une grâce particulière et faveur, par mémoire perpétuelle de la maison de Myolans fondratrice, nous laissons lesdites Saintes Reliques audit couvent et religieux de Saint-Pierre. Leur en faisant un propre don sans qu'il leur soit loisible en aucune façon les retirer ou aliéner dudit lieu ; et pour la dévotion et révérance que nous portons auxdites Saintes Epines, meus aussi d'une singulière affection que nous avons de restaurer et conserver ce que nos prédécesseurs pieusement avait fait ; meus aussi de la bonne vie et mœurs des pères prieurs et religieux dudit couvent résidant pour le présent, de quoi nous aurions été duement informés par nos sujets, voulant les obliger à continuer en cette bonne odeur, bonne vie et bonne édification du peuple, de plus à prier Dieu pour nous, nos successeurs, ordonnons que lesdits pères de Saint-Pierre pourront choisir bois dans les forêts dudit lieu et dans nos terres ; les faire couper et emporter suffisamment pour la restauration, réparation de l'église, dortoir et maison, autrement appelé le logis de dame Claude de Myolans, servant de réfectoir et chambres au-dessus, a ce appellés et présents nos officiers pour empêcher le dégat de nos bois ; de plus voulons faire faire un grand tableau avec son cadre et ornement de bois noyer au maître autel dudit couvent en l'Eglise de Saint-Pierre, auquel sera représenté l'adoration des trois Rois avec nos armes et à nos dépens et frais. Et suivant les progrets que ledit père prieur avec ses religieux feront à la restauration, conservation dudit couvent Saint-Pierre et bonne édification du peuple, promettons aussi d'augmenter nos charités et aumônes, et les assister pour les réparations de leur couvent.

Nous Prieur, en la qualité susdite, agréons les charités, dons et aumônes et bonnes volontés du Seigneur, et les acceptons tant à notre nom, comme aussi au nom des religieux dudit couvent. Fait le neuvième jour de juillet mil six cent trente-quatre. *Signés* : St Chamond et F. Truchet.

ATTESTATIONS.

Extraits pris et collationnés sur les originaux qui sont dans les archives du chapitre de Saint-Chamond exibés et à l'instant retirés par M. Jean-Louis Fulchiron, licencié en droit civil et canon, doyen dudit chapitre, aujourd'hui douzième novembre mil sept cent soixante-quatre par nous notaire royal soussigné avec ledit maître Fulchiron.

Signés : FULCHIRON doyen. PERRUSSEL, notaire royal.

Nous Gabriel Buget, avocat en parlement, capitaine chatelain de la ville et Marquizat de Saint-Chamond, certifions et atestons à tous qu'il appartiendra que M. Perrussel, qui a expédié les extraits ci-dessus et des autres parts, est notaire royal, et que foi est ajoutée aux actes qu'il reçoit et expédie en cette qualité tant en jugement que hors. En foi de quoi nous avons délivrés les présentes que nous avons signées, et auxquelles avons fait apposer le sceau de cette juridiction, à Saint-Chamond en Lyonnais, ce treizième jour de novembre mille sept cent soixante-quatre.

Signé BUGET ; suit le sceau en cire rouge.

Nota : 1° Les cinq pièces précédentes ont été tirées des archives du chapitre de Saint Chamond, en Lyonnais, et expédiées en forme authentique aux Religieux Augustins de Saint-Pierre d'Albigny, comme le prouvent les deux attestations du 12 et du 13 novembre 1764 dont elles sont suivies.

2° Déjà, le 14 septembre précédent, le Doyen du chapitre de Saint Chamond avait envoyé aux Augustins, sur leur demande, la copie d'un extrait de l'histoire des reliques de son chapitre. Mais les Augustins désirant posséder en outre une copie authentique des documents originaux, avaient ensuite prié le doyen de la leur expédier. Voici la copie de l'extrait *historique* précédée de la lettre d'envoi qui l'accompagnait :

De Saint-Chamond ce 14 septembre 1764.

Pour répondre, mon très révérend père, aux demandes que vous me faites au sujet des Saintes Epines que les révérends pères Augustins de Saint-Pierre d'Albigni ont le bonheur de posséder, je vous envois la copie de l'histoire critique des saintes reliques de notre église pour l'article de notre Sainte Epine. Vous verrés tous vos doutes décidés. Si vous avez besoin d'une copie en meilleure forme on vous l'enverra. Je serai toujours très flatté de pouvoir vous obliger, soit par rapport à vous, soit par rapport à votre famille que je respecte beaucoup. Messieurs Favre, Hervier et Boiron sont sensibles à votre souvenir. Je suis avec beaucoup de considération, mon très révérend père, votre très humble et très obéissant serviteur.

FULCHIRON doyen.

101 [1]

Copie d'un extrait de l'histoire des reliques du chapitre de Saint-Jean Baptiste de la ville de Saint Chamond en Lyonnais, lequel extrait a été envoyé au couvent de Saint-Pierre d'Albiguy, par le sieur Fulchiron, doyen dudit chapitre, qui a mis son certificat au bas.

COPIE DE L'EXTRAIT.

La Sainte Épine qu'on conserve dans l'Eglise collégiale de Saint Chamond, Melchior Mitte de Chévrières l'obtint après bien des contestations du couvent des Augustins, situé dans la ville de Saint-Pierre d'Albigny, diocèse de Grenoble en Savoie ; les pièces de la procédure à laquelle ce recouvrement donna lieu sont consignées dans le sénat de Chambéry. D'abord il présenta sa supplique au cardinal François Barberin Légat en France *à Latere* du pape Urbain VIII. Par cette supplique, M⁰ Melchior de Chévrières représentait que Jacques de Miolans, l'un de ses ancêtres, ayant visité les Lieux Saints, avait apporté trois épines de la couronne de Notre Seigneur et les avait mises dans le château de Miolans, que dans la suite Claudine de Miolans, comtesse de Saint-Vallier, petite fille de Jacques, obligée par les ducs de Savoie d'abandonner son château [a eux cédé en 1523 par Claudine de Miolan et Guillaume de Poitiers Saint-Vallier son mari,] avait déposé ces épines dans le couvent des Augustins de Saint-Pierre d'Albigny, fondé par Jean de Miolans père de Jacques, que lui Melchior avait dans son château de Saint Chamond une chapelle où il possédait du bois de la vraie croix et plusieurs autres reliques auxquelles il souhaiterait joindre les Saintes Epines dont ses ancêtres maternels avaient été possesseurs et qui lui appartenaient comme à leur unique héritier.

Le Légat trouva légitimes les remontrances qu'on lui faisait et au mois de juillet 1625, enjoignit à l'évêque de Grenoble de procurer, par toutes sortes de voies ecclésiastiques, que le dépôt fut rendu à M. de Saint Chamond. Le deux septembre de ladite année le pape Urbain VIII lui-même envoya un bref à l'évêque de Grenoble pour que malgré les oppositions des religieux Augustins, il prit une des trois épines que les seigneurs de Miolans avaient apportées de la Terre Sainte, qu'il la remit à l'archevêque de Lyon ou à une personne par lui députée, et qu'elle fut ensuite déposée dans la chapelle du château de Saint Chamond.

Le 8 mai 1627, Amédée duc de Savoie, interposa son autorité, et par une lettre écrite de sa main adressée aux religieux d'Albigny, et donnée à Me Melchior de Chévrières alors Ambassadeur de France en Italie, il leur ordonnait que puisque les Saintes Épines qu'on vénérait dans leur église, leur auraient été délaissées par les prédécesseurs de M. de Saint Chamond, ils ne fissent aucune difficulté de lui en remettre une, dès qu'il notifierait le consentement du Pape à cette translation.

Le même jour 8 mai 1627, l'évêque de Grenoble, Pierre Scarron, en conséquence du bref qu'Urbain VIII lui avait adressé deux ans auparavant, commit son official M. Dufaure précenteur et chanoine de sa cathédrale, pour faire l'extraction de la Sainte Épine.

En vertu de cette commission, M. Dufaure et M. de Saint Chamond arrivèrent à Saint-Pierre d'Albigny, le 12 mai de la même année, et le lendemain, fête de l'Ascension, à six heures du matin, ils supplièrent le prieur du couvent qu'il leur fût permis de voir et de baiser le reliquaire où étaient enfermées les Saintes Épines... Dès qu'il fut déposé sur l'autel par trois religieux revêtus de chapes, M. l'official fit lecture du Bref du Pape et de la commission que lui avait donné Monseigneur de Grenoble ; M. de Saint Chamond lut aussi la lettre de son Altesse royale de Savoie, ci-dessus mentionnée. Le prieur, loin de consentir à l'extraction qu'on exigeait, se saisit du reliquaire et l'aurait emporté, si M. de Saint Chamond avec M. l'Official ne l'eussent arrêté. Au moins le serra-t-il avec tant de violence qu'il se brisa dans ses mains : un autre religieux alla sonner le tocsin, et ensuite criant aux voleurs, frappa de plusieurs coups le maître d'hôtel, les pages et les domestiques de M. le marquis de Saint Chamond, lequel, crainte d'un plus grand scandale, contint dans la modération et lui même et tout son monde. [1]

Cependant M. l'Official et lui s'emparèrent du reliquaire rompu, en tirèrent une des Saintes Épines et la mirent avec le plus de révérence qu'ils purent dans un étui d'ivoire qu'ils emportèrent.

Sur leur passage se trouva une grande multitude de peuple attiré par le son du tocsin, qui fit mine de s'opposer à l'enlèvement de cette relique ; mais M. le Marquis ayant déduit toutes les raisons qui l'avaient engagé à la démarche qu'il venait de faire, il eut la satisfaction de voir le tumulte s'apaiser. [2]

La boite d'ivoire fut à l'instant remise par M. l'Official à M. Jean Chambéron chanoine et aumônier de l'église séculière et collégiale de Saint-Pierre et Sainte-Barbe, [c'est dans cette église que M. de Saint Chamond avait d'abord fondé son chapitre,] qui avait été députe le 2 janvier 1626, par M. de Meschatin-Lafaye chamarier et comte de Lyon, official et grand vicaire de M. de Marquemont, pour recevoir la Sainte Épine et la porter au château de Saint Chamond :

Elle y fut en effet déposée et mise dans un reliquaire de cristal le 21 mai 1627.

Cependant M. de Saint Chamond, irrité du refus indécent

---

[1] Procès-verbal fait à Saint-Pierre d'Albigny par Pierre Bailli, juge de Miolans, le 13 Mai 1627.

[2] Procès-verbal fait par l'Official, à Grenoble, le 20 mai 1627.

que lui avaient fait les religieux d'Albigny, et des mauvais traitements que ses domestiques en avaient essuyés, en poursuivit la réparation au souverain Sénat de Savoie et demanda en outre la restitution des deux autres Épines. Les religieux poursuivis fondèrent de procuration le commissaire provincial supérieur de leur couvent pour transiger avec M. de Saint Chamond. [1]

L'accord, en effet, fut passé au mois de juillet 1634. Les religieux s'abandonnèrent à la clémence de leur Seigneur, et le Seigneur de son côté, leur justifia d'abord ses prétentions en ce que ses prédécesseurs les comtes de Miolans, étant employés par les rois de France, et les Papes dans la Terre Sainte, l'Italie et autres lieux, ils en avaient reçu des Saintes Épines et diverses reliques qu'ils avaient apportées à Miolans, et qui y étaient restées jusqu'à l'aliénation de ce château par la dame Claudine de Miolans, épouse du seigneur de Saint Vallier ; qu'alors ladite dame s'était retirée dans la ville de Saint-Pierre d'Albigny avec ses meubles, joyaux et surtout avec les Saintes Épines, malgré l'opposition de son frère Gabriel de Miolans, protonotaire apostolique et curé de l'église de Saint-Etienne sise dans la forteresse du château de Miolans, comme il appert par la requête dudit curé, présentée et appointée au parlement de Chambéry le 21 novembre 1551 ; que ladite dame voyant ensuite la Savoie troublée par les guerres, et voulant assurer ces précieuses reliques, elle les avait, à la réquisition des Augustins de Saint-Pierre d'Albigny, mis en dépôt chez eux, lesquels, après le décès de ladite dame, s'en étaient rendus possesseurs, possession ou plutôt usurpation qui ne pouvait préjudicier à ses droits bien fondés. Cependant non moins généreux que ses pères, ledit Melchior consentit à oublier les injures reçues et poussa la grandeur d'âme, jusqu'à faire, à ces religieux, don des

---

[1] Acte de réception dressé par M⁰ Ranachot, notaire royal.

deux autres Épines dont une était rompue, à condition qu'elles ne pourraient être, sous aucun prétexte, diverties et aliénées du couvent d'Albigny.

COPIE DU CERTIFICAT.

*Je certifie le présent extrait exact et véritable.
A Saint Chamond, le 14 septembre 1764. Signé :
FULCHIRON, doyen.*

---

101 F

14 mars 1803.

L'an onze de la République française, et le vingt-trois du mois de ventose correspondant au quatorze du mois de mars dix-huit cent trois, Nous soussignés Jean-François Mollot, maire de la commune de Saint-Pierre d'Albigni, arrondissement de Chambéry, département du Mont-Blanc, George Antoine Voisin et Pierre Sonnet, adjoints, certifions et attestons à tous ceux qu'il appartiendra que, dans les premiers moments de l'entrée des Français dans ce département, et lorsque le gouvernement a réclamé tous les vases sacrés des églises pour subvenir aux besoins de l'Etat, le reliquaire d'argent vermeil où étaient déposées les Saintes Epines qui ont servi à la passion de Notre Seigneur Jésus-Christ, et dont avait fait présent à cette commune l'ancienne maison de Miolans que ses ancêtres avaient apportés de la Terre Sainte, a été envoyée, d'après les ordres rigoureux que l'on avait reçus, avec tous les autres vases sacrés existant dans les deux églises, à Chambéry ; que pour lors les Saintes Epines dont est mension cy-devant furent versées, dans une boite de fer blanc battue neuve préparée à ce sujet, sur du coton, que cette boite fut attachée avec une chevillière rouge et qu'il fut apposé le sceau du citoyen François Armand, maire de cette commune pour lors, sur cire rouge, et qu'elle fut confiée par le conseil général de la commune audit citoyen George Antoine Voisin, qui en était membre, lequel en l'assistance d'un commissaire dudit conseil, transporta ladite boite chez lui, la déposa dans une brêche de mur préparée à cet effet, et la fit murer de suite, d'où ce jourd'hui ledit Voisin la retirée en notre présence et de celle du citoyen François Armand, et encore de celle de M. Pierre-Joseph Jolivet, cy-devant capucin, faisant fonction de curé, d'après la mission à lui donnée par M. de Mérinville évêque de Chambéry ; cette boite dont les sceaux apposés au milieu sur le neud du ligamment et aux deux extrémités ne se trouvant point altérés, a été transportée ce jourd'hui dans l'église paroissiale et déposée dans une armoire taillée dans la colonne gauche la plus proche du maître autel, fermant à deux clefs dont l'une est restéé entre les mains du maire, et l'autre entre celles de M. Jolivet, faisant fonction de curé.

Nous pouvons certifier que ces mesures ont été prises et qu'en cette conséquence lesdites Saintes Epines n'ont point été altérées, échangées ni profanées, et que ce sont les mêmes qui étaient déposées dans l'église des cy-devant Grands Augustins, dans une armoire fermant aussi à deux clefs, dont l'une était entre les mains du prieur dudit monastère, et l'autre entre celle du chatelain, de tout quoy a été dressé le présent procès verbal pour rester joint aux titres qui en constatent déjà l'idendité, ou être transmis ampliation à M. de Mérinville évêque dudit Chambéry, aux fins d'obtenir de lui la permission à M. Jolivet de les retirer de ladite boite, de les placer dans un reliquaire neuf que l'on a fait faire, et la permission de les exposer de nouveau à la vénération des fidèles, qui de tout temps ont montré une dévotion la plus distinguée envers cette insigne relique. Le présent procès verbal sera signé par ledit Jolivet faisant fonction de curé, par lesdits maire et adjoints et par ledit citoyen Armand, et contresigné par le sieur Claude Geoffray notaire public et secrétaire de ladite commune; et ont signé à l'original : Pierre Joseph Jolivet fonctionnaire provisoire; Sonnet adjoint; Armand; Mollot maire; Voisin adjoint; Geoffray notaire.

Nous René Desmoutiers de Mérinville, évêque de Chambéry et de Genève, commettons spécialement révérend Pierre Joseph Jolivet prêtre régulier desservant l'église de Saint-Pierre d'Albigni à l'effet de recevoir sous serment la déposition des témoins énoncés dans le procès verbal cy-contre pour constater l'identité de la boite des saintes reliques dont il s'agit de l'ouvrir et d'entendre les mêmes témoins y joint Révérend Fleury curé de Saint-Jean de la Porte sur l'identité des saintes épines; de transporter les saintes reliques dans un reliquaire neuf et décent, de le sceller de plusieurs sceaux imprimés sur un ruban qui devra le lier, de dresser et nous transmettre un procès verbal de tout afin que nous ayons à prononcer sur l'état des saintes reliques et sur la demande qui nous est faite d'en permettre l'exposition à la vénération des fidèles.

Donné à Chambéry sous notre seing et notre sceau le dix-neuf mars mille huit cent trois.

R. Evêque de Chambéry et de Genève.

Sceau de l'Evêché.

101 G

24 mars 1803

L'an onze de la République française et le trois du mois de germinal, correspondant au vingt-quatre mars dix-huit cent trois, moi Pierre Joseph Jolivet, prêtre régulier desservant l'église de Saint-Pierre d'Albigny, vû la commission donnée à moi par Monseigneur de Mérinville évêque de Chambéry, sous date du dix-neuf ventose dernier mise au bas du procès verbal qui la précède, me suis transporté dans l'église paroissiale au-devant la colonne gauche la plus proche du maître autel, où l'on a pratiqué une armoire fermant à deux clefs, j'ai, ensuite de madite commission, reçu le serment de R^d Michel Fleury, curé de Saint-Jean de la Porte, et ensuite celui des citoyens Jean-François Mollot, maire de cette commune, George-Antoine Voisin et Pierre Sonnet ses adjoints; de même que celui des citoyens Claude Georfray notaire public et secrétaire, et François Armand, marchand patenté, aprés quoi nous avons le maire et moi, étant maîtres chacun d'une clef de ladite armoire, icelle ouverte, j'en ai extrait une boîte en fer blanc encore attachée avec une chevillière rouge et scellée en trois endroits différents du sceau dudit François Armand telle qu'elle y avait été déposée et dont est mention dans le procès verbal qui en a été dressé le quatorze mars susdit; et après avoir reconnu que lesdits scellés n'étaient point altérés, j'ai, avec des ciseaux, coupé ledit ligamment, ouvert ladite boîte où il s'est trouvé deux Saintes Epines, ledit R^d curé Fleury a déclaré reconnaître parfaitement lesdites Saintes Epines pour être les mêmes qui étaient déposées, avant l'entrée des Français, dans l'église des R^{ds} Grands Augustins de ce lieu, lesquelles y étaient fermées dans une armoire à deux clefs dont l'une était entre les mains du prieur dudit couvent et l'autre entre celles du chatelain, qu'il avait été à même de les voir, ayant demeuré près de dix-huit ans en cette commune, et les autres témoins ont non seulement déposé sur l'identité de la boîte, mais encore sur celle desdites Saintes Epines, après quoi j'ai transporté les saintes reliques dont s'agit dans un reliquaire neuf et décent que j'ai, en présence de tous les assistants, liés avec un ruban bleu, lequel imprégné de cire d'Espagne rouge j'ai scellé des sceaux de la mairie et de la judicature de paix de ce canton en quatre endroits différents ; cela fait, j'ai déposé de nouveau ledit reliquaire contenant lesdites deux Saintes Epines dans ladite armoire que j'ai fermée aux deux clefs dont une a été remise audit C. maire et l'autre est restée entre mes mains ; de tout quoi a été dressé le présent procès-verbal pour être transmis audit seigneur Évêque, aux fins d'en permettre dimanche prochain l'exposition à la vénération des fidèles, ainsi que cette pieuse cérémonie s'est pratiquée dès un temps immémorial, lequel dit verbal sera signé par moi commissaire susdit, par lesdits maires et adjoints, par ledit Georfray secrétaire, de même que par lesdits R^d Fleury et citoyen Armand. Signés : Pierre-Joseph Jolivet desservant provisoire ; Fleury curé de Saint-Jean de la Porte ; Fr. Armand ; Mollot maire ; Sonnet adjoint ; Geoffray secrétaire ; Voisin adjoint.

René Desmonstier de Mérinville, évêque de Chambéry et de Genève.

Vû le procès verbal cy-devant, nous permettons que l'on expose à la vénération des fidèles les deux Saintes Épines contenues dans le reliquaire désigné audit procès-verbal. Donné à Chambéry, le vingt-cinq mars mil huit cent trois.

† René évêque de Chambéry et de Genève.

Sceau épiscopal.

101 [B]

13 août 1829.

Antoine Martinet, par la miséricorde divine et la grâce du Saint Siège Apostolique, Archevêque de Chambéry.

R^d Perrollat archiprêtre, curé de Saint-Pierre d'Albigny, nous ayant présenté un reliquaire de cuivre rouge contenant les reliques précieuses de deux Saintes Épines, lequel était lié avec un ruban bleu et scellé des sceaux de la Mairie de Saint-Pierre d'Albigny et de la Judicature de paix de ce canton, en quatre endroits différents, le tout conforme au procès-verbal qui en a été dressé le vingt-quatre mars mil huit cent trois par Pierre Joseph Jolivet prêtre régulier desservant l'église de Saint-Pierre d'Albigny, sur la commission, à lui donnée par Monseigneur de Mérinville notre prédécesseur, sous date du dix-neuf ventose même année, et après avoir reconnu que lesdits sceaux n'étaient point altérés, nous avons coupé ledit ruban avec des ciseaux, avons rompu les sceaux en présence de Monsieur le Chanoine Vibert, notre provicaire général et de Monsieur le chanoine Bigex notre sécrétaire, et avons ouvert ledit reliquaire d'où nous avons extrait les deux Saintes Épines qu'il contenait après les avoir vénérées. Nous les avons placées, en présence des mêmes témoins soussignés, dans un reliquaire neuf en argent de forme ronde [1], que nous avons fermé avec deux fils de soie violette et scellé de notre sceau en deux endroits différents, et nous permettons que l'on expose lesdites reliques à la vénération des fidèles.

Donné à Chambéry, en notre palais archiépiscopal, sous notre seing, notre sceau et le contreseing de notre chancelier, le treize août mil huit cent vingt-neuf. Signés :

Antoine archevêque de Chambéry; Vibert provicaire général; Bigex secrétaire et Chevrey chanoine chancelier.

---

[1] A ce reliquaire d'argent en forme ronde, la piété du clergé et des fidèles de Saint-Pierre d'Albigny vient d'en substituer un nouveau en forme d'ostensoir, beaucoup plus riche et plus beau que les précédents. Le prix en a été acquitté avec le produit d'une quête faite durant la mission prêchée à Saint-Pierre, en 1884, par les PP. Missionnaires de Saint François de Sales,

102

(Déc. : chap. V, notes 78, 85 et 86. p. 228 et suiv.)

102 ᴬ

Testament de noble Pierre-Hyacinthe Favre de Marnix, qui fonde un vicaire à Maché, fait des legs à divers hôpitaux, communautés, confréries, paroisses, parents et gens de service et institue pour son héritier universel, l'Hôpital général de Chambéry.

1730.

Au nom Dieu soit-il. — Je soussigné noble Pierre Hyacinte Favre seigneur de Marnix conseiller du Roy et maitre auditeur des comptes en l'ancienne chambre de Savoye, apprés m'être muni du Signe de la S^{te} croix, jai fait mon present testament solennel signé de ma main, et écrit par un fidelle amy comme s'en suit.

Je veus et ordonne que mon corps soit enterré au tombeau de feu mon pere dans léglise des religieuses de Ste Claire en ville, voulant etre accompagné à la sepulture par six pauvres du grand hopital dont quatre porteront les coins de mon draps et les autres suivront immediatement mon corps, portants tous six un cierge allumé de deux livres pièce, tous les quels assisteront à la grande messe de ma neuvaine, ou ils communieront pour le repos de mon âme.

Je legue aux religieuses de Ste Claire en ville la somme de deux cent livres pour etre celebrés des messes pour le repos de mon ame à l'autel privilegié de leur église, à raison de neuf sols par rétribution, a commencer le jour de mon decès, et seront les dittes messes celebrées sans interruption ; et ayant consideré que les dites pauvres religieuses n'ont pas un jardin suffisant pour fournir a leur besoin, je legue a ce monastere, et luy donne en pure aumône mon jardin rière Nezin, avec la maison moyennant quoy sera dit a perpetuité chaque jour matin et soir par toute la communauté un *De profundis*, pour le repos de mon ame, que pour feue demoiselle Jeanne de Mouxy de Loche ma femme ; et pour mes feus pere et mere, femme freres et sœurs, avec l'oraison en suitte, de quoy la Reverende Supericure avertira la communauté, a haute voix, voulant pour lors etre nommé, et que chaque mois sera ditte dans l'église du dit monastere une messe de mort à l'autel privilegié pour la meme intention, et que chaque année, il soit faitte une communion par la communauté pour le repos de mon ame.

Item je legue au couvent des Reverends peres Carmes du present lieu, mon bien des Charmettes, et les fonds en dependants situé riere Barberaz et Montagnole dit en Pierre-Grosse tant seulement, et non le pré provenu du seigneur de Montfort, et c'est avec la prise pendante par racine, ou déjà reduitte dans les granges lors de mon decès, avec les bestiaux dont je naurois pas disposé, le pressoir, cuve, cuvette, quatre de mes tonnaux, une table, six chaises de noyer sans garniture, un fauteuil garny, une cremalliere avec deux chenets pour la cuisine, comm'en cor tous les linges, et ornements pour la chapelle du dit lieu avec les tableaux qui sy trouveront, les quels ne se pourront ôter ny deplacer, à la charge que les religieux, et autres qui y celebreront, diront pour moy chaque fois, à la fin de la ditte messe, un *De profundis* à genoux, avec l'oraison à haute voix, ce qui sera écrit sur une grande tablette en gros caractere, solidement attachée dans la ditte chapelle pour la future mémoire, et que les religieux du dit couvent, diront à perpetuité un *De profundis* soir et matin avec l'oraison et trois *Requiem* pour moy et pour mes feux pere, mère femme, freres et sœurs, de quoy le Supérieur avertira chaque fois la communauté, voulant pour lors etre nommé a haute voix ; ordonnant deplus tres expressement, que chaque jour, et en toutes les messes qui se celebreront à l'église du dit monastère, les célébrants se souviendront particulierement de moy dans leur *Memento*, sans quoi la présente fondation n'auroit ete faite, et que, de plus, il soit dit régulierement chaque semaine trois messes de morts à l'autel privilegié pour mon ame, et que au quatrieme dimanche de chaque mois, sans y manquer, soit encore celebrée une messe à l'autel privilégié pour mon âme, et que ce meme jour soit encore exactement faitte pour moy une communion par quelques frères du dit couvent, auquel il sera ordonné de dire les prières requises pour me faire gagner l'indulgence du jour ; voulant de plus que tous les ans, soit fait un service solemnel dans l'église du dit monastère et a perpetuité, comme sus et dit, tant pour le repos mon ame, que pour mes feux père, et mère, femme, frères et sœurs, moyenant quoy mes héritiers, ne pourront etre convenus, ny molestés en façon quelconque pour la dette de feuë demoiselle Gaud ma tante, etc. et en cas de répudiation du present legs, je les fais dès a présent aux Révérends pères Cordelliers de Ste Marie Egiptienne, sous les mêmes conditions et astrictions.

Item je lègue au couvent des révérendes dames Carmélittes du present lieu mes vignes rière Montmeillant, avec la cave et le pressoir, et trois tonneaux des miens cerclés de fert, avec la recolte pendente sous les conditions cy après, savoir : que la communauté, chaque jour et a perpetuité, matin et soir dira le *De profundis* avec l'oraison et le *Salve Regina* pour le repos de mon ame, et de mes feux père, mère, femme, frères et sœurs, de quoy la Révérende Supérieure avertira chaque fois la communauté, voulant pour lors etre nommé a haute voix ; ordonnant de plus que chaque mois il soit ditte une messe de morts pour moy dans l'église du dit monastere, et que, de plus, il sera annuellement, et à perpétuité encore ditte une messe de morts, ou toute la communauté communiera pour moy et récitera ledit jour l'office des morts à la même intention.

Item je lègue au couvent des Bernardines du présent lieu, mon bien de Bassin, avec huit tonneaux, à la charge et condition cy après, savoir : que la communauté dira exactement chaque jour, et à perpétuité le *De profundis* mattin et soir, avec l'oraison et l'*Ave maris stella* pour moy et pour mes feus père, mère, femme, frères et sœurs, de quoy la Supérieure avertira chaque fois la communauté, voulant pour lors etre nommé a haute voix, et que chaque semaine sera exactement dit par toute la communauté, un *Miserere mei Deus*, avec trois *Requiem* pour la meme intention, et de plus que chaque semaine et à perpetuité comm'est deja dit soit celebrée une messe de mort dans l'église du dit monastere pour le repos de mon ame et des miens, et que, annuellement, soit faitte une communion générale par toute la communauté pour les mêmes intentions, et que régulièrement, sans y manquer, aux quatrièmes dimanches de chaque mois, la Supérieure du dit monastère fasse communier une de leurs sœurs de dehors dans l'église des pères Jésuittes, à laquelle il sera ordonné de dire sept *Pater* et autant d'*Ave*, pour me faire gagner les indulgences du jour ; ordonnant de plus etre fait tous les ans, et a perpétuité un service solemnel dans l'église des dittes religieuses pour moy et pour mes feus père et mère, femme, frères et sœurs, et reciteront le dit jour l'office des morts a la même intention.

Item je donne, et lègue à titre de fondation perpetuelle, aux révérends Chanoines et Chapitre de la Ste Chapelle de Savoye, ma vigne avec le batiment, cave et pressoir située rière Leschaux, avec trois de mes tonneaux cerclés de fert, avec la prise pendante ; leguant de plus, au dit Chapitre, la somme de trois mille sept cent vingt livres à moy duë par le seigneur François Amédé de Mouxy comte de Loche, avec les censes arréragées lors de mon décès ; et cas avenant qu'il paye la ditte somme, je veus que le dit argent soit reprété ou mis et posé sur un fonds bien seur, avec les précautions requises et par bon conseil ; et venant le dit argent à m'etre rendu et que je m'en sois servi, je lègue la même somme au susdit Chapitre pour les mêmes fins, en satisfaisant en tout à mes volontés, sçavoir que les dits révérends Chanoines et Chapitre fourniront et entretiendront à perpétuité un second prêtre outre le curé, à l'église paroissiale de St Pierre, au faubourg de Maché ; lequel second prêtre fera sa résidence ordinaire dans le dit faubourg, et sera tenu de faire les fonctions curiales dans la ditte Eglise paroissiale, avec le révérend curé, lequel second prêtre sera tenu de dire la S^{te} messe les fêtes et dimanches dans la ditte église ou la faire célébrer par quelqu'autre, en cas de legitime empêchement, lequel s'aidera à chanter la grande messe et les vespres, les jours de dimanches et des fêtes commandées par l'église ; lesquelles messes celebrées les dittes fêtes et dimanches, le dit second pretre sera tenu appliquer tant pour le repos de mon ame que pour mes feus père, mère, femme, frères et sœurs, ordonnant sur toutes choses que les dimanches soit fait exactement le catéchisme dans la ditte parroisse, a l'heure la plus commode pour l'instruction du peuple, a quoy le dit second pretre s'aidera aussi bien que pour les prônes, les jours de dimanche, il entendra les confessions, assistera aux processions et agira en tout de concert avec le Révérend Curé pour l'édification et avencement spirituel des paroissiens, ordonnant de plus que régulièrement tous les lundis de chaque semaine et à perpétuité se dise une messe de mort, à la fin de la quelle on chantera le *De profondis*, avec trois *Requiem*, et l'oraison ordinaire pour le repos de mon ame et des miens, et qu'ensuitte on donne la benediction du très St Sacrement, à telle heure que le publiq sy puisse trouver ; voulant de plus que chaque jour soit faitte, la prière du soir, au son de la grande cloche, et à l'heure la plus commode, suivant la saison ; on y fera l'examen de la conscience, avec les actes ordinaires, après quoy se chantera chaque fois par les assistants, les litanies de la très sainte Vierge, à la réserve des jeudis et vendredis de chaque semaine, ou l'on chantera les litanies du St Nom de Jésus, avec l'oraison, auxquelles on ajoutera le *Stabat* durant le carême, et à tous les vendredis de l'année, lequel se chantera par les assistants ; et les dites prières finiront toujours par le *De profondis* que l'on chantera de meme pour le repos de mon ame, et des miens, de quoi les assistants seront chaque fois avertis par celuy qui fera la ditte prière, voulant pour lors etre nommé, a haute voix avec defense que je fais de jamais désunir, diviser et separer en façon quelconque, et pour quelque motif et raison que ce puisse etre, le revenu de la présente fondation, voulant qu'il demeure à perpétuité uni et incorporé à la ditte parroisse, pour l'entretient d'un second prètre, sans quoi je n'aurois fait la ditte fondation. Et au cas que les dits révérends Chanoines et Chapitre ne voulussent accepter le dit legs, je lègue le tout aux paroissiens du dit St Pierre de Maché, et toujours sous les mêmes charges et conditions, et de fournir un second prètre audit Curé de St Pierre lequel second prètre sera tenu aux mêmes obligations, exercices et astrictions que cy dessus, et singulièrement au regard des messes qu'il célébrera aux jours de fêtes et de dimanches, lesquelles il ne pourra appliquer que pour le repos de mon ame, et des miens, voulant de meme au dit cas, que les prières cy devant ordonnées, tous les lundis de l'année, et à tous les jeudis et vendredis du carême avec la prière du soir, soient exactement et religieusement observées, et sera tenu le dit second prêtre, et ses successeurs de payer les charges du fonds legué, et d'en maintenir le batiment.

Le cas avenant que tant la ditte paroisse de St Pierre de Maché que les couvents, et maisons religieuses à quy jay légué des fonds pour prier Dieu pour moy fussent obligés d'en vuider leurs mains, je veus et entend qu'ils soient vendus, et que de l'argent en provenant, il en soit fait un fonds assuré a leur proffit, et pour l'observation entière de de mes volontés seront remis pour mes exécuteurs testamentaires, à chacuns des dits legataires, les titres, papiers et instructions qui les concernent chacuns en particuliers, et notamment pour ce qui regarde le petit fidéi commis sur mon bien de Bassin.

Item je veus et ordonne que concernant les legs cy devant faits, mes héritiers ne pourront jamais etre convenus, recherchés, ny inquiétés pour ce regard en façon que ce soit, voulant que chacun des dits légataires porte les charges dépendantes des dits fonds pour en deffendre et soutenir les droits, et sans que mes dits héritiers puissent etre tenus, pour ce regard, à aucune eviction, ny garantie, de tout quoy je les relève et decharge, cèdant tant seulement aux dits légataires les droits que jay sur les dits fonds, et en cas de contravention à mes volontés, je révoque des à présent les dits legs, et en prive les contrevenants.

Item je lègue aux Révérends pères de St Antoine du présent lieu, ma tapisserie à bandes de damas vert, pour le chœur de leur Eglise, sans pouvoir etre prêtée ny déplacée, priant les dits S^{rs} révérends Chanoines de se souvenir de de moy dans leurs prières.

Item pour donner aux Révérends Pères Jésuittes du présent lieu, quelques marques particulières de mon estime, je legue à leur maison de la presente ville tout mon linge fin de table, soit de lin, pour le service de l'autel, et pour des nappes de communion, léguant de plus à la ditte maison, mes bras dorés, et toutes mes tapisseries à la reserve de celles dont jauray disposé avec dix tableaux, et leurs quadres, sçavoir St Pierre lisant à la chandèle, original du

Guy de Reny, S^tes Madgeleine et Marthe, original de Michel Ange de Caravagioz ; un buste de St Paul, original de Marc Angelloz Caravagioz, St Antoine, original du père Vignon ; un crucifix, original de Stella, l'enfant prodigue, original, un grand paysage dont le cadre est en cuivre, plus le couronnement de David, qui est sur la cheminée de ma sale, au quel les révérends pères feront faire un quadre uniforme, avec un grand tableau de l'Assomption, avec son quadre en cuivre, et une Vierge tenant l'Enfant Jésus copie, avec son grand quadre ovale doré, les quelles tapisseries resteront toujours tendues, et placées aussi bien que les dits tablaux susdits, ce qui ne se pourra prêter à personne, pas mêmes aux Congrégations ; léguant de plus à la ditte maison, toutte mon argenterie, à la charge toutes fois et condition qu'elle ne se pourra jamais vendre, ny etre fondue, voulant que à perpétuité, elle serve d'ornement à l'autel de cette église, et qu'elle se montre sur l'autel autant de fois que le très St Sacrement y sera exposé, sans quoy je n'aurois fait le présent legs, et demeurera la ditte argenterie dans son etat avec mes armoiries pour servir de souvenir aux pères de la Société, et de la confiance que jay mise pour toujours et à perpétuité dans leurs sacrifices, et dans leurs prières journalières, tant pour le repos de mon ame, que de feu mon père qui les honoroit infiniment ; et quant aux pièces d'argenterie qui ne sauroient servir à l'autel, j'entend qu'elles soient incessament fonduës pour etre faittes deux plaques uniformes, sur les quelles seront gravées mes armoiries, sur quoy on ne se réservera que mes deux Ecuelles couvertes, pour servir à perpétuité aux religieux malades de la ditte maison, les quelles étant usées, je veux etre refaittes pour le dit usage, et toujours avec mes armoiries.

Item je lègue annuellement et à perpétuité aux pauvres malades incurables la somme de soixante livres ; de même que à l'hotel dieu, soit a l'hopital des malades du présent lieu, avec tout le linge qui se trouvera à ma mort dans ma maison de la présente ville, et dont je n'auray pas particulièrement disposé, avec tous les matelats, carreaux et coussins qui se trouveront de même dans ma ditte maison, et toutes les couvertures, ne réservant que celles de soye, et les lits de plume, et c'est pour servir uniquement aux malades du dit hôpital, et pour nul autre usage ; donnant de plus, au dit hôpital, mes deux tomes des *Vies des Saints*, voulant que les soixante livres cy devant léguées au dit hôpital ne soient employées que pour la nourriture et les boüillons des malades, de quoy je charge le seigneur Préfet de la Congrégation des messieurs aussi bien que les S^{rs} ses assistants, et moyennant les susdits legs, jordonne que journalièrement et aperpétuité il soit dit dans le dit hôpital un *De profundis*, soir et matin, à haute voix, avec l'oraison ordinaire, dans la quelle je veus etre nommé a haute voix, et de plus qu'il sera célébré annuellement quatre messes de mort dans la chapelle du dit hôpital pour le repos de mon ame avec un *De profundis* chaque fois, par le célébrant, au pied de l'autel.

Item, je lègue la somme de cent livres pour une fois à la paroisse de St Michel en Maurienne, laquelle sera délivrée à l'économe des pies causes de la ditte parroisse, en la présence du révérend Curé du dit lieu, et du recteur de mes chapelles, et encore des S^{rs} sindics et conseillers du dit bourg, pour etre faits, par le Révérend Curé du dit lieu, durant l'an de mon decès divers services à l'autel privilegié de la ditte paroisse, pour le repos de mon ame, et des mes feux père, mère, femme, frères et sœurs, le tout a la diligence du Recteur de mes dittes chapelles ; de quoy je le charge, voulant qu'il soit délivré, pour chaque service, une livre au Curé, et douze sols à chaque célébrant à la charge d'assister aux prières qui se feront sur le tombeau de la famille ; je lègue de plus, à la ditte parroisse, la tapisserie avec tous les tableaux de dévotion ou à fleurs et fruits, qui se trouveront dans ma maison du dit lieu pour le chœur de l'église de la ditte paroisse, et sans les en pouvoir déplacer, ny prêter à personne ; et je veus être entretenu à perpétuité sur le Rolle de l'annuel de la ditte parroisse, et qu'à ces fins il soit payé douze sols par mes héritiers, suivant la coutume du lieu, ordonnant de plus que durant cent ans consécutifs soient dittes chaque année huit grandes messes à l'autel privilégié de la ditte parroisse, pour le repos de mon ame et de feu mon père et ayeuls, et pour les memes rétributions que cy dessus.

Item je lègue aux confréries du S¹ Sacrement et du Rosaire, à chacune pour une fois, la somme de soixante livres, afin que, à perpétuité, les confrères prient Dieu pour moy dans leurs assemblées, et que, à ma mort, chacune des dittes Confréries fasse dire quatre messes de *Requiem* pour moy.

Item j'ordonne que à perpétuité, à commencer dans la semaine de mon décès, seront exactement célébrées chaque semaine des messes à raison de neuf sols par rétribution aux autels privilégiés des Eglises suivantes du présent lieu, savoir : le lundy, à l'autel privilégié des pères Capucins, le mardy, à celuy des Carmes, le mercredy à celuy de Sᵗᵉ Claire en ville, le jeudy à celuy des Feüillants, le vendredy, à celuy des pères Cordeliers de Sᵗᵉ Marie Egiptienne, et le samedy aux autels privilegiés de Notre Dame du Pillier, dans l'église des pères Cordeliers de S¹ François, et à l'autel de la chapelle de Notre Dame du Rosaire des pères de S¹ Dominique, et se dira la messe de *Radix Sancta* ; les susdittes messes pour le repos de mon ame et des miens ; voulant qu'il soit incessamment remis à chacune des dittes maisons religieuses une expédition de mon présent testament, aussy bien qu'au procureurs des pies causes de la paroisse de S¹ Michel en Maurienne, pour que mes volontés soient notifiées à tous.

Item, je lègue de plus, pour une fois tant seulement, aux parroisses et maisons religieuses cy après, nonobstant les rétributions des messes que je leur ay déjà cy devant léguées, scavoir à la parroisse de St Léger, la somme de trente livres et autant aux Cordeliers de St François, et à ceux de Ste Marie Egiptienne, que aux Feüillants, du présent lieu, aux Capucins, Augustins, et aux pères de St Antoine pour etre incessament célébrées des messes pour le repos de mon ame aux autels privilegiés de leur églises, et sans discontinuation dès le jour de mon décès, et à raison de neuf sols par rétribution ; et je lègue aux Révérends pères de St Dominique du présent lieu, la somme de cinquante livres pour des messes de *Salve radix Sancta*, à leur autel du Rosaire, pour le repos de mon ame, à raison de neuf sols par rétribution, et sans interruption, ordonnant que pour la prompte exécution de mes volontés en cela les seigneurs mes exécuteurs testamentaires se servent de l'argent qui pourroit se trouver ché moy, et par préférence à tout, et encore pour faire celebrer dès le lendemain de mon décès, les trente messes de St Grégoire, à raison de neuf sols par rétribution, ce que mes héritiers feront de même à la mort de mon frère l'Antonin, et de ma sœur la religieuse au Pont de Bonvoisin.

Item je veus et entend que, non seulement les messes ordonnées par mon présent testament se disent exactement suivant mes intentions, mais encore qu'elles soient célébrées par les religieux de chacun des dits couvents, et que, dans le cas où ils ne pourroient satisfaire par eux mêmes, ce soit toujours dans les jours marqués et ordonnés et pour la même rétribution, sans en rien retrancher, de quoy je charge leur conscience.

Item j'ordonne que toutes les maisons religieuses, curés, et hôpitaux à qui jay fait quelques legs les fassent non seulement enregistrer dans les livres de leurs principales affaires, mais encore que, rière chaque lieu, mes volontés soient écrittes sur deux grandes tablettes, en gros caractères, avec que des quadres au tour, lesquelles seront solidement placées, au regard des maisons religieuses, l'une dans les chœurs ou l'on s'assemble pour l'office divin, et l'autre dans leurs églises ; et pour regard des cures, et hôpitaux, que lune desdittes tablettes, soit mise dans leurs églises, et l'autre dans les sacristies pour la future mémoire.

Item, je veus et entend que toutes les denrées et provisions qui se trouveront, lors de mon décès, dans ma maison de la ville, et dans celle des Charmettes, soient vendues à la diligence des seigneurs mes exécuteurs testamentaires dont ils distribueront l'argent à des pauvres honteux, à qui ils donneront de même mes habits, et toutes autres choses de cette espèce servants à ma personne dont je n'auray pas particulièrement disposé avec défenses d'en rien vendre, ny exposer au publicq.

Item, pour reconnoitre la fidelité avec laquelle honorable Françoise Jacquier m'a toujours servi, et son affection pour feue ma femme, je luy lègue la somme de cent livres pour une fois, à prendre sur l'argent que je pourrois laisser, et, à défaut de ce, la ditte somme luy sera payée par mes héritiers, voulant de plus quelle soit habillée à ma mort, avec son entretient de tout durant sa vie ché mes héritiers, aussy bien qu'à Claude Duvillard, mon vallet de chambre, comme à d'honnestes pensionnaires dans un apartement à part, et séparé de la communauté, tant que ny l'un ny l'autre ne se marieront, auquel cas tant seulement le dit entretient cessera. Et supposé que la ditte Jacquier ne puisse, ou ne voulusse accepter le dit entretient ches mes héritiers, ils luy payeront, durant sa vie, cent livres de pension pour tout, à la charge que tant la ditte Jacquier que Duvillard se trouveront à mon service lors de ma mort, le tout sans préjudice des gages de la ditte Françoise Jacquier s'il étoit deu quelque gage à la ditte Jacquier, les chargeant de prier Dieu pour moy durant leur vie, et de faire chacun, dans la huitaine, une communion pour le repos de mon ame, voulant de plus qu'il soit délivré au dit Claude du Villard douze de mes chemises de nuit, mes perruques, douze cravattes de mouceline, avec autant de manchettes, avec trente livres d'argent, qui luy seront payées dans l'an par mes héritiers.

Item, je lègue annuellement à mon frère, le religieux dans l'ordre de St Antoine, la somme de quatre-vingt livres durant sa vie, sans y comprendre les vingt livres qui luy sont duës par le testament de feüe ma mère.

Et je lègue, pour une fois, la somme de cinquante livres à ma sœur la religieuse du Pont pour faire prier Dieu pour moy.

Item, je lègue à ma sœur de Piochet l'usufruit de ma maison et des deux boutiques, durant sa vie tant seulement, à la charge de prier Dieu pour moy, et de ne rien exiger de sa petite part du fidéi commis sur Bassin, et aussitot après elle, je lègue en toute propriété ma ditte maison à l'hôpital de St François de la présente ville dit des enfants trouvés, à la charge qu'il sera dit à perpétuité soir et matin, dans la chapelle du dit hôpital, un *Pater* avec l'*Ave* et un *De profondis* pour le repos de mon ame, et de feu mon père, et sera ditte chaque mois une messe de mort dans la chapelle du dit hôpital pour la meme intention, avec un *De profondis* chaque fois, un *Requiem* et l'oraison ensuitte, par le celebrant, au pied de l'autel, dans laquelle oraison je veux etre nommé à haute voix, voulant de même etre nommé à haute voix dans la prière du matin et du soir, ce qui sera écrit, ainsi qu'il a déjà été dit cy devant, sur deux grandes tablettes en gros caractères imprimés, avec un quadre au tour, dont l'une sera enchassée dans la muraille du bureau où s'assemblent Messieurs du Conseil, et l'autre au dehors de la muraille de la chapelle dudit hôpital, et que mes dittes volontés soient encore enregistrées dans le livre des principales affaires du dit hôpital.

Item je lègue dix livres à chacuns des porteurs de chaises qui seront à mon service lors de ma mort, sans préjudice de leurs gages, moyenant quoy ils feront, dans la quinzaine, une communion pour le repos de mon ame.

Item je lègue à Claude Routen et à Claudine Girod sa femme, aussi bien qu'à Claude Routen leur fils, la somme de trente livres, à partager entre eux, un tonneau de vin du lieu, avec la futaille, et une de mes vaches à leur choix, lesquels ne pourront etre mis hors de la grangerie durant l'an de mon deüil, et jouiront dans la ditte année de toute la récolte du seigle sans empêchement, leur léguant, de plus, tout ce que je pourrois leur avoir prêté, moyenant quoy ils feront chacun une communion pour moy, et prieront durant leur vie pour le repos de mon ame.

Et parceque le chef de tout testament est l'institution d'un ou plusieurs héritiers, à cette cause, pour me conformer aux pieuses intentions de feu mon père, j'institue à l'hôpital général du présent lieu, par lequel seront exactement payées et aquittées les charges de mon hoirie, voulant et ordonnant que, au regard de mes rentes constituées, où il est dit et convenu que les débiteurs renouvelleront les dittes rentes quand ils en seront requis, j'entend que ce soit aux frais de mes dits héritiers, voulant de plus que, au regard de mes créances payées, et non encore solvittées, et que l'on peut s'être retenu pour des antériorités, on se garde ne pas inquiéter, pour ce regard, les dits débiteurs, ou les leurs ; et que, au cas que l'on trouve, parmy mes créances, quelques unes stipulées au delà du cinq pour cent, (ce qui auroit pu échaper à ma connoissance) j'entend et ordonne que l'on rende promptement aux débiteurs tout ce qui aura excédé le cinq pour cent avec intérêts. Et quant à mes livres, tableaux, meubles, vaiselle, ustensiles, et batteries de cuisine qui se trouveront lors de mon décès, dans mes maisons, tant de la présente ville, Charmettes, et à St Michel en Maurienne, je veus que le tout soit vendu, en gros et non en détail, et sans aucune enchère publique, ce que je deffend tres expressément, pour etre ensuitte fait, du prix d'iceux, un fond bien seur au proffit du dit hôpital, à moins qu'il ne convienne audit hôpital de laisser les meubles dans ma maison de St Michel pour y établir un logis, moyenant quoy j'ordonne que tous les jours, sans manquer, et à perpétuité, il soit dit à haute voix par le Recteur, avec les pauvres du dit hôpital, le *De profondis* matin et soir, avec trois *Requiem*, et l'oraison ordinaire avec le *Salve Regina*, pour le repos de mon ame, et de feu mon père, voulant, pour lors, que l'on nomme tous les deux à haute voix : lequel *De profondis* et *Salve* se chanteront par le dit Recteur avec tous les pauvres, sans y manquer.

Ordonnant de plus qu'il soit dit tous les mois, huit messes de mort dans la chapelle du dit hôpital, avec le *De profondis*, et l'oraison chaque fois par les celebrants, au pied de l'autel, avec un *Requiem* pour le repos de mon ame, et que regulièrement à tous les quatrièmes dimanches de chaque mois, le révérend Recteur dudit hôpital nomme deux pauvres pour communier ce même jour dans l'église des Jésuittes pour la délivrance de mon ame, auxquels il sera ordonné de dire sept *Pater* et autant d'*Ave* pour me faire gagner les indulgences du jour, ce que je veux etre écrit sur deux grandes tablettes imprimées en gros caractères avec un quadre autour, dont l'une sera enchassée dans la muraille du réfectoire du dit hôpital, et l'autre dans la muraille de la chapelle, ce qui sera de plus enregistré dans le livre des affaires principales du dit hôpital, et en tant que le présent testament ne pourroit valoir comme testament, je veus et entend qu'il vaille comme codicille, et par tous autres meilleurs moyens qu'il pourroit valoir, et être soutenu de droit. En foy de quoy jay signé au bas de chaque page, à Chambéry, le vingt sixième aout mil sept cent trente, quoy que d'autre main soit écrit jusque au chef de l'institution. Signé Favre de Marnix.

102 B

*Codicile du même, qui nomme noble André-Louis Bret
son exécuteur testamentaire, modifie divers legs et casse
son testament de 1742.*

1746.

L'an mil sept cent quarante-six, et le douze du mois de may, sur environ les trois heures après-midi, dans la maison du seigneur de Marnix, située en rüe Saint-Dominique de la présente ville de Chambéry; comme ainsi soit que noble Pierre Hyacinthe Favre seigneur de Marnix, conseiller du Roy, et des anciens Maîtres au comte de Savoye, fils de feu noble et spectable Esprit François Favre seigneur de Marnix, vivant aussi conseiller, et Maître auditeur en la Chambre, natif de Saint-Michel en Maurienne, habitant audit Chambéry, aye fait son testament solennel, à forme de la déclaration faite le vingt-six aoust mil sept cent trente, reçu par M. Perret, notaire, et désirant encore faire quelques additions, outre ce qui est contenu audit testament, a fait le présent codicille à la forme que s'en suit. A cette cause, les jour et an que dessus, par-devant moy notaire royal collégié soussigné, et présents les témoins ci-après nommés, s'est personnellement établi et constitué ledit noble Pierre Hyacinthe Favre seigneur de Marnix, lequel de son gré, sain d'esprit, de corps, mémoire et entendement, et par codicille additionnant à son dit testament solennel, a nommé, ainsi que par le présent il nomme pour exécuteur testamentaire noble André Louis Bret, major de la milice de la province de Savoye, de la ville de Chambéry, le priant d'agréer trois cents livres payables après son décès pour une tabatière, deffendant ledit seigneur codicillant très expressément qu'il soit fait aucun cachettement chez luy pour quelle cause et raison que ce puisse être, mais veut et ordonne qu'aussitôt après son trépas, son dit testament clos et cacheté le susdit jour, à forme de la susdite déclaration faite à double pour en laisser un déposité chez les Révérendes Dames de Sainte-Claire dans ville, et l'autre dans sa maison, pour qu'il ne puisse s'écarter après son décès, et sa volonté être accomplie, iceluy testament soit incessament ouvert à la requette et diligence dudit sieur Bret, et, en son absence, à la diligence d'une des Dames des Sœurs du seigneur codicillant, pour être d'autant plutôt effectués ses voluntés, singulièrement au regard des prières et messes ordonnées pour le repos de son âme, et déclare ledit seigneur codicillant ne pouvoir rien donner de plus à l'hôpital général n'y aux autres hôpitaux et congrégations de ce pays, n'y même à l'hôpital de SS. Maurice et Lazare que ce qu'il a donné audit hôpital général par son dit testament, plus veut et ordonne que l'on laisse vingt-quatre heures son corps à visage découvert, sans y toucher, priant à ces fins son exécuteur testamentaire qu'aussitôt après son décès, il fasse incessamment avertir les Révérends Religieux des ordres où il a l'honneur d'être affilié, pour qu'ils fassent prier Dieu pour le repos de son âme, en leur exhibant les lettres d'affiliation que l'on trouvera chez luy, afin de notifier par ce moyen sa mort, à tous les couvents dépendants desdits ordres, et quant aux autres relligieux étrangers, il ordonne de même qu'il leur soit incessamment écrit avec désignation de l'an et datte des susdites lettres, et ne discontinueront d'écrire qu'ils n'ayent reçu réponse positive, de quoy il charge la consciance de ses héritiers, laissant à son héritier et à son exécuteur testamentaire le soin de ses funérailles, lesquelles néantmoins se feront sans pompe, voulant cependant que l'on sonne par toutes les églises de la présente ville pour se procurer plus de prières ; révoque ledit seigneur codicillant, la deffense de tenir les portes de sa maison fermées, voulant au contraire qu'on laisse entrer qui voudra quand il sera décédé, plus ledit seigneur codicillant donne et lègue aux pauvres religieux Augustins du présent lieu la somme de douze cents livres à la charge que dudit argent en sera fait un fond dont le revenu sera employé pour des messes à l'hautel privilégié de leur église pour le repos de son âme, à raison de neuf sols pour rétribution, et que régulièrement soir et matin de chaque jour sera dit par la communauté assemblée, un *De profundis* pour le repos de l'âme du seigneur codicillant avec l'oraison *Absolve quæsumus Domine,* dans laquelle il veut chaque fois être nommé à haute voix et à perpétuité, laquelle fondation il veut être enregistrée et de plus écrite sur une tablette en grands caractères imprimés avec injonction au Supérieur dudit monastère d'en faire exactement la lecture à la communauté chaque lundy de l'année avant le diner, pour en mintenir le souvenir à perpétuité : plus veut et ordonne que ceux qui hériteront de ses biens des Charmettes, délivrent pour une fois la somme de cinq cent cinquante livres aux Relligieuses Annunciades de la présente ville, avec encore deux cent cinquante livres pour faire huit cents livres en tout, moyennant quoy lesdittes relligieuses assemblées réciteront journallièrement soir et matin et à perpétuité un *De profundis* pour le repos de son âme et de ses parents, avec l'oraison *Absolve quæsumus Domine* dans laquelle il veut être nommé chaque fois à haute voix ce qu'il veut être enregistré et de plus écritte sur une tablette à grand caractère imprimé, aux frais de ses héritiers laquelle sera solidement placée dans le chœur dudit monastère, et que incessamment après son décès soit célébrée une messe à laquelle toute la communauté communiera pour le repos de son âme, ce qui sera une fois pratiqué tous les ans et à perpétuité, voulant qu'à ces fins leur soit remise une copie du présent codicille aux frais de ses héritiers. Plus ledit seigneur codicillant donne et lègue la somme de vingt-cinq livres à la confrérie du Saint-

Sacrement du présent lieu, pour aider aux frais du service qui luy a été promis et enregistré. Plus donne et lègue un louis vieux aux trois monastères où il a eu des sœurs relligieuses; sçavoir au Pont de Bonvoisin, rière France, au couvent des Urselines et à celuy de l'Annunciade de la présente ville, à la charge qu'elles prieront Dieu pour le repos de son âme, et qu'elles feront dire une messe ou lesdites communautés prieront Dieu pour le repos de son âme ; voulant de plus qu'il soit délivré un louis vieux aux chapelles du Rosaire, et à celle du Tiers Ordre de Saint-François, pour être prié pour luy ; plus lègue à humble Françoise Mercier, gouvernante du seigneur codicillant, et à humble Madeleine Brunier, sa cuisinière, leur entretien chez ses héritiers du tout durant leur vie, comme à d'honnêtes personnes, tant qu'elles resteront filles et qu'elles seront au service du seigneur codicillant lors de sa mort, et non autrement. Plus veut et ordonne que le coffre à bandes de bois qui devait être remis au marchand grenier soit incessamment remis avec sa clé, à Claude Routen, son granger des Charmettes, ou à Claudine Pacoret sa femme. Veut de plus ledit seigneur codicillant être inhumé avec son habit du tiers ordre de Saint François, avec celuy des Carmes et avec le cordon de Notre-Dame des Anges ; plus révoque ledit seigneur codicillant des legs par luy faits par son dernier testament en danrés et autres provisions, tant au pauvres de la présente ville qu'à ceux de la paroisse de Saint-Michel en Maurienne, dont il décharge entièrement ses héritiers. aussi bien que du leg qu'il pourroit avoir cy-devant fait aux filles repenties. Plus ledit seigneur codicillant lègue à la maison des Révérends Pères Jésuites de la présente ville, en considération et reconnoissance des grands services qu'il en a reçu, sçavoir son argenterie, consistant en une grande cuvette avec son aiguière, plus une grande caffetière pouvant servir de cocomard dans la sacristie pour d'eau chaude en hyver, plus ses trois paires de chandelliers.

sçavoir quatre grands et deux plus petits, appellés de toilette, pour servir ladite argenterie, à l'autel ; plus deux grandes soucoupes, et deux salières, un porte mouchette avec ses mouchettes de même, plus dix-huit culiers, dix-huit fourchettes, dix-huit couteaux à manche d'argent, plus une grande cullier avec deux moindres, et six autres petites, voulant ledit seigneur codicillant que toutes lesdites pièces d'argent à la réserve de la cuvette avec son aiguière et de six chandeliers avec la caffetière soit cocomard pour l'usage de l'autel, tout le reste soit fondus, pour en être faittes deux grandes plaques d'argent avec ses armoiries pour être mises sur l'autel, toutes les fois que le Saint-Sacrement y sera exposé, légueant de plus, à ladite maison, ses deux équelles d'argent avec leur couvert, pour servir à perpétuité aux malades de ladite maison, avec deffenses de jamais vendre, prêter, n'y engager ladite argenterie, laquelle restera à perpétuité dans ladite maison avec ses armoiries; léguant de plus, à ladite maison deux tenture de tapisseries, l'une à personnage et l'autre à verdure, lesquelles on fera éclaircir et dégraisser pour être mise sur les pilliers de l'église, avec ses grands tableaux à cadre doré, sçavoir, un assomption de la Vierge, un autre de la sainte Vierge, tenant l'enfant Jésus, un de saint Joseph, de saint François d'Assise, de saint François de Sales, un grand paysage avec le couronnement de David, auquel sera fait un quadre uniforme par ladite maison, avec deffences de jamais déplacer et pretter lesdits tableaux, et les tapisseries pour quelque raison et prétexte que ce puisse être, pour servir à perpétuité d'ornement à ladite église, révoquant, au surplus, tout ce qui pourrait avoir été légué à ladite maison ; plus ledit seigneur codicillant legue à Messieurs les Pénitens Noirs de la présente ville, pour leur chapelle de Notre Dame, la tapisserie de satinade de sa chambre, avec deffense de la jamais déplacer n'y pretter pour quelque prétexte que ce puisse être ; plus lègue à l'autel du

Crucifix, dans l'église de Messieurs les Relligieux de Saint Antoine, la tapisserie de Bergame qui est dans sa maison de campagne aux Charmettes, pour se procurer des prières ; plus veut et ordonne, que venant à se servir des sommes à luy dûes par le seigneur comte Mouxy Deloche et par luy cy devant légué pour une fondation dans la paroisse de Saint-Pierre de Maché, les mêmes sommes soyent payées par ses héritiers, pour l'entière observation de ladite fondation, et sans y rien innover, voulant audit cas que R^d Loüis, fils d'honorable François Frency de Saint-Jean de Maurienne, soit élu et nommé par préférence à tous autres pour les fonctions de laditte fondation. Plus lègue à Demoiselle de Piochet, après la mort de Madame sa mère, la somme de trois cent livres annuellement tant qu'elle restera fille et non autrement. Plus lègue à Monsieur de Salin, seigneur de Monterminoz, son neveu, son fief et rente de Marnix, provenant de leurs anciennes familles, et à Madame de Piochet de Monterminoz, son épouse, la somme de quatre mille livres payables d'abord après son décès, de même que le légat cy-dessus, et c'est pour engager ladite Dame de Monterminoz à prier Dieu, et toute sa postérité pour le repos de son ame. Plus lègue à Dame de Piochet, sa sœur, tout ce qu'elle peut luy devoir, se recommandant à ses prières. Plus lègue à Monsieur de Maréchal du Mollards, son cher neveux, la somme de cinq cent livres à prendre sur les arréages des gages du seigneur codiciliant et c'est en témoignage de l'amitié qu'il luy porte. Plus lègue sa garde-robe à Jean Chêne son valet, de la paroisse du Mont-du-Chat, dans laquelle garde robe, il entend comprendre non seulement les habits linges, mais encore tout ce qui a servi à sa personne en quoy qu'il puisse consister, avec un tonneau de vin à son choix et deux vaisseaux de froment, et vingt livres, à la charge qu'il priera, et sa famille, tous les jours pour le repos de l'âme du seigneur codicillant, et qu'il communiera sans manquer tous les quatrièmes dimanches de chaque mois durant sa vie, sans préjudice des précédents legs, et à la charge que ledit Chêne sera à son service à son décès, laissant tant à lui qu'à son camarade Perret les habits qu'ils auront lors de son décès, et lègue en outre audit Chêne sa chaise à porteur dont il pourra s'emparer d'abord après son décès. Plus revolque ledit seigneur codillant le leg faict par son dernier testament de son bien de Bassin, à une maison relligieuse du présent lieu, en place de quoy il lègue à ladite maison relligieuse la somme de neuf cent livres, moyennant quoy les prières ordonnées par ledit premier leg du bien de Bassin, subsisteront en tout sans y rien changer n'y retrancher et sous les mêmes conditions et astrictions. Plus veut et ordonne ledit seigneur codicillant que le leg par luy fait à l'hôtel des malades de la présente ville de ses livres de dévotion, lesdits livres servent également aux pauvres dudit grand hôpital général de la charité, lequel en sera le gardiateur ; et quant aux autres choses léguées audit Hôtel-Dieu, elles resteront en leur entier sous les mêmes charges et conditions portées par le testament dudit seigneur codicillant. Plus veut et ordonne ledit seigneur codicillant qu'au cas que les Révérends Religieux de Saint-Dominique de la présente ville ne voulussent pas tenir les fonds à eux remis pour les sermons du carême, il les donne et lègue au couvent de Saint-François de la présente ville, en augmentation des fondations faittes chez eux pour être toujours plus exactement et régulièrement observés, et notamment pour la messe de l'aube du jour, et pour les oraisons ordonnées durant sa vie, et après la mort du seigneur codicillant. Plus concernant les rentes constituées le seigneur codicillant deffends à ses hérittiers de se pourvoir en justice pour le capital d'icelles et simplement pour les censes arréagées, et pour lors les débiteurs offrants de payer censes et capital, avant que d'attendre un jugement, ils ne pourront recevoir pour lors que le capital sans aucune cense, et lorsque les débiteurs, pour s'affranchir, voudront volontairement payer et sans aucune cittation précédente, audit cas, il pourront recevoir les sommes capitales avec leurs censes, voulant le seigneur codicillant que son exécuteur testamentaire qu'il prie d'aller incessamment après sa mort chez les Révérendes Dames Religieuses de Sainte-Claire en ville, pour faire promptement ouvrir la petite cassette, que le seigneur codicillant a mis en dépôt chez elles, où il doit y avoir cent quinze loüis d'or, en divers paquets, pour que ses volontés soyent aussi exécutées sans délai, conformément au mémoire y contenus, la clef de ladite cassette est attachée au dernier codicille du seigneur de Marnix qui est dans le tiroir du bureaux de son cabinet, prohibant expressément à ses héritiers de se prévalloir du pact résolutif pour le payement des rentes constituées qui se trouveront à son décès ; et au regard du leg fait aux Révérends Pères Jésuites cy dessus spécifiés, il veut et ordonne que ledit leg qui leur est fait dans le présent soit enregistré dans le livre des principales affaires de cette maison pour future memoire. Plus lègue à Philibert Granier ce qu'il luy doit, moyennant une communion et prières pour le repos de l'âme du seigneur codicillant durant sa vie, cassant, révoquant et annullant tous autres testaments qu'il pourroit avoir cy devant fait, et notamment celuy du quinze mars mil sept cent quarante-deux, par moy notaire soussigné reçu : priant et requérant les témoins c'y après nommés par luy connus et appellés d'en porter le témoignage de vérité, et moy notaire soubsigné d'en faire autant d'expéditions qu'il m'en seront requises.

Fait et prononcé audit lieu, dans la chambre dudit seigneur codicillant qui est de bonne santé grace a Dieu, en présence de Claude Pacard de la paroisse de Planeige, de Joseph Chevallier de la paroisse de Ronjeux, de Joseph Pollieux de la même paroisse, tous deux tallieurs de pierre, de Joseph Damaisin de la paroisse de Gerbaix et d'honête

Joseph Richard de la paroisse de Saint-Pierre d'Albiny, témoins requis, le seigneur codicillant et Claude Pacard ont signé sur la minutte, et les autres témoins n'ont sceus signer, illiterés, de ce enquis par je notaire soubsigné recevant requis, et expédie le présent en faveur du seigneur codicillant ce que requérant après l'avoir fait insinuer à l'office du tabellion de cette ville, et au fol. cinquante neuf du second livre de la courante année, payé pour un droit six livres quinze sols, outre autre droit, ainsi qu'en conste par l'attestation couchée en marge de la minutte du présent, du douze may suivant signé Perronnet; quoyque par Michel Domenget fils de moy notaire, le présent soit écrit.

---

102 ᶜ

Autre Codicile, par lequel il change la fondation qu'il avait faite pour l'établissement d'un vicaire à Maché, en une fondation en faveur de l'église paroissiale qu'on se proposait d'établir au faubourg de Montmélian, et qui serait desservie par un prêtre, placé sous la dépendance du Chapitre de la Sainte-Chapelle.

10 Juin 1747.

L'an mil sept cent quarante-sept et le dix-sept du mois de juillet sur les onse heures du mattin à Chambéry dans la maison du seigneur de Marnix située en la rue de Saint-Dominique par devant moy notaire Royal collégié soussigné, et présents les témoins bas nommés, s'est établi en personne noble Pierre Hyacinthe fils de feu Messire Esprit François Favre seigneur de Marnix Conseiller du Roy et maître auditeur en l'ancienne chambre des comptes de Savoye, natif de Saint-Michel en Maurienne, habitant de cette ville, sain d'esprit, bonne mémoire, et entendement grâce à Dieu, quoyque atteint d'une incommodité de faiblesse aux jambes qui le retient dans sadite maison, lequel de gré pour lui et les siens ayant cy-devant disposé des biens qu'il a plû à Dieu de luy donner en ce monde par testament et codicille, il auroit entr'autre fait une fondation pour l'établissement d'un prêtre qui seroit vicaire à la paroisse de Saint-Pierre de Maché, et qui s'acquitteroit des services qu'il auroit exigé occasion de ladite fondation ; mais ayant été informé depuis peu qu'on est dans l'intention de faire une paroisse dans le faubourg de Montmeillant, et qu'on a déjà acheté une maison et un jardin pour y construire l'Eglise, et ayant considéré qu'à Maché il y a déjà un curé, soit vicaire du chapitre de la Sainte-Chapelle, et que le faubourg de Montmeillant qui est grand et bien peuplé, outre ceux qui sont autour dudit faubourg, et une grande partie que l'on appelle des Charmettes, et qu'il n'y a aucun prêtre sauf ceux de Saint-Léger qui, à cause de la porte de la ville, ne peuvent pendant la nuit leur donner les secours spirituels; considérant aussy que ceux de ce faubourg et dudit lieu des Charmettes à cause de l'éloignement ne vont pas pour la plus part à la paroisse, et que les enfants ont un grand besoin d'instructions et de catéchismes, il auroit reconnu que cette fondation seroit beaucoup plus pour la gloire de Dieu, le salut du prochain, plus avantageuse pour le bien du public par l'établissement dudit Prêtre au susdit faubourg de Montmeillant ; c'est pourquoi de son gré et libérale volonté, il a fait et fait le présent codicille par lequel il révoque l'établissement qu'il a fait d'un vicaire à la paroisse de Saint-Pierre de Maché, et par le présent en changeant la disposition, il veut et ordonne que l'établissement qu'il avoit cy-devant fait d'un vicaire pour la paroisse de Saint-Pierre de Maché soit dès à présent transféré, uni et incorporé ainsy qu'il le transfère, transporte, unit et incorpore à l'église paroissiale qui se doit faire audit faubourg de Montmeillant pour un pressant besoin, pour la gloire de Dieu et le bien publicq, le tout sous les mêmes réserves, conditions et astrictions apposées à ladite fondation, sauf dans les articles dérogés et expliqués au présent codicille. Et c'est sous le revenu sçavoir des vignes que ledit Seigneur codicillant a et possède rière Leschaux, avec les dépendances, le cellier et ce qui y est contenu compris, les confins icy tenus pour exprimés, et de plus la vente constitué qui est dûe audit seigneur codicillant par le Seigneur comte Deloche, et c'est ce qu'il donne et lègue pour ladite fondation ; et cas advenant que ledit seigneur codicillant exigeat lesdites sommes à luy dûes par ledit Seigneur Deloche et assignées pour partie de ladite fondation et pour l'entretient dudit vicaire ; les mêmes sommes qu'il se trouveroit avoir exigé seront remplacées et bonifiées par ses héritiers, pour l'entière observation de la présente fondation qui sera toujours sous la direction et dépendance du vénérable Chapitre de la Sainte Chapelle de Savoye, qui sera aussy toujours nominateur de ce prêtre pour son vicaire amovible, sauf pour la première fois, que ledit seigneur de Marnix nomme Révérend Louis Frenay du lieu de Saint-Jean de Maurienne, actuellement curé de la paroisse de Bonvillaret qu'il veut, ordonne et entend que dès son décès il perçoive les fruits et revenus cy-devant mentionnés en faisant le service qui luy est assigné, tant pour regard de toutes les fonctions curiales que pour le service qu'il a désigné dans la fondation. Et au cas que l'église paroissiale audit faubourg de Montmeillant ne fût pas encore bâtie et établie à son décès, veut et entend que ledit vicaire serve jusque alors dans l'église paroissiale de Saint-Léger et aye un soin particulier des habitants dudit faubourg de Montmeillant, et y fasse en attendant des catéchismes dans l'endroit qui luy sera indiqué, priant les R[ds] Seigneurs, Doyen, Chanoines et chapitre de ladite Sainte-Chapelle auxquels il donne et cedde le droit de nomination et de patronage dudit vicaire, de veiller à l'exécution de ladite fondation et conservation des fonds et capitaux. En telle sorte que ledit vicaire qui desservira ladite paroisse du faubourg de Montmeillant ne puisse point aliéner lesdits biens, ny exiger les capitaux desdites sommes assignées pour ladite fondation sans l'autorité dudit Chapitre, mais au contraire que le tout soit toujours conservé pour le maintien d'icelle. Et si les sommes étoient rendues et payées elles soient remplacées au plutost en rentes constituées et assurées, afin que ledit vicaire en puisse toujours percevoir les revenus pour son entretient et ne pourra posséder aucun autre bénéfice s'il demande résidence. Et afin que l'intention dudit seigneur fondateur soit ponctuellement exécuté notemment pour regard des prières ordonnées sans rien changer, veut que le présent vaille comm'un acte pur et simple et à jamais irrévocable fait pour cause pie, et qu'il vallie comme codicille, ou donation à cause de mort, et par tous autres droits, loix et moyens qu'il pourra et devra mieux valoir et subsister de droit, plus veut, ordonne et entend que le mémoire instructif de main privé (qui sera joint à l'expédition du présent codicille) par luy signé soit régulièrement et exactement observé en tout son contenu, tout ainsy et comme s'il étoit inscrit dans le présent codicille, le tout sans rien innover ny changer, telle étant sa précise volonté, de quoy même je charge la conscience de ses héritiers, et au surplus veut et entend que le présent aussy bien que son testament sorte son plein et entier effet, telle étant sa volonté et disposition précise, priant et requérant les témoins cy-après nommés par luy bien connus, et de sa part appelés être mémoratif du présent et d'en porter témoignage si besoin est. Fait et prononcé audit lieu en présence du sieur François Chesne étudiant en théologie, de sieur Louis Chesne son frère étudiant en réthorique, de François Juilland de la paroisse de Saint-Sulpice y habitant, d'honorable Antoine

Pitton de la paroisse d'Apremont aussy y habitant, et d'honorable François Perret de Gerbaix, habitant avec lesdits sieurs frères Chesnes à Chambéry témoins requis, ledit seigneur codicillant avec les seigneurs frères Chesne ont signé sur la minutte, non les autres témoins pour être illitérés de ce enquis, et en même tems, et auparavant que les témoins se soient retirés, ledit noble Pierre Hyacinthe Favre Seigneur de Marnix pour éviter toutes contestations qu'on pourroit faire au sujet du mémoire instructif dont il a parlé dans le présent codicille, et qu'il a fait sur du papier marqué en datte du dix juin proche passé, et du quatre du courant mois de juillet, il la présentement exhibé et exigé qu'il fit partie de son codicille, et y fit même corps comme s'il y étoit écrit suivant sa teneur, et a requis qu'il fut signé et verbalisé par moy notaire stipulant, et signé par les témoins qui sçavent écrire, et que ceux qui ne le sçavent pas en soient mémoratifs pour en porter témoignage en justice en étant requis, en déclarant que quoyque dans ce mémoire il ait dit en deux endroits qu'on donneroit sur ses payes arreragés aux R^{ds} Pères de Saint-François pour augmentation de la fondation de la messe de l'aube la somme de cinq cent livres, cependant il veut et entend que ce soit un seul et même payement, et ont lesdits témoins (qui sçavent signer) signé ledit mémoire et non les autres témoins pour être illitérés de ce enquis, et lequel mémoire qu'il a exhibé contient quatre pages qu'il a signé en trois endroits différents, laquelle présente addition après les signatures cy-devant a été encor resigné par ledit seigneur codicillant et par lesdits frères Chesne sur maditte minutte, non les autres témoins comm'est cy-devant verbalisé pour être illitérés de ce enquis, laquelle minutte outre la susdite addition contient deux pages et trois quarts sur une autre faisant compris la susdite addition trois pages et moitié d'une autre, les signatures et ma souscription comprises écrittes sur deux feuillets par moy notaire soussigné recevant.requis qui ay le présent expédié audit seigneur codicillant après l'avoir fait insinuer à l'office du tabellion dudit Chambéry fol. 559 du second livre de la courante année et payé les droits à forme du certificat mis enfin de ladite minute du dix-huit du courant. — Signé Peronnet Commis, signé Boverat Notaire.

Supplément à mon codicille cy-joint faisant partie d'iceluy.

Mes héritiers et les seigneurs mes exécuteurs testamentaires se souviendront que, cas avenant que messieurs Favre de la présente ville mes cousins, ou quelque seigneur féodal voulut former des difficultés au sujet de mon hoirie, il faudra lire les Lettres Pattentes de Maître des comptes de feu mon père, ils trouveront de plus parmy mes titres dans un sac de peau deux contracts de transaction, l'un du vingt juillet mil six cent soixante-huit et l'autre du trois aoust même année avec un arrêt du Sénat. Et de plus un contract du huit aoust mil sept cent trente. Et au regard de messieurs Favre, on trouvera ché moy le testament de noble Dominique Favre, général des monnoies, mon grand père [1], leur

---

[1] On le voit ; ces Favre de Marnix, originaires de Saint-Michel en Maurienne, ont occupé des charges importantes et tenu un rang distingué dans notre pays aux XVII° et XVIII° siècles.

Grillet semble ne les avoir pas connus, puisqu'il n'en fait nulle mention dans son *Dictionnaire historique de la Savoie*.

C'est de la même souche qu'eux, sans doute, qu'était issu le fameux Philippe de Marnix, baron de Sainte-Aldegonde, que les historiens s'accordent à faire naître à Bruxelles en 1538, d'une famille originaire de la Savoie. Envoyé jeune à Genève pour y étudier le droit et les langues, il y fit la connaissance de Calvin dont il embrassa les erreurs. Il joua ensuite un certain rôle politique dans les Pays-Bas, et mourut à Leyde en 1598.

oncle, par lequel ils sont exclus de toute prétention de fidéicommis, et cela par le grand et long procès intenté au feu maître des comptes noble Esprit François Favre mon père pour cause de cautionnement, sur quoy il y a eû arrêt que l'on trouvera parmy mes titres avec la quittance en conséquence de l'arrêt de condamnation ; les sacs des quittances de conséquence sont dans l'une de mes males dans un sac de toile rouge, plus lesdits Seigneurs exécuteurs testamentaires sont priés d'aller incessemment à ma mort ché les R^{des} religieuses de Sainte Claire en ville, pour faire promptement ouvrir la petite cassette, que j'ay mise en dépost ché elles, ou il doit avoir cent quinse louis d'or en divers paquets pour que mes volontés soient aussytost exécutées et sans délay, le tout conformément au mémoire contenu dans ladite cassette dont la clef est attachée à mon dernier codicille.

Je déclare n'y avoir dans mon hoirie aucun fond féodal, à la réserve de mon fief et rente de Marnix tant seulement, et c'est pour empêcher tout cachettement pour ce regard.

Je déclare de plus que dans le leg de mon bien des Charmettes j'y entens comprendre le pré de Pierre Gros rière Montagnole et le pré rière Barberaz avec la petitte Grange, et je charge de plus les légataires dudit bien, de deux cent livres, lesquelles ils ajouteront aux sommes qu'ils doivent payer.

Je révoque les legs faits à honorable Anne Perret en mil sept cent trente-cinq, que à toutes autres filles de service. Et les Seigneurs exécuteurs testamentaires feront entendre aux honorables Françoise Mercier, et à Magdelaine Brunier que les legs que je leur ay cy-devant fait, est à la charge et condition qu'elles prieront tous les jours pour le repos de mon âme dans l'année de mon décès.

Lesdits legs à la charge tant seulement qu'elles seront à mon service à ma mort.

Je lègue encore à honnête Jean Chesne mon domestique, sans préjudice de ce qui lui a déjà été cy-devant légué, sçavoir mes perruques et habits, avec tout le linge servant à ma personne, commes chemises de jour et de nuit, cravattes mouchoirs, coeffes de nuit, ma canne, mes boucles d'argent de souliers, ma chaise à porter, avec un tonneau de vin tel que mes héritiers jugeront à propos.

Je révoque de plus tous les legs qui pourroient cy-devant avoir été faits tant à ma sœur de Piochet et de Maréchal ensuitte de ce que je viens de léguer à ladite dame de Piochet par mon dernier codicille, étant à observer à leur égard que l'hoirie de feûe ma mère n'étant en valeur que de dix-neuf mille florins par le partage avec d[lle] Françoise Gaud leur sœur, j'ay délivré quatre mille livres à chacune de mes trois sœurs, pour empêcher l'aliénation des biens de ladite hoirie, et pour les avoir à moins.

Je confirme de nouveau, et rattifie de plus fort ce qui a été écrit de ma main au pied de mon codicille concernant honorable Françoise Mercier gouvernante ché moy, que à Magdelaine Brunier ne voulants rester ché mes héritiers. Et de plus qu'il sera pris sur mes gages arreragés, la somme de cinq cent livres pour augmentation de la fondation pour la messe de l'aube. En foy de quoy j'ay signé à Chambéry le dixième juin mil sept cent quarante-sept, signé Favre de Marnix, quoyque d'autre main soit écrit.

Par ce supplément à mes dernières volontés il sera pris sur les arrerages de mes gages la somme de cinq cents livres que l'on délivrera à mon cher neveu le sieur de Maréchal du Mollard, et dans la révocation des legs cy-devant faits à ma sœur de Piochet, je n'entens nullement comprendre ce que je viens de luy léguer par mon codicille. Et quant au regard de messieurs Favre de Maurienne on trouvera le contract de transaction, de renonciation à tous droits de fideicommis. Signé Favre de Marnix.

Plus je veus et ordonne que cas avenant que honorable Françoise Mercier gouvernante ché moy ne veuille demeurer ché mes héritiers, il luy sera délivré huit cent livres pour une fois tant seulement, et autres deux cent livres à Magdelaine Brunier ma cuisinière, de même pour une fois seulement ne voulants demeurer chez mes héritiers, à la charge l'une et l'autre de prier durant leur vie pour moy, je charge de même mes héritiers de prendre cinq cent livres sur les arrerages de mes gages, lesquelles seront délivrées aux R[ds] Pères de Saint-François en augmentation de la fondation de la messe de l'aube faitte ché eux, en foy de quoy j'ay signé à Chambéry ce quatre juillet mil sept cent quarante-sept. Signé Favre de Marnix.

102[D]

Acte par lequel les habitants du Faubourg Montmélian et des Charmettes nomment des procureurs, pour obtenir l'érection d'une nouvelle église paroissiale dans ledit Faubourg [1].

1er août 1756.

L'an mil sept cent cinquante-six et le premier aoust, à Chambéry, à trois heures après midy, dans une chambre du logis ou pend pour enseigne l'effigie du Chameau située au faubourg de Montmeillant de cette ville, par devant moi notaire royal collégié soussigné, présents les témoins en fin nommés, se sont personnellement establis et constitués les sieurs Jacques fils de feu sieur Joseph Rey, Joseph à feu

[1] Le projet d'érection d'une église paroissiale au faubourg de Montmélian ne devait pas aboutir. Les motifs de son échec ont été déduits au tom. I, pp. 234, 235, 236 des *Recherches* sur le Décanat.

Pierre Segret, Joseph à feu Jean-Claude Tardy, Antoine à feu Pierre Degrange, Claude à feu Noël Simond, Jean à feu Pierre Disan, Pierre à feu Michel Montagny, M° Jean-Baptiste à feu Claude Verneys, M° Armand fils à feu Dominique Métral, Joseph à feu Jean Degrange, Catherin fils de sieur Pierre Bellat, Michel à feu Joseph Ganif, Claude à feu Claude Pilliot, François fils d'Antoine Grangeat, Antoine à feu Antoine Guigue, Guillaume à feu Louis Angelier, Louis à feu Catherin Poncet, Jacques à feu Claude Charvet, Hugues à feu Claude Charvet, Claude à feu Claude Routen, Antoine à feu Jean-Claude Thomas, Joseph à feu Michel Goyer, Claude à feu Jacques Ferrouillet, Philippe fils de feu Claude Perrier, Claude à feu Claude Perrier, Joseph à feu Claude Terrier, Noël à feu Antoine George, François fils d'Alexandre Rivolin, Aimé fils de feu Claude Girod, Claude fils de feu François Guichard, François à feu François Dufour, Jean-Jacques fils de feu Jean Bellet, Pierre à feu Benoît Ceuz, M° Jean-Antoine à feu Joseph Noble, M° Jean-François fils de Jean-Pierre Laissard, Sulpis fils à feu Claude Plantard, Jacques à feu Pierre Bonjean, Jean-Baptiste fils à feu François Rossillon, Jean-Pierre à feu Georges Dupraz, Georges à feu Pierre Casset, Pierre à feu François Batardin, Pierre à feu Jacques Voyron, M° François à feu Gillos Ailloud, Louis à feu Claude Perrotin, Claude et Antoine à feu Pierre Combépin, Joseph à feu Antoine Vincent, Claude-François à feu Humbert Murgeray, Charles à feu Charles Perrin, Jean-Claude à feu François Dullin, François à feu Philibert Jacquemard, Claude à feu Antoine Bonnefoy, tous natifs de cette ville [1], M° Georges à feu Maurice Pichet, no-

---

[1] Les chefs de famille habitant alors le faubourg de Montmélian, dont les noms suivent en si grand nombre, étaient presque tous originaires de communes étrangères, quelques-uns de pays assez éloignés. Ce n'est donc pas d'aujourd'hui que date l'immigration considérable des campagnes dans les villes qui, sans elles, verraient leur population diminuer rapidement et finir par se réduire à presque rien.

taire royal, natif de Saint-Georges d'Hurtières, Mᵉ Jean-François à feu Pierre Perret natif de Frezenex, François à feu François Magnin natif de Lensens, Guillaume à feu Jean-Louis Girod natif de Chaumont, Michel à feu Jean Rivod natif de Saint-Germain en Forest, Claude à feu Pierre Ginolin natif d'Allion en Bauges, Joseph à feu Joseph Pavy natif dudit lieu d'Allion, Joseph à feu Jacques Bouchet natif de Chindrieux en Chautagne, François à feu Louis Brunod natif dudit Chindrieux, Louis à feu Jacques Boquin natif de Brizon, Jean à feu Philippe Trolliet de Chelan en Dauphiné, Charles à feu Charles Chaboud natif des Déserts, Claude à feu Gaspard Claire de Fontcouvert en Maurienne, Joseph et Pierre Michelon, du lieu d'Aiguebelette, Joseph à feu François Rey de Sᵗᵉ Marie en Dauphiné, Albert fils à feu Théodore Gonnet de Chignin, Jean-Claude à feu Claude-Antoine Petit du Noyer en Beauges, Claude à feu Martin Morand de Sᵗ Laurent en Dauphiné, Claude à feu Michel Combaz des Molettes, Joseph à feu Claude Meunier du lieu de Valières, Martin à feu Louis Léard de Sᵗ Pancrace en Maurienne, Cathelin à feu Pierre Michellon d'Aiguebelette, Jean-Baptiste à feu François Lozan de Bonne [Beaune] en Maurienne, Jean-Ange à feu Antoine Choucis du lieu de Barcelonnettes, Jean à feu Jean de Dieu de Lyon, Louis à feu Claude Philippe du lieu de la Ravoire, François à feu Charles Carle de Sᵗ George en Dauphiné, Pierre à feu Pierre comte de Dijon en Bourgogne, Mᵉ Alexis à Benoît Nicoud notaire et substitut procureur au Sénat natif d'Allion en Beauges, Joseph à feu Claude Mermet du lieu de Sᵗ Sulpice, Charles à Charles Goyet du lieu du Pont de Beauvoisin, Marc à feu Joseph Arnaud de Sᵗ André en Maurienne, Jacques à feu Claude-François Vernay de Tusy en Genevois, Claude à feu Etienne Pétraz de la Ravoire, Claude fils de Joseph Girod du lieu de Sᵗ Alban, Benoît à feu François Ménard du lieu de Sᵗ Jean de Chevelu, Mᵉ François à feu Blaise Ferrand d'Ecole en Bauges,

Louis à feu Joseph-Antoine Demouraz de la ville de Turin, Jean-Baptiste à feu Louis Mathieu du lieu de la Motte, Jean à feu Louis Remy de Metz en Lorraine, Philibert à feu noble Louis de Mouxy natif de Mouxy, Jean à feu Joseph Diligent de la ville d'Aix, Me Denis fils de Joseph Charpin de Montmeillant, Antoine à feu Henry Planche du lieu de Verel, Me Joseph à feu Me Pierre Barbarin procureur au Sénat natif du Pont-de-Beauvoisin, Joseph à feu Désiré Jeanton du lieu de la Biolle, Claude à feu Jean-Baptiste Poncet d'Hauteville en Genevois, Claude Quai dit Guerraz à feu Christophe du lieu des Déserts, Claude à feu Bernard Provent de Thoiry, Jean à feu François Vincent de Laon en Picardie, Joseph à feu Gabriel Berger de Montagny en Bugeys, Vincent fils de Catherin Guayfier du Mont-du-Chat, Pierre à feu Claude Guichard du lieu d'Ayn, Robert à feu Jean Perrier de Jacob, Jean fils de Jean Michelon d'Aiguebelette, André fils de Claude Rigod du lieu d'Entremont, Jean-Claude à feu François Bal, Jacques et Benoît Lozat Etienne à feu Claude Bonjean (ces quatre derniers natifs de cette ville), Claude à feu Dominique Poncet du lieu de St Baldolph, Joseph à feu François Guigue Joseph fils de Jean-Claude Bel, (ces deux-cy natifs de cette ville), Claude à Pierre Bugnard du lieu de Tresserve, Joseph à feu Joseph Arnaud de Termignon, Claude et Jean à feu Joseph Rey, François à feu Philibert Jacquemard (ces trois-cy de cette ville), Joseph à feu François Coutaz du lieu de la Motte, Antoine à feu François Verdun de Chignin, Jean à feu Hugues Bovet de Barby, André à feu Gabriel Michelon, Pierre à feu Antoine Barrizon, Joseph à feu Thomas Baud, Claude à feu Jean Bal, François à feu Nicolas Perrin, Claude à feu Aimé Poncet (ces derniers habitants de cette ville), Humbert à feu François Regaire du Désert, Claude à feu Claude Marjollet du Noyer en Bauges, Jean-François à feu Joseph Joly de Borny [?] en Lorraine, Pierre à feu Bernard Provent de Thoiry, Claude à feu Jean Humbert Vernaz de Chilly en Franche-Comté, Claude à feu Claude Billion du lieu d'Entremont, Estienne à feu François Perrier de Dullin, Joseph à feu Jean Bertier du Grand-Barberaz, Claude à feu Claude Combet du Bourget, et Joseph à feu Antoine Bertrand du lieu de la Motte, Claude à feu Jean Evêque, Guigue le fils de cette ville, Jean-Baptiste à feu Michel Coutaz de la ville de Montmeillant, Joseph fils de feu Louis Benod natif de cette ville, tous habitant au faubourg de Montmeillan de cette ville, tous lesquels assemblés (en suitte de la permission verbale du seigneur avocat fiscal général accordée auxdits sieurs Peytavin, Simond et Jacques Rey ainsi que ceux-cy lont déclarés) excédant les deux tiers des chefs de famille habitants dudit faubourg suivant ce qu'ils ont dit et déclarés qui de gré pour eux et les leurs bien instruits du leg fait par noble Pierre-Hyacinthe Favre seigneur de Marnix au vénérable Chapitre et Chanoine de la Royale Ste Chapelle par son testament solennel du vingt-six aoust mil sept cent trente transporté en faveur des habitants du faubourg de Montmeillant.

Par son codicille du dix-sept juillet mil sept cent quarante-sept, reçu Bouverat notaire, et expédié et signé par Me Arminjon secrétaire insinuateur, et eu égard que ledit faubourg ne jouit point dudit leg soit fondation, quoique ledit vénérable Chapitre en perçoive les revenus sans continuer à s'acquitter des charges auxquelles il est astreint à forme desdits testament et codicille, quoique à ce amiablement et respectueusement interpellés, et pour les y obliger constituent leurs procureurs spéciaux et généraux l'une des qualités ne dérogeant à l'autre, ni au contraire sçavoir, Me Robert fils de feu Pierre Pache notaire collégié, sieur Noël fils de feu Gabriel Peytavin, sieur Jean-Antoine à feu Joseph Porral et sieur Alexis fils de feu Maurice Arbé, tous natifs et habitants de la présente ville présents et ladite charge acceptants ; et c'est pour et au nom desdits constituants, soit de toute ladite communauté tant conjointement que séparément, se présenter et comparaître par devant tous les bureaux de justice à qui la connaissance appartiendra en touttes et une chacune les causes que ladite communauté a se pourvoir avoir mues et a mouvoir, tant en demandant, deffendant, appelant, appelés, intervenants, quassompteurs de causes et en icelles dire, déduire, produire, communiquer, constituer, contredire les adversaires, soutenir et nier tous faits, offrir, accepter ou révoquer offres donner des positions et interrogatoires répondre aux adversaires par affirmative ou négative, faire procéder à enquête, produire des témoins, voir grever ceux de partie adverse, fournir et soutenir reproches, appeler, acquiescer, relever et intimer appel, s'en désister au besoin, icelles causes poursuivre jusqu'à sentence ou arrest définitif, pleine et entière exécution d'iceux s'il y échoit, et généralement faire tout ce que lesdits constituants feroient ou faire pourroient si en personne ils y étoient, bien que le cas requit mandat plus spécial qu'il n'est icy exprimé, élisant domicile en la personne de leurs dits procureurs auxquels ils donnent pouvoir de constituer et substituer autres procureurs sous lesdites élections de domicile, approuvant et ratiffiant tout ce qui sera fait par lesdits procureurs et leurs substitués avec promesse de les relever de toutes charges occasion de la présente supportables à peine de tous damps. Fait et prononcé les an jour lieu et heure que dessus en présence d'honorable Jean Teppe du lieu de Chaparillan, habitant au faubourg de Maché de cette ville et du sieur André Monnet, étudiant en rhétorique, habitant de cette ville, témoins requis.

Signés : Barbarin, G. Pichet, Nicoud, Joseph Pavy, Dégrange, Perret, Rey, Ferroillet, Alliod, C. Simon, Noble, Tardy, Jacques Charvet, F. Ferrand, Sulpis Plantard, C. Bellet, Pierre Comte, Louis Ber..., A. Métral, Laissard,

Joseph Guier, Joseph Rey, J. Disan, Antoine Verdun, Marc Arnaud, Jacquemard le cadet, Humbert, Regairaz, Joseph Degrange, Charles Perrin, Jean Vincent, Joseph Mugnier, Jaque Verney, Jacques Lozat, Joseph Peguet, Jean-Claude Dullin, Perrin, Pilliot, Ganif, J. Arnaud, Jean-Jacques Bellet, P. Traine, P. Voiron, Louis Bocquin, Jérôme Jaquemard, G. Casset, Estienne Bonjean, Jacque Bonjean, J. Goyer, Philippe Perrié, Mouxy, Jean Provent, Claude Verne, André Michelon, Antoine Thomas, D. Charpin, R. Pache, P. Peytavin, Porral, Alexis Arbé,
André Monnet témoin, Jean Teppe témoin,
Claude-François Murgeray, Montagny.

Les témoins ont signé avec une partie desdits constituants, et non les autres, pour être illitérés, enquis par moy dit notaire soussigné, relevant requis qui ay la présente par moy ecritte contenant neuf pages compris les signatures et le présent verbal sur cinq feuillets, expédié originellement aux constituants coréquérants.

         Chamoux, notaire.

---

102 A

Provisions d'Official en faveur de François Alex ([1])

24 Mai 1754.

(Déc. : Chap. XVII, note 18).

Joannes de Caulet, miseratione Divina et Sanctæ Sedis Apostolicæ gratia Episcopus et princeps Gratianopolitanus, Decanus Decanatûs Sabaudiæ, Abbas Sancti Martini de Miseriaco..... etc.

[1] Folio 83 du Registre de l'Officialité foraine de 1726 à 1788, conservé aux archives de l'Archevêché.

Dilecto Nobis in Christo magistro Francisco Alex Presbytero sacræ Theologiæ Doctoris, nec non Sanctæ Capellæ Sabaudiæ Canonico salutem et benedictionem in Domino jurisperitia, vitæ et morum honestas, aliaque laudabilia virtutum et probitatis merita quibus te ornatum noscimus nos inducunt ut te in partem illam sollicitudinis nobis a Deo creditæ quæ fori nostri ecclesiastici Chamberiacensis gubernationem spectat, assumendum esse censeamus. Idcirco te ex nostra scientia spontanea et libera volontate et matura deliberatione Officialem nostrum, Judicem ordinarium ecclesiasticum in universo nostro Decanatu Sabaudiæ fecimus facimusque, et instituimus per præsentes ad *nutum nostrum* valituras, cum facultate de omnibus et singulis causis ad forum nostrum et jurisdictionem ecclesiasticam et spiritualem spectantibus cognoscendi, decidendi, definiendi et totaliter terminandi ; excommunicationis, suspensionis interdicti et aliarum ecclesiasticarum censurarum remediis ubi et quando opus fuerit utendi ; personas quascumque nobis in dicto Decanatu subditas delinquentes corrigendi, et secundum exigentiam criminum condemnandi, puniendi, sententiam excommunicationis adversus contumaces ferendi, easque ad cautelam vel simpliciter, cum opus fuerit, absolvendi, nec non secundum exigentiam casuum, brachii sæcularis auxilium implorandi et generatim omnia alia et singula faciendi gerendi et exercendi quæ ad munus et officium Judicis ecclesiastici et Officialis nostræ Curiæ nostræque jurisdictionis spiritualis Decanatus nostri Sabaudiæ de jure spectant et pertinent, tibi circa præmissa et eorum singula vices nostras plenarie committentes. Quo circa mandamus omnibus et singulis nostris subditis in dicto nostro Decanatu Sabaudiæ, cæteros rogantes, ut tibi, qui debitum ac solitum in manibus nostris præstabis juramentum tanquam Officiali nostri Decanatus pareant. In quorum fidem præsentes *ad beneplacitum nostrum* valituras, chirographo munivimus Gratianopoli, sub sigillo nostro et subscriptione secretarii nostri, anno Domini millesimo septingentesimo quinquagesimo quarto, die vero mensis Maii vigesima quarta, ibidem præsentibus Joanne et Simone Baudot una nobiscum in minuta signatis.

† Joannes episcopus Princeps Gratianopolitanus.

De Mandato, Délorme Canonicus et secretarius.

---

102 B

Procès-verbal de l'Official Alex constatant la translation des fonctions curiales de Saint-Léger dans l'église de la Sainte-Chapelle. [1]

8 juin 1760.

(Déc. : Chap. XXI, note 2.)

François Alex, docteur en théologie de l'Université de Turin, chanoine en l'insigne collégiale de la Royale Sainte-Chapelle, Official du Décanat de Savoie.

A tous ceux qui ces présentes verront savoir faisons et attestons qu'en exécution de notre décret et lettres du jour d'hyer portant ordonnance de transporter, par manière de provision et sans tirer à conséquence pour l'avenir, les fonctions curiales de l'église paroissiale de Saint-Léger dans l'église de la Sainte-Chapelle, eu sur ce l'agrément de Sa Majesté par ses patentes du trois du courant, et le consentement du vénérable chapitre de ladite Sainte-Chapelle, par sa délibération d'hyer, le tout par nous visé, nous aurions procédé à la susdite translation comme s'ensuit : Savoir ce-

---

[1] Folios 112 et 113 du Registre de l'Officialté foraine de 1726 à 1788, conservé aux Archives de l'Archevêché.

jourd'hui huitième juin à trois heures après midi, à l'issue des vêpres chantées dans l'église parroissiale de Saint-Léger, la procession s'est assemblée à laquelle ont assisté les Sœurs de la Dévote confrérie du Très Saint-Sacrement, les corps des métiers des Cordonniers et Charpentiers érigés en confréries dans ladite église, précédés de leurs bannières, la Croix de la parroisse sous laquelle marchaient des ecclésiastiques séculiers au nombre de trente trois, vêtus en chasubles, tuniques, dalmatiques et chappes, chantant alternativement l'hymne *Pange lingua* et portant, suivant leurs rangs dans les Ordres, les uns des torches allumées, les autres les Vases Sacrés, les Reliques des Saints, les Saintes huiles, l'Eau baptismale, l'Eau bénite ; enfin venait le Très Saint-Sacrement accompagné d'un Diacre et Sous-Diacre qui marchoient à ses côtés sous le Baldaquin, lequel était soutenu par messieurs les ex-Consuls, et messieurs les quatre Sindics revêtus de leurs robes de cérémonie, leur bâton en main, précédés des quatre serviteurs de ville, portant des torches allumées, étaient placés derrière le Très Saint-Sacrement, et étaient suivis d'une foule de peuple de l'un et l'autre sexe. En cet ordre la procession sortant de l'église dudit Saint-Léger, s'est acheminée par la grande rue et la rue Juiverie, où l'on a donné la bénédiction du Très Saint-Sacrement dans un Oratoire, soit Reposoir, qui étoit dressé au fond de la rue, et tout de suite elle a continué jusqu'à l'Eglise de la Sainte-Chapelle, où elle a été reçue par Messieurs du vénérable Chapitre, revêtus de leurs habits de chœur, formant deux ailes à l'entrée de l'église et ayant des flambeaux allumés. La procession arrivée au-dedans de ladite église on a déposé l'urne ou étoit renfermée l'Eau Baptismale derrière la grande porte au-dessous de la Tribune, du côté gauche en entrant, et le Très Saint-Sacrement a été porté dans la chapelle de Saint-Joseph, par nous assignée pour les fonctions curiales, en laquelle se sont placés messieurs les Sindics, sur un banc qui leur avoit été préparé et, après la bénédiction, on a renfermé le Très Saint-Sacrement dans le tabernacle dressé à cette fin dans ladite Chapelle ; après quoy, accompagné des mêmes ecclésiastiques, nous serions retourné à l'église de Saint-Léger pour procéder à l'interdit d'icelle et déplacement du Sanctuaire, ce que nous aurions exécuté en dépouillant le grand autel de ses ornements, ouvrant le Tabernacle, brisant la chasse sous l'autel, soit tombeau des Martyrs, ou étaient renfermées les Reliques des Saints, les retirant en frappant sur icelui à trois différentes reprises, pour marque de son interdiction, ce que nous aurions de même pratiqué à l'égard des moindres autels et du corps de l'église, tandis que les Prêtres et les Ministres prosternés récitaient les psaumes pénitentiaux et autres prières ordonnées à ce sujet.

De tout quoy nous aurions dressé le présent procès-verbal que nous aurions fait enregistrer en notre greffe, pour en être expédié des copies authentiques.

Fait à Chambéry le huit juin mil sept cent soixante. Signé F. Alex, Official.

103

Extrait de la bulle de Clément XIII unissant et incorporant, à la pieuse Maison de la Compassion de Notre Dame de Thonon, l'Abbaye de Notre Dame d'Abondance et la Congrégation des prêtres séculiers de Saint-Jeoire avec tous leurs droits biens et revenus. [1]

13 mai 1762.

(Déc. : Chap. IV, note 34).

Clémens Episcopus servus servorum Dei dilectis filiis venerabilium fratrum nostrorum Gebennensis et Gratianopolitanensis episcoporum respective officialibus salutem et apostolicam benedictionem......... Nos... discretioni vestræ per apostolica scripta mandamus, quatenus tu videlicet fili, Officialis Gebennensis, vocatis qui fuerint ad id evocandi, monasterium prædictum [de Abundantia]... auctoritate nostra, de præfati Caroli Emmanuelis Regis et Ducis consensu, perpetuo supprimas et extinguas, illisque sic suppressis et extinctis omnia et quæcumque dicti monasterii mensæ abbatialis hujusmodi per te ut præfertur, supprimendæ et extinguendæ et ad eam quomodolibet spectantia et pertinentia bona..... dictæ piæ Domui..... auctoritate nostra sine alicujus præjudicio de simili præfati Caroli Emmanuelis Regis et Ducis consensu, etiam perpetuo unias, annectas et incorpores.

Tu vero fili, officialis Gratianopolitanensis, prædictam Congregationem Sancti Georgii ad eamden piam Domum eadem auctoritate nostra pariter perpetuo transferas, et universa ejusdem Congregationis..... bona, Jura proprie-

---

[1] Registre de l'Officialité foraine de 1726 à 1788, fol. 114 et suivants. — Voir aussi Duboin : *Raccolta*, tom. I, p. 373 et suivantes.

tates fructus, reditus, proventus, beneficia et dependentias cujuscumque generis et speciei illa existant, eidem pie Domui, cum hoc tamen quod alii tres presbyteri..... pro exercitio curæ animarum dilectorum etiam filiorum parochianorum parochialium ecclesiarum locorum de Saint-Joire, de Triviers et de Chignin a prædicta Congregatione Sancti Georgii..... dependentium quorum tamen trium presbyterorum cum consueta mercedis assignatione..... præsentatio ad dictam piam Domum, illorum vero institutio ad pro tempore existentem Episcopum Gratianopolitanensem spectare debeat, nec non duo vicarii ad nutum ejusdem pro tempore existentis episcopi Gratianopolitanensis amovibiles..... et ab eadem pro tempore existente Episcopo Gratianopolitano approbentur et deputentur..... cum congrua assignatione... et tam ipsi vicarii..... quam ipsi tres presbyteri..... omnia onera missarum et anniversariorum eisdem presbyteris dictæ Congregationis Sancti Georgii..... incumbentia perpetuo..... adimplere respective teneantur..... et tam in dicta ecclesia priorali..... quam in aliis de Chignin et de Trivier..... parochialibus ecclesiis tot vasa et supeltectilia aliaque ornamenta sacra ex illis quæ nunc in dicta ecclesia priorali..... existunt quot ab eodem pro tempore existente episcopo Gratianopolitano earumdem prioralis ac de Chignin et de Trivier respective parochialium ecclesiarum prædictorum decentiæ et divino cultui necessaria esse judicabuntur, relinquere omnino teneatur, eamdem auctoritate nostra, etiam sine alicujus præjudicio perpetuo applices et appropries..... Datum Romæ apud Sanctam Mariam Majorem anno Incarnationis Dominicæ millesimo septingentesimo sexagesimo secundo, tertio Idus Maii, Pontificatus nostri anno quarto.

(Loco plumbi).

104

Bulle de Pie VI qui démembre le Décanat de Savoie du Diocèse de Grenoble, en échange des dépendances francaises de l'abbaye de La Cluse, et réserve ledit Décanat pour être uni à un évêché de Savoie, ou servir à la création d'un nouvel évêché. [1]

8 juillet 1775.

(*Déc.* : Chap. XIX, notes 15, 27.)

In Nomine Domini. Amen.

Pius Episcopus, Servus servorum Dei, Dilectis Filiis Venerabilium Fratrum nostrorum Valentinensis in Delphinatu, et Gebennensis Episcoporum respective Officialibus, salutem et Apostolicam Benedictionem. In universa Gregis Dominici cura ab ipso animarum Pastore Christo Domino licet immerito constituti, illud ex debito servitutis nostrae animadvertere satagimus, ne ubi multiplex Ovium numerus in diversis ac se inter dissitis pabulantium Ditionibus adest, unus tantum Pastor invigilet, qui licet eis in pascendis maxima praestet experientia, vox tamen illius ob agrorum distantiam haud facile potest audiri : ob id quandoque Gregem ipsum dividendo studemus, ut eius una et altera pars in illo quo pabulantur agro proprium quoque habeat Pastorem, cui fontium et herbarum qualitas ac ferarum lustra innotescant, quique si ovem aliquam longe aberrare contingat, aut lupus insidiator eam devorandam insurgat,

---

[1] Archives de l'Evêché de Grenoble; liasse cotée n° 3460. — Voir aussi Duboin : *Raccolta*, vol. 30, pp. 751 à 762 ; et Solar de la Marguerite : *Travaux publics de la Maison de Savoie*, tom. V, pp. 281 et suiv.

promptius in illius ire possit occursum. Et cum idipsum nonnullos quoque Christianos Reges circa Praesules Ecclesiarum, quarum regimen nimis esse dignoscitur extensum, Nobiscum una sentire ac iam propterea consuluisse noverimus maxima cordis laetitia quae a dictis Regibus facta sunt Apostolicae approbationis munimine roboramus, prout in Domino conspicimus salubriter expedire. Sane pro parte charissimorum in Christo Filiorum nostrorum Ludovici XVI Francorum et Navarrae Regis Christianissimi, ac Victorii Amadei III Sardiniae Regis Illustris, ac Venerabilis Fratris Nostri Ioannis de Cairol de Madaillan moderni Episcopi Gratianopolitani, nec non dilectorum Filiorum modernorum Capituli et Canonicorum infrascriptae Maioris Ecclesiae, ac Francisci Matthaei Doriae Archipresbiteri Sabaudiae nuncupati Maioris Ecclesiae Gratianopolitanae, ac modernorum etiam Capituli et Canonicorum secularis et forsan insignis Collegiatae Ecclesiae Sancti Laurentii loci de Giaveno, in Ducatu Sabaudiae, Capitulum Monasterii Abbatiae nuncupati Sancti Michaelis de Clusa etiam nuncupati Ordinis Sancti Benedicti, nullius Dioecesis Provinciae Taurinensis componentium, Nobis nuper exhibita petitio continebat, quod quamvis Gloriosae Memoriae Carolus Emanuel etiam III dum viveret praefati Victorii Amadei Genitor ac etiam dum viveret Sardiniae Rex de vigilanti Pastorali sollicitudine Episcoporum Gratianopolitanorum omni ferme tempore impensa in ea quae Decanatus Sabaudiae nuncupatur parte existente in Sabaudiae huiusmodi Ducatu praefato, ad quem Gratianopolitana Dioecesis extenditur, nequaquam pariter dum viveret dubitasset, nec dubitaret, quinimo de eorum sedulis labore et studio certa nimis argumenta haberet, quibus iugiter spirituale bonum animarum dilectorum etiam Filiorum Parochianorum Parochialium Ecclesiarum ea in parte Ducatus huiusmodi existentium sedula mediante circumspectione circa illarum administrationem augere et promovere curaverant, praesertim vero dicti Ioannis Episcopi zeli pastoralis paternaeque suae benevolentiae elucescerent, et ipse Carolus Emanuel Rex haberet specimina, quibus partem ipsam Dioecesis suae Gratianopolitanae praefatae in Ducatu huiusmodi, aeque ac alteram in Gallia respective sitam eousque prosecutus erat; sapienti nihilominus consilio perpendens, quod ob proprii Pastoris eiusque Sedis Episcopalis sub alio erectae Dominio distantiam iis haud prompte afferi valent remedia incommodis quae nimis sane praevideri et removeri non possunt : secus vero quod si unus Episcopus in Sabaudia huiusmodi residens et Sardiniae Regis pro tempore existentis subditus eam Gratianopolitanae Dioecesis partem in dicto Ducatu consistentem praefatam regeret et gubernaret, ne dum Episcopus ipse zeli sui Pastoralis dictamina facilius exequi valeret, verum et maior prout tantopere idem Carolus Emanuel Rex similiter dum viveret optabat eius subditorum in spiritualibus plane redderetur utilitas, dum revera subditi ipsi sub Dioecesi Gratianopolitana praefata modo comprehensi uni Episcopo eis compatrio qui leges et mores particularesque nosceret Patriae consuetudines propriumque calleret idioma libentius procul dubio adhaererent, in Regiis idcirco eius votis iampridem habuerat, ut illamet dictae Gratianopolitanae Dioecesis pars quae Decanatum Sabaudiae huiusmodi constituit ut praefertur ab uno Archiepiscopo sive Episcopo sibi subdito in spiritualibus de facto regeretur et gubernaretur. Et cum huiusmodi tam iustis quam rationabilibus, praefati Caroli Emanuelis Regis animi sensibus illi quoque iungerentur praefati Ioannis Episcopi, qui licet in nihilo hucusque Ministerii sui neglexerit partes, considerans tamen quod si ipse omnem Pastoralis officii sollicitudinem in suis qui Regi Christianissimo pro tempore existenti subdunt et numerum de caetero notabilem efformant, Dioecesanis tantum limitaret, possent ipsi quidem in vinea Domini maiores fructus facere : et e contra si caeterorum qui Sardiniae Regis pro tempore existentis praefati subditi existunt

Dioecesanorum suorum cura uni Episcopo de eorum natione qui minus latam iurisdictionem haberet, committeretur, maiores ipsi quoque spirituales experirentur utilitates. Hinc tam bonae memoriae Carolus Albertus Sanctae Romanae Ecclesiae dum viveret Cardinalis Guidobono Cavalchini nuncupatus, ac etiam dum viveret Abbas Commendatarius dicti Monasterii, cui tam operosa pietas dicti Caroli Emanuelis Regis innotuit, quam praefatus Ioannes Episcopus, cui piissima quoque circa praemissa gloriosae pariter memoriae Ludovici XV dum viveret Francorum et Navarrae Regis Christianissimi desideria patebant, cupientes insimul tanta in re manum certatim praebere, sub die prima mensis februarii anni Domini millesimi septingentesimi septuagesimi tertii sub Sedis Apostolicae beneplacito et de Caroli Emanuelis et Ludovici praedecessoris Regum praefatorum consensu nec non cum primo et secundo dictorum Capitulorum et Canonicorum accessu et interventu inter eos primo infradicendum, iniverunt Tractatum quem successive licet praefatus Carolus Emanuel Rex de eodem anno Domini millesimo septingentesimo septuagesimo tertio, novissime vero dictus quoque Ludovicus Rex Praedecessor sicut Domino placuit ad vitam ex hac beatiorem respective migrarint, tam dictus Victorius Amadeus Rex paternae aemulator pietatis tam iustos sanctosque animi sensus praefati Caroli Emanuelis Regis eius dum viveret Genitoris amplectendo, quam dictus Ludovicus modernus Rex eiusdem qua pollet pietatis causa huiusmodi tam Religiosa praefati Ludovici Regis Praedecessoris et eius etiam dum viveret Avi desideria fovendo, gratum et acceptum respective habuerunt. Per dictum itaque Tractatum, cuius tenor est qui sequitur, praefatus Carolus Albertus Cardinalis et Abbas huiusmodi tam proprio quam eius in dicto Monasterio Successorum nomine omnes et quascumque dependentias utiles et honorificas dicti Monasterii in territorio Statibusque dicti Regis Christianissimi cuiuscumque forent generis et speciei, cum omnimoda illis annexa auctoritate, iurisdictione, potestate et superioritate ac iuribus conferendi Beneficia ecclesiastica tam secularia quam regularia, et Officia claustralia sive conventualia essent sive simplicia, ac Locos seu Mensas Monacales, Praestimonia, Legata pia Missarum, et munera quaecumque tam ad nutum amovibilia, quam in titulum obtineri solitos ac solita, seu ad illos et illas ac illa respective nominandi seu praesentandi nec non cum omnibus qualitatibus et praeeminentiis ac bonis mobilibus et immobilibus ac corporalibus et incorporalibus nec non feudalibus et plebeiis vulgo *en roture* nuncupatis, ac ecclesiasticis seu mere temporalibus, censibus insuper et emolumentis, nominibus, rationibus et actionibus ac rescindentibus et rescissoriis in quacumque re consistentibus, eidem Ioanni ut praefertur moderno et pro tempore existenti Episcopo Gratianopolitano perpetuo et absque ulla prorsus exceptione et reservatione per Procuratorem suum ad hoc specialiter constitutum cessit et in eumdem Ioannem ut praefertur modernum et pro tempore existentem Episcopum Gratianopolitanum praefatum etiam perpetuo transtulit etiam cum facultate et consensu ea perpetuo Sedi Episcopali Gratianopolitanae uniendi vel Regi Christianissimo retrocedendi ut infra latius continetur. Dictus vero Ioannes Episcopus ratione et titulo mutuae permutationis itidem tam proprio quam eius in Ecclesia Gratianopolitana successorum nomine Decanatum Sabaudiae nuncupatum qui alias ut asseritur praevia illius tituli collativi suppressione et extinctione Mensae Episcopali Gratianopolitanae Apostolica auctoritate perpetuo unitus extitit, omnesque pariter dependentias utiles et honorificas dictae Ecclesiae Gratianopolitanae cui dictus Ioannes Episcopus tunc praeerat et praeest ad praesens in Ducatu Sabaudiae huiusmodi sitas, et cuiuscumque pariter forent generis et speciei, ac sub quacumque denominatione comprehensae venirent; cum omnibus similiter illis annexis iuribus conferendi similia Beneficia Ecclesiastica saecularia et regularia ac Officia claustralia sive conventualia essent sive simplicia, ac locos seu Mensas Monacales nec non praestimonia et legata pia huiusmodi ac munera quaecumque tam ad nutum amovibilia, quam in titulum etiam obtineri solitos et solitas ac solita seu ad illos et illas ac illa etiam respective nominandi seu praesentandi nec non cum omnibus qualitatibus et praeeminentiis ac omnimoda quoque facultate, auctoritate, potestate, superioritate et iurisdictione Episcopali tam super Ecclesiis quibuscumque seu si Cappellae aut Cappellaniae et Parochiales aliquae Ecclesiae etiam curam animarum annexam habentes, forent, quam super Villis, Oppidis, Pagis, eorumque quibusvis habitatoribus, ac bonis pariter mobilibus et immobilibus, corporalibus seu incorporalibus, et feudalibus seu plebeiis, ut praefertur, *en roture* nuncupatis, ac censibus, emolumentis, nominibus, rationibus, actionibus, ac rescindentibus et rescissoriis, quibuscumque. Et insuper Archypresbyteratum etiam Sabaudiae nuncupatum dictae maioris Ecclesiae, qui inibi non tamen dignitas sed personatus vel admnistratio aut alias officium existit, ac cuius dum ille pro tempore vacat, collatio, provisio, aut quaevis alia dispositio ad pro tempore existentem Episcopum Gratianopolitanum, cessantibus tamen affectionibus et reservationibus Apostolicis, spectat et pertinet, et quem dictus Franciscus Mattheus ut etiam asseritur tunc obtinebat, illiusque dependentias similitei utiles et honororificas in Ducatu Sabaudiae huiusmodi existentes, absque etiam ulla prorsus exceptione et reservatione de eiusdem Francisci Matthei consensu praefato Carolo Alberto Cardinali tunc ut praefertur moderno et pro tempore existenti Abbati Commendatario dicti Monasterii, ad effectum tamen erectionis unius Sedis Episcopalis in oppido civitate nuncupato Camberii Gratianopolitanae Dioecesis aut perpetuae unionis et applicationis Decanatus et Archipresbiteratus praefatorum, et Ecclesiae Gratianopolitanae praefatae dependentiarum huiusmodi Metropolitanae Tharantasiensi aut alteri cuiquam Cathedrali Ecclesiae prout eidem Carolo Emanueli Regi magis libuisset, Apostolica tamen auctoritate inde respective faciendae et non alias, etiam perpetuo cessit et respective in eumdem Carolum Albertum Cardinalem tunc ut praefertur modernum et pro tempore existentem Abbatem Commendatarium dicti Monasterii etiam perpetuo transtulit, expresso ad id et infrascripta omnia venerabilis quoque Fratris nostri Ioannis Georgii Le Franc de Pompignan moderni Archiepiscopi Viennensis in Delphinatu, cui dicta Ecclesia Gratianopolitana Metropolitico iure subesse dignoscitur accedente consensu, per Procuratorem suum ad hoc specialiter constitutum praestito, sub reservatione tamen postulandi favore Metropolitanae Ecclesiae Viennensis in Delphinatu huiusmodi illam quam decebit indemnitatem tam ratione amissionis Metropolitici iuris huiusmodi super eodem Decanatu Sabaudiae nuncupato ut praefertur cesso et translato, quatenus ille praefatae Metropolitanae Tharantasiensi vel alteri cuiquam Cathedrali Ecclesiae quae dictae Metropolitanae Ecclesiae Viennensi in Delphinatu praefato immediate subiecta non existat, uniatur, quam etiam ratione praeiudicii quod ex supradicta dependentiarum huiusmodi permutatione respectu Parochialium Ecclesiarum praefatarum tam Gebennensis, quae in dicto Regno Franciae consistunt, quam Bellicensis respective Dioecesum quae in eodem extant Ducatu inferri posset praefatae Metropolitanae Ecclesiae Viennensi in dicto Delphinatu, quatenus Parochiales Ecclesiae Gebennensis Dioecesis dictae permutationis vigore Ecclesiae et Dioecesi Bellicensi in posterum uniendae numero et extensione caeteras Parochiales Ecclesias praefatae Bellicensis Dioecesis mutuo Ecclesiae et Dioecesi Gebennensi huiusmodi etiam perpetuo uniendas excederent, ita ut limites actuales Regni Franciae et Ducatus huiusmodi efformare deberent limites Episcopatus Gratianopolitani illiusque Dioecesis partis in dicto Ducatu existentis et ut praefertur cessae et translatae ; consentientes tam Carolus Albertus Cardinalis et Abbas, quam Ioannes Episcopus praefati, pro eo quod eorum unumquemque respicere poterat, ut Decanatus et Archipresbiteratus ac eadem Gratianopolitanae Dioecesis pars in Ducatu praefato existens et eidem Carolo Alberto Cardinali et Abbati respective ut praefertur cessa et translata huiusmodi ab Ecclesia et Dioecesi Gratianopolitana praefata perpetuo respective dismembrarentur, et quoad Archipresbiteratum huiusmodi etiam perpetuo supprimeretur et extingueretur, et ex illis et illa una Sedes Episcopalis in dicto Oppido Camberii ut praefertur erigeretur, seu illi et illa Metropolitanae Tharantasiensi seu alteri cuicumque Cathedrali Ecclesiae Praefatae pro dicti Caroli Emanuelis Regis libito pariter perpetuo unirentur et applicarentur, consentiens ulterius idem Carolus Albertus Cardinalis et Abbas huiusmodi, quod dictae dependentiae praefati Monasterii, illarumque iura praefata et alia praemissa per eum ut praefertur eidem Ioanni Episcopo eiusque successoribus praefatis cessa et translata a praefato Ioanne Episcopo eidem Ludovico Regi Praedecessori eiusque Regno Franciae etiam perpetuo ut infra retrocederentur, cum conditione tamen quod dictus Carolus Albertus Cardinalis et Abbas huiusmodi frui et gaudere deberet dependentiis dicti Monasterii sic per eum cessis et translatis huiusmodi donec et quousque permutatio praefata suum plenarium sortiretur effectum. Dictus vero Ioannes Episcopus in exercitio iurium spiritualium et temporalium quae Decanatui et Archipresbiteratui praefatis dictaeque Gratianopolitanae Dioecesis parti in Ducatu huiusmodi sitae, per eum etiam ut praefertur cessis et translatis reperiuntur annexa continuare deberet usque ad diem qua iura huiusmodi penes alium Episcopum transirent et ab eo respective exercerentur, ac alias prout in dicto Tractatu Plenius continetur. Postmodum vero mediante altero inter infrascriptos sub die octava mensis decembris eiusdem anni millesimi septingentesimi septuagesimi tertii similiter sub dictae Sedis Apostolicae beneplacito inito Tractatu, Ioannes videlicet Episcopus praefatus ac iidem Capitulum et Canonici, nec non Franciscus Mattheus Archipresbiter dictae Maioris Ecclesiae ex una ac Capitulum et Canonici dictae Collegiatae Ecclesiae ex altera partibus ut moris est convenientes in unum primodictum Tractatum in omnibus et per omnia unanimiter ratum gratumque habuere, et ad illum quoque consensus ratihabitio praefatorum Sardiniae et Franciae Regum per eorum respective Administros seu Commissarios ad hoc specialiter constitutos, facta subinde accessit. Ulterius vero dictus Ioannes Episcopus intuitu renunciationis nominationi ad insfrascriptum Monasterium et Prioratum etiam infrascriptum per dictum Ludovicum Regem Praedecessorem tunc prout etiam per eumdem Ludovicum modernum Regem nunc ut infra factae tam proprio quam eius in Ecclesia Gratianopolitana praefata successorum corumdem nomine omnes et singulas dependentias primodicti Monasterii in Regno Franciae huiusmodi ut praefertur existentes, illisque annexa iura praefata et alia praemissa cuiuscumque generis et speciei aut in quacumque re consisterent seu consistere possent, eisdem tamen modo et forma quibus ille et illa sibi eiusque Successoribus Episcopis Gratianopolitanis praefatis ab eodem Carolo Alberto Cardinali et Abbate huiusmodi in priori Tractatu ut praefertur cessae ac cessa ac translatae et translata fuerant eidem Regi Christianissimo pro tempore existenti eiusque Regno praefato perpetuo retrocessit et in illum et illud etiam perpetuo transtulit, reservata tamen sibi suisque successoribus Episcopis Gratianopolitanis praefatis iurisdictione mere spirituali, si qua foret (quam vero iurisdictionem successive dictus Ioannes Episcopus sedulo perpendens decere magis et expedire ut iurisdictio huiusmodi penes Archiepiscopos vel Episcopos in quorum respective Dioecesi illa posset existere resideret, itidem sub praefatae Sedis Apostolicae beneplacito eisdem Archiepiscopis vel Episcopis praefatis et eorum unicuique, pro ea silicet portione quae respectivam eorum Dioecesim respicit, similiter perpetuo cessit, et in eos et eorum unumquemque etiam respective transtulit) et sub conditione infrascriptarum unionum Mensae Episcopali Gratianopolitanae ut infra faciendarum : et quod dictus Ioannes Episcopus per conductores seu colonos eiusdem Regis Christianissimi pro tempore existentis eorumque Deputatos sub quacumque causa seu quovis praetextu (respectu bonorum immobilium et iurium realium quorumcumque si quae adsint in eisdem cessione et translatione per dictum Carolum Albertum Cardinalem et Abbatem huiusmodi ut praefertur factis) tam ratione solutionis extinctionis et novae acquisitionis, quam centesimi denarii et Regesti vulgo *Insinuation* nuncupati, seu alterius cuiuscumque iuris Regii vel cuiusvis alterius Dominii, nullatenus inquietari vel requiri possit. Declarans propterea idem Ioannes Episcopus nullam eorumdem bonorum immobilium iuriumque Realium praefatorum in primodicta cessione comprehensorum cognitionem habere sicuti nullam eorum ad formam dicti prioris Tractatus habuit nec habere poterat fruitionem et possessionem. Quae quidem retrocessio et translatio per dictum Ioannem Episcopum ut praefertur factae per eiusdem Ludovici Regis Praedecessoris Commissarios ad hoc per suas litteras deputatos, sub spe tamen reportandi pro eodem Ludovico Rege Praedecessore eiusque successoribus Franciae Regibus a Sede Apostolica praefata infrascriptam iuris nominandi ad Beneficia tam saecularia quam regularia eisdem dependentiis primodicti Monasterii ut praefertur cessis ac praefato Regi Chistianissimo pro tempore existenti eiusque Regno praefato etiam ut praefertur retrocessis ac respective translatis annexa reservationem : ac sub eisdem conditionibus favore dicti Ioannis Episcopi superius expressis ac promissione eumdem Ioan-

nem Episcopum a quacumque molestia seu requisitione
quoad iura huiusmodi tam Regia quam alterius dominii
praefati liberandi eiusdem Ludovici Regis Praedecessoris
nomine fuerunt receptae. Et respective dictus Ludovicus
Rex Praedecessor ad hoc ut dictus Ioannes ut praefertur
modernus et pro tempore existens Episcopus Gratianopolitanus de retrocessione et translatione sibi suoque Regno
praefato sic factis huiusmodi redderetur indemnis per
eosdem Commissarios ut praefertur deputatos suppressioni
et extinctioni tituli collativi tam Monasterii Abbatiae etiam
nuncupati Sancti Andreae de Villanova nuncupati dicti
Ordinis Sancti Benedicti Congregationis Sancti Mauri Avenionensis Dioecesis a parte dicti Regni Franciae et in Dominio dicti Regis Christianissimi existentis concordatis eiusdem Franciae inibi vigentibus, ad quod dum illud pro
tempore vacat nominatio personae idoneae Nobis et Romano
Pontifici pro tempore existenti ad eumdem pro tempore
existentem Francorum et Navarrae Regem Christianissimum
vigore eorumdem Concordatorum dudum inter Sedem Apostolicam praefatam et clarae memoriae Franciscum Primum
olim eorumdem Francorum Regem super nominatione personarum certis inibi expressis modis qualificatarum ad
Ecclesias et Monasteria Regni Franciae privilegio eligendi
non suffulta pro tempore vacantia promovendarum per
Regem Franciae huiusmodi pro tempore existentem facienda initorum spectat et pertinet, et quod dictus Ioannes
Episcopus in Commendam ad sui vitam ex concessione et
dispensatione Apostolicis tunc obtinebat prout adhuc obtinet de praesenti, quam etiam cura conventuque carentis
personalemque residentiam non requirentis seu a quadraginta annis et ultra, habitu forsan non tamen actu, conventualis dictamque residentiam non requirentis Prioratus de
Cunxlhac seu Cumulato nuncupati eiusdem Sancti Benedicti seu alterius Ordinis Claromontensis Dioecesis a primodicto Monasterio dependentis; nec non Unionis, videlicet

ex tunc omnium et singulorum fructuum, reddituum, proventuum, bonorum et omnium iurium in quacumque re consistentium eiusdem Monasterii secundodicti ; ac ex tunc prout ex ea die postquam tamen Prioratum huiusmodi ex persona illum in titulum seu commendam tunc obtinentis quovis modo etiam commenda huiusmodi cessante vacare contingeret, omnium etiam et singulorum fructuum, reddituum proventuum et bonorum Prioratus huiusmodi Mensae Episcopali Gratianopolitanae praefatae Apostolica auctoritate pariter inde perpetuo respective faciendae consensit; reservata tamen sibi suisque successoribus Franciae Regibus praefatis nominatione ad omnia Beneficia Ecclesiastica saecularia et regularia tam a secundodicto Monasterio quam a Prioratu huiusmodi respective dependentia Parochialibus Ecclesiis aliisque Beneficiis Ecclesiasticis curam animarum annexam habentibus tantum exceptis, de quibus per respective locorum in quibus illae et illa consistere possent, Ordinarios libere et licite disponi valeret et deberet ; ac praeterea ad hoc ut cessio et retrocessio huiusmodi a praefato Ioanne Episcopo ut praefertur respective factae rite perficerentur iidem Capitulum et Canonici dictae Maioris Ecclesiae capitulariter etiam congregati ultra primodicti Tractatus ratihabitionem in omnibus et per omnia per eos tunc valide factam eisdem retrocessione et translationi per dictum Ioannem Episcopum praefato Regi Christianissimo pro tempore existenti, eiusque Regno huiusmodi ut praefertur factis unanimiter consenserunt. Expresse insuper renunciantes omni et cuicumque Iurisdictioni Sedi Episcopali Gratianopolitanae ratione dicti Decanatus ac illius et dictae Ecclesiae Gratianopolitanae dependentiarum huiusmodi in Ducatu praefato existentium et ut praefertur cessarum et translatarum annexae, quam ipsi Capitulum et Canonici dictae Maioris Ecclesiae sub quovis praetextu seu quacumque de causa occasione vacationis eiusdem Ecclesiae Gratianopolitanae quocumque modo eventurae loco illius Episcopi possent et poterant exercere : nec non omni et cuicumque iuri ab eisdem Capitulo et Canonicis dictae Maioris Ecclesiae super Archipresbiteratu praefato illiusque dependentiis etiam ut praefertur cessis et translatis eousque habito, sub conditione tamen quod in qualibet vacatione dictae Ecclesiae Gratianopolitanae sive per obitum aut demissionem dicti Ioannis ut praefertur moderni et pro tempore existentis Episcopi Gratianopolitani de dicta Ecclesia illiusque regimine et administratione in manibus nostris et Successorum nostrorum Romanorum Pontificum pro tempore existentium sponte et libere pro tempore faciendam, sive alio quovis modo eventura et respective in qualibet eiusdem Episcopi Gratianopolitani variatione ipsi Capitulum et Canonici praefatae Maioris Ecclesiae frui et gaudere possint et debeant unius integri completique anni spatio, fructibus, redditibus, proventibus et emolumentis quibuscumque bonorum et iurium tam secundodicti Monasterii quam Prioratus huiusmodi eidem Mensae Episcopali Gratianopolitanae ut praefertur uniendorum. Dictusque annus a die post obitum dicti Episcopi Gsatianopolitani pro tempore existentis usque ad eamdem diem anni ex tunc proxime immediate futuri exclusive, quatenus per·obitum, quatenus vero per dimissionem huiusmodi aut alio quovis modo Ecclesiam Gratianopolitanam praefatam vacare contigerit ut praefertur, a die qua fructus, redditus, proventus et emolumenta iurium et bonorum dictae Ecclesiae Gratianopolitanae et aliorum illius Episcopali Mensae praefatae ut praefertur uniendorum desinent esse illius Episcopi pro tempore existentis praefati usque ad eamdem diem anni ex tunc etiam proxime immediate futuri pariter exclusive computetur et respective currere incipiat. Ac cum plena insuper libertate bona huiusmodi per eosdem Capitulum et Canonicos dictae Maioris Ecclesiae vel eorum Deputatos coli faciendi seu illa locandi eodem anno durante eisdem modo et forma quibus Episcopus Gratianopolitanus pro tempore existens praefatus bona huiusmodi coli facere aut respective locare posset et valeret, absque eo quod Economus sequestrator Beneficiorum consistorialium nuncupatus supradicto integro anno durante eosdem Capitulum et Canonicos dictae Maioris Ecclesiae ullo modo perturbare aut aliquam admistrationem vel perceptionem fructuum reddituum, proventuum et emolumentorum praefatorum tam ratione bonorum et iurium Mensae Abbatialis secundodicti Monasterii de quo consistorialiter disponi consuevit, quam Prioratus huiusmodi habere seu praetendere, nec ullum ius Economatus exigere respective possit. Cum hoc tamen quod iidem Capitulum et Canonici dictae Maioris Ecclesiae eodem supradicto anno durante omnia et singula onera ordinaria et extraordinaria fructuum, reddituum, proventuum et bonorum praefatorum quibus eos frui contigerit ut praefertur, exceptis tamem quibusvis pensionibus annuis super Mensae Episcopalis praefatae Ecclesiae Gratianopolitanae fructibus, redditibus et proventibus in actu nominationis ad illam et illius respective provisionis reservatis, adimplere et satisfacere debeant et teneantur. Cum hoc etiam quod eveniente quocumque modo eiusdem Ecclesiae Gratianopolitanae vacatione praefata antequam unio secundodicti Monasterii et Prioratus huiusmodi eidem Mensae Episcopali ut praefertur facienda suum sortita fuerit effectum, iidem Capitulum et Canonici dictae Maioris Ecclesiae bonis ac redditibus et iuribus eiusdem secundodicti Monasterii et Prioratus huiusmodi supradicto integro anno durante etiam frui et gaudere possint et valeant perinde ac si unio praefatae Mensae Episcopali sic facienda huiusmodi suum plenarie obtinuisset effectum. Ac demum pro praesentis posterioris Tractatus complemento dictus Franciscus Matthaeus praefatae Maioris Ecclesiae Canonicus et Archipresbyter Sabaudiae ut praefertur nuncupatus omni et cuicumque iuri et possessioni in dicto Archipresbyteratu Sabaudiae nuncupato, illiusque fructibus, redditibus, proventibus ac bonis et iuribus honorificis vel utilibus ac iurisdictioni et superioritati ac quibuscumque dependentiis in dicto Ducatu existentibus sibi ratione praefati Archipresbyteratus competentibus et per eum praetensis ac per dictum Ioannem Episcopum cessis et translatis huiusmodi de praefatorum Capituli et Canonicorum dictae Maioris Ecclesiae consensu cessit et abdicavit; consentiens itidem ut Archipresbyteratus praefatus una cum Decanatu supradicto eiusque et praefatae Ecclesiae Gratianopolitanae dependentiis huiusmodi in Ducatu praefato consistentibus, ac etiam ut praefertur cessis et translatis, erectioni praefatae vel eorum applicationi eidem Metropolitanae Tharantasiensi vel alteri cuiquam Cathedrali Ecclesiae praefatae pro dicti Victorii Amadei Regis libito presto esset et occurreret; cum conditione tamen quod ratione cessionis et abdicationis de dicto Archipresbyteratu per eum ut praefertur factarum huiusmodi, eidem Francisco Matthaeo in illius indemnitatem pensio annua mille librarum Turonensium ab omnibus et quibuscumque oneribus et impositionibus etiam Cleri ac alias quocumque nomine nuncupatis tunc impositis et pro tempore quomodolibet imponendis libera, immunis et exempta super omnibus et singulis tam secundodicti Monasterii quam Prioratus huiusmodi ut praefertur respective supprimendo et extinguendo ac eidem Mensae Episcopali etiam ut praefertur respective uniendorum proportionabiliter respective fructibus, redditibus et proventibus dicti Francisci Matthaei vita naturali durante tantum, et non ultra duratura, et a die octava dicti mensis decembris eiusdem anni millesimi septingentesimi septuagesimi tertii, sub qua praesens posterior Tractatus ut praefertur initus fuit currere incipienda ac respective eidem Francisco Mattheo vel Procuratori suo legitimo integre persolvenda, expresso dicti Ludovici Regis Praedecessoris ad hoc tunc accedente consensu, Apostolica auctoritate praefata reservaretur, constitueretur et assignaretur ac alias prout in posteriori Tractatu praefato plenius etiam continetur. Cum autem sicut eadem petitio subiungebat primo et secundodicti Tractatus huiusmodi pro maiori Gregis Dominici iuxta pia iam defunctorum et modernorum nunc etiam Regum praefatorum vota spirituali progressu initi sint ipsique Tractatus Catholicae Religioni plurimum utiles esse noscantur; ea vero firmius subsistant et ab omnibus exactius observari soleant, quae Sedis Apostolicae munimine roborantur, proindeque tam Victorius Amadeus et Ludovicus modernus respective Reges ac Ioannes Episcopus praefati, quam moderni Maiores et Collegiatae respective Ecclesiarum huiusmodi Capitula et Canonici praefati, nec non dictus Franciscus Matthaeus plurimum cupiant primo et secundodictos Tractatus ut praefertur initos huiusmodi, ad hoc ut illorum valide et efficaciter obtineatur effectus nostrae et dictae Sedis Apostolicae approbationis robore communiri, aliaque per nos ut infra fieri. Quare pro parte tam Victorii Amadei et Ludovici morderni respective Regum ac Ioannis Episcopi praefatorum, quam eorumdem modernorum Maioris et Collegiatae respective Ecclesiarum huiusmodi Capitulorum et Canonicorum, dictique Francisci Matthaei Nobis fuit humiliter supplicatum quatenus eorum votis in praemissis annuere de benignitate Apostolica dignaremur. Nos igitur qui omnes et singulas personarum Regali praesertim et Pontificali respective dignitate fulgentium petitiones quae ad animarum utilitatem protendere videntur paterna excipimus benevolentia Victorium Amadeum et Ludovicum modernum respective Reges ac Ioannem Episcopum praefatos nec non eosdem modernos Maioris et Collegiatae respective Ecclesiarum huiusmodi Capitula et Canonicos, dictumque Franciscum Matthaeum a quibusvis non tamen quoad dictum Ioannem Episcopum excommunicationis ac non tamen quoad Victorium Amadeum et Ludovicum modernum Reges praefatos suspensionis et interdicti aliisque Ecclesiasticis sententiis, censuris et poenis a iure vel ab homine quavis occasione vel causa latis si quibus quomodolibet innodati existunt ad effectum praesentium tantum consequendum harum serie absolventes et absolutos fore censentes, nec non primo et secundodictorum Tractatuum ut praefertur respective initorum huiusmodi tenores etiam veriores ac datas eisdem praesentibus pro expressis habentes huiusmodi supplicationibus inclinati, Discretioni Vestrae per Apostolica scripta mandamus quatenus Tu videlicet, Dilecte Fili, Officialis Venerabilis Fratris nostri Valentinensis in Delphinatu pro parte Franciae praefatae Statuumque dicti Regis Christianissimi ; Tu vero, Dilecte etiam Fili Officialis Venerabilis quoque Fratris nostri Episcopi Gebennensis pro parte Sabaudiae huiusmodi Statuumque dicti Regis Sardiniae primo et secundodictos Tractatus ut praefertur initos huiusmodi et in eis respective contenta, quaecumque licita tamen et honesta cum omnibus et singulis iam forsan inde legitime secutis et sequendis quibuscumque auctoritate nostra itidem perpetuo respective approbetis et confirmetis, illisque perpetuae, inviolabilis et irrefragabilis Apostolicae firmitatis robur, vim et efficaciam respective adiiciatis, omnesque et singulos tam iuris quam facti et solemnitatum aliosve quantumvis substantiales defectus si qui desuper in primo et secundodictis Tractatibus ut praefertur initis huiusmodi principaliter vel accessorie aut alias quomodolibet intervenerint aut intervenisse dici, censeri, intelligi aut praetendi possent in eisdem etiam respective suppleatis et sanctis ac penitus et omnino tollatis et aboleatis. Et insuper Tibi dicte Officialis praefati Episcopi Valentinensis in Delphinatu huiusmodi per eadem Apostolica scripta mandamus quatenus Tu eidem Ludovico moderno Regi eiusque Successoribus Franciae Regibus ius nominandi Nobis et Romano Pontifici pro tempore existenti personas idoneas ad tam conventuales, quam cura conventuque carentes et personalem residentiam non requirentes Prioratus caeteraque Beneficia Ecclesiastica tam saecularia quam primodicti Ordinis • regularia eisdem dependentiis primodicti Monasterii in Regno Franciae huiusmodi consistentibus, ac per dictum Carolum Albertum Cardinalem et Abbatem huiusmodi eidem Ioanni ut praefertur moderno et pro tempore existenti Episcopo Gratianopolitano in primodicto ut praefertur cessis et translatis et deinde per ipsum Ioannem Episcopum eidem Ludovico Regi Praedecessori eiusque Regno praefato in secundodicto respective Tractatibus ut praefertur respective initis ac etiam ut praefertur respective approbatis et confirmatis similiter perpetuo retrocessis et translatis, annexos et annexa quorum dum illi et illa pro tempore vacabant collatio, provisio et quaevis alia dispositio seu ad quos et quae etiam dum illi et illa etiam pro tempore vacabant nominatio seu praesentatio personarum idonearum in eis ad nominationem seu praesentationem huiusmodi per respective locorum Ordinarios aut alia respective insituendarum ad pro tempore existentem Abbatem Commendatarium primodicti Monasterii, cessantibus tamen reservationibus et affectionibus Apostolicis, spectabat et pertinebat quandocumque et quomodocumque illos et illa ex personis eos et ea nunc et pro tempore respective obtinentium vacare contigerit, quorum tamen expeditio per Datariam Apostolicam, solita servata forma fieri debeat, exceptis tamen Prioratibus aliisque beneficiis curam animarum annexam habentibus eisdem dependentiis primodicti Monasterii ut praefertur cessis et translatis atque etiam retrocessis huiusmodi pariter annexis de quibus per respective locorum in quibus dicti Prioratus aliaque Beneficia Ecclesiastica praefata curam animarum huiusmodi ut praefertur annexam habentes et habentia consistere possunt Ordinarios libere et licite disponi poterit et debebit eadem auctoritate nostra similiter perpetuo reserves, concedas et assignes. Nos enim si approbationem, confirmationem, roboris adiectionem, defectuum suppletionem, sanationem, reservationem, concessionem et assignationem huiusmodi per Vos et respective Vestrum alterum fieri contigerit ut praefertur primo et secundodictos Tractatus ut praefertur respective initos ac per vos etiam ut praefertur respective approbandos et confirmandos in omnibus et per omnia suos plenarios et integros effectus sortiri et obtinere : nec non a Victorio Amadeo et Ludovico moderno respective Regibus praefatis eorumque Successoribus Sardiniae et Franciae etiam respective Regibus, ac a praefatis Ioanne moderno eiusque pariter successoribus Episcopis Gratianopolitanis ac praefatis modernis et pro tempore existentibus Maioris et Collegiatae respective Ecclesiarum huiusmodi Capitulis et Canonicis, nec non a praefato Francisco Matthaeo ac ab omnibus aliis ad quos nunc spectat et pertinet ac spectare et pertinere potest et poterit quomodolibet in futurum firmiter et inviolabiliter ac inconcusse observari et adimpleri debere, illosque a primo et secundodictis Tractatibus ut praefertur respective initis ac etiam ut praefertur per vos respective approbandis et confirmandis nullo unquam tempore et quovis praetextu, occasione vel causa resilire vel recedere posse, imo eosdem ad integram illorum respective observantiam teneri ita ut quaecumque tam per Victorium Amadeum et Ludovicum modernum respective Reges eorumque Successores Sardiniae et Franciae etiam respective Reges huiusmodi, quam per cumdem Ioannem modernum eiusque pariter successores Episcopos Gratianopolitanos praefatos, et dictos modernos ac pro tempore existentes Maioris et Collegiatae respective Ecclesiarum huiusmodi Capitula et Canonicos, nec non praefatum Franciscum Matthaeum et quoslibet alios contra primo et secundodictorum Tractatuum, ut praefertur, respective initorum ac etiam, ut praefertur, per vos respective approbandorum et confirmandorum formam ac earumdem Praesentium tenorem et continentiam, quandocumque faciendae dispositiones nullae prorsus et invalidae ac insubsitentes sint et tales fore et esse censeri debeant. Reservationem quoque, concessionem et assignationem huiusmodi nec non easdem Praesentes nullo unquam tempore, ex quocumque capite vel qualibet causa quantumvis iuridica et legitima, pia, privilegiata ac speciali nota digna, aut ex eo quod causae propter quas praemissa emanarunt, coram nobis vel alibi adductae, verificatae et iustificatae non fuerint, aut quolibet alio etiam quantumvis substantiali, substantialissimo et inexcogitato ac specialem mentionem et expressionem requirente defectu notari, impugnari, invalidari, retractari, in ius vel controversiam vocari, ad viam et terminos iuris reduci aut adversus illas restitutionis in integrum aut aliud quodcumque iuris vel facti aut gratiae remedium impetrari vel etiam quomodolibet concesso aut impetrato quempiam uti, seu se iuvari posse, neque illas sub quibusvis similium vel dissimilium gratiarum revocationibus, suspensionibus, limitationibus, derogationibus aut aliis contrariis dispositionibus per quascumque litteras et constitutiones Apostolicas editas vel edendas comprehendi, sed semper ab illis excipi, et quoties illae emanabunt, toties in pristinum ac eum in quo antea quomodolibet erant statum restitutas, repositas et plenarie reintegratas ac de novo etiam sub quacumque posteriori data per Victorium Amadeum et Ludovicum modernum respective Reges eorumque successores Sardiniae et Franciae etiam respective Reges praefatos ac dictum Ioannem modernum eiusque pariter successores Gratianopolitanos Episcopos huiusmodi ac eosdem modernos et pro tempore existentes Maioris et Collegiatae respective Ecclesiarum praefatarum Capitula et Canonicos, nec non dictum Franciscum Matthaeum quandocumque eligenda concessas, validas et efficaces fore et esse suosque plenarios et integros effectus sortiri et obtinere ac omnibus ad quos nunc spectat et pro tempore quomodolibet spectabit in futurum plenissime suffragari, sicque et non alias per quoscumque Iudices Ordinarios vel Delegatos quavis auctoritate fungentes etiam causarum Palatii Apostolici Auditores ac Sanctae Romanae Ecclesiae Cardinales etiam de latere Legatos, Vicelegatos, dictaeque Sedis Nuncios iudicari et definiri debere et quidquid secus super his a quoquam quavis auctoritate scienter vel ignoranter contigerit attentari irritum et inane decernimus. Ac praeterea attento quod earumdem Praesentium executio et publicatio in diversis et inter se dissitis locis ut similiter asseritur fieri debet, ac propterea si vos quibus praesentes litteras praefatas pro illarum executione huiusmodi ut praefertur respective commisimus unusquisque videlicet Vestrum pro supradicta respective Dominii parte ad eadem loca pro Instructionibus praeparatoriis ante respectiva per vos ferenda Decreta conficiendis vos transferre deberetis nimium temporis et expensae foret impendendum, vobis ut vos et quilibet vestrum pro supradicta respective parte quascumque personas in Dignitate Ecclesiastica constitutas ad effectum se conferendi ad respectiva loca huiusmodi pro conficiendis Instructionibus praefatis ac quibusvis Processibus ad easdem Praesentes rite inde exequendas quomodolibet necessariis et opportunis seligere et deputare libere et licite possitis Apostolica auctoritate praefata ipsarum tenore praesentium facultatem concedimus et impertimur ; non obstantibus quibusvis etiam in Synodalibus, Provincialibus, Generalibus Universalibusque Conciliis editis vel edendis, specialibus vel generalibus Constitutionibus et Ordinationibus Apostolicis ac Maioris et Collegiatae respective Ecclesiarum huiusmodi nec non primo et secundodictorum Monasteriorum ac primodicti Ordinis et Congregationis praefatae etiam iuramento confirmatione Apostolica vel quavis firmitate alia roboratis, statutis et consuetudinibus, privilegiis quoque, indultis et litteris Apostolicis quibusvis Superioribus et personis in genere vel specie in contrarium praemissorum, forsan quomodolibet concessis, approbatis, confirmatis et innovatis. Quibus omnibus et singulis etiam si pro illorum sufficienti derogatione alias de illis eorumque totis tenoribus specialis, specifica, expressa et individua ac de verbo ad verbum, non autem per clausulas generales idem importantes mentio seu quaevis alia expressio habenda aut aliqua alia etiam exquisita forma ad hoc servanda foret tenores huiusmodi ac si de verbo ad verbum nihil penitus omisso, et in forma in illis tradita, observata, et inserti forent praesentibus pro plene et sufficienter expressis habentes, illis alias in suo robore permansuris latissime et plenissime ad praemissorum validissimum effectum, hac vice dumtaxat specialiter et expresse, harum quoque serie derogamus caeterisque contrariis quibuscumque.

Datum Romae apud Sanctum Petrum anno Incarnationis Dominicae millesimo septingentesimo septuagesimo quinto, octavo idus iulii, Pontificatus nostri anno primo.

105

Décanat de Savoie.

1776

(*Déc.* : Chap. XXI, note 5.)

La ville de Chambéry et le Décanat de Savoie dépendent, pour le spirituel, du Diocèse de Grenoble.

Monseigneur Jean de Cairol de Madaillan, évêque et prince de Grenoble, et doyen du Décanat de Savoie.

M^r. Alex, Official.
M^r. Garella, Promoteur.
M^e. Cabuat, Secrétaire.
M^e. Chevalier, Garde-Scel.

Etat des Eglises, Monastères et Communautés de Chambéry, en 1776.[1]

La Royale Sainte-Chapelle de Savoye. Cette église, dont le Portail principalement peut être regardé comme un excellent morceau d'architecture, fut construite dans l'enceinte du château en 1418. Le Chapitre de cette insigne collégiale est composé d'un Doyen crossé et mitré, d'un Archidiacre et de douze Chanoines, y compris le Chantre : de six Prêtres d'Honneur, quatre Clercs d'Honneur, un Organiste et une Musique.

Mr. Portier du Belair, Doyen.

Mr. Rey, Archidiacre,
Mr. Perrin, Chantre,
Mr. Vissod, Trésorier,
Mr. Alex, Official,
Mr. Chevrier,
Mr. Giraud,
Mr. Truchet,
Mr. Didier,
Mr. Garrella,
Mr. Perret,
Mr. Burdin,
Mr. Longe,
Mr. Chevalier,
} Chanoines.

Mr. Roux,
Mr. Vernaz,
Mr. Thomé,
Mr. Jacquier,
Mr. Plattet,
Mr. . . . .
} Prêtres d'Honneur.

[1] Extrait des *Etrennes de la Savoie pour 1776*.

Mr. Bocquin,
Mr. Trippier,
Mr. Voiron,
Mr. Dupraz,
} Clercs d'Honneur.

Nota. L'Eglise paroissiale de Saint-Léger, située autrefois où est aujourd'hui la place du même nom, ayant menacé ruine, la transaction des fonctions paroissiales, ensuite des lettres-patentes de S. M. Charles Emanuel III de glorieuse mémoire, s'en fit, le 12 juin 1760, à la Royale Sainte-Chapelle.

Mr. Alex, Offic. } *Channoines de la S. Chapelle,*
Mr. Burdin, } *Curés de S. Léger.*
Mr. Trippier,
Mr. Chevalier,
} *Vicaires de S. Léger.*

L'Eglise, l'Abbaye et le Prieuré de Lémens, sous le vocable de l'Apôtre S. Pierre, sont un des plus antiques monuments ecclésiastiques connus en Savoye : c'est même la plus ancienne des trois paroisses de Chambéry. Des moines de l'Odre de Citeaux, dont l'abbé est crossé et mitré, y résident depuis 1612, qu'ils furent substitués aux Bénédictins, qui l'occupoient auparavant. On conserve dans cette Eglise, qui existoit déjà environ l'an 546,[1] les Corps de deux des 4 couronnés Martyrs, et les Reliques de Saint Concors, archevêque d'Armagh en Irlande, qui mourut à Lémens en 1176.

Dom Second, *Abbé.*
Dom Moneti, *Prieur.*

Les Fonctions curiales et paroissiales de Lémens se font dans cette Eglise.

Mr. Gaime, *Curé.*

---

[1] Cette date et quelques-unes des autres indiquées dans cette notice ne sont rien moins qu'authentiques. La plupart d'entre elles ont été corrigées au cours des *Recherches sur le Décanat*; nous n'avons donc pas à les rectifier de nouveau ici.

L'Eglise paroissiale de Maché, sous le vocable de l'Apôtre S. Pierre.

Mr. Garella, *Chan. de la S. Chapelle, Promoteur, Curé.*

L'Eglise des Chanoines de S. Antoine, établis en cette Ville au commencement du douzième siècle. C'est la seconde Maison de l'Ordre.

Mr. De Salins, *Prieur.*

Les Fr. Prêcheurs de S. Dominique, établis à Chambéry en 1418. S. Vincent Ferrier a régi cette Maison pendant quelque tems. L'on voit dans leur Eglise le plus nombreux auditoire de la ville, notamment aux sermons qui s'y font quatre jours de la semaine durant le Carême.

Le R. P. Varot, *Prieur.*

Les Frères Mineurs-Conventuels de S. François dont l'Eglise, qui est une des plus fréquentées de la Ville, peut passer, par sa régularité et sa grandeur, pour un beau morceau en ce genre, ont été fondés environ l'an 1220. Le 14 juillet 1764, jour de S. Bonaventure, à 5 h. du soir, le feu du Ciel abbatit la flèche de leur Clocher, qui étoit le plus élevé de la Ville.

Le R. P. Cavoret, *Gardien.*

L'Eglise sous le vocable de Ste Marie Egyptienne, occupée ci-devant par les Cordeliers de l'Observance, dont le Couvent n'est plus habité depuis que les religieux ont été réunis aux Frères Mineurs Conventuels de S. François, par Bref du Pape Clément XIV, en date du 24 août 1771. Le R. P. Ange-François Salietti de Moncalier fut nommé commissaire apostolique, pour effectuer cette Union en Savoye.

L'Eglise des Jésuites, qui avoient été fondés à Chambéry, en 1570, par le Duc Emanuel-Philibert, est desservie, depuis la suppression de la compagnie de Jésus, par des Prêtres séculiers, qui ont à leur tête Mr Perret, chanoine de la Ste Chapelle.

Les Carmes Réformés, fondés à l'extrémité du Faubourg de Montmeillan, par la princesse Marie-Liesse de Luxembourg de Tingry, en 1631.

Le R. P. Jean, *Prieur*.

Les Capucins fondés près le Pont de Cognin, vers le milieu du seizième siècle, dans l'Eglise desquels repose le Corps du B. P. Jean de Maurienne.

Le R. P. Jean-Nicolas, *Gardien*.

Les Augustins, établis au Faubourg de Montmélian en 1616, par les bienfaits de Mr Benantin Scève premier chanoine de la Sainte-Chapelle, qui leur donna la chapelle de Saint-Laurent au faubourg de Montmélian. (Voir l'*Eremus Augustiniana* p. 208.)

Le R. P. Sonnet, *Prieur*.

Les Dames de S^{te}. Claire Urbanistes, situées hors les murs de la Ville, ont été fondées environ l'an 1218.

Mad^e. Deville de Vozery, *Abbesse*.

Les Religieuses de S^{te}. Claire en Ville, fondées en 1471, par la duchesse Yoland de Savoye.

Mad. Dardel, *Abbesse*.

Les Bernardines fondées à Maché en 1620.

Mad. Viallet, *Supérieure*.

Les Ursulines fondées à l'issue du faubourg du Larit en 1625.

Mad. Chollet, *Supérieure*.

Le Monastère de la Visitation, situé hors les murs de la ville, entre le Verney et Maché, fut fondé par Ste Jeanne Françoise de Chantal, en 1624.

Mad. de S. Marcel, *Supérieure*.

Les Carmélites, fondées au Faubourg de Montmeillan, en 1631, par la Princesse de Tingry.

Mad. d'Alery, *Supérieure*.

Les Annonciades célestes, situées à l'extrémité du même faubourg, ont été fondées en 1644.

Mad. Jonc, *Supérieure*.

Confréries de Piété, voilées.

Les Pénitens Noirs, sous le Vocable de Ste Croix, de la Miséricorde et de S. Jean Décolat, érigés en cette ville le 29 mai 1594, ont la prérogative de nommer des visiteurs des prisonniers. Ils ont un Mont-de-Piété, établi à l'instar de Rome et de Turin.

Les Pénitens Blancs, sous le vocable du S. Esprit et du Confalon, érigés à Chambéry le 8 juin 1594, ont dans leur Oratoire la Chapelle de S. Jean du Temple, ancienne commanderie de l'Ordre de Malthe, en cette ville.

Maisons de Charité.

L'Hôpital Général de la Charité, situé hors les murs de la ville, où sont admis les pauvres de l'un et l'autre sexe ; il est administré par un bureau composé de Monseigneur l'Evêque de Grenoble, de Messieurs le Premier Président et l'Avocat Général du Sénat, de 2 députés de la Sainte-Chapelle, 2 députés du Sénat, 2 Députés du conseil de ville, 2 Députés de la congrégation de l'Assomption, dite des Messieurs ; 4 gentilshommes, 4 avocats, 4 Procureurs et 4 bourgeois.

M^r. Truchet, chanoine de la Sainte-Chapelle, *Aumônier*.

M^r. Jacq. Dupuy, *Sécretaire et Agent*.

L'Hôtel-Dieu, situé hors les murs de la ville, dont la Direction est confiée aux Officiers de la Congrégation de l'Assomption, dite des Messieurs, est un Etablissement fondé en partie par le Roi Victor ; il consiste en 2 salles, l'une pour les hommes et l'autre pour les femmes ; les malades y sont tenus fort proprement ; et l'air sans cesse renouvellé au moyen de deux grandes fenêtres, l'une au levant et l'autre au couchant, y est plus sain que dans la plûpart des Hôpitaux. On n'y observe point que cette cause y fasse languir et même périr les convalescens, comme cela arrive ailleurs en différents endroits.

Les Officiers de santé de cette Maison sont :

M^{rs}. Mermoz,
Daquin, } *Médecins.*
Lard,

Lyonne, Père, *Chirurgien.*

La Pharmacie y est exercée par deux Hospitalières, et les salles sont sous la direction de deux autres.

M^r. Lasale, ancien professeur de théologie à Bayonne, *Aumônier.*

Mr Ducoudray, *Agent et Secrétaire.*

L'Hôpital de Maché, dit des Pélérins, qui doit son établissement à Jean Du Rhône et Théodore Boccon, fut réduit en cendres le Dimanche 6 Novembre 1763 : Il a été rebâti depuis peu ; mais il n'est point encore en état de retirer les gens destinés à cette fondation. Il est uni à celui de l'ancien Hôtel-Dieu de S. François, qui fut fondé au commencement du quatorzième siècle, par deux pieux citoyens, Nobles Amé Begnin et François Girard. Messieurs du conseil de ville en ont l'Administration.

L'hôpital des incurables, situé dans le faubourg du Reclus, est administré par un bureau particulier, à la tête duquel sont M^r l'Avocat Général, et M^{rs} l'Official et le Promoteur.

Les Orphelines, situées dans le haut du même Faubourg. Cette maison est gouvernée par des demoiselles choisies par les dames de la confrérie de Ste Elizabeth, qui en sont les directrices. On y reçoit des pensionnaires.

106.

Procès-verbal de Translation des fonctions de la paroisse de Saint Léger, dans l'église de St-François.[1]

27 avril 1777.

(*Déc.:* Chap. XXI, note 3.)

Les fonctions de la paroisse se fesoient, par provision, dans la R^{le} Ste Chapelle, dès le 8 juin 1760, que l'on commença à démolir l'église paroissiale située sur la place dite de Saint-Léger, selon l'ordre de S. M. de glorieuse mémoire Charles-Emanuel III. Mais son digne successeur, Victor Amé III, notre Auguste Monarque, ayant vu par lui-même, dans son voyage en cette ville, que sa chapelle était trop petite pour une paroisse aussi vaste, et trop difficile en été et en hiver pour être fréquentée, ainsi qu'on y est obligé ; que devenant déserte par nécessité, cet abandon pourroit être funeste au salut des âmes, que la Maison de Ville n'étant pas en état de se faire bâtir une Eglise, il y en aurait assez dans son enceinte pour remplir cet objet ; par un effet de la sollicitude de son zèle pour la gloire de Dieu et l'édification de la cité éternelle, comme un autre Josias le restaurateur de la piété et le soutien de l'Eglise, il s'est incessamment porté à tous les moyens que sa haute prudence pouvoit lui suggérer pour procurer à sa ville de Chambéry une Eglise assez vaste, où la paroisse pût s'assembler et y entendre la voix de son pasteur et que, le Temple du Dieu vivant fréquenté, ses fêtes sanctifiées, son peuple instruit, sa ville pût devenir la cité sainte et la ville fidèle.

---

[1] Extrait des Registres des Naissances et Baptêmes de l'Eglise paroissiale de Saint-François (Métropole) de Chambéry.

A ces fins, il a demandé à N. S. P. le Pape Pie VI, la permission de tranférer les RR. PP. Mineurs Conventuels de Saint François dans la maison qu'occupoient ci-devant les Jésuites, et d'établir la paroisse dans l'église de Saint François [1] comme la plus vaste et la plus propre à remplir

---

[1] Les Religieux Franciscains (Cordeliers) qui avaient fait beaucoup de démarches et d'instances en haut lieu pour obtenir de conserver leur église et leur couvent, les quittèrent, avec un regret qui se conçoit, pour prendre possession de l'église et de la maison des Jésuites, supprimés depuis peu d'années.

Encore ces pauvres Pères furent-ils chansonnés, à leur départ, dans les strophes latines que voici d'un mauvais plaisant :

CANTUS LÆTUS

Tempore paschali cantandus, in alma urbe Camberiensi, die translationis parochiæ ad Franciscanos.

(27 aprilis 1777.)

O filii et filiæ
Dedit vobis Rex gloriæ
Magnam causam lætitiæ, Alleluia
   Alleluia, alleluia, alleluia.

Nam mane prima Sabbathi
Ad ostium Magni Templi
Accesserunt canonici. All.
   Alleluia, etc.

Cum pio duce Burdino
Circumstante omni clero
Cum Syndicis et Populo. All.
   Alleluia, etc.

Ut ex eo Franciscanos
Choro campanis privatos.
Dimitterent valde mœstos. All.
   Alleluia, etc.

Non longe sedens Baudierus
Sed dubitans ipse solus
Remanebat incredulus. All.
   Alleluia, etc.

Ast Fratibus adstantibus,
In medio Gardianus
Stetit dicens : Pax omnibus, Al.
   Alleluia, etc.

— Vide Pater, vide tuas
Ad Magnates epistolas ;
Tamen imus ad Jesuitas. All.
   Alleluia, etc,

Ut audivit Paterculus
Quod edixerat Conventus
Stetit pene stupefactus. All.
   Alleluia, etc.

tous les objets ; ce qu'ayant facilement obtenu, eu égard au bien public et à des motifs si pressants et si dignes d'un trône, de tout temps si recommandable par sa piété ; les RR. Religieux de Saint François quittèrent leur couvent le jeudi au soir 24 du courant mois d'avril, et allèrent occuper la maison des Jésuites, selon l'ordre du Roy qui leur fut intimé le samedi précédent 19e dudit mois, par le Seigneur Avocat fiscal-général Adami, jour auquel ledit seigneur Avocat général, en exécution des mêmes ordres de S. M., chargea les Rds Srs Alex et Burdin, curés de cette paroisse, d'aller occuper et desservir la susdite église de Saint François dès que les religieux en seraient dehors, et d'y faire le transport des fonctions de la paroisse, quand ils le jugeroient à propos. En conséquence, Rd Burdin annonça au prône, le dimanche 20 avril, que les fonctions de la paroisse seraient transférées à Saint-François dès le dimanche suivant, que le transport en serait fait audit jour sur les 9 heures du matin. *Interim*, étant chargé par ledit seigneur Avocat Général d'aller prendre les clefs de la susdite église de Saint-François chez S. E. M. le Premier Président et comte Salteur ; il s'y rendit le jeudi 24 sur les

Tunc alii cito Frates
Sarcinulas colligentes
Exeunt simul dicentes : All. } (¹)
Alleluia, etc.

Tunc alii citò Patres
Viso Burdino trementes
Exeunt male dicentes. All.
Alleluia, etc.

Ex quibus tandem peramplas
Ecclesiam et capellas
Habemus nec non campanas. Al.
Alleluia, etc.

Beati qui nil possident
Et Jesum firmiter tenent,
Certe res suas non perdent. Al.
Alleluia, etc.

Sit laus et Jubilatio
Victorio Amedeo
Benedicamus Domino. Alleluia.
Alleluia, alleluia, alleluia.

¹ Un loustic, il y en a partout, proposait même de substituer à ces deux vers, les deux suivants :

Amphoras vini petentes
Exeunt simul bibentes. Al.
Alleluia, etc.

7 heures du soir ; et après avoir attendu demi heure, le R^d Père Pavy et le Frère Exertier, sacristains, arrivèrent et remirent à S. E. lesdites clefs, et son Excellence les remit tout de suite audit R^d Burdin ; et le R^d Père Pavy s'étant gracieusement offert d'en indiquer l'usage, R^d Burdin l'accepta et allèrent ensemble au couvent ; et lui ayant montré les clefs de la porte d'entrée et de la sacristie, et l'usage de celles qui étaient dans l'armoire, il le remercia de sa complaisance et se retira.

Le lendemain et surlendemain, 25 et 26 avril, il y fit célébrer des messes, de l'une à l'autre, depuis les cinq heures du matin jusqu'à onze heures, sans discontinuer, et fit tous les préparatifs nécessaires au transport de la paroisse.

Le dimanche 27 avril, sur les 9 heures du matin, on descendit en procession de la Sainte-Chapelle ; le R^d Sieur Alex Official general du Décanat et curé de la paroisse, portoit le Saint-Sacrement, accompagné du diacre et du sous-diacre et de deux chappiers, devant lesquels marchaient quatre diacres, qui portoient sur leurs épaules un brancard où étoient montés les fonts-baptismaux, superbement parés, précédés de 42 ecclésiastiques, les uns en chasubles portant des calices, des vases sacrés, les autres en dalmatiques, en chappes, en surplis, portant les Saintes Huiles et les Reliques, tous sous la Croix de la paroisse, accompagnés de deux acolytes, sans bannière. Précédaient aussi les Pénitents Noirs, les Pénitents Blancs, les Dames du Saint-Sacrement, celles du Rosaire, et la bannière de la Confrérie de Saint-Joseph accompagnée de son Prieur et vice-prieur. Messieurs les quatre ex-Consuls portaient le Dais, suivis des quatre nobles Syndics, tous en robbes, à la suite desquels était une si grande foule de monde que les rues, la place et l'église de Saint-François ne pouvaient tout contenir.

Etant entrés dans cette église au son de la grande cloche et du carillon, on a dabord placé les Fonts-Baptismaux à leur destination, et Mr. Alex ayant quitté le Saint-Sacrement sur l'autel, s'est avancé vers la balustrade de la communion et y a prononcé un fort beau discours relatif à cette translation ; ensuite duquel on a chanté la grand'messe de paroisse, comme de coutume, à l'issue de laquelle il a donné la bénédiction du Très Saint-Sacrement, après avoir préalablement prié pour le Roy et la paroisse. Et chacun s'est retiré en rendant grâce à Dieu et bénissant notre Auguste Monarque. Ainsi est.

Signé Burdin, Chanoine et Curé

107

Décret de révérend Michel Conseil, Official de Genève et Commissaire Apostolique, déclarant le Décanat de Savoie démembré du diocèse de Grenoble, et uni provisoirement à l'abbaye de Saint-Michel de La Cluse. [1]

24 novembre 1777.

(Déc. : Chap. XX, note 48.)

Michel Conseil, docteur en théologie, chanoine de la cathédrale, Vicaire général, Official de l'évêché et diocèse de Genève et Commissaire de N. S. Père le Pape Pie VI et du Saint-Siège en cette partie.

Vû la requête à nous présentée par Mgr Hyacinthe Gerdil, Evêque de Dibonne, en sa qualité d'Abbé commandataire de l'abbaye de Saint-Michel de la Cluse, poursuite et diligence

---

[1] Registre ecclésiastique du Sénat de 1777, fol. 231 v°, et suivants.

de Mre Joseph de la Lombardière, chanoine de la cathédrale de Valence, fondé de procuration spéciale de mondit seigneur l'Evêque de Dibonne, en sa qualité d'Abbé de Saint-Michel de la Cluse, passée à Rome par devant Mora, chancelier du consulat de France, le 9 avril présente année, dont copie collationnée est jointe à la présente, tendante ladite réquête, à nous faire accepter et renouveler le décret rendu par M. l'abbé de Chantemerle Official de Valence, le 15 octobre dernier, suivant le pouvoir à lui donné conjointement avec nous par bulle de N. S. Père le Pape Pie VI du 8 juillet 1775, duement autorisée et enregistrée.

Vû aussi le susdit décret du 15 octobre dernier, de même que toutes les pièces y visées et relatives, prononçant, icelui, le démembrement du Décanat et de l'Archiprêtré de Savoie, situé dans lesdits états du Roi, de l'Evêché et Diocèse de Grenoble, circonstances et dépendances, en quoi qu'elles puissent consister. Le tout considéré, le Saint Nom de Dieu invoqué, nous, Commissaire susdit et soussigné, avons accepté et acceptons le susdit décret du sieur Official de Valence du 15 octobre dernier ; ce faisant, disons que la partie du Diocèse de Grenoble située en Savoie, et d'icelui démembrée, comme sus est dit, sera et demeurera à perpétuité séparée, désunie et démembrée de l'Evêché et Diocèse de Grenoble, avec toutes circonstances et dépendances, juridiction, biens et droits quelconques, en quoi qu'ils puissent consister, ainsi qu'ils sont désignés dans les Traités des 1er février et 8 décembre 1773 ; qu'à cet effet les titres du Décanat et de l'Archiprêtré de Savoie, seront et demeureront à perpétuité éteints et supprimés, pour être, ladite partie séparée et particulièrement connue sous les dénominations de Décanat et Archiprêtré de Savoie, ainsi que les biens qui en dépendent, tous droits utiles, honorifiques, circonstances et dépendances susdites, jointes et annexées, par provision, à ladite Abbaye de Saint-Michel de la Cluse ; en telle sorte que, les limites qui séparent le Duché de Savoie des Etats de la France, serviront également de limites à la partie du Diocèse de Grenoble démembrée d'icelui et séparée, comme sus est dit, sous la déclaration que mondit seigneur Abbé de Saint-Michel de la Cluse, et ses successeurs Abbés, sera Vicaire-Général irrévocable pour toute la susdite partie démembrée du Diocèse de Grenoble, conformément au consentement de Mgr l'Evêque et Prince de Grenoble, porté par sa procuration spéciale passée par devant Me de Cerville et son confrère, notaires au Chatelet de Paris, le 11 juin dernier, avec pouvoir audit seigneur Abbé de subdéléguer pour régir, administrer et gouverner, tant au spirituel qu'au temporel, ladite partie démembrée, et ce à commencer du jour de l'enregistrement de notre présent décret, jusqu'à ce qu'il ait plu à Sa Majesté de marquer la destination définitive de la partie démembrée, et qu'elle ait été ainsi définitivement prononcée par qui de droit, soit pour former un évêché à Chambéry, soit pour être unie à un siège épiscopal des états du Roi.

Donné à Annecy, dans notre auditoire, le 24 novembre 1777, en ordonnant l'enregistrement : de la requête de Mgr l'Evêque de Dibonne, abbé de Saint-Michel de la Cluse, du décret de M. l'Official de Valence du 15 octobre proche passé, et de la procuration de Mgr l'évêque et prince de Grenoble du 14 juin dernier.

Signé à l'Original par Messire Conseil, Vicaire général et Official et Commissaire Apostolique.

108

Chefs du Décanat. — Etat du clergé de la Sainte Chapelle en 1778.[1]

1778.

(*Déc.* : Chap. XXI, note 1.)

M. le Chanoine Alex, *Official du Décanat de Savoye.*
M. le Chanoine Garrella, *Promoteur.*

La Royale-Sainte Chapelle de Savoye, érigée en insigne collégiale par le Pape Paul II, en 1467.

Monsieur Portier de Belair, *Doyen.*
Monsieur Rey, *Archidiacre.*

Messieurs {
Perrin, *Chantre,*
Alex, *Tresorier,*
Giraud,
Truchet,
Didier,
Garrella,
Perret,
Burdin,
Longe,
Chevalier,
Vernaz,
De Vars,
} *Chanoines.*

Messieurs {
Roux,
Thomé,
Jacquier,
Plattet,
Bocquin,
Trippier,
} *Prêtres d'honneur.*

---

[1] Etrennes historiques de Savoye, pour l'année 1778.

M. Ducoudray, *Maitre de Musique.*

109

Bulles de Sa Sainteté le Pape Pie VI, portant érection d'un Evêché, d'une Cathédrale et d'un Séminaire dans la ville de Chambéry.[1]

18 août 1779.

(*Déc.* : Chap. XXI, note 8.)

Pius Episcopus servus servorum Dei, ad perpetuam rei memoriam.

Universa Dominici gregis pascendi nobis commissa procuratio requirit ut novi animarum pastores ad Apostolici ministerii partes obeundas adsciscantur, quoties ob dissitas regiones vocem pastoris audire, virtutum exempla cominus intueri negociis in Episcopali curia peragendis commode incumbere nequeunt. Quare populorum æternæ saluti sedulo consulentes, novas Episcopales sedes, juxta temporum et regionum circumstantias, instituere non ambigimus, quemadmodum in Domino expedire noverimus.

Jam pridem per Apostolicas nostras litteras sub datum anno Incarnationis Dominicæ MDCCLXXV, octavo julii, Pontificatûs nostri anno primo, dilectis filiis officialibus venerabilium Fratrum nostrorum Gebennensis et Valentinensis

[1] Collection de l'auteur. — Voir aussi, aux archives de l'Archevêché, un Cahier isolé.

Episcoporum dedimus in mandatis ut, auditis omnibus interesse quomodolibet habentibus, quosdam tractatus et conventiones inter venerabilem fratrem nostrum Episcopum Gratianopolitanum, et tunc existentem Abbatem commendatarium monasterii Abbatiæ nuncupati Sancti Michaëlis de Clusa, nullius Diocesis, provinciæ Taurinensis sub Apostolicæ Sedis beneplacito initos, et subinde à dilecto filio nostro Hyacintho Tituli Sancti Joannis ante portam Latinam S. R. E. presbitero Cardinali Gerdil nuncupato, moderno ejusdem Abbatiae Abbate commendatario probatos, qui inter cætera divisionem ac dismembrationem complectuntur à diocesi Gratianopolitana illius videlicet partis in Sabaudia consistentis Decanatûs usque modo nuncupatæ, ubi Camberium ac non nulla oppida et loca recensentur, auctoritate nostra approbari mandavimus, statuentes ut, quousque de ea diocesis parte aliter a nobis dispositum minime fuerit, ea ejusdem Hyacinthi Cardinalis et Abbatis Commendatarii spirituali, etiam per aliam personam exercenda, subesset regimini, cumque eædem nostræ litteræ prescripta methodo ac omnis juris forma cumulate observata fuerint executæ, Nobisque nomine charissimini in Christo filii nostri Victoris Amedei Sardiniæ Regis Illustris dilectus filius Nobilis vir Petrus Joseph Granery, Eques commendatarius incliti Ordinis Sancti Mauritii et Lazari et apud nos ejusdem Victoris Amedei Regis minister plenipotentiarius, enixas obtulerit preces ut in ea diœcesis parte, in vim ejusdem tractatus separata, novam Episcopalem sedem institueremus; Nos sub die decima quarta septembris anni proxime præteriti venerabili quoque fratri nostro Augustino Laurent Archiepiscopo Tarentasiensi commisimus ut, tanquam Apostolicus delegatus, processum de more super causis nobis expositis conficeret. Transmisso autem nuper ab ipso Augustino Archiepiscopo processu rite congesto, negotium hoc ad Congregationem venerabilium quoque fratrum nostrorum ejusdem S^{tæ} R^{æ} Ecclesiæ Cardinalium rebus consistorialibus præpositorum perpendendum remisimus, ex cujus sensu ad relationem dilecti pariter filii Magistri Petri Mariå Negroni, illius Congregationis à Secretis, percipimus, nedum de necessitate atque utilitate erectionis hujusmodi, verum etiam de consensu ab iis omnibus interesse habentibus libenti animo præstito evidenter constare, ac Camberii civitatem episcopalis sedis honorem promereri.

Etenim Camberium perantiqua civitas est et illustris totius Sabaudiæ Ducatûs caput, ubi Regia olim aula residebat; in illius Castro regalis est Capella jam dudum in Collegiatam Ecclesiam erecta, et munifice dotata, atque ab Apostolica Sede specialibus insignita privilegiis; illi hactenus præfuit unus Antistes Decani titulum et dignitatem obtinens, atque Abbas Altecumbæ nuncupatus, insigniis et prærogativis decoratus, eidemque Apostolicæ Sedi immediate subjectus; reliquum vero ejusdem Collegiatæ ecclesiæ Capitulum ex tribus aliis dignitatibus Archidiacono nempe, Cantore et Thesaurario ac decem Canonicis constuititur, sex quoque præsbiteri honorarii denominati, et quatuor clerici ecclesiæ famulatui addicti sunt, qui omnes ex Regia fundatione dotati, ad Regiam itidem nominationem institui solent in munere.

Illius civitatis cives et habitatores ad duodecim millium usque numerum recensentur, tribus sub parœciis distributi, una silicet Sancti Petri de Lemens, altera ejusdem Sancti Petri suburbii de Mâché, tertia vero sub titulo Sancti Leodegarii; sed istius, quæ potior est cura, post Fratrum Minorum Sancti Francisci conventualium nuncupatorum ad ecclesiam extinctæ Societatis Jesu translationem, in ecclesia ejusdem Sancti Francisci satis ampla et decora exercetur. Sex sunt virorum Regularium in ea civitate cœnobia; totidem Sanctimonialium asceteria. Quatuor in levamen pauperum et infirmorum ac orphanorum et peregrinorum quoque, ex avita Regali pietate, in ea patent Hospitalia loca.

Propterea Nos, qui non semel ipsius Victoris Amedei Regis religionem pietatemque eximiis laudibus efferre non omisimus, hac quoque nata occasione, illas Regias virtutes quibus ornatur ac paternum quem erga subditas sibi gentes fovet animum, iterum atque iterum celebrare non omittentes, ut neque hac in re studia in eum nostra et officia desint, quam libenter ejus votis indulgendum censentes, ex certa scientia et de Apostolicæ potestatis plenitudine dismembrationem et separationem illius partis diœcesis Gratianopolitanensis quæ in Sabaudia consistit et Decanatus dicitur, juxta priores nostras litteras denuo confirmamus et approbamus, atque imprimis Camberium in civitatem episcopalem Camberiensem nuncupandam; cum omnibus juribus, honoribus et prærogativis quibus aliæ civitates Sabaudiæ pontificali sede insignitæ earumque cives utuntur, fruuntur, potiuntur et gaudent, ac uti, frui, potiri et gaudere possunt et poterunt quomodolibet in futurum. Ecclesiam vero sancti Francisci in eadem civitate aliàs, ut præfertur, a Fratribus ordinis Minorum ejusdem Sancti Francisci conventualium nuncupatorum deserviri solitam, quam prævia status regularis omnimoda suppressione et extinctione secularem fore statuimus, in cathedralem, sub invocatione Annunciationis, Beatæ Mariæ Virginis et Beati Amedei, ac in ea sedem Episcopalem pro uno futuro Episcopo Camberiensi in quem, præter Episcopalem sibi de jure competentem, omnes honorificientiæ et prærogativæ Decani Regalis cappellæ translatæ sint ; ita ut nominetur etiam cum titulo Decani illius Regalis cappellæ et Abbas Altæcumbæ, atque ipsi ecclesiæ, atque illi civitati et diœcesi Camberiensi præsit ; nec non cum juribus, jurisdictionibus, facultatibus, præeminentiis, prærogativis, privilegiis, honoribus, gratiis, favoribus et indultis realibus et personalibus ac mixtis quibus aliæ cathedrales ecclesiæ Sabaudiæ earumque præsules quomodolibet, non tamen titulo oneroso vel ex indulto, aut privilegio particulari, similiter utuntur fruuntur potiuntur et gaudent, ac uti, frui, potiri et gaudere possunt et poterunt quomodolibet in futurum, ad Omnipotentis Dei gloriam et laudem harum Nostrarum Litterarum vigore perpetuo erigimus et instituimus.

Ad ipsam autem Cathedralem ecclesiam Camberiensem mox erectam non modo integrum Capitulum collegiatæ Ecclesiæ Sanctæ Regalis capellæ Castri Camberiensis ex Archidiaconatu, Cantoratu et Thesaurariatu dignitatibus, ac decem canonicatibus totidemque præbendis constans cum eisdem prærogativis et juribus capitulo et canonicis dictæ Regiæ capellæ competentibus et aliis insignibus quibus Cathedrales Ecclesiæ Sabaudiæ gaudent, etiam præsentium vigore transferimus; ita quod Archidiaconatûs dignitas sit post Pontificalem major, sed etiam ex sex beneficiis quæ totidem præsbiteri honorarii nuncupati ejusdem Regiæ capellæ possident, alios sex canonicatus totidemque præbendas, quarum altera Theologalis, Pœnitentiaria altera existat, pro aliis sex canonicis qui quidem Archidiaconatus aliæque duæ dignitates, ac sexdecim canonici capitulum cathedralis Ecclesiæ Camberiensis constituant, et apud eam chori servitium, divina officia sacrasque functiones persolvere teneantur: et quoad sex canonicos, canonicatus et præbendas modo erectos obtinentes cum simili insignium dotatione, ac demum sex beneficia minora pro totidem ecclesiasticis personis quæ componere debebunt inferiorem chorum ejusdem cathedralis Ecclesiæ ac insigniis et habitu quibus usque modo usi sunt præsbiteri honorarii uti possint et debeant perpetuis etiam futuris temporibus, Apostolica auctoritate prædicta harum quoque serie erigimus pariter et instituimus.[1]

---

[1] Le chapitre de la Sainte-Chapelle *(Pièce justif. n° 108)* devenu chapitre cathédral par le fait de l'érection d'un évêché à Chambéry en 1779, resta sensiblement le même jusqu'à la Révolution. Le mouvement naturel produit dans son sein, comme dans le clergé de la

Hisce constitutis, episcopo Camberiensi ejusque successoribus civitatem ipsam Camberii in quâ residere et conven-

paroisse de la Cathédrale et dans celui de la Sainte-Chapelle, par suite de décès ou de promotions, est indiqué dans les tableaux suivants tirés des *Etrennes historiques de Savoye* des années 1783-84-86-88 et 1791 ; tableaux que le lecteur ne trouvera peut-être pas sans intérêt :

Année 1783.

Cathédrale royale de Chambéry :

Mgr Michel Conseil, premier évêque de Chambéry, doyen de la Royale Sainte-Chapelle de Savoie, abbé d'Hautecombe, prieur de Pellionnex et chanoine de la cathédrale de Genève, né à Mégève en Faucigny, diocèse de Genève, le 19 mars 1716, sacré à Turin le 30 avril 1780.

Chapitre de cette Eglise :

M. Rey, Archidiacre et Grand-Vicaire, *première Dignité*.

Chanoines :

M. Perrin, Chantre, *seconde Dignité*.

M. Alex, Trésorier, Sacristain, Grand-Vicaire et Official, *troisième Dignité*.

M. Giraud.

M. Truchet, Secrétaire-Archiviste.

M. Didier, Procureur-Sindic.

M. Garella (*curé de Saint-Pierre de Maché*), Promoteur.

M. Perret.

M. Burdin.

M. Longe.

M. Chevalier.

M. Vernaz.

M. de Vars.

M. Nicole de la Place.

M. Basin du Chenay.

M. de la Palme, Vice-Official.

M. de Buttet du Bourget.

M. Tripier, l'aîné, Grand-Pénitencier.

M. Gariod.

Prêtres d'Honneurs :

M. Plattet.

M. Tripier, le cadet.

tum olim regularem Cathedrali Ecclesiæ adnexum, quam pro sui habitatione incolere debebit episcopus, in diœcesi

M. Voiron.
M. Dupraz.
M. Claus.
M. Arnaud.

M. Pilota, Maître de Musique.

Paroisse de St-Léger, dont les fonctions se font à la Cathédrale :

M. le Chanoine et Official Alex, } *Curés.*
M. le Chanoine Burdin,
M. Chevalier, } *Vicaires.*
M. de Gavend,

ROYALE SAINTE-CHAPELLE DE SAVOIE :

Monseigneur l'Évêque. *Doyen.*
M. le Chanoine Bazin du Chenay, *Recteur.*
M. Roux,
M. Thomé, } *Chapelains.*
M. Jacquier,
M. Bovagnet,

Séminaire du diocèse de Chambéry.

Ce Séminaire a été érigé par Bulle de N. S. P. le Pape Pie VI donnée à Rome le 15 des Kalendes de Septembre 1779. Le corps du Conseil formé pour l'administration de cet établissement, auquel préside Monseigneur l'Evêque, est composé de M. l'Archidiacre de la Cathédrale, des MM. les Grands-Vicaires, de MM. l'Official et Vice-Official, de MM. les Promoteur et Vice-Promoteur, et de M. le Supérieur de la Maison.

Supérieur actuel :
M. le Chanoine de la Palme.

Professeurs, soit *Directeurs :*
M. Rey.
M. Guillet.

Année 1784.

CATHÉDRALE ROYALE DE CHAMBÉRY.

Ut supra.

Chapitre de cette Eglise.
Dignités :
M. Rey, Archidiacre, et Grand-Vicaire, *première Dignité.*

vero oppida omnia, terras, parochias, ac dependentias quæ actu constituunt districtum Decanatûs Sabaudiæ nempe : parochiam Lemens, Saint-Léger, Maché, Aix, Tresserve,

M...... *seconde Dignité, vacante.*
M. Alex, Trésorier, Grand-Vicaire et Official, *troisième Dignité.*

Chanoines :

M. Truchet, Secrétaire-Archiviste.
M. Didier, Procureur-Sindic.
M. Garella, Promoteur, *et Curé de Saint-Pierre de Maché.*
M. Perret.
M. Burdin.
M. Longe.
M. Chevalier.
M. Venaz, Sacristain.
M. de Vars.
M. de Nicole de la Place.
M. de Basin du Chenay.
M. de la Palme, Vice-Official.
M. de Buttet du Bourget.
M. Tripier l'aîné, Grand-Pénitencier.
M. Gariod.
M.

Bénéficiers :

M. Plattet.
M. Tripier le cadet.
M. Voiron, sous-Sacristain.
M. Claus.
M. Arnaud.
M. Trouillet.

M. Pilota, Maître de Musique.

Paroisse de St-Léger, dont les fonctions se font à la Cathédrale :

M. le Chanoine et Official Alex, } *Curés.*
M. le Chanoine Burdin,
M. Chevalier, } *Vicaires.*
M. de Gavend,

ROYALE SAINTE-CHAPELLE DE SAVOIE :

Monseigneur l'Evêque, *Doyen.*
M. le Chanoine Basin du Chanay, *Recteur.*

Saint-Simon, Viviers, Mouxy, Clarafond, Méry, Pougny, Saint-Joyre, Chignin, Trivier, Montmeillan, Francin, Arbin, Les Marches, Crouet, Saint-Pierre d'Albigny, Fréterive,

M. Roux,
M. Thomé,
M. Jacquier,
M. Bovagnet,
} *Chapelains.*

Séminaire du Diocèse de Chambéry.

Ut supra.

Année 1786.

CATHÉDRALE ROYALE DE CHAMBÉRY :

Ut supra.

Chapitre de cette Eglise :

Dignités :

M. Rey, Vicaire Général, *Archidiacre*, première Dignité.
M. Alex, Vicaire Général et Official, *Chantre*, seconde Dignité.
M. de Nicole de la Place, *Trésorier*, troisième Dignité.

Chanoines :

M. Truchet, *Secrétaire-Archiviste.*
M. Didier, *Procureur-Sindic.*
M. Garella, Curé de Saint-Pierre de Maché, *Promoteur.*
M. Perret.
M. Longe.
M. Chevalier, Professeur de Théologie et Censeur Royal.
M. Vernaz, *Sacristain.*
M. de Vars.
M. de Basin du Chanay.
M. de la Palme, *Vice-Official.*
M. de Buttet du Bourget.
M. Tripier, *Grand Pénitencier.*
M. Gariod.
M. Garin.
M. Chevalier.
M. de Gavend.

Bénéficiers

M. Plattet.
M. Tripier, le cadet.

Grésy, Montailleur, Saint-Jean de la Porte, Miollans, Thoiry, Puisgros, Curienne, La Thuile, Saint-Jean d'Arvey, Les Déserts, Apremont, Barberas, Saint-Alban, Bassens,

M. Voiron, *Sous-Sacristain.*
M. Arnaud.
M. Trouillet.
M. Mansoz.

Maître de Musique: M. Pilota.

Paroisse de St-Léger, dont les Fonctions se font à la Cathédrale:

M. le Chanoine et Official Alex, } *Curés.*
M. le Chanoine Tripier,

M. Claus, } *Vicaires.*
M. Bimet,

ROYALE SAINTE-CHAPELLE DE SAVOIE :

Monseigneur l'Evêque, *Doyen.*
M. le Chanoine Basin du Chanay, *Recteur.*
M. Roux,
M. Thomé,
M. Jacquier, } *Chapelains.*
M. Bovagnet, *sacristain,*

Séminaire du Diocèse.

Ut supra.

Année 1788.

CATHÉDRALE ROYALE DE CHAMBÉRY :

Ut supra.

Chapitre de cette Eglise.

Dignités :

M. Rey, Vicaire Général, *Archidiacre*, première Dignité.
M. Alex, Vicaire Général et Official, *Chantre*, seconde Dignité.
M. de Nicole de la Place, *Trésorier*, troisième Dignité.

Chanoines :

M. Truchet, *Secrétaire-Archiviste.*
M. Didier, *Procureur-Sindic.*
M. Garella, Curé de Saint-Pierre de Maché, *Promoteur.*
M. Perret.
M. Longe.

Verel, Saint-Baldoph, La Ravoire, Barby, Jacob, Saint-Sulpice, Montagnole, Vimines, Cognin, Saint-Cassin, Saint-Thibaud, Saint-Jean de Couz, Saint-Ombre, Cervolex, Bissy, Saunaz, La Motte, Vauglans, Bourget, Bourdeaux, Les Echelles, Saint-Pierre de Genebroz, Epernex, Corbel,

M. Chevallier, Professeur de Théologie.
M. Vernaz, *Sacristain.*
M. de Vars.
M. Basin du Chanay.
M. de la Palme, *Vice-Official.*
M. de Buttet du Bourget.
M. Tripier, *Grand-Pénitentier.*
M. Gariod.
M. Garin.
M. Chevallier.
M. de Gavend.

Bénéficiers.

M. Plattet.
M. Tripier, le cadet.
M. Voiron, *Sous-Sacristain.*
M. Arnaud.
M. Trouillet.
M. Mansoz.

Maître de Musique : M. Pilota.

Paroisse de St-Léger, dont les Fonctions se font à la Cathédrale :

M. le Chanoine et Official Alex, } *Curés.*
M. le Chanoine Tripier,

M. Claus, } *Vicaires.*
M. Perrin,

ROYALE SAINTE-CHAPELLE DE SAVOIE :

Monseigneur l'Evêque, *Doyen.*
M. le Chanoine Basin du Chanay, *Recteur.*
M. Ducret, Professeur de Philosophie,
M. Thomé, } *Chapelains.*
M. Jacquier,
M. Bovagnet, *Sacristain.*

Séminaire du Diocèse.

Ut supra.

Chapelle-Blanche, Villaroux, Les Mollettes, Détrier et Arvillard cum eorum confinibus in executione præsentium litterarum nostrarum prescribendis, nec non jurisdictio-

---

Année 1791.

CATHÉDRALE ROYALE DE CHAMBÉRY :

Ut supra.

Chapitre de cette Eglise.

Dignités :

M. Rey, Vicaire-Général, *Archidiacre*, première Dignité.
M. Alex, Vicaire-Général et Official, *Chantre*, seconde Dignité.
M. de Nicole de la Place, *Trésorier*, troisième Dignité.

Chanoines :

M. Truchet, *Secrétaire-Archiviste.*
M. Didier, *Procureur-Sindic.*
M. Garella, Curé de Saint-Pierre de Maché, *Promoteur.*
M. Perret.
M. Chevallier, Professeur de Théologie.
M. Vernaz, *Sacristain.*
M. de Vars.
M. Basin du Chanay.
M. de la Palme, *Vice-Official.*
M. de Buttet du Bourget.
M. Tripier, l'aîné, *Grand Pénitencier.*
M. Gariod.
M. Garin.
M. Chevallier.
M. de Gavend.
M. Perrin.

Bénéficiers :

M. Plattet.
M. Tripier, le cadet.
M. Voiron, *Sous-Sacristain.*
M. Arnaud.
M. Mansod.
M. ......

Maître de Musique : M. Pilota.

Paroisse de St-Léger, dont les Fonctions se font à la Cathédrale.

M. le Chanoine et Official Alex, } *Curés.*
M. le Chanoine Tripier,

nibus, aliisque juribus alias ad Episcopum Gratianopolitanensem illiusque mensam quomodolibet spectantibus qualiacumque et cujuscumque generis sint, in quibus quidem civitate et diœcesi novus et pro tempore existens Camberiensis episcopus omnem ordinariam episcopalem jurisdictionem atque illam ordinis, ut vocant, in personas tam ecclesiasticas quam seculares et ad formam decretorum concilii Tridentini Apostolicarumque constitutionum etiam regulares, prout aliis episcopis, competit libere et absolute exercere valeat pari auctoritate concedimus, attribuimus et assignamus ac respective subponimus, atque subjicimus ; ipsam vero Camberiensem ecclesiam ejusque episcopum pro tempore existentem, attento præsertim consensu a venerabili etiam fratre nostro Archiepiscopo Viennensi in Delphinatu, uti ejusdem episcopi Gratianopolitanensis metropolitano pure et simpliciter præstito, nulli archiepiscopo metropolitano subjectam et subjectum, sed à Nobis et Romano Pontifice pro tempore existente sedeque Apostolicâ absque aliquo medio et immediate dependentem fore decernimus et constituimus ; ad quem effectum Ecclesiam ipsam et Diœcesim ac novum Episcopum ejusque successores sub

M. Claus, } *Vicaires.*
M. Brunet.

ROYALE SAINTE-CHAPELLE DE SAVOIE.

Monseigneur l'Evêque, *Doyen.*
M. le Chanoine Basin du Chanay. *Recteur.*
M. Thomé,
M. Jacquier,
M. Bovagnet, *Sacristain,*
M. Ducret, Professeur de Théologie. } *Chapelains.*

Séminaire du Diocèse de Chambéry.

Supérieur actuel :
M. le Chanoine de la Palme.

Professeurs, soit *Directeurs :*
Mrs Guillet et Rey.

beati Petri, ac Nostra et successorum nostrorum immediatâ protectione recipimus.

Quo vero ad mensæ episcopalis Camberiensis dotem, ut congruæ et decenti Episcopi substentationi consulatur, eidem mensæ suprà enuntiatum Decanatum et Archipresbiteratum Sabaudiæ, nec non monasterium Abbatiam nuncupatum Sanctæ Mariæ, aut Sancti Joannis Alpium quod, sicut pariter accepimus, de jure patronatûs dicti Victoris Amedei Regis ex fundatione seu dotatione aut privilegio Apostolico cui non est hactenùs in aliquo derogatum esse dignoscitur, prævia ejusdem monasterii tituli collativi suppressione et extinctione, ac illius nec non ejusdem Decanatûs et Archipresbyteratûs fructus omnes, redditus et proventus ac jura et actiones quascumque vi earumdem præsentium Apostolicâ pariter auctoritate unimus, anectimus et incorporamus; pariter bona eorumque redditus, domûs olim regularis ordinis Sancti Benedicti congregationis Cœlestinorum nuncupatorum quæ, in actu ejus suppressionis à nobis per Apostolicas Nostras litteras in formâ brevis sub datum diei sextæ Augusti 1778 peractæ. liberæ dispositioni dicti Victoris Amedei Regis erant relicta in hunc finem, ut in novæ Ecclesiæ Camberiensis dotationem converterentur, eveniente modo casu, eidem mensæ cum onere tamen super omnibus redditibus ejusdem Episcopalis mensæ quotannis solvendi Capitulo et canonicis Cathedralis Ecclesiæ sacrarum suppellectilium et utensilium ac fabricæ reparationibus summam mille et quingentarum librarum proportione ad Episcopum et Capitulum spectante erogandam, præsentium etiam nostrarum litterarum serie assignamus, tribuimus et appropriamus.

Ad mensæ subindè capitularis et singulorum Ecclesiæ adscriptorum dotationem ac redditus animum nostrum convertentes, jubemus et statuimus ut dignitates et decem canonici ejusdem Regalis Capellæ, ac sex novi canonici mox erectæ cathedralis Ecclesiæ illius Capitulum ut præfertur constituentes, iisdem quos hactenus perceperunt perfrui debeant redditibus, id est tres dignitates et decem canonici habeant fructus eorum præbendæ, nec non obventiones et emolumenta ac redditus cujuscumque generis quibus usque modo gavisi sunt ; sex vero novi canonici, ut antea percipiant fructus præbendæ et obventiones, emolumenta ac redditus cujuscumque generis quibus jam fruebantur sex præsbiteri honorarii ; ut autem omnes aliquod consequantur augmentum, Nos, ejusdem Victoris Amedei Regis votis obsecundantes, mandamus ut redditus tam ad Decanum quam ad quatuor clericos honorarios ejusdem Regalis Capellæ nunc spectantes comprehensa eorum respectiva portione super fructibus Abbatiæ de Altecumbæ in beneficium cedant mensæ capitularis æqualibus portionibus inter omnes canonicos distribuendi, ad quorum effectum quatuor illa beneficia Regiæ nominationis quæ clerici honorarii obtinebant supprimimus et extinguimus. Præterea assignationem ab ipso Victori Amedeo Rege annui redditûs librarum quinque mille et nongentarum super Montibus Sancti Joannis Baptistæ civitatis Taurinensis eidem massæ capitulari suâ liberalitate peractam perpetuo confirmamus ac præcipimus, eamdem summam etiam in æquales portiones inter omnes canonicos ejusdem cathedralis Ecclesiæ comprehensis etiam dignitatibus, fore distribuendam, cum obligatione tamen eisdem Capitulo et canonicis injuncta cuilibet ex sex beneficiatis minoribus supra memoratis et quatuor regiis cappellanis ab ipso Victori Amedeo Rege servitio Regalis capellæ addiscendis subministrandis annis singulis summam librarum tercentum et quinquaginta pro quolibet in perpetuum ; quæ quidem summa quoad sex minores beneficiatos cedet titulo præbendæ pro concurrenti summa librarum biscentum et pro reliqua summa librarum centum et quinquaginta titulo quotidianarum distributionum; insuper futuris Archidiacono, Cantori et Thesaurario, ac canonicis illius ecclesiæ Capitulum constituentibus ut ipsi capitulariter congregati pro ejusdem ecclesiæ Camberiensis, illiusque mensæ capitulari, sacristiæ et fabricæ earumque rerum et bonorum tam spiritualium quam temporalium prospero feliciquc statu et gubernio, regimine ac directione onerumque eis incumbentium adimplemento, missarum, horarum canonicarum diurnarum et nocturnarum aliorumque divinorum officiorum, processionum, funeralium et anniversariorum celebratione pœnarum per absentes, ac divinis officiis et functionibus non interessentes incurrendarum impositione, ceremoniis et functionibus in nova Cathedrali Ecclesiâ, illiusque choro, processionibus et aliis actibus servandis et ministris deputandis atque amovendis salariis et stipendiis assignandis et quibusvis aliis rebus in præmissis circà ea quomodolibet necessariis et opportunis nova statuta, ordinationes, capitula et decreta sacris canonibus ac constitutionibus Apostolicis conciliique Tridentini decretis minime contraria, quinimo illis conformia cum approbatione tamen futuri Episcopi Camberiensis, vel si de illo eadem ecclesia Apostolica auctoritate nondum provisa fuerit, tunc ab infra scripto præsentium executore approbanda et confirmanda, condendi, edendi, conditaque et edita pro temporum et rerum variatione mutandi, declarandi ac in meliorem formam redigendi, seu alia ex integro, modo tamen præmisso, condendi et per eos ad quos pro tempore spectabit sub pœnis in contrafacientes statuendis observari faciendi plenam et commodam facultatem et potestatem eâdem Apostolica auctoritate similiter perpetuo concedimus et impertimur.

Ipsius vero Victoris Amedei Regis religionem, pietatem et ecclesiastici decoris zelum quem fovet animo nostro reputantes, atque omnem in Domino tenentes spem futuros successores regiis omnibus et christiano principe dignis virtutibus ità præditos ut divini Numinis affatu si uti scient et volent quoque inter Dei ministros eos seligere qui digniores comperti fuerint, eidem Victorio Amedeo

Regi ejusque successoribus jus nominandi et præsentandi tam ad Ecclesiam Camberiensem quam ad canonicatus antea et vigore præsentium erectos, nec non ad sex beneficiatos minores qui inferiorem chorum ipsius capituli constituent, etiam hâc primâ vice a primæva illorum erectione et institutione à Nobis factis, ac deinceps quoties illam pastoris solatio quomodolibet destitui contigerit, ac illi quovismodo vacaverint personas idoneas quoad Ecclesiam Episcopalem à Nobis et Romano Pontifice pro tempore existente ad nominationem et præsentationem hujusmodi eidem Ecclesiæ Camberiensi præficiendam Apostolicâ auctoritate similiter perpetuo reservamus, constituimus et assignamus : ac jus nominandi et præsentandi hujusmodi eidem Victorio Amedeo Regi ejusque successoribus, ut præfertur, reservatum vere Regium esse et fore, atque uti tale sub quâcumque derogatione nullatenus comprehendi neque illi derogari posse constituimus atque decernimus.

Ut autem Sanctæ Regalis capellæ castri Camberiensis servitium eo quo par est decore non deseratur, quatuor sacerdotes capellanos nuncupandos, qui ab eodem Victorio Amedeo Rege ejusque successoribus erunt nominandi et ab Episcopo Camberiensi dependere debebunt, illius capellæ servitio addicimus, futuro item et pro tempore existenti Camberiensi Episcopo committimus, ut annis singulis unum ex canonicis novæ cathedralis Ecclesiæ in rectorem ejusdem capellæ deputet, cum onere tum huic canonico rectori, tum Regiis capellanis in illa celebrandi aut celebrari faciendi missam quotidianam horis divisis, audiendi sacramentales confessiones, sacro sanctum missæ sacrificium diebus festis canendi, ac præcipuè fundationes adimplendi quas iidem in eadem Sancta Regali capella exequi debebunt ; quinimo, ut perennis servetur eidem Sanctæ capellæ suarumque antiquarum prærogativarum memoria, Nos cathedralis Ecclesiæ mox erectæ capitulo et canonicis onus expresse imponimus quolibet anno ad illam Sanctam Regiam capellam solemni supplicationis ritu semel se conferendi, inibique diebus festis Sancti Josephi, Sancti Mauritii et Beati Amedei, unius ex principalibus fundatoribus ejusdem Sanctæ Regalis capellæ, missam solemnem cum cantu celebrandi ; ne vero iisdem diebus desit cathedralis Ecclesiæ servitium, volumus et jubemus ut iisdem diebus tam illa quæ peragetur publica supplicatio quam aliis in quibus missæ solemnes cum cantu persolventur, tunc in cathedrali Ecclesia officiatura et missa brevis, loco conventualis, per beneficiatum seu capellanum choralem celebretur.

Satis autem ecclesiæ Camberiensis decori et ecclesiastici ordinis institutioni et profectui minime esset consultum, si Seminarium inibi deficeret : quam etenim utile illud censeatur ac necessarium ad ecclesiasticam disciplinam addiscendam et tuendam ac propagandam, ex concilii Tridentini decreto facile intelligi potest. Quare præcipimus et jubemus ut in eadem civitate Camberiensi, quanto citius fieri poterit, juxta ejusdem concilii præscriptum, Seminarium puerorum ecclesiasticum erigatur et instituatur, ut in illud adolescentes qui Divino servitio in statu ecclesiastico sese mancipare exoptant recipiantur, atque inibi approbatæ à Canonicis sanctionibus sanctisque Episcopis propositæ regulæ servari debeant. In ejusdem vero Seminarii dotem, et ad occurendum alumnorum et magistrorum substentationi supremum ab eodem concilio remedium adhibere arbitrantes, quemdam prioratum sub invocatione Sancti Badulphi denominatum, Sancti Benedicti seu alterius ordinis, in commendam clerico seculari Apostolica auctoritate concedi solitum, commenda hujusmodi par obitum quondam cognominati Deville cessante, vacantem, illiusque titulum collativum, ita ut deinceps in titulum conferri vel in commendam concedi nequeat, penitus et omnino supprimimus et extinguimus, illiusque bona mobilia et immobilia ac se moventia et fructus omnes redditus et proventus nec non jura et actiones ac pertinentias quascumque hactenus illum obtinenti competentes, supportatis tamen omnibus et singulis ejusdem prioratus oneribus, eidem Seminario erigendo præsentium pariter litterarum Nostrarum vigore similiter perpetuo Apostolicâ auctoritate applicamus et appropriamus. Præterea liceat futuro Episcopo Camberiensi per se vel per alium, seu alios, veram, realem et actualem possessionem ejusdem prioratus illiusque bonorum pro eodem Seminario adipisci et pro eo perpetuo retinere.

Postremo statuimus et jubemus quod taxa novæ Cathedralis Ecclesiæ Camberiensis sit florenorum tercentorum et viginti trium auri, atque ea summa in libris Cameræ Apostolicæ describi debeat.

Præsentes quoque litteras nullo unquam tempore de subreptionis vel obreptionis aut nullitatis vitio seu intentionis nostræ vel alio quovis defectu notari, impugnari, invalidari, seu in jus vel controversiam vocari aut adversus illas quodcumque juris vel facti aut alterius gratiæ remedium impetrari posse, nec illas sub quibusvis derogationibus aut aliis contrariis dispositionibus, si quæ à nobis fierent, comprehendi ; sed tanquam ad Divini cultus incrementum et populi spirituale regimen in salutem animarum editas et emanatas, semper ab illis excipi, validasque et efficaces esse et fore, suosque plenarios et integros effectus sortiri et obtinere, sicque ab omnibus censeri, ita quoque per quoscumque judices ordinarios et delegatos quavis auctoritate fungentes, etiam causarum Palatii Apostolici auditores ac sanctæ Romanæ Ecclesiæ Cardinales etiam de latere Legatos, vice Legatos, dictæque Sedis Nuncios sublata eis et eorum cuilibet aliter judicandi et interpretandi facultate ac auctoritate judicari ac definiri debere; et si secus super his à quocumque, quavis auctoritate scienter vel ignoranter contigerit attentari, irritum et inane similiter decernimus.

Quo circa eidem Augustino Archiepiscopo cujus operam ad erectionem hujusmodi jam exquisivimus, cum expectationem nostram in condendo processu cumulate adimpleverit, ideo de ejus fide ac prudentia plenam in Domino fiduciam habentes, per præsentes committimus et facultatem omnem necessariam et opportunam tribuimus ut ipse, præsentes Nostras litteras solemniter publicans per se, vel quamlibet aliam personnam in dignitate ecclesiastica constitutam ab ipso subdelegandam, faciat ac curet auctoritate Nostra Apostolica præsentes litteras ac in eis contenta quæcumque integre exequi et adimplere ac ab omnibus ad quos spectat inviolabiliter observari, ac futurum Episcopum Camberiensem ac Capitulum novæ Cathedralis Ecclesiæ illis pacifice frui et gaudere, non permittens ipsos vel eorum quempiam per quoscumque quavis auctoritate fungentes indebite molestari, contradictores quoslibet per sententias definitive pronuntiatas, ac etiam per censuras et pœnas ecclesiasticas aliaque opportuna juris et facti remedia appellatione postposita compescenda.

Non obstantibus felicis recordationis Bonifacii Papæ octavi prædecessoris Nostri constitutione quâ cavetur ne quis extra civitatem et diœcesim, nisi in certis inibi expressis et exceptis casibus, et in illis non ultra unam dietam à fine diœcesis suæ ad judicium evocetur, seu ne judices a sede præfata deputati extra civitatem vel diœcesim in quibus deputati fuerint, contra quoscumque procedere aut alii, vel aliis vices suas committere possint, et in concilio generali edita de duabus dietis, ac quibusvis aliis etiam in synodalibus, provincialibus, generalibusque conciliis editis, vel edendis specialibus, vel generalibus constitutionibus et ordinationibus Apostolicis, nec non Nostris cance lariæ Apostolicæ regulis de exprimendo vero annuo valore, nec non de jure quæsito non tollendo, ac de dismembrationibus committendis ad partes, vocatis quorum interest, nec non Lateranensis Concilii ultimo loco celebrati dismembrationes et applicationes perpetuas, nisi in casibus a jure permissis, fieri prohibentis et quatenus opus sit quarumcumque ecclesiarum etiam juramento confirmatione Apostolica, vel quâvis firmitate alia roboratis, respective statutis et consuetudinibus, privilegiis quoque indultis et litteris Apostolicis quibusvis superioribus et personis sub quibuscumque tenoribus et formis, ac cum quibusvis derogatoriarum derogatoriis, aliisque efficacioribus, efficacissimis et insolitis clausulis irritantibusque et aliis decretis etiam motu, scientia et potestatis plenitudine, ac etiam consistorialiter aut alias quomodolibet etiam pluries et iteratis vicibus à prædecessoribus Nostris Romanis Pontificibus concessis, confirmatis approbatis et innovatis, nec non quatenus opus sit quibuscumque piorum testatorum voluntatibus et dispositionibus quibus omnibus et singulis etiam si pro illorum sufficienti derogatione de illis eorumque totis tenoribus specialis, specifica, expressa et individua ac de verbo ad verbum non autem per clausulas generales, idem importantes mentio facienda, aut quævis alia exquisita forma ad hoc servanda foret tenoris hujusmodi ac si de verbo ad verbum nihil penitus omisso et forma in illis observata incerti forent eisdem præsentibus pro plene et sufficienter expressis, ac de verbo ad verbum insertis habentes, illis alias in suo robore permansuris, ad præmissorum omnium et singulorum validitatis effectum, hac vice dumtaxat specialiter et expresse, ac latissime et plenissime scientia et potestatis plenitudine similibus harum serie derogamus, aliisque contrariis quibuscumque.

Volumus autem quod in eâdem Cathedrali Ecclesiâ, mox erecta, functiones parochiales veteris et demolitæ parochiæ Sancti Leodegarii quæ jam actu in eadem Ecclesiâ exercentur, etiam deinceps persolvi debeant.

Volumus etiam quod earumdem præsentium transumptis etiam impressis manu alicujus notarii publici subscriptis et sigillo dicti Augustini Laurent, Archiepiscopi Tarentasiensis, munitis, eadem prorsus fides in judicio et extrà illud adhibeatur quæ ipsis præsentibus haberetur si forent exhibitæ vel ostensæ.

Nulli ergo omnino hominum liceat hanc paginam Nostrarum confirmationis, approbationis, erectionis, institutionis, translationis, concessionis, attributionis, assignationis, suppositionis, subjectionis, constitutionis, receptionis, appropriationis, jussionis, statuti, reservationis, commissionis, oneris, impositionis, derogationis et voluntatis infringere, vel ei ausu temerario contraire. Si quis autem hoc attentare præsumpserit, indignationem Omnipotentis Dei ac beatorum Petri et Pauli Apostolorum ejus, se noverit incursurum.

Datum Romæ apud Sanctam Mariam Majorem, anno Incarnationis Dominicæ 1779, 15° Katendas septembris, Pontificatûs nostri anno quinto.

110

Bulles de Sa Sainteté Pie VI, portant provision, en faveur de Révérend Sieur Michel Conseil, de l'Evêché de Chambery. [1]

13 des Calendes d'avril, (20 mars) 1779.

(Déc. : Chap. XXI, note 11.)

Pius Episcopus servus servorum Dei dilecto filio Michaeli Conseil, Electo Camberiensi, salutem et Apostolicam benedictionem. Apostolatûs officium meritis licet imparibus nobis ex alto commissum quo ecclesiarum omnium regimini divina dispositione præsidemus utiliter exequi, condjuvante domino, cupientes, solliciti corde reddimur et volentes ut, cûm de ecclesiarum ipsarum regiminibus agitur committendis, tales eis in pastores præficere studeamus qui

---

[1] Archives du Sénat ; Registre ecclésiastique de 1780 à 1782, fol. 111 et suivants.

populum suæ curæ creditum sciant non solum doctrina verbi, sed etiam exemplo boni operis informare, commissasque sibi ecclesias in statu pacifico et tranquillo velint et valeant, auctore Domino, salubriter regere et feliciter gubernare. Sane ecclesia Camberiensis per Nos nuper in cathedralem erecta et instituta, sedique Apostolicæ immediate subjecta ad quam, dum illa pro tempore vacat, nominatio personæ idoneæ Romano Pontifici pro tempore existenti facienda, ad carissimum in christo filium nostrum Victorium Amedeum, Sardiniæ Regem illustrem, ratione Ducatûs Sabaudiæ, cujus ipse Victorius Amedeus Rex etiam Dux existit, vigore indulti Apostolici, cui non est hactenùs in aliquo derogatum, spectare et pertinere dignoscitur, à primæva illius erectione et institutione hujusmodi Apostolica auctoritate, ut præfertur, factis, pastoris solatio destituta, Nos ad provisionem ejusdem ecclesiæ Camberiensis celerem et felicem, ne illa longæ vacationis exponatur incommodis, paternis et sollicitis studiis intendentes, post deliberationem quam de præficiendo eidem ecclesiæ Camberiensi personam utilem ac etiam fructuosam cum venerabilibus Fratribus nostris Sanctæ Romanæ Ecclesiæ Cardinalibus habuimus diligentem, demum ad Te, de legitimo congugio ex catholicis honestisque parentibus in diœcesi Gebennensi progenitum, sexagesimum quartum tuæ ætatis annum agentem, et à pluribus annis in sacro præsbyteratûs ordine constitutum, in theologia Magistrum, qui cathedralis ecclesiæ Gebennensis canonici et vicarii generalis et officialis munera laudabiliter functus fuisti, fidemque catholicam juxta articulos jampridem à Sede Apostolica propositos expresse professus, quemque præfatus Victorius Amedeus Rex et Dux Nobis ad hoc per suas litteras nominavit, et de cujus litterarum scientia, vitæ munditia, morum honestate, spiritualium providentia et temporalium circumspectione fide digna testimonia perhibentur, direximus oculos nostræ mentis, quibus omnibus debita meditatione pensatis, præfatæ ecclesiæ Camberiensi de persona tua Nobis et eisdem Fratribus ob tuorum exigentiam meritorum accepta de Fratrum eorumdem consilio eadem Apostolica auctoritate providemus, Teque illi in Episcopum præficimus, et pastoralem curam, regimen et administrationem dictæ ecclesiæ Camberiensis Tibi in spiritualibus et temporalibus plenarie committendo, in illo qui dat gratias et largitur præmia confidentes quod, dirigente Domino, actus tuos præfata ecclesia Camberiensis sub tuo felici regimine regetur utiliter et prospere dirigetur, ac grata in eisdem spiritualibus et temporalibus suscipiet incrementa. Jugum igitur Domini tuis impositum humeris prompta devotione suscipiens, curam et administrationem præfatas sic exercere studeas sollicite fideliter et prudenter, quod ecclesia ipsa Camberiensis gubernatori provido et fructuoso administratori gaudeat se commissam, Tuque, præter æternæ retributionis præmium, Nostram et Sedis Apostolicæ benedictionem et gratiam exinde uberiùs consequi merearis. Volumus autem quod Tu Theologalem et Pœnitentiariam præbendas, ad præscriptum sacri concilii Tridentini instituas, Montemque Pietatis erigi cures, conscientiam tuam super his onerantes.

Datum Romæ apud Sanctum Petrum, anno Incarnationis Dominicæ millesimo septingentesimo septuagesimo nono, XIII° kalendas aprilis, Pontificatûs Nostri anno sexto.

Signatum in originali : Franciscus, Fontana, Antognetus, Belloti, Angelini, Lervicoli cum aliis ;

et super plico : Florengus.

Suivent, dans le Registre, les autres bulles d'usage, adressées : les unes au nouvel évêque pour 1° l'absoudre des censures qu'il pourrait avoir encourues ; 2° lui confier le choix de son prélat consécrateur ; 3° l'autoriser à conserver le canonicat et la prébende dont il était déjà pourvu précédemment ; 4° lui fournir la formule de sa profession de foi ; une autre aux archevêques de Turin et de Tarentaise et à l'évêque de Genève pour autoriser l'un d'eux à recevoir la profession de foi du nouvel élu ; une autre au Prince, pour le prier de le prendre et le nouveau diocèse sous sa protection ; et d'autres 1° au chapitre cathédral, 2° au clergé de la ville et du diocèse, 3° aux populations de la ville et du diocèse, 4° enfin aux vassaux de l'église de Chambéry, pour leur notifier à tous la nomination du nouvel évêque, et leur prescrire soumission et obéissance à son égard.

111

Notification de la promotion de Monseigneur Conseil à l'évêché de Chambéry, adressée aux diocésains par l'Official et Vicaire général Alex. [1]

20 avril 1780.

(*Déc.* : Chap XXI, note 12.)

Monsieur,

Ce que nous et nos pères désirions, avec tant d'ardeur, depuis tant de siècles, est enfin accompli ! Nous avons un évêque pour notre ville, que Dieu nous a donné dans sa miséricorde en la personne de Monseigneur MICHEL CONSEIL, ci-devant Chanoine de l'église cathédrale de Saint Pierre de Genève, Vicaire Général et Official de ce vaste diocèse, qu'il gouvernoit en second, depuis bien des années, avec tout le zèle, la capacité et les talents qui caractérisent les hommes vraiment apostoliques.

C'est pour nous le plus grand avantage d'avoir, en cet illustre Prélat, un docteur et un maître éclairé, un Père tendre, un Pontife juste et saint, un modèle de toutes les vertus ! En lui nous trouverons un guide fidèle qui nous

---

[1] Archives de l'archevêché de Chambéry : Registre 1, n° 6.

montrera la voie que nous devons suivre, un Pasteur charitable qui ne cherchera que le bien et l'avantage du troupeau confié à ses soins, un successeur des apôtres, un digne ministre de Jésus-Christ, un dispensateur de ses mystères, dont tout le but sera de réconcilier les hommes avec Dieu, d'appaiser la colère du ciel, et d'attirer sur la terre les plus abondantes bénédictions.

Réjouissons-nous par avance du bonheur qui nous est accordé. Bientôt nous en ressentirons les salutaires effets. Le dimanche 30 de ce mois est le jour destiné pour la consécration de notre très respectable Pontife. Unissons nos prières et nos vœux avec toute la ferveur dont nous pouvons être capable pour qu'il plaise au Très-Haut de répandre sur lui la plénitude de son esprit, de lui donner la force et la sagesse de gouverner son église dans la sainteté et la justice, et de former, parmi nous, un peuple parfait, qui puisse être agréable aux yeux du Seigneur, et mériter les tendres effusions de sa miséricorde.

C'est pour cela qu'en nous conformant aux pieuses intentions de notre digne Prélat, nous venons vous exhorter, Monsieur, à réciter, tous les jours, à la messe, la collecte *de Spiritu Sancto*, jusqu'au jour de la consécration de Monseigneur notre Évêque, laquelle doit être faite à Turin par Monseigneur l'Archevêque. Ce jour vous chanterez la messe à une heure convenable, avec toute la solennité possible, et vous ajouterez à la messe les collectes *de Spiritu Sancto, et pro Consecratione Episcopi*; à la fin d'icelle vous donnerez la bénédiction du Très-Saint Sacrement. L'après-midi du même jour, vous chanterez, à l'issue des vêpres, le *Te Deum*, autant pompeusement que faire se pourra; ensuite vous donnerez encore la bénédiction du Très-Saint Sacrement, où vous réciterez les oraisons: *Deus qui sub Sacramento : pro consecratione Episcopi ; et pro gratiarum actione*. Vous ferez annoncer cette solennité la veille par le son de toutes vos cloches, à midi et à huit heures du soir.

On sonnera pour le moins demi-heure chaque fois. Vous aurez soin d'avertir tout votre peuple de s'y trouver, et de joindre ses prières aux vôtres pour attirer sur le nouveau Pontife les grâces du Seigneur.

Persuadé, Monsieur, que vous vous porterez avec zèle dans cette occasion d'où dépend le bonheur de l'église, je suis avec respect,

Monsieur,

Votre très-humble et très-obeissant serviteur,
ALEX, Vicaire Général.

Chambéry, le 20 Avril 1780.

112

Entrée de Monseigneur Conseil à Chambéry.[1]

Juin 1780.

(*Déc.* : Chap. XXI, note 13.)

Monseigneur étant arrivé le 10 juin 1780, incognito en cette ville, annonça le même soir à S. E. M. le P^r. P^t. comte Salteur, son arrivée, en lui envoyant un des prêtres de sa maison et quelques jours après, il lui fit part, de la même manière, qu'il avoit fixé son Entrée solennelle en cette ville au 24 même mois, jour de la fête de S^t J^n. B^{te}. Dans l'après midi, S. E. en ayant participé au Sénat, le 27 dudit mois, le Sénat assemblé a délibéré de lui faire une visite, le lendemain 28 à 10 heures du matin ; et, à ce sujet, a député M^{rs} les sénateurs, Roze, Tiollier et comte Biord et

[1] Archives de l'archevêché de Chambéry, registre VII, pp. 34–35.

M. l'Avocat F¹. G¹. comte de Serraval. Le sieur Pointet secrétaire civil, fut chargé de la part du Sénat, de se rendre ledit jour 27, dans l'après midi, auprès dudit Seigneur Évêque, pour le prévenir que M^{rs} les députés, se proposoient de lui rendre visite le lendemain, sur les dix heures du matin ; à quoi le prélat auroit marqué sa reconnoissance et son empressement de les recevoir. Le 28 les 4 députés susnommés et ledit sieur Pointet se sont assemblés chez M. le sénateur Roze, plus ancien d'iceux, sur les neuf heures et trois quarts, habillés en robes noires avec leurs bonnets, et, peu avant les dix heures, ils montèrent tous cinq, dans deux voitures, et précédés par deux huissiers à pied, habillés avec les manteaux et bas rouges, portant les baguettes, ils se rendirent à la porte du Palais Épiscopal, où ils étoient attendus par R^{ds} Alex et Perret chanoines de la cathédrale, le premier vicaire général et official du diocèse, et par quatre autres prêtres, qui tous les reçurent au dehors de la porte du cloître et sur la place de la cathédrale. Les seigneurs députés étant descendus de carosse, ils entrèrent dans les cloîtres précédés des huissiers et accompagnés par tous les prêtres susnommés, et ayant monté l'escalier, ils ont trouvé le R^{dme} Evêque habillé en soutane et manteau et le chapeau à la main au dehors de la porte de la salle, et sur la platte forme des degrés, lequel les rencontra en descendant une ou deux marches des degrés et en donnant la droite auxdits Seigneurs députés, il les pria d'entrer dans l'appartement et les ayant conduits jusque dans la chambre de parade, il a reçu debout le compliment que M. le Sénateur Roze lui a fait au nom du Sénat, auquel le prélat ayant répondu, les Seigneurs députés, sans s'être assis, s'en retournèrent précédés des deux huissiers, et le R^{dme} Evêque les accompagna jusqu'au bas des degrés et dans le cloître, toujours en leur donnant la droite ; depuis lequel lieu lesdits deux chanoines et les autres quatre prêtres les ont accompagnés jusqu'aux carosses qu'ils n'ont point quittés qu'ils ne soient partis. Et M^rs les députés se retirèrent dans le même ordre qu'ils étoient allés.

Il n'entra dans la Chambre de parade, avec le R^dme évêque et les Seigneurs députés, que les deux chanoines et les quatre prêtres ; les deux huissiers restèrent dans l'antichambre.

113

Ordonnance du révérendissime Seigneur Evêque de Chambéry, instituant son Séminaire diocésain au Bocage, avec le prieuré de Saint Baldoph et un revenu de mille francs à prendre sur les biens des anciens Jesuites, pour dotation. [1]

12 juillet 1782.

(*Déc.* : Chap. XXI, note 16.)

Michel Conseil, par la grâce de Dieu et du Saint Siège, premier évêque de Chambéry, doyen de la royale Sainte Chapelle de Savoye, abbé d'Hautecombe, chanoine de la cathédrale de Genève et prieur de Pellionex.

Pour nous conformer aux pieux désirs de notre sainte mère l'Eglise qui exhorte tous les évêques d'établir dans chaque diocèse un séminaire, pour former les jeunes ecclésiastiques à la piété et aux fonctions du Saint Ministère, en les y faisant vacquer à l'oraison mentale, à l'étude des divines Ecritures, des saints Pères, de la théologie, de la morale, pour acquérir, par ce moyen, les sciences et les connaissances nécessaires pour la servir utilement et pour

---

[1] **Registre ecclésiastique du Sénat de 1780 à 1782, fol. 621 et suiv.**

s'acquitter dignement, dans la suite, de la conduite des âmes qui leur seront confiées ; assurés que nous sommes des pieuses intentions de Notre Saint-Père le Pape Pie VI qui, par ses bulles du XV des kalendes de septembre 1779, a bien voulu unir à perpétuité le prieuré de Saint-Baldoph au Séminaire qui serait érigé dans le nouveau diocèse de Chambéry ; ce qu'il n'a fait qu'à la réquisition du plus sage des Rois, notre Auguste Monarque, dont la munificence royale nous a déjà procuré une maison des plus propres à en former un Séminaire, avec une assignation du revenu annuel de mille livres pour le soutien et l'avancement de cet utile établissement, nous avons cru, sous la confirmation et protection de S. M., devoir ériger dans notre diocèse ce Séminaire, par une ordonnance publique et authentique, capable de lui donner une existence canonique et légale.

A ces causes, le Saint nom de Dieu humblement invoqué, eu, sur ce, l'avis de nos très chers Frères en Notre Seigneur Jésus-Christ les chanoines et chapitre de notre cathédrale, nous avons dit, statué et ordonné comme ci-après :

1° Nous érigeons, par les présentes, un Séminaire dans notre diocèse, pour l'instruction et l'éducation de ceux qui se destineront à embrasser l'état ecclésiastique, et même pour les étrangers qui voudront en profiter.

2° Notre Séminaire sera dirigé par trois ecclésiastiques de notre diocèse, autant qu'il sera possible, dont l'un sera supérieur et les deux autres seront professeurs.

3° Le supérieur sera toujours, autant que faire se pourra, un chanoine de notre cathédrale, sage, prudent, zélé, pieux et sçavant ; les professeurs devront avoir les mêmes qualités.

4° Ces trois directeurs dépendront, en tout et partout, de l'Evêque qui seul aura droit de les choisir ; il pourra les changer et remercier lorsqu'il le trouvera bon, suivant les circonstances ; et il aura soin, dans son temps, de les récompenser suivant leur mérite.

5° Le Séminaire fournira la table et les logements à ses

trois directeurs pendant toute l'année, avec l'honoraire honnête qui leur sera payé en argent, et fixé par l'Evêque, suivant le temps et les circonstances.

6° La maison cy-devant appelée *des Retraites*, qui, suivant les pieuses intentions du Roi, nous a été cédée par l'Économat général par acte du 14 septembre 1780, maître Magnin notaire, approuvé et authorisé par S. M., ainsi que par ses lettres patentes du 3 octobre suivant, duement entérinées à la Chambre des comptes le 20 novembre, et au Sénat le 28 décembre même année, sera désormais la maison du Séminaire et annexée à icelui avec ses appartenances et dépendances, sous les conditions et astrictions portées par le susdit contrat du 14 septembre 1780, et notamment sous celle des Retraites, en conformité dudit contrat. C'est ce bâtiment qu'habiteront les directeurs et les séminaristes ; c'est là que se feront tous les exercices du Séminaire, suivant et en conformité des Règlements qui en seront dressés à part, temps par temps, par les Evêques, auxquels Règlements tant les uns que les autres seront obligés de se conformer exactement.

7° Nul ne sera reçu dans notre Séminaire qu'il n'ait fait trois ans de théologie dans un grand collège, qu'il ne soit muni de bons certificats de vie et de mœurs, qu'il n'ait subi l'examen sur la philosophie et la théologie et prouvé, par ce moyen, sa capacité et son idonéité. Les clercs devront assister à la messe de paroisse et aux vêpres, soit dans la ville, soit à la campagne, autant que cela sera compatible avec leurs devoirs d'écoliers.

8° Nul ne sera admis à la tonsure qu'il n'ait passé au moins huit jours en retraite dans notre Séminaire ; nul ne pourra se présenter pour recevoir les ordres mineurs et les ordres sacrés qu'il ne soit résidant au Séminaire, qu'après y avoir passé le temps qui sera jugé convenable, relativement aux talents et aux dispositions d'un chacun, et qu'il n'ait subi l'examen qui se fera avant chaque ordination.

9° Tous ceux qui seront dans notre Séminaire devront, pendant deux ans, s'y occuper à l'étude du chant Grégorien, des rubriques, des cérémonies, surtout de celles qui regardent l'administration des sacrements et des traités qui leur seront enseignés, sans préjudice de l'exacte observance de tous les exercices, et de l'attention qu'ils devront avoir de profiter des instructions qui leur seront faites, pour acquérir insensiblement une mesure de l'esprit ecclésiastique capable de les diriger toute leur vie, et dans toute leur conduite.

10° Le Séminaire jouira de tous les revenus du prieuré de Saint-Baldoph, à condition d'en supporter toutes les charges et obligations qui y sont attachées; il jouira aussi de tout le pourpris qui est en bas et aux deux côtés de sa maison, de la manière dont il a été fixé par ladite transaction du 14 septembre 1780. Il jouira de l'annuité des mille livres que S. M. a bien voulu lui assigner sur les biens des cy-devant Jésuittes, et des autres revenus qui pourraient lui arriver par la suite, le cas échéant. Et quant à l'administration du temporel, l'un des trois directeurs cy-dessus sera établi procureur pour le régir et gérer, à la charge de rendre ses comptes, tous les ans, aux administrateurs établis pour le gouvernement spirituel et temporel du Séminaire, qui seuls pourront constituer ledit procureur, et le destituer quand ils le trouveront à propos.

11° L'administration du Séminaire sera composée du R^{dme} Seigneur Evêque, du R^d Sieur archidiacre, comme première dignité de la cathédrale, de tous les officiers de mondit seigneur Evêque c'est-à-dire des grands vicaires de l'official, du vice-gérant de l'officialité, du promoteur, de son excusant et du supérieur du Séminaire. Et dans le temps de vacance du siège épiscopal, elle sera composée dudit R^d S^r archidiacre, et de tous les R^{ds} chanoines qui rempliront les emplois cy-dessus.

Rien d'essentiel concernant le Séminaire ne pourra se décider, que la susdite administration n'en ait auparavant délibéré ; à quel effet Monseigneur l'Evêque pourra en convoquer chez lui l'assemblée, toutes fois et quand il le jugera à propos ; et, en cas de vacance, cette convocation se fera par la première dignité du chapitre, et, dans tous les cas, les délibérations en seront couchées par écrit dans un livre destiné à cet usage.

12º Un des plus grands fruits que nous espérons tirer de notre Séminaire, ce seront les retraites annuelles de messieurs les curés, vicaires et autres prêtres de notre diocèse ; lesquelles nous y établirons dans les temps les plus convenables, pour leur fournir le moyen de se renouveler dans l'esprit ecclésiastique, réparer les fautes inséparables de la faiblesse et de la fragilité humaines, et y puiser de nouvelles forces contre les ennemis de notre salut et de notre perfection. Ceux qui, sans attendre la retraite générale, voudront se recueillir pendant quelques jours dans notre Séminaire, y seront reçus avec empressement, sauf dans le temps des vacances. Si le Séminaire était riche, on se ferait un devoir de recevoir les uns et les autres *gratis*. Mais, en attendant cette heureuse époque, nous espérons qu'ils payeront sans difficulté la petite pension qui sera arbitrée suivant le temps et les circonstances.

Fait et prononcé à Chambéry, dans la salle capitulaire de notre cathédrale, le Chapitre duement convoqué et assemblé. Et sera la présente signée de notre main, scellée de notre grand sceau, contresignée par notre greffier et enregistrée dans notre greffe *ad futuram rei memoriam*, le 12 juillet 1782. Signé à l'original par mondit seigneur Michel Conseil, duement scellée et contresignée par Je soussigné.

Par extrait, Jean-François Cabuat, greffier.

Suivent : 1º Les patentes de S. M. du 1er octobre 1782, approuvant l'établissement du Séminaire.

2º L'enregistrement par le Sénat, de ces lettres patentes et de l'ordonnance épiscopale susdite ; et 3º l'approbation donnée par le Conseil de ville.

114

Institution, à Chambéry, de Monseigneur de Mérinville, ancien évêque de Dijon, par lettres du Cardinal Caprara.[1]

4 Mai 1802.

(*Déc.* : Chap. XXI, note 20.)

Nos Joannes Baptista, Tituli Sancti Honuphrii S. R. E. Presbiter Cardinalis Caprara Archiepiscopus, Episcopus Cesinus, SS. Domini nostri Pii Papæ VII et Sanctæ Sedis Apostolicæ ad primum Galliarum Reipublicæ Consulem universamque Gallicanam nationem à latere Legatus.

Reverendissimo Domino Renato Desmontiers de Mérinville, nuper Episcopo Divionensi, Electo Camberiensi, salutem et fraternam in Domino caritatem.

Vacante a primevà illius erectione nuper peracta in vim Litterarum Apostolicarum Sanctissimi Domini nostri Pii, Divina Providentia Papæ VII, sub Plumbo expeditarum sub datum Romæ, apud Sanctam Mariam Majorem, anno Incarnationis Dominicæ MDCCCI, tertio Kalendas decembris, Pontificatûs ejus anno secundo, quarum initium : *Qui Christi Domini vices* - episcopali Ecclesiâ Camberiensi cui titulus alterius episcopalis ecclesiæ Gebennensis antea suppressæ et extinctæ nuper fuit canonice unitus quemadmodum in nostro executoriali decreto primodictis Apostolicis litteris apposito, fusius continetur, ad quam nominatio personæ idoneæ Romano Pontifici pro tempore existenti facienda, ad primum Galliarum Republicæ Consu-

---

[1] Collection de l'auteur. — et Archives de l'Archevêché : Registre III, 3ᵉ annexe.

lem, vigore conventionis per alias similes litteras confirmatæ spectat et pertinet, Nos, ne ipsa episcopalis ecclesia Camberiensis longæ vacationis exponatur incommodis, utentes peculiaribus facultatibus a Sanctitate Sua per alias apostolicas Litteras in forma Brevis incipientes : *Quoniam favente Deo*, - die 29ª Novembris ejusdem anni expeditas, Nobis impartitis, et constito nobis de fidei, doctrinæ ac morum integritate deque vera idoneitate tui quam inclitus Naupoleon Bonaparte primus Consul dictæ Gallicanæ Reipublicæ ad hanc nominavit, te a quibusvis excommunicationis, suspensionis et interdicti aliisque ecclesiasticis sententiis censuris et pœnis a jure vel ab homine, quavis occasione vel causa latis, si quibus quomodolibet innodatus existis, ad effectum præsentium tantum consequendum harum serie absolventes et absolutum fore censentes, Episcopalem ecclesiam Camberiensem de tui persona, Apostolica autoritate nobis specialiter delegata providemus, teque illi in Episcopum præficimus et Pastorem, curam, regimen et administrationem dictæ Episcopalis ecclesiæ Camberiensis, cum redditibus pro illius dote quam primum assignandis, in spiritualibus et temporalibus tibi plenarie committendo, in illo qui dat gratias et largitur præmia confidentes quod, dirigente Domino actus tuos, præfata Ecclesia Episcopalis Camberiensis sub tuo felici gubernio regetur utiliter et prospere dirigetur, ac grata in iisdem spiritualibus et temporalibus suscipiet incrementa. Jugum igitur Domini tuis impositum humeris prompta devotione suscipiens, curam et administrationem præfatas sic exercere studeas sollicite, fideliter ac prudenter, quod ipsa Episcopalis ecclesia Camberiensis gubernatori provido ac fructuoso administratori gaudeat se commissam, tuque præter æternæ retributionis præmium Romani Pontificis et Sedis Apostolicæ benedictionem et gratiam exinde uberius consequi merearis. Ipsius vero episcopalis ecclesiæ Camberiensis capitulo ac clero et populo civitatis et diœcesis Camberiensis pari Apostolica delegatâ autoritate mandamus, ut capitulum tibi tanquam Patri et Pastori animarum suarum humiliter intendentes, exhibeant tibi obedientiam et reverentiam congruentes, ac clerus te pro Romani Pontificis et dictæ Sedis reverentia benigne recipientes et debita honorificentia prosequentes, tua salubria monita et mandata suscipiant, humiliter et efficaciter adimplere procurent. Populus vero te, tanquam Patrem et Pastorem animarum suarum devote recipientes et honorifice pertractantes, tuis monitis et mandatis salubribus humiliter intendant, ita quod tu in eis devotionis filios, et ipsi in te per consequens Patrem benevolum invenisse gaudeatis. Nomine quoque Romani Pontificis rogamus et hortamur præfatum inclitum Gallicanæ Reipublicæ Primum Consulem, ac Reverendissimum Archiepiscopum Lugdunensem, quatenus te et eamdem Ecclesiam Camberiensem, ipsius Archiepiscopi suffraganeam, pro Sanctitatis Suæ et Apostolicæ Sedis reverentia propensius commendatos habentes, in amplificandis et conservandis ejusdem ecclesiæ tuique ipsius Antistitis juribus, sic te eorum benigni favoris auxilio prosequantur quod tu, eorum fretus præsidio, in commisso tibi curæ pastoralis officio possis, Deo propitio, prosperari. Simili autem Apostolica delegata autoritate, mandamus quod tu, antequam regimini et administrationi prædictæ Episcopalis Ecclesiæ Camberiensis in aliquo te immisceas, Fidei Catholicæ professionem, et fidelitatis Sanctæ Romanæ Ecclesiæ Summoque Pontifici debitæ juramentum (si nondum in manibus Nostris præstiteris) in manibus catholici Antistitis communionem et gratiam Sedis Apostolicæ habentis, vel, eo deficiente, in manibus personæ in ecclesiastica dignitate constitutæ, cui ad hunc effectum specialem facultatem tribuimus, emittere atque utriusque formulas in duplici exemplo, cum suis et ipsius Antistitis, seu persona ut supra a te eligenda subscriptione, ad nos quantocius transmittere tenearis. Volumus autem quod ea omnia quæ a Nobis circa erectionem capituli Episcopalis ecclesiæ Camberiensis statuta sunt quamprimum exequi studeas ; nec non Seminarii Puerorum Ecclesiastici erectioni pro viribus incumbas ; reparationi fabricæ Cathedralis ecclesiæ Camberiensis ædiumque episcopalium, si eâ indigeant, diligentem operam impendas ; campanile cum campanis, si minus hæc habeantur, extrui cures ; Fontem-Baptismalem, si desit in eâdem ecclesiâ, quatenus Parrochialis quoque sit, constituas ; sacris supellectilibus ad sacra peragenda et ad Pontificalia exercenda necessariis, si copia earum non sit, ecclesiam ipsam decenter instruas ; Montem denique Pietatis, si adhuc erectus non fuerit, ubi primum licebit, pro subsidio pauperum erigi studeas. Tibi demum injungimus ut infrà sex menses à data præsentium computandos, has nostras tuæ ad Episcopalem Ecclesiam Camberiensiem institutionis litteras, Romano Pontifici per procuratorem tuum, juxta usitatum morem, præsentari atque à Sanctitate Sua Apostolicas confirmationis consueta forma sub plumbo expediendas Litteras impetrare omnino studeas, conscientiam tuam graviter super his omnibus onerando.

Datum Parisiis ex ædibus nostræ residentiæ, die 4 maii 1802.

J. B. Card. Legat.

Concordat cum suo originali.

Locus sigilli.   Josephus Archiepiscopus Lugdunensis.
De mandato.

Signé : Lucotte, Secretarius.

J. A. Sala Apostolicæ Legationis
Secretarius.

115

Bulles d'institution de Monseigneur de Mérinville à l'Evêché de Chambéry et de Genève[1].

11 février 1803.

(*Déc.*: Chap, XX, note 22.)

In nomine Domini Amen.

Cunctis ubique sit notum quod, anno a nativitate Domini Nostri Jesu Christi MDCCCIII, die vero undecima mensis februarii, pontificatus autem Sanctissimi in Christo Patris et Domini Domini Pii divina Providentia Papæ VII[i] anno tertio. Ego officialis deputatus vidi et legi quasdam Litteras apostolicas sub plumbo, ut moris est, expeditas tenoris sequentis videlicet : — Pius Episcopus servus servorum Dei venerabili Fratri Renato Desmonstiers de Mérinville, nuper Divionensi, nunc vero Camberiensi Episcopo, salutem et apostolicam benedictionem. Summi dispositione Rectoris, ad regimen universalis Ecclesiæ meritis licet imparibus assumpti, curis angimur assiduis et continua meditatione pulsamur ut opem et operam, quantum nobis ex alto conceditur, efficaciter impendamus quod orbis ecclesias pastorum regiminibus destitutas per nostræ providentiæ ministerium viris committantur idoneis qui sciant velint et valeant ecclesias eis commissas studio se reggere et feliciter gubernare. Sane cum Nos per alias nostras in simili forma sub plumbo expeditas Litteras sub data videlicet apud Sanctam Mariam Majorem anno Incarnationis

---

[1] Collection de l'auteur — Archives de l'archevêché, Registre 111 fol. 1.

Dominicæ millesimo octingentesimo primo, tertio kalendas decembris, pontificatus nostri anno secundo, titulum totumque statum Episcopalis Ecclesiæ Camberiensis Apostolica auctoritate suppresserimus, annullaverimus et extinxerimus et constituerimus prout in Litteris prædictis plenius continetur. Dilectus vero filius noster Joannes Baptista tituli Sancti Onuphrii Sanctæ Romanæ Ecclesiæ presbyter Cardinalis Caprara nuncupatus noster et Sedis Apostolicæ ad charissimum in Christo filium nostrum Naupoleonem Bonaparte primum Galliarum Republicæ Consulem Gallicanamque Nationem de Latere legatus, in eisdem Litteris contentis mandatis fideliter obsequens ipsasque Litteras debitæ executioni mandans Cathedralem Ecclesiam Camberiensem sub titulo Sancti Francisci Salesii nominandam designaverit, ipsique Episcopali Ecclesiæ Camberiensis diocesim in successivo ejus decreto ad quod omnimoda relatio haberi debet assignaverit, cumque Ecclesiæ Camberiensi prædictæ ad quam, dum illa pro tempore vacat, nominatio personæ idoneæ Romano Pontifici pro tempore existenti facienda ad supradictum primum Galliarum Reipublicæ Consulem, vigore conventionis per alias similes nostras Litteras sub datâ videlicet apud Sanctam Mariam Majorem supradicta anno Incarnationis Dominicæ millesimo octingentesimo primo, decimo octavo kalendas septembris, pontificatus nostri pariter secundo, confirmatio spectat et pertinet à primeva illius erectione et institutione hujusmodi Pastoris solatio destituta, idem Joannes Baptista Cardinalis Legatus, vigore acultatis per alteras nostras in formâ brevis sub annulo Piscatoris die vigesima nona novembris ipsius anni millesimi octingentesimi primi, pontificatûs nostri etiam secundi expeditas Litteras sibi a Nobis, pro hac vice tantum, ob peculiares et extraordinarias causas tributas per suas patentas Litteras datas die quarta mensis maii proxime superioris, te nuper Episcopum Divionensem qui, post susceptum consecrationis munus, ecclesiam prædictam Divionensem, quam in manibus nostris jam libere dimiseras, quindecim per annos summa laude gubernaveras, quique fidem catholicam juxta articulos jam pridem a Sede Apostolica propositos expresse professus fueras, ac fidelitatis debitæ juramentum præstiteras, quemque prædictus Naupoleo primus Consul nominaverat in episcopum præfecerit, et in illa instituerit, ea tamen adjecta lege quod a nobis et Apostolica Sede infra spatium sex mensium præfectionis et institutionis hujusmodi approbationem et confirmationem impetrare deberes. Nos itaque præfectionem et institutionem hujusmodi de tui persona ut prefertur factas, etiam si tempus ut supra præfinitum elapsum existat, Apostolica auctoritate approbantes et confirmantes, ac sperantes quod tu cui apud Nos de religionis zelo, vitæ mundicia honestate morum, spiritualium providentia et temporalium circonspectione aliisque multiplicium virtutum donis fide digna testimonia perhibentur, eidem Ecclesiæ Camberiensi esse poteris plurimum utilis ac etiam fructuosus, te à quibusvis suspensionis et interdicti aliisque ecclesiasticis sententiis censuris et pœnis à jure vel ab homine quavis occasione vel causa latis, si quibus quomodolibet innodatus existis, ad effectum præsentium tantum consequendum, harum serie absolventes et absolutum fore censentes, eidem Ecclesiæ Camberiensi de persona tua Nobis et venerabilibus fratribus nostris Sanctæ Romanæ Ecclesiæ Cardinalibus ob tuorum exigentiam meritorum accepta de tuorum eorumdem consilio apostolica auctoritate providemus, teque illi in Episcopum præficimus et Pastorem, curam regimen et administrationem ipsius Ecclesiæ Camberiensis in spiritualibus et temporalibus juxta memoratas præfati Joannis Baptistæ Cardinalis Legati patentes Litteras plenarie tibi committendo in illo qui dat gratias et largitur præmia, confidentes quod dirigente Domino actus tuos, præfata Ecclesia Camberiensis per tuæ circumspectionis industriam et studium fructuosum regetur utiliter et prospere dirigetur, ac grata in eisdem spiritualibus et temporalibus suscipiet incrementa. Jugum igitur Domini tuis impositum humeris prompta devotione suscipiens curam et administrationem præfatas, sic exercere studeas sollicite ac fideliter et prudenter quod Ecclesia ipsa Camberiensis gubernatori provido et fructuoso administratori gaudeat se commissam; tuque præter æternæ retributionis præmium, Nostram et Sedis Aposiolicæ Benedictionem et gratiam exinde uberius consequi mercaris. Quo circa dilectis filiis capitulo dictæ Ecclesiæ Camberiensis ac clero et populo civitatis et diœcesis Camberiensis per Apostolica scripta mandamus ut capitulum tibi tanquam Patri et Pastori animarum suarum humiliter intendentes, exhibeant tibi obedientiam et reverentiam debitas et devotas et clerus te, pro nostra et dictæ Sedis reverentia benigne recipientes et honorifice pertractantes, tua salubria monita et mandata suscipiant humiliter et efficaciter adimplere procurent. Populos vero tanquam Patrem et Pastorem animarum suarum devote suscipientes, et debita honorificentia prosequentes, tuis monitis et mandatis salubribus humiliter intendant, ita quod tu in eis devotionis filios, et ipsi in te per consequens Patrem benevolum invenisse gaudeatis. Rogamus quoque et hortamur attente venerabilem fratrem nostrum Archiepiscopum Lugdunensem, cui dicta ecclesia Camberiensis metropolitico jure subesse dignoscitur, ipsi Archiepiscopo per easdem præsentes mandamus quatenus te et præfatam ecclesiam Camberiensem habens pro nostra et dictæ Sedis reverentia propensius commendatos in conservandis juribus vestris sic vos benigni favoris auxilio prosequatur quod tu, ejus fultus præsidio, in commisso tibi curæ pastoralis officio possis, Deo propitio, prosperari, ipseque Archiepiscopus proinde divinam misericordiam ac Nostram et dictæ Sedis benedictionem et gratiam valeat uberius promereri. Demum ipsum illustrem Naupoleonem primum Consulem rogamus pariter et hortamur ut, perspectum habens eximiæ virtutis esse opus Dei ministros benigno favore prosequi, ac eos ad Regis æterni gloriam venerari te sua potestate ita tueatur ut, suo fultus præsidio, commissum tibi Camberiensis ecclesiæ curæ pastoralis officium Dei ope perficere eidemque Naupoleoni primo Consuli exinde a Domino perennis vitæ premium et a nobis condigna proveniat actio gratiarum.

Datum Romæ apud Sanctam Mariam Majorem, anno Incarnationis Dominicæ millesimo octingentesimo tertio, sexto decimo kalendas martii, pontificatus Nostri anno tertio.

Loco plumbi.

Super quibus Litteris Apostolicis inspectis præsens transumptum confeci præsentibus DD. Vincentio Lando, et Antonio Righi testibus.

Concordat cum originali. Simonetti Repud. A. Card. prod. approbatio. Ita est, subsignat Joseph Battaglia Notarius Apostolicus.

Ita est, Moinier Cancellarius.

116

Décret d'érection du Chapitre cathédral de Chambery. [1]

4 pluviose an 11. — (24 janvier 1803.)

(*Déc.*: Chap. XXI, note 23.)

Renatus Desmoustiers de Mérinville, miseratione divina et Sanctæ Sedis Apostolicæ gratia, Episcopus Camberiensis et Genevensis.

---

[1] Collection de l'auteur — Archives archiépiscopales, 1re annexe du registre III.

Inter cætera quæ, post novarum Sedium Episcopalium erectionem seu redintegrationem, ad implementum conventionis inter Sanctitatem Suam et gubernium Gallicanum initæ, fieri voluit et Eminentissimo Cardinali Caprara Legato a Latere mandavit, illud in primo ordine posuit ut, suppressis jam à S. S. antiquis omnibus Capitulis, nova in singulis Metropolitanis et Cathedralibus ecclesiis constituerentur. Cui mandato obtemperans Eminentissimus Cardinalis à Latere Legatus, decreto sub data diei 10 Aprilis 1802 ad nos directo, cum ad Omnipotentis Dei laudem et Sancti Francisci Salesii honorem, civitatem Camberium ad Episcopalis civitatis gradum redintegratam, et quatenus opus fuerit, de novo erectam et ecclesiam sub invocatione Sancti Francisci Salesii episcopi et confessoris in Cathedralem erectam pariter et institutam declaraverit, cum omnibus et singulis juribus, prærogativis, exemptionibus et privilegiis quibus aliæ cathedrales de jure vel consuetudine gaudere solent, in ea Capitulum ex dignitatibus et canonicatibus secundum numerum posteà præfiniendum erexit et instituit, ita ut hæ dignitates et canonicatus Cathedralis ecclesiæ Camberiensis Capitulum existant et constituant, atque in ea dignitates et canonicatus pro tempore obtinentes, chori servitium divina officia, sacrasque functiones persolvere, et Pœnitentiarii ac Theologi adimplere munera, insigniis quoque convenientibus decorari.

Nobis vero, de Apostolicâ auctoritate, commisit facultatemque concessit, ut eum dignitatum et canonicatuum numerum, quem ad ecclesiæ nostræ Cathedralis necessitatem, utilitatem atque decorem magis expedire judicaverimus, ad Tridentini Concilii præscriptum, præfiniremus, pro totidem ecclesiasticis viris, futuris ecclesiæ nostræ Cathedralis dignitatibus et canonicis qui ejus Capitulum erectum constituant et apud eam personaliter resideant certisque à Nobis, in statutis vel condendis vel moderandis præfiniendis diebus et temporibus, horas canonicas, tam divinas quam matutinas cæteraque divina officia, servata Ecclesiæ disciplina, ad instar aliarum ecclesiarum Cathedralium recitare, decantare et psallere; eidem ecclesiæ laudabiliter desservire debeant et teneantur, Episcopo in pontificalibus peragendis juxta receptas consuetudines ministrent et inserviant, eumdemque in diœcesis, prout in jure constitutum est, adjuvent administratione. Potissimum verò nobis a Sancta Sede mandatum est ut duos ex canonicatibus constituamus quibus, juxta ejusdem Tridentini Concilii leges adnexum sit Theologi ac Pœnitentiarii munus, a canonicis qui ad eos promoti fuerint secundum canonicas sanctiones fideliter adimplendum.

Nos igitur subdelegatà auctoritate Apostolica procedentes, et Sanctæ Sedis Apostolicæ mandatis obtemperantes, volentesque, in quantùm sinunt præsentes rerum augustiæ, ecclesiæ nostræ Cathedralis necessitati utilitati et decori providere, decrevimus et decernimus prædictæ ecclesiæ nostræ Capitulum efformare, componere ex tribus dignitatibus et decem canonicatibus usquedum majorem numerum præfiniri meliora tempora patiantur. Dignitates autem pro nunc adnectimus tribus primis e decem canonicatibus, et eos assignamus sub titulis Præpositûræ, Archidiaconatûs et Decanatûs, ita ut primam dignitatem constituat Præpositura, secundam Archidiaconatus, et tertiam Decanatus ; hocque ordine sedem habebunt in choro et in Capitulo : Præpositus, Archidiaconus et Decanus, deinde canonici eo respective ordine quo a nobis nominati et instituti sunt et à Gubernio accepti.

Capitulo præsidebit et in omnibus ad Capitulum pertinentibus primas partes habebit Præpositus, eique omnes canonici et quovis modo ecclesiæ Cathedralis gremio aut servitio adjuncti reverentiam præstare tenebuntur. Absente Præposito, Capitulo præsidebit Archidiaconus, defectu Archidiaconi, Decanus, defectu Decani, canonicus primo respective loco institutus.

Duos pariter canonicatus constituimus quibus adnectimus Theologi ac Pœnitentiarii munus, a canonicis quos Theologum et Pœnitentiarium nominabimus fideliter adimplendum.

Pro insigniis quibus decorari debeant canonici, insignia et choralia indumenta assignamus et concedimus quæ a Sancto Francisco Salesio, nostræ Ecclesiæ Patrono, accepta olim in usu habebat cathedralis nuper et antiqua ecclesia Genevensis.

Volumus autem et præscribimus, juxta ecclesiæ disciplinam et decreta Sanctorum Conciliorum, præsertim Tridentini, Canonicos horas canonicas cæteraque divina officia persolvere, nobis in pontificalibus peragendis ministrare et pro diœcesis nostræ administratione adjumento esse.

Optamus quidem nunc statuta condere et promulgare [ut]? ea omnia debito ordine disponerentur quæ ad horarum canonicarum cantum et psalmodiam, cæterorumque divinorum officiorum celebrationem, cæremonias et ritus itemque ad Capituli prosperum et felicem statum, regimen, gubernium et directionem pertinent.

Verum, quo sapientius et præsenti rerum conditioni convenientius de his omnibus decernere et statuere possimus, maturiori examine advocatis Capituli consiliis, ea ponderanda reservamus nobis, ut demùm statuta conficiamus et promulgemus.

Interea, legibus ab ecclesia statutis, ad instar aliarum ecclesiarum cathedralium, regetur nostra ecclesia Camberiensis, servabitque cæremoniarum sacrarum regulas quæ Pontificali Romano prescriptæ sunt ; et si nonnullas exceptiones mutationesve fieri necessitas exigerit, regulæ instar erunt antiquæ ecclesiæ Camberiensis statuta, ordinationes et laudabiles consuetudines.

Datum Camberii, sub signo sigilloque nostris, ac Cancellarii Episcopatus nostri subscriptione, die vigesima quartà mensis januarii, anno millesimo octingentesimo tertio. (Die quartà Pluviosi anno undecimo).

† R. Episcopus Camberiensis et Genevensis.

De mandato reverendissimi D. D.
Episcopi Camberiensis et Genevensis.

Moinier.

117

Lettres du cardinal Caprara qui nomme Monseigneur de Solle (transféré le même jour du siège de Digne à celui de Chambery par Pie VII), Administrateur de son nouveau diocèse, en attendant la réception de ses Bulles sub plumbo.[1]

22 mars 1805.

(Déc. : Chap. XXI, note 26.)

Cum Sanctissimus Dominus noster Pius, Divina Providentia Papa Septimus, in consistorio secreto hac die habito Reverendissimum Dominum Irenæum Ioannem Ivonem Dessoles, nuper Dignensem Episcopum, ad episcopalem Ecclesiam Camberiensem transferre dignatus sit ; cumque idem Episcopus præfatæ Ecclesiæ possessionem inire nequeat nisi postquam Apostolicas *sub plumbo* Litteras obtinuerit, Sanctitas Sua ad hoc ut ipsius Ecclesiæ utilitati consultum

---

[1] Original aux Archives de l'Archevêché ; feuille volante entre les pages 28 et 29 du Registre V.) — Copie dans la collection de l'auteur.

sit, memoratum Episcopum in Administratorem Ecclesiæ Camberiensis ex speciali gratia elegit et deputavit, eique vigore præsentis Decreti omnes et singulas facultates necessarias et opportunas benigne impertita est cum potestate etiam subdelegandi. Voluit autem Sanctitas Sua hujusmodi Administrationem tamdiu perdurare debere, donec memoratus Episcopus, acceptis Litteris Apostolicis canonicæ institutionis, Camberiensis Ecclesiæ possessionem consecutus fuerit, contrariis quibuscumque non obstantibus.

Datum Parisiis, die 22 Martii 1805.

Signé : J. B. Cardinal Caprara.

118

Lettre de Pie VII annonçant, au clergé et aux fidèles du diocèse, la nomination de Monseigneur de Solle à l'evêche de Chambery. [1]

22 mars 1805.

(Déc. : Chap. XXI, note 27.)

Pius Episcopus servus servorum Dei Dilectis filiis clero civitatis et diœcesis Camberiensis salutem et Apostolicam benedictionem. Hodie venerabilem fratrem nostrum Irenæum Yvonem Dessoles, nuper Episcopum Dignensem, in Episcopum Camberiensem electum, a vinculo quo Ecclesiæ Dignensi, cui tunc præerat, tenebatur, de venerabilium fratrum nostrorum Sanctæ Romanæ Ecclesiæ Cardinalium consilio, et Apostolicæ potestatis plenitudine absolventes, eum ad Ecclesiam vestram Camberiensem, certo tunc ex-

---

[1] Copie aux archives de l'archevêché, feuille annexée à la page 28 du Registre nº V. — Collection de l'auteur, autre copie.

presso modo Pastoris solatio destitutam, ob suorum exigentiam meritorum accepta de simili consilio dicta Apostolica auctoritate transtulimus, ipsumque illi in Episcopum præfecimus et Pastorem, curam regimen et administrationem ipsius Ecclesiæ Camberiensis in spiritualibus et temporalibus plenarie committendo, prout in Nostris inde confectis litteris plenius continetur ; quocircà discretioni vestræ per Apostolica scripta mandamus, quatenùs eumdem Irenæum Yvonem Episcopum tanquam Patrem et Pastorem animarum vestrarum, grato admittentes honore, ac exhibentes sibi obedientiam et reverentiam debitas et devotas, ejus salubria monita et mandata suscipiatis humiliter, et efficaciter adimplere curetis ; alioquin sententiam quam ipse Irenæus Yvo Episcopus rite tulerit in rebelles, ratam habebimus, et faciemus, auctore Domino, usque ad satisfactionem condignam inviolabiliter observari.

Datum Parisiis, anno Incarnationis Dominicæ milesimo octingentesimo quarto, undecimo kalendas Aprilis, Pontificatûs Nostri anno sexto.

119

Bulle de Pie VII, transferant Monseigneur de Solle de l'Evêche de Digne à celui de Chambery et Genève. [1]

11 des Calendes d'avril (22 mars) 1805.
(*Déc.* : Chap. XXI, note 28.)

Pius Episcopus servus servorum Dei venerabili fratri Irenæo Yvoni Dessoles Episcopo.

Nuper Dignensi in Episcopum Camberiensem electo salu-

---

[1] Archives épiscopales, feuille annexée à la page 28 du registre n° V — Voir aussi : Collection de l'auteur.

tem et Apostolicam benedictionem. Romani Pontificis quem Pastor ille cœlestis et Episcopus animarum potestatis plenitudine sibi tradita ecclesiis prætulit universis sollicitudo requirit ut circa cujuslibet ecclesiæ statum sic vigilanter excogitet, sicque prospiciat diligenter, quod per ejus providentiam circumspectam, nunc per simplicis provisionis officium, quandoque vero per ministerium translationis accomodæ, prout personnarum, locorum et temporum qualitas exigit, et ecclesiarum ipsarum utilitas persuadet, ecclesiis singulis pastor accedat idoneus, et rector providus deputetur qui populum sibi commissum non solum gubernet utiliter, sed etiam multimodis efferat incrementis. Sane Ecclesia Camberiensis ad quam, dum illa pro tempore vacat, nominatio personæ idoneæ Romano Pontifici pro tempore existenti facienda, ad charissimum in Christo filium nostrum Napoleonem Gallorum Imperatorem vigore conventionis spectat et pertinet, et cui nos, in actu suppressionis et extinctionis ecclesiæ Gebennensis, Apostolica auctoritate perpetuo factarum, jus seu facultatem retinendi titulum, nomen et denominationem ejusdem Gebennensis ecclesiæ suppressæ Apostolica auctoritate concessimus, et cui venerabilis Frater noster Renatus Desmoutier de Mérinville, ultimus illius Episcopus, nuper præsidebat, per liberam demissionem dicti Renati Episcopi in manibus nostris sponte factam et per nos admissam, Pastoris solatio destituta; Nos ad provisionem ejusdem Ecclesiæ Camberiensis celerem et felicem, ne illa longioris vacationis exponatur incommodis, paternis et sollicitis studiis intendentes, post deliberationem quam de præficiendo eidem Ecclesiæ Camberiensi personnam utilem ac etiam fructuosam cum venerabilibus fratribus Nostris Sanctæ Romanæ Ecclesiæ Cardinalibus habuimus diligentem, demùm ad Te, nuper Episcopum Dignensem, consideratis grandium virtutum donis quibus personam tuam illarum largitor Altissimus multipliciter insignivit, et attendentes quod Tu, qui Ecclesiæ Dignensi hactenus laudabiliter præfuisti, ac post susceptum consecrationis munus pastorale officium laudabiliter adimplevisti et pontificalia exercuisti, quique fidem catholicam, juxta articulos jam pridem à Sede Apostolica propositos, expresse professus fuisti, quemque prædictus Napoleo Imperator Nobis ad hoc per suas litteras nominavit, eamdem Ecclesiam Camberiensem scies, voles [firmiter]? et poteris, auctore Domino, salubriter regere et feliciter gubernare, direximus oculos nostræ mentis. Intendentes igitur tam eidem Ecclesiæ Camberiensi quam ejus gregi Dominico salubriter providere, Te à vinculo quo Ecclesiæ Dignensi, cui præeras, teneris, de ipsorum Fratrum consiliis et Apostolica prædicta auctoritate transferimus, Teque illi in Episcopum præficimus et Pastorem, curam regimen et administrationem ipsius Ecclesiæ Camberiensis tibi in spiritualibus et temporalibus plenarie committendo, liberamque tibi ad dictam Ecclesiam Camberiensem transeundi licentiam tribuendo, firma spe fiduciaque conceptis quod, dirigente Domino actus tuos, prædicta Ecclesia Camberiensis sub tuo felici regimine regatur utiliter et prospere dirigatur, ac grata in iisdem spiritualibus et temporalibus suscipiat incrementa. Quocirca Fraternitati tuæ per Apostolica scripta mandamus, quatenùs ad dictam Ecclesiam Camberiensem, cum gratia Nostræ benedictionis accedas, curam regimen et administrationem prædictam sic exercere studeas sollicite, fideliter ac prudenter, quod exinde sperati fructus proveniant, ac tuæ bonæ famæ odor ex tuis laudabilibus actibus latiùs diffundatur, et Ecclesia ipsa Camberiensis gubernatori provido et fructuoso administratori gaudeat se commissam ; Tuque præter æternæ retributionis præmium, Nostram et Sanctæ Sedis benedictionem et gratiam exinde uberius consequi merearis. Volumus autem quod Tu domûs Episcopalis reparationi pro viribus incumbas, ac sacrarium sacris suppellectilibus ad Divina peragenda et Pontificalia exercenda sufficienter instruas, nec non Theologalem ac Pœnitentiariam respective præbendas, ad præscriptum Concilii Tridentini, instituas, conscientiam tuam super his onerantes.

Datum Parisiis, anno Incarnationis Domini millesimo octingentesimo quarto, undecimo kalendas Aprilis, Pontificatûs Nostri anno sexto.

120

Bref rétablissant certaines fêtes spéciales (supprimées dans les Etats du roi de Sardaigne), suivi d'un autre Bref de 1786 qui les y avait maintenues.[1]

9 novembre 1814. — 27 mai 1786.

(*Déc.* : Chap. XXI, note 36.)

Pius PP. VII.

Venerabilis Frater, salutem et Apostolicam benedictionem. Egregium sui erga religionem amoris, studiique testimonium Nobis dedit carissimus in Christo filius Noster Victorius-Emanuel Sardiniæ Rex illustris, cum nuper a nobis postulavit, ut dies festos pro diocesibus aut ipsarum partibus in Regia sua ultra citraque montes ditione sitis, a felicis recordationis decessore nostro Pio VI præfinitos, omnino retinendos atque ad ecclesiasticæ disciplinæ normam accurate celebrandos, Nos etiam ediceremus. Piissimi ac sapientissimi Regis qui populorum felicitatem esse a Religionis cultu præcipuè repetendam probè novit, votis libenti animo annuentes, latam a Pio VI circa eosdem festos

---

[1] Collection de l'auteur — Archiv. de l'Archevêché, Reg. V, pp. de 59 à 63.

legem Apostolica auctoritate confirmamus, eamque in reliquisque, ut suprà diocesibus, sartam plane, testamque haberi præcipimus. Quas igitur idem Summus Pontifex in forma Brevis Litteras die XXVII Maii MDCCLXXXVI datas, incipientesque : *Paternæ caritati*.. ad bonæ memoriæ Victorium - Mariam Archiepiscopum Taurinensem dedit, eas, venerabilis Frater, a Nobis sancitos indictosque reputabit. Ad augendam verò istorum fidelium ergà Sanctum Josephum Beatissimæ Virginis Mariæ sponsum pietatem (quod idem religiosissimus Rex vehementer cupit) diem quoque in ecclesiastico Kalendario illi sacrum, inter festos numerari volumus et mandamus. Nostras autem hasce Litteras cum venerabilibus Fratribus Episcopis aut dilectis filiis vicariis capitularibus legitime deputatis, quorum dioceses, aut ex integro, aut ex parte, Regia ditione continentur, diligenter communicabis, ut omnes mature sciant, qualis ab ineunte anno MDCCCXV festorum ordo redigendus, servandusque sit. Non dubitamus, venerabilis Frater, te pro eo, quo incenderis zelo, et pro singulari qua nos prosequeris observantia, omnia hæc quæ præscripsimus, sedulo præstiturum daturumque insuper operam ut constituti à Nobis etiam festi dies, qua par est, pietate ac religione celebrentur.

Apostolicam interim benedictionem tibi et venerabilibus Fratribus Episcopis, ac dilectis filiis Vicariis Capitularibus quos harum litterarum participes facies peramanter impertimur.

Datum Romæ apud Sanctam Mariam Majorem, sub annulo piscatoris, die IX[a] novembris MDCCCXIV.

Pontificatûs Nostri anno decimo quinto.

Bref de sa Sainteté Pie VI, remis en vigueur par le Bref précédent.

Pius PP. VI.

Venerabilis Frater, salutem et Apostolicam benedictionem.

Paternæ caritati, quâ christi fideles omnes in Domino complectimur illud maximi consentaneum videtur, ut eorumdum temporalium etiam commodorum rationem habeamus, quibus præsertim illi ad spiritualia consectanda fieri propensiores, alacrioresque possint ; utraque enim ita componi et constitui debent, ut altera obesse alteris nequeant, sed mutua inter se temperatione, quoad fieri potest, maxime provehantur. Quapropter etsi præcipuè ad divinum cultum, animarumque salutem nostra Apostolici ministerii sollicitudo conversa sit, tamen interdum, ea minime neglecta, temporalium rerum opportunitate non solum impedimenta, si quæ sint, averti, sed et multo pauciora ad eum finem adjumenta comparari posse cognoscimus. His inducti rationibus facile ad obsequendum votis carissimi in Christo filii nostri Victorii Amedei Sardiniæ Regis illustris inclinamur, qui pro eâ quâ est in Deum pietate ac in subjectos sibi populos studio enixe à nobis flagitat, ut non solum tuam Diocesim omnem per Apostolicum Indultum eximamus à præcepto celebrandorum aliquot per annum festorum, quo in iis diebus Christi fideles suarum artium exercitationibus, servilibusque operibus omninò vacare possint, sed etiam in cæteras Diœceses, qui in suâ citra montes ditione sunt, idem pariter extendamus Indultum, cum paribus omnes causis ad id à nobis obtinendum urgeantur. Eæ verò Diœceses, præter tuam, sunt Albensis Alexandrina, Aquensis, Astensis Bugellensis, Bobiensis, Casalensis, Fossanensis, Eporediensis, Montis - Regalis,

Novariensis, Pinoralensis, Salutiarum, Secusiensis, Vercellensis, Viglebanensis et Nexiensis, tum et Abbatiales Dioeceses Sancti Michaelis de Clusa, Sancti Benigni de Fructuaria, aliæque qui nullius nuncupantur, nec non et partes quæ eidem Regi subjiciuntur exterarum Diœcesium, Mediolanensis nempe, Genuensis, Papiensis, Placentinæ, Savonensis, Vintimiliensis, Albinganensis et Naulensis. Nos eorum populorum conscientiæ consulendum esse judicantes, per hasce nostras in formâ Brevis Litteras cum venerabilibus Fratribus supra memoratorum diœcesium Episcopis à te communicandas una tibi, atque illis committimus et mandamus, ut in suâ quisque Diocesi (exteri verò Episcopi in eâ quam diximus, Diœcesis suæ parte) hanc novam de festis diebus legem, in quam maturo consilio ac expensis omnibus descendimus, auctoritate nostrâ Apostolicâ denuncietis atque edicatis. Retineantur nempe, ac celebrentur festivi dies Resurrectionis cum sequenti, et Pentecostes item cum sequenti, aliæque per annum dies Dominici, nec non Nativitatis Domini Nostri Jesu Christi, Circumcisionis, Epiphaniæ, Ascensionis et Corporis Christi, tum quinque Dicati Beatæ Mariæ Virgini, scilicet: Purificationis, Annuntiationis, Assumptionis, Nativitatis et Conceptionis; præterea retineantur festa S. S. Apostolorum Petri et Pauli, Omnium Sanctorum, Sancti Stephani protomartyris, et unius tantum Patroni, ejus scilicet pro universâ quâvis Diocesi qui principalior est Patronus civitatis, in quâ sedes est Episcopalis. Quo vero ad Sanctum Mauritium, principaliorem totius Ditionis Patronum pertinet, cum ejusdem festus dies in id incidat tempus, in quo plurima præstari debent in agris opera, ne ampliùs ab eo die celebrando agricolæ per dispensationem eximantur, ejusdem Sancti Patroni festum imposterùm quotannis sanctificandum per hasce nostras transferimus in decimum quintum januarii diem, qui dies est translationis in istam Regiam urbem reliquiarum ejusdem Sancti martyris anni MDXCI peractæ.

His igitur omnibus diebus festis pro veteri Ecclesiæ Catholicæ instituto Christi fideles sacris adesse à servilibus operibus se abtinere, et jejunium in eorumdem vigiliis quibus adnexum sit observare debeant et teneantur. In reliquis vero festis non solum laboriosas artium exercitationes et servilia opera permittimus et indulgemus, sed insuper eosdem Christi fideles à quacumque vigiliæ, seu jejunii diebus præcedentibus, dummodo aliundè vel ratione quadragesimæ, vel ratione quatuor temporum non præcipiatur et audiendi missam in prædictis festis, obligatione absolvimus, et liberamus.

Sed quoniam dum populorum conscientiæ consulimus, et eorum qui in sudore vultûs sui panem comedunt, indigentiæ providemus, Sanctorum venerationem, et salutarem Christi fidelium pœnitentiam minuere non intendimus; ideo Sanctorum ac solemnitatum officia et missas tam in iisdem abrogatis festis, quam in eorum vigiliis retineri et sicut priùs in quâcumque ecclesià celebrari mandamus; sacrum vero jejunium quod in prædictis vigiliis habebatur, ad quartas et sextas ferias adventûs transferendum, ibidemque servandum edicimus et constituimus; ut autem non solum clerici et divites homines sæculares, qui etiam diebus non festivis sacro sancto missæ sacrificio ac divinis officiis, quod vehementer cupimus, adesse possunt, sed etiam ii, qui rusticis detenti laboribus ecclesias tantum diebus festis adeunt, Sanctorum Apostolorum ac Martyrum quorum solemnitates superiùs abrogavimus memoriam servent ac venerentur, volumus ac præcipimus ut die XXIX Junii, ultrà præcipuam S. S. Petri et Pauli solemnitatem, etiam aliorum Apostolorum, et die XXVI decembris, ultra præcipuum Sancti Stephani festum, etiam aliorum S.S. Martyrum memoria celebretur. Quare, die XXIXᵃ Junii in Kalendariis ecclesiasticis ita festum describendum erit: S.S. Petri et Pauli et commemoratio omnium Apostolorum, ac tam in officio quam in missa addetur commemoratio de communi

Apostolorum ; die vero XXVI decembris ita notetur : Festum Sancti Stephani protomartyris et commemoratio omnium S.S. Martyrum ; ac tam in officio quam in missa addenda erit commemoratio de communi plurimorum martyrum.

Hæc Nobis, Venerabilis Frater, non minùs spiritualem quam temporalem istorum populorum utilitatem intuentes sancienda esse judicavîmus in quo plurimum sollicitudini, ac pastorali vigilantiæ tuæ et aliorum venerabilium Fratrum confidimus, qui illud profecto sedulitate studioque vestro efficietis ne quid in divino cultu detractum videri possit, sed quo minor festorum dierum factus est munerus, eo major sit in populorum animis pietatis fervor ac devotio. Proinde vehementer cupimus, ac in Domino Fraternitates vestras hortamur, ut populos vobis commissos diligenter edocendos curetis, quæ ad justam, legitimanque dierum festorum celebrationem pertinent, et quo ardore quâque humilitate spiritus adstare Sanctissimo altaris Sacrificio, quo studio, quâ frequentia divinis officiis, sacris concionibus et christianæ doctrinæ institutionibus interesse debeant ; et ne per eos dies Christi fidelium corda graventur crapula et ebrietate, et sæcularibus cogitationibus quam diligentissima danda est opera, ut profana quæque, lubrica et minùs religiosa à publicis locis amoveantur ; contrâ vero in conspectu illa sint abundèque suppetant, quo ad fovendam devotionem pietatemque plurimum prodesse possint.

Quæ quidem cuncta à pastorali omnium sedulitate, Nobis maxime pollicentes, in Pontificiæ caritatis pignus Apostolicam benedictionem Tibi cum iisdem Episcopis à Te pariter nostris verbis communicandam peramanter impertimur.

Datum Romæ apud Sanctum Petrum, sub annulo Piscatoris, die 27 maii 1786 ; Pontificatûs nostri anno duodecimo.

Signé : Benedictus Stay.

121

Érection de la Cathédrale de Chambéry en Eglise métropolitaine.

Procès-verbal d'Erection. — *Extrait de la Bulle de Pie VII, approuvant la circonscription des Diocèses des Etats de S. M. le Roi de Sardaigne, et créant de nouveaux Archevêchés et Evéchés.* — *Délégation du Cardinal Solaro.* — *Subdélégation de Monseigneur de Solle, pour l'érection de son Evéché en Archevêché.* — *Exécution de sa commission.*[1]

16 Juill., 2 Oct., 7 Déc. 1817.
(*Déc.* : Chap. XXI, note 39).

L'an mil huit cent dix-sept et le septième jour du mois de décembre, second dimanche de l'Avent, à la réquisition de Monseigneur l'Illustrissime et Révérendissime Irenée-Yves de Solle, évêque de Chambéry et de Genève,, fils de défunt Messire Jean de Solle, né à Auch, département du Gers, habitant à Chambéry, Je soussigné Claude Girard, notaire royal, me suis transporté dans l'Eglise Cathédrale de Chambéry, pour dresser procès verbal de l'érection que ledit Monseigneur l'Evêque devait faire de son Eglise Cathédrale en Eglise Métropolitaine, en vertu du pouvoir qu'il en a reçu de Sa Sainteté ; où étant sur les quatre heures après midi, j'ai trouvé le vénérable Chapitre rassemblé, lequel

---

[1] Archiv. de l'Archevêché; Registre III. fol. 46 à 51 — Voir la Bulle entière dans les Traités diplomatiques de Savoie, par Solar de la Marguerite, tom. IV, p. 334 à 367.

s'est avancé processionnellement et en habit de cérémonie vers la porte de l'Eglise pour y recevoir le Révérendissime Evêque qui là s'est revêtu de la Chappe et placé sous le dais, où il a béni et reçu l'encens, et ensuite reçu et donné l'eau bénite ; puis il a marché vers le chœur précédé du clergé et du Chapitre, et s'est placé sur son trône à la manière accoutumée ; et, de là, il a donné mission à un Prêtre de sa maison de monter en chaire revêtu d'une chappe, pour y faire la lecture de la bulle de Sa Sainteté, qui élève le siège épiscopal et la Cathédrale de Chambéry à la dignité archiépiscopale et métropolitaine, ladite bulle en date du seize des Kalendes d'août de la présente année, commençant par ces mots : *Beati Petri*, et finissant par ceux-ci : *se noverit incursurum*. Lecture a été faite de la partie de cette bulle qui concerne l'Eglise de Chambéry, ainsi qu'il suit :

« Cum verò opportunum et Conveniens Nobis sit visum,
« præfati quoque Victorii Emanuelis petitione concurrente,
« in amplo Sadaudiæ Ducatu, in quo olim Metropolitana et
« tres Cathedrales Ecclesiæ erectæ reperiebantur, quas per
« Apostolicas nostras Litteras sub Datum Romæ apud Sanc-
« tam Mariam Majorem, anno Incarnationis Dominicæ
« millesimo octingentesimo primo, tertio Kalendas Decem-
« bris quarum initium : *Qui Christi Domini vices*, suppres-
« simus et extinximus, novam deindè in eisdem Litteris
« pro toto Ducatu prædicto Episcopalem Camberiensem
« sedem erigentes, dum matura et diligenti deliberatione
« perpenditur si et in quo numero aliæ Ecclesiæ de novo
« erigendæ à Nobis sint, Cathedralem intereà Camberiensem
« Ecclesiam, cujus sedes in Principe Ducatûs Urbe consti-
« tuta est, in Metropolitanam erigere. Hinc nos, ad majo-
« rem Dei omnipotentis gloriam et Catholicæ Ecclesiæ
« splendorem simulque Christi fidelium utilitatem, supra-
« dictam episcopalem Ecclesiam Camberiensem sub titulo
« S. Francisci Salesii Episcopi et Confessoris, cum suo

« existente Capitulo, præviâ illius omnimodà solutione et
« exemptione à quocumque Metropolitico jure, dependentiâ
« ac subjectione archiepiscopali Ecclesiæ Lugdunensi, cui
« ad præsens suffragatur, præstito jam à dilecto in Christo
« Filio nostro Josepho Sanctæ Romanæ Ecclesiæ Presby-
« tero Cardinali Feschi nuncupato moderno Archiepiscopo,
« consensu, et ejusdem Ecclesiæ Capituli consensum ad
« cautelam supplentes, de specialis dono gratiæ ad Archie-
« piscopalis Metropolitanæ Ecclesiæ gradum et dignitatem
« extollimus, firmo manente favore prædicti Victorii Ema-
« nuelis ejusque successorum jure nominationis ad eam
« Ecclesiam, prout ei antea competebat, eidemque noviter
« erectæ Metropolitanæ Ecclesiæ in suffraganeam interea
« assignamus Episcopalem Ecclesiam Augustanam, quàm
« de novo pariter ut suprà ereximus, quæ dum antiquitùs
« existebat, suffraganea erat Archiepiscopalis Ecclesiæ
« Tarantasiensis in eodem Ducatu positæ, eamdemque
« Archiepiscopi Camberiensis juri metropolitico perpetuis
« futuris temporibus simili auctoritate nostrâ Apostolicâ
« subdimus et submittimus, reservantes Nobis eidem
« Camberiensi Metropolitanæ Ecclesiæ illas quoque Cathe-
« drales Ecclesias, quas in Sabaudiæ Ducatu de novo eri-
« gere judicabimus, in suffraganeas assignare....... Quò-
« circà Dilecto in Christo filio nostro Paulo Josepho S. R.
« E. Presbytero Cardinali Solaro nuncupato, olim Episcopo
« Augustæ Prætoriæ, quem executorem præsentium nos-
« trarum Litterarum Apostolicarum eligimus ac depu-
« tamus ad hoc, ut ipse per se vel per aliam seu alias per-
« sonam seu personas in ecclesiasticâ dignitate constitutam
« seu constitutas ab eo specialiter subdelegandam vel sub-
« delegandas pro supradictarum Archiepiscopalium et
« Episcopalium ecclesiarum novâ erectione, itemque terri-
« toriorum unamquamque Archiepiscopalium et Episcopa-
« lium tam jam existentium quam noviter erectarum
« Ecclesiarum Diœcesim efformantium respectivâ assi-

« gnatione....... cæterisque aliis in hisce nostris Litteris
« contentis atque statutis omnia et singula quæ necessaria
« dignoverit gerere, facere, disponere ac statuere, omnes-
« que cujusvis generis quæstiones et controversias suprà
« præmissis forsitan exorituras examinare, judicare et defi-
« nire libere ac licite possit et valeat, necessarias omnes et
« opportunas facultates concedimus et impertimur, simul-
« que eidem Paulo Josepho Cardinali injungimus, ut post
« completam harum Litterarum executionem, actorum
« omnium authenticum exemplum infra bimestre ad Ur-
« bem transmittere teneatur in Consistoriales tabulas refe-
« rendum. Præsentes autem Litteras et in eis contenta
« quæcumque nullo unquàm tempore etiam ex eo quod
« quicumque in iis interesse habentes vel habere præten-
« dentes vocati vel auditi non fuerint, ac auditi quoque
« præmissis non consenserint, de subreptionis vel obrep-
« tionis aut nullitatis vitio seu intentionis nostræ vel
« quovis alio substantiali et inexcogitato defectu notari,
« impugnari, invalidari, in jus vel controversiam deduci,
« aut adversus illas quodcumque juris vel facti aut gratiæ
« remedium impetrari posse nec illas sub quibusvis dero-
« gationibus aut aliis contrariis dispositionibus compre-
« hendi, sed tanquam ad divini cultûs argumentum et ad
« Christi fidelium spirituale regimen in eorum animarum
« salutem editas et emanatas ab illis semper excipi, vali-
« dasque et efficaces esse et fore, suosque plenarios et
« integros effectus sortiri et obtinere, sicque ab omnibus
« observari, et ita per quoscumque judices, ordinarios vel
« delegatos, quavis auctoritate fungentes, sublata eis qua-
« libet aliter judicandi et interpretandi facultate, judicari
« et definiri debere, volumus et mandamus; et si secùs
« super his à quacumque auctoritate scienter vel ignoranter
« contegerit attentari, irritum et inane decernimus, non
« obstantibus quibusvis etiam in provincialibus vel gene-
« ralibus Conciliis editis Constitutionibus et Ordinationibus

« Apostolicis ac nostris et Cancellariæ Apostolicæ regulis,
« nec non supradictarum Ecclesiarum etiam confirma-
« tione Apostolicâ vel quâvis firmitate aliâ roboratis statu-
« tis, consuetudinibus, concessionibus et indultis, etiamsi
« specifica et individua mentio seu quævis alia expressio
« habenda aut alia aliqua exquisita forma ad hoc servanda
« foret, illorum tenores præsentibus pro expressis habentes,
« ad singulorum omnium et præmissorum effectum latis-
« sime et plenissime ac specialiter et expresse derogamus
« et derogatum esse intendimus, cæterisque contrariis
« quibuscumque non obstantibus. Volumus autem ut
« præsentium Litterarum transumptis, etiam impressis,
« manu tamen alicujus notarii publici subscriptis, ac si-
« gillo personæ in ecclesiasticâ dignitate constitutæ muni-
« tis, eadem prorsus fides ubique adhibeatur quæ ipsis
« præsentibus adhiberetur si forent exhibitæ vel ostensæ.
« Nulli ergò omnino hominum liceat hanc paginam circum-
« scriptionis, erectionis, constitutionis, extinctionis, annul-
« lationis, assignationis, elevationis, exemptionis, libera-
« tionis, subjectionis, suppositionis, reservationis, restitu-
« tionis, demembrationis, impartitionis, unionis, appro-
« priationis, incorporationis, concessionis, facultatis,
« indulti, mandati, decreti et voluntatis infringere, vel
« ei ausu temerario contraire. Si quis autem hoc attentare
« præsumpserit, indignationem Omnipotentis Dei ac BB.
« Petri et Pauli Apostolorum ejus se noverit incursurum.
« Datum Romæ apud Sanctam Mariam Majorem, anno
« Incarnationis Dominicæ millesimo octingentesimo decimo
« septimo, sexto decimo Kalendas Augusti, Pontificatûs
« nostri anno decimo octavo. »

« Loco plumbi. Subscripti : A. Card. Prodatarius. H.
« Card. Consalvus. — Visa de Curia, D. Testa. »

Le même Prêtre a ensuite donné lecture des lettres de l'Eminentissime Paul Joseph Cardinal Solaro, ci-devant évêque d'Aoste, délégué apostolique en cette partie, portant l'exécution et la promulgation de ladite Bulle, dont la teneur suit en ce qui concerne l'Eglise de Chambéry :

« Paulus etc..... Quas quidem Apostolicas Litteras sub
« plumbo datas, summâ, uti par est, cum reverentiâ et
« honore accepimus, et cùm, pro omnimoda earumdem
« Litterarum... executione, nostram dignatus sit Sanctissi-
« mus Dominus noster eligere et deputare personam cum
« omnibus facultatibus in iisdem contentis, Apostolicis
« hujusmodi Mandatis reverenti animo obtemperantes, et
« piissimis S. R. M. votis religiosisque curis pro suorum
« subditorum spiritualibus subsidiis comparandis obsequi
« volentes, prædictarum Litterarum Apostolicarum... exe-
« cutionem, juxta earum... seriem et tenorem præsenti
« decreto et sequenti ratione aggredimur, et omnibus et
« singulis ad quos spectat intimamus, scilicet..... :

« XV. Item evectionem Ecclesiæ Cathedralis Camberien-
« sis, in Ducatu Sabaudiæ, ad Archiepiscopalis Metropolita-
« næ Ecclesiæ gradum et dignitatem præviâ ejusdem Eccle-
« siæ solutione et exemptione à quocumque metropolitico
« jure et dependentiâ ac subjectione Archiepiscopali Eccle-
« siæ Lugdunensi, firmo manente favore prædictæ S. R. M.
« Regis nostri, ejusque successorum jure nominationis
« ad eam Ecclesiam, prout ei antea competebat. Et sic
« noviter erectæ Metropolitanæ Ecclesiæ Camberiensi assi-
« gnata in suffraganeam Ecclesiâ Cathedrali Augustanâ,
« quæ perpetuis futuris temporibus Archiepiscopi Cambe-
« riensis juri Metropolitico auctoritate Apostolicâ subditur
« et submittititur.

« Quæ omnia et singula à Sanctissimo Domino nostro
« Papa in præinsertis Litteris suis... respective facta, sta-
« tuta, decreta et ordinata cum omnibus legibus, conditio-
« nibus, reservationibus, mandatis et decretis in ipsis con-
« tentis, vobis omnibus et singulis supradictis quibus præ-
« sens noster processus dirigitur, intimamus, insinuamus,
« notificamus ac ad vestram et cujuslibet vestrùm noti-

« tiam deducimus et deduci volumus per præsentes, vosque
« omnes et singulos supradictos tenore præsentium requi-
« rimus et monemus primo, secundo, tertio et peremptorie,
« communiter et divisim, ac vobis, et vestrûm cuilibet in
« solidum, in virtute sanctæ obedientiæ, et sub infrà
« scriptîs sententiarum pœnis, districte præcipiendo man-
« damus, quatenus prædictas Litteras Apostolicas.....
« ac omnia et singula in eis contenta faciatis auctori-
« tate nostrâ, imo veriùs Apostolicà, ab omnibus ad quos
« spectat inviolabiliter observari. Quod si monitionibus
« nostris, imò verius Apostolicis, non parueritis realiter et
« cum effectu, aut quidquam forte adversus præmissa
« omnia aut earum aliqua commiseritis, Nos in vos omnes
« et singulos qui culpabiles fueritis in præmissis, et gene-
« raliter in contradictores et rebelles quoslibet ex nunc
« prout ex tunc, et è contrà excommunicationis et suspen-
« sionis à divinis, in Capitula vero, Conventus et Collegia, in
« his forsan delinquentia, interdicti ecclesiastici sententias
« ferimus in his scriptis et per præsentis processûs instru-
« mentum promulgamus ; absolutionem vero omnium et
« singulorum qui prædictas sententias, aut earum aliquam,
« incurrerint quoquo modo, Nobis vel Superiori nostro
« reservamus.

« Cæterum, quùm pro solemniori præinsertarum Litte-
« rarum et præmissorum omnium super varia locorum loca
« promulgatione facienda, et pro ulteriori et actuali earum-
« dem Litterarum executione nos ipsi personaliter interesse
« non valeamus ; idcirco nobis reservamus alias personas
« in ecclesiasticâ dignitate constitutas subdelegare, quate-
« nus ipsæ vel quælibet earum vices nostras gerendo super
« locum loci, juxta ea quæ in specialibus mandatis à Nobis
« pro variâ rerum exequendarum opportunitate expedien-
« dis ipsæ respective accipient, solemniter declarent, pu-
« blicent atque promulgent ; eaque præterea per Nosmet
« vel per alias personas a Nobis specialiter delegandas

« super omnibus et singulis in prædictis Apostolicis Litteris
« contentis gerere, facere, disponere ac statuere, omnesque
« cujusvis generis quæstiones ac controversias super præ-
« missis forsan exorituras examinare, judicare et definire
« quæ in ulteriori executione dignoverimus necessaria.

« In quorum omnium fidem et testimonium præsentes
« nostras Litteras, vim publici instrumenti in se continentes,
« manu propriâ firmatas exinde fieri, ac per notarium et
« secretarium nostrum subsignatum subscribi, sigillique
« nostri jussimus et fecimus impressione muniri. Actum et
« datum Taurini in palatio nostræ residentiæ, anno mille-
« simo octingentesimo decimo septimo, die vero vigesimâ
« octobris, indictione quinta, Pontificatûs autem Sanctis-
« simi in Christo Patris et D. Nostri D. Pii Papæ VII, anno
« decimo octavo. — *Signé* : Paulus Joseph Cardinalis Solaro
« Executor Apostolicus. *Contresigné* : Oh. Carolus Brina a
« Secretis, *et scellé*. »

Ensuite le même Prêtre a fait lecture du déret de commission du prénommé Em^me Cardinal Solaro, portant pouvoir par lui conféré, en sa qualité prédite, à l'illustrissime et révérendissime Evêque de Chambéry et de Genève susénoncé, d'ériger son église Cathédrale en église Métropolitaine, ainsi que la ville de Chambéry en Métropole du Duché de Savoie ; le décret de l'Eminentissime Cardinal Solaro de la teneur suivante :

« Paulus Joseph Divinâ miseratione et S. Sedis Aposto-
« licæ gratiâ, Presbyter Cardinalis Solaro à Villanovâ Sola-
« riorum, Episcopus olim Augustanus, et Abbas Sancti
« Benigni de Fructuariâ, in hâc vero parte executor Apos-
« tolicus, auctoritate Apostolicâ specialiter deputatus.
« Quùm per Apostolicas Litteras sub plumbo datas Romæ
« anno currente millesimo octingentesimo decimo septimo,
« sexto decimo Kalendas Augusti, Sanctissimus Dominus
« noster Pius Papa VII, Victorii-Emmanuelis Sardiniæ
« Regis nostri piissimi et amantissimi petitione concur-

« rente, inter cætera Camberiensem Ecclesiam Cathedra-
« lem, cujus sedes in Principe ampli Sabaudiæ Ducatûs
« Urbe est constituta, sub titulo S. Francisci Salesii Epis-
« copi et Confessoris cum suo existente Capitulo, præviâ
« illius omnimodà solutione et exemptione à quocumque
« metropolitano jure et subjectione archiepiscopali Lugdu-
« nensi Ecclesiæ cui ad præsens suffragatur, ad majorem
« Dei omnipotentis gloriam et Catholicæ Ecclesiæ splendo-
« rem, simulque Christi fidelium utilitatem, de specialis
« dono gratiæ, ad Archiepiscopalis Metropolitanæ Ecclesiæ
« gradum et dignitatem dignatus sit extollere atque
« evehere; eidem pro nunc assignatâ in suffraganeam
« Episcopali Ecclesiâ Augustanâ; quùmque pro prædicta-
« rum Litterarum Apostolicarum et eorum omnium et
« singulorum quæ in ipsis continentur omnimodâ execu-
« tione Beatitudini Suæ placuerit nostram eligere et depu-
« tare personam; Nos, hujusmodi mandatis reverenti
« animo obtemperantes, quæ jam per nostrum executionis
« processum super ipsis Litteris Apostolicis confectum et
« firmatum die vigesima currentis octobris generaliter exe-
« quenda mandavimus, particulari nunc provisione pro
« variis et singulis in ipsis Litteris contentis super locum
« loci promulganda decernimus. Itaque vigore præsentium
« requirimus Illustrissimum et Reverendissimum Dominum
« Irenæum Yvonem de Solle Camberiensem Antistitem, ut
« ipse, cui in hâc parte vices nostras committimus, præ-
« fatam Ecclesiam Cathedralem suam Camberiensem sub
« enunciato titulo et invocatione S. Francisci Salesii Pon-
« tificis et Confessoris, cum suo Capitulo Cathedrali, à
« quocumque metropolitano jure et dependentiâ Archie-
« piscopi Lugdunensis solutam et exemptam esse, et ad
« gradum et dignitatem Archiepiscopalis Metropolitanæ
« Ecclesiæ evectam atque elatam, ejusdemque Capitulum
« Metropolitanum nuncupandum fore et esse, et ipsam
« Camberii Civitatem titulo et denominatione Archiepisco-

« pali pariter auctam et decoratam, ipsiusque Ecclesiæ
« Archiepiscopalis Camberiensis metropolitico juri Eccle-
« siam Episcopalem Augustæ Prætoriæ subjectam et assi-
« gnatam esse, et ea omnia quæ in iisdem Litteris Aposto-
« licis et in nostro executoriali processu continentur, quæ-
« que eamdem Ecclesiam suam ad gradum et dignitatem
« Archiepiscopalis Ecclesiæ Metropolitanæ sicut supra
« erectam tangunt et afficiunt, omni publicationis solemni-
« tate in eâdem Ecclesiâ Archiepiscopali Camberiensi auc-
« toritate Apostolicâ declaret atque promulget, et ad suf-
« fraganeæ Augustanæ Ecclesiæ notitiam deducat, ita ut,
« in vim hujusmodi solemnis publicationis, pro noto et
« certo habeatur et suum commodum et exercitium obti-
« neat quod est de Apostolicâ benignitate et speciali gratiâ
« elargitum. Datum Taurini die vigesimâ nonâ mensis octo-
« bris, anno millesimo octingentesimo decimo septimo. »
Signé: Paulus Joseph Cardinalis Solaro, Executor Apostolicus. *Contresigné*: Ch. Brina a Secretis, *et scellé*.

Cette lecture achevée par le même Prêtre, il a encore lu
le décret de l'Illustrissime et Révérendissime Evêque de
Chambéry et de Genève, par lequel, en vertu des pouvoirs
qui lui étoient conférés, il a, dans le fait, élevé et érigé
l'Eglise Cathédrale de Chambéry en Eglise Métropolitaine,
en ordonnant que, désormais, tant l'Eglise que la ville de
Chambéry porteraient le titre de Métropole ; ledit décret
de la teneur suivante :

« Irenæus Yvo de Solle, miseratione Divinâ et Sedis
« Apostolicæ gratiâ, Episcopus Camberiensis et Genevensis
« et subdelegatus Apostolicus. — Quùm per litteras datas
« Taurini die vigesimâ nonâ mensis octobris anno mille-
« simo octingentesimo decimo septimo, Eminentissimus
« Paulus Joseph Divinâ miseratione et Sedis Apostolicæ
« gratiâ Presbyter Cardinalis Solaro à Villanovâ Solariorum,
« Episcopus olim Augustanus, Abbas Sancti Benigni de
« Fructuariâ, executor Apostolicus Litterarum Apostolica-

« rum Romæ datarum sexto decimo Kalendas Augusti
« anni currentis, Nos requisierit ac vices suas Nobis commi-
« serit, ut Ecclesiam Cathedralem nostram Camberiensem
« cum suo Capitulo existente, præviâ illius omnimodâ
« solutione et exemptione à quocumque Metropolitico jure
« et dependentiâ Archiepiscopalis Lugdunensis Ecclesiæ,
« cui ad præsens suffragatur, ad Archiepiscopalis Metropo-
« litanæ Ecclesiæ gradum evectam atque elatam, ac ejus-
« dem Capitulum Metropolitanum nuncupandum esse, et
« ipsam Camberii civitatem titulo et denominatione Archie-
« piscopali pariter auctam et decoratam, et hujus Ecclesiæ
« Archiepiscopalis Camberiensis Metropolitico juri Eccle-
« siam Episcopalem Augustæ-Prætoriæ subjectam et assi-
« gnatam, non secùs ac alias Ecclesias Cathedrales quas in
« Sabaudiæ Ducatu in decursu temporis erigi continget
« auctoritate Apostolicâ declararemus ac omni publicationis
« solemnitate in eâdem Ecclesia promulgaremus. Nos igitur
« commissionem a præfato E^{mo} Cardinale Solaro Nobis
« datam cum reverentiâ accipientes ac mandatis Apostolicis
« reverenti animo obtemperantes, executionem juxtà præ-
« cedentium tenorem aggredimur. — Omnibus ergo no-
« tum sit quod, vi præsentium, auctoritate Apostolicâ
« procedentes, nostram Ecclesiam Cathedralem ab omni
« subjectione ergà Ecclesiam Lugdunensem et à quocum-
« que alio Metropolitico jure exemptam in perpetuum fore
« et esse declaramus et promulgamus ; hanc eamdem Eccle-
« siam sub titulo Sancti Francisci Salesii Episcopi et Con-
« fessoris, ad majorem Dei Gloriam, Ecclesiæ Catholicæ
« splendorem, simulque Christi fidelium utilitatem, ad
« gradum et dignitatem Archiepiscopalis Metropolitanæ
« Ecclesiæ evectam et elatam, eâdem auctoritate notum
« facimus ac intimamus ; Capitulum ejusdem Ecclesiæ ab
« omnibus Metropolitanum nuncupandum et reverà esse,
« ac ipsam Civitatem Camberiensem titulo et denomina-
« tione Archiepiscopali pariter ornatam et decoratam esse ;

« tandem Ecclesiam Augustanam hujus Ecclesiæ nostræ in
« perpetuum subjectam et suffraganeam fore et esse pa-
« riter declaramus, non secùs ac illas Cathedrales Eccle-
« sias quas in decursu temporis in Ducatu Sabaudiæ à
« Sanctissimo Nostro erigi continget. In quorum omnium
« fidem et testimonium præsentes Litteras manu propriâ
« firmavimus, ac hujus executionis Apostolicæ decretum
« nostrum, ad hoc ut Augustana Ecclesia Sanctissimi Do-
« mini Nostri mandatum dignoscere valeat, ad ipsam mit-
« tendum mandamus. »

« Datum Camberii, in palatio nostro Episcopali, anno
« millesimo octingentesimo decimo septimo, die verò
« septimâ mensis decembris. *Signé*: Irenæus Yvo Epis-
« copus Camberiensis et Genevensis. *Contresigné*: Moinier
« Canonicus et Cancellarius, *et scellé*. »

Toutes ces lectures achevées en langue latine, le même Prêtre en a donné, au peuple assemblé, une explication suffisante. et j'ai pris copie desdites pièces sur les originaux ou extraits authentiques qui m'ont été presentés en düe forme.

Les membres du vénérable Chapitre ont ensuite, chacun individuellement, renouvellé leur profession de foi entre les mains de l'Illustrissime et Révérendissime Evêque.

De tout quoi j'ai dressé procès verbal en présence de R^d Sr Pierre Fortin prêtre, Curé de la paroisse de Notre Dame, né et habitant à Chambéry, et de R^d Sr François Revel, Prêtre, Aumônier de Mondit Seigneur, né à Cluses, habitant à Chambéry, témoins requis et à ce appellés qui ont signé avec moi dit notaire ; et ont aussi signé Monseigneur l'Illustrissime et Révérendissime Evêque, ainsi que les membres du vénérable Chapitre, après que j'en ai eu fait lecture dans le chœur de l'Eglise, en présence de tous, à haute et intelligible voix. Signé : Ir.-Yves Evêque de Chambéry et de Genève, De Thiollaz Prévôt de Chambéry, De Maistre Doyen Vicaire général Official, Dubouloz

Chanoine, B. de la Palme Chanoine, François Goybet Chanoine, J. Moinier Chanoine, Petrus Gazel Chanoine, Rey Chanoine Vicaire général, De Loche Chanoine, J. Gilbert-Collet, L. M. De Buttet du Bourget, Rochaix, M. Girard, Maurice Pillet, Chanoines et Promoteurs, F. Revel, P. Fortin. — Signé : Claude Girard, notaire.

Pour copie conforme : Moinier,

122

Bref de Pie VII annonçant, à Monseigneur de Solle, la réunion du Canton de Genève au diocèse de Lausanne.[1]

8 septembre 1719.

(Déc.: Chap. XXI, note 33.)

Venerabilis Frater, salutem et Apostolicam benedictionem. Jam inde à quatuor circiter annis, statim nempè ac in potestatem Reipublicæ Genevensis devenerunt nonnulla loca istius Ducatûs Sabaudiæ, nec non alia ad Galliæ Regnum pertinentia, Nobis supplicatum fuit, ab illius Reipublicæ Gubernio, ut prædicta omnia loca à Diœcesi tuâ, cui in spiritualibus subsunt, avellere et dismembrare, et alteri ex diocesibus Helvetiæ vellemus adjungere.

Nos autem, non modo circà illud nihil statim à Nobis decernendum esse judicavimus, sed in aliud quoque tempus distulimus actus illos, à quibus, de more hujus Sanctæ Sedis, auspicari solent hujusmodi negotiorum exordia, inter quæ illud præcipue habuisset locum, ut Fraternitatis tuæ circa rem de quâ agitur sententiam, ut par erat, exquireremus.

---

[1] Archives archiépiscopales : Registre V, p. 75 et suiv. — Collection de l'auteur, Copie.

Interea, dum tota res in suspenso esset, plures hîc advenerunt litteræ à te datæ, quibus rationes exposuisti, ob quas cupiebas loca, de quibus agitur, in tuà diocesi etiam in posterum retinere. Quæ quidem litteræ ultro datæ, cum sententiam satis Nobis demonstrarent, effecerunt, ut necesse amplius non esset à te illam exquirere.

Post hoc Nobis superiore anno oblatæ sunt preces, non ex parte solum Gubernii Republicæ Genevensis, à quâ Legatus etiam ad Nos missus fuit, sed ex parte etiam totius Helveticæ Confederationis, quibus novissime studia quoque et officia plurium Supremorum Principum accesserunt qui, unanimi consensione, postulata Genevensis Gubernii apud Sedem Apostolicam singulari et incenso studio patrocinati sunt.

Tot Nos officiis excitati, illico iis quidem non cessimus, rati tamen huic negotio tandem aliquando esse à Nobis operam dandam, totam rem mature diligenterque perpendendam suscepimus, diligenti habità ratione omnium quæ fuerant Nobis in utramque partem exposita. Animadvertimus itaque Catholicæ Religionis rationes in locis de quibus agitur, fuisse in tuto positas, in vim pacti solemnis in Instrumento cessionis appositi, cui auctoritas quoque, et *garantia* plurimorum Principum Supremorum accessit ; siquidem in protocollo Recessùs Vindobonensis, atque in conventione inter Serenissimum Sardiniæ Regem ex una parte, et Confederationem Helveticam, nec non Gubernium Reipublicæ Genevensis ex alterà Augusto [mense ?] inita, expresse solemniterque cautum fuit, eamdem Religionem in locis omnibus prædictæ Reipublicæ cessis, eodem modo protegendam et conservandam fore, quo prædictus religiosissimus Rex, cum ad ejus dominationem prædicta loca spectabant, pro suà virtute ac pietate eam protegebat ac tuebatur. Hæc autem obligatio, vigore pacti solemnis à Genevensi Gubernio suscepta, non minùs illud obstringet cum antedicta loca alteri ex diœcesibus Helvetiæ adjuncta erunt ac nunc, cum à Camberiensi ista tua pendent Diœcesi.

Quod si aliquid fortè in locis ipsis (quod putare Nolumus, freti luculentissimis testificationibus non minùs Gubernii Genevensis, quàm totius Helveticæ Confederationis, illorumque Principum quos supra memoravimus) in damnum aut impedimentum Catholicæ Religionis attentatum fuerit, integrum etiam in posterum, ut nunc est, erit Nobis, erit Serenissimo ipsi Sardiniæ Regi, in vim Conventionis, erit Ordinario locorum, erit Catholicis illis qui Gubernio prædicto in temporalibus parent, querimonias et jura per Conventiones Religioni eidem asserta, apud Gubernium proferre, et invocatâ etiam protectione Principum aliorum, tam eorum qui Taurinensi Conventioni quam eorum qui Genevensis apud nos Gubernii precibus accesserunt, merito contendere, ut pactiones in favorem Catholicæ Religionis initæ, sancte religioseque serventur. Neque verò detrimenti aliquid in rem Catholicam manare posse putamus ex eo quod alteri potius Antistiti, quam Camberiensi, regiones illæ in posterum subjiciantur. Quanquam enim probè sciamus, quo et quam eximio studio Fraternitas tua Genevensem Parociam aliasque, de quibus agitur, administraverit, cum Lausanensi tamen Episcopo, Sanctæ hujus Sedis auctoritate non instituto tantùm, sed electo, injuriosè Nos agere videremur, timere Nos ostenderemus, ne præcipuam in Parecias ipsas, quas ejus Diœcesi adjungi postulatur, sit ille curam et sollicitudinem allaturus. Quamvis autem Lausanensium, pro tempore, Episcoporum virtutem ac zelum nullo incitamento indigere speremus, præsentia tamen ipsa Apostolici in Helvetiæ regionibus Nuntii, per quem S. Sedes peculiarem exercet curam Diœcesium intra illius Nunciaturæ limites positarum, uberiorem Nobis securitatem præbet fore ut Lausanensis Episcopi studio, accedente quoque Legati Apostolici sollicitudine, quem Helvetica Confederatio, datis ad Nos Litteris agnoscit ac veneratur, res Catholica in memoratis locis tuta permaneat et, si vota nostra bonitas divina Clementer excipiat, majora etiam in dies percipiat incrementa.

Quæ cum ità se habere cognoverimus, quo pacto Nos Genevensi Gubernio negare poteramus, quod tot aliis, pro circumstantiarum ac temporum ratione concessimus? Quo pacto, totâ Helveticâ Confederatione, ac tot etiam Principibus, uti diximus, intercedentibus recusare, ut decem et septem circiter fidelium millia ab extcrâ Diœcesi separentur, cùm ad preces quas catholicæ tantum Reipublicæ Helvetiæ Nobis obtulerunt, tercentum circiter fidelium Helveticorum millia à Constantiensi Diœcesi, cui suberant, superioribus annis separavimus, reservantes Nobis erectionem unius vel plurium sedium Episcopalium in separato hujusmodi territorio constituendarum?

Quod verò ad Fraternitatem Tuam attinet, multò sanè [lætiùs]? ad dismembrationem, de quà agitur, perficiendam procederemus, si in eam suffragium quoque tuum accessisset. Gravibus tamen illis permoti rationum momentis quæ suprâ exposuimus, nec non perpendentes quod maxima saltem pars locorum et parœciarum, de quibus agitur, ad Camberiensem Diœcesim istam tuam originarie non pertinebant, sed eidem nuperrime à Nobis adjuncta fuerat vigore Litterarum nostrarum quarum initium: *Qui Christi Domini*, quibus, anno 1802, Galliæ Diœcesium circumscriptionem immutavimus, et ab eâ fortassè brevi dismembranda fore in nova pariter perficiendâ circumscriptione Diœcesium Helvetiæ et Ducatûs Sabaudiæ, ad locorum illorum à Diœcesi tuâ dismembrationem et Diœcesi Lausannensi unionem, de potestatis nostræ plenitudine à Nobis deveniendum esse judicavimus.

Serenissimus autem Sardiniæ Rex in eâ, quam suprà memoravimus, Conventione cum Genevensi Gubernio initâ, in quâ pro suo in Religionem Catholicam studio, ejus rationes tam laudabiliter in tuto posuit, cavit quidem parœcias illas sub eadem Diœcesi permanere, et in posterum debere ad quas de tempore initæ Conventionis spectabant, adjecit tamen conditionem illam : nisi nempè Sanctæ huic Sedi secûs visum fuerit. Nos verò quemadmodùm ad ipsius Regis preces nonnulla loca et parœcias intra limites Dominii ejus positas à jurisdictione partim Archiepiscopi Mediolanensis, partim Episcopi Ticinensis, nuper avulsimus, easque Novariensi et Vigevanensi respective Diœcesibus adjunximus et incorporavimus, eodem modo parœcias, quæ maximà ex parte à temporali ejus dominatione in potestatem gubernii Helvetici Pagi Genevensis transierunt, alteri ipsius Helvetiæ diœcesibus uniendas esse statuimus et incorporandas. Quod quidem cum propediem effecturi sumus, officii nostri esse duximus, non modo de hoc admonere Fraternitam tuam, sed etiam omnem omnino consiliorum nostrorum rationem eidem aperire, ut intelligat quanti eam faciamus, et quam graves causæ à nobis omninò demùm postulaverint, ut ad ea quæ diximus, decernenda procederemus.

Interea cum præcipuæ charitatis studiique in te Nostri testificatione Apostolicam Benedictionem Tibi gregique tuo permanenter impertimur.

Datum Romæ Apud Sanctam Mariam Majorem, die octavà septembris anno 1819, Pontificatûs Nostri anno XX.

123

Réponse de Monseigneur de Solle, au Bref annonçant la réunion de Genève au diocèse de Lausanne.[1]

15 octobre 1819.

(*Déc.* : Chap. XXI, note 34.)

Beatissime Pater,

Sanctitatis Vestræ Litteras, die octavo septembris, quibus parœciarum quæ sub Reipublicæ Genevensis Gubernio extant à Diœcesi Camberiensi separationem, et Lausannensi unionem, mihi significabat, debitâ et ideò summâ veneratione parique obsequio accepi, et sic quidquid à S. Sede statutum fuerit, semper acceptum fore Sanctitas Vestra non dubitet.

Aversum reverà ab hâc separatione animum, oppositamque propensionem ostendere, et exprimere non sum cunctatus ; eò quod indè plurima et gravia fidei Catholicæ pericula indubiè suboritura prospicerem, et adhùc prospiciam. Quotidiè enim ab inemendabili Calvinianâ pravitate fidelibus, pastoribusque in his locis parantur insidiæ, ærumnæ suscitantur ; et nisi sedula, vel potius Salesiana Diœcesis olim Genevensis disciplina, quæ in Camberiensi adhùc viget, Pastores in temporalibus tali Gubernio subjectos, tutaretur dirigeretque, brevi cunctis deficeret animus, et pessumirent mores et Religio.

Cum verò civitas in qua nunc residet Lausannensis Episcopus, longè distet à Genevensi regione et dissimilis

---

[1] Archives de l'archevêché ; Reg. V, pp. 79 à 81 — Copie dans la collection de l'auteur.

omninò sit disciplina Friburgii, quæ moribus Helveticorum forsan accommodata, populorum tamen Diœcesi olim Gebenensis indoli minimè convenit ; merito sanè et solo Religionis intuitu, pro ovibus commissis timui, quas tanto præstantiori effectu dilexeram, quanto laboriosiori curà fuerant educandæ.

Adjiciam Sanctitati Vestræ aliam repugnantis animi causam, provenientem ex extinctione, aut ad alienam Diœcesim translatione tituli Episcopatûs Genevensis, tam antiqui à D. Salesio et aliis pluribus tam illustrati, et tandem, propter excellentiam, in Conventione factà cum Gubernio Gallicano asservati. Hæc et alia fuerunt momenta propter quæ parœcias de quibus agitur deserere refugiebam. Nunc autem, cùm *timor quem timebam evenerit mihi, et quod verebar acciderit*, id non ab alienâ, sed à paternâ manu accipiam, et visceribus Vestris, Beatissime Pater. animas restituam, quæ diù noctùque Summi Pastoris curà et protectione indigent, et quas adversarius indesinenter circuit ut devoret. Verumtamen afflicto et mœrenti parcat Beatitudo Vestra Pastori, qui propiùs miserando populo ingruentes calamitates intuens, super lugendâ nec multùm remotâ ejus sorte, non modice nec immerito lacrimatur. Et utinam dolor mala prævisa exageret ! Verùm testem Deum invoco super veritate et evidentià timoris mei momentorum, quæ longâ tristique experientià didici. Nec improbabit Sanctitas Vestra, si in paternum ejus sinum, intimos abondantesque mœstitiæ sensus, fidenti animo effundam. Hæc fuit regio Salesii lacrimis sudoribusque irrigata ! Hæc Santissimi Præsulis ovium pars tanto labore ab hæresi vindicata, nec minori curà et studio à successoribus conservata ! Norunt sanè, heu ! nimis, qui Genevensi Reipublicæ præsunt, quantâ facilitate deinceps seducere poterunt animas, quibus etsi vigilantissimus Lausannensis Episcopus, vix ac ne vix quidem occurere poterit, tùm quià, ut dixi jam superiùs, longiori distet spatio hodierna ejus Sedes, et spatium illud ferè totum ab hæriticis occupatur ; tùm quià nec sufficientes nec tali populo convenientes (etsi aliunde bonos) habeat ipse Pastores.

Quæ quidem, ad conscientiæ levamen et cordis solatium, Ecclesiæ universali Pastori, providentissimoque Patri communicare proprii officii partes arbitratus sum.

Intereà, diù Nobis, Gregibusque nostris et toti Ecclesiæ, cui in tot malorum dierum varietatibus gloriosissime et sapienter præsidet, felicem incolumemque servet Pontificem Pastorum Princeps.

124

Le Nonce Apostolique en Suisse donne communication, à Monseigneur de Solle, du Bref de Pie VII, transférant le titre d'évêque de Genève à l'évêque de Lausanne. [1]

30 janvier, 24 Mars, 1821.
(Déc. : Chap. 21 note 35.)

Illustrissime ac Rerrerendissime Domine, Domine Colendissime.

Non anteà quam die hesternâ pervenit ad me Apostolicum Breve sub dato 30 januarii 1821, quo Summus Pontifex, postulationibus annuens Genevensis Reipublicæ, honorificum Episcopi Genevensis titulum, ab Archiepiscopali Camberiensi Sede ad Lausannensem transferre dignatus est.

Mandatis obsequens prælaudati Summi Pontificis, pro-

[1] Archives de l'archevêché ; Reg. V, p. 93 et suiv. — Collection de l'auteur.

pero, ut par est, Dominationi Tuæ, Illustrissime ac Reverendissime, Apostolicam nunciare sanctionem, unâque simul authenticum ejusdem Brevis exemplar communicare. Hâc autem occasione libentissime utor ut meam sinceram existimationem profitear, debitamque venerationem quâ subscridere gaudeo.

Dominationis tuæ Illustrissimæ ac Reverendissimæ.
Lucernæ, 24ᵃ Martii 1821.

     Sign. : Ignatius Archiepiscopus Cyrensis, Nuntius Apostolicus :

    Pius P.P. VII.

Ad perpetuam rei memoriam. Temporum vices, factæque in Galliarum Regno, ac finitimis locis immutationes rerum tulere, ut earum regionum urbes nonnullæ decus Cathedræ Archiepiscopalis vel Episcopalis amiserint, utque Nos, constitutione editâ tertio Kalendas Decembris anni MDCCI, alios ibidem, quam qui anteà fuerant, fines Diœcesibus prescripserimus. Verumtamen, quia animo nostro grave acerbumque accidebat, câ ratione obliterari memoriam sedium complurium quibus, ob vetustatem clarosque suorum Antistitum pro re christiana labores, perpetua fermitas, aut merces saltem nunquam interituri nominis debebatur ; ideo, qui tunc in Gallia degebat noster à Latere Legatus S. R. E. Cardinalis Joannes Baptista Caprara, per decretum Auctoritate nostra ac jussu editum die IX Aprilis anni MDCCCII, illustriorum quarumdam suppressarum Sedium titulum aliis Ecclesiis adjunxit, quarum jurisdictionis ambitu suppressæ diœceses vel integræ, vel magnam partem conclusæ fuerant. Ita factum est ut Ecclesiæ Camberiensi adjectus sit tutulus Genevensis Ecclesiæ ; quod nimirum illi tractum subdiderimus sacræ olim Genevensis jurisdictionis, nec passi sumus interire nomen Genevensis Sedis ; cui, ut cætera illius decora prætermittamus, vel unus Sanctus Franciscus Salesius, pietatis ac veritatis Catholicæ mire efficax propugnator, perrennitate dignam gloriam asseruit. Accidit vero deinde, ut de consilio Congregationis nostræ Consistorialibus rebus propositæ, perque decretum quod, referente dilecto filio magistro Raphaele Matio, ejusdem secretario, die VIII septembris anni MDCCCXIX emisimus, urbem Genevensem cum suâ parochiâ, ac parochiis aliis, in Galliarum Regno, Ducatuque Sabaudiæ constitutis, quæque Episcopo Genevensi, dum ea Sedes mansit, parebant, avulserimus à Diœcesi Camberiensi illasque Diœcesi Lausannensi, in Helvetiore regione positæ, attribuerimus ; quæ postquam gesta sunt et executioni mandata, petiit à Nobis Gubernium Genevensis Reipublicæ, ut honorificum Episcopi Genevensis titulum Archiepiscopo Camberiensi ademptum, adjectumque Episcopo Lausannensi velimus. Nec verò destitit Venerablis Frater Archiepiscopus Cyri, Noster et Apostolicæ Sedis apud Helvetios Nuntius, eam apud nos petitionem officio suo promovere.

Nos autem, re diligenter perpensâ in Congregatione consistorialibus rebus propositâ, die XVIII decembris anni superioris, referente eodem dilecto filio magistro Raphaële Matio, Congregationis prædictæ secretario, postulationi hujusmodi sumus assensi per tunc edictum à nobis decretum. Illi igitur decreto inhærentes, ac Nobiscum reputantes Genevensem urbem, undè Genevensis Episcopus nomen ducebat, sacris juribus Archiepiscopi Camberiensis non amplius subjici, sed nostrâ interveniente auctoritate Apostolicâ, jam indè ab anno MDCCCXIX in sacram jurisdictionem Episcopi Lausannensis cessisse decernimus ac constituimus, Episcopi Genevensis, qualiscumque est, meri nimirùm honoris titulum ab Archiepiscopo Camberiensi ejusque successoribus non esse retinendum, eoque Lausannenses Episcopos, tum qui hoc tempore Ecclesiam illam regit, tum qui in posterùm illius regimini admovebuntur, esse honestandos, ita ut simul se Lausannenses ac Genevenses Episcopos dicant, et duplici hoc titulo publicè ac privatim utantur. Accessione verò Genevensis tituli non ampliora jura, nec uberiores reditus Lausannensibus Episcopis volumus attributos, quam exercuerint hactenùs, atque perceperint. Ità decernimus atque sancimus, non obstantibus prædicto Decreto Nostri à Latere Legati, et aliis, quæ adversùs faciant quibuscumque. Volumus tandem et mandamus ut præsentes Nostræ Litteræ per memoratum Archiepiscopum Cyri, Nostrum et Apostolicæ Sedis apud Helvetios Nuntium, exequantur.

Datum Romæ, apud Sanctam Mariam Majorem, sub annulo Piscatoris, die XXX Januarii MDCCCXXI, Pontificatûs Nostri anno vigesimo primo.

Signé : Card. Consalvi.

Concordat cum authentico exemplari in Archivo sacræ Nuntiaturæ asservato - Lucernæ Die 24 Martii 1821.

Signé : Ignatius Archiepiscopus Cyrensis, Nuntius Apostolicus.

125

Nouvelle érection du diocèse d'Annecy.

Bulle de Pie VII (15 février 1821). — Décret de Mgr de Solle, délégué pour son exécution (20 novembre 1822). — L'Archidiacre de Mouxy de Loche, subdélégué (6 décembre 1822). — Touchants adieux de Mgr de Solle à ceux de ses diocésains qui vont être compris dans le futur diocèse d'Annecy (27 décembre 1822). — L'Archidiacre subdélégué fulmine la Bulle d'érection à Annecy ; son Procès verbal d'exécution (1er janvier 1823)[1].

(*Déc.* : Chap. XXI, note 46.)

IRENÆUS-YVO DE SOLLE, Miseratione Divina et S. Sedis Apostolicæ gratiâ, Archiepiscopus Camberiensis, et in hac parte Apostolicus executor auctoritate Apostolica specialiter Deputatus.

UNIVERSIS et singulis præsentes Nostras Litteras, seu præsens publicum Processûs Instrumentum visuris, lecturis aut legi audituris, et specialiter iis omnibus quorum interest, aut intererit, quosque infrascriptæ Apostolicæ providentiæ, provisiones et ordinationes tangunt, seu afficiunt, vel quomodolibet in futurum tangere seu afficere poterunt, quibusvis nominibus censeantur, et quâcumque præfulgeant dignitate, Salutem in Domino sempiternam.

Noveritis, Nobis de mandato S. R. M. CAROLI-FELICIS Sardiniæ Regis Nostri Optimi Amantissimi exhibitas fuisse

---

[1] Archiv. archiép. Reg. III, fol. 72 à 75 — ; et Collection de l'auteur.

Apostolicas Bullas Sanctissimi in Christo Patris D. N. Domini Pii, Divinâ Providentiâ Papæ VII, debitè sub plumbo cum cordulâ sericâ, rubri croceique coloris, pendente, more Romanæ curiæ expeditas, sanas, integras, illæsas, non vitiatas, non cancellatas, neque in aliquâ earum parte suspectas, sed omni prorsùs defectu, ac suspicione carentes, datas Romæ apud Sanctam Mariam Majorem, anno Incarnationis Dominicæ millesimo octingentesimo vigesimo primo, quinto decimo Kalendas Martii, subscriptas J. Cardinalis, Prodatarius, H. Consalvi. Visa de Curiâ D. Testa, ad instantiam et requisitionem præfatæ S. R. M. obtentas, tenoris sequentis, videlicet :

PIUS EPISCOPUS Servus Servorum Dei ad perpetuam rei memoriam. — SOLLICITA CATHOLICI GREGIS CURA Nos compellit assidue ut ea intento studio prestemus que pro salubriori ejusdem procuratione videantur expedire, inter que primum locum tenet Episcoporum constitutio, ut fidelis Populi spiritualibus necessitatibus celeriter valeant opem ferre opportunam. Atque idcirco ab anno millesimo octingentesimo decimo septimo, compositis publicis Europe rebus, ac faventibus studiis Charissimi in Christo Filii Victorii-Emanuelis tunc Sardinie Regis Illustris nec non Sabaudie Monstiferrati ac Genue Ducis et Pedemontii Principis, per Apostolicas nostras sub Plumbo Litteras incipientes : BEATI PETRI, sub Datum decimo sexto Kalendas Augusti, Sedes illas Epicopales in Pedemontana Provincia quas, ita exigente preteritorum temporum conditione, anno millesimo octingentesimo tertio suppresseramus, iterum ereximus ac de novo instituimus. Cumque per memoratas Nostras Litteras Anni millesimi octingentesimi decimi septimi tantummodo Sedem Camberiensem in Metropolitanam erexerimus, Augustanam Ecclesiam Ei Suffraganeam assignantes, ut interea diligenti ac matura deliberatione perpenderetur si et que alie in eodem Ducatu Sedes essent erigende; nunc intelligentes quod actuales illius Regni circumstantie, post novissimas presertim in Illo excitatas ac Divina favente ope compressas perturbationes, Ecclesias omnes olim in Sabaudia existentes minime patiuntur redintegrari, leto animo ac benedicentes Domino totius consolationis preces excepimus a Dilecto Filio Comite Josepho Barbaroux, extraordinaria apud Sanctam Sedem Missione decorato, Charissimi in Christo Filii Nostri CAROLI-FELICIS moderni Sardinie Regis Illustris ac Sabaudie Montisferrati et Genue Ducis nec non Pedemontii Principis nomine Nobis exhibitas, ut in Sabaudie Ducatu Sedes altera Episcopalis constituatur, atque ita inter duos Antistites Sacrorum gubernatione divisa, Christi fidelium ibidem degentium bono et comoditati melius consulatur. Hec autem Sedes opportune ducitur erigenda in Civitate ANNECII, pluribus jam titulis insigne, ac presertim ob gloriosum Sanctorum FRANCISCI SALESII et JOANNE FRANCISCE A CHANTAL sepulcrum, atque ob tutum ac paratissimum prestitum perfugium Gebennensibus Episcopo et Capitulo a propria sede exulare coactis, Eidemque nove Sedi infra enuncianda loca et Parecias pro Diecesano suo Territorio attribuendas. Attenta igitur cessione a Venerabili Fratre Ireneo Yvone Archiepiscopo et a Metropolitano Capitulo Camberiensi jam facta, previa dismembratione et separatione a Diecesi Camberiensi infra dicendorum Locorum et Parochialium, ex certa scientia ac matura deliberatione Nostris, deque Apostolice Potestatis plenitudine, ANNECIUM in Civitatem Episcopalem, pro uno futuro Episcopo Anneciensi nuncupando erigimus, cum juribus honoribus ac prerogativis quibus Ducatus Sabaudie Civitates Pontificali Sede olim insignite illarumque Cives gaudebant atque utebantur et in eadem Civitate ad Omnipotentis Dei gloriam et Catholice Religionis augmentum Parochialem Ecclesiam sub invocatione Sancti Petri-ad-Vincula ad Cathedralis Ecclesie gradum extollimus, ibique Sedem Episcopalem et Cathedrale Capitulum constans decem Canonicatibus totidemque Prebendis, comprehensis in eis tribus

Dignitatibus nempe : Prepositura, prima post Pontificalem, Archidiaconatu secunda, et Cantoratu tertia, nec non aliis duobus Canonicatibus honorariis pro uno deinceps Episcopo qui Ecclesie Civitati ac Diecesi Anneciensi presit, Synodum convocet, ac omnia et singula jura Officia et munia Episcopalia habeat et exerceat, cum sua Mensa Episcopali, omnibusque Cathedralibus et Pontificalibus insigniis jurisdictionibus, preeminentiis, prerogativis, privilegiis, honoribus, gratiis, favoribus ac indultis realibus, personalibus et mixtis, quibus antea Cathedrales Ecclesie, in Ducatu Sabaudie existentes, Earumque Presules gaudebant et gaudere poterant, de simili Apostolica Auctoritate erigimus atque instituimus.

Ad efformandum vero Anneciense Diecesanum Territorium, preter supradictam Civitatem cum duabus in ea existentibus Sancti Petri et Sancti Mauritii Pareciis, alias biscentum octuaginta duo Parochiales Ecclesias cum Locis seu Comunibus et Viculis in ipsis respective comprehensis videlicet ; in Provincia Gebbenensi : Alby, Alex, Alleves, Allonzier, Annecy-le-Vieux, Argonnex, Aviernoz, Balme-de-Sillingy, Balme-de-Thuy, Bloye, Bluffy, Boussy, le Bouchet, Cercier, Chapeiry, Charvonnex, Chavanod, Choisy, Les Clefs, La Clusaz, Crempigny, Cuvaz, Dingy-S.-Clair, Doussard, Duing, Entrevernes, Epagny, Etercy, Evires, Faverges, Gyez, Grand-Bornand, Groisy, Gruffy, Hauteville, Héry-sur-Alby, Leschaux, Lornay, Lovagny, Manigod, Marcellaz, Marigny, Marlens, Massingy, Menthon, Menthonex, Mesigny, Montmin, Moye, Naves, Nonglard, Les Ollieres, Poisy, Pringy, Quintal, Rumilly, Saint-Eusebe, Saint-Eustache, Saint-Ferreol, Saint-Jean des Sixt, Saint-Jorioz, Saint-Martin, Saint-Sylvestre, Sales, Sallenoves, Seynod, Serraval, Seythenex, Sillingy, Syon, Sevrier, Talloires, Thones, Thorens, La Thuile, Thusy, Vallières, Veaux, Versonnex, Veyrier, Vieugy, Les Villards-sur-Thones, Villaz, Villy-le-Bouveret, Villy-le-Pelloux, Viuz-Faverges, Viuz-la Chiesaz, Vovray. In Provincia de Carouge : Andilly, Annemasse, Arbusigny, Archamp, Arcine, Arthaz, Bassy, Beaumont, Bonne, Bossey, Cernex, Challonges, Chaumont, Chene-en-Semine, Chessenaz, Chilly, Clarafond, Clermont, Collonges, Contamines, Copponex, Cranves-Sales, Cruseilles, Desingy, Eloise, Eisery, Feigeres, Fillinges, Franclens, Frangy, Jonzier, Juvigny, Lucinges, Marcellaz, Marlioz, Menthonex-sous-Clermont, Monnetier, La Muraz, Mussiege, Nangy, Neydens, Pers-Jussy, Presilly, Reignier, Saint-Cergues, Saint-Germain-sur-Rhône, Saint-Julien, Sappey, Savigny, Scientrier, Usinens, Valery, Vanzy, Veigy, Vers, Vetraz, Villelagrand, Viry, Vulbens. In Provincia seu Baronatu Fuciniano : Ayse, Amancy, Araches, Arenthon, Argentieres, Boege, Bogeve, Bonneville, Brison, Burdignin, Chamonix, La Chapelle-Rambaud, Chatillon, Cluses, Combloux, Contamines-sur-Saint-Gervais, Contamines-sur-Arve, Cordon, Cornier, La Cote d'Arbroz, Domancy, Entremont, Etaux, La Frasse, Les Houches, Magland, Marigny, Megeve, Mieussy, Mont-Saxonnex, Morillon, Nancy, Onnion, Passy, Peillonnex, Petit-Bornand, Pontchy, Les Gets, Les Plagnes, Le Praz-de-Megeve, Le Reposoir, La Rivière-en-Verse, La Roche, Saint-André, Saint-Gervais, Saint-Jean-de-Tholome, Saint-Jeoire, Saint-Laurent, Saint-Nicolas-de-Veroce, Saint-Pierre-de-Rumilly, Saint-Sigismond, Saint-Sixt, Saint-Martin-de-Sallanches, Sallanches, Samoens, Scionzier, Servoz, Sixt, Taninges, Thyez, Vallorcines, Verchaix, Le Villard-sur-Boege, Ville-en-Sala, Viuz-en-Sala. In Provincia seu Ducatu Agri-Caballici : Abondance, Allinges, Anthy, Armoi-Liaud, Ballaison, Bellevaux, Bernex, Le Biot, Bonnevaux, Bons, Brens, Brenthonne, Cervens, Champanges, Chatel, Chevenoz, Chens-Cusy, Douvaine, Draillant, Evian, Fessy-Lully, Feterne, La Forclas, Haberes, La Chapelle-d'Abondance, Larringes, Loisin, Lugrin, Lullin, Machilly, Margencel, Marin, Massongy, Maxilly, Meillere, Megevette, Messery, Montriond, Morzine, Nernier, Neuvecelle, Novel,

Orcier, Perrignier, Publier, Reyvroz, Saint-Gingolph, Saint-Jean-d'Aulph, Saint-Paul, Saxel, Sciez, Seytroux, Thollon, Thonon, Vacheresse, Vailly, La Vernaz, Vinzier, Yvoire. Et in Provincia Superioris Sabaudie : Allondaz, Le Coennoz, Crestvoland, Flumet, Hery-sur-Ugines, La Giettaz, Marthod, Notre-Dame-de-Bellecombe, Saint-Nicolas-la-Chapelle, Thenesol, Ugines, ab Archiepiscopali Camberiensi Diecesi, atque ulterius Parochialem Ecclesiam d'Etrembieres unitam Parecie de Thonex in Helvetia a Diecesi Lausanensi, pariterque alteram Parochialem de Seyssel, in dicta Provincia de Carouge, a Metropolitana Diecesi Lugdunensi dismembramus distrahimus dividimus ac separamus, eademque loca et Parecias, cum omnibus Ecclesiis Monasteriis Preposituris Conventibus et quibusvis Ecclesiasticis Beneficiis tam Secularibus quam quorumvis Ordinum Regularibus ac utriusque sexus Personas habitatores et incolas tam laicos quam Ecclesiasticos Seculares et Regulares, non tamen exemptos, cujusvis status Ordinis et Conditionis ab Ordinaria supradictorum Presulum jurisdictione potestate et superioritate perpetuo eximentes ac liberantes, Loca ipsa et Parecias, Pagos, Comunia et Viculos superius expressos pro novi futuri Episcopatus Anneciensis Diecesano Territorio perpetuo similiter assignamus atque tribuimus, necnon prefatos utriusque sexus habitatores tam laicos quam Ecclesiasticos novi futuri ac pro tempore existentis Episcopi Anneciensis ordinarie jurisdictioni superioritati et auctoritati perpetuo supponimus atque subjicimus, reservata tamen Nobis et Romanis Pontificibus successoribus Nostris facultate, absque ullo requisito Episcopi et Capituli Anneciensis assensu, libere in posterum dismembrationes illas perficere que opportune judicabuntur, si et quando Sedes Tarantasiensis et Maurianensis iterum valeant erigi ac redintegrari. Porro supradictam neo-erectam Episcopalem Ecclesiam Anneciensem Metropolitane Camberiensi Ecclesie suffraganeam assignamus, eamdemque juri Metropolitico moderni et pro tempore existentis Archiepiscopi Camberiensis subjicimus atque suppònimus. Pro decenti vero novi futuri Episcopi Anneciensis ejusque in Episcopatu successorum habitatione, Palatium prefate Cathedrali Ecclesie contiguum satis ample et comode structure, jam antea ex Regia munificentia Episcopis olim Gebbennensibus perpetuo donatum, adscribimus atque tribuimus; atque insuper pro dotatione Mense Episcopalis ad hoc ut Anneciensis Antistes Dignitatem suam tueri opportune valeat, Eidem Mense decernimus et constituimus annuam summam *Quindecim Millium Librarum novarum* monete Pedemontane seu Francorum monete Gallice, pro rata Mille sexcentum quinquaginta Librarum a Communitate et hominibus Civitatis Anneciensis prout antea Gebbennensi Mense debebatur, pro altera rata Librarum septingentarum nonaginta ex fructibus Locorum Montium Ecclesiasticorum ad Episcopatum olim Gebbennensem spectantium, et pro reliqua rata Librarum duodecim millium quingentarum sexaginta publico Debito inscribenda, et *ex Regio Erario* suppeditanda, prout laudatus Rex Carolus Felix, pro sua pietate et munificencia, ultro obtulit eidem Mense Episcopali Anneciensi perpetuis futuris temporibus assignamus decernimus et constituimus. Mandantes insimul quod authentica documenta predictorum reddituum infra nominando presentium Nostrarum Litterarum Exequutori tradi debeant, quodque deinde in Episcopali Anneciensi Archivo deponi debeant et asservari. Venientes nunc ad Cathedralis Ecclesie Anneciensis, que Parochialis etiam esse perget, Capituli congruam dotationem, statuimus quod tam Prepositus, prima in ea post Pontificalem Dignitas, quam Archidiaconatus secunda, et Cantoratus tertia Dignitates, nec non primi tres Canonicatus quilibet libras novas monete Pedemontane sive francos Gallicos *mille quingentum quatuor*; singuli vero ex aliis quatuor Canonicatibus similes *libras mille biscentum* pro suis respective Prebendis publico Debito inscribendis, ex prefati Regis liberalitate, *ab Erario Regio* annuatim libere debeant percipere. Decernimus preterea quod moderni ac pro tempore existentes Rectores Parochialium Ecclesiarum Sancti Petri ad Vincula, insimul Cathedralis, et Sancti Mauritii Civitatis Anneciensis, jam de annua congrua mille quingentarum similium Librarum provisi, deputari et esse debeant Canonici honorarii, absque ulla servitii Choralis obligatione, cum jure tamen habendi stallum in Choro, et gaudendi voce ac voto in Capitulo. Mandamus insuper ut novus futurus Episcopus Anneciensis Theologalem et Penitentiariam Prebendas, ad formam Canonicarum Sanctionum, presertim Sacri Concilii Tridentini, quamprimum fieri poterit, juxta predictas Canonicas dispositiones, erigere teneatur, ipsius conscientiam superhis onerando. Cumque nonnulla ad hoc in ipsa Diecesi Anneciensi posita reperiantur bona, ad Regularium non amplius existentia Cenobia olim spectantia, quorum redditus et proventus ad *undecim mille sexcentum triginta tres Libras* seu Francos et Centesimos viginti duo annuatim ascendunt, Nos infra enunciando Exequutori committimus ut eadem bona ac redditus partim pro Fabrice Cathedralis Ecclesie manutentione, et pro Cantorum et inservientium stipendiis, partim vero pro augmento dotationis novi canonice vel jam erecti vel erigendi Seminarii Episcopalis, de altero proventu *octo millia librarum* aliunde provisi, respective tribuat atque assignet. Facultatem quoque novo Cathedralis Ecclesie Anneciensis Capitulo tribuimus ut, pro Chori servitio, pro distributionum et aliorum quorumcumque emolumentorum divisione, pro onerum supportatione, pro rerum ac jurium tam spiritualium quam temporalium prospero regimine ac directione, quecumque statuta Capitula et Decreta, licita tamen et honesta, et Canonicis regulis minime adversantia, sub Episcopi seu Ordinarii presidentia inspectione et approbatione condere atque edere; nec non privilegiis omnibus, non tamen titulo oneroso acquisitis, quibus antea Ecclesiarum Sabaudie Capitula legitime gaudebant, libere ac licite uti et gaudere possit et valeat. Supralaudato autem Carolo Felici Sardinie Regi Sabaudie Montisferrati et Genue Duci ac Pedemontii Principi ejusque successoribus ipsis et eorum temporali Dominio subditis in sinceritate fidei et in integritate obedientie Sancte Romane Ecclesie perseverantibus, jus nominandi infra tempus a jure prefixum, Ecclesiasticas Personas probatas, bonorum nominis et fame, ac secundum Sacrorum Canonum et Concilii Tridentini Decretorum dispositiones, idoneas ad memoratam Episcopalem Ecclesiam Anneciensem tam pro hac prima vice, quam in futuris vacationibus, prout antea ejusdem Regis Predecessores ad Sabaudie Ecclesias nominare consueverunt, nihil tamen circa id quod tam quoad predictas Nominationes quam quoad Examen, Canonicam Provisionem et Consecrationem Nominatorum ante annum millesimum octingentesimum primum servabatur innovantes, confirmamus ac de novo insuper perpetuo tribuimus atque impartimur; ac simili modo prefato Carolo Felici Regi ejusque successoribus jus nominandi ad secundam et tertiam Dignitates atque ad Canonicatus Cathedralis Ecclesie Anneciensis, previo quoad Theologalem ac Penitentiariam Prebendas formali concursu de more habendo, idoneas Ecclesiasticas Personas ab Ordinario canonice instituendas concedimus; reservata semper Nobis ac Romanis Pontificibus successoribus Nostris Prepositure, prime post Pontificalem Dignitatis, libera collatione. Habita porro ratione proventuum ac reddituum in Episcopalis Mense Anneciensis dotationem ut supra assignatorum, eamdem Ecclesiam Anneciensem in libris Camere Apostolice in Florenis quatuor centum taxari mandamus. Quocirca, supradicto Ireneo Yvoni moderno Archiepiscopo Camberiensi, quem in harum Litterarum Nostrarum Exequutorem eligimus ac deputamus, necessarias omnes et opportunas ad premissorum effectum plenarie consequendum tribuimus facultates, etiam unam seu plures Personam seu Personas in Ecclesiastica dignitate constitutam seu constitutas, subdelegandi, et super quacumque oppositione in actu Exequutionis quomodolibet forsan oritura, servatis tamen de jure servandis, etiam definitive et quavis appellatione remota libere, ac licite definiendi ac pronunciandi. Eidem vero Ireneo Yvoni Archiepiscopo injungimus et mandamus ut exempla singulorum Actorum in harum Litterarum Exequutionem conficiendorum quam primum fieri poterit in authentica forma ad Apostolicam Sedem transmittat, in Archivo Congregationis rebus Consistorialibus preposite asservanda. Presentes autem Litteras et in eis contenta quecumque etiam ex eo quod quilibet interesse habentes vel habere pretendentes vocati et auditi non fuerint, ac premissis non consenserint, eorum consensui, quatenus opus sit, de Apostolice Potestatis plenitudine supplentes, nullo unquam tempore de subreptionis vel obreptionis aut nullitatis vitio seu intentionis Nostre defectu notari impugnari vel in controversiam vocari posse; sed perpetuo validas et efficaces existere et fore, suosque plenarios et integros effectus sortiri et obtinere, ac ab omnibus ad quos spectat inviolabiliter observari debere volumus atque decernimus, non obstantibus de jure quesito non tollendo de suppressionibus committendis ad partes vocati quorum interest, aliisque Nostris et Cancellarie Apostolice regulis ac in Synodalibus Provincialibus Universalibusque Conciliis editis specialibus vel generalibus Constitutionibus et Ordinationibus Apostolicis ceterisque contrariis quibuscumque. Volumus preterea ut harum Litterarum Nostrarum Transumptis etiam impressis, manu tamen alicujus Notarii Publici subscriptis et sigillo persone in Ecclesiastica Dignitate constitute munitis, eadem prorsus fides ubique adhibeatur que ipsis presentibus, adhiberetur si forent exhibite vel ostense. Nulli ergo omnino hominum liceat Paginam hanc Nostram Dismembrationis, Erectionis Institutionis, Assignationis, Subjectionis, Concessionis, Decreti, Indulti, Declarationis, Commissionis, Deputationis, Mandati, Derogationis et Voluntatis infringere, vel ei ausu temerario contraire. Si quis autem hoc attentare presumpserit, indignationem Omnipotentis Dei ac Beatorum Petri et Pauli Apostolorum Ejus se noverit incursurum.

Datum Rome apud Sanctam Mariam Majorem, Anno Incarnationis Dominice millesimo octingentesimo vigesimo primo, quintodecimo Kalendas Martii, Pontificatus Nostri anno vigesimo secundo, = Loco † plumbi — Subscrip. J. Card. Pro-Datarius, H. Card. Consalvi. Visa de Curia, D. Testa.

Quas quidem Apostolicas Litteras sub plumbo datas, summâ, uti par est, cum reverentiâ et honore accepimus ; et quùm pro omnimodâ earumdem Litterarum Executione Nostram dignatus sit Sanctissimus Dominus eligere et deputare Personam, cum omnibus facultatibus in iisdem contentis, Apostolicis hujusmodi Mandatis reverenti animo obtemperantes, et piissimis etiam S. R. M. votis, religiosisque curis pro suorum Subditorum spiritualibus subsidiis comparandis obsequi volentes, prædictarum Litterarum Apostolicarum Executionem, juxta earum seriem et tenorem, aggredimur, et omnibus ac singulis, ad quos spectat, intimamus, scilicet :

I. Præviâ dismembratione et separatione à Diœcesi Camberiensi suprà dictorum locorum et parochialium, Annecii in Civitatem Episcopalem pro futuro Episcopo Anneciensi erectionem cum juribus, honoribus ac prærogativis de quibus in prælaudatis Litteris Apostolicis fit mentio ; atque parochialis Ecclesiæ sub invocatione Sancti Petri-ad-Vincula, in dictâ Civitate existentis, ad Cathedralis Ecclesiæ gradum erectionem, cum inibì Sede Episcopali, pro uno deinceps Episcopo qui Ecclesiæ, Civitati ac Diœcesi Anneciensi præsit, omnia et singula jura, officia et munia Episcopalia habeat et exerceat ; cum suâ Mensâ Episcopali, omnibusque Cathedralibus et Pontificalibus insigniis, jurisdictionibus, præeminentiis, prærogativis, privilegiis, honoribus, gratiis, favoribus, ac indultis realibus, personalibus et mixtis quibus anteà Cathedrales Ecclesiæ in Ducatu Sabaudiæ existentes, earumque Præsules gaudebant, et gaudere poterant ; cumque insuper suo Capitulo Cathedrali juxtà Dignitatum et Canonicorum numerum distinctim et specialiter in iisdem Litteris enunciatum, et infrà describendum, et in eodem Capitulo cum utrâque Præbendâ Theologali ac Pœnitentiariâ ad præscriptum Sacrorum Canonum erigendâ, atque cum suo Episcopali Seminario, prout in præfatis Litteris Apostolicis eædem erectiones et institutiones factæ leguntur ;

II. Item novum ambitum, novosque distinctos fines, limites et circuitus, de Apostolicæ Potestatis plenitudine, prædictæ Anneciensi Diœcesi, prout in ipsis Litteris Sanctitas Sua declaravit, in perpetuum constitutos et assignatos esse, cum distinctâ, ut est in more positum, descriptione et denominatione locorum, cum suis parochialibus et aliis Ecclesiis, Beneficiis, Monasteriis et Locis piis, juxtà dictæ novæ Diœcesis circumscriptionem in ipsâ erectionis Bullâ contentam, præviâ eorumdem locorum disjunctione ab Archiepiscopali Camberiensi Diœcesi, atque quoad parochialem Ecclesiam d'*Etrambières* unitam Parociæ de *Thonex*, in Helvetiâ, à Diœcesi Lausanensi, pariterque quoad alteram parochialem Ecclesiam de *Seyssel*, in Provinciâ de *Carouge*, à Metropolitanâ Diœcesi Lugdunensi dismembratione ac separatione ; assignatis insuper et subjectis novi futuri ac pro tempore existentis Anneciensis Episcopi Ordinariæ Jurisdictioni, Superioritati et Auctoritati enunciati Territorii Diœcesani utriusque sexûs habitatoribus, tam laicis, quam Ecclesiasticis, Sæcularibus et Regularibus, non tamen exemptis, cujusvisque statûs, ordinis et conditionis personis ;

III. Item reservationem facultatis super hisce ut suprà constitutis neo-erectæ Diœcesis Anneciensis finibus et limitibus sibi à Sanctitate Sua et Summis Pontificibus suis successoribus in prædictâ Bullâ factam, absque ullo requisito Episcopi et Capituli Anneciensis assensu, libere in posterum dismembrationes illas perficiendi quæ opportunæ judicabuntur, si et quandò Sedes Tarantasiensis et Maurianensis iterum valeant erigi ac redintegrari ;

IV. Item Ecclesiæ Episcopalis Anneciensis toties superiùs memoratæ in Suffraganeam assignationem Metropolitanæ Sedi Camberiensi ;

V. Item assignationem Palatii præfatæ Cathedrali Ecclesiæ contigui pro decenti novi Episcopi Anneciensis, ejusque in Episcopatu successorum habitatione ;

VI. Item decretam dotationem congruam de novo, ut suprà, erectæ Sedis Episcopalis atque noviter erecti Capituli Cathedralis, fabricæ Cathedralis et Seminarii Ecclesiastici Anneciensium, ad præscriptum earumdem Litterarum Apostolicarum de quarum agitur executione, et prout prælaudata Majettas Sua pro insigni pietate et Regià suâ munificentiâ ultrò obtulit ;

Item reservatam Nobis facultatem, quoad bona, ad Regularium non ampliùs existentia Cœnobia olim spectantia, quorum redditus et proventus in iisdem Litteris Apostolicis designantur, ad mentem earumdem pro Fabricæ Cathedralis Ecclesiæ manutentione, et pro Cantorum et Choro inservientium stipendiis, partim verò pro augmento dotationis Seminarii Episcopalis, illos in posterùm respectivè tribuendi et assignandi ; nec non, quoad authentica documenta prædictorum reddituum in Mensæ tum Episcopalis, tum Capitularis, tum etiam Seminarii et Fabricæ dotationem assignatorum, quæ tradenda Nobis mandantur, illa in Episcopali Anneciensi Archivo deponendi ;

VII. Item statutum per easdem Litteras numerum Dignitatum et Canonicorum quo dictum Cathedrale Capitulum Anneciense constat, nempè trium Dignitatum, quarum prima post Pontificalem Præpositura, secunda Archidiaconatus, tertia Cantoratus, et septem insuper canonicorum titularium, nec non Parochorum Ecclesiæ Sancti Petri-ad-Vincula, quæ in dictâ Cathedrali perget esse Parochialis, et Ecclesiæ Sancti Mauritii ejusdem Civitatis Annecciensis, qui reputari et esse debeant canonici honorarii, absque ullâ servitii choralis obligatione, cum jure tamen habendi stallum in Choro, et gaudendi voce ac voto in Capitulo ;

VIII. Item licentiam dicto Capitulo Cathedrali Apostolicâ Auctoritate concessam, pro Chori servitio, pro distributionum et aliorum quorumcumque emolumentorum divisione, pro onerum supportatione, pro rerum ac jurium tam spiritualium quàm temporalium prospero regimine ac directione, quæcumque statuta, capitula et decreta, licita tamen et honesta, et Canonicis regulis minimè adversantia, sub Episcopi seu Ordinarii præsidentiâ, inspectione et approbatione condendi, atque edendi, nec non privilegiis omnibus, non tamen titulo oneroso acquisitis, quibus anteà Ecclesiarum Sabaudiæ Capitula legitimè gaudebant, liberè et licitè utendi et gaudendi ;

IX. Item Apostolicam confirmationem et concessionem in iisdem Litteris contentam, favore S. R. M. et Augustorum Ejus Successorum juris nominandi ad memoratam Episcopalem Ecclesiam Anneciensem, prout anteà ad Sabaudiæ Ecclesias nominare consueverunt, absque tamen ullâ innovatione tàm quoad prædictam nominationem et Canonicam provisionem, quàm quoad examen et consecrationem nominati et nominandorum, quæ ante annum millesimum octingentesimum primum servabantur ;

Ac præstereà concessionem S. R. M. Ejusque Successoribus juris nominandi ad secundam et tertiam Dignitates, et ad Canonicatus præfatæ Cathedralis Ecclesiæ, prævio quoad Theologalem ac Pœnitentiariam Præbendas formali concursu de more habendo, idoneas Ecclesiasticas personas ab Ordinario canonicè instituendas ; reservatâ tamen SANCTITATI SUÆ, ac Romanis Pontificibus Ejus Successoribus, Præpositurae Dignitatis liberâ collatione ;

X. Demùm, in futuris provisionibus Apostolicis dictæ Episcopalis Ecclesiæ Anneciensis taxam florenorum quatuorcentum in libris Cameræ Apostolicæ esse statutam.

Quæ omnia et singula à Sanctissimo Domino Nostro Papa in præinsertis Litteris suis Apostolicis respectivè facta, statuta, decreta et ordinata, cum omnibus legibus, conditionibus, reservationibus, mandatis et decretis in ipsis contentis, Vobis omnibus et singulis suprà dictis, quibus præsens Noster Processus dirigitur, intimamus, insinuamus, notificamus, ac per præsentes ad vestram, et cujuslibet vestrûm, notitiam deducimus et deduci volumus; Vosque omnes et singulos suprà dictos tenore præsentium requirimus et monemus primò, secundò, tertiò et peremptoriè, communiter et divisim, ac Vobis et Vestrûm cuilibet in solidum, in virtute sanctæ Obedientiæ, et sub infràscriptis sententiarum pœnis districtè præcipiendo mandamus, quatenûs prædictas Litteras Apostolicas, ac omnia et singula in eis contenta faciatis Auctoritate Nostrâ, imò veriùs Apostolicâ, ab omnibus ad quos spectat inviolabiliter observari.

Quòd si Monitionibus Nostris, imò veriùs Apostolicis, non parueritis realiter cum effectu, aut quidquam fortè adversùs præmissa omnia, aut eorum aliqua commiseritis, Nos in vos omnes et singulos qui culpabiles fueritis in præmissis, et generaliter in contradictores et rebelles quoslibet ex nunc, prout ex tunc, excommunicationis in laicos et suspensionis à Divinis atque interdicti in Ecclesiasticos sententias ferimus in his scriptis, et per præsentis processûs instrumentum promulgamus; absolutionem verò omuium et singulorum qui prædictas sententias, aut earum aliquam quolibet modo incurrerint, Nobis, vel Superiori Nostro tantummodò reservamus.

Cœterùm, cùm pro solemniori præinsertarum Litterarum et præmissorum omnium super locorum loca promulgatione faciendà, ac pro ulteriori et actuali earumdem Litterarum executione nos ipsi personaliter interesse non valeamus, idcircò Nobis reservamus facultatem etiam unam, seu plures, personam, seu personas, in Ecclesiasticâ Dignitate constitutam, seu constitutas, subdelegandi, quatenùs ab ipsâ, seu ab ipsis, vices Nostras gerendo, super locum loci, juxtâ ea quæ in specialibus mandatis à Nobis pro variâ rerum exequendarum opportunitate expediendis ipsa recipiet, seu ipsæ recipient, solemniter declaretur, publicetur atque promulgetur, eaque præterea per Nos, aut per eam Personam, seu eas Personas super omnibus et singulis in prælaudatis Apostolicis Litteris contentis gerendi, faciendi, disponendi ac statuendi, omnesque cujusvis generis quæstiones et controversias, super præmissis forsitan exorituras, examinandi, judicandi et definiendi quæ in ulteriori executione dignoverimus necessaria.

In quorum omnium et singulorum fidem ac testimonium præsentes Nostras Litteras, vim publici Instrumenti in se continentes, manu propriâ firmatas exindè fieri, ac per Secretarium Nostrum subsignatum subscribi, Sigillique Nostri jussimus et fecimus impressione muniri.

ACTUM et DATUM Camberii, in Palatio Archiepiscopali Nostro, Anno post Christum natum Millesimo Octingentesimo Vigesimo Secundo, die verò vigesimâ mensis Novembris, indictione Decimâ, Pontificatûs autem Sanctissimi in Christo Patris et Domini Nostri D. PII Papæ VII, Anno Vigesimo Tertio.

Signé : IRENOEUS YVO, Archiepiscopus
Camberiensis, et executor Apostolicus.

De Mandato :

MOINIER.

Monseigneur de Solle subdélègue l'Archidiacre de Mouxy de Loche, pour fulminer la Bulle d'érection.

6 décembre 1822.

IRENŒUS YVO DE SOLLE, miseratione Divinâ et Sanctæ Sedis Apostolicæ gratiâ Archiepiscopus Camberiensis, et in hâc parte Apostolicus Executor, auctoritate Apostolicâ specialiter deputatus.

Venerabili et Illustri Domino, in Christo dilecto Georgio Gabrieli De Mouxy De Loche, in Sacrâ Theologia Magistro, nec non Ecclesiæ Nostræ Motropolitanæ Archidiacono, salutem et Benedictionem in Domino.

Quûm per Apostolicas Litteras sub plumbo datas Romæ anno Incarnationis Dominicæ millesimo octingentesimo vigesimo primo, quinto Kalendas Martii, Sanctissimus Dominus noster D. Pius Papa VII, Caroli Felicis Sardiniæ Regis nostri piissimi, atque amantissimi petitione concurrente, ad Majorem Dei Omnipotentis gloriam et Catholicæ Ecclesiæ splendorem, simulque Christi fidelium utilitatem, Annecii urbem, Ducatûs Gebennensis Principem, ad civitatis Episcopalis gradum atque parochialem Ecclesiam sub invocatione Sancti Petri-ad-Vincula, in dicta civitate existentem, ad Cathedralis Ecclesiæ dignitatem, cum inibi Sede Apostolicâ pro uno futuro Episcopo qui Ecclesiæ, Civitati ac novæ Diœcesi Anneciensi, juxtà fines et limites, præviâ locorum in iis contentorum à Diœcesi Camberiensi dismenbratione, per dictas Litteras Apostolicas constitutos efformare præsit, de specialis dono gratiæ dignatus sit extollere atque evehere, illam nostræ Ecclesiæ Archiepiscopalis Camberiensis Metropolico juri assignando Suffraganeam ; Quùmque pro prædictarum Litterarum Apostoliearum et eorum omnium atque singulorum quæ in ipsis continentur omnimodâ executione Beatudini Suæ placuerit nostram eligere ac deputare personam, cum facultate unam seu plures personam, seu personas in Ecclesiasticâ Dignitate constitutam seu constitutas subdelegandi, Nos hujusmodi mandatis reverenti animo obtemperantes, quæ jam per nostrum Executionis processum, super ipsis Litteris Apostolicis confectum et firmatum, die vigesimâ mensis novembris proxime elapsi, generaliter exequenda mandavimus, particulari nunc provisione pro variis et singulis in ipsis Litteris contentis super locum loci promulganda decernimus.

Itaque, vigore præsentium, Te venerabilem ac illustrem D. Georgium Gabrielem De Mouxy De Loche, nostræ Ecclesiæ Metropolitanæ Archidiaconum, requirimus ut ipse, cui in hâc parte vices nostras committimus, prædictum nostrum decretum hisce litteris adjunctum, omni publicationis solemnitate, in ecclesiâ Anneciensi Sancti Petri-ad-Vincula publices et promulges, et ad omnium quorum interest notitiam deducas, ità ut in vim hujusmodi publicationis pro noto et certo habeatur novam Diœcesim Anneciensem constare et esse, ecclesiam Anneciensem Sancti Petri-ad-Vincula ad gradum et Dignitatem Ecclesiæ Cathedralis esse erectam, cum inibi Sede Episcopali pro uno deinceps Episcopo et Capitulo canonicè erigendo, sicque suum commodum et exercitium obtineat quod est de Apostolicâ auctoritate elargitum.

Ac insuper quùm pro dotatione mensæ Episcopalis Anneciensis, juxtà prædictas Litteras Apostolicas, annua summa prorata mille sexcentum quinquaginta librarum novarum à communitate et hominibus civitatis Anneciensis, prout anteà Gebbenensi mensæ debebatur, suppeditanda constituatur; et hujuscemodi reddituum authentica documenta nobis tradi, et exindè in Episcopali Anneciensi Archivo deponi et asservari debeant, Tibi per præsentes mandamus quatenùs procures et nomine nostro postules ut à Nobili Communitatis Anneciensis civicâ administratione suprà dictorum reddituum documenta in authenticâ formâ expedita in manus tuas deponantur nobis consignanda.

Harumce Litterarum commissorialium Publicationis et Delegationis commissione peractâ, Instrumentum conficies propriâ manu tuâ subscriptum sigilloque tuo munitum, adhibitis et vocatis duobus testibus.

Datum Camberii, in Palatio nostro Archiepiscopali, anno post Christum natum millesimo octingentesimo vigesimo secundo, die verò sextâ mensis Decembris.

Subsignatus : Ireneus Yvo Archiepiscopus Camberiensis
et Executor Apostolicus.

Locus † Sigilli :

De mandato Illu[mi] ac Reverd[mi]
D.D. Archiepiscopi Camberiensis.
Subsignatus : Moinier.

Touchants adieux de Monseigneur de Solle à ceux de ses diocésains qui vont faire partie du futur diocèse d'Annecy.

27 Décembre 1882.

IRÉNÉE-YVES DE SOLLE, par la Miséricorde divine et la grâce du Saint-Siège Apostolique, Archevêque de Chambéry, au Clergé et aux Fidèles des Paroisses de Notre Diocèse, destinées à former le nouveau Diocèse d'Annecy, Salut et Bénédiction en N. S. J. C.

Depuis long-temps, Nos Très-Chers Frères, vos soupirs religieux appelaient le rétablissement de ce Siège, aussi ancien parmi vous que la foi même dont vous vous honorez ; depuis long-temps votre piété demandait au Prince des Pasteurs de voir se renouer, au milieu de vous, cette chaîne admirable de Pontifes qui, se rattachant à la barque de St. Pierre, n'avait jamais été interrompue. *Consolez-vous*, N. T. C. F., vos vœux sont exaucés : *Dieu est fidèle ; il est bon à ceux qui espèrent en lui.* Ils vont vous être rendus ces savans et pieux Evêques qui guidèrent vos pères dans les sentiers du salut, et qui surent toujours honorer l'Eglise par leurs vertus, et la défendre au prix des plus généreux sacrifices. *Réjouissez-vous* donc *dans le Seigneur*, et que les transports de cette joie toute sainte éclatent en actions de grâces à l'Auteur de tout bien.

Et nous aussi, N. T. C. F., Nous Nous sommes réjouis ; non point que Nous vous quittions sans peine et que Nous voyions sans regret la division d'un vaste diocèse qui, confié depuis tant d'années à nos soins, avait toujours fait notre consolation et notre gloire ; mais notre joie vient d'en-haut, parce que c'est dans l'intérêt de vos destinées éternelles que Nous en puisons les motifs. Une nouvelle Sentinelle, placée dans le camp d'Israël, assurera mieux le salut de ses enfans, elle signalera les ennemis qui pouvaient échapper à notre vigilance, et son zèle remédiera aux maux que notre sollicitude ne pouvait atteindre. Ainsi la Tribu Chrétienne recevra des secours plus abondans de sanctification, ses craintes seront plus tôt calmées, ses larmes plus tôt séchées, ses plaies plus tôt guéries ; plus rapprochés de leur Pontife, les Ministres Saints sentiront leur cœur brûler de plus de charité, s'armer de plus de courage, et donneront ainsi à l'envi l'exemple des plus nobles vertus.

Voilà, N. T. C. F., les espérances que Nous aimons à concevoir et qui d'avance remplissent notre cœur d'une joie véritable. Une sainte émulation de zèle et de piété régnera désormais entre les deux Diocèses qui vont partager la Savoie ; St. François de Sales veillera également sur l'un et sur l'autre, et, en remettant entre ses mains la partie de son héritage qu'il Nous avait confiée, Nous Nous féliciterons de le conserver toujours comme le protecteur de notre Troupeau.

Et quels motifs d'ailleurs n'avons-Nous pas de nous livrer à la plus entière confiance ? Le Prélat vénérable qui Nous remplace auprès de vous, élevé lui-même à l'Ecole des successeurs du Saint Evêque de Genève, va vous en rappeler la doctrine par ses leçons, et les vertus par ses exemples. Succédant à toute Notre sollicitude pour votre sanctification, il en remplira les devoirs avec plus de soin et plus de fruits que Nous ne l'avons fait Nous-mêmes ; déjà il vous chérit comme ses Enfants ; déjà il médite ce qu'il fera pour votre bonheur, et vous allez bientôt jouir des consolants résultats de sa tendre charité. C'est donc parce que Nous vous aimons en J. C., que Nous Nous réjouissons de cette nouvelle ère de salut qui va commencer pour vous. Mais en déposant, entre les mains de ce Pasteur de vos âmes, tous les droits qui vous attachaient à Notre Siège, Nous Nous réservons celui de vous aimer toujours ; et si, dès ce jour, vous cessez d'être soumis à Notre autorité, vous ne cesserez jamais d'être chers à Notre cœur.

Et comment surtout pourrons-Nous vous exprimer, N. T. C. C., tout ce que l'affection la plus vraie et l'estime la mieux sentie Nous font éprouver en ce moment de peine en Nous séparant de vous ? Vous avez partagé constamment notre sollicitude ; vous Nous avez aidés par vos prières, touchés par vos vertus, édifiés par votre zèle, au milieu des jours mauvais ; vous avez été le soutien et la consolation de notre vieillesse ; c'est vous qui étiez *notre joie et notre couronne*. Ah ! c'est en vous adressant nos derniers adieux, Nos Très-Chers Cooperateurs, que Nous sentons plus vivement que jamais se réveiller toute notre tendresse paternelle. Notre cœur a été ému par les regrets touchants que vous Nous avez adressés et qui Nous sont trop précieux pour que Nous ne vous en témoignions pas ici Notre profonde sensibilité : toujours ils demeureront gravés dans notre souvenir, comme l'honorable sentiment qui les inspira.

Adieu donc, Ministres du Dieu vivant, Pasteurs zélés et vertueux ; et vous tous, pieux fidèles de cette ancienne portion de notre Diocèse, adieu ! *Valete*. Priez pour nous, afin que ce qui nous reste à achever de notre course soit digne du Dieu dont nous sommes le Pontife. Puissent les bénédictions du Ciel se répandre sur vous avec cette abondance de grâces, de paix et de consolation qui est le gage de l'éternité bienheureuse ! Puissions-nous ainsi nous revoir tous, dans cette celeste patrie où il n'y a plus de *trouble* ni de *changement*.

Sera Notre présente Lettre Pastorale lue dans toutes les Eglises de Notre Diocèse, comprises dans le nouveau Diocèse d'Annecy, au prône de la Messe paroissiale, le premier Dimanche qui suivra sa réception.

Donné à Chambéry, en notre Palais Archiépiscopal, le 27 décembre de l'an de grâce 1822.

† IRÉNÉE-YVES, *Archevêque de Chambéry.*

L'Archidiacre de Mouxy de Loche fulmine la Bulle d'érection. — Procès-verbal de publication.

1ᵉʳ janvier 1823.

Georgius Gabriel de Mouxy de Loche, in sacra Theologia Magister, Archidiaconus Ecclesiæ Metropolitanæ Camberiensis, et in hac parte ab Illustrissimo et Reverendissimo D.D. Irenæo Yvone de Solle, Archiepiscopo Camberiensi,

Litterarum Apostolicarum, quæ ad novæ Diœcesis Anneciensis erectionem respiciunt, executore Apostolico specialiter deputatus.

Noverint omnes et singuli quorum interest aut intererit quod, per mandatum nobis transmissum ab Illustrissimo ac Reverendissimo D.D. Irenæo Ivoni de Solle, Archiepiscopo Camberiensi, sigillo firmatum et signatum, sub die sexta mensis decembris anni millesimi octingentesimi vigesimi secundi, honorificata nobis demandata fuit commissio publicam solemniter reddendi executionem novæ diœcesis Anneciensis et decretum a præfato Illustrissimo ac Reverendissimo Irenæo Ivone de Solle, Archiepiscopo Camberiensi emanatum, sigillo firmatum et signatum, die vigesima mensis novembris proxime elapsi, executionis litterarum Apostolicarum Romæ datarum anno Incarnationis Dominicæ millesimo octingentesimo vigesimo primo, quinto decimo Kalendas Martii, quibus Annecii urbem ad civitatis Episcopalis gradum et ecclesiam parochialem Sancti Petri-ad-Vincula, in dicta civitate existentem, ad Cathedralis ecclesiæ dignitatem Sanctissimus dignatus est extollere, et alias pro sollicitudine sua provisiones decernere.

Quare honorificum munus nobis commissum libenti ac reverenti, uti par est, animo explere cupientes, nos in dictam civitatem Anneciensem contulimus, sicque in ecclesia Sancti Petri-ad-Vincula nostris insigniis induti, formam præfati mandati commissorialis insequendo, præmissâ lectione ejus, quam è suggestu per sacerdotem pluviali indutum faciendam curavimus, coram Nobis ac præsentibus Illustri Domino Joanne-Francisco de Rolland Archipresbitero et Parocho Sancti Petri-ad-Vincula, et Domino Jacobo Bouvet Archipresbitero et Parocho Sancti Mauricii ejusdem civitatis, testibus vocatis, necnon Clero, Primoribus civitatis, magnoque totius Provinciæ Populi concursu, præsertim in isto die festivo Circumcisionis Domini Nostri Jesu Christi, omni solemniori modo ac formâ auctoritate Nobis per præfatum Illustrissimum ac Reverendissimum Archiepiscopum concessâ, et quâ in hac parte fungimur, publicavimus et promulgavimus, prout per præsentes publicamus et promulgamus prælaudatum decretum erectionis novæ Diœcesis Anneciensis ut sic ad notitiam deductum ab omnibus valeat observari. Mandantes prædicti Decreti exemplar authenticum ad valvas hujus ecclesiæ Cathedralis Anneciensis affligi, demûm, solemni indicto hymno pro gratiarum actione, Populum dimisimus.

Quorum omnium ad perpetuam rei memoriam has litteras manu nostrâ firmavimus, una cum duobus testibus ad præmissa vocatis, et per secretarii nostri vices gerentem subscribi sigilloque nostro muniri fecimus.

Actum Annecii, anno post Christum natum millesimo octingentesimo vigesimo tertio, die verò primâ mensis Januarii.

De Loche Archidiaconus.

De Rolland, antiquus antiquæ Ecclesiæ Gebennensis Canonicus; Bouvet, Parochus Sancti Mauricii; Ch. de Kalbermatten, Commandant de la province du Genevois; Rubin, G. Intendant; le sénateur Juge-Mage du Genevois Gerdil; Mauris, Avocat fiscal; Michaud, capitaine de carabiniers; de Juge, Sous-Intendant; le Syndic de la ville d'Annecy (Presset); Auguste de Fésigny,

   Joseph-Marie Guillet, Secretarii vices fungens.

126

Décret portant la suppression de la paroisse du Mont-Cenis, son démembrement du diocèse de Suze, et son union à la paroisse de Lanslebourg, du diocèse de Chambéry [1].

18 juin 1823.

(Déc. : chap. XXI, note 51.)

Paulus Joseph, Divinâ miseratione et Sedis Apostolicæ gratiâ, S. R. E. Presbiter Cardinalis Solaro e Villanova Solariorum, Episcopus olim Augustæ Prætoriæ, inclitæ Abbatiæ Sancti Benigni de Fructuaria Abbas et perpetuus Commendatarius, et in hac parte Apostolicus Executor auctoritate Apostolicâ specialiter Deputatus.

Universis et singulis præsentes nostras Litteras, seu præsens processûs Instrumentum visuris, lecturis aut legi audituris et quorum interest aut intererit, quosque infrascriptum negotium tangit, seu tangere aut interesse poterit quomodolibet in futurum, quibusvis nominibus censeantur et quacunque præfulgeant Dignitate, Salutem in Domino sempiternam, et nostris hujusmodi, imo veriùs Apostolicis firmiter obedire mandatis.

Noveritis nobis fuisse exhibitum consistoriale Decretum a sanctissimo in Christo Patre Domino nostro Domino Pio, Divinâ Providentiâ Papâ septimo, quem Deus conservet, vivificet, ac beatum faciat, ad relationem Illustrissimi, ac Reverendissimi Domini Secretarii Sacræ Congregationis Consistorialis concessum, Datum Romæ sub die 18 mensis

---

[1] Archives de l'Archevêché, registre n° III, fol. 75 et 76. — Collection de l'auteur.

junii ultimo fluxi in chartâ simplici, sed debite expeditum, subscriptum : R. Matius Sacræ Congregationis Consistorialis Secretarius, ejusdemque sigillo obsignatum, integrum, illæsum, non vitiatum, non cancellatum, neque in aliquà parte suspectum tenoris sequentis videlicet :

Dismembrationis Parœciæ Montis-Cenisii, Secusiensis, ac ejusdem Unionis Diœcesi Camberiensi.

Cùm in litteris Apostolicis postremæ circumscriptionis Diœcesium Pedemontii datis Romæ apud S. Mariam Majorem, anno Incarnationis Dominicæ 1817, sanctissimus Dominus Noster Pius Papa VII, precibus serenissimi Sardiniæ Regis, ac Sabaudiæ Genuæ et Montisferrati Ducis, atque Pedemontii Principis, Parœciam, ut asserebatur, existentem in Ecclesia Monasterii P. P. Benedictinorum sub invocatione B. Mariæ Virginis in cœlum Assumptæ, in Monte-Cenisio, cujus Territorium antea, et à plurinis retro seculis, pars erat Parœciæ oppidi *Lansleburg* vulgo nuncupati in Diœcesi Maurianensi, nunc verò Camberiensi sitæ, Diœcesi Secusiensi attribuere dignatus fuerit. Quùmque in præsentiarum, R. P. D. Irenæus Ivo de Solle, Archiepiscopus Camberiensis, annuente Majestate Serenissimi Caroli Felicis moderni Sardiniæ Regis, Sabaudiæ Genuæ et Montisferrati Ducis ac Pedemontii Principis, eidem Sanctitati Suæ humiliter exposuerit Territorium præfatæ sic assertæ Parœciæ in memoratâ Ecclesiâ in Monte-Cenisio existentis per tres tantum æstivos anni menses ab oppidanis Lansleburgensibus Diœcesis Camberiensis inhabitatum esse, remeantibus ipsis ad præfatum oppidum Lansleburg, per reliquos novem anni menses.

Ex hoc autem duplici Lansleburgensium domicilio factum esse, ut pars illa incolarum, quæ per tres æstivos menses in Monte-Cenisio commorantur, binos habeat Pastores, atque ad binas pertineat Diœceses, in quibus diversum est idioma, diversaque viget disciplina, ac propterea in tali oppidanorum ab uno ad alterum Montium habitatores duplicis istius domicilii causa, neutrius pervigili curæ subjaceant, mores eorum depraventur, innumeraque inde in religionis, salustisque animarum detrimentum exoriantur incommoda.

Quapropter, præfatus R. P. D. Archiepiscopus Camberiensis à Sanctitate Suâ humiliter postulavit, ut ad hujusmodi scandala è medio tollenda, atque ad animarum salutem procurandam, memoratam Parœciam in ecclesiâ Monasterii Montis-Cenisii in Diœcesi Secusiensi actu positam supprimere, ejusque Territorium ab eâdem Diœcesi Secusinâ avellere, ac supra descriptæ Parœciæ oppidi Lansleburg ut supra nuncupati Diœcesis Camberiensis incorporare dignaretur.

Hinc, eadem Beatitudo Sua, ad mei infrascripti secretarii Sacræ Congregationis rebus Consistorialibus præpositæ relationem, attentis præcipuè reservationibus in præfatis Litteris Apostolicis novæ circumscriptionis Diœcesium provinciæ Pedemontanæ appositis super novis circumscriptionibus, seu immutationibus, in territoriis præfatorum Diœcesium quatenus opus sit peragendis, omnibusque aliis maturè perpensis, benigne decrevit præfatam Parœciam in Ecclesia Monasterii in Monte-Cenisio sub invocatione Beatæ Mariæ Virginis in Cœlum Assumptæ in supradictis Litteris novæ circumscriptionis Diœcesi Secusiensi attributam esse supprimendam, ejusque territorium à Diœcesi Secusiensi dismembrandum atque Parœciæ oppidi Lansleburg vulgo nuncupati Diœcesis Camberiensis perpetuo uniendum atque incorporandum.

In executionem autem præsentis Decreti suppressionis præfatæ Parœciæ ejusdem dismembrationis à Diœcesi Secusiensi, atque unionis Diœcesi Camberiensi, ad hoc ut suum rite sortiatur, effectum, idem Sanctissimus Dominus Noster Eminentissimum ac Reverendissimum Sanctæ Romanæ Ecclesiæ Cardinalem Paulum Josephum Solaro præfatarum,

Litterarum, Apostolicarum, novæ circumscriptionis Diœcesium Pedemontii executorem deputare dignatus est, cum facultate subdelegandi aliam personam in Ecclesiasticâ dignitate constitutam, ac definitivè pronuntiandi super quacumque oppositione in actu executionis hujusmodi quomodolibet oritura, atque insuper cum obligatione transmittendi ad Sacram Congregationem Consistorialem exemplar decreti executionis hujusmodi authenticâ formâ exaratum in Secretaria ejusdem Congregationis observandum. Mandavitque expedire Decretum de specialissimâ gratiâ valiturum perinde ac si Litteræ Apostoliciæ in formâ Brevis desuper expeditæ fuissent, ac referri inter acta ejusdem Sacræ Congregationis Consistorialis, contrariis quibuscumque non obstantibus. Datum Romæ, hâc die 18 mensis junii, anno Domini 1823. Signat: R. Matius S. Congregationis Consistorialis Secretarius.

Loco † Sigilli.

Quod quidem Consistoriale decretum de verbo ad verbum prout supra transcriptum eâ quâ decet reverentiâ et honore accipientes, et Mandatis Apostolicis in eo contentis reverenti animo obtemperantes, quùm Sanctissimus Dominus Pius Papa VII in Litteris Apostolicis suis incipientibus *Beati Petri* datis Romæ, XVI kalendas Augusti anno 1817, distinctim inter cætera recensitis Locis et Parœciis pro unius cujusque Pedemontii Diœcesi ambitu et circumscriptione assignatis, sibi Romanisque Pontificibus, successoribus suis, facultatem specialiter et expresse reservaverit de illis quatenus opus per translationum ad aliam Diœcesim disponendi absque ullius consensu et semper et quandocumque, ad Sedis Apostolicæ beneplacitum et juxta Augustissimi Regis nostri votum et desiderium; ac propterea, annuente nunc eâdem Majestate Suâ, et ob causas per Illustrissimum ac Reverendissimum D. D. Camberiensem Archiepiscopum expositas et in dicto Decreto contentas benigne decreverit,

Parœciam in ecclesia Monasterii P. P. Benedictinorum sub invocatione B. M. V. in Cœlum Assumptæ in Monte-Cenisio existentem quæ, seu cujus Territorium, antè prœdictum annum 1817, et à plurimis retro seculis, ad proximam oppidi Lansleburg nuncupati Parœciam pertinebat, quæque inpræsentiarum per dictas Apostolicas Litteras ad Secusianam diœcesim attributa esse dignoscitur, ut veluti ad pristinum ejus statum revocetur supprimendam fore, et esse, ejusque territorium à Diœcesi Secusiensi dismembrandum, et Parœciæ Lansleburgensi Diœcesis Camberiensis uniendum et subjiciendum. Ideo hujusmodi Consistorialis Decreti formam et tenorem insequentes auctoritate Apostolicâ Nobis commissâ, et quâ in hâc parte fungimur, eamdem prædictam Parœciam in Ecclesia Monasterii PP. Benedictinorum sub invocatione Beatæ Mariæ Virginis in Cœlum Assumptæ in Monte-Cenisio existentem cum suo jure Parochiali, tenore præsentium, supprimimus, et extinguimus, et sic suppressam et extinctam declaramus. Ejus autem territorium prout limitibus hucusque definitum extitit et existit, à Diœcesi Secusiensi et ab ejusdem Episcopalis Ecclesiæ jurisdictione dismembramus et separamus, illudque Parœciæ Oppidi Lansleburg nuncupati Diœcesis Camberiensis unimus, et incorporamus, et sic unitum et incorporatum Diœcesi Camberiensi, Illustrissimi a ac Reverendissimi Domini Archiepiscopi Camberiensis, suorumque in eâdem sede Archiepiscopali successorum jurisdictioni, obedientiæ et auctoritati subjectum esse dicernimus et declaramus.

Ne autem in hujusmodi suppressione dictæ Parœciæ ejusque Territorii dismembratione et translatione à Diœcesi Secusiensi ad Camberiensem Diœcesim vel minimo temporis intervallo, illius incolæ regiminis Parochialis subsidio destitutæ remaneant, eâdem Apostolicâ statuimus auctoritate, ut actualis animarum cura, et Secusiensis ordinarii jurisdictio perseveret, donec et usquequo Dominus Archiepiscopus Camberiensis per Parochum suum Lansleburgensem, vel per aliam Ecclesiasticam Personam ab Eo deputandam, ejusdem Territorii regimen, et curam spiritualem, actu susceperit, et idem territorium pleno quod Eidem vigore præsentium tribuitur jure suscipiendum, certiore tamen priùs facto Secusiensi ordinario, cœperit exercere.

Hisce igitur declaratis, et pro executione dicti Decreti Consistorialis constitutis, præfatæ Parœciæ Montis-Cenisii suppressionem et extinctionem, ac ejusdem Territorii à Secusina Diœcesi dismembrationem et separationem ac Parœciæ oppidi Lansleburg Diœcesis Camberiensis unionem incorporationem et subjectionem, ac omnia et singula in dicto Consistoriali Decreto quod perinde valere dicernitur, ac si Litteræ Apostolicæ in formâ Brevis desuper expeditæ fuissent contenta, decreta et ordinata, et sic, ut supra, pro ejus executione à Nobis declarata vobis omnibus et singulis, quibus præsens Noster processus dirigitur, per præsentium publicationem ad valvas Ecclesiarum Metropolitanæ Camberiensis, Cathedralis Secusinæ et Parochialis Lansleburg, faciendam intimamus, insinuamus ac ad vestram, et cujuslibet vestrûm notitiam deducimus, et per præsentes deduci volumus, vosque omnes et singulos supradictos requirimus et monemus primo, secundo, tertio et peremptoriè communiter et divisim, ac vobis et vestrûm cuilibet in solidum, in virtute sanctæ obedientiæ præcipiendo mandamus quàtenùs prædictum Consistoriale Decretum suppressionis Parœciæ Montis-Cenisii, ac ejusdem Territorii dismembrationis à Secusianâ Diœcesi, et unionis seu translationis ad Diœcesim Camberiensem ac omnia in eo contenta observetis, et auctoritate nostrâ, seu veriùs Apostolicâ, observari faciatis, ita ut tum Illustrissimus et Reverendissimus Camberiensis Ordinarius, tum Parochus Lansleburgensis in prædictæ parœciæ ut supra suppressæ territorio liberam exerceant jurisdictionem et curam spiritualem, nec ipsos, vel eorum quempiam per quoscumque quavîs auctoritate fungentes, indebite molestari permittatis sub pœnis contrà illos omnes contradictores, et rebelles qui hisce monitionibus nostris seu veriùs Apostolicis, non paruerint, aut quæquam fortè adversùs omnia, aut earum aliqua commiserint excommunicationis et suspensionis à Divinis, in Capitula verò Conventus et Collegia, in his forsan deliquentia, interdicti ecclesiastici; quas quidem pœnas et sententias per præsentis processûs instrumentum ferimus, et promulgamus, absolutione Nobis, vel superiori Nostro tantummodo ab iisdem, si quis quoquo modo in eas incurrerit, reservata.

Cæterùm, si quæ super præmissis omnibus questiones controversiæ, oppositiones aut contradictiones forsañ exoriantur, super illas quascumque cognoscendi definiendi et pronunciandi, ad mentem prædicti Decreti Consistorialis, facultatem Nobis et auctoritatem reservamus.

In quorum fidem actum et datum Taurini, in Palatio nostræ residentiæ, anno millesimo octingentesimo vigesimo tertio, die vero trigesimâ primâ julii, Indictione undecimâ, Pontificatûs autem Sanctissimi in Christo Patris et Domini Nostri Domini Pii Papæ VII anno vigesimo quarto.

Sig. S. Joseph Cardinalis Solaro, S. Joës Dominus Talentino, Secret.

Suivent : 1° la commission donnée à Révérend Jean-Baptiste Molin, curé de Lanslebourg pour la publication du Décret dans l'église des Bénédictins du Mont-Cenis ; 2° le procès-verbal de ladite publication ; 3° l'attestation des publications faites à l'église paroissiale de Lanslebourg et dans l'église métropolitaine de Chambéry.

127

Exécution des Bulles de Léon XII, transférant Monseigneur Bigex de l'Évêché de Pignerol à l'Archevêché de Chambéry [1].

24 Mai 1824.

(*Déc.* : Chap. XXI, note 57.)

In nomine Domini Amen.

Cunctis ubique sit notum quod, anno à Nativitate Domini Nostri Jesu Christi MDCCCXXIV, die vero 26 mensis junii, Pontificatûs autem Sanctissimi Domini Nostri Leonis PP. XII anno primo, Ego officialis deputatus vidi et legi quasdam Litteras Apostolicas sub plumbo, ut moris est, expeditas, tenoris sequentis, videlicet :

Leo Episcopus servus servorum Dei venerabili Fratri Francisco Marie Bigex, nuper Episcopo Pinaroliensi, in Archiepiscopum Camberiensem Electo, salutem et Apostolicam Benedictionem.

Romani Pontificis, quem Pater ille cœlestis et Episcopus animarum potestatis plenitudine sibi tradita ecclesiis prætulit universis, sollicitudo requirit ut circa cujuslibet ecclesiæ statum sic vigilanter excogitet, sicque prospiciat diligenter quod, per ejus providentiam circumspectam, nunc per simplicis provisionis officium, quandoque verò per ministerium translationis accomodè prout personarum loco-

---

[1] Archives de l'Archevêché. Registre n° VII, pages 1 et suiv. — Collection de l'auteur. (Copie.)

rum et temporum qualitas exigit, et ecclesiarum ipsarum utilitas persuadet, ecclesiis singulis Pastor accedat idoneus et Rector providus deputetur qui populum sibi commissum salubriter dirigat et informet, ac bona ecclesiæ sibi commissæ non solùm gubernet utiliter, sed etiam multimodis efferat incrementis.

Sane Metropolitana ecclesia Camberiensis, ad quam dum illa pro tempore vacat nominatio personæ idoneæ Romano Pontifici pro tempore existenti facienda, ad charissimum in Christo filium Nostrum Carolum Felicem Sardiniæ Regem Illustrem, ex Indulto seu Privilegio Apostolico cui non est hactenùs in aliquo derogatum, spectare et pertinere dignoscitur, per liberam dimissionem venerabilis Fratris Nostri Irenæi de Solle de illa, cui tunc præerat, in manibus Nostris sponte factam et per Nos admissam, Pastoris solatio destituta. Nos ad provisionem ejusdem Metropolitanæ Ecclesiæ Camberiensis celerem et felicem, ne illa longæ vacationis exponatur incommodis, paternis et sollicitis studiis intendentes, post deliberationem quam de præficiendo eidem Metropolitanæ Ecclesiæ Camberiensi personam utilem ac fructuosam cum venerabilibus Fratribus Nostris Sanctæ Romanæ Ecclesiæ Cardinalibus habuimus diligentem. Demùm ad Te, nuper Episcopum Pinaroliensem, consideratis grandium virtutum donis quibus personam Tuam illorum Largitor Altissimus multipliciter insignivit et quod Tu, suscepto munere consecrationis, Pastorale officium tuum laudabiliter adimplevisti, solemniter celebrando, ordines conferendo, sacramento Confirmationis ministrando ac Ecclesiam et Diœcesim Pinaroliensem visitando, eamdem Metropolitanam Ecclesiam Camberiensem voles et poteris, auctore Domino, salubriter providere, Te, licet absentem, à vinculo quo Ecclesiæ Pinaroliensi, cui tunc præeras, tenebaris, de Fratrum eorumdem consilio et Apostolicæ potestatis plenitudine absolventes, ad prædictam Metropolitanam Ecclesiam Camberiensem, ad quam prædictus Carolus-Felix

Rex Nobis ad hoc per suas Litteras nominavit, de simili consilio Apostolicâ auctoritate prædictâ transferimus, Teque illi in Archiepiscopum præficimus et Pastorem, curam, regimen et administrationem ejusdem Metropolitanæ Ecclesiæ Camberiensis Tibi in spiritualibus et temporalibus plenarie committendo, liberamque Tibi ad eamdem Metropolitanam Ecclesiam Camberiensem transeundi licentiam tribuendo, fide, spe fiduciâque conceptis quod, dexterâ Domini Tibi assistente propitiâ, prædicta Metropolitana Ecclesia Camberiensis, per[tuæ] circumspectionis industriam et studium fructuosum regetur utiliter et prospere dirigetur, ac grata in eisdem spiritualibus et temporalibus suscipiet incrementa.

Volumus autem quod, antequam regimini et administrationi dictæ Metropolitanæ Ecclesiæ Camberiensis in aliquo te immisceas, in manibus venerabilium Fratrum Nostrorum Archiepiscopi Taurinensis et Episcopi Astensis, seu Alterius eorumdem, fidei catholicæ professionem, juxta unam, emittere, et fidelitatis debitæ solitum juramentum, juxtà alteram formas, quas sub diversis Bullis nostris mittimus introclusas præstare ; et sic à Te emissa professionis et præstiti juramenti formas ad Sedem Apostolicam intra legitima tempora transmittere tenearis ; quibus et eorum cuilibet per alias Nostras Litteras mandamus ut ipsi, vel eorum alter, à Te, Nostro et Romanæ Ecclesiæ nomine, professionem et juramentum hujusmodi recipiant seu recipiat; Fraternitati tuæ per Apostolica scripta mandamus quatenus ad prædictam Metropolitanam Ecclesiam Camberiensem, cum gratiâ Nostræ benedictionis accedens, curam et administrationem prædictas sic exercere studeas sollicitè fideliter et prudenter, quod exinde sperati fructus proveniant, ac tuæ bonæ famæ odor ex tuis laudabilibus actibus lætiùs diffundatur, ipsaque Metropolitana Ecclesia Camberiensis gubernatori provido et fructuoso administratori gaudeat se commissam, Tuque, præter æternæ retributionis præmium, Nostram et dictæ Sedis benedictionem et gratiam exinde uberius consequi merearis.

Præterea etiam volumus quod Theologalem et Pœnitentiariam præbendas, ad præscriptum Concilii Tridentini, instituas, sacrarium suppellectili sacrâ, quæ ad Pontificalia exercenda requiritur, sufficienter instruas, Montemque Pietatis erigi cures, conscientiam Tuam super his onerando.

Datum Romæ, apud Sanctum Petrum, Anno Incarnationis Dominicæ millesimo octingentesimo vigesimo quarto, nono Kalendas Junii, Pontificatûs Nostri anno primo.

Loco † plumbi. — Simili modo, etc.

Suivent, en premier lieu, diverses autres Bulles adressées : 1° à l'Archevêque nommé (pour le relever de toutes censures); 2° au roi Charles-Félix ; 3° aux suffragants du siège Métropolitain ; 4° au Chapitre Métropolitain ; 5° au Clergé de Chambéry; 6° aux habitants de la ville et du diocèse de Chambéry ; 7° aux vassaux et tenanciers de la Métropole ; 8° à l'Archevêque de Turin et à l'Evêque d'Asti chargés de recevoir tous deux ou l'un ou l'autre, la profession de foi du nouvel archevêque ; 9° audit nouvel Archevêque pour lui notifier l'envoi du *Pallium* — et secondement, l'ensemble des formalités remplies pour l'entérinement des Bulles précédentes au Sénat.

128

Décret de Monseigneur Bigex, exécutant la Bulle de Léon XII, qui érige de nouveau les diocèses de Tarentaise et de Maurienne et stipule le chiffre de leur dotation et celle de leurs chapitres par le Roi [1].

5 août–19 septembre 1825.

(Déc.: Chap. XXI, notes 54, 62, 63 et 64.)

Franciscus Maria Bigex Miseratione Divina et Sanctæ Sedis Apostolicæ gratiâ, Archiepiscopus Camberiensis et in hâc parte Apostolicus Executor Auctoritate Apostolicâ specialiter Deputatus.

Universis et singulis præsentes nostras litteras, seu præsens publicum processûs Instrumentum visuris, lecturis aut legi audituris, et specialiter iis omnibus quorum interest, aut intererit, quosque infrà scriptæ Apostolicæ Providentiæ, provisiones et ordinationes tangunt, seu afficiunt, vel quomolibet in futurum tangere, seu afficere poterunt; quibusvis nominibus censeantur, et quâcumque præfulgeant dignitate, salutatem in Domino sempiternam.

Noveritis nobis de mandato S. R. M. Caroli Felicis Sardiniæ Regis nostri optimi amantissi exhibitas fuisse Apostolicas Bullas Sanctissimi in Christo Patris D. N. Domini Leonis Divinâ Providentiâ Papæ XII, debito sub plumbo cum cordulâ sericâ, rubri croceique coloris, pendente, more Romanæ curiæ expeditas, sanas, integras, illæsas, non viciatas, non cancellatas, neque in aliquâ earum parte suspectas, sed omni prorsùs defectu, ac sus-

---

[1] Arch. Archiép., Reg. VII, p. 52 et suiv. — Coll. de l'auteur.

picione carentes, Datas Romæ apud sanctum Petrum anno Incarnationis Dominicæ millesimo octingentesimo vigesimo quinto, nonis Augusti, subscriptas : Cardinalis Pacca Prodatarius ; visa de Curia D. Testa, pro domino cardinali Albani F. capucini substitutus, ad instantiam et requisitionem præfatæ S. R. M. obtentas tenoris sequentis, vidilicet :

Leo Episcopus servus servorum Dei ad perpetuam rei memoriam. Ecclesias, quæ antiquitate ac dignitate prestant ad Sedis Episcopalis honorem redintegrare imposita humilitati nostre in rem Christianam universam sollicitudo Nos adigit, eo vel magis ubi dominici gregis utilitati felicis hoc modo prospectum iri dignoscamus, ut facilior atque commodior Sacrorum procuratio juxtà Divinarum et Ecclesiasticarum legum normam fideli populo concilietur ; libentissimè idcirco excepinus Carissimi in Christo Filii nostri Caroli-Felicis Sardiniæ Regis Illustris, nec non Sabaudiæ, Montisferrati, et Genuæ Ducis ac Pedemontii principis, a dilecto Filio Joanne Nicolao Ludovico Crosa, ex marchionibus Vergagni ipsius apud sedem Apostolicam negotiorum gestore, preces ejusdem Regis nomine porrectas quibus antiquæ binæ Diœceses Tarentasiensis et Maurianensis opportuna locorum, et pareciarum sejunctione, et respectiva aggregatione de novo à Nobis constabiliri postulabatur. Id siquidem ad tot animarum millibus consulendum occurrebat remedii ut, in tantà regionum amplitudine, Pastores oves suas propius cognoscerent ipsiusque et curatione sacrorum presto essent et panem preberent Verbi Dei, idque ulteriùs poscebat pristina dignitas utriusque Ecclesie que à primà vetustate, ob Antistitum celebritatem, summa cum laude prefulserunt, atque hec cumprimis aliaque etiam haud absimilia rationum momenta que laudato Regi pro eximia sua in Deum pietate, ac in Apostolicam Sedem reverentia eam mentem injecere ut tam insignium Ecclesiarum redintegrationem impensus à Nobis efflagitaret, simulque cuncta in rem necessaria summa cum liberalitate comparari adniteretur, nostrum quoque animum impulerunt ut ejus votis libenter annueremus. Habitis itaque omnium et singulorum interesse habentium consensibus pientissimi Regis votis, quantum in domino possumus, benignè obsecundantes, omnibusque rite perpensis, ex certa scientia, ac matura deliberatione Nostris, deque Apostolice potestatis plenitudine previa dismembratione, divisione, separatione et exemptione omnium infradicendorum locorum à Diecesibus in quarum territoriis modo comprehenduntur, oppidum vulgo civitatem *Moûtiers* nuncupatam, in provincia Tarentasie olim Metropolitane Sede decorate, nec non oppidum civitatem pariter Sancti Joannis vulgo *de Maurienne* nuncupatam in provincia Maurianensi, jam pontificali Sede insignitam, in civitates Episcopales cum curia et cancellaria ecclesiatica et cum omnibus et singulis honoribus, juribus, privilegiis et prerogativis quibus alie civitates Episcopales, in Sabaudie Ducatu existentes, earumque cives olim fruebantur respective, erigimus et constituimus; Parochialem vero Ecclesiam Deo in honorem Sancti Petri Apostolorum principis dicatam in primodicta civitate Moûtiers existentem, in Cathedralem Ecclesiam Tarentasiensem nuncupandam et Parochialem ut antea sub ipsius Apostoli titulo extituram; parique modo Ecclesiam Parochialem sub invocatione Sanncti Joannis Baptiste, in secundodicta civitate existentem, in Cathedralem Ecclesiam Maurianensem ut priùs nuncupandam, et Parochialem ut antea sub ejusdem Sancti Joannis Baptiste invocatione extituram, atque in eisdem Ecclesiis Tarentasiensi et Maurianensi sicut suprà nominandis sedem Cathedram et dignitatem Pontificalem pro uno deinceps Tarantasiensi, ac pro altero Episcopo Maurianensi nuncupandis, qui Ecclesiis, Civitatibus et diecesibus, ut infrà, respective assignandis, earumque Clero et Populo presint synodum convocent, ac omnia et singula jura, officia et munia Episcopalia habeant et exerceant cum suis infrascripto respectivo Capitulo, arca, sigillo, mensa Episcopali, ut infrà, constituenda, ceterisque Cathedralibus et Pontificalibus insigniis, juribus, honoribus, preeminentiis gratiis, favoribus, indultis, jurisdictionibus et prerogativis quibus alie Ducatus Sabaudie Cathedrales Ecclesie earumque Presules antea gaudebant perpetuo similiter erigimus et instituimus. In prefatis autem Tarantasiensi et Maurianensi sic erectis Cathedralibus Ecclesiis respectivum erigimus et instituimus Capitulum decem constans canonialibus prebendis; trium nempe Dignitatum: videlicet Prepositure que prima erit post Pontificalem dignitas, iisque omnibus gaudebit honoribus, privilegiis et preeminentiis que ei de jure competunt; Archidiaconatùs, que secunda, et Cantoratus que tertia erit dignitas, necnon septem canonicatuum, comprehensis inter eos prebendis Theologali ac Penitentiaria que juxta canonicas Sanctiones, ac presertim Concilii Tridentini decreta, in Capitulis Cathedralium adesse debent, atque ulterius titulo canonici honorarii, absque onere servitii Choralis, cum jure gaudendi stallo in Choro, itemque habendi ex speciali gratia, utramque vocem in capitulo decoramus Parochum pro tempore utriusque Cathedralis Ecclesiæ.

Talibus deindè sic efformatis Capitulis Cathedralibus Tarantasiensi ac Maurianensi facultatem impartimur condendi quelibet statuta, ordinationes et decreta licita tamen et honesta, ac sacris canonibus decretisque Concilii Tridentini et constitutionibus Apostolicis minime adversantia, que postmodum pro eorum robore et plenario effectu erunt omnino subjicienda ordinario, et ab eo speciatim approbanda, itemque gaudendi omnibus et singulis honoribus gratiis et privilegiis quibus Capitula aliarum cathedralium Ecclesiarum in Sabaudie Ducatu existentium legitime ac libere fruuntur et gaudent; ad efformandum verò unius et alterius Diecesis proprium territorium sequentes octoginta et unam parecias seu loca: Duo videlicet Allondaz et Thonesol nuncupatas, in provincia Alte Sabaudie, à Diecesi Anneciensi, et alias septuaginta novem, nempe ex provincia Tarentasie nuncupata: parecias Moûtiers, Aigueblanche, Aime, Allues, Avanchers, Bellecombe, Bellentre, Le Bois, Saint-Bon, Bonneval, Bourg-Saint-Maurice, Bozel, Brevières, Briançon, Celliers, Champagny, Les Chappelles, Grand-Cœur, La côte d'Aime, Doucy, Fessons-sous-Briançon, Fessons-sur-Salins, Fontaine-le-Puits, Sainte-Foi, Granier, La Guraz, Hautecour, Hauteville, Saint-Jean de Belleville, Landry, Saint-Laurent de la Côte, Longefoy, Macot, Saint-Marcel, Saint-Martin de Belleville, Montagny, Montgirod, Montvalzan-sur-Bellentre, Monvalzan-sur-Séez, Naves, Grand-Naves, Saint-Oyen, Peisey, La Perrière, Le Plancy, Pralognan, N. D. du Pré, Pussy, Salins, La Saulce, Siez, Tessens, Tignes, Val-de-Tignes, Versois, Villargerel, Villaroger, Villette; et ex provincia Alte Sabaudie Parecias, Arêche, La Batie, Beaufort, Blay, Césarches, Cevins, Chevron, Conflans, Gilly, Hauteluce, L'Hôpital, Marthod, Pallud, Saint-Paul, Queige, Rognex, Saint-Sigismond, Saint-Thomas-des-Esserts, Tours, Venthon, Villard de Beaufort, à Diœcesibus Anneciensi et Camberiensi, disjungimus et separamus et nove Diecesi Tarantasiensi unimus et incorporamus. Et octoginta insuper parecias seu loca videlicet ex provincia de *Maurienne* vulgo nuncupata: parecias Sancti-Joannis-Maurianensis, Aiguebelle, Aiton, Saint-Alban-des-Villards, Saint-Alban-d'Hurtières, Albanne, Albiez-le-jeune, Albiez-le-vieux, Saint-André, Argentine, Aussois, Avrieux, Beaune, Bessans, Bonneval, Bonvillaret, Le Bourget, Bourgneuf, Bramans, La Chambre, Chamousset, La Chapelle, Le Châtel, Saint-Collomban-des-Villards, N. D. du-Cruet, Epierre, Saint-Etienne-de-Cuines, Font-Couverte, Les Fournaux, Saint-Georges-d'Hurtières, Hermillon, Jarrier, Saint-Jean-d'Arves, Saint-Julien, Lanslebourg, Lanslevillard, Saint-Léger, Sainte-Marguerite, Sainte-Marie-de-Cuines, Saint-Martin-de-la-Chambre, Saint-Martin-de-la-Porte, Saint-Martin-outre-Arc, Saint-

Michel, Modane, Montaimont, Montdenis, Mongelafrey, Montgilbert, Montpascal, Montricher, Montrond, Mont-Sapey, Montvernier, Orelle, Saint-Pancrace, Saint-Pierre-de-Belleville, Pontamafrey, Randens, Saint-Remy, Sardières, Soliére, Saint-Sorlin-d'Arves, Termignon, Thyl, Valmeinier, Valloires, Villarambert, N. D. du-Villard, Villard-Gondran, Villarodin ; ex provinciâ Alte Sabaudie nuncupata : Parecias, Bonvillard, Sainte-Hélène-des-Millières, N. D. des-Millières, Monthion ; et ex provincia Sabaudie proprie nuncupata, parecias : Bourget-en-l'Huile, Chamoux, Champ-Laurent, Montandry, Le Pontet, Villarleger, à Diecesi Camberiensi abstrahimus et disjungimus illasque nove Maurianensi Diecesi assignamus et anneximus ; atque uno eodemque tempore supradictas omnes Parecias seu loca, ab Anneciensi et Camberiensi Diecesibus avulsa, cum singulis Ecclesiis et collegiatis, si que sint, Monasteriis ac beneficiis secularibus et quorumvis ordinum regularibus utriusque sexus personis et incolis tam laïcis quam clericis, non tamen exemptis, cujuscumque gradus, ordinis et conditionis novorum, pro tempore existentium Tarentasiensis et Maurianensis Antistitum ordinarie jurisdictioni, regimini, potestati et superioritati perpetuo respective subjicimus atque supponimus, illisque pro suis civitate territorio Diecesi Clero et Populo perpetuo quoque respective assignamus atque tribuimus gravibus pariter justisque de causis ac, prelaudato Rege Similiter postulante, septem Parecias intra fines provincie Gebennensis positas que vulgo appellantur : Bloye, Héry-sur-Alby, Lornay, Marigny, Massingy, Moye et Rumilly ; cum omnibus et singulis ecclesiis beneficiis clero populo personis etiam ecclesiasticis tam secularibus quam regularibus, non tamen exemptis, cujusvis gradus ordinis conditionis à memorata Diecesi Anneciensi disjungentes, dividentes ac penitus separantes, predicte metropolitane Camberiensi Diecesi perpetuo adjungimus et incorporamus, ac moderni et pro tempore existentis Archiepiscopi Camberiensis regimini et jurisdictioni subjicimus atque supponimus. Pro decenti vero et commoda futurorum ac pro tempore existentium Tarantasie et Mauriane Episcoporum habitatione necessarias et convenientes Edes in supradictis civitatibus Moutiers et Sancti Joannis de Maurienne vulgo nuncupatis a prelaudato Rege suppeditandas, et ab infrascripto presentium Litterarum exequutore adprobandas, perpetuo similiter assignamus atque tribuimus ; utque predictis episcopalibus Tarantasiensi et Maurianensi Ecclesie de congrua dotatione provideatur et earum Antistites suam decenter tueri valeant dignitatem, Episcopali mense Tarantasiensi assignamus et constituimus annuam summam *decem millium librarum* monete illarum partium provenientium pro rata librarum quinque millium octingentarum septuaginta quatuor, ex fundis stabilibus jam in tuto positis ; ac, pro reliquo rata quatuor millium centum vigenti sex librarum, ex fructibus Locorum Montium Ecclesiastici Patrimonii vacantis nuncupati, ab Erario Regio, ut mos est, annuatim persolvendarum ; alteri verò Episcopali mense Maurianensi constituimus atque assignamus annuas *libras tercentum sexaginta*, provenientes ex fundis stabilibus ad hoc in tuto positis ; itemque libras annuas *novem mille sexcentum quadraginta* ex dictis fructibus Locorum Montium Patrimonii vacantis ab Erario Regio quotannis, de more, suppeditandas ; que bine dotationes annuarum *librarum decem millium* pro quàlibet ab omni et quocumque onere immunes erunt, prout sepe laudatus Rex Carolus Felix benignissime spopondit. Utriusque preterea novarum Tarantasiensis et Maurianensis cathedralium Ecclesiarum à prelaudati Regis liberalitate jam assignata dotatio in summa *librarum similium novem millium biscentum* ex fructibus Locorum Montium Patrimonii vacantis ut suprà provenientium, ità erit dividenda, nempe : Preposito, prime post Ponticalem dignitati, in utroque Capitulo tribuitur prebenda librarum mille quingentarum annuarum, Archidiacono, Cantori, secunde videlicet et tertie dignitati, prebenda annuarum librarum mille et centum pro qualibet, et cuilibet ex septem canonicis unius et alterius Capituli prebenda librarum octingentarum annuarum pro quolibet. Quod vero attinet ad Fabricam ambarum Ecclesiarum Tarantasiensis et Maurianensis eam ipsam dotem pro illarum manutentione assignamus que pro utriusque Parochialis ecclesie Fabricis jam constituta reperitur. Quod si hec deinceps respectivis ferendis oneribus impar dignoscatur, pro certo habemus prelaudatum Regem, ex pietatis studio quo urgetur ad confovendum decorem Domus Dei, presenti ope adfuturum, et censum in earum Edium tuitionem, prout necessitas postulabit, libenter auctorem.

Supradictas porro nec erectas Episcopales Tarantasiensem et Maurianensem Ecclesias Metropolitane Ecclesie Camberiensi Suffraganeas assignamus, easdemque juri Metropolitico moderni ac pro tempore existensis Archiepiscopi Camberiensis subjicimus atque supponimus, atque omnibus honoribus, prerogativis, privilegiis, exemptionibus ac juribus, ad ceteras Cathedrales Ecclesias Metropolitane Ecclesie suffraganeas pertinentibus, pari ratione preditas fore decernimus.

In una vero et altera Tarantasiensi et Maurianensi Diecesi Ecclesiasticum Clericorum Seminarium, juxta Concilii Tridentini decreta, erigimus et constituimus, ac unicuique Edes convenientes ab antedicto Rege in hunc finem suppeditandas et ab infra dicendo exequutore approbandas respective assignamus. Dotationem Seminarii Tarantasiensis, non computatis pensionibus ab Alumnis solvendis, prefinimus in annua summa librarum bis millium quingentarum et octo circiter illius monete, proveniente ex fundis stabilibus jam in tuto positis, nec non in annuis collectis percipiendis usque ad summam, ut asseritur, librarum trium millium et centum similium ; redditus autem Seminarii diecesani Maurianensis constituimus in annua summa equalium librarum trium millium et nonaginta, proveniente ex bonis stabilibus eidem Seminario jam legatis, ac in altera summa, proveniente ex collectis que ad libras termille centum, ut asseritur; annuatim ascendunt, supralaudato autem Carolo Felici Sardinie Regi Sabaudie Montiferrati et Genue Duci ac Pedemontii Principi, ob plurima Regie sue liberalitatis de Ecclesia optime merito, ejusdem successoribus, jus nominandi infra tempus a jure prefixum Ecclesiasticas personas probatas, bonorum nominis et fame ac secundum sacrorum canonum et Concilii Tridentini decretorum dispositiones idoneas, ad memoratas Episcopales Ecclesias Tarantasiensem et Maurianensem tam pro hac prima vice, quam in futuris vacationibus, prout antea ejusdem regis Predecessores ad Sabaudie Ecclesias nominare consueverunt, nihil tamen circa id quod, tam quoad predictas nominationes, quam quoad examen, canonicam provisionem et consecrationem nominatorum ante annum millesimum octingentesimum primum servabatur innovantes, confirmamus ac de novo insuper perpetuo tribuimus atque impertimur; et simili modo prefato Carolo Felici Regi ejusque successoribus, reservata Nobis et successoribus Nostris prime dignitatis utriusque Cathedralis collatione jus nominandi ad secundam et tertiam dignitatem atque ad earumdem Tarantasiensis et Maurianensis Ecclesiarum canonicatus, exceptis Theologali ac Penitentiaria prebendis, in quibus previo formali consensu, juxta Concilii Tridentini et canonicarum sanctionum Decreta de more habendo idonee Ecclesiastice Persone erunt ab ordinario canonice instituende, indulgentes Nos, ex gratia speciali in exemplum non afferenda, Tarantasiensi et Maurianensi pro tempore Episcopis eisque necessarias tribuentes facultates ad hoc ut ipsi, in aliquo peculiari casu, si temporum circumstantie id postulabunt, onerata super hoc eorumdem conscientia, uni vel alteri ex utriusque Capituli Canonicis actu existentibus et a predicto Rege nominatis, previo tamen consueto examine, conferre possint et valeant. Habita porro ratione proventuum ac reddituum in Episcopalium Tarentasiensis et Maurianensis mensarum dotationem, ut suprà respective assignatorum, easdem Ecclesias Tarantasiensem et Maurianensem in florenis auri bis centum quinquaginta de more taxari, et hujusmodi taxas in libris Camere Apostolice describi mandamus. Cum autem dictarum Cathedralium Ecclesiarum Tarantasiensis et Maurianensis locus factus fuerit, ne ipsarum Caput Rectorque desit donec de primo respectivo Presule fuerint provise, Venerabilem Fratrem Franciscum Mariam Bigex, Archiepiscopum Camberiensem, in administratorem Apostolicum ad regendas prefatas Tarantasiensem et Maurianensem Dieceses, cum necessariis et opportunis facultatibus expresse ac specialiter constituimus et deputamus. Eidem idcirco Francisco Mariæ Archiepiscopo, quem in harum litterarum Nostrarum Exequutorem eligimus et deputamus, necessarias omnes et opportunas ad premissorum effectum plenarie consequendum tribuimus facutates, etiam unam, seu plures personam, seu personas, in Ecclesiastica dignitate constitutam seu constitutas, subdelegandi, et super quacumque oppositione in actu exequutionis quomolibet forsan oritura, servatis tamen de jure servandis, etiam definitive, et quavis appellatione remota, libere ac licite definiendi et pronunciandi. Ipsi preterea Francisco Mariæ Archiepiscopo injungimus et mandamus ut exempla singulorum actorum in harum Litterarum exequutionem conficiendorum, ad Apostolicam Sedem, quam primum fieri poterit, in authentica forma transmittat, in Archivo Congregationis rebus Consistorialibus preposite asservanda. Presentes autem Litteras et in eis contenta, quecumque etiam ex eo quod quilibet interesse habentes vel habere pretendentes vocati et auditi non fuerint ac premissis non consenserint, eorum consensui, quatenus opus sit, de Apostolice potestatis plenitudine supplentes, nullo unquam tempore de subreptionis vel obreptionis aut nullitatis vitio seu intentionis nostre vel aliquo alio etiam substantiali defectu notari, impugnari aut in controversiam vocari posse ; sed perpetuo validas et efficaces existere et fore, suosque plenarios et integros effectus sortiri et obtinere ac ab omnibus ad quos spectat inviolabiliter observari debere, volumus atque decernimus, non obstantibus de jure quesito non tollendo, de suppressionibus committendis ad partes vocatis quorum interest aliisque Nostris et Cancellarie Apostolicæ Regulis ac in Synodalibus Provincialibus universalibusque Conciliis editis specialibus vel generalibus constitutionibus et ordinationibus Apostolicis, ceterisque contrariis quibuscumque ; volumus insuper ut presentium Litterarum transumptis, etiam impressis, manu tamen alicujus notarii publici subscriptis, et sigillo persone in ecclesiastica dignitate constitute munitis, eadem prorsùs fides ubique adhibeatur que ipsis presentibus adhiberetur, si forent exhibite vel ostense.

Nulli ergo omnino hominum liceat paginam hanc Nostrarum dismembrationis, separationis, erectionis, institutionis, assignationis, attributionis, subjectionis, concessionis, indulti, declarationis, commissionis, deputationis, mandati, decreti, derogationis ac voluntatis infringere vel ei ausu temerario contraire. Siquis autem hoc attentare presumpserit, indignationem Omnipotentis Dei ac Beatorum Petri et Pauli Apostolorum ejus, se noverit incursurum.

Datum Romæ, apud Sanctum Petrum, anno Incarnationis dominice millesimo octingentesimo vigesimo quinto, nonis Augusti, Pontificatus nostri anno secundo.

Loco † Plumbi. Subscrip. I. Cardinalis Pacca Prodatarius, Pro Domino Cardinali Albani Fr. Capucini substitutus. Visa de Curia : D. Testa.

Quas quidem Apostolicas Litteras sub Plumbo datas summâ, ut par est, cum reverentiâ et honore accepimus, et quum pro omnimodâ earumdem litterarum executione nostram dignatus sit Sanctissimus Dominus eligere et deputare personam cum omnibus facultatibus in iisdem contentis, Apostolicis hujusmodi mandatis reverenti animo obtemperantes, et piissimis etiam S. R. M. votis religiosisque curis pro suorum subditorum spiritualibus subsidiis comparandis obsequi volentes, prædictarum Litterarum Apostolicarum executionem, juxta earum seriem et tenorem, aggredimur, et omnibus ac singulis ad quos spectat intimamus, silicet :

1° Præviâ dismembratione, divisione, separatione, et exemptione à Diœcesibus Camberiensi et Anneciensi omnium supradictorum locorum et parœciarum in quarum territoriis modò comprehenduntur, civitatis Munsterii apud Centrones olim Metropolitanâ Sede decoratæ, nec non civitatis pariter Sancti Joannis, in Provinciâ Maurianensi jam Pontificali Sede insignitæ, civitates episcopales respectivam erectionem cum curiâ et cancellariâ ecclesiasticâ, et cum omnibus et singulis honoribus, juribus, privilegiis et præ- rogativis de quibus in prælaudatis Litteris Apostolicis fit mentio ; atque Parochialis ecclesiæ in primodictâ civitate existentis ad cathedralis ecclesiæ Tarantasiensis sub invocatione Sancti Petri Apostolorum principis gradûs erectionem, parique modo ecclesiæ Pariochialis Deo in honorem Sancti Joannis Baptistæ in secundodictâ civitate existentis ad cathedralis Ecclesiæ Mauriancnsis sub eodem titulo erectionem, cum inibi sede episcopali pro uno deinceps Tarentasiensi, ac pro altero episcopo Maurianensi, qui ecclesiis, civitatibus et diœcibus ut suprà respective assignatis earumque clero et populo præsint, synodum convocent, omnia et singula jura, officia et munia Episcopalia habeant et exerceant, cum suis respectivis arcâ, sigillo mensâ episcopali, cæterisque Cathedralibus et Pontificalibus insigniis, juribus, honoribus, præeminentiis, gratiis, favoribus, indultis, jurisdictionibus et prærogativis quibus aliæ Ducatùs Sabaudiæ Cathedrales Ecclesiæ earumque Præsules anteà gaudebant, et gaudere poterant ; cum insuper suo respectivo capitulo cathedrali juxta dignitatem et canonicorum numerum distinctim et specialiter in eisdem Litteris enuntiatum, infràque describendum, et in eodem capitulo cum utràque præbendâ Theologali ac Pœnitentiaria ad præscriptum sacrorum canonum erigendis, atque cum suo respectivo Episcopali Seminario, prout in præfatis Litteris Apostolicis eædem erectiones et institutiones factæ leguntur.

2° *Item*, novum ambitum novosque distinctos fines, limites et circuitus, de Apostolicæ potestatis plenitudine, prævioque consensu nostro, prædictæ utriusque Diœceseos Tarantasiensis et Maurianensis, prout Sanctitas Sua in ipsis Litteris declaravit, in perpetuùm constitutos et assignatos esse, cum distinctà, ut est in more positum, descriptione et denominatione locorum cum suis parochialibus, et aliis ecclesiis, beneficiis, monasteriis et locis piis juxta utriusque præfatæ Diœcesis circumscriptionem, in ipsâ erectionis Bullâ contentam, præviâ, ut antea dictum est, eorumdem locorum à Camberiensi et Anneciensi Diœcesibus disjunctione ; assignatis insuper et subjectis futurorum ac pro tempore, existentium Tarantasiensis et Maurianensis Episcoporum ordinariæ jurisdictioni, superioritati et auctoritati respective descripti territorii Diœcesani utriusque sexûs habitatoribus, tam laïcis quam ecclesiasticis, sæcularibus et regularibus, non tamen exemptis, cujusvisque statûs, ordinis et conditionis personis.

3° *Item*, Ecclesiarum Tarantasiensis et Maurianensis toties super memoratarum suffraganeas Metropolitanæ Sedi Camberiensi assignationem.

4° *Item*, Assignationem Palatiorum quibus antea Archiepiscopi Tarantasiæ et Episcopi Maurianæ potiebantur, pro decenti utriusque respectivi Episcopi Tarantasiensis et

Maurianensis, eorumque in Episcopatu successorum, habitatione.

5° *Item*, Decretam dotationem congruam de novo, ut supra erectarum sedium Episcopalium, atque noviter erectorum Capitulorum Cathedralium, Fabricarum Cathedralium et Seminariorum Ecclesiasticorum utriusque Tarantasiensis et Maurianensis Diœcesis ad præscriptum earumdem Litterarum Apostolicarum de quarum agitur executione, et prout prælaudata Majestas Sua pro insigni pietate et Regiâ suâ munificentiâ ultro obtulit.

6° *Item*, Statutum per easdem Litteras numerum Dignitatum et Canonicarum quo dicta Capitula Cathedralia Tarantasiense et Maurianense constant; nempe trium dignitatum quarum prima post Pontificalem, Præpositura, secunda Archidiaconatus, tertia Cantoratus, et septem insuper Canonicorum titularium, nec non parochorum Ecclesiarum parochialium in utraque præfata civitate Munsteriensi et Sancti Joannis Maurianensi, nunc et pro tempore existentium, quæ quidem in dictis Cathedralibus pergent esse parochiales, et quarum parochi, ex speciali Sanctæ Sedis Apostolicæ gratiâ, reputari et esse debeant canonici honorarii, absque ullâ servitii choralis obligatione, cum jure tamen habendi stallum in choro, et gaudendi voce ac voto in Capitulo.

7° *Item*, Licentiam utrique dicto Capitulo Cathedrali Apostolicâ auctoritate concessam condendi quælibet statuta, ordinationes et decreta, licita tamen et honesta, ac sacris canonibus minimè adversantia, quæ postmodum pro eorum robore et plenario effectu sint omninò subjicienda ordinario, et ab eo speciatim approbanda ; itemque facultatem gaudendi omnibus et singulis honoribus, gratiis et privilegiis quibus Capitula aliarum Ecclesiarum Cathedralium in Sabaudiæ Ducatu existentium legitimè ac liberè fruuntur et gaudent.

8° *Item*, Apostolicam confirmationem et concessionem

in eisdem Litteris contentam, in favorem S. R. M. et Augustorum ejus successorum juris nominandi ad memoratas Episcopales Ecclesias Tarantasiensem et Maurianensem, prout anteà ad Sabaudiæ Ecclesias nominare consueverunt, absque tamen ullâ innovatione, tam quoad prædictam nominationem et canonicam provisionem, quàm quoad examen et consecrationem nominatorum et nominandorum, quæ antè annum millesimum octingentesimum primum servabantur ; ac præteræa concessionem S. R. M. ejusque successoribus juris nominandi ad secundam et tertiam dignitates, et ad canonicatus præfatarum Cathedralium Ecclesiarum idoneas Ecclesiasticas personas ab ordinario canonicè instituendas, prævio tamen, quoad Theologalem et Pœnitentiariam præbendas, formali concursu, juxta canonicarum sanctionum Decreta, de more habendo, aut ex speciali gratiâ Sanctæ Sedis Apostolicæ, Episcopis Tarantasiensi et Maurianensi concessâ, prævio saltem examine consueto, in aliquo peculiari casu, et si temporum circumstantiæ id expostulent, uni vel alteri ex utriusque Capituli canonicis actu existentibus et à prædictâ S. R. M. nominatis illas conferendi facultates ; reservatâ tamen Sanctitati Suæ, ac Romanis Pontificibus ipsius successoribus, Præpositurae dignitatis in utroque Capitulo liberâ collatione.

9° *Item*, Præviâ dismembratione ac separatione à Diœcesi Anneciensi septem parœciarum quæ vulgò appellantur, Bloye, Héry-sur-Alby, Lornay, Marigny, Moye et Rumilly, cum omnibus et singulis ecclesiis beneficiis, clero, populo, personis etiam ecclesiaticis, tàm secularibus quàm regularibus, non tamen exemptis, cujusvis gradûs ordinis, et conditionis, prædictæ Metropolitanæ Camberiensi Ecclesiæ perpetuam adjunctionem et incorporationem, atque Nobis, nec non successoribus nostris subjectionem, secundùm prælaudatarum Litterarum Apostolicarum tenorem.

10° *Item*, in futuris provisionibus Apostolicis dictarum Episcopalium Ecclesiarum Tarantasiensis et Maurianensis taxam respectivam auri florenorum biscentum quinquaginta, in libris Cameræ Apostolicæ esse statutam.

11º Cum autem dictarum Cathedralium Ecclesiarum Tarantasiensis et Maurianensis locus factus fuerit, ne ipsarum Caput Rectorque desit, donec de primo respectivo Præsule fuerint provisæ, à Sanctitate Suà, nostram personam ad regendas præfatas Tarantasiensem et Maurianensem Diœceses cum necessariis et opportunis facultatibus in Administratorem Apostolicum expressè ac specialiter constitutam et deputatam esse.

12º Demum, quoad in una et altera Tarantasiensi et Maurianensi diœcesibus stabiliendi Clericorum Seminarii Edes convenientes à S. R. M., ut in præfatâ Bullâ legitur, suppeditandas, illarum approbationem Nobis esse reservatam.

Quæ omnia et Singula à Sanctissimo Domino nostro Papa in præinsertis Litteris suis Apostolicis respective facta, statuta, decreta, et ordinata, cum omnibus legibus, conditionibus, reservationibus, mandatis et decretis in ipsis contentis, vobis omnibus et singulis supradictis, quibus præsens noster processus dirigitur, intimamus, insinuamus, notificamus, ac per præsentes ad vestram, et cujuslibet vestrûm, notitiam deducimus et deduci volumus; vosque omnes et singulos supradictos, tenore præsentium requirimus et monemus primo, secundo, tertio et peremptorie, communiter et divisim, ac vobis ac vestrûm cuilibet in solidum, in virtute sanctæ obedientiæ, et sub infrascriptis sententiarum pœnis districte præcipiendo mandamus quatenùs prædictas Litteras Apostolicas, ac omnia et singula in eis contenta faciatis auctoritate nostrâ, imò veriùs Apostolicâ, ab omnibus ad quos spectat inviolabiliter observari.

Quod si monitionibus nostris, imò veriùs Apostolicis, non parueritis realiter cum effectu, aut quidquam forte adversùs præmissa omnia aut eorum aliqua commisertis,

Nos in vos omnes et singulos qui culpabiles fueritis in præmissis, et generaliter in contradictores et rebelles quoslibet ex nunc, prout ex tunc, Excommunicationis in Laïcos et Suspensionis à Divinis atque Interdicti in Ecclesiasticos sententias ferimus in his scriptis, et per præsentis processùs instrumentum promulgamus ; absolutionem verò omnium et singulorum qui prædictas sententias, aut earum aliquam, quolibet modo incurrerint, Nobis et superiori nostro tantummodò reservamus.

Cæterùm, cum pro solemniori præinsertarum Litterarum et præmissorum omnium super locorum loca promulgatione faciendà, ac pro ulteriori actuali earumdem Litterarum executione, Nos ipsi personaliter interesse non valeamus, idcircò, Nobis reservamus facultatem etiam unam, seu plures, personam, seu personas, in ecclesiasticâ Dignitate constitutam, seu constitutas, subdelegandi, quatenùs ab ipsâ, seu ab ipsis, vices nostras gerendo, super locum loci, juxtà ea quæ in specialibus mandatis à Nobis pro varia rerum exequendarum opportunitate expediendis ipsa recipiet, seu ipsæ recipient, solemniter declaretur, publicetur atque promulgetur, eaque præterea per Nos aut per eam personam ; seu eas personas super omnibus et singulis in prælaudatis Apostolicis Litteris contentis gerendi, faciendi, disponendi, ac statuendi, omnesque cujusvis generis quæstiones et controversias, super præmissis forsitan exorituras, examinandi, judicandi et definiendi quæ in ulteriori executione dignoverimus necessaria.

In quorum omnium et singulorum fidem ac testimonium præsentes Nostras Litteras, vim publici instrumenti in se continentes, manu propriâ firmatas, exinde fieri ac per secretarium nostrum subsignatum subscribi, sigilliqué nostri jussimus et fecimus impressione muniri.

Actum et datum Camberii, in Palatio Archiepiscopali Nostro, anno post Christum natum millesimo octingentesimo vigesimo quinto, die decimâ nonâ mensis septembris,

Indictione XIII, Pontificatûs autem Sanctissimi in Christo Patris et Domini Nostri D. Leonis Papæ XII, anno secundo.

De Mandato, etc.

Sign. † Fr[anciscus] Ma[ria] Archiepiscopus.

Suivent (pp. 64 à 70) 1° les délégations accordées à l'Archidiacre Vicaire général et Official métropolitain A. Martinet, pour fulminer la précédente Bulle en Tarentaise, et au Prévôt de Mouxy de Loche, pour la fulminer en Maurienne ; 2° les procès-verbaux respectifs desdites publications.

129

Bulle de Léon XII, transférant Mgr Antoine Martinet de l'Evêché de Tarentaise à l'Archevêché de Chambéry.[1]

28 janvier 1827.

(Déc. : Chap. XXI, page 302.)

NOTA. — Sauf en ce qui concerne quelques transpositions et les modifications nécessitées par les changements dans les noms du pape, du prince, de l'évêché, du titulaire et de son prédécesseur sur le siège Archiépiscopal, le texte de cette Bulle est presque en tout conforme au texte de la Bulle suivante, dont nous avons tous connu l'eminent destinaire, et à laquelle nous renvoyons pour éviter ici le

---

[1] Archiv. Archiép., Reg. V, pp. 159-160.

double emploi. Pour reconstituer le texte de la Bulle de 1827, il suffira, en lisant celle de 1840, de substituer Léon XII à Grégoire XVI, Charles-Félix à Charles-Albert, l'Evêché de Tarentaise à celui de Maurienne, l'Evêque Mgr Martinet à l'Evêque Mgr Billiet, et l'Archevêque défunt Mgr Bigex, à l'Archevêque défunt Mgr Martinet.

130

Bulle de Grégoire XVI, transférant Mgr A. Billiet de l'Evêché de Maurienne à l'Archevêché de Chambéry.[1]

27 Avril 1840.

(Déc. : Chap. XXI, page 308.)

Gregorius Episcopus servus servorum Dei, venerabili Fratri Alexio Billiet, nuper Episcopo Maurianensi, in Archiepiscopum Camberiensem Electo, Salutem et Apostolicam Benedictionem.

Romani Pontificis, quem Pastor ille cœlestis et Episcopus animarum, potestatis plenitudine sibi traditâ, ecclesiis prætulit universis, sollicitudo requirit ut circa cujuslibet ecclesiæ statum sic vigitanter excogitet sicque prospiciat diligenter quod per ejus Providentiam circumspectam interdum per simplicis provisionis officium, quandoque vero per ministerium translationis accomodè, prout personarum locorum et temporum qualitas exigit, ac ecclesiarum ipsarum utilitas persuadet, ecclesiis singulis Pastor accedat

[1] Archiv. archiép. Reg. V, pp. 156–158.

idoneus et Rector providus deputetur qui populum sibi commissum salubriter dirigat et informet, ac bona ecclesiarum ipsarum non solum gubernet utiliter, sed etiam multimodis efferat incrementis.

Sanè Metropolitanæ ecclesiæ Camberiensis ad quam, dum illa pro tempore vacat, nominatio personæ idoneæ romano Pontifici pro tempore existenti facienda, ad carissimum in Christo filium Nostrum Carolum Albertum Sardiniæ Regem illustrem ex indulto seu privilegio apostolico spectare et pertinere dignoscitur, et cui bonæ memoriæ Antonius Martinet, ultimus illius Archiepiscopus, dum viveret, præsidebat, per obitum dicti Antonii, qui extra romanam curiam debitum naturæ persolvit, Pastoris solatio destituta, Nos vacatione hujusmodi fide dignis relatibus intellecta, ad provisionem ejusdem Metropolitanæ ecclesiæ Camberiensis celerem et felicem, ne illa longæ vacationis exponatur incommodis, paternis et sollicitis studiis intendentes, post deliberationem quam de præficiendo eidem ecclesiæ Metropolitanæ Camberiensi personam utilem ac etiam fructuosam, cum venerabilibus Fratribus Sanctæ Romanæ ecclesiæ Cardinalibus habuimus diligentem, demùm ad Te, nuper episcopum Maurianensem, consideratis grandium virtutum meritis quibus personam tuam illarum largitor Altissimus multipliciter insignivit, et attendentes quod Tu qui, postquam ecclesiæ Maurianensi prædictæ in episcopum præfectus fuisti, suscepto consecrationis munere, pastorale officium laudabiliter explevisti solemniter celebrando, ordines conferendo, sacramentum Confirmationis administrando, atque ecclesiam et diœcesim tuam visitando, quique fidem catholicam juxta articulos jampridem à Sede Apostolica propositos expressè professus es, et quem prædictus Carolus Albertus Rex Nobis ad hoc per suas litteras nominavit, eamdem Metropolitanam ecclesiam Camberiensem scies, voles et poteris, auctore Domino, salubriter regere et feliciter gubernare, direximus oculos nostræ mentis, quibus omnibus debita meditatione pensatis, Te à vinculo quo prædictæ ecclesiæ Maurianensi, cui tunc præeras, tenebaris, de eorumdem Fratrum consilio et Apostolicæ potestatis plenitudine absolventes, Te ad dictam Metropolitanam ecclesiam Camberiensem, de simili consilio, Apostolicâ auctoritate prædictâ, transferimus, Teque illi in Archiepiscopum præficimus et Pastorem, curam, regimen et administrationem ipsius Metropolitanæ ecclesiæ Camberiensis in spiritualibus et temporalibus Tibi plenariè committendo, liberamque Tibi ad eamdem Metropolitanam ecclesiam Camberiensem transeundi licentiam tribuendo, firmâ spe fiduciâque conceptis, quod dexterâ Domini Tibi assistente propitiâ, prædicta Metropolitana ecclesia Camberiensis, sub tuo felici Gubernio regetur utiliter, et prosperè dirigetur, ac grata in spiritualibus et temporalibus suscipiet incrementa.

Quocircà Fraternitati Tuæ per Apostolica scripta mandamus, quatenus ad istam Metropolitanam ecclesiam Camberiensem, cum gratia nostræ benedictionis accedens, curam regimen et administrationem sic exercere studeas sollicitè fideliter et prudenter, quod exindè sperati fructus proveniant, et tuæ bonæ famæ odor ex tuis laudabilibus actibus latius diffundatur, ac ipsa Metropolitana ecclesia Camberiensis Gubernatore provido et fructuoso Administratore gaudeat se commissam, Tuque, præter æternæ retributionis præmium, Nostram ex Sedis Apostolicæ benedictionem et gratiam exindè uberrimè consequi merearis.

Volumus autem quod Tu, antequàm regimini et administrationi dictæ ecclesiæ metropolitanæ Camberiensis in aliquo te immisceas, in manibus cujuscumque quem malueris catholici Antistitis, gratiam et communionem Sedis Apostolicæ habentis, fidelitatis debitæ solitum juramentum, juxta formam quam sub Bullâ nostrâ mittimus introclusam, præstare et formam juramenti hujusmodi quod Tu præstabis

Nobis de verbo ad verbum, per tuas patentes litteras, tuo sigillo munitas, cum tui ac prædicti Antistitis subscriptione quantocitius transmittere omnino tenearis, cui quidem Antistiti per alias nostras litteras mandamus ut ipse a Te, Nostro et Romanæ ecclesiæ nomine, juramentum hujusmodi recipiat.

Volumus etiam quod tu Theologalem et Pœnitentiariam præbendas quibus dicta Metropolitana ecclesia Camberiensis in præsenti caret, ad præscriptum Concilii Tridentini instituas, Palatii Archiepiscopalis reparationi consulas, Montemque Pietatis erigere cures, conscientiam tuam super his onerantes. Datum Romæ apud Sanctum Petrum, anno Incarnationis Dominicæ millesimo octingentesimo quadragesimo, quinto Kalendas Maii, Pontificatûs nostri anno decimo.

181

Bref de Pie IX, réduisant le nombre des fêtes obligatoires dans les Etats du Roi de Sardaigne — Mgr Gianotti, Evêque de Salucces, délégué Apostolique, commet Mgr Billiet pour publier le Bref dans son diocèse. [1]

6 septembre 1853.

(*Déc.*: Chap. XXI, note 38.)

Joannes Antonius Giannotti Archiepiscopus Dei et S. Sedis Apostolicæ Gratiâ Episcopus Salutiarum, et ad infrascripta Apostolicus Delegatus, venerabili Fratri Alexio Billet, Archiepiscopo Camberiensi.

---

[1] Archiv. Archiép. — Feuille volante.

Summâ animi veneratione accepimus Literas Apostolicas in formâ Brevis diei 6 Septembris nuper elapsi, quarum vigore Nobis eæ partes impositæ fuerunt, ut, Auctoritate Apostolica, omnibus Sacris Antistitibus qui in Ditionis finibus existunt Sardiniæ Regis, facultatem faciamus Indultum in dictis Litteris contentum publicandi, ut legitimum inde effectum consequatur.

Sanctissimi ergo Summi Pontificis mandatis obsequentes, Tibi Venerabili Confratri Alexio Billet, Archiepiscopo Camberiensi, supradictas Apostolicas Litteras, seu Indultum communicamus, Teque in Domino rogamus, ut Eas in tua Diœcesi publices, Easque ab omnibus fidelibus spirituali Tuæ curæ commissis exacte observari mandes, juxta Earum formam ac tenorem.

Dum hoc Nostræ humilitati demandatum munus implemus, vehementer Nobiscum ac Tecum in Domino gaudemus de hoc non dubio tam ardenter optatæ inter Ecclesiasticam et Civilem Supremas Potestates reconciliationis ac pacis indicio, a quo meliora, imo fausta omnia, adjuvante Deo, Ecclesiis Nostris adfutura confidimus.

Salutiis, die 16 Octobris 1853.

† Joannes Arch. Episcop. Apostol. Deleg.

Venerabili Fratri,
Joanni Antonio Episcopo Salutiarum.

PIUS PP. IX.

Venerabilis Frater, Salutem et Apostolicam Benedictionem.

Quamquam Nobis, in Ecclesiæ Universæ regimine de animarum salute dies noctesque cogitantibus, illa in primis cura sit, ut observantiam promoveamus dierum Festorum, quibus debitum Supremo rerum Auctori cultum fideles exhibeant, atque in tantis constituti periculis opem sibi et patrocinium cœlestium civium promereantur; attamen quandoque inducimur ad Festorum numerum pro aliqua regione, vel regno minuendum, quum temporalibus populorum necessitatibus occurendum sit, quod quidem a Prædecessoribus Nostris aliquando factum esse comperimus.

Jamvero supplicatum Nobis est nomine Carissimi in Christo Filii Nostri Victorii Emanuelis Sardiniæ Regis illustris, ejusque Gubernii ut, ad subveniendum præsertim hominum inopiæ, qui artium exercitio et manuum labore victitare coguntur, in universo ipsius Regno Festorum dierum numerum imminuere velimus. Nos maturâ hac super re deliberatione adhibitâ, attentis expositis rationibus, aliisque de causis animum Nostrum moventibus, hujusmodi supplicationibus adnuendum existimavimus.

Itaque, omnes et singulas personas quibus hæ Litteræ favent, peculiari beneficentiâ prosequi volentes, et a quibusvis excommunicationis et interdicti, aliisque ecclesiasticis sententiis, censuris et pœnis, quovis modo, vel quavis de causâ latis, si quas forte incurrerint, hujus tantum rei gratia absolventes, et absolutas fore censentes, in universa Sardiniæ Regis Ditione Festos dies, quibus ex Ecclesiæ præcepto audire Sacrum et abstinere ab operibus servilibus fideles teneantur, Auctoritate Nostrâ Apostolicâ, hos dumtaxat imposterum esse volumus, ac declaramus, ac primum quidem omnes et singulos dies Dominicos, deinde sacros dies qui sequuntur, scilicet: Nativitatis, Epiphaniæ, Ascensionis Domini Nostri Jesu Christi, Conceptionis, Nativitatis, Assumptionis B. Mariæ Virginis, Sanctissimi Corporis Christi, Beatorum Apostolorum Petri et Pauli, Omnium Sanctorum, denique Cœlestis Patroni cujusque Diœcesis, vel Civitatis, aut Oppidi, juxta morem inibi servatum.

Reliquos autem Festos dies ecclesiastico præcepto comprehensos in singulis Dioecesibus quæ Sardiniæ Regis Ditione continentur, ab eorum Festorum numero expungimus, sic ut iisdem diebus fideles omnes minime teneantur obligatione Missam audiendi, et servilibus operibus vacare libere ac licite possint et valeant. Ex hac vero Festorum dierum imminutione nihil innovatum volumus, ac mandamus circa sacram liturgiam in Ecclesiis servandam, atque idcirco memoratis diebus tum Chori servitium et Missarum celebrationes, tum aliæ ecclesiasticæ functiones erunt, velut antea, peragendæ.

Tibi proinde, Venerabilis Frater, præsentium Litterarum vi, eas partes imponimus, ut, Auctoritate Nostrâ Apostolicâ, omnibus Sacris Antistitibus qui in Ditionis finibus existunt Sardiniæ Regis, facultatem facias præsens Indultum publicandi, ut legitimum inde effectum consequatur. Cæterùm fideles omnes, ad quos hæc Nostra concessio spectat, etiam atque etiam hortamur, ut reliquos Festos dies et Sacramentorum usu, et pietatis operibus exercendis, in Dei honorem cultumque traducere studeant, ut cœlestis gratiæ auxilia comparare sibi queant, quibus maxime indigemus ad feliciter ineundam vitæ immortalis possessionem. Hæc concedimus, volumus, mandamus, non obstantibus Apostolicis, ac in Universalibus, Provincialibusque et Sinodalibus Conciliis editis generalibus vel specialibus Constitutionibus et Ordinationibus, cæterisque contrariis quibuscumque.

Datum Romæ, apud S. Mariam Majorem, sub Annulo Piscatoris, die VI Septembris MDCCCLIII, Pontificatûs Nostri anno octavo.

Pro Domino Cardinali LAMBRUSCHINI

Firm. Io. B. Brancaleoni Castellani Substitutus.
Ita de verbo ad verbum ab originali.
Salutiis die. 23ᵃ 8^{bris} 1853.

† Joannes Arch. Episcop.

132

Bref de Pie IX qui étend à la Savoie et à Nice, après leur annexion à la France, le Concordat de 1801, - à l'exclusion formelle des articles organiques, et de la loi sur le mariage civil. [1]

31 décembre 1860.

(Déc. : Chap. **XXI**, note 67*).*

Venerabilibus Fratribus Alexio Archiepiscopo Camberiensi, ejusque Suffraganeis, et Petro Episcopo Niciensi,

PIUS PP. IX.

Venerabiles Fratres, salutem et Apostolicam Benedictionem. Universi Dominici gregis cura Nobis ab ipso Christo Domino divinitus commissa postulat, ut pro variis temporum vicibus, ea suscipiamus consilia quæ ad animarum salutem, reique sacræ procurationem magis conducere videntur. Optime nostis, Venerabilis Fratres, quomodo istæ tum Sabaudiæ tum Nicææ provinciæ Gallico Imperio fuerint adjunctæ, neque ignoratis quibus enixis iteratisque precibus Serenissimus ac Potentissimus Gallorum Imperator Napoleo III a Nobis efflagitaverit, ut ad ipsas provincias extendere velimus Conventionem, quæ a felicis recordationis Pio VII, decessore Nostro, cum Gallicano Gubernio die decimaquinta mensis julii anno millesimo octingentesimo primo fuit inita. Nos itaque de Ecclesiæ prosperitate, vestraque tranquilitate, atque spirituali istorum populorum bono vel maxime solliciti, præ oculis habentes illud S. Leo-

[1] Arch. Archièp. — feuille volante.

nis Magni Prædecessoris Nostri monitum, « sicut quædam
« sunt, quæ nulla possunt ratione convelli, ita multa sunt,
« quæ aut pro consideratione ætatum, aut pro necessitate
« rerum oporteat temperari [1] » rebus omnibus maturo examine perpensis, ejusdem Imperatoris votis obsecundare censuimus. Quapropter hisce Litteris Auctoritate Nostrâ Apostolicâ commemoratam Conventionem a recolendæ memoriæ Pio VII, decessore Nostro, cum Gallicano Gubernio die decimaquinta mensis julii anno millesimo octingentesimo primo initam, et Apostolicis suis Litteris die decimo octavo Kalendas septembris ejusdem anni millesimi octingentesimi primi sub plumbo datis, quæ incipiunt « *Ecclesia Christi* » confirmatam et vulgatam, ad istas tum Sabaudiæ, tum Nicææ provincias Gallico Imperio adjectas extendimus, et iccirco in eisdem provinciis ea omnia, quæ in prædictâ Conventione sunt constituta et sancita, sedulo servanda et perficienda esse volumus et mandamus. Atque id constituimus, non obstantibus etiam speciali et individua mentione ac derogatione dignis in contrarium facientibus quibuscumque. Hinc pro vestrâ sapientiâ apprime intelligitis, Venerabiles Fratres, vestram in posterum agendi rationem plane esse conformandam ad normam memoratæ Pii VII Conventionis, ac Vos omnino liberos ac solutos esse ab iis obligationibus, quibus antea, ob Conventiones ab hac Sancta Sede cum Sardiniæ Rege initas, eratis obstricti. Optime etiam noscitis, a Vobis executioni esse mandanda illa dumtaxat, quæ in prædicta Pii VII Conventione sunt constituta.

Quocirca, veluti jam Gallico imperiali Gubernio declarandum curavimus, in istis Sabaudiæ et Nicææ provinciis eidem Gubernio nunc subjectis, nullum unquam locum habere poterunt nec *Articuli Organici* contra quos hæc Apostolica Sedes constanter reclamare et protestari

---

[1] *Epist. 147, ad. Rusticum Episc. Narbon.; edit. Baller.*

haud omisit, nec *lex de civili matrimonio,* nec alia quævis dispositio, quæ Catholicæ Ecclesiæ doctrinæ, ejusque juribus quovis modo adversetur. Dum vero ea fiducia nitimur fore ut ipsum Imperiale Gubernium in istis provinciis sibi subjectis ea exsequens, quæ in memorata Pii VII Conventione sunt sancita, nihil unquam velit, quod Catholicæ Ecclesiæ doctrinæ, ejusque juribus refragetur, plane non dubitamus quin Vos, Venerabiles Fratres, pro eximiâ vestrâ religione, virtute, et episcopali zelo ipsius Ecclesiæ doctrinam, et jura sedulo, prudenter, strenue, constanterque tueri ac defendere contendatis. Quod vero attinet ad istarum Archiepiscopalis, et Episcopalium Sedium, atque istius Cleri rationes, sciatis velimus, ipsum Serenissimum Imperatorem asseverasse se, non solum eisdem Sedibus et Clero congruam dotem esse attributurum; verum etiam asserturum Ecclesiæ suum plenum liberumque jus, quo etiam in Galliâ pollet, retinendi, acquirendi, et administrandi sua temporalia bona et possessiones. Jam vero summopere optamus, ut hoc, futurisque temporibus, omnes cognoscant Nos nullâ prorsus politicâ civilique ratione adductos, sed ex more institutoque hujus Apostolicæ Sedis spectantes Ecclesiæ causam ac spiritualem istorum fidelium utilitatem, rerumque sacrarum istic procurationem constituisse, ut prædicta Pii VII Conventio in istis Sabaudiæ et Nicææ provinciis servetur, omnemque vim habeat. Itaque illustribus Prædecessorum Nostrorum vestigiis, ac præsertim recolendæ memoriæ Gregorii XVI Constitutioni Nonis Augusti anno millesimo octingentesimo trigesimo primo editæ plane inhærentes, ea omnia, quæ in eadem Constitutione sunt declarata et constituta, Nos pariter declaramus, constituimus, ac integra et inviolata esse volumus et decernimus. Atque hujus Constitutionis exemplar Vobis mittendum esse duximus, Venerabiles Fratres, quo facilius ante oculos habere possitis quæ in eadem Constitutione sunt enunciata et sancita. Denique nihil Nobis gratius, quam hac etiam uti occasione, ut denuo testari et confirmare possimus præcipuam, quâ Vos Venerabiles Fratres, prosequimur benevolentiam. Cujus quoque certissimum pignus esse volumus Apostolicam Benedictionem, quam toto cordis affectu Vobis ipsis, Venerabiles Fratres, cunctisque Clericis Laicisque fidelibus cujusque Vestrùm vigilantiæ commissis peramanter impertimus.

Datum Romæ, apud Sanctum Petrum, die 31 decembris, anno 1860. Pontificatûs Nostri anno decimoquinto.

Pius PP. IX.

133

Bulle de S. S. Pie IX qui délimite la province ecclésiastique de Chambéry, en détache le diocèse d'Aoste, et l'unit à celle de Turin [1].

1er décembre 1862.

Pius, Episcopus, servus servorum Dei, ad perpetuam rei memoriam.

Romanorum Pontificum impensiora studia in id assiduè collata conspicuuntur ut, quæ Dominici Gregis animarum regimen et procurationem catholicis præsulibus concreditam respiciunt, aptiori modo, pro temporum vicissitudine, retexantur ecclesiasticæ jurisdictiones ad civilium normam in id opus etiam moderando, ita ut si dominantes Principes provincias dividissent et Ecclesia eorum divisionem adoptaverit.

[1] Copie authentiquée, aux Archives archiépiscopales de Chambéry.

Idcircò ad populorum in variis ditionibus viventium spirituale bonum promovendum opere pretium existimarunt varias nonullarum diœcesum partes in ipsis ditionibus mixtim existentes commutare, illasque sub vigili unius tantùm capitis inspectione claudere, ità quod Grex ipse Dominicus alicui regioni insitus ac iisdem legibus et consuetudinibus imperatus, sub uno pariter eodemque pabulo et supremo Pastore instituatur et gubernetur.

Quod eò magis lubentiusque concedendum rati sunt, quum alicujus inclyti et de Apostolicâ Sede optimè meriti Principis vota id expetere persuaserunt.

Hâc siquidem consulendi agendique ratione (qua tamen nulla unquàm pro cognoscendis decernendisque Dominantium juribus sancita quandocumque consetur Ecclesiæ dispositio) apprimè Nos moti, ac prædecessorum nostrorum vestigiis inhœrentes, novam ecclesiasticæ Provinciæ Camberiensis circumscriptionem, nec non alicujus eidem suffraganeæ diœcesis limitationem statuendam censuimus, favorabili sic excipientes animo postulationes Carissimi in Christo filii nostri Napoleonis, hoc nomine Tertii, Galliarum Imperatoris, quibus post peractam elapso anno à regio Taurinensi Gubernio cessionem civilis territorii totius Sabaudiæ favore imperialis Gallici gubernii obsequentissimè efflagitabat ut pro illius Provinciæ Christi fidelium expeditiore atque uberiore spirituali administratione, nova aptiorisque circumscriptionis providentia haberetur.

Sed recordari hic oportet Nos ea omnia quæ sapienter relata rursusque declarata et confirmata comperiuntur in Apostolicâ Constitutione felicis recordationis Gregorii Papæ Decimi sexti, prædecessoris nostri, anni Domini millesimi octingentesimi trigesimi primi, nonis Augusti, quæ incipit *sollicitudo animarum*, nunc ad hoc etiam de quo agitur negocium prorsùs retinere atque adeò profiteri.

His præhabitis, quùm dilectus filius noster Alexius, tituli Sancti Alexii Sanctæ Romanæ Ecclesiæ presbyter Cardinalis Billiet nuncupatus, ex dispensatione Apostolicâ modernus Camberiensis Præsul, nec non venerabiles fratres nostri Camberiensis ecclesiasticæ provinciæ Episcopi necessarium ad opus prædictum conficiendum consensum ultrò præstiterint, Nos proptereà qui catholicæ Ecclesiæ prosperitatem ac christianæ plebis tranquilitatem Apostolicâ sollicitudine procurantes, ac juxtà temporum necessitatem et ætatum considerationem, immutare haud detrectamus quæ ad diœceseum aptiùs conformanda limina pro faciliori illarum regimine et gubernio magis in Domino expedire deprehendimus, prænunciati Napoleonis Imperatoris pia desideria benigno favore prosequi volentes, ac consensum à relatis Alexio Cardinale et Præsule dictisque Episcopis ad hoc ut præmittitur præstitum, acceptum ratumque habentes, necnon quatenùs opus sit cæterorum quorumvis in hujusmodi negotio interesse quomodocumque habere præsumentium vel reapse habentium assensui quàm pleniùs Apostolicâ auctoritate harum quoque serie supplentes, omnesque et singulos quibus hæ nostræ litteræ favent, à quibusvis excommunicationis suspensionis et interdicti aliisque Ecclesiasticis sententiis, censuris et pœnis à jure vel ab homine quâvis occasione vel causâ latis, si quibus quomodolibet innodati existunt, ad affectum præsentium tantùm consequendum, harum serie absolventes et absolutos fore consentes, cunctis quæ animadvertenda erant matura deliberatione perpensis, motu proprio et ex certâ scientiâ, deque Apostolicæ potestatis plenitudine, Augustanam ecclesiam Episcopalem in Sabaudiâ ab omni metropolitico jure Camberiensis Ecclesiæ, ità ut ipsam et Augustana ecclesia et urbs universumque diœcesanum territorium atque adeò cuncta quæ inibi reperiuntur oppida, oratoria, ecclesiæ sive parochiales sive succursales, sive simplices, itemque conventus, monasteria, ecclesiastica quæque instituta ac tàm secularia quàm regularia, quorumvis ordinum beneficia inibi existentia omnesque deniquè singulique utriusque sexus incolæ, laïci, clerici, presbiteri atque monastici, cujuscumque sint gradûs, ordinis et conditionis, isthæc utiquè omnia et singula cùm, de more inhærentibus accessoriis, ex nunc in posterùm à quavis metropoliticâ Archiepiscopi Camberiensis superioritate et prerogativâ jurisdictionali penitùs subtracta sint et censeantur, Apostolicâ auctoritate perpetuò eximimus et separamus.

Illicò verò relatam Augustanam Ecclesiam una videlicet cum omnibus sic exemptis et separatis oppidis, locis, incolis, rebus et quibusque de more comitantibus accessoriis, in metropolitanæ Ecclesiæ Taurinensis suffraganeam, ità quod prout singulis juribus, honoribus, prærogativis, gratiis et privilegiis quibus de communi jure cæteræ ipsius metropolitanæ Ecclesiæ Taurinensis suffraganeæ utuntur atque fruuntur, pariformiter uti et frui, ità etiàm eadem nimirum onera, munera et observantias obire debeat simili Apostolica auctoritate perpetuò quoque subjicimus.

Quò verò ad limites tùm Augustanæ tùm etiàm alterius conterminæ Tarantasiensis ecclesiarum, eadem Apostolicâ auctoritate statuimus ut iidem deinceps et perpetim sint qui jam inter imperiale Gallicum Gubernium et alterum regium Taurinense pacti reperiuntur, quique in ipsâmet conventione cessionis provinciæ Sabaudiæ, uti superius inita, definiti et declarati videntur; præfinientes proptereà instrumenta, scripta et alia quæ de ecclesiastico jure, oppida, parœcias, ecclesias, beneficia et incolas utriusque sexûs à diœcesi Tarentasiensi secernendos respiciunt ab illius cancellariâ ecclesiasticâ dividi, alterique Augustanæ pro opportunitate tradi posse ad futuram quamcumque necessitatem fidelitate asservandâ.

Hisce ità compositis, noviterque circumscripta ecclesiastica Camberiensis seu Sabaudiensis provincia, declaramus nunc quod Camberiensis et Anneciensis diœceseum limites iidem prorsùs conservantur qui jamdiu invaluerunt, quique pro utiliore illorum Christifidelium spirituali curâ opportuniores aptioresque esse etiàm modo dignoscuntur ; quodque ecclesia item Maurianensis sua prisca diœcesis confinia tutabit, adeòque Montis Cenisii parœcia illiusque hospitium cum omnibus suis peculiaribus redditibus cæterisque adnexis et concomitantibus accessoriis ejusdem diœcesis administrationi et jurisdictioni subjecta continuo permanebunt. Atque insuper iisdem Ecclesiis totique Camberiensis seu Sabaudiensis provinciæ ecclesiasticæ præfatæ extensam volumus conventionem quæ à rec. mem. Pio papa Septimo etiam prædecessore nostro, cum Gallicano Gubernio, die decimâ quintâ mensis Julii anni Domini millesimi octingentesimi primi inita, ac Apostolicis litteris sub plumbo exordientibus : « *Ecclesia Christi* » ac datis Romæ decimo octavo kalendas septembris ejusdem anni, confirmata fuit, *sartis tectis, cæteroquin, Nostris encyclicis Litteris Apostolicis diei trigesimæ primæ, decembris transacti anni domini quæ incipiunt : Universi Dominici gregis curæ, ad effatum Camberiensem Præsulem missis, usum Conventionis ejusdem declarantibus.*

Præsentes quoque litteras de subreptionis vel obreptionis aut nullitatis, aliove quocumque vitio seu intentionis nostræ, aut quolibet alio defectu quantumvis juridico et substantiali, etiam ex eo quod omnes et singuli in præmissis et quomodolibet interesse habentes vel habere putantes et prætendentes cujuscumque qualitatis, status, gradus, conditionis et dignitatis existant, forsan ad id vocati, citati et auditi non fuerint, ac iisdem præsentibus non consenserint, ac causæ propter quas præmissa omnia et singula emanarunt minime vel minùs sufficienter examinatæ sint, et ex quocumque alio capite quantumvis legitimo, pio, privilegiato ac speciali notâ digno impugnari, retardari, invalidari, infringi aut irritari, seu ad viam et terminos juris reduci, ac adversùs illas oris aperitionem seu aliud quodcumque juris vel facti remedium, etiam ex causâ læsionis quantumvis enormis et enormissimæ, vel cujuscumque præjudicii impetrari ac etiam motu scientiâ et potestatis plenitudine similibus per quoscumque Romanos Pontifices successores Nostros quomodolibet contrà præmissa concessum acceptari, ac in judicio et extrà illud allegari, deduci aut alias illo quomodolibet uti non posse, quin imò omnia et singula præmissa semper et perpetuò firma, valida et efficacia existere, suosque plenarios et integros effectus sortiri et obtinere, illaque sub quibusvis similium vel dissimilium gratiarum revocationibus, suspensionibus, limitationibus, derogationibus aut aliis contrariis dispositionibus etiam consistorialibus minimè comprehendi nec comprehensa aliquo modo censeri, sed semper ab illis excipi ; et quoties illæ emanabunt, toties in pristinum et validissimum statum restituta, reposita et plenariè reintegrata ac de novo etiam sub quacumque posteriori data, quandocumque eligenda concessa esse et fore; sicque et non aliàs per quoscumque judices ordinarios vel delegatos quâvis auctoritate fungentes, etiam causarum Palatii Apostolici Auditores, ac sanctæ Romanæ Ecclesiæ præfatæ Cardinales etiam de latere Legatos, vice-Legatos et Apostolicæ Sedis Nuncios, ac alios quoscumque quâvis auctoritate, potestate, prærogativâ, honore et præeminentiâ fulgentes, sublatâ eis et eorum cuilibet quâvis aliter judicandi et interpretandi facultate et auctoritate, judicari et definiri debere, et quidquid secùs super his a quoquam, quâvis auctoritate, scienter vel ignoranter, contigerit attentari, irritum et inane decernimus.

Quocircà præenunciato Alexio Cardinali et Præsuli per easdem præsentes committimus et mandamus ad exequtionem præmissorum omnium procedat, opportunas et necessarias ei impertiendo facultates quibus is, ad hoc perficiendum negotium, alteram quoque idoneam personam ecclesiasticâ tamen præfulgentem dignitate subdelegare valeat, ità quod idem Alexius Cardinalis et Præsul, vel ejus subdelegatus, relatos Augustanæ et Tarantasiensis diœceseum limites, ne futuris temporibus error vel ambiguitas in illarum spirituali administratione, quomodocumque subrepere queat, nominatim declarare atque ad amussim adsignare queat, nec non ea cuncta possit ordinare, facere, declarare ac etiam definitivè decernere omnique appellatione super qualibet quæstione, si qua forsitàn inciderit, penitùs remotâ, pronunciare quæ oportuerit ad præmissa omnia probe feliciterque perficienda ; nonobstantibus Nostris et Cancellariæ Apostolicæ regulis de jure quæsito non tollendo, ac de unionibus ad partes committendis vocatis quorum interest, nec non Lateranensis Concilii novissimè celebrati dismenbrationes perpetuas, nisi in casibus à jure permissis, fieri prohibentis, aliisque etiam in synodalibus, provincialibus, generalibus et universalibus Conciliis editis vel edendis specialibus, vel generalibus constitutionibus et ordinationibus Apostolicis dictarumque metropolitanarum Camberiensis et Taurinensis, ac episcopalium Augustanensis et Tarantasiensis ecclesiarum etiam juramento, confirmatione Apostolicâ, vel quâvis firmitate aliâ roboratis, statutis et consuetudinibus, privilegiis quoque, indultis et litteris Apostolicis quibusque superioribus et personis in genere vel in specie aut aliàs cum quibusvis etiam derogatoriarum derogatoriis aliisque efficacioribus et efficacissimis ac insolitis clausulis irritantibusque et aliis decretis, etiam motu proprio, scientiâ et potestatis plenitudine similibus itemque consistorialiter seu aliàs in contrarium præmissarum quomodolibet forsan concessis, approbatis, confirmatis et innovatis quibus omnibus et singulis etiamsi pro illorum sufficienti derogatione, de illis eorumque totis tenoribus specialis, specifica, expressa et individua, non autem per clausulas generales idem importantes, mentio seu quævis alia expressio habenda, aut aliqua alia exquisita forma ad hoc servanda foret, tenores hujusmodi ac si de verbo ad verbum, nil penitùs omisso, et formâ in illis traditâ observatâ, inserti forent, eisdem præsentibus pro plenè et sufficienter expressis habentes illis aliàs in suo robore permansuris latissimè et amplissimè ac specialiter et expressè, ad effectum præsentium et validitatis omnium et singulorum præmissorum, hac vice duntaxat motu, scientiâ et potestatis plenitudine paribus, harum quoque serie derogamus, cæterisque contrariis quibuscumque et quâlibet aliâ dictæ Sedis Apostolicæ indulgentiâ speciali vel generali, cujuscumque tenoris, existat per quam eisdem præsentibus non expressam vel totaliter non insertam effectus earum impediri vel differri et de quâ cujusque toto tenore habenda sit in ipsis litteris mentio specialis.

Volumus autem quod memoratus Alexius Cardinalis et Præsul, ejusve Subdelegatus, tres intrà menses ab expletâ ipsarum præsentium exequtione, diligenter ad hanc sanctam Apostolicam Sedem transmittere teneatur exemplar authenticâ formâ exaratum, quorumcumque decretorum in exequtione ipsâ ferendorum, cum chartâ topographicâ noviter sic circumscriptæ Camberiensis seu Sabaudiensis ecclesiasticæ Provinciæ, ideò nempè ut hæc etiam in archivo Congregationis ejusdem Sanctæ Romanæ Ecclesiæ Cardinalium consistorialibus negotiis præpositæ, ad perpetuam rei memoriam et normam, conserventur.

Volumus etiam quod præsentium Litterarum transumptis, etiam impressis, manu tamen alicujus notarii publici subscriptis, et sigillo alicujus personæ in dignitate ecclesiasticâ constitutæ munitis, eadem prorsùs fides in judicio et extra illud adhibeatur, quæ iisdem præsentibus adhiberetur, si forent exhibitæ vel ostensæ.

Nulli ergo omninò hominum liceat hanc paginam Nostræ absolutionis, acceptationis suppletionis, exemptionis, separationis, subjectionis, statuti, præfinitionis, declarationis, extensionis, decreti, commissionis, mandati, derogationis et voluntatis infringere, vel ei ausu temerario contraire. Si quis autem hoc attentare præsumpserit, indignationem

Omnipotentis Dei ac beatorum Petri et Pauli Apostolorum ejus se noverit incursurum.

Datum Romæ, apud Sanctum Petrum, anno Incarnationis Dominicæ, millesimo octingentesimo sexagesimo secundo, kalendis decembris, Pontificatûs Nostri anno decimo septimo.

Concordat cum originali Regestro Bullarum.

Pro Philippo Valentini Officiali deputato et archivii Regestri Bullarum Custode :

Joannes Nardini, Officialis et Custos Coadjutor.

Loco † Sigilli.

Nota. — Ainsi se termine l'exemplaire de la Bulle adressé de Rome sous forme de copie authentique, à l'Archevêché de Chambéry.

L'exemplaire renvoyé de Paris ne comprend pas les cinq lignes de la Bulle soulignées à la page 684. Après la mention du *Loco † plumbi* final, il est suivi du procès-verbal d'enregistrement au Conseil d'État :

Loco † plumbi.

Enregistré par Nous Conseiller d'Etat, secrétaire général du Conseil d'Etat, au registre des procès-verbaux du Conseil d'Etat, séance du 27 juin 1863, conformément à la délibération du Conseil du même jour et sous les réserves [1] contenues dans ladite délibération, approuvée par décret de l'Empereur du 6 juillet 1863.

Paris, le treize juillet mil huit cent soixante-trois.

Signé : Boilay.

Pour copie conforme :
Le Directeur de l'Administration des Cultes,
Victor Hamille.

Collationné :
Le Chef du bureau du secrétariat,
Deville.

---

[1] Ces réserves portent donc sur le contenu des cinq lignes soulignées page 684, que le Conseil d'Etat refusa d'enregistrer.

TABLE DES MATIÈRES

Dates	Nos des pièces		Pages.
		Observations préliminaires............	I
XIX° siècle	1	Liste chronologique des évêques de Grenoble d'après l'inscription placée sur leur tombeau dans la cathrédrale de Grenoble.....................	5
XVII° et XIX° siècles	2	Autre liste due, presque toute entière, au cardiual Le Camus........	8
1011 (1012 ?)	3	Charte de fondation du prieuré d'Arbin.....................	30
1014 (1015 ?)	4	Donation faite par Rodolphe III à sa femme Hermengarde, de St-Pierre d'Albigny, Saint-Jean-de-la-Porte, Miolan. Conflans et Chateauneuf, avec leurs églises et leurs dépendances............................	31
1014 (1016 ?)	5	Rodolphe III donne à la reine Hermengarde, sa femme, des terres situées à Aix, à Lémenc, à Chambéry, avec leurs dépendances et le château de Saint-Cassien avec les siennes...	32
1015 ?	6	Le comte Manassès donne la moitié de l'église de Saint-André de Savoie à la cathédrale de Grenoble........	33
1029 ?	7	Fondation du prieuré de Lémenc par Rodolphe III et sa femme Hermengarde....	36
Avant 1130	8	Humbert I de Savoie, et ses enfants donnent au prieuré du Bourget l'église de St-Germain, sur le Mont-du-Chat et divers autres biens............	37

Dates	Nos des pièces		Pages.
1032 ?	9	La reine Hermengarde donne l'église de St-Jean d'Albigny (St-Jean-de-la-Porte) à l'abbaye de St-André-le-Bas, à Vienne....................	38
1033 ?	10	La même donne à St-André-le-Bas (ou au prieuré de St-Ours, *aliàs* St-Philippe) une vigne située à Saint-Jean-de-la-Porte............	39
21 janv. 1042	11	Fondation du prieuré de Notre-Dame des Echelles, par Humbert aux Blanches-Mains............	40
10 juin 1042 ?	12	Donation faite au même prieuré par Humbert aux Blanches-Mains et ses enfants, Amédée et Odon..........	42
1042 (1043 ?)	13	Fondation du prieuré de Voglans, sous la dépendance de l'abbaye de La Novalaise..................	43
1057	14	La reine Hermengarde fait donation à la cathédrale de Grenoble, de l'église de Notre-Dame d'Aix, d'une maison à Chambéry, d'un mas de terre à Chambéry-le-Vieux et d'un autre à Gutta Grandis............	45
1073-1084 ?	15	Winitier, surnommé Benzo, se donne, avec tous ses biens, à St-André-le-Bas, soit au prieuré de Saint-Ours (ou Saint-Philippe); Wiffred de Miolan confirme la donation............	47
1073-1084 ?	16	Le clerc Amaldric donne la moitié de l'église de St-Pierre d'Albigny et se donne lui-même à St-André-le-Bas (ou au prieuré de St-Ours, Saint-Philippe). Nantelme de Miolan donne aussi des biens situés à la Noiriat, hameau de St-Pierre d'Albigny.....	48

Dates	Nos des pièces		Pages
1080	17	Saint-Hugues de Grenoble fait donation à la prévôté d'Oulx de seize églises de son diocèse situées en Oisans, pour la plupart......	49
1080-1099 (8 août)	18	Brunier Favre, son compagnon Bernard, son fils et ses filles relâchent à St-Ours (St-Philippe) leurs prétentions sur les dîmes de St-Jean-de-la-Porte...........................	50
1084-1132	19	Hermengarde, femme de Silvion de Chignin, et son fils Nantelme ont relâché à Saint-Hugues deux parts de la dîme dans la paroisse du Désert, près Détrier.....................	51
1095-1132	20	Foucher de Faverges, *volens pergere Hierosolimam*, relâche à Saint-Hugues pour 60 sous de Valence, ses dîmes sur Murs (Les Marches) et sur Francin	51
1084-1132	21	Gérald de la Palud restitue à Saint-Hugues l'église et les dîmes de Chignin et la moitié des églises de Saint-Jeoire et de Murs, avec la moitié de leurs dîmes......................	52
1084-1132	22	Falque Gotafrey, de Chapareillan. engage à Saint-Hugues pour quatre setiers de blé, mesure de Chambéry, et 4 sous d'Aiguebelle, un muid de vin de la dîme de la vigne d'Aisin, près de Saint-André...............	53
1084-1132?	23	Charte de la Condamine indivise entre le Comte et l'Evêque..........	54
1081?	24	Le chevalier Arbert, sa femme Ay et son fils Pierre, associés aux prières de Saint-André-le-Bas, donnent à cette abbaye ou au prieuré de Saint-Ours (St-Philippe) une vigne située à St-Jean d'Albigny.................	57

Dates	N°˚ des pièces		Pages.
1082-1100 ?	25	Les fils de feu Aymon de Miolan essayent de faire transporter le prieuré de St-Philippe à St-Pierre d'Albigny. Opposition de l'abbé de St-André-le-Bas............................	58
28 janv. 1083	26	Aymon de Miolan, sa femme et ses enfants, donnent Richard, un de ses fils, à St-André-le-Bas; ils lui donnent en même temps le quart de l'église de St-Pierre d'Albigny, de la chapelle de Miolan et de celle du Bourget, hameau sous Miolan................	59
1050-1150 ?	27	Wauthier de Miolan relâche à St-André-le-Bas, ou au prieuré de St-Ours toutes ses prétentions sur l'église de St-Pierre d'Albigny...........	60
1083 (28 janv.)	28	Aymon de Miolan, sa femme et ses enfants donnent à St-André-le-Bas, ou au prieuré de St-Ours, une partie de l'église de Saint-Pierre et des chapelles de Miolan et du Bourget, sous Miolan............................	61
fin XI° siècle.	29	Morard donne la moitié de ses biens au prieuré de St-Ours, où il se fait religieux, et laisse l'autre moitié à sa femme et à ses enfants............	63
1100 ?	30	Rente annuelle due par l'église de Thoiry à l'évêché de Grenoble........	63
29 juillet 1100	31	L'église de Saint-André restituée à Saint-Hugues par les seigneurs de St-André et par les chevaliers Moret....	64
1100-1102	32	Guiffred de Beaumont et les siens font donation de la montagne de Bovinant à la Grande-Chartreuse.......	65
1100-1102	33	Les frères Mainier cèdent à Saint-Hugues leur dîme sur St-André.....	66

Dates	Nos des pièces		Pages.
1100-1111	34	Fondation des prieurés d'Aix et de Thoiry. — Augmentation du prieuré de St-Martin-de-Miséré............	66
1100-1111	35	Ricard et David de Myans restituent diverses dîmes à St-André.........	68
1100-1102	36	Ricard Mainier, sa femme et ses enfants, restituent à Saint-Hugues la dîme sur les paroisses de Saint-André et d'Albigny..................	69
1100-1111	37	Dotation de la nouvelle église de St-André. — Accroissements divers de cette dotation...............	70
1100-1132	38	La femme de Guy de Cordon relâche à Saint-Hugues les dîmes de Puseis ; Nantelme de Benonce relâche ses dîmes de Myans et de Chacusard ; Ricard d'Apremont et Galterin d'Aix relâchent leurs droits sur ces dîmes ; Gerald Alimar et son fils Burno relâchent leurs dîmes sur Villar-Géralt.......	72
1102 ? 1111-1132	39	Guillaume de Faverges relâche à Saint-Hugues la dîme sur la Thuile, que le comte Humbert lui avait déjà relâchée auparavant....·........	73
1103	40	Les moines de Saint-Chaffre s'engagent à payer, à la cathédrale et au chapitre de Maurienne, 5 sols et 12 anguilles par an pour les 6 églises du monastère de St-Jean, de la Croix, de la Table, de Betton, du Bourget et du Pontet......	74
1080-1100 ?	41	Artaud, prieur de Granier, s'engage à fournir chaque année, au chapitre-cathédral de Maurienne, 5 sols de poisson............,...........	7

Dates	Nos des pièces		Pages.
1107	42	Bulle de Paschal II, donnée à Allevard, pour le partage des 22 châteaux du comté de Salmoirenc, entre le diocèse de Grenoble et l'archidiocèse de Vienne....................	77
1107-1132	43	Pouillé du diocèse de Grenoble sous Saint-Hugues...................	79-94
1108	44	Guigues de Beaumont et les siens vendent à Saint-Hugues, pour Saint-André, une terre située à Vourey (paroisse ensevelie sous les abîmes)....	95
1110	45	Ungrin de Faverges engage à Saint-Hugues sa dîme à St-André, sur le pain, la viande et le vin..........	96
Juillet 1110	46	Fondation du prieuré de St-Jeoire.	97
1110-1132	47	Pierre de Saint-André donne à l'église de St-André une maison construite par lui sur le cimetière de cette église......................	99
1110-1132	48	Saint-Hugues confirme au prieuré de Saint-Jeoire la donation des églises de Curienne, Barby, Trivier, Saint-Jeoire et Chignin. — Fondation des prieurés de Clarafont et d'Arvillar...	99
4 juillet 1111	49	Jozlen de Saint-André, près de mourir, relâche à Saint-Hugues ses dîmes sur Saint-André, Epernex, St-Pierre d'Entremont, etc. St-Hugues assiste à sa sépulture............	101
5 août 1111	50	Nantelme d'Arvey reçoit en commande de Saint-Hugues l'église de la Thuile et le tiers des dîmes de Cruet, de la Thuile et de Puisgros, à condition que, après sa mort, les dîmes de Cruet et de Puisgros feraient retour au prieuré de Thoiry............	103

Dates	Nos des pièces		Pages.
1111-1132	51	Achin de St-André relâche à Saint-Hugues, pour 112 sous de Vienne et 110 d'Aiguebelle, la dîme de ses fiefs sur la paroisse de Saint-André......	104
1111-1132	52	Anselme de Saint-André et les siens relâchent à Saint-Hugues leur dîme sur Saint-André..................	105
14 février 1120	53	Bulle de Callixte II confirmant à l'abbaye de Saint-André-le-Bas, ses possessions dans divers diocèses....	106
1134-1136	54	Lettre d'Innocent II à Guigues-le-Chartreux, lui enjoignant d'écrire la *Vie de Saint-Hugues*. — Réponse de Guigues......................	108
24 avril 1134	55	Lantelme d'Albigny relâche au prieuré de St-Ours (St-Philippe) le quart qu'il possède sur les dîmes de St-Pierre d'Albigny..............	110
1134?	56	Nantelme d'Albigny confirme au prieuré de la Porte (St-Ours) la dîme sur St-Pierre dont il l'avait déjà investi précédemment..............	111
31 mai 1136	56 bis	Bulle d'Innocent II prescrivant que les futurs chanoines de Grenoble fussent chanoines réguliers; et les futurs évêques, moines ou chanoines réguliers profès....................	112
Avril 1138	57	Bulle d'Innocent II confirmant les droits et privilèges du prieuré de Lémenc......................	114
1152	58	Lettre de Pierre le Vénérable, abbé de Cluny, à dom Bazile, général des Chartreux, dans laquelle le grand abbé fait mention de son séjour au prieuré d'Arbin.................	116

Dates	Nos des pièces		Pages.
1189	59	Charte de Pierre Pinet, chanoine de Die, en faveur du prieuré de Granier et de la Grande-Chartreuse,....	118
1191	60	Bulle de Célestin III confirmant les droits et privilèges de l'abbaye de Saint-Rambert en Bugey, sur... les prieurés de Chamoux, de Villard-Sallet et de Granier, et sur les églises de leur dépendance..............	120
28 avril 1199	61	Accord entre les religieux de Lémenc, où se trouvait l'église baptismale de la région, et les Antonins, au sujet des sépultures................	124
1203-1211	62	Le prieur de Granier échange contre une rente de 40 sous, la pension en denrées due à la Grande-Chartreuse. — Confirmation de cet échange..	126
11 avril 1216	63	Bulle d'Innocent II confirmant à l'abbaye de la Cluse ses droits et possessions parmi lesquelles se trouvent les prieurés de Fréterive et de Montailleur, dans le décanat..........	128
25 nov. 1224	64	Transaction passée entre Soffred évêque de Grenoble et abbé de Saint-Martin de Miséré, et Eustache, prieur du même lieu..................	134
13 juil. 1228	65	Investiture du prieuré de Saint-Germain, sur la montagne d'Aiguebellette, accordée à Jacques des Echelles, prieur de Coise, par Berlion de Chambéry................,..........	137
1249	65 a	Chute du Mont-Granier. — Récit de Pierre de Tarentaise..........	139
—	65 b	Récit d'Etienne de Bourbon, contemporain de l'évènement.........	146
—	65 c	Deux récits de Mathieu Thamassin, chroniqueur dauphinois du XVe siècle	148

Dates	Nos des pièces		Pages.
—	65 d	Récit tiré des Archives de cour, à Turin..................................	150
—	65 e	Récit tiré d'un placard de Myans, du XV° ou XVI° siècle...............	151
1251	65 f	Récit du Père Gonon (Lyon 1637)..	153
1249	65 g	Récit du Père Picquet (Tournon 1610)......................................	154
—	65 h	Récit du Père Philippe de la Ste-Trinité (Lyon 1663)...............	158
—	65 i	Récit du Père Gumpemberg (Munich 1675)..............................	159
(XVI° siècle)	65 j	Récit (ms) de l'historien Philibert de Pingon...............................	161
1257	66	L'évêque Falco statue que le doyen de Saint-André de Savoie sera toujours choisi parmi les chanoines profès du chapitre cathédral de Grenoble...	163
1260	67	Poncet Bertrand, de Montmélian, et sa femme vendent à Falco, évêque de Grenoble, leurs droits et biens féodaux de Francin................	167
1260	68	Fondation de la commanderie des Echelles par Béatrix de Savoie, veuve du comte de Provence Raymond Berenger..	175
1261	69	Herluin de Chignin cède sa tour, sa maison et ses autres biens de Curienne à Falco, évêque de Grenoble, dont il les reçoit ensuite en fief...........	180
1262	70	Eléonore de Provence dote l'hôpital fondé aux Echelles, par sa mère Béatrix de Savoie, comtesse de Provence..	189
1274	71	Union du prieuré de La Motte au chapitre de Belley....................	191

Dates	N⁰ˢ des pièces		Pages.
1295	72	Humbert de Chignin, prieur de Saint-Jeoire, cède à l'évêque de Grenoble les biens de son prieuré situés à Curienne. en échange des biens de l'évêché situés à Francin............	193
1298	73	Fondation de la chapelle de Sainte-Marguerite, sur la paroisse de Détrier, par le damoiseau François de la Rochette......................	206
1298	74	Guiffred de Bertrand, prieur d'Arbin, a vendu 2,000 setiers de vin au comte Amédée de Savoie (Amé V) pour le prix de 300 livres viennoises......	218
XIVᵉ siècle	75	Pouillés des diocèses de Savoie et de quelques autres diocèses circonvoisins au XIVᵉ siècle :	
		Diocèse de Genève............	220
—	75 a	Diocèse de Maurienne..........	240
—	75 b	Archidiocèse de Tarentaise.......	249
—	75 c	Diocèse de Sion...............	253
—	75 d	Diocèse d'Aoste...............	257
—	75 e	Diocèse de Belley.............	261
1327	76	Edouard de Savoie ratifie l'échange (fait en 1307 entre son père Amé V et le prieur de Saint-Just de Suze) du prieuré de Saint-Hippolyte-sur-Aix, contre certains biens de la vallée de Suze......................	265
1337	77	Le Dauphin Humbert cède pour trois mille ans, aux dominicains de Grenoble, le droit de pêche sur tous ses lacs situés aux *Abymes*, mandement de Bellecombe.............	271
1344	78	Union de l'église de Mouxy au prieuré de Clarafont............	272
1343	79	Bulle de Clément unissant le décanat de Savoie à l'évêché de Grenoble	287

Dates	Nos des pièces		Pages.
1349	80	Fondation d'un archiprêtré de Savoie à la place du doyenné, uni à l'évêché de Grenoble..................	290
1375-1378	81	Tailles papales dans le décanat de Savoie, remises aux Légats apostoliques...........................	294
1388	82	Bulle de Clément VII, anti-pape, confirmant l'union du décanat, ou doyenné de Savoie, à l'évêché de Grenoble...........................	299
1396-99	83	Droit de dépouilles (*Jus spolii*) des évêques de Grenoble sur les églises de leur patronage dans le décanat......	302
1356-1400	84	Actes de foi et hommage des prieurs de Saint-Jeoire à l'évêché de Grenoble, pour leurs terres et biens de Francin...........................	306
1414-1415	85	Pensions dues au prieuré de Saint-Martin-de-Miséré, par quelques prieurés de Savoie de sa dépendance......	316
1426	86	Le prieur de Lémenc retire les dépouilles du curé, décédé, de Saint-Girod, dont l'église dépend de son prieuré...........................	317
1427	87	Le même prieur perçoit les dépouilles du curé défunt du Viviers.......	318
1434	88	Sémi-dime imposée dans le décanat pour le concile de Bâle............	319
1443	89	Transaction entre le prieur de Lémenc et le curé de Saint-Pierre-sous-le-Château, au sujet des droits de sépulture dans cette paroisse.........	324
1466	90	Transaction entre Jacques de Montmayeur, fondateur du couvent de Myans, et le curé des Marches, au sujet de l'église de N.-D. de Myans.......	328

Dates	Nos des pièces	Pages.
1474	91 Bulle de Sixte IV unissant le décanat à la Ste-Chapelle............	337
1476	92 Bulle du même pape révoquant la précédente.....................	346
1497-1600 ?	92 bis Pouillés du diocèse de Grenoble. — Extraits concernant la partie du diocèse située en Savoie............	353
1513	93 Bulle de Léon X érigeant le prieuré d'Aix en collégiale.............	384
1514	93 bis Bulle du même, unissant St-Léger à la Ste-Chapelle.............	392
1515 6 juin	94 Autre bulle du même, accordant au duc Charles III le droit de présentation à l'archevêché de Chambéry, érigé le 21 mai précédent............	397
1516	95 Bulle du même supprimant ledit archevêché.....................	400
1550	96 Transaction entre les chanoines de St-Jeoire et leur prieur, Mgr de Challes évêque de Maurienne, au sujet des prébendes du chapitre de St-Jeoire.	405
1566	96 a Provision de l'évêque de Grenoble nommant l'avocat François Empereur official de Savoie..............	413
1591	96 b Bulle de Grégoire XIII (extrait de la) unissant le prieuré de St-Philippe au collège des Jésuites de Chambéry.	417
1599	97 Bulle de Clément VIII (extrait de la) qui érige la Ste-Maison de Thonon, et lui unit les prieurés de St-Jeoire, de Nantua et de Contamines........	418
1604	98 Bulle du même (extrait de la) qui érige en commandes de l'ordre des SS. Maurice et Lazare le prieuré de Lémenc et 23 autres bénéfices........	420

Dates	Nos des pièces		Pages.
1625	99	Bulle d'Urbain VIII confirmant la substitution des Feuillans aux Bénédictins de Lémenc..............	422
1667	100	Bulle de Clément IX (extrait d'une) qui sécularise les chanoines de Saint-Jeoire et les soumet à la vie commune de la Ste-Maison de Thonon........	433
	101	Documents relatifs aux Stes Epines de St-Pierre d'Albigny............	436
1625	101 a	Bref d'Urbain VIII autorisant le marquis de Saint-Chamond à retirer une des trois saintes Epines de St-Pierre d'Albigny................	436
8 mai 1627	101 b	Lettre du prince de Piémont dans le même but..................	438
8 mai 1627	101 c	Commission de Mgr de Grenoble dans le même but...............	439
13 mai 1627	101 d	Procès-verbal de l'official de Grenoble constatant la prise d'une sainte Epine au couvent des Augustins de St-Pierre d'Albigny..............	440
1634	101 e	Accord entre le seigneur de Saint-Chamond et lesdits Augustins......	442
1764	101 i	Copie d'un extrait de l'histoire des reliques du chapitre de St-Chamond.	448
14 mars 1803	101 f	Procès-verbal constatant le sort des saintes Epines de Saint-Pierre d'Albigny pendant la Révolution....	452
24 mars 1803	101 g	Dépositions des témoins requis pour constater leur identité.— Autorisation épiscopale de les exposer à la vénération des fidèles.................	454
1829	101 h	Mgr Martinet tire les saintes Epines de leur reliquaire en cuivre rouge, pour les renfermer dans un reliquaire d'argent en forme ronde, d'où elles sont tirées plus tard, et déposées dans	

Dates	N°° des pièces		Pages.
		un riche reliquaire en forme d'ostensoir....................	456
26 août 1730	102	Dispositions testamentaires diverses de noble Pierre-Hyacinthe Favre de Marnix, fondant un vicaire à Maché.	458
	—	Son testament du 26 août 1730...	458
12 mai 1746	—	Son codicile du 12 mai 1746......	473
10 juin 1747	—	Autre codicile du 10 juin 1747 par lequel il change la fondation d'un vicaire à Maché, en une fondation en faveur d'une église paroissiale projetée au faubourg de Montmélian........	481
	—	Supplément au même codicile....	486
1756	—	Les habitants du faubourg susdit nomment des procureurs pour obtenir la fondation, chez eux, d'une église paroissiale.....................	489
1754	102 a	Provisions d'official en faveur de R^d François Alex................	495
1760	102 b	Translation des fonctions curiales de Saint-Léger à la Sainte-Chapelle. — Procès-verbal de l'official Alex...	497
1762	103	Extrait d'une bulle de Clément XIII, unissant l'abbaye d'Abondance et la congrégation des prêtres séculiers de St-Jeoire, à la Ste-Maison de Thonon.	500
1775	104	Bulle de Pie VI, qui démembre le décanat de Savoie du diocèse de Grenoble......................	502
1776	105	Clergé et monastères, quelques confréries et maisons de charité, à Chambéry en 1776..................	523
27 avril 1777	106	Translation des fonctions paroissiales de St-Léger dans l'église des Franciscains, qui sont chansonnés par un mauvais plaisant sur l'air : *O filii et filiæ*........................	530

Dates	Nos des pièces		Pages.
Novembre 1777	107	R^d Michel Conseil, commissaire apostolique, déclare le décanat de Savoie démembré de Grenoble et uni à l'abbaye de la Cluse............	534
1778	108	Chefs du décanat. — Clergé de la Ste-Chapelle en 1778............	537
18 août 1779	109	Bulle de Pie VI érigeant un évêché, une cathédrale et un séminaire dans la ville de Chambéry.............	538
—		Clergé du chapitre de la paroisse de St-Léger, de la Ste-Chapelle et du séminaire en 1783-84-86-88 et 1791.	543
20 mars 1780	110	Bulle de Pie VI du 20 mars 1780 [1] nommant R^d Michel Conseil, évêque de Chambéry..................	559
20 avril 1780	111	L'official-vicaire-général Alex notifie aux nouveaux diocésains la promotion de Mgr Conseil à l'évêché de Chambéry.....................	562
Juin 1780	112	Cérémonial de la visite faite par le *Sénat* au nouvel évêque, à l'occasion de son entrée à Chambéry..........	564
Juil. 1782	113	Ordonnance épiscopale établissant le séminaire diocésain au Bocage....	566
4 mai 1802	114	Lettres du légat-cardinal Caprara, nommant au nouvel évêché de Chambéry Mgr de Mérinville, ancien évêque de Dijon....................	571
11 fév. 1803	115	Bulle de Pie VII confirmant la précédente nomination.............	575
24 janv. 1803	116	Décret de Mgr de Mérinville érigeant le chapitre-cathédral de Chambéry..	579

[1] Le 13 des calendes d'avril (20 mars) 1780, et non 1779, comme cela est imprimé par erreur : page 559, ligne 6 et p. 561, ligne 23.

Dates	Nos des pièces		Pages.
22 mars 1805	117	Lettres du cardinal Caprara nommant Mgr de Solle administrateur du diocèse de Chambéry, jusqu'à la réception des bulles qui l'en nomment évêque....................	
22 mars 1805	118	Lettres de Pie VII annonçant au diocèse de Chambéry la nomination de Mgr de Solle...............	584
—	119	Bulle de Pie VII transférant Mgr de Solle de l'évêché de Digne à celui de Chambéry.....................	585
1814 (1786)	120	Bref rétablissant certaines fêtes, autrefois observées dans les Etats du roi de Sardaigne, et supprimées depuis........................	588
1817	121	Erection de l'évêché de Chambéry en archevêché. — Procès-verbal...	594
8 sept. 1819	122	Bref de Pie VII annonçant à Mgr de Solle la réunion du canton de Genève au diocèse de Lausanne...........	606
15 oct. 1819	123	Lettre de Mgr de Solle, en réponse au bref précédent..................	611
Janv. 1821	124	Bref de Pie VII qui transfère à l'évêché de Lausanne le titre d'évêque de Genève, accolé jusqu'alors à celui d'évêque de Chambéry............	613
1821-22-23	125	Nouvelle érection du diocèse d'Annecy (Bulle de Pie VII). — Adieux de Mgr de Solle à ceux de ses diocésains qui en doivent faire partie. — Procès-verbal d'éxécution de la Bulle.......................	617
18 juin 1823	126	La paroisse du Mont-Cenis, supprimée, démembrée du diocèse de Suze, et unie à celle de Lanslebourg, du diocèse de Chambéry..........	641

Dates	Nos des pièces		Pages.
24 mai 1824	127	Bulles de Léon XII transférant Mgr Bigex de l'évêché de Pignerol à l'archevêché de Chambéry............	648
1825	128	Bulle de Léon XII érigeant les diocèses de Tarentaise et de Maurienne. — Son éxécution..................	652
1827	129	Bulle de Léon XII transférant Mgr Martinet de l'évêché de Tarentaise à l'archevêché de Chambéry........	669
1840	130	Bulle de Grégoire XVI transférant Mgr Billiet de l'évêché de Maurienne à l'archevêché de Chambéry........	670
1853	131	Bulle de Pie IX, réduisant le nombre des fêtes obligatoires dans les Etats du roi de Sardaigne..........	673
1860	132	Bref de Pie IX qui étend à la Savoie et à Nice, après leur annexion à la France, le Concordat de 1801, à l'exclusion des articles organiques, et de la loi sur le mariage civil.......	677
1862	133	Bref de Pie IX qui délimite la province ecclésiastique de Chambéry, en detache le diocèse d'Aoste, et l'unit à celle de Turin...................	680
		Table des matières..	689
		Annexe du n° 75..............	707
		Errata.....................	711

ANNEXE (du n° 75).

BENEFICIA... DIOCESIS GRACIANOPOLIS

Iste taxe sunt recta decima quia quilibet solvit pro libra XL solidos in anno, pro duobus terminis.

....

Decanatus Sancti Andree in Sabaudia... LXIX l. x. s. [1]

Prior de Borgeto..................	VI^{xx}	lib.
Prior de Aquis.....................	LXX	—
Prior Sancti Pauli de Aquis.............	XXXV	— [2]
Prior de Clarofonte...............	IIII^{xx}	—
Prior de Vouglant.................	XXX	lib.
Prior de Mota....................	II^c IIII^{xx}	lib.
Prior de Belesio [3]...............	LX	—
Prior de Lemenco................	VI^{xx}	—
Prior de Bacigno.................	CV	—
Prior Sancti Badulphi.............	LX	—
Prior de Intermontibus.............	IIII^{xx}	—
Prior de Barralibus (Dalphin.).......	VI^{xx}	— [4]
Sacrista ejusdem loci..............	VII l. xx d. [4]	
Prior de Thoriaco................	VI^{xx} lib.	
Prior Sancti Georgii...............	III^c	—

---

[1] *Monete Sabaudie.*

[2] Saint-Pol ou Saint-Hippolyte-sur-Aix.

[3] Ce nom désignait le prieur de la Motte (près Chambéry) qui était en même temps prieur dudit lieu et chef du chapitre de Belley, dont le prieuré de la Motte était une dépendance.

[4] *Viennensis (monete).*

Prior de Albins [Arbins?]............	vi^{xx} vi l. x s.	
Prior de Porta........................	cxi l. x s.	
Prior de Frayta Rippa...............	xxii lib.	
Prior de Monteyllos..................	lx	lib.
Capellanus de Moissiaco.............	x	lib.
— de Mayriaco................	x	—
— de Chambariaco............	xviii	—
— de Sannas [Sonnas?].......	xiiii	—
— de Burgeto.................	x	—
— de Chamberri Veteris........	xv	—
— Castri Chamber (iaci).......	xiii	—
— de Bissiaco.................	x	—
— Sancti Sulpicii..............	xvi	—
— de Cogniaco................	xv	—
— de Jacob...................	vii	—
— de Vimenes................	x	—
— de Cou.....................	x l. vi s. viii d.	
— de Corbello.................	xiiii	lib.
— de Espernay................	xx	—
— de Barbaras................	xx	—
— de Malcusa (Dalphin.)[1]......	x	—
— de Buxeria (Dalphin.)........	xvi	—
— de Bellacomba (Dalphin.)....	viii	—
— de Chaparaillenc (Dal.)......	xxii	—
— de Muro[2] et de Mians.......	xvii	—
— de Francins................	xi	—
— de Monte Melian............	xv	—
— Sancti Laurencii de Croso Crueyo.............	xxvi l. x s.	
— Sanctis Johannis de Porta....	xxiiii	lib.
— Vilaris Valmaris[3]...........	xx	—

[1] Saint-Vincent-de-Mercuze.
[2] De Murs (des Marches).
[3] La Ravoire.

—	Sancti Petri de Albigniaco....	xl	—
—	de Curuanno.	xli	—
—	Sancti Johannis de Arvesio.	xx	—
—	Sancti Stephani de Podio Grosso	xv	—
Capellanus	de Tullia................	xxxiii l. vi s. viii d.	
—	de Deserto...............	xii	lib.
—	de Greysiaco.............	x	—
—	de Monteyllous...........	xv l. viii s. iiii d.	

ERRATA

DES RECHERCHES SUR LE DÉCANAT DE SAVOIE

Tom. I. (VI des Mémoires, 3ᵉ série.)

P. 50, l. 34, au lieu de charte n° 2, lire charte n° 6.
— 65, l. 32   —   —   —   —
— 69, l. 32   —   —   —   —
— 566, l. 30   —   —   —   —
— 568, l. 31   —   —   —   —
— 288, l. 31   —   n° 76   —   78.
— 293, l. 29, note 234, lire : v. l'annexe p. 707, note 3.

Tom. II. (VII des Mémoires, 3ᵉ série).

P. 91, l. 14. au lieu de Clément VII, lire Benoît XIII.
— 143, l. 32   —   n° 39   —   n° 80.
— 217, l. 32   —   n° 95   —   n° 94.

DOCUMENTS

P. 30, l. 11, supprimer le n° de renvoi.... 79.
— 31, l. 19   —   .... 46.
— 32, l. 26   —   .... 47.
— 33, l. 21   —   .... 25.
— — l. 22   —   .... 61.
— 36, l. 4, au lieu de note 2, lire.......... n° 1.
— 38, l. 12, supprimer les nᵒˢ de renvoi ... 45, 48.
— 39, l. 21   —   le n°   —   .... 49.
— 40, l. 15, au lieu de n° 85, lire.......... 170.
— 42, l. 6,   —   —
— 47, l. 7, supprimer les nᵒˢ de renvoi... 59, 68.
— 48, l. 8   —   le n°   —   .... 53.
— 50, l. 15   —   —   —   .... 61.

P. 57, l. 21, supprimer le n° de renvoi.... 50.
— 58, l. 16   —   —   —   .... 55.
— 60, l. 27   —   —   —   .... 52.
— 63, l. 6   —   —   —   .... 60.
— 64, l. 10   —   les n°°   —   .... 3, 19.
— 65, l. 17, au lieu de note 69, lire...... n° 70.
— 66, l. 22, ajouter : chap. III, note 58.
— 66, l. 22, ajouter : chap. III, note 58. — Chap. IV, notes 13, 41, lire n°° 12, 19.
— 72, l. 9, chap. III, lire n°° 64, 66, 73, 80.
—   — 10, chap. VII, supprimer le n°..... 55.
— 73, l. 24   —   . ... 35.
— 151, l. 20, au lieu de chap. XVIII, lire.... chap. VIII.
— 328, l. 27,   —   annexée, lire......... Registre de.
— 337, l. 30,   —   tombent, lire. .... tombe.
— 500. l. 8.   —   note 34, lire........ notes 89, 91.
— 502, l. 28,   —   Travaux publics, lire.. Traités publics.
— 559, l. 17,   —   1779, lire........... 1780.
— 561, l. 23   —   —
— 606, l. 11,   —   1719, lire.. .... 1819.
— 653, l. 15,   —   excepinus, lire....... excepimus.
— 684, l. 15,   —   *tetlis*, lire........... *tectis*.

Chambéry, — Imprimerie CHATELAIN, avenue du Champ-de-Mars, 4.

www.ingramcontent.com/pod-product-compliance
Lightning Source LLC
Chambersburg PA
CBHW061950300426
44117CB00010B/1281